法 学 阶 梯
INSTITUTIONES | 普通高等教育**法学规划教材**

普通高等教育“十一五”国家级规划教材
教育部普通高等教育精品教材

中国宪法

The Chinese Constitution

| 第五版 |

胡锦光 韩大元 | 著

法律出版社
—北 京—
始创于 1954 年

好书，同好老师和好学生分享

图书在版编目(CIP)数据

中国宪法 / 胡锦光, 韩大元著. --5 版. --北京：法律出版社, 2024
ISBN 978-7-5197-8679-3

Ⅰ. ①中… Ⅱ. ①胡… ②韩… Ⅲ. ①宪法-中国-高等学校-教材 Ⅳ. ①D921

中国国家版本馆 CIP 数据核字(2023)第 250736 号

中国宪法(第五版)
ZHONGGUO XIANFA(DI-WU BAN)

胡锦光　韩大元 著

责任编辑 陈　慧
装帧设计 鲍龙卉

出版发行 法律出版社
编辑统筹 法律教育出版分社
责任校对 裴　黎
责任印制 刘晓伟
经　　销 新华书店

开本 787 毫米×1092 毫米　1/16
印张 27　**字数** 605 千
版本 2024 年 3 月第 5 版
印次 2024 年 3 月第 1 次印刷
印刷 三河市兴达印务有限公司

地址:北京市丰台区莲花池西里 7 号(100073)
网址:www. lawpress. com. cn
投稿邮箱:info@ lawpress. com. cn
举报盗版邮箱:jbwq@ lawpress. com. cn
销售电话:010-83938349
客服电话:010-83938350
咨询电话:010-63939796

书号:ISBN 978-7-5197-8679-3
定价:59.00 元
凡购买本社图书,如有印装错误,我社负责退换。电话:010-83938349

出版说明

法律出版社在其奋进发展的六十年光辉历程中，秉精诚之心，集全社之力，服务于我国法学教育事业，致力于法学教材出版。尤其在改革开放三十余年间，本社以“传播法律信息，推进法制进程，积累法律文化，弘扬法治精神”为宗旨，协同司法部法学教材编辑部，规划并组织出版了国家“八五”“九五”期间的法学规划教材，为我国改革开放之初的法学教育和法治建设做出了开创性贡献；进入21世纪之后，法律出版社又根据教育部的部署和指导，相继规划并组织出版了“十五”“十一五”“十二五”法学规划教材，为我国法学教育事业的发展与改革付出了艰辛努力。

承蒙法学教育领域专家作者的信任，以及广大法律院校师生的支持，法律出版社经过几十年的发展与积累，相继出版各类法学教材达四百余种。在学科范围方面，完成以法学核心课程为重心，涉及法学诸学科的“全品种”横向结构；在培养层次方面，健全以本科教育为根本，兼顾职业教育和研究生教育的“多层次”纵向结构，进而打造“法律版”法学教科书体系，以期更好地为法学教育服务，为法治建设贡献绵薄之力。

近年来，法律出版社因应法学教育的发展变化，在教材编写体例及系列安排方面做出相应调整。在教材编写体例方面，结合当前教学实际与培养方案，将系统、全面的理论知识讲授与灵活、丰富的法律实践和能力训练相结合，倡导教材内容差异化，增加教材可读性，以期更好地培养法科学生的思维能力和法学素养。在教材系列安排方面，全力推进新品教材编写与注重既有教材修订相结合，根据教材风格与特色进行适当的套系整合，集中现有的国家级规划教材和在编的规划教材，形成以“普通高等教育法学规划教材”为名的全新教材系列。

本系列教材多为出版多年并广受好评的经典教科书。此次全新推出，既是向长期以来关心支持法学教育出版事业的专家作者的崇高致敬，也是法律出版社为中国当代法学教育事业发展拳拳努力之情的真诚表达。法律出版社将以高度的精品意识和质量标准，不断丰富、完善本系列教材的结构和内容；除教材文本之外，还将配有多层次、多形式的教辅材料，更好地为广大师生服务。

“好书，同好老师和好学生分享”，法律出版社愿与法律共同体诸同仁，分享好书，分享智识，分享法治进程中的点点滴滴！

法律出版社　谨识

2014年10月

作 者 简 介

胡锦光

法学博士，中国人民大学法学院教授、博士生导师。中国人民大学公法研究中心主任；兼任中国宪法学研究会副会长、北京市法学会宪法学研究会副会长、全国香港基本法澳门基本法研究会副会长、国家教育部法律顾问等；获评首届全国十大杰出青年法学家提名奖、新世纪优秀人才、北京市教学名师、“双百”最佳宣讲奖、全国百篇优秀博士学位论文指导教师等；代表作有：《合宪性审查》（独著）、《新时代党员干部的法治思维》（独著）、《中国宪法问题研究》（独著）、《中国十大宪法事例评析》（年度，主编）、《外国宪法》（主编）等。

韩大元

法学博士，中国人民大学法学院教授、博士生导师。兼任中国宪法学研究会名誉会长、全国人大常委会香港基本法委员会委员、中国法学教育研究会常务副会长、全国港澳研究会副会长等；获评教育部长江学者特聘教授、全国十大杰出青年法学家、国家级教学名师等；代表作有：《亚洲立宪主义研究》（独著）、《东亚法治的理念与历史》（独著）、《1954 年宪法制定过程》（独著）、《生命权的宪法逻辑》（独著）、《比较宪法学》（主编）、《中国宪法学说史研究》（主编）、《宪法学专题研究》（合著）等。

第五版说明

本版教材是在第四版的基础上修订而成的,保留了原版的体例和核心内容。此次修订涉及的主要内容是:

第一,根据习近平总书记关于宪法的重要论述及党的二十大报告精神对教材内容进行了修订。习近平法治思想是全面依法治国的根本遵循和行动指南,习近平总书记关于宪法的重要论述是习近平法治思想的重要组成部分。其主要内容是,深刻论述了我国宪法根本的政治原则,这就是坚持党的领导;深刻论述了我国宪法至上的法制地位;深刻论述了我国宪法的人民属性,这就是国家一切权力属于人民;深刻论述了我国宪法的独特优势;深刻论述了我国宪法在国家制度和国家治理体系中的作用;深刻论述了我国宪法的实施监督机制;深刻论述了我国宪法的实施保障措施。习近平总书记关于宪法的重要论述,构成了一整套科学完备的宪法理论体系。

习近平总书记指出,要结合当代中国宪法制度和宪法实践,加强中国宪法理论研究,提炼标志性概念、原创性观点,加强中国宪法学科体系、学术体系、话语体系建设,巩固中国宪法理论在我国法治教育中的指导地位。要讲好中国宪法故事,有自信、有志气宣传中国宪法制度、宪法理论的显著优势和强大生命力,有骨气、有底气同一切歪曲、抹黑、攻击中国宪法的错误言行作斗争。[1]

党的二十大报告要求,坚持依法治国首先要坚持依宪治国,坚持依法执政首先要坚持依宪执政,坚持宪法确定的中国共产党领导地位不动摇,坚持宪法确定的人民民主专政的国体和人民代表大会制度的政体不动摇。加强宪法实施和监督,健全保证宪法全面实施的制度体系,更好发挥宪法在治国理政中的重要作用,维护宪法权威。党的二十大报告关于宪法的论述是习近平法治思想的重要内容,为我国宪法学理论的发展和宪法学教育指明了方向。

第二,根据近年来我国宪法学的理论发展,对教材相关内容进行了修订。本版这部分的修订内容与前几版相比较幅度较大。

第三,对教材中绝大部分宪法案例或者宪法事例进行了更新。结合宪法案例或者宪法事例学习宪法,是本教材的特色。但自第一版出版发行以来,教材中的宪法案例更新较少,一些宪法案例已失去实效性,一些宪法案例明显已经陈旧。自党的十九大召开以后,我国宪法监督的规范化、程序化建设不断推进,合宪性审查工作积极稳妥开展,全国人大常委会公布了一些我国特有的宪法案例;同时,近年来,在我国经济社会发展过程中也发

---

〔1〕 参见习近平:《谱写新时代中国宪法实践新篇章——纪念现行宪法公布施行40周年》,载《人民日报》2022年12月20日,第1版。

生了一些宪法事例，这就为此次修订更新宪法案例或者宪法事例准备了充分的条件。

第四，依据有关法律法规的颁布或者修改对教材相关内容进行了修订。主要是，全国人大通过了《关于建立健全香港特别行政区维护国家安全的法律制度和执行机制的决定》，全国人大常委会依据该决定的授权通过了《香港特别行政区维护国家安全法》；全国人大修改了《全国人民代表大会组织法》《全国人民代表大会议事规则》《地方各级人民代表大会和地方各级人民政府组织法》《立法法》；全国人大常委会修改了《人民法院组织法》《人民检察院组织法》《法官法》《检察官法》，制定了《监察官法》《公职人员政务处分法》等，全国人大常委会委员长会议还通过了《法规、司法解释备案审查工作办法》；国家监察委员会制定了《监察法实施条例》。

第五，依据全国人大及其常委会实施宪法的创新实践对教材相关内容进行了修订。例如，全国人大及其常委会制定、修改的多部法律和有关法律问题的决定明确“根据宪法”制定，体现了宪法在中国特色社会主义法律体系中的统领作用，也体现了通过完备的法律制度推动宪法实施的鲜明特点；根据宪法和立法法的原则和精神，通过立法创设新类型的法规规章，包括监察法规、海南自由贸易港法规、浦东新区法规等；以代表大会决定 + 常委会立法或修法的复合立法形式，完善发展“一国两制”制度体系。又如，2018 年 3 月 17 日，习近平总书记当选为国家主席和中央军委主席后，进行了宪法宣誓活动，这是共和国历史上国家主席首次进行宪法宣誓；在中华人民共和国成立 70 周年之际，全国人大常委会根据宪法作出决定，国家首次集中评选颁授国家勋章和国家荣誉称号；2019 年，根据全国人大常委会决定，国家主席习近平签署特赦令，对部分服刑罪犯施行特赦等。

在本版教材出版发行之际，作为作者要衷心感谢广大师生对本教材的厚爱！在本版教材修订过程中，中国人民大学法学院博士研究生方逊、苏锴协助作者进行了案例、事例的更新工作，在此也一并感谢。

作　者

2023 年 11 月 12 日

第四版说明

本版教材是在第三版的基础上修订而成的，保留了原版的体例与核心内容。此次修订的主要内容是：

1. 根据2018年全国人大通过的第五次宪法修正案，对全书的相关内容进行了修订。

2. 根据全国人大通过的宪法修正案及《中华人民共和国监察法》，在国家机构部分增加了一章“监察机关”。

3. 根据党的十九大报告精神、《深化党和国家机构改革方案》以及全国人大通过的《国务院机构改革方案》，对相关内容进行了修订。

4. 根据司法改革的成果，对审判机关和检察机关部分进行了修改。

5. 对教材的数据、文字等进行了订正。

在第四版出版发行之际，衷心感谢使用本教材的广大教师和学生，也特别感谢通过各种方式对本教材提出编写建议和意见的诸位，我们一定尽最大努力编写好一本宪法学教材，以作回报。

作　者

2018年4月1日

第三版说明

本版(第三版)教材是在第二版的基础上修订而成的,保留了原版的体例与核心内容。此次修订的主要内容是:

1. 根据宪法学新的学术发展成果及国家新通过或新修改的相关法律,对全书的内容进行了修订。经过修订,文字表述更准确、严谨,内容更完整、与时俱进。

2. 更换了部分案例或事例。自第二版出版发行以来,我国社会生活中出现了一些新的、更具有代表性的宪法案例或事例。中国人民大学宪政与行政法治研究中心自2007年以来,每年发布年度性的"中国十大宪法事例"。在评选过程中,收集了大量的我国宪法事例。此次修订时,以其中具有代表性的案例或事例替换第二版中的相关案例或事例,使本版教材更具有时代性。

3. 第二版教材在每章之后设"思考题",此次修订,根据学生的反馈意见,取消了"思考题"一项,将其改为"知识点提示"。在此项下,将该章所涉及的重点、难点、基本知识点进行了罗列,希冀能为学生学习每章内容起到提纲挈领的指引作用。

在第三版出版发行之际,衷心感谢所有关心本教材的编写者与出版者,特别要感谢使用本教材的广大教师和学生,正是你们的使用、意见及建议,使我们更迫切地去思考、探索如何编写出一本合格的中国宪法学教材。在本版修订过程中,中国人民大学法学院博士研究生邓静秋、吴敌协助作者进行了案例、事例的更换工作,在此一并致谢。

作　者

2016年7月8日

第二版说明

本版(第二版)教材是在第一版的基础上修订而成的,此次修订涉及的主要内容是:

1. 在本书中增加了大量近年来在我国社会生活中发生的具有典型意义的宪法事例,以更好地说明和阐释中国宪法学的内容,激发学生学习宪法原理的兴趣,使宪法学理论更好地联系实际。原版教材中没有关于宪法事例的介绍,采用了以传统的教材体语言阐述问题的方法。在教学实践中,我们感受到,学生对宪法原理与中国社会实际之间的关系更感兴趣。此次新增的宪法事例近百个,包括事例、案例、重大制度变革、背景资料等。同时,在每个宪法事例后,设定思考问题,引导学生自己去进一步深入学习和思考有关的现实宪法问题。

2. 删除了一些涉及外国的宪法学原理方面的知识。原版教材中有一些关于外国宪法原理的介绍和阐述,考虑到本教材为“中国宪法”,应当以中国的宪法原理和宪法制度为主要内容,外国宪法的内容应当以必要为限;同时,从教学实践来看,本教材主要适用于本科一年级的学生,在教学过程中过多地介绍外国宪法的原理,学生在理解和接受上都存在一定的难度。加之本课程的课时也非常有限。因此,新版教材删除三万字左右的涉及外国宪法知识与原理的内容。

3. 依照新通过的法律及修改的法律增加或修订原有的内容。第一版教材出版于2004年,此后通过了《各级人民代表大会常务委员会监督法》《公务员法》,修改了《人民法院组织法》等。在新版中,将这些法律及规范性文件的内容加进了相关的部分。

4. 对原有的文字表述和错误之处作了订正。在此次修订过程中,对原版教材的文字表述进行了全面的审改,使其更加准确、清晰,更加符合法学语言表述方式。在使用过程中,读者对某些地方的文字表述提出了不同看法,在此次修订过程中,亦采纳了读者的一些好的建议。

本版与原版相比较,字数上略有增加。新增的内容及删除的内容,大约占全教材原有字数的八分之一。

本版是在第一版经过教学实践的检验后修订而成的,相信它更能够适应本科生宪法学教学的需要和学生们学习宪法学知识的需要。同时,也殷切地期望本教材的使用者提出批评意见和建设性的意见,以使我们在第三版中做得更好。

最后,衷心感谢使用第一版教材的广大教师和同学,特别要感谢在使用过程中对第一版教材提出建设性意见的学者和同学们。中国人民大学法学院博士研究生冯家亮、王书成两位同学协助作者进行了事例收集、文字校对等工作,在此一并致谢。

作　者

2007 年 7 月 31 日

编写说明

“中国宪法”是由教育部确定的法学专业本科生的基础和核心课程，同时，“中国宪法”的基本内容也是国家统一司法考试中的必考内容之一。这是与宪法在我国法律体系中的地位和作用相一致的，也是与作为部门法的宪法同其他部门法之间的关系相一致的。本教材是一本主要面向法学专业本科生的关于中国宪法的教科书，同时，本教材也兼顾了参加国家统一司法考试的考生学习宪法基本知识与制度的需要。

我国现行宪法于1982年12月4日由第五届全国人大第五次会议通过施行。这部宪法的基本内容是在马克思主义基本理论指导下，以1954年宪法为基础，并依据我国改革开放新时代发展的需要形成的。随着我国社会的不断进步、改革开放的逐步深入、社会主义市场经济体制的完善，全国人大分别于1988年、1993年、1999年、2004年以修正案的方式，适时地对原有的宪法规范进行了部分修改，既保证了宪法的稳定性，又使宪法规范与我国发展的社会实际保持一致。本教材即是以我国现行的宪法规范和有关调整宪法关系的法律规范为依据而编写的。

以现行宪法起草为契机，以我国民主法制建设需要为动力，我国宪法学研究开始发展与不断完善。特别是改革开放以来我国社会在政治、经济、文化、思想等方面的巨大进步和变化，极大地促进和推动了我国宪法学的研究工作，使我国宪法学进入了一个新的繁荣阶段和时期。宪法学者基于自己的历史使命和社会使命，对宪法学的基本问题进行了较为深入的研究，取得了许多新的研究成果。本教材在编写过程中，参考了一些宪法学者的研究成果，也正是得益于这些新的研究成果，本教材才有现在的编写体例和基本内容。

近年来，在我国的社会生活中发生了一系列涉及宪法适用的案例和事例，如1999年北京民族饭店的王春立等选举案、2002年四川的蒋韬诉中国人民银行成都分行身高歧视案、2003年广东的孙志刚被收容案、2004年安徽的张先著诉芜湖市人事局乙肝歧视案等。一方面，这些案件中所涉及的争议是否应当适用宪法予以解决，或者是否能够由法院通过适用宪法予以解决，引起了学术界的广泛争论；但另一方面，这些案件的发生以及在整个社会所引起的广泛关注，说明我国民众的宪法意识和宪法观念已经有了极大的提高。这些案件的发生以及最终解决方式，促使宪法学者在更高的层次上思考我国宪法的实施问题。同时，这些案件也使宪法学者在思考宪法问题时，不得不回归到“宪法是什么?”“宪法的基本价值是什么?”“宪法的精神是什么?”等这些宪法学的基本命题上来。

基于对上述宪法学基本命题的理解，我们在编写本教材时，主要在编写体例上进行了新的尝试，试图通过新的体例体现我们对宪法和宪法学的理解，并容纳相关的内容。本教材除导论外，由上、中、下三编构成。上编为宪法总论，包括宪法的概念、宪法的历史、宪法的原则、宪法的变迁与合宪性审查；中编为公民的基本权利和义务，包括公民基本权利和义务概述、平等权、政治权利、宗教信仰自由、人身自由、社会经济权利、文化教育权利、监督权与请求权、特定主体的权利、公民的基本义务；下编为国家机构，包括国家机构概述、选举制度、中央国家机关、地方国家机关、审判机关和检察机关。

与通行的宪法学教材相比较，本教材主要是将国家基本制度方面的内容融入相关的部分。通行的宪法学教材在内容安排上政治性内容的比重较大，如人民民主专政、政党、政协等，这些内容属于宪法学与政治学交叉的部分或者属于政治学特别是政治制度部分的内容，本教材为突出宪法学知识的专业特点及避免与政治学的内容过多重复，在内容上作了简化。在本教材中，将人民民主专政制度的内容放到了宪法基本原则的“人民主权原则”部分，将社会主义经济制度的内容放到“财产权”部分，将人民代表大会制度的内容放到“国家机构”部分，将民族区域自治和特别行政区等部分涉及体制的内容放到宪法基本原则的“单一制原则”部分，将民族自治机关和特别行政区机关的内容放到“国家机构”部分，将选举制度的内容放到“国家机构”部分。

本教材的这一体例及对宪法学相关内容的选择，仅仅是我们基于对宪法和宪法学的理解所作的判断，是否妥当，有待广大读者和学术界的同仁在使用过程中予以评判。我们衷心希望能够得到大家的批评和指正，以使本教材更臻于完善，也使我国宪法学教材能够在学术争鸣和学术批判的环境中不断得到完善和提高。

本书写作分工如下：

胡锦光：第二章、第三章、第四章（第二节、第三节）、第五章、第十七章、第十九章、第二十章（除第五节）、第二十一章。

韩大元：导言、第一章、第四章（第一节、第四节、第五节、第六节）、中篇、第十八章、第二十章第五节。

编　者

2004 年 9 月

目　录

中篇 | 公民基本权利与基本义务

下篇 | 国家机构

导　言

一、宪法学的基本特征

法学是一片无边无际的知识海洋，不同的知识体系之间存在各种联系。当人们学习一门学科时，首先需要从宏观上把握本学科的性质与知识体系。宪法学是价值与事实、规范与现实、历史与传统相结合的知识体系，其中包含着一套有机联系的逻辑、规则与认识工具。

宪法学历来被人们认为“入门容易，深造难”，其含义是：阅读宪法典和初步了解宪法制度是比较容易的，但真正要掌握宪法学的体系、功能与逻辑结构并不是一件容易的事情。宪法文本背后存在一种人类共同追求的理念与思想。如果没有系统的宪法学知识，在现实生活中则无法正确地区分宪法问题与法律问题、基本权利与一般法律权利、宪法救济与法律救济的界限。可以说，宪法学是一门“越学越觉得自己无知”的学科，它给人们展示的是充满智慧的知识宝库，不断满足着人类追求幸福生活的需求，实现着人类的理想。因此，学习宪法学首先要理解宪法学的性质，确立宪法学的思维方式，从宏观上把握宪法学的基本特点。

关于宪法学的性质与概念，学者们的观点与表述是不同的。在我国，对宪法学具有代表性的定义是：“宪法学是有关宪法法律的学说”；〔1〕“宪法学亦即宪法科学，是特定国家的法律科学中的重要组成部分，属于社会科学范畴”；〔2〕“宪法学是指以宪法及宪法现象为研究对象的一门法律科学”；〔3〕“宪法学不是一门单一的学科，它是一个由众多分支学科组成的学科群体”〔4〕；等等。在国外，对宪法学具有代表性的定义有：“宪法学是研究宪法的各种现象，国家权力的结构、性质和运用方法，以及其国民地位的法秩序的学科”；“宪法学是法学的分支学科，同时也是一套具有理论体系的知识结构，具有公法的性质”。

从比较宪法角度看，上述几种观点虽表述不同，但也存在许多共同点，即都承认宪法学是法学知识体系的重要组成部分，具有社会科学的性质。所谓宪法学，是指以宪法现象为研究对象的一门法律科学，反映了宪法发展的内在原理与规律。构成宪法学的要素主要包括：宪法学是一门法律科学，反映了宪法学作为社会科学和法学的性质；宪法学是研究宪法现象的知识体系，宪法现象通常包括宪法规范、宪法制度、宪法意识与宪法秩序；宪

---

〔1〕 龚祥瑞：《比较宪法与行政法》，法律出版社 1985 年版，第 4 页。

〔2〕 蒋碧昆主编：《宪法学》，中国政法大学出版社 1997 年版，第 1 页。

〔3〕 《宪法学》编写组编：《宪法学》，高等教育出版社、人民出版社 2011 年版，第 1 页。

〔4〕 杨海坤主编：《宪法学基本论》，中国人事出版社 2002 年版，第 4 页。

法学知识是价值与事实的统一,其知识体系具有完整性,如宪法解释学、宪法经济学、宪法社会学、宪法政策学等。

从学科的性质来看,宪法学是探讨宪法现象的一门知识体系,属于法学的范畴,其基本特征是:

1. 宪法学的综合性。宪法学是研究各种宪法现象的性质与存在形式的高度概括的知识体系,内容的综合性是宪法学固有的特点。在分析各种宪法现象时我们经常发现各种综合的宪法问题,需要从不同的视角分析与宪法有关的现象。如基本权利问题中包含着各种价值与事实的认定与判断,基本权利之间的冲突与竞合的现象背后存在不同的社会背景,需要在不同的价值之间进行权衡并作出选择。这种综合性既表现为宪法学内容,同时也表现为宪法学研究方法的多样性。由于宪法学调整范围十分广泛,宪法现象形式各异,这就要求宪法学研究尽可能采用综合的手段与知识体系解决社会生活中出现的现实问题。总之,宪法学理论有助于人们从整体上认识一个国家的基本制度。

2. 宪法学的实践性。实践性是法学发挥其社会功能的基本条件。长期以来,由于对宪法学性质存在不正确认识,人们对宪法学的实践功能缺乏必要的关注,总是以怀疑的眼光看待宪法学知识的有用性。其实,宪法学是富有实践性、创造性的知识,是有关宪法的各种知识、事实与经验的总和。宪法学的知识与理论来源于实践,又指导社会实践,其价值具体体现为指导社会生活,即严格规范国家权力的运作程序,保护公民的权利与自由。因此,实践性是宪法学的基本属性之一,强调事实与经验性的认识。人们在日常生活中"打交道"比较多的法律可能是民法、诉讼法等普通法律,需要解决大量的合法性问题。但合法性并非一定具有正当性,在合法性的名义下经常发生侵害人权的现象。对于公民来说,合法性价值并非唯一和最高的价值选择,它需要经过合宪性价值的检验。比如,宪法上讲的基本权利,它实际上是对国家的要求,对国家要求的具体程度不同,就会有主观权利和客观价值秩序效力之分。其他部门法,如民法上讲的权利与义务,是指平等主体之间的关系,所以,民事权利的产生多与意思自治有关;而刑事规范中的权利多与法律规定有关,因此,民事规范适用意思自治原则,而刑事规范则采用罪刑法定的原则。学习宪法学,有助于区分合法性与合宪性的界限,当通过合法性途径不能有效实现权利救济或对合法性本身产生怀疑时,可以通过宪法途径寻求权利救济。在这种意义上,宪法是人类生活中不能缺少的价值体系与规则。特别是在社会生活中发生各种宪法争议后,公民可以通过宪法程序提起宪法诉讼,以寻求宪法救济。

3. 宪法学的系统性。宪法实践的多样性为人们提供了极其丰富的宪法学理论信息与理论成果。随着宪法实践的发展,宪法学体系所容纳的知识总量呈不断扩大趋势。在特定的时代,在特定国家宪法体制的发展中,宪法学体系与知识并不是处于无序的状态,它是按照一定的范畴与体系建立起来的,各种知识范畴之间存在内在的逻辑关系。系统性是宪法学作为一门科学的基本特征,也是其主要标志。宪法学固然首先要研究宪法文本,但宪法文本并不是宪法学唯一的研究内容。在具体研究宪法文本时,不能仅仅满足于对宪法结构的学理解释,应依据宪法实践中积累和形成的宪法理论积极地挖掘宪法结构形成的社会背景与实体内容,尊重宪法学所体现的内在规则。[5]

4. 宪法学的开放性。宪法学的内容、研究方法和存在方式并不是固定不变的,它需要与社会生活的变迁过程始终保持协调,以理论的影响力推动社会的发展与进步。宪法学的开放性是由宪法的地位、基本功能及宪法学的研究对象决定的。在社会变迁中,宪法学不断回应民众的宪法需求,同时构建宪法学与部门法学沟通与交流的平台。在这种意义上,宪法学的知识是法律人的基本常识,任何部门法的学习都要以宪法为背景,宪法思维是现代法律人不可或缺的基本思维。宪法学以其价值的多样性、结构的开放性特点发挥着知识整合的功能,使各种知识体系建立在维护人的尊严的基本理念上,体现了人类追求自由、幸福与正义的基本要求。这种知识的开放性要求学习宪法时,要关注宪法所处的特定历史、文化、政治、社会以及经济的脉络。基于宪法与国家的关联性,学习和研究宪法必须对一个国家所处的社会背景有深刻的了解,积累学习与研究宪法的广博而深厚的知识背景。因此,学习宪法学,一方面要强调把宪法学当作法学去学,另一方面又要强调不能把视野限定在法学的范围之内,要广泛地涉猎历史学、哲学、政治学、社会学等领域,为"解释和适用宪法"这一宪法学的基本任务提供深厚的背景支持。

随着全面依法治国的推进,宪法学的开放性将得到进一步加强,宪法学在全面依法治国进程中发挥着越来越重要的作用。

二、宪法学的历史发展

宪法学是人类在治理国家中积累的智慧与经验的结晶,集中体现了人类的理性、追求与对未来生活的期待。作为一个独立的知识体系,宪法学诞生于西方社会,并随着资产阶级宪法的制定与实施,不断发展和完善。英国是近代宪法学的诞生地,对近代以及现代宪法学的发展产生了重要影响。

(一)西方国家宪法学的历史发展

在西方宪法学发展过程中,早期的英国宪法学产生了广泛的影响。中世纪以后,英国宪法思想、宪法观念的产生与发展打下了建立宪法学体系的基础。20世纪以前英国宪法学的主流观点是戴雪的宪法学理论,他在《宪法研究导论》一书中提出了系统的宪法理论,其核心是提出了国会主权原则和法的统治(rule of law)的原则。[6] 戴雪同时指出了英国宪法的三项指导原则:议会的最高立法权;渗透在一般法律结构之中的普遍规则;宪法常规在宪政秩序当中所扮演的角色。[7] 进入20世纪后,随着社会结构的变化,戴雪的宪法学理论受到了实践的挑战,詹宁斯在《法与宪法》一书中对戴雪的宪法学理论进行了批判。对戴雪宪法理论的批判或重新评价,以及对传统议会主权解释方式的变化构成了英国宪法学的主流学说。

---

[5] 在这种意义上,宪法学的核心命题是分析与揭示宪法条文(宪法制度)背后的社会的事实关系,探讨社会变迁过程,通过宪法体现当为的价值。宪法学的系统性体现了社会生活与宪法存在价值之间的联系性。

[6] 参见何勤华:《西方法学史》,中国政法大学出版社1996年版,第345页。

[7] 参见[英]马丁·洛克林:《公法与政治理论》,郑戈译,商务印书馆2002年版,第198页。

德国宪法学反映了西方宪法学的古典理论特色。自1848年以后,德国宪法学逐渐形成一种理论体系。盖尔伯、拉班德的宪法学理论奠定了德国古典宪法学的基础。拉班德把法律学的方法运用于宪法学研究,完成了实证主义宪法学体系的建构。耶利内克(G. Jellinek)在《国家通论》《主观公法权利体系》中提出了系统的实证主义宪法学理论,改变了传统的宪法学研究方法。在德国宪法学的发展中,曾出现不同的学派,主要有:(1)在宪法学研究方法上,出现了以耶利内克为代表的实证主义学派与以G.安华茨、R.托马为代表的形式的法实证主义学派。(2)在宪法功能的解释方面,出现了纯粹法学派(规范法学派)与政治宪法学派。(3)第二次世界大战后,随着宪法学体系的调整,出现了人本主义的宪法学学派与宪法解释学学派。(4)在宪法规范的价值与社会现实的相互关系上,出现了三种宪法学理论派别,即规范主义宪法学、决断主义宪法学与整合过程宪法学。规范主义宪法学认为,宪法规定了国家的基本秩序,不得轻易变更,应保持其最高规范的地位,它把宪法的优先效力与最高性理解为宪法内在的伦理,强调宪法规范自身的价值;决断主义宪法学认为,宪法是有关社会主体共同政治生活方式的政治决断,宪法效力不仅存在于宪法规范本身的活动之中,也表现在正当性的基础之中;整合过程宪法学认为,宪法规范与社会生活的价值是并重的,既强调从宪法的动态角度观察宪法的价值,又分析宪法规范背后的社会与政治现实。德国宪法学理论广泛影响了各国宪法学的发展,尤其是直接影响了东亚各国宪法学的形成与发展过程。

美国宪法学的产生可追溯到17世纪初,1620年的《五月花号公约》实际上体现了一定的宪法思想。在各殖民地制定的宪法性文件中,资产阶级民主、自由思想得到了进一步发展。〔8〕 1787年制定联邦宪法以后,以宪法文本的解释为基础,以汉密尔顿、麦迪逊等为代表的联邦党人系统地提出了宪法理论,实际上奠定了美国宪法学的理论基础。从宪法学发展的历史过程来看,19世纪以前的宪法学主要以传统的自然法思想和判例为基础,研究的核心内容是违宪审查制度。〔9〕 到了20世纪初,宪法学研究广泛采用了社会学的研究方法,重视对宪法现象的实证分析,使宪法判例得到进一步体系化。宪法学研究的主要命题是多数民主与法院的角色。特别是20世纪出现的重大的宪法判例推动了宪法学体系与内容的发展与变化。第一个标志性判例是1905年的洛克纳(Lochner)判决,使人们感受到司法能动主义的缺陷和司法谦抑的必要;第二个标志性判例是把黑人与白人分离教育制度宣布为违宪的1954年布朗(Brown)判决,宣布"分离且平等"是一种实质上的不平等(inherentlyunequal),对美国宪法秩序、社会环境的改善产生了重要的影响;第三个标志性判例是1973年的罗伊诉韦德案(Roe v. Wade)判决,把多数州的禁止堕胎的法律宣布为无效,其重要的学术价值在于从正当法律程序中推导出女性本质的权利。〔10〕 到了20世纪20年代以后,围绕上述判例的正当性,学术界进行了争论,其焦点问题之一是自

---

〔8〕 参见何勤华:《西方法学史》,中国政法大学出版社1996年版,第362页。

〔9〕 20世纪初以前的美国宪法学主要是围绕违宪审查权的确立与具有代表性的判例而展开的,客观上推动了宪法学发展的判例有:Marbury v. Madison(1803)、Dred Scott v. Sanford(1856)等。

〔10〕 2022年6月24日,美国联邦最高法院以6∶3在多布斯诉杰克逊妇女健康组织案(Dobbs v. Jackson's Women's Health Organization)中推翻了1973年的罗伊诉韦德案判决。

然法价值与不成文法的意义。1975 年，斯坦福大学托马斯·格列教授认为，美国宪法有必要部分地采用不成文法，[11] 而劳尔·却伯教授通过对修正案第 14 条制定过程的分析，批判了布朗判决的依据。在整个 20 世纪 80 年代，宪法学的主要焦点是宪法正当性、民主政治与司法审查的正当性基础等基本问题。进入 20 世纪 90 年代以后，美国宪法学一方面继续保持自由主义宪法理论的传统，另一方面在宪法判例中强调法经济学的影响。在司法积极主义与司法消极主义的关系上，有的学者继续保持司法谦抑的立场，但也有学者主张宪法与经济理论的结合，提出适应市场经济的司法积极主义。也有一些学者如马克·图什内特建立了新的宪法理论模型，即综合美国宪法史上的自由主义与共和主义传统，以批判的态度评价两种相互对立的传统理念。将主流的自由主义宪法要素与共和主义要素结合是图什内特理论的重要特色。到了 20 世纪 90 年代中期以后，宪法学理论呈现分化与综合的新趋势，其中代表性的理论主要有民众主权论、批判人种法学、市民共和主义价值、宪法的微观理论等。围绕宪法解释方法、个人权利、国家权力和法院立场等问题，宪法学理论呈现逐渐分化与综合的新趋势。

（二）非西方国家宪法学的历史发展

非西方国家宪法学发展走的是不同于西方国家的道路，体现了鲜明的历史与文化的特色。如在亚洲，日本最早建立了宪法制度并系统地进行了宪法学研究。日本宪法学的发展通常被分为第二次世界大战前与第二次世界大战后两个阶段。根据日本学者的观点，日本宪法学产生于 19 世纪末，即以明治宪法的制定为契机出现了各种不同的宪法思想与流派，以美浓部达吉、佐佐木惣一为代表的“立宪学派”与以穗积八束、上杉慎吉为代表的“国体宪法学”构成了第二次世界大战前日本宪法学的主流学说。宫泽俊一教授的相对主义宪法学原理与铃木安藏教授的“科学的宪法学”原理，标志着日本宪法学理论体系的基本形成。第二次世界大战前日本宪法学的基本特点是：宪法学的基本理论模仿了德国公法理论；宪法解释学占有主导地位；宪法学缺乏自身独立的理论风格与体系。第二次世界大战后，伴随着和平宪法的出现，日本宪法学从理念到体系都有了根本性的变化。其主要标志是：宪法学研究中重视宪法运行过程的分析，形成宪法社会学体系；宪法学研究强调“作为社会科学”的宪法学；重视“宪法解释学”的实践功能等。

中国宪法学的历史起点是 19 世纪末 20 世纪初。19 世纪末，我国有关民主、宪法、共和、议会等的思想与理论开始从直观认识走向理性认识，进入宪法学产生的萌芽状态。中华人民共和国成立前宪法学的发展可分为如下三个阶段：（1）宪法学的“输入”与文化冲突时期（1902～1911 年）。早期的中国宪法学理论是在西方宪法文化的介绍、传播中形成的。资产阶级改良派系统地介绍了西方的议会制度，比较西方诸国的政体，倾向于中国采用君民共主政体。维新变法运动的主要领导人康有为、梁启超、严复等的宪法思想主要受到西方法律思想的影响，反映了当时宪法学发展的水平。这一时期，尽管清政府派五大臣考察西方立宪的举动是迫于当时的政治形势而作的统治政策的权宜之计，但对客观上借

---

〔11〕 See Thomas Grey, *Do We Have an Unwritten Constitution*, 27 Stanford Law Review 703(1975).

鉴世界不同宪法文化起到了一定的推动作用。(2)宪法学的形成期(1911～1930年)。辛亥革命以后,中国宪法学在动荡不安的社会环境中逐步进入形成期。在宪法学的形成过程中,孙中山先生的五权宪法学说是独具特色的一种理论,标志着中国宪法学的初步形成。经过20多年的发展,在急剧变化的社会环境中,宪法学已从分散的理论与知识形成初步吸收各种宪法学知识的体系。(3)宪法学的成长期(1930～1949年)。进入20世纪30年代后,研究新民主主义宪法理论的成果进一步丰富了中国宪法学的内容。[12]

中华人民共和国成立后,作为社会科学重要组成部分的宪法学,在内容、体系、方法等方面得到了进一步的发展,其理论价值受到社会的普遍关注与重视。中华人民共和国成立后宪法学的发展可以分为如下五个阶段:

1. 初创时期(1949～1956年)。《中国人民政治协商会议共同纲领》(以下简称《共同纲领》)、1954年宪法的制定为宪法学的研究与发展提供了有利的环境。人民民主专政政权的建立、第一部社会主义宪法的颁布,实际上为中国宪法学的发展带来了根本性的变化。这一时期宪法学发展的主要特点是:出版了宣传、介绍《共同纲领》、1954年宪法的论文和著作;初步建立了宪法学课程体系;宪法学基本范畴与原理主要参照苏联宪法学的成果,对中华人民共和国成立前宪法学的遗产采取一概否定的态度等。尽管这一时期的宪法学研究存在其客观的局限性,但初创时期的宪法学研究成果初步奠定了现代中国宪法学的理论框架。

2. 曲折发展时期(1957～1965年)。1957年反右斗争严重阻碍了中国宪法学研究,刚刚起步的宪法学研究在法律虚无主义思想的影响下受到冲击,宪法学实际上失去了必要的社会基础。当然,这一时期宪法学研究在某些领域也取得了一定的进展,如学者们发表了宪法学研究对象、国体、政体、宗教信仰自由等方面的论文。但总体而言,这一时期的宪法学的发展缺乏自身的科学性与学术性,具有浓厚的政治色彩。

3. 停止时期(1966～1977年)。"文化大革命"期间,宪法学研究处于全面停滞状态,1954年宪法确定的基本原则没有得到遵守,整个社会陷入无序化状态,宪法失去了调整社会生活的功能。

4. 恢复与发展时期(1978～2012年)。1978年后,尤其是1982年宪法颁布后,中国宪法学研究进入了恢复与发展时期。1982年宪法的颁布是我国宪法学走向繁荣的重要契机。这一时期,宪法学家们结合中国社会发展实际,一方面为修宪提供有益的建议,另一方面开始系统地研究我国宪法学理论与实践问题。随着宪法实践的发展,学者们探讨了宪法起源与宪法文化、宪法概念与属性、基本权利与义务、中西选举制度比较、宪法功能、宪法保障等问题。特别是进入20世纪90年代后,中国宪法学研究进入了新的发展阶段,社会生活中出现的大量的宪法问题促使学者们重新思考与反思传统宪法理论,积极探讨能够为现实问题的解决提供依据的理论体系。进入21世纪以来,随着民主与法治的发展,中国宪法学研究逐步形成了独立的学术脉络与主题,强调在宪法学研究中树立历史意

---

〔12〕代表性著作包括沈国明、王立民主编《二十世纪中国社会科学·法学卷》(2005年),陈白虚著《五权宪法之原理及应用》(1928年)以及王宠惠著《五权宪法》(1940年)等。

识、中国意识、问题意识与学术共同体意识。

5. 新时代宪法学(2012 年至今)。自 2012 年党的十八大以来,我国社会发展进入新时代,宪法学研究呈现新的气象。在我国现行宪法公布施行 40 周年之际,习近平总书记发表《谱写新时代中国宪法实践新篇章——纪念现行宪法公布施行 40 周年》重要文章〔13〕。这篇重要文章全面回顾了我国宪法制度发展的历史进程,系统总结了 1982 年宪法颁行 40 年,特别是新时代十年宪法实践取得的重大成效和经验,提出了新时代全面贯彻实施宪法,健全保证宪法全面实施的制度体系的具体要求。

进入新时代以来,特别是 2018 年《宪法修正案》将"习近平新时代中国特色社会主义思想"和"中国共产党领导是中国特色社会主义最本质的特征"载入宪法,中国宪法学研究坚持以习近平新时代中国特色社会主义思想为指导,深入贯彻习近平法治思想,对依宪治国、加强宪法实施、推动宪法发展等重大理论与实践问题,进行了深入研究。如重视宪法实践与宪法学理论的现实适应性;从单纯的注释宪法学走向动态宪法学;既强调宪法理论的开放性,又重视宪法理论的实践性;从宪法原理的宏观研究逐步走向专题性研究;宪法学开始成为知识整合的基本形式与平台。同时,加强外国宪法、比较宪法的理论研究等。

随着改革开放不断深入,实践问题渐趋复杂,传统研究范式愈发难以为继,需要强化学术的解释力与学术的自主性。习近平总书记指出"加强宪法理论研究和宣传教育,不断提升中国宪法理论和实践的说服力、影响力"〔14〕。同时,明确要求"要结合当代中国宪法制度和宪法实践,加强中国宪法理论研究,提炼标志性概念、原创性观点,加强中国宪法学科体系、学术体系、话语体系建设,巩固中国宪法理论在我国法治教育中的指导地位"〔15〕。我们需要结合宪法理论研究的实际情况,深入思考中国宪法理论的原创性与解释力的问题,构建中国自主的宪法学知识体系。

在宪法学领域,知识体系的主体性是指在一个国家的宪法发展过程中,应当以本国的宪法为根本,在此基础上逐步构建符合本民族文化心理、国情的宪法学说与宪法体系。只有依托本国的宪法文本,根植于本国的文化土壤,确立本国的自我意识与自我立场,才能真正发挥其规范功能。对中国宪法学来说,目前的重要任务是如何把握宪法学的历史方位,使宪法学回归中国历史与现实,强化其实践性功能。历史教训告诉我们,对国外宪法学的步步仿效导致了中国宪法学说自身主体性的不足,以国外的宪法学说来解释中国的宪法实践,往往力有未逮,导致中国宪法对社会现实的阐释力被削弱。

在新时代宪法学知识体系的构建中,无论是自主体系的目标设定还是具体构成要素,都离不开特定的历史、文化与社会背景。我们要从中国实践中提炼出中国命题与自主知

〔13〕 参见习近平:《谱写新时代中国宪法实践新篇章——纪念现行宪法公布施行 40 周年》,载《人民日报》2022 年 12 月 20 日,第 1 版。

〔14〕 习近平:《谱写新时代中国宪法实践新篇章——纪念现行宪法公布施行 40 周年》,载《人民日报》2022 年 12 月 20 日,第 1 版。

〔15〕 习近平:《谱写新时代中国宪法实践新篇章——纪念现行宪法公布施行 40 周年》,载《人民日报》2022 年 12 月 20 日,第 1 版。

识,推进宪法实践的学理化、学术化与体系化。比如,"一国两制"是植根于中国大地、具有浓厚中国政治文化底蕴,同时又体现主权、和平、包容与开放精神的国家制度,是中国的原创性制度,需要学理化,并提炼成具有标志性的中国宪法的话语,并使之成为世界公认的人类文明的成果。在具体学术命题的确定以及学理化过程中,我们要继续面向实践,以解决中国问题为基本使命。

总之,习近平法治思想是全面依法治国的根本遵循和指导思想,是中国宪法学研究的行动指南。宪法学研究要在习近平法治思想指导下,深刻把握新时代的主要矛盾和社会特征,加强宪法学基本理论研究,关注宪法现实,为构建中国特色社会主义宪法制度提供理论支撑。

三、宪法学的分类

由于各国政治、经济、文化传统等因素的不同,宪法现象的类型与存在形式也不尽相同。在不同的社会背景下,在解决各种宪法现象的过程中形成了各国不同的宪法学体系与风格,给人们提供了多样化的宪法学分类方式。

根据宪法学体现的经济基础与意识形态的特点,可以将宪法学分为马克思主义宪法学与资产阶级宪法学。宪法学是有关宪法知识与理论逻辑的体系,具有一定的意识形态性。在不同的社会制度下,宪法学表现出与经济基础相适应的意识形态。马克思主义宪法学与资产阶级宪法学在宪法产生、宪法发展及宪法作用等宪法问题上有完全不同的主张。马克思主义宪法学是在辩证唯物主义和历史唯物主义的指导下建立并形成的科学的理论体系,它深刻揭示了宪法与经济基础的辩证关系,坚持作为政治上层建筑的宪法是由经济基础决定的,并反过来为赖以产生的经济基础服务。资产阶级宪法学不承认经济基础对宪法的决定作用,不承认宪法的阶级性,体现资产阶级的意志和利益。同时,在宪法学理论体系中客观上也存在人类在治理国家中所积累的共同的经验,具有一定的可比性与借鉴性。

从宪法学所容纳的知识总量的角度,宪法学可分为广义宪法学与狭义宪法学。所谓广义宪法学,是指研究宪法规范、宪法制度、宪法意识与宪法秩序的一门学科,主要包括宪法哲学与宪法科学。所谓狭义宪法学,是指研究宪法规范与社会现实关系的一门知识体系,其学科研究的侧重点是宪法科学。

从规范与现实价值的角度,宪法学可分为实质宪法学和形式宪法学。实质宪法学重视规范与现实相互协调的条件,既要考虑规范的价值,也要考虑现实生活本身的价值,以保持宪法学的生命力。形式宪法学通常将规范与现实分离开来,片面强调规范本身的价值,忽视宪法现实存在的意义与实体价值,以消极的方法解决规范与现实之间的冲突。在实证主义研究方法占主导地位的背景下,宪法学只能满足于规范价值的解释,不能从实际生活中理解与体验宪法的价值。随着宪法实践的发展,形式主义宪法学逐步被实质主义宪法学所代替。

以宪法学发展的历史阶段为标准,可以将宪法学分为近代宪法学与现代宪法学。在西方社会,古典的宪法概念与宪法学概念是有所不同的。近代宪法学的基本功能被限定在探求"国家组织与构成的法"上,在国家生活中实际存在的政治权力才是宪法学的基本出发点。从这种意义上讲,近代宪法概念是了解现代宪法学理论的历史起点和逻辑基础。近代宪法学发展经历了如下三个阶段:近代资产阶级革命时期的宪法学、近代宪法确立时期的宪法学、近代宪法向现代宪法转型时期的宪法学。近代宪法学向现代宪法学转型的标志是 1919 年魏玛宪法的制定,而魏玛宪法的制定受到人类历史上第一部社会主义宪法——苏俄宪法的影响。魏玛宪法不仅为现代宪法的产生提供了丰富的宪法学理论,而且标志着近代宪法学原理的革命性变革。现代宪法学的基本特征是:以国家与自由关系的原理为基础建立自由主义的宪法学理论;以价值性与实践性的协调为基础建立宪法学理论;以人权的相对性为基础建立权利保障的理论体系,主张在保障自由权的同时要保障社会权,即对社会中的弱者给予积极的帮助等。现代宪法学重视宪法在司法中的解释与适用,以其特殊的功能广泛影响了现代社会发展进程,为法治国家的建设提供了理论依据。

根据地域和宪法文化特点,还可以把宪法学分为欧洲宪法学、亚洲宪法学、非洲宪法学与拉美宪法学等。

宪法分类学是宪法学的一门重要的分支学科,对于从不同的角度理解与观察宪法现象具有重要的意义。同样,在多样化的宪法学知识体系中,合理地区分不同类型的宪法学,并探讨不同类型宪法学之间的相互联系是宪法学科发展的重要条件。

四、宪法学的研究对象

宪法学的研究对象是宪法现象,研究对象的确定性既关系到宪法学学科建设,也关系到宪法学体系与基本范畴的确定。作为宪法学研究对象的宪法不仅指宪法典,而且包括现实的宪法制度与具体运作过程。

宪法学研究对象的确定不仅受宪法制度本身发展水平的限制,同时也受社会变迁与时代发展的限制。不同的历史发展过程给宪法学研究所提出的课题是不尽相同的,宪法学研究对象是不断发展和变化的。如近代宪法学与现代宪法学的研究对象是不同的,在不同的宪法文化背景下宪法学的关注点和研究的内容也不尽相同。从现代各国宪法学发展的情况来看,研究对象的确定方法与具体标准具有鲜明的时代特征。

各国宪法学根据本国社会的历史与所面临的具体问题确立宪法学体系和具体研究对象。如日本宪法学的研究对象主要包括宪法意识、宪法规范、依据宪法建立的宪法制度;法国宪法学的研究对象主要包括政治权力、国家、宪法体制、民主主义制度等,有关政治制度部分在宪法学研究领域中占有较大的比重;[16] 美国宪法学的研究对象中宪法判例与现实宪法的论述居于主导地位;韩国宪法学研究中宪法规范的实证性研究与宪法的现实运作过程是宪法学的主要研究对象等。在我国,宪法学的研究对象主要包括:

1. 宪法文本。宪法学以宪法文本为主要对象,其主要任务是解释宪法条文形成的具

---

〔16〕 法国宪法学研究对象的确定基于法国特殊的宪法观念。传统的法国宪法学是以宪法典为中心建立的,但考虑到宪法典所包含内容的有限性,其将研究对象逐步确定为“宪法与政治制度”。“宪法学”一词在法国首次出现是 1834 年,后经过公法、政治法、政治宪法或宪法政治法(droit politique et constitutionnel)等不同术语的变迁,最后确定为大家公认的宪法学概念(droit constitutionnel)。

体社会背景与具体规范内涵,为宪法实践提供规范依据。从某种意义上说,宪法学就是宪法解释学,始于宪法解释,最终回到宪法解释。因此,宪法学也被称为“宪法释义学”。

2. 宪法理论。宪法学的研究对象还包括宪法学的理论与实践结构。宪法学理论主要说明和解释宪法现象的基本原理与基本理念,具体包括:宪法概念、制宪权、宪法功能、宪法适应社会的形式、宪法实施、宪法解释、宪法监督等。宪法的实践结构主要指宪法的具体制度和运行形式,反映宪法的动态过程,具体研究宪法原理如何在现实中得到实现,并产生相应的社会效果。基本原理价值与社会现实价值相统一是宪法学需要解决的核心问题之一。中国宪法学研究自然以本国宪法的研究为中心,同时涉及宪法学发展中公认的规则与其他国家的宪法制度,但其核心部分是对本国宪法原理与制度运行过程的分析。

3. 宪法规范。宪法规范主要调整国家与公民之间的相互关系以及国家的根本制度与基本制度,如人民代表大会制度、基本经济制度和政治制度,以及基本文化制度等。在宪法学研究中,我们除了系统地学习宪法学基本理论外,也要系统地学习国家制度体现的各种规范。

4. 宪法运行。宪法与社会生活有着密切关系,宪法学是一门实践性的知识体系。宪法学不仅要研究宪法的产生和发展过程,同时也要研究社会生活中不同宪法现象之间的相互关系,从社会运行中把握宪法发展变化的内在规律。

总之,宪法现象虽然有其共同的规则和存在形式,但在不同的历史与文化传统下,宪法现象之间也存在不同的逻辑关系。在不同的经济、政治与文化背景下,宪法学所面临的宪法现象的存在形式是不尽相同的,故不能采用单一的理论或方法解释特定的宪法现象。特别是在研究本国宪法现象时不宜机械地以外国的理论说明本国的宪法问题。否则,在具体研究过程中可能使理论方法与现实问题之间产生冲突,最终可能导致宪法学科学性的丧失。

五、宪法学的体系

宪法学体系是有关宪法知识、理论的组合方式,即以一定的框架有机地建立宪法学内部结构中的各种知识与范畴。当宪法学理论发展进入一定阶段后,必然要求与之相适应的表现形式。

在理解宪法学体系时,首先要区分宪法学体系与宪法结构的关系。宪法学是以宪法现象为研究对象的,宪法结构的内容自然成为宪法学体系中被优先考虑的问题。宪法结构的确定与调整实际上以宪法实践的发展与宪法理论发展的成果为基础,不能脱离宪法结构中所确定的特定内容。但是,宪法学体系与宪法结构在其研究内容上并不是完全重合的,宪法学体系中研究的宪法问题一般超过宪法本身的内容,它是对宪法文本的理论与学理的说明。在特定的历史时期,宪法学体系中所孕育的宪法理论价值也可能超越现实的宪法制度,发挥其理论的影响力。因此,在确定宪法学体系时,不能把宪法学体系与结构简单地等同起来,应注意区分两者的界限与不同的功能。

传统的宪法学体系基本上是以两段论的方式组成的,即宪法学体系中包括人权理论与国家机构活动。宪法典中的人权条款与国家机构条款直接构成当时宪法学的体系。到了近代社会,随着宪法学思想基础的变迁,建立了新的宪法学体系,除保留传统的人权与国家机构外,增加了宪法基本原理部分。目前,世界各国普遍采用的宪法学体系是宪法学原理、基本权利保障与国家机构三部分。

自20世纪80年代以来,随着宪法实践的发展,我国宪法学者围绕宪法学体系的科学化问题进行了有益的探讨。宪法学体系的进展主要表现为:一是宪法学体系内部各种要素的进一步分化,组成相应的学科群,如宪法经济学、比较宪法学等分支学科;二是宪法学体系所容纳的知识总量的增加。从一般意义上讲,宪法学是一个综合的知识体系,包括本国宪法学、外国宪法学、比较宪法学三个部分。本国宪法学是以本国宪法为研究对象的知识体系;外国宪法学是以外国宪法为研究对象的知识体系;而比较宪法学是在本国宪法学、外国宪法学知识积累的基础上,对不同国家宪法现象进行比较的知识体系。因此,中国宪法学是以中国宪法现象为研究对象的知识体系,主要研究中国宪法理论与制度产生、发展及其演变的规律。

六、宪法学的研究方法

宪法学的目标是为人们认识与解释各种宪法现象提供学理与方法论基础,以推动宪法实践的发展。宪法学的研究方法,是指研究宪法及宪法现象、宪法规律的途径、步骤和手段。合理的宪法学研究方法有助于人们正确地理解社会生活中存在的各种宪法现象,树立宪法思维。从规范层面上看,宪法学的目标主要侧重于提供宪法价值的认识基础,但从事实层面上看,宪法学的目标更侧重于建构社会成员信任宪法的机制与价值体系,培养人们的宪法意识。

中国宪法学是以中国宪法为对象,阐释宪法学的基本理论、基本制度与实践的课程,是中国特色社会主义宪法理论体系的重要内容。因此,要学好中国宪法学,首先要认真学习习近平法治思想,特别是习近平法治思想所包含的一系列关于宪法的重要论述,认识到习近平法治思想与宪法在精神实质上的一致性。

宪法学研究方法一般分为基本研究方法与具体研究方法。基本研究方法主要包括历史分析法、系统分析法、比较分析法、综合分析法等。

历史分析法是研究宪法现象的基础性方法,给人们提供特定宪法制度产生与发展的历史背景资料,特别是提供制宪过程的完整资料。宪法是历史发展的产物,只有从具体的历史背景与事实中才能认识宪法产生与存在的历史与社会价值,客观地评价特定宪法制度的功能。

系统分析法有助于人们从宪法制度内部各个要素的相互联系与组合中分析宪法运行的特点与基本框架。宪法制度的形成与具体运作过程是相互联系与相互影响的,各个要素之间存在内在的一体性。

比较分析法给人们提供解释宪法现象的比较方法,即从不同国家宪法制度、不同宪法文化的相互比较中寻求宪法制度之间的共性与个性,从而获得完善现有宪法制度的有益的经验与信息。按照这种方式,不同性质的宪法制度之间仍然可找到具有可比性的基础。

比较分析法不仅提供研究宪法现象的比较方法,而且这种比较方法本身构成独立的一门学科——比较宪法学。

综合分析法要求人们在分析宪法现象时,从综合的角度思考不同性质的宪法制度,确立综合的思维方式,在知识体系的综合运用中把握宪法学精髓。

在分析具体的宪法现象时,我们需要同时运用各种具体研究方法,以微观的思维方式思考和解决具体宪法问题。通常采用的具体研究方法有功能分析、实证分析、规范分析、价值分析等。功能分析侧重于对宪法发挥社会效果的分析,从动态中把握宪法发展规律;实证分析与规范分析侧重于对宪法结构自身特点的分析,以揭示宪法本体价值;价值分析主要从价值论的角度分析宪法制度的内在结构及其运行过程,是对宪法实践价值的一种社会评价方法。

七、宪法学的基本功能

宪法学是法学专业的基础课程。宪法学作为一门研究宪法现象的知识体系,在整个法学体系中居于重要地位,发挥着综合性的理论与实践功能。

(一)宪法学与法学教育

宪法是国家的根本法,居于各部门法之首,宪法学所确定的原理、原则直接影响部门法的形成与存在形式。无论在公法领域还是在私法领域,宪法学所提供的原理是综合性的、指导性的原理,能够使学生打下扎实的法学专业基础。在这种意义上,宪法学的知识是法律人的基本常识,任何部门法的学习都要以宪法学为背景,宪法思维是现代法律人不可或缺的基本思维。因此,宪法学在任何国家的法学教育中都是最基本的必修课程,而在任何的部门法课堂上,上升到宪法高度的讨论都是基本的教学内容。部门法学的发展客观上需要以宪法学为纽带,将宪法原理与部门法原理连接起来,确立宪法价值的优先地位。法学教育的基本目标是培养法律人才,而法律人才首先要树立公平与正义观念,以宪法的正义观为基础,善于分析各种法律现象。

在学习部门法学课程时,我们经常发现其他法学课程中所体现的宪法学原理,实际上部门法的基本原则与内容是宪法原理的具体化。宪法学与法学其他部分之间存在密切的联系,学好宪法学对将来学好法学专业的其他学科具有重要意义。

宪法原理的指导性价值决定了宪法学不同于法学其他学科的特点。例如,宪法学与政治学的关系十分密切,其共性在于:研究国家权力的组织和运行规律;研究国家原理;研究国家权力的限制界限及其程序。两者的区别主要在于:宪法学研究宪法现象,政治学主要研究政治现象;宪法学是从法的角度揭示政治发展规律;由于宪法学是从政治学中分离出来的一门学科,两者在基本原理上存在相互交叉之处,但在具体研究过程中应采用不同的研究方法;宪法学是法学,是有关规则、规范性和应当的学科,而政治学不以规则和规范性为特征。又如,宪法学与行政法学、宪法学与刑法学、宪法学与民法学等学科之间既有联系又有区别,其他部门法学的基本原理实际上源于宪法的价值观。因此,在学习与研究部门法学时,我们应注意分析宪法原理的指导意义,从原理入手分析各种宪法现象。宪法学原理的普遍的指导意义是其他部门法产生和发展的基础,为部门法学的发展提供统一的理论基础。

（二）宪法学与国家立法

依法治国首先是依宪治国。宪法学科的发展及其所提供的理论依据，对于法治国家的建设产生直接的影响。从宪法和法治的关系来看，重视宪法学的理论价值，建立科学的宪法学体系是依法治国的内在要求，而立法又是依法治国的前提。

立法的基本理念是民主化与科学化，只有遵循民主与科学的原则，才能制定出良法，实现立法的民主价值。宪法学对整个立法过程产生直接的影响。首先，立法理念应体现宪法的基本价值，以宪法的价值体系为基础，确立立法的目标与方向。2023 年《立法法》第 55 条规定："全国人民代表大会及其常务委员会坚持科学立法、民主立法、依法立法，通过制定、修改、废止、解释法律和编纂法典等多种形式，增强立法的系统性、整体性、协同性、时效性。"其中，依法立法首先是依宪立法，确保一切立法中落实宪法规定、宪法原则与精神。其次，宪法学的研究成果为立法模式的选择提供可供参考的理论依据与方案，为立法者借鉴国外有益的经验提供了各种素材。再次，宪法学能够展现法体系的逻辑和脉络，为立法者制定法律提供效力支持和体系参照。最后，宪法学在立法过程中的重要功能还在于有助于协调各种利益关系，使立法者以及立法的参与者能够按照宪法的统一价值体系，认识和判断立法过程中可能出现的各种利益冲突与矛盾。

（三）宪法学与执法活动

宪法学作为研究宪法现象的知识体系，深刻影响执法活动。法律的生命力在于实施。宪法学在执法过程中的功能首先表现在对法律人宪法意识的培养，即以宪法学的理念与知识为基础培养法官、检察官、律师等法律人才的宪法思维。对于法官、检察官、律师来说，宪法教育是掌握一切法律知识的基础，应学会以宪法思维解释和解决各种法律问题。

宪法思维是所有法律人应具备的基本素质之一。在国家统一法律职业资格考试中，宪法学科目基本知识要求是：理解和掌握宪法的基本理论，把握宪法的精神实质；了解和掌握我国的基本制度，把握国家基本国策；了解和掌握公民基本权利和义务的内容、特点，以及国家机构的基本知识等。从国家统一法律职业资格考试出题的基本要求看，特别强调对宪法学基本知识的具体运用能力，采取客观题主观化的形式培养考生的综合判断能力。从今后法律职业共同体发展的基本趋势来看，宪法学理念与知识将成为评价综合素质的重要指标之一。比如，法官的宪法意识将对执法活动产生重要影响，为法官解决宪法和法律问题提供认识论基础。由于宪法判断和法律判断的方法不同，法官不能简单地以分析刑法、民法等案件的方法分析宪法问题。检察官和律师树立宪法意识对于推动法制建设、保护公民的权利与自由会产生重要影响。可以说，忠于宪法是一切法律人的职业伦理和基本行为准则。

（四）宪法学与公民的基本生活方式

在现代社会中，宪法一方面是国家基本法律秩序的基础，另一方面又是公民的基本生活规范。通常情况下,宪法会通过具体法律来规范调整公民的基本生活。但是,一旦到穷尽法律手段都无法实现权利救济的时候,宪法会提供相应的救济程序。比如,当你的权利与自由受到来自规范或行为的侵害,在合法性空间里得不到有效保护时,仍可以通过合宪性途径主张自己的权利。为了通过宪法保护作为人的尊严与价值,公民需要掌握宪法学的知识,了解宪法权利的救济程序,善于运用宪法实现自己的权利。通过公民的宪法实践活动,抽象的宪法理论转化为现实生活的常识与基本规则,成为解决宪法问题的手段。宪法学知识应当成为公民基本的生活修养,要善于从宪法角度发现问题,积极、主动地提出宪法问题。由于宪法规范是生活化的规范,生活在现实中的公民容易发现生活中的宪法问题,不断地启动宪法审查程序。根据全国人民代表大会常务委员会法制工作委员会《关于十三届全国人大以来暨2022年备案审查工作情况的报告》,五年来,全国人大常委会收到公民、组织提出的审查建议共17769件,其中2018年1229件、2019年226件、2020年5146件、2021年6339件、2022年4829件,都被认真研究处理。宪法学的专业化与大众化是相辅相成的,两者具有同等的价值。因此,合理地平衡宪法学的专业化与大众化是实现宪法价值的重要前提。

(五)宪法学与国家决策科学化

法学是价值性与实践性相结合的理论体系,它是制定与调整国家统治政策的基本依据。宪法学不仅要解释宪法现象存在的理论意义与具体原理,而且要积极地把宪法学价值转化到国家政策的制定与实施过程之中。宪法的政策化程度是衡量宪法学理论成熟水平的重要依据,其表明一个国家法治化的程度。在法治国家中,任何一种决策的内容、适用的空间与实践效力、制定的过程等都不能脱离宪法这一最高规范的精神与原则,只能在宪法规范所确定的范围内进行各种决策活动。

2021年1月10日中共中央印发的《法治中国建设规划(2020—2025年)》在加强宪法实施和监督方面提出了具体要求与目标。如明确全国人大及其常委会通过的法律和作出的决定决议,应当确保符合宪法规定、宪法精神。要健全合宪性审查制度,明确合宪性审查的原则、内容、程序。这些内容有些已落实,有些正在落实。该规划明确要求建立健全涉及宪法问题的事先审查和咨询制度,有关方面拟出台的行政法规、军事法规、监察法规、地方性法规、经济特区法规、自治条例和单行条例、部门规章、地方政府规章、司法解释以及其他规范性文件和重要政策、重大举措,凡涉及宪法有关规定如何理解、实施、适用问题的,都应当依照有关规定向全国人大常委会书面提出合宪性审查请求。如按照该规划的要求,各级各部门普遍建立健全涉宪问题的事先审查和咨询制度,将有助于大力提升宪法监督的水平,增强宪法监督的实效性,使宪法监督成为常态化的程序机制,确保国家决策的科学化、民主化。

(六)宪法学与国家的对外政策

随着经济全球化的发展,宪法在国家的对外政策制定中发挥着越来越重要的作用。在国际化时代,国与国之间的交往越来越多,迫切需要通过宪法学的研究获得全面而准确的信息，为本国对外政策的制定和调整服务。从现代宪法学发展的趋势来看，不仅对外政策成为宪法学研究的重要内容，而且在对外政策的制定中对宪法学知识的需求也不断提高。可以说，宪法学在维护国家主权、安全与发展利益，推动世界和平事业发展方面的功能将得到进一步强化。

总之，在新时代，中国宪法学将以更加开放、理性的态度迎接全球化带来的挑战。全球化要求宪法学者关注人类社会发展的命运，从世界宪法体系中思考宪法面临的问题与挑战，加强外国与比较宪法研究，发挥中国宪法学在全球治理与构建人类命运共同体中的作用。

上篇 | 宪法总论

第一章 宪法的概念

在一国的法律体系中，宪法具有最高的法律效力，是制定其他各种法律、法规的最高依据，构成国家法律体系的基础。

第一节 宪法的词源

宪法的观念可以追溯到古希腊和古罗马。据历史文献的记载，在宪法史上最早出现宪法概念是在17世纪中叶，当时使用的“立宪君主制”是一种接近宪法概念的最初的表述。亚里士多德当时谈论的“雅典宪法”，所指的就是规定国家机构的组织和权限的法律。在古罗马时代，已有了与行政长官可自行变更的普通法律不同的、须有保民官参与其事才可变更的关于国家根本的法律。

近代西方的“宪法”一词，源于拉丁文中的“*constitutio*”一词，此词原本的含义为组织、确立、结构、政体等，到罗马帝国时代，它又被用来指称皇帝的“诏令”“谕旨”“敕令”等，以区别于市民会议通过的法律文件。到了中世纪，宪法主要用来指封建主的各种特权和部分城市、团体有关权利的书面规定。这一时期，欧洲社会的根本法观念继续存在，并出现了早期的代议制。由于当时英国人将代议制称为 constitution，人们便把规定代议制度的法律也称为 constitution，即汉语所说的宪法。

从词源学意义上看，英语、法语、德语等在表现宪法概念时也有不同的表述。通常意义上“宪法”一词由两部分内容组成，即社会共同体结构或基本框架意义上的宪法和国家最高法意义上的宪法。英语的 constitutional law、法语的 droit constitutionnel、德语的 Verfassungsrecht 等指的是国家最高法意义上的宪法。英语的 constitution、法语的 droit constituti、德语的 Verfassung 则表示社会共同体或国家结构等含义，实际上包含着某些非法律的内容。在英语和德语的“宪法”概念中是否加“law”或“Recht”不仅存在表述上的差异，而且涉及对宪法概念、性质和功能的不同认识。也就是说，实际上存在法律意义上的宪法概念和非法律意义上的宪法概念。为了区分两个不同性质的概念，英国学者使用“constitution convention”一词，以表示非法律意义的宪法概念。德语中的两种表述也反映了不同的宪法理念，在19世纪法实证主义思想的影响下，Verfassung 只是作为 Verfassugsrecht 合法性的基础，容易使人们忽略宪法规范中包含的精神或社会学的意义，无法挖掘“具体的实质内容”。法律意义上的宪法概念是指具有制裁性的规范，能够作为普通法院或宪法法院审理案件的依据。可见,在西方社会的宪法语义中,不同的词汇实际上表达不同意义的宪法概念,以保持语义符号与宪法概念内涵之间的一致性。[1]

在中国古代文献中,也有“宪法”“宪”之类的说法,如《尚书》中的“监于先王成宪”,《国语》中的“赏善罚奸,国之宪法”,《管子》中的“权能出号令,明宪法矣”,《康熙字典》中的“悬法示人曰宪”。但这类“宪法”或“宪”,只包含律令、格式等含义,并不具有近代意义上宪法的含义。

在亚洲,19 世纪 60 年代明治维新时期,西方宪法观念传入日本,日本学者最初将 constitution 译为建国法、根本律例、朝纲或国家法,后来才参照中国古代文献译为宪法。19 世纪 80 年代,中国近代改良派、维新派人士郑观应、康有为先后提出了“立宪法”“设议院”“开国会”等主张,要求改君主专制政体为君主立宪政体。1905 年清政府派 5 名大臣去国外考察立宪。1908 年,清政府颁布了《钦定宪法大纲》。这一时期,“宪法”一词在中国开始具有了根本法的含义,但当时尚未形成宪法制度。同 constitution 关系密切但又有所不同的一个词组是 constitutional law,汉语一般将其译为宪法性法律(或宪法律)。在不成文宪法国家,它包括宪法惯例、宪法判例和一切有关宪法内容的制定法。在成文宪法国家,它指属于宪法内容的普通法律,如有关选举的法律、有关国家机构组织的法律、有关公民基本权利的法律等。这类宪法性法律和宪法典一起构成了部门法意义上的宪法。

日本是亚洲最早制定宪法的国家。在日本,最初出现“宪法”一词的文献是《圣德太子 17 条宪法》,这里出现的“宪法”一词源于中国古代的《国语》等文献,实际上是指律令、格式等含义。也有日本学者认为,“宪”和“法”是组合词,“宪”含有严格、明确、显明等意义,故“宪”是修饰“法”的形容词,表示严格、明确的法。在翻译“constitutional law”一词时曾出现不同的译法,如 1872 年加藤弘之在翻译德国学者著作时把德语的宪法译为“国宪”,并把“国宪”解释为“国宪是治国的大宪法”,是“治国的基础”。据文献记载,在日本最早使用“宪法”一词的学者是林正明,他于 1873 年 1 月翻译《美国宪法》《英国宪法》时正式使用“宪法”一词,同年 8 月,《法国法律书宪法》一书的译文中也使用了“宪法”一词。1882 年明治政府发布了制宪的敕令,在其内容中正式使用了“欧洲各立宪君治国的宪法……”的语句,也许这是日本历史上第一次在官方文件中使用宪法词汇。自 1889 年 2 月颁布《大日本帝国宪法》以后,“宪法”一词便成为大家普遍接受的法律用语。

在日本出现的宪法词汇通过不同途径影响了周边国家宪法学的发展。在韩国,在古文献中也出现过“国制”等词汇,当时主要指法令等含义。在韩国历史上第一次出现“宪法”一词是在 1884 年于《汉城旬报》上发表的《欧美立宪政体》一文中,作者把 constitution 译为宪法,但它并没有成为普遍性的用法。在我国,1889 年出现的宪法性文件中曾用“国制”表述“宪法”一词,1919 年上海临时政府制定的《临时宪章》则用“宪章”一词来表示宪法。自 1905 年俞致衡在其出版的《宪法》中使用“宪法”一词以来,人们开始接受了“宪

---

〔1〕 从宪法概念发展的时间来看,17 世纪以前的宪法概念中包含国王宣布的法律、各种宣言及议案等,而 17 世纪以后则表现为国家的根本法。

法”这一词汇。[2] 从以上“宪法”一词在日本、韩国、中国等国家的演变过程中可以看出，宪法词源的演变并不仅仅涉及词汇的使用问题，它实际上反映着不同宪法文化的历史和人们的不同宪法理念，需要我们从历史的角度进一步分析宪法词汇的发展过程与具体特点。[3]

第二节 宪法的概念

宪法是个多义词，在社会发展的不同历史时期具有不同的内涵，反映了人们对宪法现象的认识水平。

一、西方国家的宪法概念

宪法作为人类文明的产物，首先孕育于欧洲社会，最初的宪法定义也出自欧洲宪法学者的论述。据考察，在西方学者中最早谈论宪法并且影响最大的是亚里士多德。[4] 他在《政治学》一书中对158个城邦的政体进行研究，并根据法律的调整范围、功能及性质将城邦的法律分为宪法和普通法律。他认为，政体（宪法）为城邦一切组织的依据，其中尤其着重于政治所决定的“最高治权”组织。[5] 对宪法概念的不同解释与认识实际上反映了不同宪法文化的特点，体现了学者的不同宪法理念与认识。

在欧洲宪法发展历史上，学者们首先面对的问题是解释宪法概念的方法论。英国宪法学者L. W. 菲利浦斯在《比较宪法》一书中认为，根据不同的宪法认识可以把研究方法分为两类，即第一种宪法类型概念与第二种宪法类型概念。第一种宪法类型概念把宪法理解为政治体系的组织化（institutional organization）；第二种宪法类型概念把宪法理解为政治体系中制约权力行使者的装置（mechanism for the restraint of the powerholders）。第二种类型的宪法类型概念开始注意宪法概念构成要素中的制约性功能，扩大了宪法概念的外延。

《美国百科全书》对宪法的定义是：宪法是治理国家的根本法和基本原则的总称。宪法规定政府体制、政府及其各部门和官员的一般职能和权限，以及如何行使这些职权，宪法是整个国家的法律安排，并且既有公认的惯例，也有未经法律规定的习惯。[6]《法国拉鲁斯大百科全书》对宪法的定义是：宪法规定一个国家的一整套政治制度。按狭义来说，

---

〔2〕 参见韩大元：《亚洲立宪主义研究》（第2版），中国人民公安大学出版社2008年版，第36~38页。

〔3〕 宪法符号学是需要认真研究的新的学科，宪法典中的每一个词汇都有其特定的内涵。比较宪法学建立的重要基础是成熟的宪法符号学。

〔4〕 参见何华辉：《比较宪法学》，武汉大学出版社1988年版，第9页。

〔5〕 参见［古希腊］亚里士多德：《政治学》，吴寿彭译，商务印书馆1965年版，第129页。

〔6〕 参见《美国百科全书》（第7卷），第658页。转引自浦增元主编：《宪法》，知识出版社1982年版，第41~42页。

它是在一定的庄严隆重的形式条件下制定的一项法律,专门用来规定一个国家的政治制度及其职能。[7] 英国《牛津法律大辞典》中对宪法定义的表述具有一定的代表性:宪法是法律规则的总称,它确定某种特别政治团体的政体的法律结构的基本和根本成分、关系、权力分配及其职能。宪法可被认为是用来论及国家最高权力运行的结构和主要原则。[8] 即使同一个欧美国家在具体的宪法概念的表述上也有一些差异。如在法国,宪法不仅调整公法关系,而且在不同的社会生活领域中作为公共概念得到具体应用,如家庭宪法、公司宪法、劳动宪法、宗教宪法、国际宪法等。因此,法国学者们通常理解的宪法概念包括四个方面的要素:人民宪法,即与作为国家构成要素的国民地位有关的规则;政治宪法,即与国家最高机关组织有关的规则;行政宪法,即与地方自治团体或中介机关组织有关的规则;司法宪法,即与司法机关组织有关的规则等。但多数情况下宪法概念主要指政治宪法,故一般宪法学教材与著作多采用"宪法与政治制度"。美国学者对宪法概念的理解也有其特点,如约翰·摩尔认为,宪法应当是与人民签署的根本合约……此类宪法应当成为最高形式的法律,所有其他法律和政府的行动均必须遵守宪法。因此,宪法应当体现民主社会的根本概念。[9] 在他们看来,宪法的用意就是在一国的人民作为公民团结起来时成为其根本性的声明,以阐述他们共享并同意用于自我约束的基本规则和价值观念。

总之,由于历史与文化发展的传统,欧美学者们对宪法概念的认识具有一定共识,其特点是:着重从法律特征上揭示宪法的构成要素;既强调宪法作为法律秩序基础的要素,同时也强调对政治权力运作过程进行限制的属性;普遍采用广义的宪法概念,把历史上形成的宪法惯例、一般规则等也列入宪法含义之中。

二、亚洲国家学者的宪法概念

宪法是文化发展的产物,在不同的历史和文化条件下人们自然对宪法现象有不同的理解和解释。宪法概念所体现的价值普遍性并不影响宪法概念表现形式或内容上的不同意义。因此,从宪法文化的多样性角度了解其他文化背景下的宪法概念具有重要意义。

在亚洲国家,日本的学者们最早探讨了宪法概念问题。在移植西方立宪主义理论的过程中有的日本学者提出了广义宪法与狭义宪法概念。广义宪法概念是指有关国家组织及其作用的根本法;狭义宪法概念是指立宪主义宪法,即只有立宪国家的宪法才能被称为宪法。第二次世界大战后,随着和平宪法的制定,宪法概念的内涵与表现形式也发生了相应的变化,在概念要素中逐步取消了传统宪法概念中存在的国体内容,确立了"宪法是国家的根本法"的概念。在日本,目前学者们普遍认同的宪法概念是:有关国家组织及其活动的各种根本规范的总称。多数学者认为,宪法是国家根本秩序的规范,是规定国家统治

---

〔7〕 参见《法国拉鲁斯大百科全书》(第6卷),第3250~3251页。转引自浦增元主编:《宪法》,知识出版社1982年版,第44页。

〔8〕 参见[英]戴维·M.沃克:《牛津法律大辞典》,北京社会与科技发展研究所译,光明日报出版社1988年版,第202页。

〔9〕 参见[美]约翰·摩尔:《法治:概述》(在首届美苏法治会议上宣读的论文)。转引自[美]巴里·海格:《法治:决策者概念指南》,曼斯菲尔德太平洋事务中心译,中国政法大学出版社2005年版,第17页。

组织或作用的基本原则的最高规范。为了说明宪法概念所具有的实质意义与形式意义，学者们通常把宪法概念分为实质意义的宪法概念与形式意义的宪法概念。

在韩国，20 世纪初学者们移植西方宪法概念时接受了实证主义宪法观，采用了实质意义与形式意义的宪法概念，认为实质意义的宪法是“规定国家政体的规则”。当代韩国宪法学强调宪法概念中的人权保障的意义，认为宪法是国家的根本法，是保障国民的基本权、规定国家的统治组织和统治作用的最高法。印度学者 G. 努桑塔拉在说明宪法概念时认为，宪法概念由五个要素组成：法的最高性；法律面前人人平等；法院独立；享有自律权；权力分立与人权保障。他认为，立宪主义概念的实质是从肆意的政府行为中保障人权、尊重人的尊严与价值。

三、中国的宪法概念

“宪法”一词无论在中国还是在西方国家均古已有之，但它们的含义与近现代的“宪法”概念及性质迥然不同。

在中国古代的典籍中，曾出现“宪”“宪法”“宪令”“宪章”“国宪”等词语，如《尚书》中的“监于先王成宪”，《国语》中的“赏善罚奸，国之宪法”等，但这些词与近现代宪法的性质与含义是不尽相同的。在中国，将“宪法”一词在国家根本法意义上使用始于 19 世纪 80 年代。当时的近代改良主义者们基于国内外形势，明确提出了“伸民权”“争民主”“立宪法”“设议院”的政治主张，从而拉开了中国近代立宪运动的序幕。如郑观应在《盛世危言》中使用“宪法”一词，要求清朝政府制定宪法、开设议院、实行君主立宪政治。

在中国宪法概念的发展过程中，孙中山先生的宪法定义产生了重要影响，他认为宪法就是把一国的政权分作几部分，每部分都是各自独立、各有专司的。在 20 世纪 20、30 年代，中国学者们提出了不同的宪法概念，形成了具有一定代表性的宪法概念，如张友渔教授提出：宪法是规定国家体制、政权组织，以及政府和人民相互之间的权利义务关系的基本法。[10]

中华人民共和国成立后，宪法概念的发展在一定程度上受到苏联宪法学的影响，但在概念的表述上又具有中国的特色，如吴家麟教授在《宪法基本知识讲话》一书中对宪法概念作出如下表述：宪法是国家的根本法，它表现统治阶级的意志，巩固统治阶级的专政，规定社会结构和国家结构的基本原则，规定国家机关的组织、活动原则以及公民的基本权利和义务。[11] 1978 年以后形成了学术界普遍公认的宪法概念，如何华辉教授认为：宪法是集中表现统治阶级意志的国家根本法。[12] 近年来，学者们进一步深化了对宪法概念的研究，指出了传统宪法概念的缺陷，从不同的角度探讨了宪法概念的多样性，使宪法概念的表述更符合宪法文化与宪法实践的发展要求。

在理解宪法概念时，我们需要考虑如下因素：(1)宪法概念是历史的概念，在不同的

---

〔10〕 参见张友渔：《宪政论丛》(上)，群众出版社 1986 年版，第 98 页。

〔11〕 参见吴家麟编著：《宪法基本知识讲话》，中国青年出版社 1954 年版，第 1 页。

〔12〕 参见何华辉：《比较宪法学》，武汉大学出版社 1988 年版，第 17 页。

历史时期宪法概念具有不同的内涵,表现出鲜明的时代特征;(2)宪法概念是阶级性与公共性价值的统一,在保持社会意识形态性质的同时追求社会公共性价值,逐步使之成为人类共同的话语系统;(3)宪法概念是普遍性与特殊性的统一,既要分析在不同文化背景下宪法概念存在的多样性特点,同时也要分析宪法概念内涵的共性,避免宪法概念与宪法现实脱节;(4)宪法概念是价值与事实的统一,需要在价值与事实关系的变化中分析宪法概念。

第三节　宪法的特点

一、宪法与国家

要理解宪法是国家的根本法命题,首先需要认识国家在宪法文本中的意义。宪法作为国家的根本法,与"国家"有着内在的联系。在不同的宪法条文中,"国家"一词的内涵与表现形式不尽相同。在分析国家的含义和功能时,应结合宪法文本的具体条款与含义进行综合判断,不能把国家的概念绝对化。在我国宪法文本中,"国家"一词的含义主要包括:

1. 在统一的政治共同体意义上的"国家"。"国家"一词最常见的用法就是表示整个统一的政治共同体,具体又可以分为主权意义上(对外)的国家和主权权力意义上(对内)的国家两种。前者如《宪法》序言中的表述:"一八四〇年以后,封建的中国逐渐变成半殖民地、半封建的国家。中国人民为国家独立、民族解放和民主自由进行了前仆后继的英勇奋斗。"又如《宪法》第67条规定:"全国人民代表大会常务委员会行使下列职权:……(十九)在全国人民代表大会闭会期间,如果遇到国家遭受武装侵犯或者必须履行国际间共同防止侵略的条约的情况,决定战争状态的宣布……"后者常常使用的表达方式是"国家的权力""国家机关""国家机构""国家工作人员""国家权力机关""国家行政机关"等。

2. 在与社会相对的意义上的"国家",通常使用"国家和社会"等表达方式。如《宪法》第45条规定:"中华人民共和国公民在年老、疾病或者丧失劳动能力的情况下,有从国家和社会获得物质帮助的权利。国家发展为公民享受这些权利所需要的社会保险、社会救济和医疗卫生事业。国家和社会保障残废军人的生活,抚恤烈士家属,优待军人家属。国家和社会帮助安排盲、聋、哑和其他有残疾的公民的劳动、生活和教育。"

3. 在与地方相对的意义上的"国家",这时其含义主要是指中央。如《宪法》第118条规定:"民族自治地方的自治机关在国家计划的指导下,自主地安排和管理地方性的经济建设事业。国家在民族自治地方开发资源、建设企业的时候,应当照顾民族自治地方的利益。"

二、宪法与法律的共性

法是调整社会关系的规范体系,由具有不同功能的规范构成。各个国家的法有各种不同的表现形式。宪法是法的表现形式之一,无论是形式意义上的法律,还是实质意义上的法律,都与宪法具有一些共性:宪法和法律具有相同的经济基础,其性质主要取决于社会的物质文化条件;宪法与法律都是由国家制定并以国家强制力保障实施的行为规范;宪法与法律都通过规定社会关系参加者的权利义务来确认和保护社会秩序和法律秩序;宪法和法律都具有制裁性。因此,宪法是法,具有法的属性,宪法规范是法规范的一种。在分析宪法特性时,我们首先需要确立"宪法是法"的基本观念,要从法的角度分析宪法存在的形式与功能,善于在法的世界中发现宪法的价值,分析各种宪法现象。

在《宪法》中,"法律"一词出现的频率比较高。在理解宪法与法律关系时,需要区分两者在文本中的不同表述。

1. 以"以法律的形式""法律效力"的形式出现时,"法律"通常指法的一般特征,具有一般性、规范性、抽象性、强制性等。如《宪法》序言规定:"本宪法以法律的形式确认了中国各族人民奋斗的成果,规定了国家的根本制度和根本任务,是国家的根本法,具有最高的法律效力。"

2. 宪法和法律连在一起使用时,"法律"通常指由全国人大及其常委会制定的法律。法律与行政法规等相连使用时,"法律"仅指由全国人大及其常委会制定的法律。如《宪法》第5条第3款,第67条第7、8项,第100条的规定。

3. 宪法文本有时采用"依照法律规定""依照法律""依照……法律的规定"等形式,此时的"法律"指全国人大及其常委会制定的法律。如《宪法》第2条第3款、第10条第4款、第16条第2款的规定。

宪法中的"法律"的适用主体有两种情形:一是以私人为主体,且是义务性的情况,如《宪法》第55条第2款规定,依照法律服兵役和参加民兵组织是公民的光荣义务。《宪法》第56条规定,公民有依照法律纳税的义务。二是以国家为主体,如《宪法》第10条第3款规定,国家为了公共利益的需要,可以依照法律规定对土地实行征收或者征用并给予补偿。

三、宪法与法律的区别

宪法是国家意志的最高表现形式,具有根本性、全局性、稳定性、长期性。宪法是规定国家的根本制度和根本任务、集中体现各种政治力量对比关系、保障公民基本权利的国家根本法。作为国家根本法,宪法具有最高的法律地位、法律权威与法律效力。

1. 在内容上,宪法规定一个国家最根本、最核心的问题,诸如国家的性质、国家的政权组织形式、国家的结构形式、国家的基本国策、公民的基本权利和义务、国家机构的组织和职权等。这些规定不仅反映着一个国家在政治、经济、文化和社会生活等各个方面的基本内容和发展方向,而且从社会制度和国家制度的根本原则上规范整个国家的活动。其他法律所规定的内容通常只是国家生活中具体领域的问题。

2. 在法律效力上,宪法具有最高法律效力。法律效力是指法律所具有的约束力和强制力。宪法的法律效力高于一般意义上的法律,宪法在国家法律体系中处于最高地位。宪法的最高法律效力主要包括三个方面的含义:(1)宪法是法律的制定依据,法律是宪法的具体化。立法机关在立法时必须以宪法的规定为依据,使法律具有合宪性。通常法律的第 1 条都会写明“根据宪法,制定本法”。宪法是国家一切法律法规的总依据、总源头。(2)任何法律都不得与宪法的规定、原则和精神相违背。《宪法》第 5 条第 3 款规定:“一切法律、行政法规和地方性法规都不得同宪法相抵触。”(3)宪法是一切国家机关、社会团体和全体公民的最高行为准则。《宪法》第 5 条第 4 款规定:“一切国家机关和武装力量、各政党和各社会团体、各企业事业组织都必须遵守宪法和法律。一切违反宪法和法律的行为,必须予以追究。”

3. 在制定和修改的程序上,宪法比法律更加严格。在成文宪法国家中,宪法是具有最高法律效力的国家根本法,这必然要求维护宪法的最高权威和尊严。严格的制定和修改程序是保障宪法权威的重要环节:(1)制定和修改宪法的机关往往是特别成立的机关而非普通立法机关。(2)通过或批准宪法或者宪法修正案的程序往往严于法律,一般要求由制宪机关或者国家立法机关成员的 2/3 以上或者 3/4 以上的多数表决通过才能颁布施行,有的国家还要求全民投票表决,而法律一般只需要立法机关成员的过半数通过即可。《宪法》第 64 条第 1 款规定:“宪法的修改,由全国人民代表大会常务委员会或者五分之一以上的全国人民代表大会代表提议,并由全国人民代表大会以全体代表的三分之二以上的多数通过。”

四、公民权利的保障书

从宪法与国家的关系来看,作为国家根本法的宪法的最重要、最核心的价值是保障公民的基本权利。在此意义上,宪法是公民权利的保障书。1789 年法国《人权宣言》就明确宣布,凡权利无保障和分权未确立的社会就没有宪法。

从历史上看,宪法或者宪法性文件最初是资产阶级在反对封建专制制度的斗争中,为了确认取得的权利以巩固胜利成果而制定出来的。从宪法的基本内容来看,宪法的规定涉及国家生活的主要方面,但其基本内容主要分为两部分,即对国家权力的规范和对公民权利的保障。就两者的关系而言,对公民权利的保障居于核心与支配地位。因此,在国家法律体系中,宪法不仅是全面规定公民的基本权利的国家根本法,而且其目的就是保障公民的权利和自由。

五、宪法是民主制度化、法律化的基本形式

宪法与民主是密不可分的。在人权观念普遍化以后,随之产生了人民主权观念。根据人民主权的原理,国家的一切权力属于人民。因此,人民可以通过各种形式管理国家。人民管理国家的各种方式或者形式就是民主。宪法就是确认人民管理国家的方式和程序的基本法。宪法产生与存在的前提之一是民主事实与民主制度的产生。近代意义上的宪法是资产阶级革命取得胜利并有了民主事实后出现的。

我国《宪法》中,“民主”一词涉及序言中的“发展社会主义民主”“富强民主文明和谐美丽”,总纲中的“人民民主专政”“民主集中制”,以及社会主义核心价值观中的民主等,同时民主原则体现在包括国家机构与基本权利在内的整部《宪法》之中。其中,《宪法》第

1 条至第 3 条的规范群集中地体现了中国宪法上的民主形态，同时构成了全过程人民民主核心的宪法依据。

在社会主义民主实践中，我国人民创造了丰富多彩的民主形式，通过人民代表大会制度，不断扩大公民有序政治参与，健全民主制度，丰富民主形式，拓宽民主渠道。这一点在立法工作中表现得尤为突出。我们通过修改立法法，积极推进民主立法、“开门”立法，将民主立法、科学立法、依法立法确立为三项必须遵循的立法原则。自 2005 年，我国引入立法听证制度，广泛听取基层群众对立法的意见。

我国宪法对民主制度的规定主要表现在：以根本法的形式确认人民当家作主的地位和公民的宪法地位；规定人民代表大会制度的基本原则；通过规定选举制度、基层政权组织形式等，不断扩大社会主义民主的基础等。随着社会主义民主制度的发展，宪法在内容和形式上将得到不断完善。

总之，宪法与民主紧密相连，民主事实的普遍化是宪法得以产生的前提之一。当然，宪法与民主之间有时会出现冲突或者张力。对于多数人意志中可能存在的非理性因素，要通过宪法程序加以预防或解决，既要以民主程序确认多数人的合法利益，同时也要依据宪法尊重少数人的合法权益。

六、宪法的本质

宪法作为法，在本质上同一般法律一样反映政治力量对比关系，并依国家强制力保障实施。但作为国家根本法，宪法在反映政治力量对比关系方面具有自身的特点，主要表现在：反映的统治阶级意志和政治力量对比关系更为全面和集中；以根本法的形式协调各种主体的利益关系，确立利益协调的共同规则。宪法首先反映了统治阶级的意志，而统治阶级中又存在不同的阶级、阶层和社会集团，所谓统治阶级的意志，就是统治阶级内部不同阶级、阶层、社会集团的具体意志的总和，体现了利益之间的合理协调与妥协。

总之，宪法反映了不同政治力量之间的对比关系，并随着政治力量对比关系的变化而不断地调整和完善。概括地讲，所谓宪法，就是规定国家的根本制度和根本任务、集中体现各种政治力量对比关系、保障公民基本权利的国家根本法。作为国家根本法，宪法具有最高的法律地位、法律权威与法律效力。

第四节　宪法的分类

对不同形式的宪法进行分类的目的是加深对宪法性质、功能的认识，进而客观地认识宪法价值的普遍性与特殊性。通过宪法分类学的知识，我们可以得到有关不同类型宪法的动态与信息，并对不同宪法形态作出必要的判断。

一、传统宪法分类学

在宪法学发展史上,19 世纪末以前传统宪法分类学的内容主要包括:成文宪法和不成文宪法;钦定宪法、民定宪法和协定宪法;刚性宪法和柔性宪法。这种分类方法为人们认识不同形式的宪法提供了一定程度上的方法论基础。成文宪法和不成文宪法是以是否具有统一的法律文件为标准划分的;钦定宪法、民定宪法和协定宪法是以制定宪法主体的不同为标准划分的;刚性宪法和柔性宪法是以制定和修改宪法程序是否特殊为标准划分的。但传统的分类方法在具体运用过程中暴露出了逻辑上的矛盾。如成文宪法与不成文宪法是以宪法存在的方式为标准划分的,但存在以下矛盾:一是容易使人产生误解,认为只有不成文宪法才承认惯例或习惯,成文宪法不承认宪法惯例;二是宪法典中没有规定的内容(宪法性法律)得不到足够的重视;三是片面强调宪法成文化的重要性,忽略习惯或宪法惯例的重要功能。

在宪法发展过程中,有时很难严格地区分规定内容的成文性和不成文性。实际情况是,成文宪法中有不成文宪法的内容,不成文宪法中有成文宪法的内容。一方面,成文宪法日益与不成文宪法、宪法惯例相结合;另一方面,不成文宪法日益和成文宪法相结合,表现为混合性的发展趋势。对钦定宪法、民定宪法和协定宪法的分类,学者们也提出了批评,如罗文斯坦认为,把民定宪法解释为由国民制定的宪法是不确切的,因为不同的国家在不同的历史时期,国民的概念和含义是不尽相同的。因此,这一分类存在许多不确定的因素,不宜作为严格意义上的宪法分类。刚性宪法和柔性宪法是以修改难易程度和修改方法为标准划分的一种类型。这种分类最早是由蒲莱斯在《历史与法学的研究》一书中提出的,虽起到了一定的作用,但作为统一的分类方法存在技术与逻辑上的矛盾。比如,在实行刚性宪法的国家中,也有一些国家在宪法修改上采取不同形式,其难易程度相差很大。历史上曾存在过的法国 1875 年宪法为刚性宪法,但其修改程序并不严格。同样采取刚性宪法形式的美国宪法的修改程序则非常严格。另外,“刚性”和“柔性”的词语本身有时容易使人产生不必要的误解。从宪法发展的实际情况来看,修宪的难易程度和修宪频率固然与宪法规定的修宪方法有关,但更取决于宪法适应社会生活的程度。

二、现代宪法分类

在批判传统的宪法分类方法的基础上,学者们提出了新的宪法分类标准与具体方法,并在实践中逐步形成了现代宪法分类学。

(一)以宪法性质为标准的宪法分类

根据宪法所体现的经济基础与国家性质,宪法首先分为资本主义类型的宪法与社会主义类型的宪法。资本主义类型的宪法建立在资本主义私有制基础之上,并确认资产阶级民主。社会主义类型的宪法建立在社会主义经济基础之上,并确认社会主义民主,体现人民当家作主。

（二）以宪法与社会关系为标准的宪法分类

根据宪法概念所体现的宪法与社会关系，通常把宪法概念分为社会学意义上的宪法概念和法学意义上的宪法概念。在分析宪法概念时，有的学者认为，宪法实际上反映了一定的权力关系，具有双重性，即政治现实和法律事实的属性。当人们把宪法仅仅看作政治现实或政治事实时，便产生了社会学意义上的宪法概念。社会学意义上的宪法概念虽然注意到了宪法与社会现实的关系，但在概念的构成中过分强调社会现实的价值，忽略了宪法作为法律概念的意义。法学意义上的宪法概念强调了宪法所具有的法律属性，要求人们从法的角度分析和评价宪法。法学意义上的宪法概念一般分为实质意义上的宪法与形式意义上的宪法、近代意义上的宪法与现代福利国家的宪法。

（三）以宪法存在形式为标准的分类

这种分类以维尔（Wheare）的宪法分类为代表。在宪法分类学的发展过程中，维尔对传统的宪法分类学进行了批判，提出了新的“维尔模式”的宪法分类方法。

维尔在《现代宪法论》（1951 年）一书中提出了下列几种宪法分类，即成文宪法与不成文宪法、刚性宪法与柔性宪法、优越性宪法与从属性宪法、联邦制宪法与单一制宪法、权力分立型宪法与权力融合型宪法、共和制宪法与君主制宪法等。这种分类既继承了蒲莱斯的宪法分类理论，也有新的发展。书中提出的第一种分类方法认为，成文宪法与不成文宪法的分类是没有意义的，应区分的是实行成文宪法的国家和实行不成文宪法的国家，应承认法律规范与非法律规范之间混合的特点。对蒲莱斯的刚性宪法和柔性宪法的区分理论，维尔认为“刚性”和“柔性”的词汇很容易使人产生误解，混淆宪法变动的客观规律。因此，他提出的第二种分类方法主张区分“刚性”宪法和“柔性”宪法的意义并不在于评价是否存在特别的修改程序，而在于评价宪法实际上是否频繁地进行变动，其修改过程是否容易。他提出的第三种分类方法的基本依据是宪法是否由立法机关进行修改。由立法机关进行修改的宪法是从属性宪法，不由立法机关修改的宪法是优越性宪法。第四种分类方法是根据中央政府和地方政府之间的权限划分而确立的。第五种分类方法是根据统治形态内部的权限而划分的，实际上是区分“权力分立理论”（the doctrine of the separation of powers）具体化的宪法和没有具体化的宪法。[13]

（四）以宪法规范与现实关系为标准的宪法分类

宪法学的基本问题是研究宪法规范与社会现实的相互关系。宪法分类的方法实际上受到宪法规范与社会现实相互关系的影响，并在两者的互动关系中具体化与规范化。罗文斯坦从存在论的角度首先对维尔的宪法分类理论进行了批判，他认为刚性宪法与柔性宪法的区分是形式和非现实的，修改宪法程序作为分类标准已失去了实践意义。他提出的宪法分类有：

---

〔13〕 See Wheare, K. C., *Modern Constitutions*, Qxford University Press, 1951, p. 35.

独创宪法(original)与模仿宪法(derivative)。独创宪法是为了形成政治权力和国家意志而新创造的、本源的、作为统治制度的宪法;模仿宪法是指以国外已存在的宪法为原型,模仿其内容的宪法。他认为,独创宪法和模仿宪法是一种价值判断,真正独创的宪法是很少的。

意识形态宪法(ideologically programmatic)与意识形态中立宪法(ideologically neutral or utilitarian)。意识形态宪法是标榜意识形态或包含其方针的宪法;意识形态中立宪法是指意识形态上保持中立,只规定实用性内容的宪法。

规范宪法(normative)与名目宪法(nominal)。罗文斯坦以权力过程的实现是否与宪法规范相一致为标准,把宪法分为规范宪法和名目宪法。规范宪法是指"宪法规范支配政治过程的宪法,也就是权力过程服从宪法规范的宪法"。他认为,规范宪法不仅在法的意义上是有效的,而且全社会必须遵守。规范宪法实际上是成文化的立宪主义的宪法规范,是一种"活着的宪法"。名目宪法是指宪法规范只是作为一种法的形式起作用,政治过程不受宪法规范的制约。

(五)以宪法形态论为标准的宪法分类

此种分类以本杰明·阿杰为代表。在发展罗文斯坦宪法分类理论的基础上,阿杰在《宪法的安定性与现实性》这一论文中提出了形态论的宪法分类说。他的理论出发点是分析宪法的安定性(stability)与脆弱性(fragility)、宪法的现实性与规范性(normativity)之间的相互关系。他在比较分析了20世纪50年代41个国家的宪法后发现这些宪法普遍呈现出"脆弱性"的特点,并指出其中的24个国家的宪法属于"名目宪法"范畴。他在建立"宪法脆弱性与非现实性的假说"理论体系时提出了宪法的几种形态:因革命使"宪法消灭";宪法的变更有时受到外国强制性的压力;宪法的变更有时意味着独立于过去的国家;宪法有时不能合理地反映社会的发展及其各种势力关系等。

此外,根据现代宪法规定的国家形态与社会体制,也可将宪法分为民族主义宪法与民主民族主义国家的宪法。民族主义宪法是标榜民族主义理念的宪法,民主民族主义国家的宪法是介于民主主义与民族主义价值理念之间的宪法。

三、宪法分类的发展趋势

从宪法学发展的过程来看,宪法分类的意义主要在于为宪法现象的分析提供认识的工具,建立宪法现象与认识工具之间的合理机制。随着宪法实践的发展和人们认识宪法现象的能力的提高,将会出现各种不同形式的宪法分类。我们既要重视宪法分类方法的功能,同时也要客观地分析其功能的局限性,不能夸大其价值。当代宪法分类的发展趋势主要表现在:宪法分类标准的规范化;宪法分类方法的多元化;宪法分类与宪法文化的关系越来越密切;宪法分类评价体系的客观化等。

第五节 宪法的功能

宪法作为国家根本法，在社会生活的各个领域发挥着统一调整和规范功能。在宪法实践中，我们可以从不同的角度，分析宪法的功能。

一、宪法发挥功能的基本条件

宪法功能是宪法内容作用于社会生活的社会效果，体现宪法正当性要求。宪法发挥功能很大程度上取决于社会成员对宪法的信任，由此形成尊重宪法、维护宪法、运用宪法的社会环境。没有社会成员成熟的宪法意识和维护宪法的意志，即使具有正当性的宪法也难以发挥功能。从宪法发挥功能的过程来看，建立有效的宪法保障制度是宪法内容作用于现实生活的基本条件之一。

二、宪法的具体功能

（一）确认功能

宪法作为国家根本法，首先具有确认功能，具体表现在：确认宪法赖以存在的经济基础，宪法的性质和内容取决于经济基础的性质；确认国家权力的归属，使统治阶级的统治地位实现合法化；确认法制统一的原则，为法律体系的有机统一和协调发展提供统一的基础；确认社会共同体的基本价值目标与原则，为社会共同体的发展提供共同遵循的价值体系。

（二）保障功能

宪法为民主制度和人权的发展提供有效的保障。如前所述，宪法是民主制度的法律化，对宪法规定的各种民主原则、民主程序与民主生活规则，宪法都提供了有效的保障。没有宪法的确认和保障，民主制度不能转化为具有国家意志的国家制度。在宪法的保障功能中，人权保障是最核心的原则。各国宪法以不同的形式规定了人权的内容、人权保障体制、限制人权的标准等，从宏观上确立了公民与国家的相互关系，明确了公民的宪法地位。我国《宪法》第33条规定了“国家尊重和保障人权”的原则，使人权从政治原则变为宪法原则，标志着国家价值观的根本性转变。

事例与思考1－1 重庆失独家庭集会维权

“失独者”是指失去独生子女的父母，他们的年龄大多数在50岁上下，很难再生养孩子。据不完全统计，我国15岁至30岁的独生子女总人数约1.9亿，这一年龄段的年死亡率为万分之四，每年新增“失独家庭”将达7.6万户，这意味着失独者至少已超过200万人。

2014年11月11日起,某市数百名失独者要求政府关注“失独”问题,解决养老问题,保障他们的基本权益。

问:1. 如何理解失独家庭的养老问题是国家尊重和保障人权的重要体现?

2. 如何发挥宪法对于失独家庭的保障功能?

(三)限制功能

宪法一方面表现为授权法,确立合理地授予国家权力的原则与程序,使国家权力的运行具有合宪性;另一方面又是限权法,规定限制国家权力行使的原则与程序,确定所有公权力活动的界限。宪法的限制功能与宪法对人权的保障功能是不可分割的,如果不对国家权力的行使进行有效的限制,人权保障就会失去基础。宪法以其特殊功能规定了国家机构的产生程序、职权的具体行使程序等。从这种意义上讲,宪法主要调整公权力活动,一般情况下私人活动不受宪法的调整。

事例与思考1-2 2021年立法授权海南省人大及其常委会制定自由贸易港相应法规

2021年6月10日,第十三届全国人大常委会第二十九次会议通过《海南自由贸易港法》,该法自公布之日起施行。《海南自由贸易港法》第10条规定:“海南省人民代表大会及其常务委员会可以根据本法,结合海南自由贸易港建设的具体情况和实际需要,遵循宪法规定和法律、行政法规的基本原则,就贸易、投资及相关管理活动制定法规(以下称海南自由贸易港法规),在海南自由贸易港范围内实施。海南自由贸易港法规应当报送全国人民代表大会常务委员会和国务院备案;对法律或者行政法规的规定作变通规定的,应当说明变通的情况和理由。海南自由贸易港法规涉及依法应当由全国人民代表大会及其常务委员会制定法律或者由国务院制定行政法规事项的,应当分别报全国人民代表大会常务委员会或者国务院批准后生效。”

问:1. 全国人大常委会立法授权海南省人大及其常委会制定自由贸易港法规有宪法和法律依据吗?

2. 海南省人大及其常委会制定自由贸易港法规有哪些效力和内容上的限制?

(四)协调功能

为了实现确认、保障与限制的功能,宪法在运行过程中需要解决大量的利益冲突与矛盾,合理地协调不同主体的利益关系。在制定和实施宪法的过程中,由于利益分配的不平衡和主体价值观的不同,人们可能产生不同的利益需求。宪法的特殊功能在于,能够以合理的机制平衡利益关系,寻求多数社会成员普遍认可的规则,以此作为社会成员遵循的原则。关于如何对少数人利益进行保护,宪法也规定了相应的制度,如宪法诉讼制度在保护少数人利益方面发挥着重要作用。社会共识强调共同体的一种共同的情感、共同的价值和共同的认识。在保障每个成员的个体性和意志自由性的前提下,社会共同体需要具有一个共同的价值共识或者基本的社会共识，而个体的多样性也需要得到更好的确立和更好的保护。人民代表大会代表的广泛性、职权的广泛性与活动方式的多样性集中体现了宪法的利益协调功能。

事例与思考 1 – 3　在宪法制定修改过程中努力凝聚共识

自 1954 年中华人民共和国第一部社会主义类型宪法颁布实施，在我国宪法制定修改过程中逐步形成了一个良好的惯例，即领导机关意见和人民群众意见相结合下的宪法草案全民讨论。比如，在 1954 年宪法的制定过程中，超过 6 亿人口中的 1.5 亿余人参与了宪法草案的全民讨论，形成了 50 余万条意见建议，不少被宪法修改委员会吸收。在 1982 年宪法的修改过程中，我国也在超过 10 亿人范围内进行了广泛的讨论，形成了许多有益的意见建议。同时，宪法的全民讨论不仅有助于宪法的完善和宣传，也有助于全民的宪法教育、宪法共识凝聚和宪法思维的培养。

问：为什么我们在宪法的制定过程中努力凝聚社会共识，共识对于宪法有什么意义？

三、宪法在社会主义法治国家建设中的作用

（一）宪法在立法中的作用

宪法是中国特色社会主义法律体系的统率。我国社会主义法律体系确定的原则、具体内容与具体实施过程都在宪法指导下进行，体现了宪法原则的具体化。宪法在立法中的作用主要表现在：

1. 宪法确立了法律体系的基本目标。在一个国家中，法律体系的建立与发展首先要体现宪法的基本原则，即宪法作为法律体系的核心，规定了法律体系的框架与目标。

2. 宪法确立了立法的统一基础。社会主义法律体系是以宪法为核心的、统一的整体，一切法律、法规与其他规范性文件的制定都以宪法为基础，其内容都不得与宪法相抵触。凡是与宪法相抵触的规范性文件都是无效的。宪法提供的统一立法基础包括：（1）立法要体现社会主义初级阶段的基本要求，不能超越社会发展所提供的条件与背景；（2）立法要体现宪法的指导思想，为社会生活提供基本价值体系与规则；（3）立法要遵循社会发展平衡原则，确立统一协调、平衡发展的立法发展目标；（4）立法要体现民主原则，应扩大立法的民主基础，使民意通过立法过程得到充分体现。

3. 宪法规定了国家生活中的根本和重大问题，具体问题由普通法律调整。宪法文本中涉及“由法律规定”“依照法律规定”“在法律规定的范围内”的条文数十处，涉及国家机构、民事、刑事、诉讼程序与经济生活等各个方面。依照宪法制定社会发展所需要的法律是实施宪法的重要途径。

4. 宪法规定了解决法律体系内部冲突的基本机制。法律体系在发展过程中也会出现各种不协调或冲突的现象。各种违宪现象破坏了以宪法为基础的法律体系的统一性，同时对整个法治发展也产生了负面影响。对此要加强宪法解释，发挥宪法监督的功能。

事例与思考1-4 “根据宪法,制定本法”的体系展开及其问题

根据宪法制定法律,是《宪法》《立法法》等法律的要求。通常来说,这意味着两层含义:第一,《宪法》《立法法》等规定立法权的权力归属和运行方式,全国人大及其常委会依宪立法、依法立法;第二,宪法本身作为根本法规定了国家根本制度和根本任务,对在立法中确定规范内容及其边界存在特定指示或委托。但目前有两种现象使人产生疑虑:第一,法律中只有1/3左右写明了“根据宪法,制定本法”;第二,不同法律中的“根据宪法,制定本法”所代表的含义并不相同,这种规定却一致,使得该规定逐渐徒具形式。

问:应当如何理解“根据宪法,制定本法”?

(二)宪法在执法中的作用

宪法不仅是立法的基础,同时也是执法的基础与原则。一切执法活动都不能违反宪法的原则与具体规定。特别是法官、检察官以及其他国家公职人员更应该在执法活动中遵守宪法和法律。党的十八届四中全会通过的《中共中央关于全面推进依法治国若干重大问题的决定》指出,凡经人大及其常委会选举或者决定任命的国家工作人员正式就职时均应公开向宪法宣誓。

宪法在执行过程中的功能首先表现在对特定法律人宪法意识的培养上,即以宪法的理念与知识为基础培养法官、检察官、律师等法律职业者的宪法思维。在法律人的培养过程中和法律人活动准则的确立过程中宪法起着重要的作用。培育宪法思维是掌握法律知识的基本前提,要学会在复杂的社会现象中寻找宪法问题的焦点,并以宪法思维解释和解决法律问题。宪法思维是所有法律人应具备的基本素质之一,直接影响适用法律的社会效果。

背景资料1-1 宪法宣誓誓词

我宣誓:忠于中华人民共和国宪法,维护宪法权威,履行法定职责,忠于祖国、忠于人民,恪尽职守、廉洁奉公,接受人民监督,为建设富强民主文明和谐美丽的社会主义现代化强国努力奋斗!

(三)宪法在司法中的作用

人民法院和人民检察院在行使审判权和检察权时,要遵守宪法和法律,使司法活动符合宪法要求,以维护社会公平与正义。宪法在司法活动中的作用主要体现在:(1)宪法是审判权和检察权的来源,是人民法院和人民检察院活动的基本准则;(2)宪法和法律规定了司法机关进行活动的基本原则;(3)法官和检察官的宪法意识对法治的发展产生重要影响。法官的宪法意识不仅对审理案件产生影响,同时也为法官解决宪法和法律问题提供思维方式与认识论基础。由于宪法判断和法律判断的方法不同,在分析宪法问题时法

官要善于发现各种法律问题或适用于各类案件的法律、法规及其他规范性文件中可能出现的违宪问题。如发现可能违宪的法律、法规时，应通过法律程序请求有解释权的机关作出必要的解释。按照《宪法》和《法官法》的规定，法官的基本义务是不适用违宪的法律、法规，为公民的基本权利提供司法救济。

背景资料1-2　“工伤概不负责”批复中法院的宪法思维

天津市高级人民法院：你院〔1987〕第60号请示报告收悉。据报告称，你市塘沽区张某珍、徐某秋开办新村青年服务站，于1985年6月招雇张某胜（男，21岁）为临时工，招工登记表中注明“工伤概不负责”。次年11月17日，该站在拆除旧厂房时，因房梁折落，造成张某胜左踝关节挫伤，引起局部组织感染坏死，导致其因脓毒性败血症而死亡。张某胜生前为治伤用去医疗费14151.15元。为此，张某胜的父母张某起、焦某兰向雇主张某珍等索赔，张某珍等则以“工伤概不负责”为由拒绝承担民事责任。张某起、焦某兰遂向法院起诉。

经研究认为，对劳动者实行劳动保护，在我国宪法中已有明文规定，这是劳动者所享有的权利。张某珍、徐某秋身为雇主，对雇员理应依法给予劳动保护，但他们却在招工登记表中注明“工伤概不负责”。这种行为既不符合宪法和有关法律的规定，也严重违反了社会主义公德，应属于无效的民事行为。至于该行为被确认无效后的法律后果和赔偿等问题，请你院根据民法通则等法律的有关规定，并结合本案具体情况妥善处理。

［最高人民法院《关于雇工合同“工伤概不负责”是否有效的批复》（〔88〕民他字第1号）］（已失效）

（四）宪法在守法中的作用

守法是法治发展的基础和重要因素，守法首先要遵守宪法。依法治国首先要依宪治国，依法执政首先要依宪执政。认真遵守宪法、树立宪法权威是提高守法意识的重要途径。

培养宪法意识，就必须普及宪法知识，让所有的公民对宪法都有所了解。宪法知识是建立宪法理念的基础，没有基本的宪法知识，就不可能形成宪法意识，也不可能按照宪法的基本原则和基本精神来办事。2014年11月1日，第十二届全国人大常委会第十一次会议决定将12月4日设立为国家宪法日。在全社会普遍开展宪法教育也是弘扬宪法精神的重要举措。全民普法和守法是依法治国的长期基础性工作，要普及和遵守的首先是宪法，实现全民自觉守法、遇事找法、解决问题靠法。

背景资料1-3　“五四宪法”历史资料陈列馆与宪法宣传活动

“五四宪法”历史资料陈列馆位于毛泽东同志率领宪法起草小组完成了中华人民共和国第一部宪法草案初稿（史称“西湖稿”）所在地，是中国首个宪法主题的历史资料陈列馆。陈列馆两个馆区分别于2016年第三个国家宪法日和2017年第四个国家宪法日相继启用。

其中,北山街馆区重点讲述“五四宪法”故事,栖霞岭馆区则侧重于现行宪法的宣传教育。开馆以来,有超过百万名的党员干部、青少年等进入陈列馆,数万人在陈列馆进行了宪法宣誓。陈列馆以数字化科技等手段生动展现了我国宪法制定修改的历史场景和历史脉络,不断发挥宪法教育和宣传的作用,推动培养公民的宪法思维和宪法意识。

当然,宪法知识只是形成宪法意识的一个基础,成熟的宪法意识是在社会实践中逐步形成的,宪法应该成为人们日常生活的行为规范,让人们在日常生活中感受宪法规范的存在与实际作用。我们需要在全社会进一步普及宪法知识,提高宪法意识和宪法素质,使宪法成为更加贴近百姓生活的规范。

知识点提示

古代宪法与近现代宪法在含义上的差别　宪法的概念

宪法与一般法律的区别　现代宪法的主要分类

宪法的基本功能

第二章　宪法的历史

第一节　中华人民共和国成立前的宪法史

刘少奇在1954年召开的第一届全国人大第一次会议上所作的《关于中华人民共和国宪法草案的报告》中指出："一百多年以来，中国革命同反革命的激烈的斗争没有停止过。这种激烈的斗争反映在国家制度的问题上，就表现为三种不同的势力所要求的三种不同的宪法。"具体说来就是，清末封建统治者、北洋军阀和国民党政府代表着反动的势力，他们并不追求真正的民主和人权，所要求的是一种假宪法；以孙中山为代表的资产阶级所追求的是资产阶级民主，所要求的是资产阶级宪法；以中国共产党人为代表的进步势力所追求的是无产阶级民主，所要求的是反映最广大人民的利益和意志的宪法。

一、立宪问题在中国的缘起

立宪问题在中国的提出，始于清朝末年。在1840年鸦片战争之前，清王朝妄自尊大、闭关自守，以"天朝上邦"自居。在鸦片战争中，西方帝国主义列强以炮舰打开了中国的国门，中国由封建社会沦为半殖民地、半封建社会，中华民族亦面临着灭亡的危险。伴随着西方列强的武装侵入，西方资本主义经济也同时侵入中国，与此同时，西方资产阶级民主思想也传入中国，一部分受资产阶级民主思想影响或与资本主义经济有密切联系的知识分子和政治家提出了在中国实行"立宪"的要求和主张。如文祥与张树声就先后主张朝廷应考虑酌用议院体制，以达"君民一体，上下一心"的目的。19世纪80年代，改良主义思想家郑观应在其《盛世危言》一书中，明确提出了"立宪法、设议院"的主张。

清政府在对外战争中的屡战屡败，特别是在1894年中日甲午战争中的惨败和丧权辱国的行为，使越来越多的人认识到，西方列强并不是赢在"船坚炮利"上，中国也不是输在"船不够坚炮不够利"上，而是输在落后的政治制度上，即要救亡兴国，就必须以立宪制度改造中国原有的政治制度。一批寻求救国真理的仁人志士，或是远赴西方特别是作为立宪思想和立宪制度起源地的英国，或是到已经学习西方的日本，学习立宪理论和立宪制度。王韬、郑观应、黄遵宪等人著书立说，不仅介绍西方的立宪理论和立宪制度，而且还主张中国应仿照英、日等国实行君主立宪制。近代意义上的"宪法""立宪"等概念就是先从西方传入日本，再由日本传到中国的。可见，这些概念及它们所包含的理念，是从西方引入中国的，这些对于中国而言，无疑属于"舶来品"。

二、清末的立宪活动和宪法

(一)《钦定宪法大纲》

以康有为为代表的资产阶级维新派于1898年发起了一场“戊戌变法”运动。在6月11日至9月21日的103天中,维新派根据自己的政治纲领和君主立宪制国家的蓝图,通过光绪皇帝陆续颁布了几十个诏令和上谕,试图通过这种自上而下的方式,对中国传统的封建政治制度进行改革。维新派的变法运动虽然并没有从根本上触及清王朝统治者的地位和统治制度,但显然也与封建统治集团中以慈禧为代表的顽固派所代表的利益和观念格格不入。最终,“戊戌变法”运动遭到了残酷的镇压。以孙中山为代表的资产阶级革命派始终认为,如果不根本改变封建的统治制度,中国就不可能有真正的“立宪”,“不革命绝不能立宪”,他们从戊戌变法的失败中更深切地感受到了这一点,因而,提出了要推翻封建专制统治、建立资产阶级民主共和国的目标。

事例与思考2-1 清末五大臣出洋考察立宪

1905年8月26日,钦定的载泽、戴鸿慈、徐世昌、端方、绍英五位大臣拟从北京出发出洋考察立宪。但由于革命党人吴樾实施爆炸,载泽、绍英受轻伤,清廷遂命尚其亨、李盛铎替代徐世昌、绍英,分两路并分期启程。1905年12月19日,五大臣从上海出发,取道日本前往欧美各国。从该年12月至次年6月,五大臣考察了日本、美国、英国、法国、德国、丹麦、瑞典、挪威、奥地利、匈牙利、俄国、荷兰、瑞士、比利时、意大利这15个国家,重点考察了美国、德国、奥地利、俄国、意大利5个国家。考察团向清廷提出了变革政治的方略:一是实行立宪政体;二是改革官制;三是提高民智。五大臣在《奏请以五年为期改行立宪政体折》中强调,“开风气之先,肃纪纲之始,有万不可缓,宜先举行者三事”。这急需办的三件事,一是仿效日本“宣示立宪宗旨”;二是为预备立宪打下基础,“布地方自治之始”;三是采取英国、德国、日本诸君主国现行条例,编为集会律、言论律、出版律,立即颁行,“以一趋向而定民志”。1906年9月1日,清政府发布了预备立宪的上谕,宣布“仿行宪政”,确定了实行立宪的基本国策。

问:1. 清廷为什么要派五大臣出洋考察立宪?

2. 五大臣出洋考察立宪对清末立宪有什么影响?

“戊戌变法”运动虽然失败,但其社会影响仍然存在;资产阶级革命派聚集革命力量,宣传自己的政治主张,发动和团结越来越多的社会力量,对封建专制统治者形成巨大的威胁。在这一社会背景下,以慈禧太后为代表的封建顽固势力为了敷衍民意,阻止资产阶级革命,挽救已处于摇摇欲坠之中的清王朝,也不得不祭出“变法”“新政”的旗子。1905年清政府派遣五大臣出洋考察各国立宪,而其中考察的重点是德国。五大臣考察归来后在奏折中报告说,实行立宪,可以使“外患渐轻”“内乱可弭”“皇位永固”。1906年清政府下令预备立宪,并于光绪三十四年(1908年)八月初一颁发《钦定宪法大纲》,规定以9年为期进行立宪预备。这是中国的第一部宪法性文件。其分“君上大权”和作为附则的“臣民权利义务”两大部分，前者共14条，后者共9条。主要内容是：

1. 确立清王朝永世不替的统治权、统治地位和君主至高无上的地位。开篇第1条规定：“大清皇帝统治大清帝国，万世一系，永永尊戴。”第2条规定：“君上神圣尊严，不可侵犯。”

2. 确立君主对统治权力的绝对控制。大纲规定，皇帝有权召集并解散议院，颁布法律，发布命令和发布代替法律的诏令；有权设官制禄，黜陟百司，以及进行爵赏、赦免；有权统率军队、编定军制、宣告戒严；有权宣战、媾和、订立条约及派遣与认受使臣；有权总揽司法、委任法官等。

3. 确立臣民的权利和义务。大纲规定，臣民在法律范围内享有言论、著作、出版、集会结社、财产、居住、人身等自由，以及依法定资格担任官吏及议员的权利；臣民有纳税、当兵和遵守法律的义务。

《钦定宪法大纲》在形式上并不是一部真正意义上的宪法，它是关于拟定宪法条文的原则或者纲要的规定，不具有实际的效力。实质上是在中国社会发展的特定背景下，封建的清朝统治者在不得已的情况下，用另一种方式继续维持其专制统治的工具。这部宪法大纲以列举的方式规定了君主的权力范围，拟设定议院和审判衙门，对君主的权力起到了一定的牵制作用，在历史上第一次规定了臣民的基本权利和义务，并许诺将来实行宪政，反映了中国当时的社会进步。

（二）《宪法重大信条十九条》

1911年10月10日，资产阶级革命派发动了辛亥革命，取得了对中国一定地域范围的控制权，同时，又引起各省的纷纷响应，各省宣布脱离清政府而独立。一时间，清王朝面临着覆灭的危险。为了挽救自己的统治，清政府先于10月30日下“罪己诏”，后于宣统三年（1911年）九月十三日（11月3日）炮制出《宪法重大信条十九条》（因共19条，故又称为《十九信条》）。这是清朝统治者制定的第二个宪法性文件。

《宪法重大信条十九条》是清末封建统治者在行将灭亡之际垂死挣扎的救命“稻草”，因此，在内容上比《钦定宪法大纲》有重大“让步”，但又要维护封建皇帝的尊严和地位的神圣不可侵犯，是矛盾的统一体。其与《钦定宪法大纲》相比较，有以下特点：

1. 仍然规定大清帝国之皇统万世不易（第1条）；皇帝神圣不可侵犯（第2条）。其中也没有规定公民的基本权利和自由。

2. 对皇帝的权力作了较大限制。其中规定，“皇帝之权，以宪法所规定者为限”，而“宪法由资政院起草议决，由皇帝颁布之”，“宪法改正提案权属于国会”；皇位的继承顺序及皇室经费的制定与增减，由宪法规定或者国会议决。

3. 增加了国会的权力。国会有“宪法改正提案权”；有公举内阁总理权，总理大臣受国会弹劾时，非国会解散，即内阁辞职，但一次内阁不得为两次国会之解散；有议决国际条约、批准预决算、决定皇室费用及组织国务裁判机关等权力。

4. 限制皇室的参政权。皇族不得担任内阁总理大臣和国务大臣，也不得担任各省行政长官。

三、中华民国的立宪活动和宪法

(一)《中华民国临时约法》

辛亥革命推翻了清王朝的统治,结束了中国历史上最后一个封建王朝。1912 年 1 月 1 日,中华民国宣告建立,并成立南京临时政府,孙中山宣誓就任南京临时政府的临时大总统,实行资本主义民主制度。南京临时政府成立后,在错综复杂的政治局势面前,资产阶级革命派因政治力量的不足和阶级基础的薄弱,不得不向以清王朝的旧臣和重臣袁世凯为代表的旧势力作出让步,以大总统职位换取对革命成果的肯定。为了巩固革命的成果,按照资产阶级的政治主张治理国家,同时也为了防止袁世凯出尔反尔,进行封建复辟,资产阶级革命派在将大总统职位交与袁世凯之前,起草并通过了《中华民国临时约法》。

1912 年 3 月 11 日公布的《中华民国临时约法》,共七章 56 条,即总纲、人民、参议院、总统、国务员、法院及附则。临时约法规定,在国会正式的宪法施行之前,其效力与正式的宪法相同。临时约法的主要内容是:

1. 确立了主权在民的原则。该临时约法规定,中华民国由中华人民组织之;中华民国之主权属于国民全体。

2. 确立了分权式的政权组织形式。该临时约法规定,中华民国的统治权由参议院、临时大总统、国务员(国务总理及各部总长)及法院行使。参议院为立法机关,享有议决法律、财政、税收权;对临时大总统行使宣战,媾和,缔结条约,宣告大赦、特赦、减刑、复权和任命国务员、外交使节等官员权力的同意权;选举临时大总统、副总统,弹劾临时大总统、副总统及国务员等。临时大总统和国务员是最高行政机关,临时大总统代表临时政府总揽政务,拥有公布法律、统率军队、制定官制官规、任免文武官员、宣战媾和、宣布戒严、大赦特赦、减刑复权等权力。国务员辅佐临时大总统负其责任,于临时大总统提出法律案、公布法律及发布命令时有权副署。法院为行使司法权的司法机关,由临时大总统及司法总长分别任命法官组成,法院实行司法独立。

3. 确立了人民的基本权利和自由。该临时约法规定,中华民国人民一律平等,无种族、阶级、宗教之区别;人民享有人身、居住、言论、出版、集会、结社、通信、信仰等自由;人民有请愿、诉讼、考试、选举及被选举的权利;公民有纳税和服兵役的义务;而国家为增进公益,维持社会治安,或在非常紧急必要时得以法律限制人民的某些权利和自由。

4. 规定了严格的修改程序。该临时约法规定,约法必须由参议院议员 2/3 以上,或临时大总统提议,经参议院 4/5 以上出席,出席议员 3/4 以上通过才可修改。

从该临时约法所规定的基本内容和立宪精神来看,这是一部资产阶级性质的宪法,体现了资产阶级的某些立宪理念。可惜的是,这部临时约法成了货真价实的“临时约法”,在实行了两年多后便被袁世凯背弃。

(二)《中华民国宪法草案》与《中华民国约法》

国会为控制袁世凯的权力,于 1913 年成立了国会宪法起草委员会,试图制定一部正式的宪法。但是在宪法草案的制定过程中,在实行总统制还是内阁制问题上,存在重大分歧。国民党坚持实行内阁制,而袁世凯则主张实行总统制,最后在宪法草案中采用了内阁制的方案。袁世凯对该宪法草案极度不满,虽然该草案已经由国会宪法起草委员会三读通过,但袁世凯通过解散国会的方式,使这部《中华民国宪法草案》(因在天坛起草而史称《天坛宪草》)实际无法成为正式的宪法而“胎死腹中”。《天坛宪草》除序言外,分国体、国土、国民、国会、国会委员会、大总统、国务院、法院、法律、会计、宪法修正及解释共十一章113条。

袁世凯所操纵的国会按照袁世凯的意志和要求,于1914年5月1日通过了《中华民国约法》(史称《袁记约法》),以代替《中华民国临时约法》。《袁记约法》分国家、人民、大总统、立法、行政、司法、参政院、会计、制定宪法程序、附则共十章68条。《袁记约法》最大的特点是确认了总统制为中华民国的政治体制,总统除掌握行政权外,还控制着立法权和司法权,从而成为国家的最高统治者。很显然,这部约法为袁世凯皇帝梦的实现起到了跳板的作用。

(三)《中华民国宪法》

袁世凯死后,直系军阀曹锟在帝国主义的支持下,依靠武力掌握了最高权力。为当上大总统,直系军阀用金钱收买议员,并以其控制的军队包围国会,要求国会必须“选举”曹锟为大总统。在曹锟当上大总统后,又匆忙制定了一部《中华民国宪法》(1923年,史称《贿选宪法》)。该宪法是中国宪法史上第一部名为“宪法”的宪法。该宪法于1923年10月10日公布,除序言外,分国体、主权、国土、国民、国权、国会、大总统、国务院、法院、法律、会计、地方制度、宪法之修正解释及其效力,共十三章141条。

这部宪法的主要特点是形式上实行责任内阁制,而实质上实行的是总统专制。

(四)《中华民国宪法草案》

曹锟垮台后,段祺瑞成为“中华民国临时总执政”,他宣布废除《贿选宪法》,同时宣布《中华民国临时约法》亦失效。1925年8月3日,段祺瑞为使其统治地位合法化,成立了国宪起草委员会,负责起草宪法。经过四个月的起草活动,该委员会炮制了一部《中华民国宪法草案》,于12月11日三读通过。根据制宪程序,该宪法草案需要由国民代表会议正式通过,而在国民代表会议召开之前,段祺瑞政府便已垮台,该宪法草案“流产”。

(五)《中华民国训政时期约法》

事例与思考2-2　孙中山关于中国政治现代化进程三阶段说

在政治现代化建设方面,孙中山主张渐进主义的军政、训政、宪政三阶段说。具体内容为:军政时期优先消灭军阀土匪,应实行军管;训政时期优先进行基础建设与民权初步训练,应实行一党执政;宪政实行之条件是全国半数以上县市具有选举罢免地方首长之条件,公民具有发动创制复决之条件,则选举召开国民大会制定宪法,还政于民,实行多党竞争的现代政治制度。

问:如何评价孙中山先生的三阶段说?

孙中山曾经将中国社会的改造进程分为“军政时期”“训政时期”“宪政时期”三个阶段。蒋介石利用孙中山的这一说法,于1931年5月12日,经国民党操纵的“国民会议”通过了《中华民国训政时期约法》,宣布中国进入训政时期。该约法除序言外,分总纲、人民之权利义务、训政纲要、国计民生、国民教育、中央与地方之权限、政府之组织(中央制度、地方制度)、附则共八章89条。这是国民党统治时期制定的第一部宪法性文件。

其基本内容是:根据训政时期的特点,确认了国民党的一党专政和个人独裁的政治制度,如规定训政时期由中国国民党全国代表大会代表国民大会行使中央统治权;中国国民党全国代表大会闭会时,其职权由国民党中央执行委员会行使;在中央执行委员会内设置政治会议,它是国民政府的指导和监督机关,而政治会议的主席是蒋介石;国民政府总揽中华民国治权,各院院长及各部会首长根据国民政府主席之提请,由国民政府依法任免,而国民政府的主席也是蒋介石。

(六)《中华民国宪法草案》

1931年“九一八”事件发生以后,中国的时局发生了巨大变化。在随后出现的声势浩大的抗日救国民主运动中,出现了“还政于民”的要求。迫于压力,国民党政府于1932年年底通过制宪决议,1933年年初成立宪法起草委员会,1934年通过宪法草案第一稿,该宪法草案于1936年5月5日公布(史称《五五宪草》)。

该宪法草案除序言外,分总纲、人民之权利义务、国民大会、中央政府(总统、行政院、立法院、司法院、考试院、监察院)、地方制度(省、县、市)、国民经济、教育、宪法之施行及修正共八章148条。其主要特点是赋予总统巨大的权力,如总统为国家元首,统率全国海陆空军,拥有公布法律、发布命令、宣战、媾和、缔约、戒严、赦免、减刑、复权、任免官员之权,以及对国家紧急事变的处置权。

因通过该宪法草案的国民大会迟迟未予召开,而使其未能成为正式的宪法,1940年国民党政府索性宣布其“无限延期”。

(七)《中华民国宪法》

国民党在未与共产党协商的情况下,于1946年11月单方面决定召开国民大会。该国民大会于1946年12月25日通过了《中华民国宪法》,该宪法于1947年元旦被公布。该宪法除序言外,分总纲、人民之权利义务、国民大会、总统、行政、立法、司法、考试、监察、中央与地方之权限、地方制度(省、县)、选举罢免创制复决、基本国策(国防、外交、国民经济、社会安全、教育文化、边疆地区)、宪法之施行及修改共十四章175条。

这部宪法与《五五宪草》的内容基本相同。

四、革命根据地宪法性文件

中国共产党在其所控制的革命根据地或者解放区,先后通过了一系列宪法性文件,主要有:(1)1931 年的《中华苏维埃共和国宪法大纲》。其由 1931 年第一次全国工农兵代表大会通过,由 1934 年第二次全国工农兵代表大会修改,共 17 条。(2)1941 年的《陕甘宁边区施政纲领》。在建立了抗日民族统一战线的背景下,其由陕甘宁边区第二届参议会通过,除序言外,共 21 条。(3)1946 年的《陕甘宁边区宪法原则》。其由在延安召开的第三届边区参议会第一次会议通过,共五部分 25 条。这些宪法性文件为近代中国的宪法制定、宪法内容、宪法理念注入了新的活力。

共产党的宪法主张的基本要义是民主,即由绝大多数的中国人民当家作主。因此,中国共产党的宪法主张与近现代的宪法理念是一致的,与宪法的基本政治内容和本质是一致的。

第二节 中华人民共和国成立后的宪法史

中国共产党领导中国人民于 1949 年取得了全国性的胜利,也就有可能制定全国性的宪法,也有必要制定全国性的宪法,以实现自己的宪法主张,确认人民民主专政的政权,肯定社会主义民主制度,保障人民的基本权利和自由。习近平总书记指出,"制定和实施宪法,是人类文明进步的标志,是人类社会走向现代化的重要支撑。近代以来,中国人民苦苦寻找改变中华民族前途命运的道路。一些政治势力试图按照西方政治制度模式对我国封建专制制度进行改良,都宣告失败。中国共产党登上中国历史舞台后,经过艰辛探索和实践,成功在中华大地上制定和实施具有鲜明社会主义性质的宪法、真正意义上的人民宪法,在我国宪法发展史乃至世界宪法制度史上都具有开创性意义,为人类法治文明进步贡献了中国智慧、中国方案。我们党领导人民制定的宪法,集中了人民智慧,体现了全体人民共同意志,实现了党的主张和人民意志高度统一,克服了一切旧宪法只代表少数人意志、为少数人利益服务的弊端,因而得到最广大人民拥护和遵行,具有显著优势、坚实基础、强大生命力"。[1]

一、《共同纲领》

1946 年全面内战爆发以后至 1949 年年初,中国共产党预见到其在战场上将取得最后的全面胜利,面临着即将诞生的新的国家制度设计和新政权的合法性基础问题。

1949 年 5 月 1 日中国共产党发出"五一号召",邀请中国当时所有进步的各民主党派、无党派民主人士、人民团体、人民解放军、各地区、各民族及海外华侨等方面的代表组成新的中国人民政治协商会议,以商讨国是。1949 年 9 月召开的中国人民政治协商会议是中国当时最具有广泛社会基础和民意基础的会议形式和组织形式,这次会议通过了《共同纲领》。依据当时的政治判断和基本认识,正式的宪法应当由选举产生的全国人大

---

〔1〕 习近平:《谱写新时代中国宪法实践新篇章——纪念现行宪法公布施行 40 周年》,载《人民日报》2022 年 12 月 20 日,第 1 版。

制定,但在当时并不具备在全国范围内进行选举并组成全国人大的基本条件,因此,也就不具备制定一部正式宪法的条件。在此背景下,由中国人民政治协商会议通过的《共同纲领》就具有正当性和最高的权威性,或者说实际发挥着临时宪法的功能。

《共同纲领》除序言外,分总纲、政权机关、军事制度、经济政策、文化教育政策、民族政策、外交政策,共七章60条。其确定了未来的国家即中华人民共和国的性质,为中华人民共和国的建立提供了合法性基础和正当性基础;按照新的原则设计了新中国的一整套国家机构,确立了各国家机关之间的相互关系,为人民政权的运作和人民行使国家权力提供了组织基础;规定了新中国所实行的政治制度、经济制度、文化制度、军事制度等一系列基本制度;规定了人民的基本权利和义务。其主要内容是:

1. 规定了新中国的性质。其规定中华人民共和国是工人阶级领导的、以工农联盟为基础的、团结各民主阶级和国内各民族的人民民主专政国家;中国人民民主专政是中国工人阶级、农民阶级、小资产阶级、民族资产阶级及其他爱国民主分子的人民民主统一战线的政权;中国人民民主专政的任务是反对帝国主义、封建主义和官僚资本主义,为中国的独立、民主、和平、统一和富强而奋斗。

2. 规定了新中国的政权组织形式。其规定人民代表大会制度是新中国的基本政治制度和人民民主专政的政权组织形式;中华人民共和国的国家政权属于人民,人民行使国家政权的机关是各级人民代表大会和各级人民政府;在普选的全国人民代表大会召开以前,由中国人民政治协商会议执行全国人民代表大会的职权,在普选的地方人民代表大会召开以前,由地方各界人民代表会议逐步地代行人民代表大会的职权。

3. 规定了新中国在经济、文化、教育、民族、外交等方面的基本政策。

4. 规定了人民广泛的基本权利和自由。其规定人民有选举权和被选举权,有思想、言论、出版、集会、结社、通讯、人身、居住、迁徙、宗教信仰及示威游行自由;对于被剥夺了财产的官僚资产阶级和地主阶级除严厉镇压其反对活动之外,更多的是强迫他们劳动,把他们改造成为自食其力的新人。他们在成分改变以前,不属于人民的范围,只是中国的国民,可依法在必要的时期内剥夺他们的政治权利和自由,同时又应要求他们遵守作为国民的基本义务。

总之,《共同纲领》为国家政权的运作提供了合法性基础。1949年10月1日,中华人民共和国诞生。在1949年至1954年《共同纲领》生效期间,中国处于新民主主义革命阶段,《共同纲领》的历史使命就是为国家提供各方面的总的依据,而不可能完成一部社会主义阶段的宪法的使命和任务。

事例与思考2-3　中华人民共和国成立之初成立中国人民政治协商会议的举措

在普选的全国人大召开以前,中国人民政治协商会议全体会议可代行全国人大的职权,选举产生中央人民政府委员会,但在选出中央人民政府委员会之后,即不再行使这一职权,而应将权力移交给全国人大。中央人民政府委员会即成为了行使国家最高权力的机关。对此,董必武曾作过解释:“政协非人民代表大会,不在国家体制中,其性质与地位,与新民主国家的祖国阵线等相同。政府在前台，它在幕后，是个不出名的参谋部。由它协定的东西，对政府有约束性，如像政府要按照《共同纲领》施政一样，但最高政权机关不是政协，在目前是人民政府委员会，将来是人民代表大会。”当时，中国人民政治协商会议的组织设置与今天不同，分为全体会议、全国委员会和常务委员会三个层次。其中，全体会议虽可在全国人大召开以前代行全国人大职权，并选举产生全国委员会，但并非常设机构，不能经常发挥作用。因为按照《中国人民政治协商会议组织法》的规定，全体会议“每三年开会一次，由全国委员会召集之”，但事实上在1949年9月召开政协第一届全体会议后，就再未召开过全体会议。现在通常所说的某届全国政协，实际是指这一届政协的“全国委员会”。它虽是常设机构，但其作为“国家政权以外各党派、各人民团体的协议机关”，从未代行过全国人大职权。对此，周恩来曾作过明确解释：政协“全体会议开完了它就不存在了，只成立全国委员会，但是全国委员会不能代行人民代表大会的职权。”“作为代行权力机关只是第一届全体会议，几天会就散了，权力已授予中央人民政府，所以代行政权的是全体会议，经常起作用的是全国委员会、常务委员会。这是统一战线组织。”因此，准确地说，在历史上只有1949年9月21～30日召开的中国人民政治协商会议第一届全体会议代行过全国人民代表大会职权，其余历届政协全国委员会皆未行使过这一权力，始终仅作为统一战线组织而发挥作用。

问：长期以来，一直有一种说法，在1954年第一届全国人民代表大会召开以前，由中国人民政治协商会议代行全国人大职权，行使国家最高权力，你认为这种说法正确吗？

二、1954年宪法

至1952年年底，全国范围内的土地改革已经基本结束，朝鲜战争也已经基本告一段落，局部地区的战斗也基本结束。这些都标志着国家已经基本统一，可以开始将主要精力集中到国内建设，这意味着国家具备了在全国范围内进行选举并召开各级人民代表大会最终召开全国人民代表大会的条件，即已经具备了制定正式宪法的条件。

1953年中央人民政府委员会制定了《全国人民代表大会及地方各级人民代表大会选举法》（以下简称《选举法》）[2]，根据该法，在全国范围内选举产生了各级人民代表大会，在此基础上选举产生了全国人民代表大会。1954年9月，在北京召开了第一届全国人民代表大会第一次会议。这次会议的主要任务是通过正式的中华人民共和国宪法，根据宪法确立国家的根本制度、国家性质、国家政权组织形式、国家结构形式、基本经济制度和基本经济政策、公民的基本权利和义务等，并建立国家机构体系。

1953年1月，根据中央人民政府委员会第二十二次会议的决定，成立了以毛泽东为首的宪法起草委员会负责起草宪法。1954年3月，宪法起草委员会接受了中共中央提出的宪法草案初稿，并在全国各大城市组织各民主党派、各人民团体和社会各方面的代表共八千余人，对宪法草案进行了较为详尽的讨论。中国共产党人按照最初的宪法主张和政

---

〔2〕 为表述方便，本书对我国1979年《全国人民代表大会和地方各级人民代表大会选举法》及其历次修正，都简称为《选举法》。

治抱负,起草并通过了这部宪法,可以说对这部宪法寄予厚望。中国共产党的主要领导人都是宪法起草委员会的成员,毛泽东同志更是投入了极大的精力起草这部宪法。该宪法在不可能进行全民公决的情况下,进行了为期两个月的较为充分的全民讨论,参加全民讨论的民众超过1.5亿人。

1954年9月20日由第一届全国人大第一次会议通过的《宪法》是中华人民共和国的第一部正式宪法。除序言外,分总纲、国家机构、公民的基本权利和义务、国旗国徽首都四章,共106条。其主要内容是:

1. 规定了国家的基本制度。宪法规定,中华人民共和国是工人阶级领导的、以工农联盟为基础的人民民主国家;国家的一切权力属于人民,人民行使权力的机关是全国人民代表大会和地方各级人民代表大会,其他国家机关由本级人民代表大会产生,受其监督,向其负责;我国是单一制的统一的多民族国家,实行民族区域自治制度。

2. 规定了国家在过渡时期的总任务。宪法规定,国家在由新民主主义社会向社会主义社会过渡这一历史阶段的总任务是逐步实现国家的社会主义工业化,逐步完成对农业、手工业和资本主义工商业的社会主义改造。

3. 规定了过渡时期的经济制度。宪法规定,在过渡时期,生产资料所有制主要有四种形式:(1)国家所有制,即全民所有制。国营经济是全民所有制的社会主义经济,是国民经济中的领导力量和国家实现社会主义改造的物质基础。国家保证优先发展国营经济。(2)合作社所有制,即劳动群众集体所有制。合作社经济是社会主义经济或者半社会主义经济,国家保护合作社的财产,鼓励、指导和帮助合作社经济的发展,并且以发展生产合作为改造个体农业和个体手工业的主要道路。(3)个体劳动者所有制。国家依法保护个体劳动者的生产资料所有权,指导和帮助他们改善经营,并鼓励他们根据自愿原则向合作社经济过渡。(4)资本家所有制。国家依法保护资本家的生产资料所有权和其他资本所有权,对资本主义工商业采取利用、限制和改造的政策,鼓励和指导它们通过不同形式的国家资本主义经济,逐步向全民所有制经济过渡。

4. 规定了国家机构组织体系及组织活动原则。宪法规定,我国的国家机构由以下国家机关组成:(1)国家权力机关,即全国人大和地方各级人大;(2)国家行政机关,即国务院和地方各级人民委员会;(3)国家主席;(4)国家检察机关,即最高人民检察院、地方各级人民检察院和专门人民检察院;(5)国家审判机关,即最高人民法院、地方各级人民法院和专门人民法院。所有国家机关一律实行民主集中制原则。

5. 规定了公民的基本权利和义务。宪法规定,公民在法律上一律平等,享有选举权和被选举权,享有言论、出版、集会、结社、游行、示威的自由,享有宗教信仰自由、人身自由(包括非经法定程序不受逮捕、住宅不受侵犯、通信秘密受法律保护、居住与迁徙自由等内容)、劳动权、休息权、获得物质帮助权、受教育权、进行科学研究及文艺创作和其他文化活动的自由、控告权、取得国家赔偿的权利等。公民同时必须遵守法律、爱护公物、依法纳税和依法服兵役。

这部宪法总结了中国宪法史,总结了《共同纲领》的实施经验,总结了社会主义国家的制宪经验和宪法制度,总结了世界其他国家先进的制宪经验和宪法制度,结合中国社会当时所处的历史阶段，根据新的政权在当时的中国所要完成的任务，形成了一系列必要的宪法规范。由于这部宪法有正确的指导思想和基本原则，有较为先进的宪法理念，有体现和反映各方面利益的最广大人民的参与，是一部科学、民主的宪法，是一部反映中国当时社会实际的宪法，是一部从内容到规范都比较完整的宪法，是一部基本符合宪法理念的宪法。因此，这部宪法在制定初期获得了较好的实施。

1954 年的中国处于由新民主主义社会向社会主义社会过渡的时期，这部宪法也必须反映过渡时期的一系列特点，包括政治上和经济上的特点。

1956 年中国较快地完成了由新民主主义社会向社会主义社会的转变，通过各种手段和方法实现了对生产资料私有制的社会主义改造，进入了社会主义阶段。在这种情况下，这部宪法中体现和反映新民主主义阶段特点和要求的，以及体现和反映过渡时期特点和要求的一部分条文和内容，事实上已经与中国社会当时的实际和需要不相适应了。因此，无论从理论上说，还是从实际需要来看，都应对宪法中的这一部分条文和内容进行必要的修改。虽然党的八大对基本制度和基本政策作出了必要改变，以适应社会实际的发展和变化，但宪法中的一部分条文实际上成为具文。受 1957 年、1958 年反右派运动过程中滋长起来并在此后成为“气候”的“左”的思潮和“左”的思想的影响，宪法和法律实施的社会基础变得越来越差，甚至宪法中的某些条文成为了被批判的对象。

1966 年“文化大革命”发生以后，宪法的效力实际上已经处于停止状态：(1)作为人民行使国家权力的机关，全国人民代表大会和地方各级人民代表大会停止了一切活动；(2)作为行政机关的地方各级人民委员会，被没有宪法依据的、性质复杂的“革命委员会”代替；(3)“大鸣、大放、大辩论、大字报”等所谓的“大民主”形式，代替了宪法规定的公民的基本权利和自由；(4)人民群众的“大批判”代替了人民法院和人民检察院按法律程序的办案方式；(5)宪法所确认的国家的各项基本制度不同程度地得不到执行和实施。

三、1975 年宪法

1975 年宪法是在“文化大革命”中由第四届全国人大第一次会议通过的，除序言外，共四章 30 个条文。该宪法确认我国是社会主义国家，政权属于无产阶级专政性质，中国共产党是全中国人民的领导核心，国营经济是国民经济中的领导力量。同时，该宪法在指导思想上，坚持以阶级斗争为纲，强调阶级之间的斗争；在这一基础上，坚持无产阶级在上层建筑及各个领域的专政，即以“大民主”的形式对资产阶级进行批判，包括思想和行为。

原有国家机构由于已经不能适应这种需要而进行了重大改变，废弃了具有法律监督作用的检察机关，由公安机关代行职权；废弃了进行行政管理的政府，代之以混合的、性质不明的“革命委员会”；停止了人民代表大会的运作，在地方，由革命委员会行使一切权力，在中央，由“文化革命领导小组”行使中央的指挥权；取消了国家主席的设置。

1975 年宪法中关于公民基本权利和义务的规定仅有两个，并更多地强调公民的基本义务，把基本义务置于公民的基本权利和自由之前。在基本权利部分，与 1954 年宪法比较，其范围和种类大大缩小，不再规定实现公民基本权利和自由的各种保障。

四、1978 年宪法

1978 年宪法是由第五届全国人大第一次会议通过的,在条文数上增加到了 60 条,除序言外,共四章。其在内容上比 1975 年宪法有所扩展和充实。首先,在国家的建设目标上,增加规定了在 20 世纪末实现四个现代化;其次,在国家机构上恢复了人民检察院的设置;再次,在公民基本权利和义务方面,以 1954 年宪法为基础作了适当的恢复。

但是,这部宪法仍然具有较为浓厚的"无产阶级文化大革命"极"左"的色彩:(1)在指导思想上,仍然坚持以阶级斗争为纲,认为其是整个社会主义历史阶段的基本路线。(2)肯定"无产阶级文化大革命"。宪法序言指出,"第一次无产阶级文化大革命的胜利结束……"这不仅肯定了已经结束的"文化大革命"是一场"伟大胜利",而且肯定了已经结束的这场"文化大革命"是第一次"文化大革命"。(3)宪法序言指出,"全国人民在新时期的总任务是:坚持无产阶级专政下的继续革命","我们要坚持无产阶级对资产阶级的斗争,坚持社会主义道路对资本主义道路的斗争,反对修正主义,防止资本主义复辟"。所谓无产阶级专政下的继续革命,是坚持极"左"思想路线的思想家所炮制的"无产阶级专政下继续革命的理论"的产物,即要在上层建筑各个领域对资产阶级进行全面专政。(4)在国家机构部分,保留了在"文化大革命"中诞生的所谓"革命委员会"。(5)将 1975 年宪法在总纲部分所规定的"四大自由"放在公民的基本权利和义务部分,作为公民的基本权利。此外,这部宪法在宪法规范上仍然存在许多不足。

1978 年 12 月,中国共产党召开了十一届三中全会,确立了以经济建设为中心的基本指导思想,认为经济文化发展水平不能满足国民的物质和精神需要为中国社会的主要矛盾,彻底否定了阶级矛盾为社会主要矛盾的基本判断,彻底改变了以阶级斗争为纲的极"左"思想路线。1978 年宪法的基本指导思想与 1978 年年底以后的中国社会实际已经完全不相符。这就需要对这部宪法进行修改,以适应新的社会发展形势的要求。在对这部宪法进行全面修改之前,全国人大分别于 1979 年和 1980 年进行了两次局部修改。

1979 年 7 月 1 日,全国人大通过了《关于修正〈中华人民共和国宪法〉若干规定的决议》,主要内容有四:(1)将"革命委员会"改称"人民政府";(2)将"人民公社革命委员会"改称"人民公社管理委员会";(3)在县级以上地方人大设人大常委会作为常设机关,同级人民政府不再作为地方人大的常设机关;(4)将人民检察院系统内部之间的监督关系改为领导关系。

1980 年 9 月 10 日,全国人大通过了《关于修改〈中华人民共和国宪法〉第四十五条的决议》,取消了 1978 年宪法第 45 条中关于"四大自由"的规定。

五、现行宪法

(一)修改背景

中国共产党于 1978 年年底召开十一届三中全会以后,我国社会在政治、经济、文化等方面发生了巨大的变化和发展。这种变化和发展是 1978 年宪法所始料不及的。

1. 党和国家的工作重点发生了转移。自第五届全国人大第一次会议以来,特别是中国共产党十一届三中全会以来,伴随着邓小平同志在中国共产党内的实际领导地位的确立,由他所代表的符合中国客观实际的正确的马克思主义路线也随即确立起来。其中一个突出的标志是,全党、全国人民工作的重点由阶级斗争开始转移到社会主义现代化建设的轨道上来。

2. 中共中央对国内阶级状况进行了科学分析。1956 年,生产资料私有制的社会主义改造完成以后,国内的阶级状况发生了变化,对此,1956 年召开的党的八大作出了正确的判断。但是在 1957 年以后,特别是"文化大革命"以后,由于受极"左"思想的影响,国内搞阶级斗争扩大化,提出"以阶级斗争为纲"的口号,并以此为基础,制定了所谓的党在社会主义阶段的基本路线,这条"以阶级斗争为纲"的基本路线载入了 1975 年宪法和 1978 年宪法。党的十一届三中全会以来,中国共产党正确判断了国内的阶级状况,指出在生产资料私有制的社会主义改造完成以后,国内的主要矛盾并不是阶级斗争,当时我国已经消灭了剥削制度,地主阶级、富农阶级已经被消灭,资本家阶级也已经不存在,经过较长时间的斗争和教育,他们中间有劳动能力的绝大多数人已经被改造成为自食其力的劳动者。因而今后不再需要也不应该再进行大规模的疾风暴雨式的群众阶级斗争,要特别防止把阶级斗争扩大化或者人为地制造阶级斗争的错误重演。基于这种判断,党中央果断地停止使用"以阶级斗争为纲"的口号。

3. 对社会主义民主和社会主义法制建设提出了进一步的要求。1979 年以后,在发扬社会主义民主、加强社会主义法制的大背景下,国家加快了民主和法制建设的步伐。

4. 国家领导体制和国民经济体制正在进行也将要进行重大改革。随着社会的发展,原有的国家领导体制的弊端逐渐暴露出来。邓小平于 1980 年在中共中央政治局扩大会议上发表了题为《党和国家领导制度的改革》的重要讲话。他在讲话中提到,从党和国家的领导制度、干部制度方面来讲,主要的弊端就是官僚主义现象、权力过于集中的现象、家长制现象、干部领导职务终身制现象和形形色色的特权现象。邓小平在讲话中还历数了这几种现象的表现。由于领导体制人浮于事、机构臃肿、效率低下、互相扯皮等,其已经无法适应新形势的要求,需要进行重大改革。

5. 在指导思想上已经完成了拨乱反正的任务。我国从 20 世纪 50 年代起就出现了"左"的错误。在"文化大革命"期间,教条主义和个人崇拜发展到了极其严重的地步,造成了对社会的极大危害。自 1978 年 5 月开始,在全国范围内展开的关于实践是检验真理的唯一标准的讨论促进了人们的思想解放。同年 12 月召开的党的十一届三中全会是中国共产党历史上的又一次伟大的历史转折点。它真正开始了全面地、坚决地依靠群众和深思熟虑地拨乱反正。这次会议从根本上冲破了长期"左"倾错误的束缚,端正了指导思想,重新确立了马克思主义的思想路线、政治路线和组织路线。1981 年党的十一届六中全会通过的《关于建国以来党的若干历史问题的决议》,标志着党胜利完成了指导思想上的拨乱反正。该决议实事求是地评价了毛泽东在中国革命中的历史地位,对重大的思想理论是非和历史事件作出了正确的判断,统一了全党和全国人民的思想。

6. 人民民主专政空前巩固。在结束了长时期的社会动乱之后,通过逐步调整和整顿,党和国家的各级领导班子得到加强。几年来,在全国复查和平反了大量的冤假错案,改正了错划右派分子的案件,宣布了原工商业者已被改造成为劳动者;把原来是劳动者的小商小贩和手工业者从原资产阶级工商业者中区别出来;另外,又为现已被改造成为劳动者的绝大多数原地主、富农分子划了成分。这些工作妥善地解决了大量的人民内部矛盾。由于落实了一系列正确的政策,知识分子的状况有了很大改善;国内各民族之间加强了团结友爱、平等互助的关系;爱国统一战线得到巩固和发展。在国际事务中,坚持独立自主的对外政策,同世界人民一起,为维护世界和平、促进人类进步的崇高事业作出了贡献。

总之,随着党和国家把社会主义经济建设作为全党和全国人民的工作重心,解放思想,大胆创新,摒弃“以阶级斗争为纲”的政治路线,全国面貌焕然一新。1978 年宪法显然已不能适应这种形势,需要制定新宪法,反映新情况、新问题、新发展。

(二)现行宪法的修改过程与基本精神

第五届全国人大第三次会议于 1980 年 8 月 30 日至 9 月 10 日在北京召开。在会议开幕的当天即 8 月 30 日,中共中央向会议主席团提出了《关于修改宪法和成立宪法修改委员会的建议》。全体会议通过了《关于修改宪法和成立宪法修改委员会的决议》,还同时通过了中共中央提出的由 106 人组成的宪法修改委员会的名单。

第五届全国人大常委会第二十三次会议于 1982 年 4 月 26 日通过了《关于公布〈中华人民共和国宪法修改草案〉的决议》,该决议还对全民讨论提出了明确的要求。从 1982 年的 4 月底到 8 月底,就宪法修改草案的全民讨论共进行了整整 4 个月的时间。这次宪法修改草案的全民讨论是有组织地、持续地进行的。全国各级国家机关、军队、政党、人民团体以及学校、企业事业组织和街道、农村社队等基层单位都安排了充分的时间,组织进行认真的讨论。全国人民普遍地参加了讨论,积极地提出了各种比较重要的意见。有的省参加讨论的人数占成年人的 80% ~90% 。全国有几亿人参加了讨论。这次全民讨论的时间比 1954 年宪法制定时的全民讨论还多 1 个多月,参加讨论的规模之大、人数之多、影响之广,都是前所未有的。

事例与思考 2 -4　宪法草案全民讨论

1954 年宪法草案的全民讨论。根据中央人民政府委员会《关于公布宪法草案》的决议,中央人民政府委员会于 1954 年 6 月 16 日向社会公布了宪法草案,开始宪法草案的全民讨论。该讨论从 1954 年 6 月 16 日至 9 月 11 日,历时 3 个月。为了做好草案的讨论,各地普遍成立了宪法起草讨论委员会,培养报告员和辅导学习讨论的骨干分子,有组织地进行宪法草案的讨论和宣传工作。据统计,许多地区听报告和参加讨论的人数都达到了当地成年人口的 70% 以上,有些城市和个别的专区甚至达到了 90% 以上。据统计,在宪法草案的讨论期间,听到关于宪法草案的报告并参加初步讨论的各界人士约有 103 万人,参加逐章逐条讨论的约有 55 万人,在讨论中各界人士提出的对宪法草案的意见有 143565 件。

1982 年宪法草案的全民讨论。从 1980 年 9 月至 1982 年 11 月,宪法修改委员会共举行了5次会议。每次会议持续10余天。会议充分发扬民主,100余名委员畅所欲言,讨论十分热烈。在会外,宪法修改委员会曾多次邀请各条战线上的工作者,各类专家、学者进行座谈,听取意见。宪法草案的初稿和历次讨论稿曾多次分送中央各部门、各国家机关、人民政协、各党派、各团体以及各省、自治区、直辖市和武装部队,广泛征集意见。1982年4月26日,全国人大常委会公布宪法草案,开展了历时4个月之久的全民讨论。

问:1. 我国为什么要对宪法草案进行全民讨论?

2. 对宪法草案的全民讨论与全民公决的差异是什么?

3. 如何理解制宪过程的民主价值?

1982年11月23日,宪法修改委员会举行了第五次全体会议,对秘书处提交的宪法修正稿进行了最后的审议,会议批准了宪法修正稿,并决定提请第五届全国人大第五次会议讨论通过。

1982年12月4日,第五届全国人大第五次会议表决通过了宪法修正稿,并于当日公布施行。

1982年宪法是中华人民共和国成立以后的第四部宪法。这部宪法继承和发展了1954年宪法的基本原则,克服了1978年宪法的缺陷,总结了30多年来我国社会主义发展的丰富经验,集中了全国各族人民的意志,既考虑到当前的现实情况,又照顾到将来的发展前景,是一部有中国特色的、适应新的历史时期社会主义现代化建设需要的、长期稳定的宪法,也是中华人民共和国成立以来最完善的一部宪法。

1. 1982年宪法的指导思想

1982年宪法在序言中明确规定:"中国各族人民将继续在中国共产党领导下,在马克思列宁主义、毛泽东思想指引下,坚持人民民主专政,坚持社会主义道路。"正如彭真同志在《关于中华人民共和国宪法修改草案的报告》中指出:"宪法修改草案的总的指导思想是四项基本原则,这就是坚持社会主义道路,坚持人民民主专政,坚持中国共产党的领导,坚持马克思列宁主义、毛泽东思想。这四项基本原则是全国各族人民团结前进的共同的政治基础,也是社会主义现代化建设顺利进行的根本保证。"

2. 1982年宪法的基本特点

1982年宪法的基本特点是:(1)领导与群众相结合。这是毛泽东在总结1954年宪法立先经验时概括的第一条经验。1982年宪法之所以能够从形式、结构到内容,都堪称中华人民共和国成立以来最好的一部宪法性文件,与在宪法修改过程中能够在不同阶段始终做到开放性的吸收群众意见是分不开的。(2)从实际出发,实事求是。坚持实事求是原则,从中国的实际情况出发这一特点体现在宪法的每一项规定之中。(3)总结了中华人民共和国成立以来正反两个方面的历史经验。在1982年之前,我国共有四个宪法性文件,即《共同纲领》、1954年宪法、1975年宪法和1978年宪法。在这四部宪法性文件中,前两部比较客观地反映了我国的实际情况,而后两部则受极"左"思想的影响,作出了诸多不符合我国实际情况的规定。1982年宪法吸取了正反两方面的经验教训,特别是"文化大革命"的反面教训。(4)注意吸收外国有益的经验。在注重本国经验的基础上,同时注意吸收外国宪法中的有益经验。(5)既强调相对稳定性,又注重改革发展。这部宪法除确认改革开放的成果外,也预见到我国社会正处于重大改革和转型时期,因此在规定上体现了改革的思想和精神。(6)原则性和灵活性相结合原则。1982年宪法对作为我国基本指导思想的四项基本原则(坚持中国共产党的领导,坚持马克思列宁主义、毛泽东思想,坚持人民民主专政,坚持社会主义道路)、我国的根本政治制度即人民代表大会制度、作为我国经济制度基础的社会主义公有制即全民所有制和劳动群众集体所有制、社会主义精神文明、公民的基本权利和义务等原则性问题,作出了非常明确的规定,这是丝毫不得动摇的。但是,这部宪法也考虑到了一些特殊情况,并就这些特殊情况作出了一些特殊规定,体现了灵活性的一面。

(三)1982年宪法的发展

1982年宪法是在发扬社会主义民主、加强社会主义法制的背景下制定的。因此,这部宪法的法的特性表现得最为明显和充分。在这方面,其与前几部宪法相比较,主要有以下发展:

1.宪法结构的发展

1982年宪法在结构上与前几部宪法相比较,有以下三方面的发展变化:(1)将“公民的基本权利和义务”置于“国家机构”之前;(2)恢复国家主席的设置;(3)增设中央军事委员会。

2.宪法规范的发展

1954年宪法是在我国正常发展时期制定的,因此,这部宪法的规范性较强。但如前所述,1975年宪法和1978年宪法是在“文化大革命”这种非常时期制定的,其中引用了大量的政治术语和政治词语,其规范性比较差。1982年宪法是在加强社会主义法制的要求和背景下制定的,因此其规范性与前几部宪法相比较,特别是与1975年宪法、1978年宪法相比较,应当说有了加强。其主要的表现是:(1)条文数量增加。1954年宪法为106条,1975年宪法为30条,1978年宪法为60条,1982年宪法共138条。1982年宪法比1954年宪法增加了32条,比1975年宪法增加了108条,比1978年宪法增加了78条。(2)条文结构合理。宪法的每一个条文规定一个相对独立的问题,就此问题而言,宪法应当进行比较全面的规定。1982年宪法的条文即按照这一思路来设定的。(3)条文表述严谨。宪法是法的一种表现形式,具有法的特性,其也要在法的范畴内发挥作为国家根本法的作用。因此,宪法条文的表述也应当像普通法律规范那样严谨。与前三部宪法相比较,1982年宪法是做得最好的。(4)用语更法律化。1982年宪法注重用语的法律化,使其具有法的规范性,在内容上更为明确具体。1982年宪法较多地使用肯定式的句式,如“社会主义制度是中华人民共和国的根本制度”“中华人民共和国的一切权力属于人民”“中华人民共和国的国家机构实行民主集中制的原则”“凡具有中华人民共和国国籍的人都是中华人民共和国公民”等。

3.宪法内容的发展

宪法内容的发展是1982年宪法体现毛泽东所说的“搞宪法就是搞科学”的主要表

现。总体来说,1982 年宪法所规定的内容更为丰富,符合我国的具体情况,与时代相适应,有了较大的发展。

(四)现行宪法的修改

为适应我国在经济、政治、社会等方面的发展、变化和进步,现行宪法颁行以后,全国人大以修正案方式进行了 5 次修改,共通过 52 条宪法修正案。

1. 1988 年 4 月 12 日第七届全国人大第一次会议通过了《宪法修正案》第 1 条和第 2 条。1982 年宪法只承认个体经济的宪法地位,而没有承认私营经济的宪法地位。随着社会的发展与经济体制改革的深化,个体经济需要进一步发展和扩大再生产,同时,人们增加了对于私营经济的积极意义的认识。因此,该宪法修正案增加规定了私营经济的宪法地位。1982 年宪法规定,任何组织或者个人不得侵占、买卖、出租或者以其他形式非法转让土地,但在经济体制改革特别是在对外开放过程中,如果土地的使用权不能进行转让,不利于经济发展,不利于对外经济合作与合资。因此,该宪法修正案规定,土地的使用权可以依照法律的规定转让。

2. 1992 年年初,邓小平视察南方,发表了关于市场经济的看法。1992 年党的十四大对于市场经济形成了比较统一的认识。1993 年 3 月 29 日第八届全国人大第一次会议通过了《宪法修正案》第 3 条至第 11 条。其主要内容是:(1)增加规定"我国正处于社会主义初级阶段"。这一判断是所有法律和政策制定的出发点。(2)增加规定"中国共产党领导的多党合作和政治协商制度将长期存在和发展"。(3)"国营经济"一律改为"国有经济"。(4)"计划经济"改为"社会主义市场经济"。(5)"农村人民公社"改为"农村中的家庭联产承包为主的责任制"。(6)县级人大的任期由 3 年改为 5 年。

3. 1997 年党的十五大召开,对于法治及社会主义初级阶段的特点有了更深入的认识。为反映这一成果,1999 年 3 月 15 日第九届全国人大第二次会议通过了《宪法修正案》第 12 条至第 17 条。其主要内容是:(1)增加规定了作为指导思想的"邓小平理论"。(2)增加规定"中华人民共和国实行依法治国,建设社会主义法治国家"。(3)将社会主义基本经济制度改为"公有制为主体、多种所有制经济共同发展";将实行各尽所能、按劳分配的原则改为"坚持按劳分配为主体、多种分配方式并存的分配制度"。(4)将农村中的家庭联产承包为主的责任制改为"农村集体经济组织实行家庭承包经营为基础、统分结合的双层经营体制"。(5)将个体经济和私营经济为社会主义公有制经济的补充改为"个体经济、私营经济等非公有制经济,是社会主义市场经济的重要组成部分"。(6)将反革命的活动改为"危害国家安全的犯罪活动"。

4. 2004 年 3 月全国人大对宪法进行了第四次修改,这次修改涉及 13 项内容,共通过了 14 条宪法修正案,使宪法修正案总数达到了 31 条。其主要内容是:(1)在指导思想部分增加了"三个代表"重要思想;(2)在物质文明、精神文明的基础上增加了"政治文明";(3)在爱国统一战线部分增加了"社会主义事业的建设者";(4)将国家的土地征用制度修改为"国家为了公共利益的需要,可以依照法律规定对土地实行征收或者征用并给予补偿";(5)将国家保护公民合法财产的所有权改为"公民的合法的私有财产不受侵犯";

(6)增加了对私有财产的征收和征用及相应的补偿的规定;(7)增加了国家建立和健全社会保障制度的规定;(8)将对非公有制经济形式的政策由原来的"引导、监督和管理"改为"鼓励、支持和引导""依法实行监督和管理";(9)在公民基本权利和义务部分增加规定"国家尊重和保障人权";(10)将"戒严"改为"紧急状态";(11)在国家主席的权能部分增加了"进行国事活动"的规定;(12)在全国人大代表的组成部分增加了"特别行政区";(13)将乡级人大的任期由原有的3年改为5年;(14)在国家象征部分增加了"国歌"。

5. 2018年3月全国人大对宪法进行了第五次修改,这次修改涉及10项内容,共通过了21条宪法修正案,使宪法修正案总数达到了52条。其主要内容是:(1)在指导思想部分增加了科学发展观、习近平新时代中国特色社会主义思想;(2)将"健全社会主义法制"修改为"健全社会主义法治";(3)增加了习近平新时代中国特色社会主义思想的内涵,例如,新发展理念、国家发展目标、统一战线、新型国际关系处理原则、人类命运共同体、新型民族关系等;(4)在《宪法》第1条增加"中国共产党领导是中国特色社会主义最本质的特征"的规定;(5)增加"国家倡导社会主义核心价值观"的规定;(6)增加"国家工作人员就职时应当依照法律规定公开进行宪法宣誓"的规定;(7)将全国人大法律委员会更名为"宪法和法律委员会";(8)修改了国家主席任期的有关规定;(9)增加设区的市的人大及其常委会有制定地方性法规的权力的规定;(10)在《宪法》第三章"国家机构"中增加一节,作为第七节"监察委员会",规定了监察委员会的性质、地位、组成、职权及相互关系,并修改了宪法相关条款。

就修改的方式而言,这五次修改都属于局部修改,而且尝试了宪法修正案的方式。1979年、1980年全国人大两次对1978年宪法进行的修改也属于局部修改,但那两次修改采用的是决议的方式,即由全国人大先通过修改宪法的决议,再根据该决议对宪法中的相关内容进行修改,通过了一个正式有效的宪法文本。宪法修正案方式则是在不变动宪法文本原来文字的前提下,在宪法文本之后另起序号,依照修改年代不断增加,按照后法优于前法的原则确定实际有效的宪法内容的修改方式。这种方式有利于宪法的稳定,而通过这种稳定性,可以增强宪法的权威和尊严,培养国民的宪法信仰。

事例与思考2-5　我国的宪法修正案

在1988年进行第一次宪法修改时,为了增强宪法的权威和尊严,中共中央和第六届全国人大常委会经过认真研究,决定采用宪法修正案的方式进行修宪。1993年、1999年、2004年和2018年对宪法进行修改时,沿用了这种修宪技术。

第一,关于文本。1993年通过修正案时明确提出,在新出版的宪法文本中按修正案把宪法原文改过来。但当时除中国民主法制出版社用了这个式样外,其他出版社出版的文本并未按修正案把原文改过来。1999年修宪时,中共中央和全国人大都重申,在新出版的宪法文本中按修正案把原文改过来,但当时除了中国民主法制出版社和中国青年出版社等少数出版社外,大多数出版社仍然没有这么办。2004年修改宪法时,对宪法文本问题作出了明确说明。

第二，关于捆绑式通过方式。1982年宪法一共进行了五次修改，1988年通过了2条宪法修正案，1993年通过了9条宪法修正案，1999年通过了6条宪法修正案，2004年通过了14条宪法修正案，2018年通过了21条宪法修正案。每次通过宪法修正案，无论通过几条，都是作为一个整体进行投票，而不是对每一条进行投票。

第三，关于修改的表达方式。主要有两种表达方式：一是修正案先将宪法原文中的条款写明，再说明为什么改；二是修正案将新增加的内容植入宪法文本中的某条某款。

第四，关于修正案的援引。修正案的援引与修改的表达方式有着直接的关系，例如，《宪法修正案》第2条规定，将《宪法》第10条第4款"任何组织或者个人不得侵占、买卖、出租或者以其他形式非法转让土地"修改为："任何组织或个人不得侵占、买卖或者以其他形式非法转让土地。土地的使用权可以依照法律的规定转让。"在援引时，问题便出现了：当需要援引宪法修改后的这部分内容时，是将其作为《宪法》第10条第4款来援引，还是应该将其作为1988年《宪法修正案》第2条来援引呢？当提及《宪法》第10条时，是仅指宪法最初文本中的三个条款，还是包括1988年《宪法修正案》第2条中所列的第4款呢？

问：1. 采用修正案方式修改宪法对于培育公民的宪法信仰有什么意义？

2. 宪法修正案是否是宪法的独立条款？应当如何表述和援引？

就修改的内容而言，这五次修改都采取了审慎的态度，在大改、中改和小改三个方案中采用了小改的方案，即对于一些必须变动的条款进行修改，而对于可改可不改的条款则没有进行修改。这种修改的优点是避免宪法内容的大幅度变动，保持宪法稳定性。

知识点提示

《共同纲领》的性质
1954年宪法的制定过程
1975年宪法和1978年宪法的特点
1982年宪法的发展
宪法修正案
现行宪法的主要修改

第三章 宪法的基本原则

第一节 宪法基本原则的概念

原则是指标准、准则或者界限，基本原则就是指基本标准、基本准则或者基本界限。宪法的基本原则就是指通过宪法规范所体现的宪法内容的基本标准、基本准则或者基本界限。宪法文本是由条文所构成的，而这些条文的内在构造是宪法规范，制宪者要通过这些宪法规范表现宪法应该规定的内容。宪法的内容或者作为其表现形式的宪法规范并不是杂乱无章的，而是受制宪者预设的一些基本标准、基本准则或者基本界限的限制。宪法规范是这些基本标准、基本准则或者基本界限即宪法基本原则的具体展开，宪法的基本原则是宪法规范的基本“骨架”。

宪法应当具有哪些基本原则，主要取决于制定者对制宪目的的共识，以及一个国家需要通过宪法解决的这个国家最基本的问题。因此，宪法的基本原则分为共同的宪法基本原则和特定国家的特有的宪法基本原则。人类社会发展到现阶段，国家和国家权力的存在仍然是非常必要的，但是，国家和国家权力的存在同时也会对人权构成极大的威胁。为了使国家权力能够正当、合法、有效地行使，必须通过宪法对国家权力进行限制，以保障人权的实现。人类能够通过宪法这一形式限制国家权力，决定于人权观念的普遍化，以及在此基础上所形成的人民主权的理念。可见，宪法的共同基本原则包括人民主权原则、基本人权原则、权力制约原则及法治原则。人民主权原则是宪法形成的基本前提和根据，基本人权原则是制宪的基本目的，权力制约原则是达到制宪目的的基本手段和基本形式，法治原则既是这三项原则的基本内涵，又是这三项原则的外在表现。无论资本主义国家还是社会主义国家，其宪法都共同体现这四项基本原则。当然，各国宪法在这四项基本原则的具体表述、基本含义等方面，因政治理念、历史传统等的差异而存在不同。尤其是资本主义国家和社会主义国家之间，因在政治理念方面所存在的巨大差别，在这些基本原则的内涵上存在不同。

每一个国家具有不同的国情，宪法除要体现基本的、共同的制宪理念外，还要解决本国的最基本的问题。例如，美国是由不同的部分组成的联邦制国家，需要通过宪法解决联邦与组成联邦的各个部分之间的分权关系，因此，联邦主义就是美国宪法的一项特有的基本原则；日本在第二次世界大战中战败后，为了将自己由军国主义国家改造为民主国家，需要在宪法中融入和平主义的理念，因此，和平主义是日本宪法的特有的基本原则。我国是一个统一的多民族国家,除汉族外,还有55个少数民族。此外,我国由于历史原因,存在香港、澳门、台湾等局部地区的特殊问题。同时,我国在传统上又是一个单一制国家。在单一制前提下,处理多民族之间的关系及与这些局部地区的关系就是一个非常重要的问题。因此,单一制就是我国宪法的一项基本原则。

宪法作为国家的根本法,在宏观上总体性地确定着国家的根本制度、基本制度和基本政策,确定着国家权力与公民权利之间的界限。因此,宪法内容的涉及面非常广泛。宪法的这些内容都成为国家法律的制定依据。宪法规定、宪法内容是宪法基本原则的具体化,而宪法的这些规定和内容又是法律的具体化的依据,并不是所有的宪法规定都是宪法的基本原则,只是那些在整体上体现制宪理念且为宪法规范所具体展开的才是宪法的基本原则。

宪法的基本原则除规定在宪法序言部分外,主要是通过具体的宪法规范予以体现和展开的,有的基本原则体现得比较明确、具体,而有的基本原则隐含在具体的宪法规范之中。它既是制定宪法的指导思想和基本准则,也是实施宪法的基本依据。宪法监督机关和宪法解释机关在适用宪法的过程中,必须依据宪法的基本原则阐释宪法规定的基本含义,以作出判断。宪法修改机关在对宪法进行修改时,也不得违反这些基本原则。

在理解具体的宪法规范时,必须依据所有的宪法基本原则,综合判断宪法规定的含义。例如,根据法治原则,国家机关所有的行为都必须接受宪法监督,特别是在实行司法审查的国家,但是在这些国家,国家行为又可以不受司法审查,这是权力制约原则的体现和要求。

事例与思考3-1　因性别作出区别限制,构成就业歧视,侵犯就业权

梁某某(女)热爱烹饪并取得中式烹调师高级资格证书。2015年6月28日,梁某某在某招聘网站上看到了被告惠食佳公司发布的招聘厨房学徒的广告,面试地点在被告名豪轩酒楼处。梁某某于6月29日下午到名豪轩酒楼应聘,该酒楼工作人员要求梁某某填写招聘表格后,让梁某某回去等待通知,称下午5时会通知试工。结果当天下午4时左右,名豪轩酒楼的工作人员打来电话,告知已经招满人。

2015年7月16日,梁某某再次发现惠食佳公司在某招聘网站上发布了相同岗位的招聘广告,且广告明确要求应聘者为"男性",面试地点依然是名豪轩酒楼。梁某某在7月22日下午前往名豪轩酒楼询问,该酒楼前台工作人员再次明确答复厨房不要女性,就算是有厨师证也不录用。在梁某某反复表达求职意愿和能力后,该酒楼人员依然拒绝让梁某某试工。

为此,梁某某起诉至法院请求判令:(1)两被告向梁某某公开书面赔礼道歉;(2)两被告连带赔偿梁某某因应聘产生的经济损失21元(包括交通费20元及电话费1元);(3)两被告连带赔偿梁某某精神损害抚慰金40800元;(4)两被告承担本案诉讼费。

问:1. 你认为限招男性的行为是否有悖于宪法原则?

2. 如何理解平等与差别对待之间的关系?

第二节 人民主权原则

一、人民主权原则的含义

人民主权原则又称为“主权在民原则”,是指国家的权力属于人民,为人民所有,来源于人民。人民主权原则在作为民意代表机关的议会处于相对优越地位的国家,表现为议会主权。

主权是指一个国家独立地处理国内事务和国际事务不受他国干预或者限制的最高权力。近代意义上的主权概念是由16世纪法国的法学家和政治学家让·布丹在《论共和国六书》中提出来的。他认为,主权是在一个国家中进行指挥的……绝对的和永恒的权力。

那么,这种主权属于谁所有?在封建时代,君主们的解释是,君主受命于天,君权是神授的。不同的资产阶级学者有不同的解释。让·布丹认为,国家的主权应当属于君主,但君主又必须按照上帝和自然法实行统治,否则就是暴君制。英国的资产阶级思想家霍布斯认为,国家的主权属于君主,但君主的主权来自人民,而不是来自神授;之所以要坚持君主主权,是为了集权的需要。按照霍布斯的观点,人民主权应当表现为君主主权。洛克则坚决反对君主主权,主张人民主权应当表现为议会主权。

卢梭在《社会契约论》中比较系统地论述了人民主权的观点。他认为,主权是公意的表现,而人民的公意是至高无上的。在自然状态下,社会中的每一个人都具有天赋人权,为了维护人权,每一个自由的个人通过契约自愿组成国家,并从自己的人权中让渡出一部分权利组成国家权力,通过国家权力的行使有效地处理社会公共事务,以维持社会的正常秩序,保障每一个人的人权,即国家权力来自每一个个人从人权中的让渡,国家权力属于组成社会的每一个个人。因此,国家权力属于人民,而不属于君主,国家权力的行使者是受人民的委托对国家进行治理。

在历史上,人民主权原则是针对封建时代的“君权神授”的观念提出来的,具有巨大的进步意义。资产阶级人民主权原则提出的理论基础是天赋人权,即每一个个人具有与生俱来的各种权利和自由,包括生命、财产和自由;国家和国家权力的存在和运行是为了保障这种与生俱来的人权;国家权力的范围是有限度的,仅限于人民自愿让渡的那一部分,而超出这一权力范围的行为都是无效的。

马克思主义经典作家批判性地接受了资产阶级学者提出的人民主权原则,系统地阐述了马克思主义的人民主权学说。马克思曾经指出,人民的主权不是从国王的主权中派生出来的,相反地,国王的主权倒是以人民的主权为基础的;德国的国民议会本身没有任何权力——人民委托给它的只是维护人民的权力,如果它不根据委托来行动,这一委托就失去效力。到那时,人民就亲自出台,并且根据自己的自主的权力来行动……当国王实行反革命的时候,人民完全有权利用革命来回答它。

制定和实施宪法的基本前提是人民主权原则。在人民主权原则下，国家的权力属于人民。在近现代国家，由于国家范围的辽阔、社会公共事务的复杂，以及决定和执行的效率要求，人民除保留一部分直接决定国家重大问题的权利外，在通常情况下，不可能直接行使国家权力。近现代国家通常实行代议制，由人民选举自己的代表，由代表去行使国家权力，人民监督国家权力的行使者。国家权力的行使者也是人，作为人都具有自私的一面；同时，国家权力都具有易扩张和易被滥用的性质，这就必须对国家权力及其行使者进行必要的监督和限制。人类发明和创造了用"法"的形式去监督和限制国家权力及其行使者的方式，并把这种法称为"宪法"。整部宪法都是关于人民如何通过民主制度和民主程序去监督和限制国家权力的规范。没有宪法，人民主权原则就不可能得到真正的实现。

凡是制定宪法的国家，在宪法中，无不明确确认和体现人民主权原则。如法国宪法规定，国家主权属于人民，人民通过自己的代表和通过公民复决来行使国家主权；人民中的一部分人或者任何个人都不得擅自行使国家主权。日本宪法规定，主权属于国民。意大利宪法规定，主权属于人民，由人民以宪法规定的方式并在其范围内行使之。俄罗斯宪法规定，俄罗斯联邦的多民族人民是俄罗斯联邦主权的拥有者和权力的唯一源泉。朝鲜宪法规定，朝鲜民主主义人民共和国的权力属于工人、农民、士兵和劳动知识分子。各国宪法除作出上述明确规定外，还通过具体的制度体现人民主权原则。

二、人民主权原则在我国宪法中的体现

事例与思考 3－2 立法为了人民、依靠人民

有着近 5 万常住人口的中远两湾城内有 1.69 公里的苏州河岸线。苏州河全线贯通，就意味着小区内的沿河空间需要开放、共享。

"一江一河"全方位贯通开放，是《上海市黄浦江苏州河滨水公共空间条例》的明确要求。恽某记得，在立法意见征询中，各种声音在居民中间"炸"了出来："这是我们小区的步道，为什么要让别人进来？""开放后外人进来，安全问题谁来保证？"……

"前前后后，我们收到 2000 多人次的意见建议，并把这些声音都带到了立法征询会的现场。我们相信，立法与百姓诉求最终是一致的，都是为了建设美好家园。"恽某和居民们看到，法规颁布后，大家关心的问题在其中都被明确：如关于水岸环境维护的意见，该条例第 37 条规定实施责任区制度和水域保洁作业，让居民每天都能享受到整洁、优美的水岸风光；关于居民关心的步道设施养护问题，该条例第 39 条也明确了制度与责任……

恽某切身体会到：立法过程中，唯有站在百姓立场，积极让百姓参与，才能最终让百姓受益。

来自安徽合肥的"90 后"美团骑手黄某也感受到了地方立法带来的实实在在的变化。《上海市非机动车安全管理条例》第 32 条要求相关企业根据交通状况等因素，合理确定配送时间、路线等标准和要求，避免引发道路交通违法行为或者交通事故。

自 2021 年 5 月 1 日起，该条例实施，作为优秀骑手代表，黄某参加了企业举行的骑手恳谈会。根据会上骑手们的意见，企业发布了"预估送达时间算法"。"用户 App 上显示的收

餐时间从原来的时间点变成时间段。规则改变后,配送时间要求更合理了,我们骑手送餐也更从容了。"

黄某所感受到的变化背后,有着"火爆"的意见碰撞。对此,上海市人大常委会曹杨新村街道基层立法联系点联络员周某文感触很深。

2020年12月,《上海市非机动车安全管理条例(草案)》开始立法征询,联系点召开了多场座谈会。

"这部法规是我们碰到的'反应'最强烈的一部。"周某文说,联系点特别设置了执法者与居民面对面讨论的环节,希望能在碰撞中共同破解难题。立法征询会上,执法者与被执法者站在各自立场,围绕"不集中充电就要被处罚"等问题展开激烈争论:居民认为小区条件有限,偶尔违规应以批评教育为主或者轻罚,但执法者则从安全角度考虑建议重罚……

"那场面非常火爆,我们至今记忆犹新,也正是这种碰撞,促进相关职能部门从源头上解决问题。"最终,曹杨新村街道提出的关于"不集中充电应该受罚"等5条建议被法规采纳。

有事好商量,众人的事情由众人商量,是人民民主的真谛。上海地方立法实践中,还有很多场面"火爆"的故事。这些真实的碰撞,正是形成"大合唱"的基础。

2022年9月,新江湾城街道基层立法联系点召开关于《上海市促进人工智能产业发展条例(草案)》的立法征询会。人工智能领域多家重点企业、相关职能部门、专家学者在会上热烈讨论的场面让陈某栋印象深刻。

"我相信每一位参加者对每一个问题、每一次讨论,都历历在目",陈某栋说。对公共算力平台、人工智能产业伦理规范等内容,业界、学界都提出了多条意见,最终呈现在法条中的,是方方面面智慧的结晶。

地方立法实践中,许多"原汁原味"的社情民意,来自基层立法联系点的广泛征集。遍布上海全市16个区的基层立法联系点,已是市民熟悉的"立法直通车"。上海市人大法制委主任委员陆某栋给出一组数据:截至2022年9月底,联系点设立6年多以来,总共对97件法规提出12340条意见,其中1148条意见被不同程度采纳。

最早"通车"的全国人大常委会法工委基层立法联系点是虹桥街道,其古北市民中心内还陈列着让居民夏某龙自豪的《国歌法》。"当初对国歌法征求意见时,我在讨论会上提议,公民在参加重大会议时,不仅要升国旗、奏国歌,而且还要唱国歌,更好地表达对祖国的热爱。真没想到,这一建议最终被采纳了。"

许多居民有着和夏某龙一样的"没想到"。没想到,通过基层立法联系点的工作,自己可以离"高大上"的立法如此之近。

华东政法大学附属中学的学生们如今对法律有了更多的感性认识。他们在《上海市未成年人保护条例(草案)》和《上海市预防未成年人犯罪条例(草案)》征求意见时积极建言献策,争相为自己"代言",提出的很多意见被采纳,被列入正式法规。"大家都觉得,加入了'少年声音'的未成年人保护条例,更贴近青少年。"学校教师刘某月说,在学生们心里,征询座谈会本身就是一堂生动的法治教育课,各方提出的意见建议给自己带来了新的启发,更提升了法治素养。

"接下来,我们将进一步完善制度机制和程序,在加大实施力度、增强工作成效上下功夫。要继续放大基层立法联系点的基层属性和联通属性功能,推进联系点参与立法从'立法中'向'立法前''立法后'延伸。"陆某栋说。

问:立法为了人民、依靠人民从哪些方面体现了人民主权原则?

我国属于社会主义国家,人民主权原则在我国宪法中的体现主要表现为:

（一）宪法明确确认人民主权原则

自1954年宪法实施以来的历部宪法都明确规定,"中华人民共和国的一切权力属于人民",而且这一表述始终没有发生变化。同时,宪法关于国家性质的规定也反映了人民主权原则。《宪法》第1条第1款规定:"中华人民共和国是工人阶级领导的、以工农联盟为基础的人民民主专政的社会主义国家。"宪法中虽然没有出现"人民主权"的概念,但人民主权原则的含义已经非常明确。

马克思主义认为,革命的根本问题是政权问题,无产阶级革命的根本问题是无产阶级专政问题。无产阶级专政理论是马克思主义的精髓。马克思在提出无产阶级专政概念时,主要是根据英国、法国、德国等发达资本主义国家的情况。列宁从俄国的基本国情出发,运用马克思主义关于无产阶级专政形式的原理,创造出工农兵代表苏维埃这种俄国无产阶级实现无产阶级专政的具体形式。

我国的国情与西欧发达国家及俄国有所不同。中国共产党把马克思主义关于无产阶级专政的理论与中国具体国情相结合,创造性地提出了人民民主专政的理论。人民民主专政经历了资产阶级民主革命和社会主义革命两个历史阶段,前一个阶段所要完成的是民主革命的任务,因而这个阶段的人民民主专政与无产阶级专政有本质上的不同。

进入社会主义阶段的人民民主专政与无产阶级专政在实质上是一致的:(1)二者都以工人阶级为领导;(2)二者都以工农联盟为阶级基础;(3)二者的国家职能并无本质的差别;(4)二者的最终目的都是要消灭一切阶级,实现共产主义。因此,人民民主专政不过是无产阶级专政在中国具体国情下的一种表现形式。

我国之所以采用"人民民主专政"的提法,而未采用"无产阶级专政"的提法,是因为:(1)人民民主专政的提法更符合我国的国情;(2)人民民主专政的提法确切地表明了我国的阶级状况和政权的广泛基础;(3)人民民主专政的提法直接体现出对人民实行民主和对敌人实行专政两个方面,准确地体现了民主和专政的职能。

我国的人民民主专政具有以下基本特点:

1.对人民民主和对敌人专政。对人民实行民主和对敌人实行专政,是人民民主专政的两个方面。所谓人民,一般是指以其存在和活动推动历史向前发展的那些社会阶级、阶层和社会集团。在不同的国家和一个国家的不同历史时期有不同的内容。人民是相对于敌人的一个政治概念,其范围伴随着不同时期的任务而变化。在我国,人民包括社会主义的工人、农民和知识分子以及其他一切拥护社会主义和拥护祖国统一的社会力量和爱国者。"民主"一词来源于古希腊,本意是指"多数人的统治"。马克思主义认为,民主问题首先是国家制度问题。作为国家制度的民主,是指掌握国家政权的阶级在内部依据平等、少数服从多数的原则管理国家,实行阶级统治的国家制度。宪法规定了多种国家制度意义上的民主制度及相应的程序,如选举制度、人民代表大会制度等。

民主和专政是一个问题的两个方面。人民民主专政的民主方面和专政方面是辩证统一的,两者既相互区别,又相互联系。一方面,它们的对象、内容、范围各不相同;另一方面,它们又互为条件、互相依存。对人民实行民主是对敌人实行专政的基础,对敌人实行专政是对人民实行民主的保障。

2. 以工人阶级为领导。工人阶级(通过共产党)对国家的领导是人民民主专政的首要标志。工人阶级之所以能够成为国家的领导阶级,是由工人阶级的阶级本质和历史使命决定的。工人阶级与大生产相联系,代表最先进的生产力,最有远见,大公无私,最富有组织性、纪律性和革命的彻底性。中国工人阶级除具有一般工人阶级的基本优点外,还有自己突出的优点:(1)深受帝国主义、资产阶级和封建势力三重压迫,革命最坚决、彻底;(2)一开始走上革命舞台,就在本阶级的先锋队中国共产党的领导下,成为中国人民革命的领导阶级;(3)多数是由农民而来,与农民有着天然的联系。

工人阶级的领导是通过自己的政党中国共产党实现的。中国革命和建设的历史经验表明:中国共产党的领导,是民主革命胜利的三大法宝之一,也是社会主义现代化不可缺少的领导力量,中国共产党领导是中国特色社会主义最本质的特征。中国共产党对国家的领导是全面领导。

3. 以工农联盟为基础及以知识分子为依靠力量之一。马克思主义认为,无产阶级在使农民和小资产阶级靠拢自己之前,是不能触动资本主义制度的。特别是在农民众多的国家里,如果没有工农联盟这种"合唱",无产阶级的"独唱"也会很难。毛泽东同志在领导中国革命的实践中,创造性地运用并发展了这一原理。他指出,人民民主专政的基础是工人阶级、农民阶级和城市小资产阶级的联盟,而且主要是工人与农民的联盟,因为这两个阶级占了中国人口的80%～90%,推翻帝国主义和国民党反动派的统治,主要是依靠这两个阶级的力量。中国的工农联盟是在中国共产党领导下,在长期斗争中建立和巩固起来的,是人民民主专政和革命统一战线的基础,是取得革命和建设胜利的基本保证。

知识分子不是一个独立的社会阶级,而是出身于不同社会阶级的特殊社会阶层。在我国社会主义条件下,他们的性质和面貌已经发生了根本变化:其中极少部分是从旧社会过来的,他们受"三大敌人"的压迫,反帝爱国,同情革命,进入新社会后,接受马列主义教育,热爱党和社会主义,努力为国家建设服务;还有大量的是中华人民共和国成立后培养出来的知识分子,他们接受党的教育,为社会主义服务。在我国,知识分子是工人阶级的一部分,他们凭借知识、技能和专长从事脑力劳动,是社会主义建设不可缺少的力量。《宪法》序言中规定:"社会主义的建设事业必须依靠工人、农民和知识分子,团结一切可以团结的力量。"

4. 爱国统一战线。统一战线是无产阶级在革命斗争中,为反对主要敌人,与一切可能团结的力量结成的联盟。中国的革命统一战线是在中国共产党领导下,在长期的革命斗争中建立和发展起来的,是工人阶级领导的、以工农联盟为基础的人民大众的广泛联盟。

它是中国革命和建设的一个重要法宝。在历史上,曾经有过抗日战争时期的抗日民族统一战线、解放战争时期的人民民主统一战线。

在现阶段,存在一个由中国共产党领导的,有各民主党派和各人民团体参加的,包括全体社会主义劳动者、社会主义事业的建设者、拥护社会主义的爱国者、拥护祖国统一和致力于中华民族伟大复兴的爱国者的广泛的爱国统一战线。新时期爱国统一战线包括两个范围的联盟:一个是由大陆全体劳动者、爱国者组成的以社会主义为政治基础的联盟,这个联盟必须坚持四项基本原则;另一个是广泛团结台湾同胞、港澳同胞、海外侨胞,以拥护祖国统一和致力于中华民族伟大复兴为政治基础的联盟,这个联盟只要是赞成祖国统一和致力于中华民族伟大复兴,即使不拥护社会主义也是爱国统一战线的对象。爱国统一战线的组织形式是中国人民政治协商会议。

新时期爱国统一战线的任务是:为社会主义现代化建设服务;为实现祖国统一大业服务;为维护国际团结、世界和平服务。

5. 中国共产党领导的多党合作和政治协商制度。中国共产党领导的多党合作是我国的一项基本政治制度。我国实行的中国共产党领导的多党合作的政党体制在性质上根本不同于西方国家的两党制或多党制,也有别于苏联和其他东欧国家等实行的一党制。

事例与思考 3－3　我国八大民主党派

1. 中国国民党革命委员会(民革)。1948 年 1 月 1 日正式成立,是由中国国民党民主派和其他爱国民主人士所创建、具有政治联盟特点、致力于建设有中国特色社会主义和祖国统一事业的政党。截至 2022 年 6 月底,共有成员 15.8 万余人。

2. 中国民主同盟(民盟)。成立于 1941 年 3 月,当时称“中国民主政团同盟”,1944 年改组,并改名为“中国民主同盟”。它是以从事文化教育方面工作的知识分子为主体的社会主义劳动者和拥护社会主义的爱国者的政治联盟,是为社会主义服务的政党。截至 2022 年 12 月底,共有盟员 34.83 万人。

3. 中国民主建国会(民建)。成立于 1945 年 12 月,成员主要是爱国的民族工商企业家和与他们有联系的知识分子等。截至 2022 年 6 月底,共有成员 22 万余人。

4. 中国民主促进会(民进)。成立于 1945 年 12 月,成员主要是从事教育、文化、出版、科学和其他工作的高、中级知识分子。现有成员 10 万余人。截至 2022 年年底,共有成员 19.4 万余人。

5. 中国农工民主党(农工党)。成立于 1930 年 8 月,是以医药卫生、科学技术和文化教育界的中、高级知识分子为主要成员的社会主义劳动者和拥护社会主义的爱国者的政治联盟。现有成员截至 2022 年 6 月底,共有成员 19.2 万余人。

6. 中国致公党(致公党)。成立于 1925 年 10 月,是以归侨、侨眷为主的民主党派。截至 2022 年 11 月底,共有成员 6.9 万余人。

7. 九三学社。成立于 1946 年 5 月,以科学技术、文化教育和医药卫生界的高、中级知识分子为主要成员。截至 2022 年 6 月 30 日,共有成员 20 万余人。

8. 台湾民主自治同盟(台盟)。成立于1947年11月,是由居住在大陆的我国台湾省人士组成的社会主义劳动者和拥护社会主义的爱国者的政治联盟。截至2018年1月,共有成员3000余人。

问:1. 民主党派的性质是什么?

2. 民主党派的法律地位是什么?

中国共产党领导的多党合作制度作为我国的政党制度,包括以下基本原则:(1)中国共产党是中国社会主义事业的领导核心,是执政党。(2)各民主党派是各自所联系的一部分社会主义劳动者、一部分社会主义事业的建设者和一部分拥护社会主义的爱国者的政治联盟,是接受中国共产党领导的,同中国共产党通力合作、共同致力于社会主义事业的亲密友党,是参政党。(3)我国的多党合作必须坚持中国共产党的领导,坚持四项基本原则,这是中国共产党同各民主党派合作的政治基础。(4)中国共产党对各民主党派的领导是政治领导,即在政治原则、政治方向和重大方针政策上的领导。(5)"长期共存、互相监督、肝胆相照、荣辱与共"是中国共产党与各民主党派合作的基本方针。(6)以参政议政和互相监督作为多党合作的主要内容。民主党派参政的基本点是:参加国家政权,参与国家大政方针和国家领导人选的协商,参与国家事务的管理,参与国家方针、政策、法律、法规的制定执行。发挥民主党派监督作用的总原则是:在四项基本原则的基础上,发扬民主,广开言路,鼓励和支持民主党派与无党派人士对党和国家的方针政策、各项工作提出意见、批评、建议,做到知无不言,言无不尽,并且勇于坚持正确的意见。(7)以坚持社会主义初级阶段的基本路线,把我国建设成为富强民主文明和谐美丽的社会主义现代化强国和统一祖国、振兴中华为中国共产党和各民主党派的共同奋斗目标。(8)以宪法为多党合作的根本活动准则,并负有维护宪法尊严、保证宪法实施的职责。民主党派享有宪法规定的权利和义务范围内的政治自由、组织独立和法律地位平等。中国共产党支持各民主党派独立地处理自己的内部事务,帮助他们改善工作条件,支持他们开展各项活动,维护该组织成员及其所联系群众的合法利益和合理要求。(9)中国共产党和各民主党派共同负有保卫国家安全、维护社会安定团结的责任。

中国共产党领导的多党合作的形式是多种多样和全面的。在现阶段,中国共产党领导的多党合作的形式主要有:中国共产党与民主党派政治协商,民主党派成员或无党派人士在国家权力机关参政议政,民主党派成员、无党派人士担任各级政府及司法机关的领导职务,以及民主党派在人民政协中发挥作用等。

事例与思考3-4 8个民主党派全国代表大会圆满结束

2022年12月24日,随着中国国民党革命委员会第十三次全国代表大会在京闭幕,我国8个民主党派全国代表大会圆满结束。

在半个多月时间里,各民主党派深入学习贯彻党的二十大精神、听取和审议本党派中央委员会工作报告、修订本党派章程、选举产生新一届中央领导机构等,圆满完成代表大会各项议程,顺利实现领导班子新老交替和政治交接。

在党的二十大精神的指引下,各民主党派牢记合作初心、凝聚奋进共识,把多党合作事业继续推向前进,巩固和发展最广泛的爱国统一战线,凝聚起共同致力民族复兴的磅礴力量。党的二十大报告指出,发挥我国社会主义新型政党制度优势,坚持长期共存、互相监督、肝胆相照、荣辱与共,加强同民主党派和无党派人士的团结合作,支持民主党派加强自身建设、更好履行职能。

中国共产党贯彻长期共存、互相监督、肝胆相照、荣辱与共的方针,支持民主党派按照中国特色社会主义参政党要求加强自身建设、更好履行职能,把多党合作事业继续推向前进。

新时代新征程,为民主党派发挥作用提供了制度保障。

2020 年 12 月,新修订的《中国共产党统一战线工作条例》发布。条例明确,民主党派是接受中国共产党领导、同中国共产党通力合作的亲密友党,是中国共产党的好参谋、好帮手、好同事,是中国特色社会主义参政党。

在新时代,中共中央大力推进多党合作制度创新,先后出台一系列重要法规和文件,形成比较完备的制度框架体系。各民主党派逐步建立起一套适合民主党派自身特点、有利于促进民主党派工作规范化和科学化运行的参政党工作制度机制,为参政党自身建设提供了制度保障。

新时代新征程,为各民主党派履职尽责提供了广阔舞台。

九三学社中央主席武维华表示,九三学社要持续聚焦推动高质量发展、科教兴国战略、人才强国战略、绿色发展、乡村振兴和共同富裕等,更有针对性地做好议政建言。同时,进一步密切与科技界党外知识分子的联系,支持和鼓励科技工作者积极投身建设教育强国、科技强国、人才强国。

台盟中央主席苏辉说,台盟将深入落实新时代中国共产党解决台湾问题的总体方略,充分发挥亲情乡情优势,努力增进两岸同胞了解和互信,促进两岸同胞心灵契合,为探索两岸经济社会融合发展新路多架桥梁、多献实策,为推进祖国统一进程汇聚同胞情、民族心、团结力。

各民主党派将在中国共产党坚强领导下,坚定信心、同心同德,踔厉奋发、勇毅前行,共同开创多党合作事业新局面,为全面建设社会主义现代化国家、全面推进中华民族伟大复兴而团结奋斗。

问:民主党派担任国家领导人的宪法意义何在?

(二)宪法规定了人民主权原则实现的基本途径和方式

这主要表现在:(1)《宪法》第 2 条第 2 款规定,“人民行使国家权力的机关是全国人民代表大会和地方各级人民代表大会”。国家的一切权力属于人民,而在人民不能直接行使的情况下,由人民选举自己的最优秀的代表组成全国人民代表大会和地方各级人民代表大会,由人民代表大会代表人民行使国家权力,并监督由它产生的其他国家机关。(2)《宪法》规定,人民除通过人民代表大会行使国家权力外,还依照法律规定,通过各种途径和形式,管理国家事务,管理经济和文化事业,管理社会事务。

(三)宪法规定了公民的基本权利和自由

“公民”这一概念本身体现了构成人民的每一个人在国家中的政治地位,表明其作为国家政治生活参与者的身份。宪法主要调整国家与公民之间的关系、国家权力与公民权利之间的关系,而能够表明这种关系的主要是公民在国家中的地位。公民在国家中既居于权利者的地位,又居于义务者的地位。公民在国家中主要处于权利者的地位。宪法根据我国的具体国情,确认了公民享有广泛的基本权利和自由,尤其是在2004年全国人大对1982年宪法的第四次修正中,增加了关于“国家尊重和保障人权”的规定,进一步扩大了我国公民的基本权利和自由的范围。

公民在国家中作为权利者的地位,主要表现在两个方面:(1)作为国家权力所有者的地位。我国宪法规定了公民的政治权利和自由,包括选举权和被选举权,言论、出版、集会、结社、游行、示威自由,对国家机关及其工作人员的批评、建议、检举、控告权。公民通过行使这些政治权利和自由,表达自己对国家政治问题的基本看法,同时,监督国家机关及其工作人员的工作。(2)作为单个公民行使宪法权利和自由的地位。在宪法上,公民与国家是对应的概念,公民的基本权利和自由就是国家的基本义务。公民有权主张自己的宪法权利和自由,国家也有义务保障公民这些基本权利和自由的实现。因此,判断国家机关是否履行了自己的职责的基本标准是,宪法所确认的公民的基本权利和自由是否得到了充分实现。

事例与思考3－5　回归宪法原则——最高人民法院工作报告改革小记

2004年,由时任最高人民法院院长肖扬向第十届全国人大第二次会议作的《最高人民法院工作报告》,从形式到内容都发生了明显的变化:报告文风简朴,文字精练,更令人关注的是,报告内容由以往主要报告全国法院的工作转变为主要报告最高人民法院自身的工作。最高人民法院向最高国家权力机关报告工作由来已久。1950年6月,因尚未设立人民代表大会,时任最高人民法院院长的沈钧儒向全国政协作人民法院工作报告,这是中华人民共和国成立后,最高人民法院的第一次报告。自1954年确立人民代表大会制度后,最高人民法院开始向全国人民代表大会报告工作。50多年来,随着政治经济形势的变化,人民法院的报告也随之变化。将报告全国法院的工作转变为主要报告最高人民法院自身的工作的思路已经酝酿几年了,但因为过去条件不成熟,一直没有实行。在起草《最高人民法院工作报告》时,时任最高人民法院院长肖扬指出:“人民代表大会制度是我国的根本政治制度。最高人民法院向全国人民代表大会报告工作,并接受其监督。我们一定要履行好宪法赋予的职责,切实把报告写好。”最高人民法院经过反复研究,决定从2004年起对报告进行改革。

问:最高人民法院报告制度改革如何体现宪法原则?

第三节　基本人权原则

一、基本人权原则的含义

人权是指人之为人的权利，是人作为人维持其生存、形成独立人格，保持人的尊严、完善自己的权利。人权的主体是“人”，人权的“权”是作为单个个人的权利，是作为自然意义上的人的权利。简言之，每一个人都是具有独立人格和尊严的人，因而都是与他人平等的人，而为了保持人的生存、尊严和独立人格，每一个人都有作为人的基本权利。

人权观念的萌芽古已有之。近代意义上的人权观念和人权理论起源于封建社会末期，是在资本主义商品经济发展的基础上，由资产阶级启蒙思想家根据资本主义经济发展和资产阶级反对封建势力的政治需要而系统地提出来的。其代表人物是霍布斯和洛克。霍布斯从“自然状态说”出发，得出自己的人权观点和人权理论。他认为，在自然状态中，每个人都具有同等的自然权利。洛克的人权理论是建立在“自然状态说”和“社会契约论”的基础之上的，他认为在自然状态中，每个人都平等地享有各种人权，而为了保证这种人权，才将自己的人权的一部分让渡给国家，组成国家权力。

资产阶级人权观念、人权理论和人权思想的基本要义是，人权的主体是自然人，作为人都应当是平等的；既然人权的主体是人，这里所指的人是普遍意义上的人，是没有阶级的人，没有国别的人，没有地域的人，只要是人就应该享有人的权利；人权是与生俱来的，是天赋的；人权的基本内容包括生命、财产、自由，以及追求幸福。

资产阶级的宪法文件中对上述资产阶级人权观体现得比较完备的是美国的《独立宣言》和法国的《人权宣言》。被马克思誉为第一个人权宣言的1776年的《独立宣言》宣称，“我们认为这些真理是不言自明的：人人生而平等，他们都从他们的造物主那里被赋予了某些不可转让的权利，其中包括生命权、自由权和追求幸福的权利。为了保障这些权利，所以才在人们中间成立政府。政府的正当权力，则系得自统治者的同意。如果任何一种形式的政府损害这些目的，那么，人民就有权利来改变它或者废除它，以建立新的政府”。在1789年法国大革命中通过的《人权宣言》第2条规定：“一切政治结合的目的都在于保存自然的、不可消灭的人权；这些权利是自由、财产权、安全权和反抗压迫。”

马克思主义的人权观是在批判和借鉴资产阶级人权观的基础上建立和发展起来的。马克思主义经典作家充分肯定资产阶级人权观在人类历史发展进程中所起到的积极作用。同时，其又对资产阶级的人权观的本质进行了批判，认为资产阶级的人权不过是“平等地剥削劳动力”，而这就是“资本的首要人权”；虽然资产阶级形式上承认人人平等、人人享有人权，但在资本主义社会，宪法和法律所确认的各种权利实际上只有资产阶级享有，而无产阶级根本不可能享有与资产阶级同等的权利。

事例与思考3-6 中国关于人权的基本观点

享有充分的人权,是长期以来人类追求的理想。《世界人权宣言》问世与中华人民共和国成立差不多在同一时间。世界以《世界人权宣言》为起点在人权方面取得了长足的进展,而中国则以新社会的诞生为起点,人权状况发生了翻天覆地的变化。

1991年11月1日,中国政府发表了《中国的人权状况》白皮书。白皮书从不同侧面向世界表明,新中国的人权理论和实践充分体现了《世界人权宣言》的基本精神和内容,充分体现了中国政府和人民为实现《世界人权宣言》确立的目标所做出的努力和所取得的成就。

对于一个国家和民族来说,人权首先是人民的生存权和发展权。众所周知,中华人民共和国成立之前的旧中国是一个半封建、半殖民地的国家。因此,危害中国人民生存的首先是帝国主义的侵略。从1840年到1949年的110年间,英、法、日、美、俄等帝国主义列强先后对中国发动过大小数百次侵略战争。帝国主义还强迫中国签订了1100多个不平等条约,国家主权丧失,社会财富遭洗劫,使中国人民失去了最起码的生存条件。中华人民共和国的成立使占人类总数近3/4的中国人民第一次真正享有了应有的人格尊严,生命安全获得了根本保障。之后,中国政府始终把解决人民的温饱问题作为头等大事,基本解决了13亿人口吃饭、穿衣问题,而且已全面建成小康社会。

除此之外,共和国在法律上对公民的政治、经济、文化、教育、社会和劳动权利,宗教信仰自由权利,少数民族权利,妇女、儿童、残疾人以及司法中的人权保障都进行了明确规定并使其得到了全面发展。

体现中国人民民主权利的选举制度的最显著的特点就是,选举不受金钱的操纵,当选代表来自各阶层、各行业。

中国积极参与联合国人权领域的活动,也十分尊重国际上的有关人权公约,自1980年起先后批准加入了多个国际人权公约和协定书,并签署了《经济、社会及文化权利国际公约》和《公民权利和政治权利国际公约》。这一时期,中国还积极参与制定国际人权规范,参加了《儿童权利公约》《残疾人权利公约》等重要人权文件的制定工作组会议。

自1981年起,中国参加了联合国人权委员会起草《发展权利宣言》的政府专家组的历届会议,并积极提出意见,直至《发展权利宣言》于1986年在第41届联合国大会获得通过。《发展权利宣言》确认发展权利是一项不可剥夺的人权,对促进人类社会发展进步发挥了重要作用。

问:1. 如何理解生存权是首要人权?

2. 国家权力与人权之间的基本关系是什么?

马克思主义人权观认为,人不可能是抽象的人、超阶级的人、超地域的人,而只能是社会中的人、具体国家中的人,因而人权也不可能是抽象的、超阶级的和超地域的,只能是特定国家的公民的人权、特定阶级的人权;一个特定国家的具体的人权只能是人民群众通过斗争而得来的,而不可能是天赋的、自然获得的;在国家主权和人权的关系上,在存在国家的情况下,人权主要是依靠国家主权予以保障的,同时也要防止国家权力对人权的侵害;

人权中最重要的是生存权和发展权。

二、基本人权原则在我国宪法中的体现

宪法被马克思称为“人权保障书”，基本人权原则在世界各国宪法中都有明确的体现。各国宪法的基本内容可以分为两大部分，即基本人权和国家机构。因此，基本人权是宪法的基本内容和基本部分，甚至可以说是宪法的核心内容和核心部分。宪法关于国家机构部分的规定，包括国家机构的构成、国家权力的配置及相互关系、国家权力的规范、国家权力运行的基本目的等，也是以保障基本人权为基本出发点的。基本人权部分始终是宪法基本的、核心的内容。这部分内容随着各国的具体情况和社会发展也在不断地变化和发展，其基本的发展轨迹是，资本主义国家从自由资本主义阶段的自由权的规定发展到垄断资本主义阶段的既有自由权又有社会权的规定；社会主义国家从其自身所具有的特质和内在要求出发，既规定了自由权，也规定了社会权。

资本主义国家的宪法在规定人权时主要有四种方式：一是将人权全部载入宪法，如法国宪法将 1789 年的《人权宣言》作为宪法的序言而使其成为宪法的组成部分，在宪法中并不再对公民的基本权利作出其他规定；二是直接以“基本人权”为标题进行规定，在具体内容上规定国民的权利和义务，如日本宪法；三是在宪法中规定公民的具体的权利和义务，并不出现人权的字样或者概念，如美国宪法是以修正案的形式规定了公民的基本权利和义务；四是在宪法的基本原则中部分承认人权，而在具体内容上规定公民的基本权利和义务，如意大利宪法。

1954 年宪法和现行宪法对公民的基本权利和义务的规定较为具体，并明确规定了具体的保障措施。受认识上的局限，我国一直排斥“人权”这一概念，认为“人权”这一概念和理论是资产阶级的“专利品”，是资产阶级用以欺骗无产阶级的说辞和伪理论。我国宪法中也没有使用“人权”或者“基本人权”的概念。由此，我国在人权领域和国际人权斗争中处于较为被动的地位。我国自 20 世纪 80 年代末开始认识到，人权作为一个国际通行的概念和理论，已为所有人接受，已成为一个普遍的概念和理论；同时，我国所实行的社会主义制度其内在要求和基本内容就在于保障人的权利，建设有中国特色的社会主义就是要从根本上提高中国人民享受人权的水平，因此，其与人权的观念和内涵在本质上是一致的。虽然马克思主义人权观与资产阶级人权观存在本质上的差异，但在社会主义条件下，没有必要讳言“人权”观念和理论，而应该积极地宣传社会主义的人权观，宣传社会主义制度与人权保障之间的密切关系。

经过 40 多年的改革开放，作为我国社会进步的一个重要表现，我国公民的人权观念发生了巨大变化，在法律层面上的人权保障机制也得到进一步完善。我国现行宪法制定于 1982 年，该宪法中关于公民基本权利的规定与中国当时的政治、经济、社会发展状况是一致的，但与我国目前的社会发展和对人权的认识存在一定差距。1988 年、1993 年、1999 年、2018 年四次对宪法的修改较少涉及公民基本权利部分的有关内容。党的十五大、十六大都提出了“尊重和保障人权”，为了在宪法层面上落实党的十五大、十六大精神，为给我国尊重和保障人权提供宪法保障，2004 年通过的《宪法修正案》第 24 条规定，《宪法》第

33 条增加一款,作为第 3 款:“国家尊重和保障人权。”这是我国宪法上第一次引入“人权”这一概念。同时,2004 年《宪法修正案》中的多处修改都与人权及其保障有密切的关系,例如,关于紧急状态的修改、关于建立健全社会保障制度的修改、关于公民私有财产权的修改等。

《宪法修正案》中增加规定“人权”,既表明了我国社会的进步和发展,也表明了我国履行所加入的国际人权公约的义务的诚意。我国宪法中规定了公民的一系列基本权利,但并没有囊括公民所应该享有的所有的基本权利,而在我国所加入的国际人权公约中规定了一些我国宪法所没有规定的公民的基本权利。例如,我国宪法没有规定公民的生命权、知情权、迁徙自由、隐私权、生存权等。《宪法修正案》中增加规定的“人权”,实际上包括了我国宪法中所没有规定的公民所应该享有的而又为我国所加入的国际人权公约所确认的基本权利。

第四节　权力制约与监督原则

一、权力制约与监督原则的含义

权力制约与监督原则是指在人类社会发展到现阶段还需要国家权力存在并发挥重要作用的情况下,基于人性和国家权力的特性,宪法中必须设计各种制度和方法以控制国家权力的范围和行使,避免其滥用和扩张,保障公民权利。宪法中所设计的对国家权力的制约和监督制度主要包括三个方面:一是国家权力对国家权力的制约和监督;二是社会权利对国家权力的制约和监督;三是公民权利对国家权力的制约和监督。西方国家的思想家通常在第一种意义上探讨权力制约和监督原则。在这种意义上,将这一原则表述为“分权原则”“权力分立与制衡原则”“三权鼎立原则”。

自国家产生以来,思想家即注意到国家权力的基本特性,思考对国家权力的制约问题。古希腊时期的亚里士多德是较早比较系统地思考和论述这一问题的著名思想家。亚里士多德基于人性恶的判断,推导出对国家权力进行制约的必要性。其提出的制约方法是选举、限任、监督和法治等。

近代以来,资产阶级思想家在古代思想家对权力制约和监督原则的论述基础上发展和丰富了分权学说。英国的洛克和法国的孟德斯鸠是其中的代表。洛克在《政府论》(下篇)中,对分权学说进行了较为集中的论述。他认为,国家有三种权力,即立法权、行政权和外交权;行政权和外交权可以交由国王行使,立法权由立法机关行使,如果行政权和立法权交由同一个人或者同一个机关掌握,就会给人类以极大的诱惑,促使人们攫取权力,以使自己不受法律的限制;虽然立法机关是最高国家机关,但仍然要受到人民委托的限制,其权力并不是不受限制的;人们可以长期使用已经制定的法律,因此,行使立法权的立法机关没有必要是常设机关。可见,洛克的分权学说的特点是:其核心为两权分立,没有阐明司法权独立存在的必要性;对权力之间的相互制约论述不多。

法国的孟德斯鸠是近代分权学说的集大成者。他在《论法的精神》一书中,非常详细、系统地论述了分权学说。他从人性的弱点和权力的特性出发,首先探讨了国家权力分立的必要性,他认为权力的滥用是必然的,绝对的权力必然导致绝对的腐败;如果人人都是天使,社会和国家就不需要法律,而从实证和人类生活的经验来看,社会和国家是需要法律的,因此,只能假定人性是恶的。在此基础上,孟德斯鸠认为,国家权力必须分为三种,即立法权、行政权和司法权,而且这三种权力必须由三部分人分别掌握,不能由一个人或者一部分人掌握其中的两种或者三种权力;在国家权力分立的基础上,三种国家权力之间还必须互相制约,以国家权力对抗国家权力,以国家权力制约国家权力,国家权力之间通过摩擦才能达到平衡的状态。孟德斯鸠认为,不分权就是集权,在集权的社会和国家必然出现专制,而在专制的社会和国家,人权便没有保障。

资本主义国家宪法中的国家机构都是按照权力制约和监督原则建立起来的,只有这样,国家权力才不会被滥用,人权才有保障。法国的《人权宣言》最集中地表明了这种理念,即在权力不分立和人权没有保障的社会便没有宪法。但基于各国对权力制约和监督原则的理解以及各国的具体国情不同,实际建立的分权制度是各不相同的,主要有以下三种类型:

1. 英国型。英国的国家权力分为立法权、行政权和司法权,三种权力分别由三部分人掌握,形成立法机关、行政机关和司法机关。立法机关行使立法权,制定和修改法律;行政机关行使行政权,依据法律进行行政管理;司法机关行使司法权,对发生的案件进行裁判。英国权力制约和监督原则的特点是,立法权在三权中处于较为优越的地位,由此形成了英国的议会内阁制。在英国,掌握立法权的议会由下议院和上议院组成,下议院议员由选民选举产生,上议院议员通过任命或者世袭产生,由于下议院实际上是民意代表机关,而上议院为非民意代表机关,因此,立法权实际上是由下议院行使。在下议院中占多数席位的政党组织内阁,该政党的首脑担任内阁的首相;内阁由议会产生,必须对议会负责,受议会监督,如果议会通过对内阁的不信任案,内阁必须集体辞职;内阁也可以在议会通过不信任案的 10 日之内,通过国家元首解散议会,重新举行大选。司法机关处于独立的地位。

2. 法国型。法国在 1958 年即制定现行宪法之前采用英国型的权力制约和监督原则,但由于法国实行的是多党制,某一个政党难以在国民议会中形成多数,从而单独组成内阁,所以必须由若干个政党组成政党联盟,才能形成国民议会中的多数组织内阁。因政党联盟内部在遇到重大问题时常常出现分歧,从而导致政党联盟分裂,并使内阁失去国民议会的支持,内阁不得不频繁更迭。在这种情形下,法国的政局时常处于不稳定的状态,不利于国家的稳定和国家利益的维护。戴高乐利用个人的威望和维护法国利益的需要,以全民公决的方式通过了现行宪法。在宪法中,对法国原有的政治体制进行了变通:原来的虚位总统在现行宪法上作为仲裁人和宪法保证人来行使实质的国家权力,其有权任命政府总理并根据总理的提名任免政府其他成员,有权主持内阁会议,签署内阁会议所决定的法令和命令;有权在法定期限内要求议会重新审议其最后通过的法案,议会不得拒绝;有权就一切涉及公共权力组织的法律草案提交公民复决等。参议院议员和国民议会议员由选民选举产生,在国民议会中占多数席位的政党或者政党联盟组阁,内阁受议会的监督,向议会负责,议会对内阁不信任,内阁必须集体辞职。与原有的政治体制相比较,该体制中总统的权力得到加强,议会的权力被削弱,司法机关仍然处于独立的地位。法国的权力制约和监督原则既具有英国型的特点,也具有美国型的特点,被称为半总统制和半议会制。

3. 美国型。美国宪法是典型的权力制约和监督原则的体现,与其他国家相比较,美国的特点是三权鼎立并在三权之间保持平衡,即任何一种权力都不高于另外两种权力。国会作为立法机关,分参议院和众议院,其议员都由选民选举产生,行使立法权;总统由选民选举产生,而不由国会产生,行使行政权,对选民负责,不对国会负责;司法机关保持独立地位。同时,三权之间形成制约关系:国会有权要求总统条陈政策以备审议,有权批准总统对外缔结的条约,有权弹劾总统;国会有权批准总统对法官的提名任命,有权弹劾法官;总统对国会通过的法案有相对否决权;总统有特赦权,有向国会提请任命法官的权力;法院有宪法和法律的解释权,有宣布国会的法律和总统的命令因违反宪法而拒绝适用的权力等。

马克思主义经典作家也充分认识到对国家权力进行制约和监督的必要性,对这一原则也有许多论述:(1)对资本主义国家分权制度本质的认识。恩格斯分析说,资本主义国家的分权事实上只不过是为了简化和监督国家机构而实行的日常事务的分工罢了。根据恩格斯的分析,国家机构内部为了管理上的便利和互相进行监督,必然要进行一定的职能分工,分权制度是这种分工的一种表现形式。(2)突出人民对国家机构工作的监督作用。国家机构由人民在民主的基础上选出的代表组成,并受人民的监督,它们的活动宗旨就是为人民服务,人民对不称职的代表可以进行罢免。(3)强调国家机构内部自上而下的监督作用。社会主义国家的国家机构是按照民主集中制原则建立起来的,根据这一原则,国家机构内部在行使权力时,在民主的基础上实行高度集中,使有限的国家权力能够更好地服务于人民。因此,在国家机构内部建立起了自上而下的监督机制。资本主义国家更多地强调国家权力之间的制约作用,社会主义国家则不仅强调国家机构内部的监督作用,更加突出人民对国家机构的监督作用。

二、我国宪法对于权力制约与监督原则的体现

与资本主义国家的宪法单纯强调国家权力之间的对抗制约作用不同,我国宪法在以下四个方面体现了权力制约和监督原则:

(一)人民对国家权力的监督

《宪法》第2条规定,中华人民共和国的一切权力属于人民;第3条规定,全国人大和地方各级人大都由民主选举产生,对人民负责,受人民监督;第27条规定,一切国家机关和国家工作人员必须依靠人民的支持,经常保持同人民的密切联系,倾听人民的意见和建议,接受人民的监督,努力为人民服务;第76条规定,全国人大代表应当同原选举单位和人民保持密切的联系,听取和反映人民的意见和要求,努力为人民服务;第77条规定,全

国人大代表受原选举单位的监督，原选举单位有权依照法律规定的程序罢免本单位选出的代表；第 102 条规定，地方各级人大代表的选举单位和选民有权依照法律规定的程序罢免由他们选出的代表。《选举法》第十章“对代表的监督和罢免、辞职、补选”就原选举单位和选民监督和罢免自己选出的代表的具体程序作出了规定。《全国人民代表大会和地方各级人民代表大会代表法》（以下简称《代表法》）、《全国人民代表大会组织法》（以下简称《全国人大组织法》）、《地方各级人民代表大会和地方各级人民政府组织法》（以下简称《地方各级人大和地方各级政府组织法》）就人民对代表和人大的监督工作也作出了规定。

（二）公民对国家机关和国家工作人员的监督

宪法规定了我国公民所享有的一系列基本权利和自由，这些基本权利和自由实际上同时就是国家机关的义务。判断和衡量国家机关工作的基本标准就是，宪法规定的公民的基本权利和自由是否得到实现，以及实现的程度。同时，公民行使某些基本权利和自由本身就是对国家机关及其工作人员工作的监督。如《宪法》第 35 条规定，公民有言论、出版、集会、结社、游行、示威的自由；第 41 条规定，公民对于任何国家机关和国家工作人员，有提出批评、建议的权利，对于任何国家机关和国家工作人员的违法失职行为，有向有关国家机关提出申诉、控告或者检举的权利，由于国家机关和国家工作人员侵犯公民权利而受到损失的人，有依照法律规定取得赔偿的权利。

（三）国家机关内部自上而下的监督

《宪法》第 3 条规定，国家行政机关、监察机关、审判机关、检察机关都由人大产生，对它负责，受它监督；第 62 条规定，全国人大有权改变或者撤销全国人大常委会不适当的决定；第 63 条规定，全国人大有权罢免国家主席、副主席，国务院总理、副总理、国务委员、各部部长、各委员会主任、审计长、秘书长，中央军委主席和中央军委其他组成人员，国家监察委员会主任，最高人民法院院长和最高人民检察院检察长；第 65 条规定，全国人大有权罢免全国人大常委会的组成人员；第 67 条规定，全国人大常委会有权监督国务院、中央军委、国家监察委员会、最高人民法院和最高人民检察院的工作，撤销国务院制定的同宪法、法律相抵触的行政法规、决定和命令，撤销省、自治区、直辖市国家权力机关制定的同宪法、法律和行政法规相抵触的地方性法规和决议；第 73 条规定，全国人大代表和全国人大常委会组成人员有权依照法律程序提出对国务院或者国务院各部委的质询案；第 89 条规定，国务院有权改变或者撤销各部委发布的不适当的命令、指示和规章，改变或者撤销地方各级国家行政机关的不适当的决定和命令；第 99 条规定，县级以上人大有权改变或者撤销本级人大常委会不适当的决定；第 104 条规定，县级以上地方人大常委会有权监督本级人民政府、监察委员会、人民法院和人民检察院的工作，撤销本级人民政府的不适当的决定和命令；第 108 条规定，县级以上人民政府有权改变或者撤销所属工作部门和下级人民政府的不适当的决定；第 125 条规定，国家监察委员会领导地方各级监察委员会的工作，上级监察委员会领导下级监察委员会的工作；第 132 条规定，最高人民法院监督地方各级人民法院和专门人民法院的审判工作,上级人民法院监督下级人民法院的审判工作;第137条规定,最高人民检察院领导地方各级人民检察院和专门人民检察院的工作,上级人民检察院领导下级人民检察院的工作。

(四)国家机关之间互相制约和监督

《宪法》第127条第2款规定,监察机关办理职务违法和职务犯罪案件,应当与审判机关、检察机关、执法部门互相配合,互相制约;第140条规定,人民法院、人民检察院和公安机关办理刑事案件,应当分工负责,互相配合,互相制约,以保证准确有效地执行法律。

此外,我国还设有专门国家机关对其他国家机关及其工作人员进行监督,如监察机关、检察机关。

第五节　单一制原则

一、单一制原则的含义

(一)国家结构形式概述

单一制是国家结构形式的一种。国家结构形式是指国家整体与其组成部分之间、中央政权与地方政权之间的相互关系。统治阶级为了维护自己的政治、经济统治,不仅需要建立与自身要求相适应的政权组织形式,还要根据本国的国情采取适当的国家结构形式。因此,国家结构形式与政权组织形式都属于国家形式。国家结构形式是随着国家的产生和发展而形成和变化的。历史上,自奴隶制国家产生后,即按地域划分行政区,以代替原始社会按血缘划分氏族。由于各国的具体国情不同,处理中央与地方关系的原则和方式也有所不同。国家结构形式主要有单一制和复合制两大类型。

所谓单一制,是指国家由若干不具有独立性的行政单位或自治单位组成,各组成单位都是国家不可分割的一部分的国家结构形式。现代多数国家采用这种国家结构形式。单一制的基本标志是:全国只有一部宪法,只有一个中央国家机关体系(包括立法机关、行政机关和司法机关);每个公民只有一个统一的国籍;各行政单位或自治单位均受中央政府的统一领导,不能脱离中央而独立;各行政单位或自治单位所拥有的权力通常都是由中央以法律的形式授予的;国家整体是代表国家进行国际交往的唯一主体。

所谓复合制,是指国家由两个或者两个以上的具有某种独立性的成员单位(邦、州、共和国等)联合组成的联盟国家或者国家联盟的国家结构形式。根据成员单位独立性的强弱,复合制又可分为邦联、联邦等形式。

邦联是指若干主权国家为实现某种共同目的(如军事、贸易等)而结成的松散的国家联盟。这种联盟一般以条约为基础。邦联不是一个主权国家,没有统一的宪法、国家机关、军队、赋税、预算、国籍等,各成员国均保留自己独立的国家主权,邦联的主要机关是由各成员国派遣代表组成或定期由成员国国家元首、政府首脑参加的会议，但邦联的决议必须经各成员国批准才能生效。邦联这种国家结构形式产生于资本主义国家发展的早期，反映了当时各成员国之间的共同的利益关系。历史上著名的邦联有：1776～1789 年的北美同盟、1815～1848 年的瑞士同盟、1815～1866 年的德意志同盟等。第二次世界大战后，1958 年成立的西欧共同市场、1968 年成立的东南亚国家联盟等区域性国际组织，一般也被看作邦联形式的国家联盟。目前比较典型的邦联制国家只有 1982 年成立的塞内加尔—冈比亚邦联。

联邦是指由两个或者两个以上的联邦组成单位（如邦、州、共和国等）组成的联盟国家。联邦制的基本标志是：联邦和其成员分别有自己的宪法和法律，以及各自的国家机关体系（包括立法机关、行政机关和司法机关）；公民具有双重国籍，既是成员国的公民，又是联邦的公民；联邦的最高立法机关通常采用两院制，其中一院由联邦成员派代表组成；通过宪法划分联邦与成员之间的权力，联邦的权力包括立法权、行政权和司法权，来自各成员的授予，凡未授予联邦的权力通常由各成员保留；在对外关系方面，联邦的组成单位一般没有权力，但有的联邦国家允许组成单位同外国签订某方面的协定。联邦制是复合制国家最典型的形式，也是现代最常见的国家结构形式之一。

目前世界上比较常见的国家结构形式主要有单一制和复合制中的联邦制。由于各国历史传统、民族状况和政治、经济、文化等发展情况不同，以及国内阶级力量对比关系与国际环境的影响，资本主义国家和社会主义国家中都有采用单一制和联邦制的国家。因此，国家结构形式与国家性质并没有必然的联系。一个国家采用何种国家结构形式，主要由以下因素决定：

1. 民族因素。一般而言，单一民族国家由于不存在民族关系问题，通常实行单一制。如日本、朝鲜等。在多民族国家，如果各民族之间的关系融洽，同时各民族之间形成杂居，聚居的民族在地域上没有达到能够成为一个国家的程度，那么通常在这类国家建立的也是单一制。如我国虽然有 56 个民族，但由民族关系和各民族之间所形成的大杂居、小聚居的情况决定，没有实行联邦制，而是实行单一制。如果在多民族国家，聚居的各民族的地域范围差距不大，类同于一个国家，又没有形成一个起主导作用的民族，在这种情形下，通常建立联邦制。如苏联为多民族国家，通常一个民族集中聚居在一块地域，从而建立了由 15 个加盟共和国组成的联盟。

2. 经济因素。如果一国的不同区域之间经济发展水平存在较大的不平衡，或者经济产业之间存在较大差异，使相互之间在经济上既缺乏互补性，也缺乏密不可分的联系。那么在这样的国家，通常建立联邦制。其典型的实例为巴西联邦。反之，则实行单一制。

3. 地理因素。由于地理的关系，一个国家被自然地分割为若干部分，或者一个国家之内，不同地区的地理条件存在较大差异等，都有可能使不同地区、部分之间只形成某种较为松散的联系。在这样的国家，通常建立联邦制。其典型的实例为马来西亚、墨西哥。反之，则实行单一制。

4. 历史因素。历史因素包括历史传统、特定的历史事实及其他的历史遗留问题等。就历史传统而言，一个国家在其建立以后的历史中，中央集权与地方分权的政治体制存续的时间对于建立单一制还是联邦制有很大的影响。就特定的历史事实而言,其中最具影响的是殖民地历史。殖民者对于殖民地通常采用分而治之的方法,同时,殖民者在被迫离开殖民地时通常故意制造不同地区之间的矛盾,以便继续控制这些殖民地。在这样的殖民地建立起来的通常是联邦制。如加拿大、澳大利亚、印度等,均属于这种情况。

(二)中国实行单一制的国家结构形式

《共同纲领》及中华人民共和国成立后的历部宪法均明确规定,中华人民共和国是全国各民族人民共同缔造的统一的多民族国家。这一规定表明,我国实行的是单一制的国家结构形式。我国采用单一制的主要理由是:

1. 长期实行单一制的历史传统。我国自秦汉以来,在漫长的历史发展进程中,除较短时间处于分裂状态外,一直实行统一的中央集权制。长期的历史传统决定了我国有建立统一的主权国家的政治基础和政治心理。

2. 民族分布和民族成分状况。我国是一个有56个民族的多民族国家,各民族的状况决定了在我国的具体条件下,不适宜采取联邦制,而宜于采取单一制的国家结构形式:(1)各民族在长期的交往过程中相互学习,人员交错往来,从全国范围来看,绝大多数少数民族都与汉族相互交错地居住在某一地区,逐渐形成了大杂居、小聚居的局面。除新疆、西藏、青海、宁夏、广西、内蒙古、云南等地居住着比较集中的少数民族外,其他少数民族与汉族交叉居住在全国的其他各个省份,一个民族完全集中在一个省份居住的极少。新疆是少数民族居住比较集中的地方,除维吾尔族外,还有12个民族,回族和满族更是遍布全国各个省份。(2)我国各民族的人口数量之间差异较大。在全国总人口中,汉族人口占绝大多数,其他少数民族的人口数约占全国总人口数的1/10。有的少数民族只有数万人,甚至数千人或者千余人。这样的人口结构比较有利于实行单一制,而实际上无法实行联邦制。

3. 融洽的民族关系。各民族在历史上相互合作、相互交流,共同创造了中华民族的灿烂文化。虽然曾经有过民族间的矛盾和战争,但友好合作是民族关系的主流,为实行单一制提供了可能。

前述单一制国家结构形式的基本标志在我国都完全具备。同时,在我国的特定国情下,其单一制又具有自己的特点:(1)我国没有实行一般意义上的地方自治制度,中央与地方在行政管理事务及相应立法上没有严格的统一的立法分工,除分别行使宪法和法律规定的权力外,它们之间是一种领导与被领导的关系,地方在法律上不具有与中央平等的地位和资格。(2)在单一制下,为处理多民族之间的关系,特别是照顾少数民族自身的特点,实行民族区域自治制度。(3)为解决历史遗留问题,在香港、澳门地区实行"一国两制",建立了特别行政区,实行特别行政区制度。

二、民族区域自治

我国是统一的多民族国家,为在单一制下实现民族平等、团结、互助和和谐,国家采用民族区域自治作为解决民族问题和处理民族关系的基本政治制度。《宪法》第4条第3

款规定:“各少数民族聚居的地方实行区域自治,设立自治机关,行使自治权。各民族自治地方都是中华人民共和国不可分离的部分。”依据宪法规定,全国人大制定了《民族区域自治法》,对民族区域自治作了具体规定。

三、特别行政区制度

(一)特别行政区制度与“一国两制”

“一国两制”是“一个国家,两种制度”的简称,是指在统一的社会主义国家内,在中央政府的统一领导下,经过最高国家权力机关决定,可以容许局部地方由于历史原因而不实行社会主义制度和政策,依法保持不同于全国现行制度的特殊制度。全国人大分别于1990年4月4日和1993年3月31日通过了《香港特别行政区基本法》和《澳门特别行政区基本法》,这两部基本法的基本指导思想就是“一国两制”的方针。

(二)特别行政区的概念与特点

特别行政区是指在中华人民共和国行政区域范围内设立的享有特殊法律地位、实行资本主义制度和生活方式的地方行政区域。特别行政区是我国以和平的方式解决历史遗留下来的香港问题、澳门问题而设立的特殊的地方行政区域。特别行政区的建立构成了我国单一制的一大特色,是马克思主义国家学说在我国具体情况下的创造性运用。特别行政区相对于我国其他地方行政区域,具有以下特点:

1.“一国两制”。在一个相当长的时期内保持原有的资本主义社会经济制度和生活方式,不实行社会主义制度和政策。中央对特别行政区拥有全面管治权。

2.高度自治。特别行政区是统一的中华人民共和国的一个地方行政区域,实行高度自治,依照法律的规定享有立法权、行政管理权、独立的司法权和终审权。特别行政区通用自己的货币,财政独立,收入全部用于自身需要,不上缴中央人民政府,中央人民政府不在特别行政区征税。

3.当地人管理。即特别行政区的政权机关由当地人组成,中央人民政府不派遣干部到特别行政区担任公职,亦即“港人治港”“澳人治澳”,落实“爱国者治港”“爱国者治澳”原则。

(三)中央与特别行政区的关系

《宪法》第31条的规定及第62条第14项关于特别行政区的设立及其所实行的制度的决定权属于全国人大的规定,表明了特别行政区对中央人民政府的隶属关系;《香港特别行政区基本法》第12条和《澳门特别行政区基本法》第12条关于特别行政区是中华人民共和国的一个享有高度自治权的地方行政区域,直辖于中央人民政府的规定,是宪法规定的具体化。可见,特别行政区是中华人民共和国的一部分,是地方一级行政区域;特别行政区政权是中华人民共和国的一级地方政权,直辖于中央人民政府;中央人民政府与特别行政区的关系是在单一制国家结构形式内的中央与地方之间的关系,特别行政区享有高度自治权,但它不享有国家主权,没有外交和国防方面的权力,也不是一个独立的政治实体,其法律地位相当于省、自治区和直辖市;中央与特别行政区之间属于授权与被授权的关系,而非分权关系。

依据《香港特别行政区基本法》和《澳门特别行政区基本法》的规定,由中央人民政府管理特别行政区在外交、国防等国家主权和表明中央政府地位方面的事务。中央对特别行政区拥有全面管治权,包括中央保留的在特别行政区行使的权力、中央授予特别行政区高度自治权的权力及对特别行政区高度自治权的监督权。

事例与思考 3-7　全国人大常委会解释《香港特别行政区基本法》

第一次释法是在 1999 年 6 月 26 日,全国人大常委会对《香港特别行政区基本法》第 22 条第 4 款和第 24 条第 2 款有关香港居港权的问题作了解释。当时,香港终审法院对居港权案作出的判决引起两地法律界人士哗然。此案的焦点之一是香港终审法院是否有权审查全国人大及其常委会的立法行为,以及什么样的人才具有居港权。后来,香港终审法院在特区政府的要求下作出澄清,并以此化解了危机。

第二次释法是在 2004 年 4 月 6 日,全国人大常委会对《香港特别行政区基本法》附件一第 2 条和第 3 条作了解释。当时香港正在进行政制检讨。2004 年 3 月两会期间,香港特区全国人大代表强烈要求人大释法。在这个背景下,全国人大常委会委员长会议提出释法。人大常委会的解释明确了中央对香港政制发展的主导权。即“两个产生办法”是否需要修改由全国人大常委会决定,全国人大常委会要根据行政长官在向社会各界征求意见后提交的报告,并根据香港的实际情况和循序渐进的原则作出决定。

第三次释法是在 2005 年 4 月 27 日,全国人大常委会就“二五之争”作出解释。当时,董建华在 3 月 12 日提出辞职,被国务院接受,并当选全国政协副主席。按照《香港特别行政区基本法》的规定,行政长官缺位以后要在 6 个月内选举产生新的行政长官,问题在于产生新的行政长官的任期是 5 年还是 2 年?全国人大常委会最终作出 2 年任期的解释。

第四次释法是在 2011 年 8 月 26 日,全国人大常委会根据香港终审法院(这也是其首次主动提请释法)的提请,就美国 FG 公司诉刚果民主共和国案所涉的《香港特别行政区基本法》第 13 条第 1 款、第 19 条的内容作出解释。该案缘于一家美国公司在香港法院就债务纠纷控告刚果民主共和国、中国中铁股份有限公司。案件涉及国家豁免问题,普通法下国家商业行为不受豁免,这与中国“绝对豁免”的立场截然不同。全国人大常委会释法强调国家豁免规则属于外交事务,中央政府有权决定在香港适用的国家豁免规则或政策,香港法院无权处理以外国国家为被告或针对外国国家财产的案件。香港原有法律有关国家豁免规则或政策的规定若与《香港特别行政区基本法》规定不一致,需要变更或适应。据此,香港终审法院判刚果民主共和国政府胜诉,无须为其商业行为承担债务。

第五次释法是在 2016 年 11 月 7 日,全国人大常委会就宣誓制度进行释法。2016 年以来,在香港第六届立法会选举和议员宣誓过程中,一些参选人以及候任议员公然煽动“港独”以及具有“港独”性质的主张,公开声称要利用立法会平台推动“港独”活动。其中有个别候任议员在宣誓仪式上公然侮辱国家和民族，严重破坏宣誓仪式，严重干扰立法会的正常运作。全国人民代表大会常务委员会《关于〈中华人民共和国香港特别行政区基本法〉第一百零四条的解释》规定："一、《中华人民共和国香港特别行政区基本法》第一百零四条规定的'拥护中华人民共和国香港特别行政区基本法，效忠中华人民共和国香港特别行政区'，既是该条规定的宣誓必须包含的法定内容，也是参选或者出任该条所列公职的法定要求和条件。二、《中华人民共和国香港特别行政区基本法》第一百零四条规定相关公职人员'就职时必须依法宣誓'，具有以下含义：(一)宣誓是该条所列公职人员就职的法定条件和必经程序。未进行合法有效宣誓或者拒绝宣誓，不得就任相应公职，不得行使相应职权和享受相应待遇。(二)宣誓必须符合法定的形式和内容要求。宣誓人必须真诚、庄重地进行宣誓，必须准确、完整、庄重地宣读包括'拥护中华人民共和国香港特别行政区基本法，效忠中华人民共和国香港特别行政区'内容的法定誓言。(三)宣誓人拒绝宣誓，即丧失就任该条所列相应公职的资格。宣誓人故意宣读与法定誓言不一致的誓言或者以任何不真诚、不庄重的方式宣誓，也属于拒绝宣誓，所作宣誓无效，宣誓人即丧失就任该条所列相应公职的资格。(四)宣誓必须在法律规定的监誓人面前进行。监誓人负有确保宣誓合法进行的责任，对符合本解释和香港特别行政区法律规定的宣誓，应确定为有效宣誓；对不符合本解释和香港特别行政区法律规定的宣誓，应确定为无效宣誓，并不得重新安排宣誓。三、《中华人民共和国香港特别行政区基本法》第一百零四条所规定的宣誓，是该条所列公职人员对中华人民共和国及其香港特别行政区作出的法律承诺，具有法律约束力。宣誓人必须真诚信奉并严格遵守法定誓言。宣誓人作虚假宣誓或者在宣誓之后从事违反誓言行为的，依法承担法律责任。"

问：1. 全国人大常委会适时地解释《香港特别行政区基本法》说明了什么？

2.《香港特别行政区基本法》授权香港法院有权解释该基本法，全国人大常委会是否还有权对授权的部分进行解释？

3. 香港法院在香港回归前后的法律解释权有何异同？

特别行政区实行高度自治，享有广泛的自治权。

1. 行政管理权。依照基本法的有关规定自行处理特别行政区的行政事务，包括特别行政区的经济、财政、金融、贸易、工商业、土地、航运、民航、教育、科学、文化、体育、宗教、劳工、社会服务等事项。

2. 立法权。特别行政区的立法机关依据基本法的规定，有权制定适用于特别行政区的法律。

3. 独立的司法权和终审权。特别行政区法院独立进行审判，不受任何干涉；凡是在特别行政区内发生的案件，以特别行政区的终审法院为最高审级，该特别行政区的终审法院的判决即是最终判决。

4. 自行处理有关对外事务的权力。包括：(1)特别行政区有参加外交谈判、国际会议、国际组织的权力；(2)特别行政区有签订国际协议的权力；(3)特别行政区有与外国互设官方、半官方机构的权力；(4)特别行政区有签发特区护照和旅行证件的权力。

5. 高度自治的其他方面。包括:(1)特别行政区的行政机关、立法机关由当地永久性居民组成,中央人民政府不从内地派遣官员担任特别行政区行政机关和立法机关的重要职位;(2)特别行政区不实行社会主义制度和政策,保持原来的资本主义制度和生活方式50年不变;(3)特别行政区境内的土地和自然资源在所有权属于国家的前提下,由特别行政区负责管理、使用、开发、出租或者批给个人、法人或者团体使用或者开发,其收入全归特别行政区政府支配;(4)特别行政区保持财政独立,财政收入不上缴中央人民政府,中央人民政府不在特别行政区征税;(5)特别行政区的货币体系独立,其发行权属于特别行政区政府;(6)特别行政区使用的语言,除中文外,在香港特别行政区还可使用英文,在澳门特别行政区还可使用葡文;(7)特别行政区除悬挂中华人民共和国国旗外,还有自己的区旗、区徽等。

特别行政区与省、自治区、直辖市都属于直辖于中央人民政府的地方政权,但它与省、自治区和直辖市相比,除享有高度自治权外,还有以下特殊性:

第一,在我国一般地方政权体系中,省、自治区和直辖市属于最高的一级地方政权,在其之下还有市、市辖区、县、乡、镇等行政单位;根据基本法的规定,特别行政区不再下设任何政权单位。

第二,中央对特别行政区和省、自治区、直辖市的干预程度不同。省、自治区和直辖市必须执行中央及有关部门制定的行政规章、政策及措施,中央有关部门可以直接下达各种指令、指示以及要求完成具体指标。相对而言,中央对特别行政区的事务管得比较少,中央人民政府所属各部门不得干预特别行政区自行管理的事务。

第三,实施的法律不同。中央政府除为特别行政区制定基本法外,全国性法律除极少数由基本法明确规定可在特别行政区实施外,其他法律均不在特别行政区实施。从这个意义上说,特别行政区所实行的法律自成体系。

知识点提示

宪法基本原则及其相互关系

人民主权原则在我国宪法中的主要体现

人权入宪的重要意义

资本主义国家的分权理论与分权制度

我国单一制的主要特点

中央与特别行政区的关系

第四章　宪法的变迁

第一节　宪法制定权

在社会与国家的相互关系中，宪法制定权以其特殊的功能发挥着价值与制度的纽带作用，反映着特定的理念与原则。制宪权是宪法学的基本范畴，涉及宪法概念、公民的宪法地位、宪法修改权、宪法正当性等基本范畴。学习宪法制定权的理论，有助于我们从历史视角客观地分析宪法现象及宪法运行的过程。

一、宪法制定权的概念

宪法制定权是指制宪主体按照一定程序创造作为国家根本法的宪法的一种权力。制宪权与修宪权是属于不同层次的权力形态。制宪权是始源性的权力，修宪权是依据制宪权而产生的一种权力，可以理解为制度化的制宪权。从制宪权的性质来看，它是十分稳定的权力形态，制宪权是不得随意行使的，否则将对整个宪法秩序的稳定性产生负面影响。另外，为了保证宪法与社会生活的相互协调性，制宪权的价值又通过宪法修改权得以存在和发展，使宪法保持一定程度的弹性，需要适度地对宪法内容作出必要调整。从权力的位阶关系来看，宪法修改权是宪法的核心内容，是依宪法行使的权力，在某种意义上高于立法权、行政权与司法权的具体权力形态，其功能存在严格的界限。因此，即使由一个机关同时行使制宪权与修宪权，其行使权力的性质与程序也是不尽相同的，不应混淆两者的界限。一般来说，制宪会议只有一次，即宪法从无到有的那次，而此后的议会或代议机关都是宪法的制度产物，并在宪法秩序下运行。有时制宪权与修宪权的行使主体相同，但其行为所依据的权力属性与行为的性质却不尽相同。立法权活动要从属于制宪权宗旨，不得违背宪法精神，不能脱离制宪目的与原则。

二、宪法制定权的理论基础

从宪法学的发展来看，制宪权理论源于古代雅典、古罗马的法制及其中世纪根本法思想，并在与近代国民主权、立宪主义思想的结合中逐步形成综合性的概念。因此，制宪权概念的产生是近代社会权力世俗化的产物和标志。首先，制宪权概念与根本法思想有密切的关系，根本法观念的出现实际上为制宪权概念的产生提供了理论基础。日本芦部信喜教授认为，将制宪权与一般国家权力区分的思想之所以产生，有种种法思想及政治思想作前提,当中扮演决定性角色的系根本法(lex fundamentalis)思想与国民主权说,经由二者的结合、发展,制宪权理论获得稳固的基础。[1] 将根本法思想作为制宪权基础的重要意义在于,国家保障社会成员的固有的自然权,发挥宪法作为契约的功能。其次,在制宪权概念形成过程中,国民主权说发挥了重要功能,实际上成为制宪权思想的主流。西耶斯的制宪权理论既包括卢梭等人的社会契约思想,同时以制宪权价值为基础建立了国民主权与权力分立相结合的体制。最后,制宪权观念与立宪主义传统有密切的关系。立宪主义作为一种依据宪法治理国家的思想与原理,其核心是对人的尊严的尊重和保障,它是充满人文主义哲学的原理,经历了古希腊立宪主义、古罗马立宪主义、中世纪立宪主义、近代立宪主义与现代立宪主义概念。[2] 立宪主义经过不同的历史发展阶段,普及了制宪权思想,使制宪权获得了更广泛的社会支持。

三、宪法制定权的基本特点

制宪权作为一种创造宪法的力,其特点体现在:

1. 制宪权的正当性。尽管对制宪权的表述各异,但无论何种意义上的制宪权首先都表明了正当性的价值,因其在逻辑上和效力上都在实定法体系之前,故其超越实定法的范畴,不属于合法性范畴。[3] 应通过正当性价值的确立维护社会共同体的价值体系,建立对社会基本价值的共识。学者们普遍认为,宪法的规定实际上反映了政治共同体的合意,而合意的确立是正当性的基础与标志。

2. 制宪权的公共性。在特定社会发展阶段,制宪权反映特定的政治意识形态,具有政治性。但同时它不仅体现特定政治利益和社会意识形态,也体现了人类发展与进步的公共性要求,是人类治理国家经验的总结与升华,客观上反映了社会公共职能,具有公共性。

3. 制宪权的自律性。制宪权不仅成为制宪活动的基础,同时也是依宪法组织起来的国家权力体系的基础。一方面,它为国家权力的组织、程序及其权力之间的相互关系提供了统一的基础与标准。另一方面,通过国家权力的统一组织,建立了权力制约与配合的基本体制,为有效地控制国家权力滥用提供客观的依据。因此,制宪权是主权国家建构国家权力体制机制的正当性基础和动力来源,是国家权力独立性价值的必然要求。

4. 制宪权的稳定性。制宪权是一种稳定的权力形态,不能被频繁地运用。在国家体制没有发生根本变化的情况下,一个国家只行使一次制宪权,或者通过制宪权的行使建立长期稳定的权力体系和宪法秩序,如有必要进行调整,应尽可能通过宪法解释或宪法修改权予以解决。

四、宪法制定权的界限

制宪权是一种受制约的权力,并不是绝对性权力,客观上存在一定的界限,主要表

---

〔1〕 参见[日]芦部信喜:《制宪权》,王贵松译,中国政法大学出版社 2012 年版,第 4 ~ 14 页。
〔2〕 参见韩大元:《亚洲立宪主义研究》(第 2 版),中国人民公安大学出版社 2008 年版,第 5 ~ 8 页。
〔3〕 这里的合法性是指合法律性(广义上还包括合宪法律性),不同于哲学上的合法性。

现为：

1.受制宪目的的制约。从一般意义上讲，制宪目的是确定国家权力活动的组织体系与原则，确立公民的宪法地位，形成社会的共同意志，使宪法获得正当性。从各国制宪过程来看，制宪者本身有自己的制宪目的，不同的制宪目的产生不同性质的宪法。当然，制宪目的的合理性与制宪权的合法性并不一定是统一的，具有合理性的制宪内容有时可能通过不合法的程序得到体现。同样，不合理的制宪内容也有可能通过合法程序得到体现。

2.受法的理念的制约。在实际的制宪过程中，制宪权不可能成为完全“中立性”的概念，制宪过程受思想、理念的约束是不可避免的。制宪是一种法的现象，在法的领域内进行，其活动受法的原理的制约。制宪过程中存在的法的理念和制宪者头脑中形成的法的理念在实践中合为一体，成为指导制宪的一般原理。

3.受自然法的制约。在分析制宪权界限时，有学者认为，人权是超越国家的一种基本权利，制宪过程必须尊重人权以及人格不受侵犯的基本价值。因为不尊重人权的任何制宪活动都会背离宪法正当性的价值，有可能失去其存在基础。从这种意义上说，以人权保障为核心的自然权实际上约束制宪权。

4.受国际法的制约。在一定的条件下，制宪权受国际法的制约。这种制约主要表现在战败国制宪权受战胜国宪法的影响或国际条约的影响。如第二次世界大战后日本制定的新宪法的基本原则受《波茨坦宣言》的制约等。

五、宪法制定权主体

制宪权主体是制宪权得以运行的首要因素。现代各国宪法中普遍规定国民是制宪权主体。国民作为制宪权主体，表明了制宪权来源与权力的享有主体，但它并不意味着全体国民都直接参与制宪过程，具体行使制宪权。实际参与制宪过程的只是一部分国民或者经选举产生的代表。因此，享有制宪权与具体行使制宪权是不同的概念。为了使国民有效地行使制宪权，各国成立了不同形式的制宪机关，赋予制宪机关相对独立的职权。

我国宪法没有具体规定全国人民代表大会是制宪机关，只规定全国人民代表大会有权修改宪法。〔4〕从宪法实践和宪法原理来讲，全国人大作为制宪机关的地位是十分明确的，其根据在于：全国人民代表大会是最高国家权力机关，制宪权是国家权力存在的正当性的体现，自然由全国人大行使；全国人大行使组织国家权力的职权，国家具体权力的组织以制宪权为基础；在我国，制宪权和修宪权行使主体是统一的，第一部宪法的制定与几次修改都是由全国人大通过的。当然，第一届全国人大第一次全体会议制定并通过宪法之后，全国人大历次会议具有不同于制宪会议的性质，遵循人民立宪的基本原则。

---

〔4〕在起草1954年宪法时，当时的宪法起草委员会曾讨论过是否在宪法中规定制宪机关的问题，但当时的起草委员会认为，全国人民代表大会作为代表民意的最高机关行使制宪权是必然的，没有必要专门对此作出规定。

事例与思考4-1 1954年宪法的制定

1949年9月29日中国人民政治协商会议通过的《共同纲领》起到了临时宪法的作用。《共同纲领》规定了将来应通过普选产生的全国人民代表大会制定宪法等内容。根据国家和社会进一步发展的需要,中央人民政府委员会第20次会议决定成立宪法起草委员会。1954年3月,毛泽东将中共中央拟定的宪法草案初稿提交给宪法起草委员会。后宪法起草委员会对该草案进行了修改,并交付全国人民讨论。在一再延长全民讨论时间后,全国有超过1.5亿人参与了宪法草案的讨论,并形成50多万条宪法草案意见,其中很多意见为宪法起草委员会所吸收;没有吸收的,也给出了相应的理由。1954年9月20日在第一届全国人民代表大会第一次会议通过了《中华人民共和国宪法》。

问:1. 在宪法的制定过程中,中共中央委员会、宪法起草委员会、全国人民代表大会代表以及参与讨论的全国人民各承担什么角色?

2. 在这些参与主体中,谁才是真正的制宪主体?

3. 如何理解该主体的制宪权来源?

六、制宪权的程序

宪法制定程序是指制宪机关制定宪法时所经过的阶段和具体步骤。为了保证制宪工作的权威性与严肃性,制定宪法一般包括如下程序。

1. 制宪机构的设立。为了制定宪法,首先要成立专门的制宪机构,制宪机构的代表通常具有广泛性,代表各方的利益。制宪机构的产生是否民主以及制宪机构成员的素质如何直接影响制宪的社会效果。

2. 宪法草案的提出。制宪机构产生后便进行草案的起草工作。草案的起草要遵循一定的指导思想或原则,以保证草案内容的科学性。制宪机构在宪法草案起草之前,在宪法基本模式的选择、公民的宪法地位、基本政治和经济制度框架等方面,需要确立一定的原则,要求具体起草机关在起草工作中加以贯彻。如在我国1954年宪法的制定过程中,确立了民主集中制原则、把领导的意见和群众意见有机结合的原则,使宪法草案具有广泛的群众基础。1954年3月,宪法起草委员会以宪法草案的初稿作为基础,组织了对宪法草案广泛而深入的讨论。

3. 宪法草案通过。现代各国的宪法草案多由议会、代表机关决议通过。为了保证宪法的权威性与稳定性,大多数国家对宪法的通过程序作了严格的规定。一般的规定是,制定宪法要由代表机关全体2/3以上或3/4以上的多数表决通过才有效。

4. 宪法的公布。宪法草案经一定程序通过后,由国家元首或代表机关公布。在我国,通过和公布宪法的机关是全国人民代表大会。如1954年宪法是第一届全国人大第一次会议以全国人民代表大会公告形式公布的,自通过之日起生效。

第二节　宪法渊源

一、宪法的一般渊源

宪法渊源即宪法的表现形式。各国受本国的历史文化传统、法律传统、政治力量对比关系以及政治需要等原因所影响，采取了适合于本国的宪法表现形式。概括起来，宪法主要有以下渊源。

（一）宪法典

宪法的主要表现形式是宪法典，绝大多数国家以法典的形式规定国家的根本制度和基本原则。世界上最早制定宪法典的国家是美国。《美利坚合众国宪法》于1787年在费城由制宪会议制定，并于1789年生效实施，在这部宪法中规定了美国的根本制度、国家机构、联邦与邦的分权及其他基本制度，这是世界上第一部成文宪法典。其后，法国的制宪会议于1791年通过了《法兰西共和国宪法》，这是欧洲大陆的第一部宪法典。以法典形式规定国家的根本制度和基本原则，其优点是：宪法的内容明确具体便于实施，同时一般规定了严格的修改程序，有利于保障宪法的稳定性；其缺点是：因宪法修改程序较为严格和复杂，宪法规范适应社会实际变化的能力不是很强。

为既保持宪法的稳定性，又使宪法规范及时适应社会实际的变化，产生了宪法修正案。宪法修正案即宪法修改机关不直接改动宪法典中宪法规范的文字，而是按照年代将对宪法进行修改的内容另起序号按顺序排列附在宪法典之后，按照“后法优于前法”的原则，新修改的内容代替与之相抵触的原内容。宪法修正案是宪法典的组成部分之一。

在由两个或者两个以上宪法文件组成的复合宪法国家，虽然没有统一的宪法典，但是其宪法的内容都表现为书面形式，不同宪法文件规定不同的宪法内容，相互之间存在内在的联系和分工。同时，这些宪法文件都居于普通法律之上。无疑，这些宪法文件是这些国家宪法的主要渊源。

（二）宪法性法律

宪法性法律一般是指规定宪法内容、调整宪法关系的法律。宪法性法律的性质是法律，是在部门法意义上按法律规定的内容和调整的对象所作的一种分类。宪法性法律有两种不同的含义：一是指不成文宪法国家的立法机关制定的成文宪法国家一般规定为宪法内容的法律。这些国家受本国的历史文化传统及阶级力量对比关系的影响，没有采用宪法典的形式规定宪法的内容，而是在不同的时期根据普通立法程序制定了一系列有关宪法内容的法律。宪法性法律与规定其他问题、调整其他社会关系的法律的效力是相同的。英国是不成文宪法国家的典型，其宪法包括在资产阶级革命过程中制定的一系列制定法、宪法惯例和宪法判例等;英国又是柔性宪法国家的典型,议会制定和修改宪法性法律的程序与普通法律相同,宪法性法律只是法律的一个组成部分,即英国不存在根本法意义上的宪法,只存在部门法意义上的宪法。二是指成文宪法国家有关宪法内容的普通法律。在成文宪法国家,宪法是国家的根本法,宪法的地位高于普通法律,既存在根本法意义上的宪法,又存在部门法意义上的宪法。根本法意义上的宪法,仅为宪法典;部门法意义上的宪法除宪法典外,还包括普通法律中规定宪法内容的有关法律,如选举法、组织法等。

作为宪法的表现形式,宪法性法律应当是指不成文宪法国家规定宪法内容作为宪法组成部分的一系列普通法律;宪法性法律是成文宪法国家和不成文宪法国家部门法意义上的宪法的组成部分。

(三)宪法惯例

宪法惯例是在长期的政治实践中形成,并被反复运用,为国家机关、政党及人民所普遍遵循而与宪法具有同等效力的习惯或传统。不成文宪法国家和成文宪法国家都存在宪法惯例,只是在国家生活中发挥的作用及在该国宪法中所占的地位有所不同。宪法惯例在不成文宪法国家中是宪法的重要组成部分,而在成文宪法国家中对宪法起着重要的补充作用。实际上,宪法惯例是有关宪法事项的一些基本的政治原则、信条、常规、习惯、先例等。宪法惯例是一种不成文的政治行为规范,没有特定的法律文书表现形式,因而不由国家制定或认可,也不具有司法上的适用性,违反宪法惯例并不构成违宪,也就不可能引起合宪性审查。

宪法惯例的作用基础或者约束力是政治道德和政治伦理,违反宪法惯例的行为将受到人们的谴责并可能招致一定的政治后果,宪法惯例的运行并不由国家的强制力加以保障。但因为宪法惯例的形成具有一定的制度基础,其运行也依靠这些制度的实施加以保障。例如,在议会内阁制国家,议会如果通过对内阁的不信任案,内阁必须集体辞职。这一宪法惯例运行的制度基础是,这些国家是法治国家,内阁推行的基本政策通常需要议会以立法的形式法定化。如果议会对内阁表示不信任,即意味着内阁向议会提出的体现其执政意图和理念的法案在议会中不可能获得通过。这样,内阁即使继续存在,也实际上无所作为。

宪法惯例都是在政治实践中形成的。宪法惯例形成的前提是书面的宪法文件对某些宪法事项没有作出规定,而政治实践中又需要一定的政治规则。在不成文宪法国家,一方面,书面的宪法文件虽然不少,但由于比较分散和凌乱,对政治事项没有形成统一的系统规定,同时对一些宪法事项没有及时作出规定,为宪法惯例的产生留下了空间。因而,在不成文宪法国家存在更多的宪法惯例。另一方面,这些不成文宪法国家一般比较务实,注重政治实践,往往在政治实践中先创造出某种做法,再由法律加以规定,这种思维也为宪法惯例的产生和发展提供了基础。在成文宪法国家,其宪法对国家的政治生活形成了比较具体的规则,但也不可能对国家政治生活中的任何问题都作出明确具体的规定,通过修改宪法增加必要的规范既需要一定的时间,同时又有严格的程序,而国家生活特别是政治生活又需要有一定的政治规则，这就为宪法惯例的产生和发挥作用提供了基础条件。

宪法惯例在国家的政治生活中发挥着重要的作用，主要表现在三个方面：(1)宪法惯例可以使宪法条文成为具文，实际不具有法律效力。例如，君主立宪制国家的君主依法有否决或者拒绝同意议会通过的法案之权，但在政治实践中的宪法惯例却使君主的这一权力不能行使。(2)宪法惯例可以使宪法规定更易于实施。例如，美国总统的选举，宪法规定为间接选举，而在政治实践中逐渐演变为直接选举。(3)宪法惯例可以弥补宪法规定的不足，绝大多数宪法惯例起到的就是这一作用。

(四)宪法判例

在普通法系国家，根据"先例约束原则"，最高法院及上级法院的判决因是下级法院审理同类案件的依据而成为判例。同时，根据普通法的原理，法院在法律没有明确规定的情形下可以创造规则。在不成文宪法和柔性宪法国家，没有根本法意义上的宪法，法院在宪法性法律没有明确规定的前提下，就有关宪法问题作出的判例也是宪法的表现形式之一。例如，在英国，关于公民的自由权利以及保护公民权利不受国家公职人员和国家机关侵犯的司法程序的规定，都是由法院的判例确定的。在成文宪法国家，由于存在根本法意义上的宪法，法院的判决必须符合宪法的规定，不能创造宪法规范。但是，在这些国家中，法院有宪法解释权，法院在具体案件中基于对宪法的解释而作出的判决对下级法院有约束力。例如，美国宪法中对司法审查权的归属没有作出规定，联邦最高法院通过 1803 年的马伯里诉麦迪逊案确立了由其审查联邦国会制定的法律是否符合宪法的先例。同时，如果法院在具体案件的判决中认为某项法律或行政命令违宪而拒绝适用，下级法院在以后审理类似案件时也不得适用被最高法院认为违宪的法律或行政命令。

(五)宪法解释

宪法解释是有权机关对宪法含义所作的说明，包括有权机关所作的独立的宪法解释决议和有权机关在合宪性审查过程中为了判断法律文件的合宪性而作的解释。宪法解释与宪法具有同等的效力，也是宪法的组成部分。

(六)国际条约

国际条约是国际法主体之间就某一事项中各自的权利义务所缔结的书面协议，广义的国际条约包括国际公约。现代以来，各国之间在政治、经济、文化等各领域中的国际交往日益密切。特别是经过两次世界大战，人们对国际组织和国际条约作用的认识比以往更为深刻。人们在思想观念上，由近代的绝对国家主权转变为现代的相对国家主权，国家主权要受到国际社会公认的基本规则的限制。为适应这一转变，各国在宪法上通常规定"诚实履行国际条约原则"，各国的合宪性审查机关通常也不对国际条约的合宪性进行审查。

一个国家在和他国签订了国际条约或者加入了国际公约以后，就承担了相应的国际义务，即要在本国内诚实履行国际条约或者国际公约中规定的国际义务。即使在发生政府更迭的情况下,本着政府继承的原则,新政府仍然要遵守前政府所签订的国际条约或者国际公约。

二、我国宪法的渊源

我国是成文宪法国家,同时又属于成文法国家,宪法的渊源主要有以下几种。

(一)宪法典

成文宪法典是我国宪法的主要渊源。1949 年 9 月,为了筹备、规划和设计新中国及其所实行的基本制度,在中国共产党的号召下,召开了最具有广泛代表性的中国人民政治协商会议,通过了《共同纲领》。《共同纲领》虽然不是一部正式的宪法,但因其确定了新中国的基本制度和发展目标,并且是由当时最具有广泛代表性的组织制定的,所以作为一部宪法性文件,其在中华人民共和国成立初期起到了临时宪法的作用。1954 年由全国人大通过了新中国的第一部正式的宪法,后来又经过 1975 年、1978 年和 1982 年三次修改。现行的 1982 年宪法分别于 1988 年、1993 年、1999 年、2004 年和 2018 年以修正案的形式进行了修改,共有 52 条修正案。宪法修正案是宪法的有机组成部分,我国现行宪法包括 1982 年通过的宪法文本和此后通过的 52 条修正案。

(二)宪法性法律

全国人大和全国人大常委会依据宪法制定了一系列调整宪法关系的法律,即宪法性法律。如国旗法、国徽法、戒严法、国务院组织法、人民法院组织法、人民检察院组织法、村民委员会组织法、城市居民委员会组织法、香港特别行政区基本法、香港特别行政区驻军法、澳门特别行政区基本法、澳门特别行政区驻军法、民族区域自治法、集会游行示威法、残疾人保障法、工会法、国家赔偿法、法官法、检察官法等。这些宪法性法律是我国部门法意义上的宪法的重要组成部分。

(三)宪法惯例

我国在长期的国家政治生活中也形成了一些宪法惯例,成为我国宪法的组成部分。例如,(1)依据《宪法》第 64 条的规定,宪法的修改由全国人大常委会或者 1/5 以上的全国人大代表提议,并由全国人大以全体代表的 2/3 以上的多数通过。实践中,每次修改宪法都是由中国共产党中央委员会向全国人大常委会或者 1/5 以上的全国人大代表提出建议案,由全国人大常委会或者 1/5 以上的全国人大代表接受后,再由他们向全国人大提出宪法修正案草案。(2)关于宪法或者宪法修正案通过以后由谁公布的问题,宪法没有作出规定,而每次宪法或者宪法修正案通过以后,都是由全国人大以公告的形式公布施行的。(3)宪法规定,全国人大常委会和国务院要向全国人大负责并报告工作,仅规定最高人民法院和最高人民检察院向全国人大负责。但在实践中,在全国人大会议期间,最高人民法院和最高人民检察院也向全国人大报告工作。(4)中国人民政治协商会议作为爱国统一战线的组织形式,在我国的政治生活中起着非常重要的作用。因此,在全国人大举行会议时，全国政协的会议也同时举行，并且政协全国委员会的委员全体列席全国人大的有关会议。

（四）宪法解释

《宪法》第67条规定，全国人大常委会有权解释宪法。因此，全国人大常委会对宪法的解释是我国宪法的渊源。实践中，全国人大常委会对宪法的解释比较少。通常认为，1983年9月2日第六届全国人大常委会第二次会议通过的《关于国家安全机关行使公安机关的侦查、拘留、预审和执行逮捕的职权的决定》属于宪法解释，这一决定是对《宪法》第37、40、140条中的“公安机关”及其职权所进行的新的说明。

（五）国际条约

我国宪法虽然没有关于诚实履行国际条约的规定，但是在序言中规定了我国在处理国际关系时一贯坚持的“和平共处的五项原则”，其中包含了与世界各国和平交往、履行所签订的国际条约这一内容。在我国与其他国家所签订的或者参加的国际公约中，涉及调整宪法关系，特别是调整国家与公民关系的是我国宪法的渊源。例如，我国分别于1997年和1998年加入了《经济、社会及文化权利国际公约》和《公民权利和政治权利国际公约》，我国政府于2003年向联合国递交了关于履行《经济、社会及文化权利国际公约》的第一份履约报告。

事例与思考4-2 中国加入世界贸易组织

2001年11月11日，在卡塔尔首都举行了中国加入世界贸易组织（WTO）议定书签字仪式。时任中国政府代表团团长、对外贸易经济合作部部长石广生代表中国政府在中国加入世界贸易组织的议定书上签字，确认议定书内容准确无误。根据中国法律规定，经全国人大常委会批准，由中国政府代表向世界贸易组织秘书处递交国家主席签署的中国加入世界贸易组织批准书。自递交之日起30日后，中国正式成为世界贸易组织成员。我国加入世界贸易组织作出了四个方面的承诺，即降低关税、减少和消除非关税壁垒、农业方面的承诺和服务业的开放。在降低关税方面，我国承诺：到2005年，把15%的平均关税水平降到10%。降低关税是我国自身改革开放的需要，是加入世界贸易组织的一种“补课”，同时也是生产全球化的一个趋势。在减少和消除非关税壁垒也就是进口配额、许可证问题方面，我国承诺：到2005年，全部取消400种进口配额。因为在2005年，世界贸易组织成员都要取消进口配额许可证，我国承诺取消也是应该的。在农业方面，根据我国同美国达成的中美农业合作协定，我国承诺：取消对美国7个州的TCK小麦出口禁令；放开美国6000余家肉类加工厂对我国的出口等。在服务业方面，我国承诺：逐步放开银行、保险、旅游和电信等服务业市场。

问：1. WTO规则与宪法是什么关系？

2. WTO规则的效力高于宪法吗？

事例与思考4-3 中国认真履行气候变化承诺

2021年10月28日,中国《联合国气候变化框架公约》国家联络人向该公约秘书处正式提交《中国落实国家自主贡献成效和新目标新举措》(以下简称《自主贡献》)和《中国本世纪中叶长期温室气体低排放发展战略》(以下简称《长期战略》)。

这是中国履行《巴黎协定》的具体举措,体现了中国推动绿色低碳发展、积极应对全球气候变化的决心和努力。

10月29日,生态环境部举行新闻发布会,新闻发言人刘友宾介绍,《自主贡献》总结了2015年以来中国落实国家自主贡献的显著成效,全面展示了中国为应对气候变化做出的巨大努力和贡献。

《自主贡献》提出了新的国家自主贡献目标:二氧化碳排放力争于2030年前达到峰值,努力争取在2060年前实现碳中和。到2030年,中国单位国内生产总值二氧化碳排放将比2005年下降65%以上,非化石能源占一次能源消费比重将达到25%左右,森林蓄积量将比2005年增加60亿立方米,风电、太阳能发电总装机容量将达到12亿千瓦以上。

《自主贡献》从统筹有序推进碳达峰碳中和、主动适应气候变化、强化支撑保障等方面阐述了落实新的国家自主贡献目标的重要政策措施和重点任务,体现了中国落实国家自主贡献的坚定决心。同时,还向国际社会阐述了中国对全球气候治理的基本立场、所做贡献和进一步推动应对气候变化国际合作的考虑,积极推动构建公平合理、合作共赢的全球气候治理体系。

《长期战略》提出了我国推动长期温室气体低排放发展的基本方针,强调坚持系统观念,处理好发展和减排、整体和局部、短期和中长期的关系,统筹稳增长和调结构,把碳达峰、碳中和纳入经济社会发展全局,加快形成节约资源和保护环境的产业结构、生产方式、生活方式、空间格局,坚定不移走生态优先、绿色低碳的高质量发展道路,确保如期实现碳达峰、碳中和。

《长期战略》明确了经济体系、能源体系、工业体系、城乡建设、综合交通运输体系、非二氧化碳温室气体等领域的战略愿景、重点导向和实现路径,持续推动气候治理体系和治理能力现代化,明确了长期推进绿色低碳发展的方向。《长期战略》还提出了坚持公平合理、坚持合作共赢、坚持尊重科学、坚持信守承诺的全球气候治理理念与主张,对国际社会携手应对气候变化发出倡议。

问:如何看待应对气候变化承诺与宪法的关系?

第三节 宪法结构

一、宪法的一般结构体系

所谓宪法结构,是指单一宪法文件的成文宪法在内容上的体系和安排。不成文宪法是由成文的宪法文件、法院判例及不成文的宪法惯例等组成的，因而不存在内容上的体系安排问题。由复合宪法性文件组成的成文宪法，不同时期制定的宪法性文件在内容上也无法形成统一的体系。宪法结构实际上是指成文宪法内容的相互关系及其外在的表现形式。宪法结构是用于表现宪法内容的，而由于各国在宪法的指导思想、制宪的历史背景、政治理念、政治文化、民族习惯等方面的不同，宪法的内容也不尽相同，宪法结构也就不存在统一的模式。虽然各国宪法结构不尽一致，但从基本方面来看，还是存在某些共同点。概括起来，宪法一般由序言、正文和附则三部分构成。

1. 序言。绝大多数国家的宪法都在正文之前设一段叙述性文字，用以规定制宪的宗旨、目的、制宪权的来源、制宪的经过、宪法的基本原则、宪法的地位及其他不便于以条文形式规定的国家基本政策。对这一段文字，有的国家设标题称“序言”或“前言”，有的国家则不设标题。宪法序言的长度不一，有的两万多字，如南斯拉夫 1974 年宪法；有的仅几十个字，如魏玛宪法、瑞士宪法、美国宪法、意大利宪法等。

2. 正文。正文是宪法的主体部分，通常由总纲、公民的基本权利和义务、国家机构、宪法保障、宪法修改等部分构成。(1)总纲，也有的宪法称“基本原则”“总则”“国家和社会的基本制度”。这一部分主要规定了国家的基本制度，如国家性质、国家政治制度、国家结构形式、政党制度、选举制度、社会经济制度，以及作为国家象征的国旗、国徽、国歌、首都。(2)公民的基本权利和义务，资本主义国家的宪法大多称为“人权”或“基本人权”。所有社会主义国家的宪法和绝大多数资本主义国家的宪法都设有此部分。(3)国家机构。这是各国宪法共同的最基本内容，也是宪法的主要内容。在联邦制国家，宪法还规定了联邦与联邦组成部分之间的分权及相互关系。(4)宪法保障。在设立宪法法院的国家，通常在宪法正文部分设“宪法保障”一章，具体规定宪法法院的性质、组织、职权、程序等。(5)宪法修改。除少数称为“永久宪法”“不灭大典”的宪法外，绝大多数国家的宪法都规定了宪法的修改程序。

3. 附则。有的国家宪法还规定了一般规定、过渡规定、非常时期规定、最后规定、杂项规定、临时规定、特别规定、附则、补则、终则、一般事务等。

二、我国宪法的结构

我国成文宪法结构基本相同，分为序言，第一章“总纲”，第二章“公民的基本权利和义务”，第三章“国家机构”，第四章“国旗、国歌、国徽、首都”构成。宪法先分章，共四章；有的章下分节，如关于国家机构一章分八节，即第一节“全国人民代表大会”、第二节“中华人民共和国主席”、第三节“国务院”、第四节“中央军事委员会”、第五节“地方各级人民代表大会和地方各级人民政府”、第六节“民族自治地方的自治机关”、第七节“监察委员会”、第八节“人民法院和人民检察院”；章节下分条，现行宪法于 1982 年通过时共有 138 条，经过五次局部修改，共通过了 52 条宪法修正案。

1. 序言。我国 1949 年制定的起临时宪法作用的《共同纲领》及历部宪法都有名之为“序言”的部分。我国《宪法》的序言主要记载了国家的斗争历史和成就、建国宗旨和国家的奋斗目标、制宪目的、国家活动的指导原则等，主要有以下六点内容：一是简述国家的斗争历史;二是记载了20世纪以来在中国发生的四件大事;三是规定国家今后的根本任务;四是肯定四项基本原则;五是指明实现社会主义现代化建设的国内外条件(搞好国内的大团结,完成祖国的统一;团结各国人民,争取世界和平,构建人类命运共同体,反对霸权主义);六是确认宪法的地位和作用。

2. 总纲。我国历部宪法都设有总纲部分。现行宪法的总纲规定了我国的根本制度、国家性质、根本政治制度、民族关系、民族区域自治制度、社会主义法治、社会主义的经济制度及经济政策、社会主义精神文明、行政区划、特别行政区制度等内容。

3. 公民的基本权利和义务。我国现行宪法文本关于公民基本权利和义务的规定与之前的宪法文本相比较,在宪法结构中所处的位置发生了比较大的变化。前三部宪法在"总纲"之后,即为"国家机构",然后才是"公民的基本权利和义务"。现行宪法在"总纲"之后,即为"公民的基本权利和义务",体现了对公民基本权利的重视,以及对公民与国家机构之间关系的正确认识。同时,在内容上,现行宪法不仅充实了前三部宪法的规定,而且还根据需要和我国已具备的条件,新增加了公民基本权利和自由的类型。

4. 国家机构。我国现行宪法在国家机构部分依据民主集中制原则,规定了最高国家权力机关即全国人民代表大会、中华人民共和国主席、国务院、中央军事委员会、地方各级人民代表大会和地方各级人民政府、民族自治机关、监察委员会、人民法院和人民检察院的地位、产生、组织、任期、职权、活动原则及相互关系。

5. 国旗、国歌、国徽、首都。1982年宪法通过时,宪法中仅规定了国旗、国徽、首都,而没有规定国歌。1982年宪法规定,中华人民共和国的国旗是五星红旗;中华人民共和国国徽,中间是五星照耀下的天安门,周围是谷穗和齿轮;中华人民共和国首都是北京。2004年修改宪法时,增加了关于国歌内容的规定。2004年《宪法修正案》规定,中华人民共和国国歌是《义勇军进行曲》。

事例与思考4-4 中华人民共和国国歌

1949年9月27日,中国人民政治协商会议第一届全体会议通过决议,在中华人民共和国国歌未正式制定前,以田汉作词、聂耳作曲的《义勇军进行曲》为代国歌。

1978年3月5日,第五届全国人大第一次会议通过《义勇军进行曲》新词。1982年12月4日,第五届全国人大第五次会议通过《关于中华人民共和国国歌的决议》,撤销1978年3月5日全国人大会议通过的新词,恢复田汉作词、聂耳作曲的《义勇军进行曲》为中华人民共和国国歌。中华人民共和国国歌歌词是:起来!不愿做奴隶的人们!把我们的血肉,筑成我们新的长城!中华民族到了最危险的时候,每个人被迫着发出最后的吼声。起来!起来!起来!我们万众一心,冒着敌人的炮火,前进!冒着敌人的炮火,前进!前进!前进!进!

2004年3月14日,第十届全国人大第二次会议通过的《宪法修正案》规定"中华人民共和国国歌是《义勇军进行曲》"。

问:宪法规定国歌有什么意义?

第四节　宪 法 规 范

一、宪法规范的概念

所谓宪法规范，是指调整宪法关系的各种规范的总和。某一类社会关系受到宪法规范调整后便成为宪法关系。宪法规范一般由宪法制定规范、宪法核、宪法修改规范和宪法律组成。宪法制定规范是有关宪法制定权与制定方法、程序等的规定，是宪法规范产生的法理与社会基础。所谓宪法核是整个宪法规范中具有根本价值的规范，其功能在于提供实定法的合理性依据，体现实定法产生的基础。宪法修改规范是有关宪法修改主体、修改程序的规范，以修改的内容为其调整对象。从宪法规范的基本结构看，有关根本规范的内容是不得以任何形式修改或变更的，而宪法根据社会变化的实际需要可进行适当的修改与调整，以适应社会变迁的需要。

二、宪法规范的特点

宪法规范是一种法律规范，具有法律规范的一般特点。在理解宪法规范特点时首先需要确立宪法是法的观念，从法律规范的性质与功能出发解释宪法规范在社会生活中体现的价值。但在整个法律规范体系中宪法规范又处于根本规范的地位，由此表现出其与其他法律规范不同的特点。

（一）宪法规范的政治性

宪法是规范国家权力运行与人权保障的根本法，在制宪与行宪过程中不可避免地会表现出一定的政治性。宪法规范的政治性特征主要表现在：（1）制宪过程是一种政治体制与宪法体制的选择，制宪当时的背景、制宪过程中各种力量对比关系、制宪程序中各种力量的平衡等并不是一种单纯的法律活动，它与一定的政治力量与具体利益联系在一起，反映特定的政治利益与需求。（2）宪法规范具体内容的确定反映一种政治选择。在一个特定国家中，宪法规范的内容与所调整的宪法关系往往体现国家的基本政策与政治理念。（3）宪法规范的调整方式与调整过程受政治约束。宪法调整尽管有客观的准则与客观事实，但其具体调整过程又受调整主体政治理念的影响，使调整过程具有浓厚的政治色彩。各种不同的政治势力一方面通过宪法规范反映与满足自己的政治利益，另一方面又受宪法规范的约束。宪法规范所体现的政治性与法律性有时处于紧张关系之中，导致宪法秩序的不稳定。为了解决规范与现实之间出现的各种矛盾，我们需要在宪法规范的政治性与法律性之间建立良性互动的关系，通过强化法律性规范政治权力的运作过程，使政治权力保持其合宪性基础。

(二)宪法规范的限制性

宪法规范是一种组织国家权力的规范,国家权力通过宪法规范的运用得到合理的组织和具体分配。在法治国家,一切国家机关活动的基础和依据首先是由宪法规范确认的。没有宪法规范的授权,任何一种国家权力的行使都是无效的。宪法规范的组织性主要表现在授权性规范上,它构成确定国家机构活动的宪法基础。

为了保证国家权力运行的合法性与合宪性,宪法规范不仅要发挥组织国家权力的功能,同时需要发挥其限制功能。宪法规范的组织性与限制性是一个问题的两个方面,由于权力本身的属性,即使是合理地组织起来的权力也并不一定按照宪法规定的原则和程序运行,不可避免地存在因权力活动而产生的腐败和滥用权力的现象。宪法典或宪法性法律中存在大量的限制性规范,除对国家权力运行本身设置各种限制性程序外,人权保障规范本身又强化了宪法规范的限制功能。

(三)宪法规范的最高性

宪法规范作为一种根本性的法律规范,在整个法律规范体系中处于最高的地位,制约和控制其他规范的存在。宪法规范的最高性是指在时间与空间上与其他规范相比较具有优位性与实效性,宪法规范约束一切国家机关、社会团体和政党的活动。为保障宪法规范的最高性地位,各国采取的制度主要有:(1)宪法修改程序的严格性与复杂性。为了防止对宪法的轻易修改,各国宪法普遍规定了严格的修宪程序,并对修宪权的行使及其界限作了明确的规定。修宪权的滥用是对宪法规范最高性价值的最大威胁,必须严格加以限制。(2)权力分立与监督制。权力分立与监督是宪法结构中不可缺少的条件,是保障宪法价值实现的重要途径。(3)合宪性审查制度。在当代宪法发展中,维护宪法规范最高性价值的基本形式是合宪性审查制度,即通过各种形式的合宪性审查活动,及时地预防与解决同宪法规定相抵触的法规及行为,以维护宪法规范价值。(4)宪法解释权的积极运用。在维护宪法规范最高性价值方面,宪法解释制度发挥着非常重要的功能。

(四)宪法规范的稳定性

宪法规范作为宪法的基本要素需要在社会生活中保持长期稳定,不得轻易变动。保持宪法规范稳定性的意义在于:(1)宪法规范构成一国法律规范的基础,宪法规范的稳定性程度直接关系国家法制统一的基础。(2)宪法规范的稳定性直接关系宪法秩序的稳定。宪法秩序是整个法律秩序的基础,稳定的宪法规范为宪法秩序的发展提供必要的基础。(3)保持宪法规范的稳定性是树立全社会宪法信仰的基本条件。宪法作为民意的最高体现与社会共同体价值体系,其长期稳定对于社会成员树立宪法信仰,形成宪法意志力,从而维护宪法尊严具有重要意义。

当然,在宪法运作中,宪法规范的稳定性是相对的,当客观现实情况发生变化,特别是宪法规范与社会现实发生矛盾与冲突时,也有必要调整原有的宪法规范,赋予其新的内容,以保持规范与现实之间的协调。就宪法实践的具体过程而言,宪法规范的稳定性与适应性价值是并重的,要注意寻求两者的平衡。

(五)宪法规范的制裁性

宪法规范作为一种法律规范,具有制裁功能。从本质上讲,宪法制裁与刑事制裁、民事制裁、行政制裁一样,其效力应得到社会的普遍承认,具有内在的制裁结构与形式。宪法制裁既包括积极的制裁,又包括消极的制裁,其有不同于其他制裁方式的社会影响力。在现代的宪法运行中,宪法发挥制裁功能的主要形式是司法的实践活动,司法审查制度的建立和发展只是宪法制裁功能的基本形式,但它并不是唯一的形式。公民对政治过程的监督是宪法制裁的重要表现形式,构成宪法特有的制裁模式,如选举过程、罢免制度、任期的限制、规范性文件的审查等都属于宪法制裁的范围。即便这些制裁内容与典型刑罚制裁等有所区别,它们至少也是违反宪法规范的法律后果。

宪法规范的制裁性是由宪法效力的最高性与直接性所决定的。从性质上讲,宪法规范所体现的制裁性与其他法律规范的制裁性是完全相同的,都能够发挥法的拘束力与影响力。两者的主要区别在于,宪法规范的制裁更侧重于宏观领域的制裁,而具体法律规范的制裁则侧重于微观领域的制裁。制裁领域与制裁方式的不同不应影响宪法规范本身的法律效力。如果不承认宪法规范具有制裁性,那么实际上等于否认宪法规范的强制性,也就否认了宪法作为法的属性。

三、宪法规范的逻辑结构

从逻辑结构上看,宪法规范与一般法律规范一样,由假定、处理和制裁三要素组成。假定是宪法规范中规定的规则的条件;处理是宪法规范中规定的行为模式本身,通常以要求、授权、禁止等形式加以表现;制裁是宪法规范中规定的因违反规则而产生的法律后果或具体惩罚。这种规范结构也可以转换成行为模式(假定、处理)、法律后果(包括制裁)两要素构成。

在理解宪法规范的三要素时,我们首先需要区分宪法规范与宪法条文的关系。宪法条文是宪法规范的具体表现形式,宪法规范是宪法条文的内在本质与内容,从逻辑结构上看,宪法规范必须具有三要素,但它与宪法条文并不一定相吻合。同一宪法规范的逻辑结构的要素可能表现在不同的宪法条文中,同理,同一宪法条文也可能表现宪法规范的不同内容。宪法规范的逻辑结构与宪法条文的关系主要有以下四种形式:

第一种形式是宪法规范的三要素在宪法条文中得到完整的体现,这类规范在我国宪法文本中所占的比重不大,但具有一定的典型意义。在这类规范中我们可以找出假定、处理与制裁三要素,能寻求其与相应宪法条文之间的对应关系,如我国宪法中有关国家机关职权的规定,比较完整地体现了宪法规范的要素。

第二种形式是宪法规范中的假定与制裁要素隐含在处理部分,并不具体表现在宪法条文中。从实质内容看,宪法条文体现的宪法规范包含三要素,但在具体表现形式上,处理部分是主要因素。尽管宪法条文本身没有直接体现假定与制裁部分,但行为模式的确立已包含两个因素,构成实际上的宪法规范的逻辑结构。

第三种形式是宪法规范的三要素各自以独立或分散的形式表现出来。宪法规范中的假定部分隐含于处理之中,制裁部分则通过其他部门法得到体现。如我国《宪法》第12条第2款规定,国家保护社会主义的公共财产。禁止任何组织或者个人用任何手段侵占或者破坏国家的和集体的财产。这一条的具体制裁是通过刑法规定的刑事制裁来表现的。

第四种形式是具体的宪法条文中只表现处理部分,假定与制裁部分在规范中没有具体表现。这类规范在宪法中是比较多的。具有纲领性、原则性或概括性的宪法规范一般通过某种行为模式表现,起到指引人们行为的作用。宪法规范的价值不仅表现为对现实社会关系的调整,还表现为对未来发生的行为作出预测性规定。

四、宪法规范的类型

宪法规范的存在形式是多样化的,我们可以从不同的角度对宪法规范进行分类。根据不同的分类标准,宪法规范可分为如下类型:

1. 确认性规范。确认性规范是对已经存在的事实的认定,其主要意义在于,根据一定的原则和程序确立具体的宪法制度和权力关系,以肯定性规范的存在为其主要特征。我国《宪法》第1条规定,中华人民共和国是工人阶级领导的、以工农联盟为基础的人民民主专政的社会主义国家。第2条规定,中华人民共和国的一切权力属于人民。这类规范从宏观上确立了国家制度和权力运行的基本原则。确认性规范依其作用又可分为宣言性规范、调整性规范、组织性规范和授权性规范等形式。其中,调整性规范涉及国家政策的调整,组织性规范涉及国家政权机构的建立与具体的职权范围等。

2. 禁止性规范。禁止性规范是指对特定主体或行为的一种限制,也称强行性规范。在我国宪法中,禁止性规范主要以"禁止""不得"等加以表示。在宪法规范体系中这类规范虽然数量不多,但发挥重要的规范作用。我国《宪法》第65条规定,全国人民代表大会常务委员会的组成人员不得担任国家行政机关、监察机关、审判机关和检察机关的职务。《宪法》第12条规定,国家保护社会主义的公共财产。禁止任何组织或者个人用任何手段侵占或者破坏国家的和集体的财产。禁止性规范有时还表现为对某种行为的要求。《宪法》第140条规定,人民法院、人民检察院和公安机关办理刑事案件,应当分工负责,互相配合,互相制约,以保证准确有效地执行法律。这里所说的"应当"是一种要求性规范,如不按规范的要求去做,要承担相应的法律责任。

3. 权利性规范与义务性规范。这类规范主要是在调整公民基本权利与基本义务的过程中形成的,同时为行使权利和履行义务提供依据。从我国宪法的规定看,权利与义务规范有以下三种表现形式:(1)权利性规范。宪法赋予特定主体权利,使其具有权利主体的资格。如《宪法》第35条规定,中华人民共和国公民有言论、出版、集会、结社、游行、示威的自由。在《宪法》第二章规定的公民的基本权利和义务中,权利性规范占有很大比重。(2)义务性规范。如《宪法》第52条规定,中华人民共和国公民有维护国家统一和全国各民族团结的义务。(3)权利与义务的复合性规范。如《宪法》规定,中华人民共和国公民有劳动的权利和义务;有受教育的权利和义务。在这类规范中,权利与义务互为一体。

4. 程序性规范。程序性规范主要规定宪法制度运行中的程序，主要是国家机关活动方面的程序。其表现形式有两种：(1) 直接的程序性规范，即宪法文本中对有关行为的程序所作的规定，如全国人大召开临时会议的程序、全国人大延长任期的决定程序、宪法修改的程序等；(2) 间接的程序性规范，即宪法本身对程序问题不作具体规定，而通过法律保留的形式加以规定。如对法律的具体制定程序、国家机关领导人的具体选举程序等，宪法一般只作原则性规定，具体程序由部门法规定。

五、宪法规范的效力

宪法规范作为最高的法律规范具有法律上的实效性，约束国家政治、经济与文化生活的所有领域。宪法规范的效力是指宪法规范对宪法关系的各个领域所产生的普遍的约束力。

宪法规范的效力与宪法条文的效力并不是同等的概念。宪法规范发挥效力的形式是多样化的，宪法条文的效力只是宪法规范效力的一种表现形式，除通过宪法条文表现其效力外，宪法规范的效力还可以通过其他普通法律以及非规则的形式得到体现。宪法条文中没有规定具体的制裁措施并不影响宪法规范本身的效力。实际上，由宪法的特点所决定，宪法条文中直接规定制裁性规范的情况是不多的，其效力主要通过其他形式表现出来。

宪法规范的效力是一种法律效力，宪法规范在发挥具体效力时，既有对宏观领域的约束，也有对微观领域的调整；既有确立基本原则的效力，也有具体组织规范的效力。

宪法规范的效力与宪法规范的适用有密切的联系。宪法规范的适用是其效力的具体体现，是保障宪法规范有效性的重要条件，如果宪法规范不能适用或者适用机制不健全，宪法规范价值就难以得到体现。宪法规范的适用模式主要有两种：一是通过具体的宪法诉讼活动；二是通过确立宪法原则与具体程序，保障宪法实施。第一种模式是现代各国宪法普遍采用的，其特点是宪法直接进入诉讼领域，成为法院判案的依据。宪法适用不同于遵守宪法的义务，两者的区别在于：(1) 主体不同。宪法适用是专门机关运用宪法的活动，具有专门性；遵守宪法的义务主体是多样的，既包括国家机关、政党、团体，也包括公民。(2) 程序不同。宪法适用是依照严格的法律程序进行的，而遵守宪法的义务并没有确定的法律程序。(3) 效果不同。通过宪法诉讼进行的宪法适用是一种规范的法律活动，产生确定的法律后果，而遵守宪法的义务所产生的后果，除法律责任外，还包括政治责任、道义责任等。在没有建立宪法诉讼制度的国家，宪法适用主要是通过非司法化的途径进行的，宪法适用机关通常是非司法机关，在我国，宪法规定的宪法监督机关是全国人大和全国人大常委会。通过有效的宪法解释体制也可以在一定范围内适用宪法，以保障宪法规范的实现。当然，从宪法实践的效果来看，通过司法途径而进行的宪法适用更集中地体现宪法的特点，有助于通过宪法的司法适用，解决规范与现实的冲突，使宪法更加贴近社会成员的日常生活。

六、宪法规范的变动

宪法规范的稳定性与适应性是辩证的统一，两者的价值是并重的。随着社会生活的变化,宪法规范处于不断的变动之中。宪法规范的变动一般有两种形式,即规范的变动与非规范的变动。

规范的变动是指通过宪法规范反映社会生活需要的一种形式。从冲突的性质与表现形式看,宪法规范与社会生活的冲突包括正常的冲突与非正常的冲突。正常的冲突导致正常的变动,正常的变动形式主要有宪法修改、宪法解释等。当社会生活中出现规范与现实的冲突时,首先要分析冲突的性质与冲突原因,合理地选择解决冲突的办法。从一般意义上讲,首先需要选择宪法解释的方式解决冲突。当冲突达到一定程度,宪法解释的功能已达到极限也无法有效地解决社会冲突时,可采用宪法修改的方式。

非规范的变动是指在宪法规范外发生的变化,在一定范围内脱离了实定法的调整,导致宪法规范不完全依照宪法所规定的特定规则进行变动,主要形式有:

1. 宪法破坏。这种变动是指不仅全面改变现行的宪法典,而且从根本上排除作为宪法基础的宪法制定权力,新旧宪法之间没有实质性的共同基础。宪法破坏带来的必然结果是,不仅出现新的制宪权主体,而且宪法基本理念也会发生重大变化。

2. 宪法废除。这种变动的特点是,虽然改变了现行的宪法典,但宪法制定权主体并没有变化。同一制宪权主体根据社会生活中出现的新情况,变更了宪法规范的部分内容。

3. 宪法侵害。这种变动是指发布违宪的命令或采取违宪的措施,在这种情况下,宪法规范本身虽然没有被修改,但事实上已被架空或搁置。

4. 宪法中止。这种变动是指因客观情况发生变化,暂时中止宪法规范中特定条款的效力。宪法中止一般分为合宪的中止和不合宪的中止。前者是指根据宪法规范的内容,暂时中止某一条款的效力。后者则没有宪法根据,而只是依据政治的某种需求中止宪法规范的效力。

七、宪法关系

(一)宪法关系的概念与基本特征

宪法关系是法律关系的一种,由宪法规范调整而形成。宪法关系是指由宪法规范调整而形成的社会关系。在宪法关系中不同主体之间形成了以权利、权力和义务为内容的社会关系,它是法治国家中最基本的法律关系。

宪法关系的基本特征主要有:(1)在宪法关系中,国家或者国家机关始终是重要的参与者,是宪法关系的一方主体。(2)宪法关系所涉及的领域十分广泛,涵盖政治、经济、文化等社会生活的基本方面。(3)宪法关系是法治国家中最基本的法律关系,宪法关系的建立或形成是一个国家实施宪法的基本目标,是检验一个国家宪法水平的基本标准。它涉及国家、公民等宪法关系主体在社会生活中的定位是否符合宪法的要求,国家权力的运行和公民权利的享有是否符合立宪的目的等根本性问题。

(二)宪法关系的类型

以宪法关系的主体为标准可以把宪法关系分为以下类型。

1. 国家与公民的关系。公民与国家之间的权利与权力关系是最基本的宪法关系，是国家民主与法治的基石。宪法的目的就是规范和约束国家权力以保障公民的基本权利和自由。规范国家权力、规定公民基本权利和自由的条款，实际上构成宪法规范的基本内容，是宪法不可缺少的组成部分。宪法一方面赋予国家或者国家机关以权力；另一方面规定了权力的来源、范围和边界，规定了权力的取得方式和运行程序，约束权力在宪法规定的轨道上运行，防止国家权力侵犯公民的权利。国家或国家机关一方面享有管理社会事务的权力；另一方面又负有依法行使权力，保障公民基本权利和自由的义务或责任。同样，宪法一方面规定了公民享有广泛的权利和自由；另一方面也规定了公民必须履行的基本义务，规定了公民行使权利应当遵循的基本原则。

2. 国家与国内各民族的关系。现代国家大多是由多个民族构成的，国家与国内各民族的关系直接影响社会的稳定和发展。因此，许多国家把国家与民族的关系作为重要的宪法关系纳入了宪法调整的范围。如我国《宪法》在“总纲”中规定了民族平等团结互助和谐关系的原则，在“公民的基本权利和义务”一章中又规定维护各民族的团结是公民的一项基本义务，在“国家机构”一章中规定了民族自治机关的自治权。当然，在有些国家的宪法中没有专门规定涉及民族问题的条款，但这并不意味着这些国家的宪法不调整国家与民族的关系。

3. 国家与政党的关系。政党是民主政治的标志，是社会力量的组织者和民意的表达者，国家对政党的态度与政党在国家生活中的地位和作用直接影响一国的民主实践。在早期的资本主义宪法中，一般没有规定涉及政党问题的条款，政党被视为普通的社会团体，通过规定公民的结社权加以调整。第二次世界大战后，人们对政党地位和作用的认识深化，国家与政党的关系随之成为宪法规范的内容。我国宪法在序言和第 1 条中规定了中国共产党的领导地位，宪法序言规定，中国共产党领导的多党合作和政治协商制度将长期存在和发展。

4. 国家机关之间的关系。国家机关之间的关系是一种权力与权力的关系，国家机关依法设置和行使权力是法治社会的基本要求。宪法在规范国家权力运行、防止权力的专横和恣意方面发挥着重要作用。国家机关之间的权力与权力关系可以分为横向的权力关系和纵向的权力关系。西方国家的政权组织是按照分权原则建立起来的，国家机关之间的这种关系是一种权力的分工和制约关系，即把国家权力分为立法、行政和司法三种，并分别由三个不同的国家机关来行使，立法机关、行政机关和司法机关之间相互制约和平衡，对于防止权力过分集中和权力腐败发挥积极的作用。

中国的政权组织是按照民主集中制原则建立起来的，民主集中制是一种新型的权力分工和制约机制。它首先体现为国家权力在权力机关、行政机关、监察机关、审判机关、检察机关以及军事机关之间的配置，每个机关都要在宪法规定的职权范围内活动，不能越权，也不能失权或怠权；其次体现为国家机关之间的权力制约，既有宏观的权力制约，也有微观的权力制约。宏观的权力制约有国家权力机关对行政、监察、审判、检察机关的监督和制约，这些机关要对权力机关负责，向权力机关报告自己的工作。司法机关可以通过行政诉讼，对行政机关的具体行政行为发挥监督和制约作用等。微观的权力制约如监察、公安、审判和检察机关在办理刑事案件的过程中,要分工负责、互相配合、互相制约。在宏观方面,我国的权力制约是一种单向制约,行政、监察、审判和检察机关均不能制约权力机关的活动。我国是单一制国家,在纵向的权力配置方面,宪法规定,中央与地方的权力划分遵循在中央的统一领导下,充分发挥地方的主动性和积极性的原则。

第五节　宪 法 解 释

由于宪法规范具有高度概括性、开放性与原则性等特点,在调整社会生活中必然出现规范与现实之间的矛盾,需要以灵活的机制解决矛盾。宪法解释是解决宪法规范与社会现实之间冲突的基本方式之一。

一、宪法解释的概念与意义

(一)宪法解释的概念

宪法解释是一种探求宪法规范客观内涵的活动,具体指一定主体对宪法内容、含义及其界限所进行的一种说明。宪法解释的概念一般分为广义和狭义两种。广义的宪法解释主体比较广泛,除有权机关外,还包括政府、社会团体、学者等对宪法的解释。狭义的宪法解释专指有权机关依法对宪法规范内涵所进行的说明。

在理解宪法解释概念时需要注意将其同合宪性审查、司法审查、通过立法解释宪法等加以区别。合宪性审查和宪法解释都是为解决宪法实施中宪法与社会生活的冲突而采取的一种手段。在具体的运行过程中两种手段有时交叉在一起。如行使合宪性审查权过程中通常涉及宪法解释问题,或者宪法解释权与合宪性审查权融为一体,由同一机关行使等。但两者的性质与表现形式是不同的,合宪性审查权主要是对有合宪性争议的法律、法规以及具体的宪法行为的判断权,而宪法解释是对不明确或需要明确的宪法条文含义的说明。合宪性审查权的行使不必然涉及宪法解释问题。宪法解释过程中既涉及条文的含义、界限等问题,同时也可能涉及宪法原则与基本精神的理解与解释。如果从推动宪法实施或提高宪法实践性角度看,立法也发挥了某种宪法解释的功能。不过通过立法解释宪法与狭义的宪法解释之间还存在诸多区别。

宪法解释权的专有性与必要性首先取决于宪法规范的结构与特点。宪法规范与宪法条款的模糊性、抽象性、开放性与广泛性实际上决定了宪法解释的客观必要性与空间。这一特点同时决定了宪法解释与法律解释的区别。

宪法解释与法律解释的区别在于:一是宪法解释是把宪法规范适用于现实生活的过程与活动,解释过程与国家的政治共同体以及社会基本价值体系有密切的关系,而法律的解释并不必然与社会共同体和价值体系有关;二是就规范的结构与性质而言,一般法律规范的结构是具体而明确的,在现实生活中进行解释或解释的空间比较有限,而宪法规范中包含大量原则性与抽象性的内容，几乎所有的宪法规范客观上都存在解释的空间，需要通过经常性的解释活动补充和调整社会价值体系；三是宪法解释与法律解释具有不同的思维模式，法律解释通常是通过具体的规范分析方法解决法律与社会的冲突，而宪法解释思维是一种宏观的思维模式，从宪法价值体系的宏观角度揭示宪法的意义与内涵。

由此可见，宪法解释与法律解释是不同的解释活动，在具体的解释中不能混淆两者的界限。同时，法律解释与宪法解释之间实际上存在原理或规则上的联系，正是这种联系产生了宪法解释程序中的合宪性推定原则。在实际生活中法律解释与宪法解释是同步进行的，对于宪法解释者而言首先需要正确把握法律内容，其次把已确定的法律内容与宪法规范的内容加以比较，最后确认其是否符合宪法。从这种意义上讲，制定法律的过程也是一种宪法解释的过程，即通过立法而进行的宪法具体化的过程属于广义的宪法解释活动。由此产生两种宪法解释形态，即司法的宪法解释和议会的宪法解释。两种宪法解释存在的目的是相同的，都以一定的形式阐明宪法规范的内涵，使其适应社会生活的发展变化。但两者的权力来源是不相同的，司法的宪法解释权以裁判活动相关争议的确定力为基础，而议会的宪法解释权往往是以一定的政治力为基础的，但不具有终局性的意义。由不同的权力来源产生的宪法解释有时会造成不一致或冲突，客观上产生以何种解释为优先的问题。第一种情况是以议会的解释权为优先。其优点是有利于维护民主的价值基础，但可能产生的负面影响是损害合宪性审查制度存在的价值，甚至会造成宪法秩序本身的不稳定性。第二种情况是以司法解释权为优先，其优点是具有司法程序性与规范性保障，但如果这种解释超过一定限度或者解释权侵犯议会权力，有可能导致侵害立法权的后果。仅从司法的理念看这种解释是有一定道理的，但从民主政治的价值看司法解释本身也存在潜在的威胁，即基于民意而产生的议会自然拥有宪法解释权，相对司法解释而言具有一定的优先性。当两种解释之间发生冲突或不一致时如何确立其效力等级是宪法解释中需要解决的基本理论与实践问题。

（二）宪法解释的意义

宪法解释的意义主要表现在：

1. 客观地认识宪法，在具体的宪法问题（宪法事实）中寻求和感受宪法的价值。其实质功能在于：一方面发现宪法问题，另一方面判定宪法问题。

2. 通过宪法解释活动，为宪法运行机制的完善提供基础，使宪法在持续性与变化中满足开放性价值的实现要求。

3. 宪法解释在宪法规范与社会现实冲突的解决过程中发挥着重要的功能，有助于维护宪法尊严，为及时地解决宪法冲突提供有效的机制。

4. 宪法解释有助于在一定条件下启动宪法变迁机制。实际上，宪法变迁的启动主要是通过宪法解释活动来实现的，具体的社会变迁与特定的宪法解释活动有密切的关系。

二、宪法解释的性质

在解释宪法中不可避免的问题是，宪法解释中是否允许存在解释者的主观价值，即解释宪法的过程中解释者能否排斥主观性,能否不以价值性分析为出发点。多数学者认为,宪法解释过程中的主观价值判断是不可避免的,但需要以客观性制约主观性,使解释活动尽可能保持客观性。

在宪法解释学发展过程中围绕解释的主观性与客观性主要有三种不同的学说。

1. 主观说。主观说认为宪法解释是一种法的创造,宪法解释的本质不是“读”宪法,而是“写”宪法。主观说强调解释者的主观价值在宪法解释中无可避免,同时这种主观价值判断在某种程度上是契合具体社会正义的必要条件。

2. 客观说。客观说认为宪法解释是法的发现,不是法的创造。客观说主张,按照宪法原意,通过严格的逻辑推理,能够得到绝对客观的宪法解释。其理论基础是法现实主义与批判法学。

3. 折中说。折中说认为宪法解释既具有法发现的性质,同时也具有法创造的性质,不能对宪法解释的性质作简单化的理解。其理论的核心内容是:在宪法解释中需要作出基本的选择,而选择是一种价值的判断过程。在宪法解释中“保守的”价值与“积极、批判的”价值是同时存在的。解释者应在多元价值的对立中寻求中立的价值。德国的宪法法院在判例中实际上采用了这种折中说,如认为“在任何法律规范的解释中起到决定作用的是隐含在规范中的客观化的立法者的意图”。

从宪法解释的功能与具体运作过程来看,折中说是比较合理的理论,有助于解释者在复杂的解释过程中合理地选择解释对象与解释规则,提供可行的解释方法。

三、宪法解释的主体与条件

(一)宪法解释的主体

由于宪法解释在宪法实践中居于十分重要的地位,各国宪法通常把宪法解释权赋予专门机关或特定机关行使。这里讲的宪法解释机关是指狭义的宪法解释主体。从目前各国宪法解释的体制来看,主要有三种类型:(1)立法机关解释制。立法机关依照一定的程序解释宪法。该类型最初由英国采用,由于英国是不成文宪法国家,其宪法和法律没有实际上的区别,当就宪法条款发生歧义时,自然由议会作出解释,其基本的理论基础是议会至上的政治哲学。(2)司法机关解释制。司法机关按照司法程序解释宪法。1803 年,在马伯里诉麦迪逊一案中,美国联邦最高法院首席法官马歇尔作出了著名的判决,确立了违宪法律无效的宪法规则,从此开创了美国司法审查制度的先河。目前,世界上 60 余个国家采用司法机关解释宪法的基本做法是:法院在审理案件时,附带性地审查其所适用的法律是否违宪,如果认为违宪,拒绝在本案审理中适用。在司法审查中法院采取司法抑制或消极主义原则,不能抽象地对法律是否合宪作出判断。(3)特定机关解释制。为了使宪法解释程序更加规范化、程序化,提高解释的专业化水平,设立特定机关解释宪法,主要有宪法法院、宪法委员会等。特定机关是专门负责解释宪法的、具有权威性的机关,能够有效地解决宪法实施中出现的各种违宪问题,在解决的方式上普遍采用司法积极主义原则。特定机关解释宪法的内容主要包括:法律、法规的合宪与否;对合宪性审查时涉及的宪法条文含义的解释。

我国宪法解释采用了立法机关解释制，即全国人民代表大会常务委员会行使宪法解释权。采用这种解释体制的原因主要有：(1)全国人民代表大会常务委员会是最高权力机关的常设机关，根据宪法规定享有立法权。从理论上讲，由制定法律的机关解释宪法有利于全面、准确地把握法律的含义，以保证宪法解释的权威性。(2)根据宪法规定，全国人民代表大会常务委员会是宪法监督机关，大量的宪法解释问题是在宪法实践过程中出现的，监督权与解释权的统一有利于保证宪法解释的权威性。(3)宪法解释是一项经常性的工作，作为常设机关的全国人民代表大会常务委员会是经常开展活动的专门性机关，其组成人员富有政治和社会经验，具有合理的知识结构，可以承担根据社会发展需求解释宪法的任务。当然，这种权力机关的解释体制在运作过程中也暴露出程序上的一些问题。如启动宪法解释的机制不完善，宪法解释权基本处于虚置状态，没有成为经常性的、有效的制度；宪法解释的程序不完备，没有具体规定宪法解释的提出程序、审议程序以及宪法解释的效力以及宪法解释的表决程序、宪法解释功能的评价系统等。〔5〕从发展的趋势看，我国的宪法解释机关需要进一步强化其解释功能，要善于运用宪法解释权解决宪法与社会生活的冲突，规范宪法解释的程序，提高宪法解释的效能。

(二)宪法解释的条件

宪法解释是探求宪法规范客观内涵的活动，其基本价值在于协调宪法与社会的矛盾，及时地解决社会生活中出现的各种利益纠纷。从一般意义上讲，进行宪法解释需要如下基本条件：

1. 解释者要从具体的历史发展过程中理解和揭示特定的宪法规范，即解释者要有“先理解”(前理解、前见)的知识与经验。对宪法规范的解释始于对规范内容的事先的理解和判断，并以此作为基础对规范的整体体系进行评估和具体分析。

2. 具体的事件性。宪法解释与具体的事件、事实有密切的关系，解释权的启动往往与解决具体事件的需求有关。解释者实际上是在具体的事件中寻找规范与事实之间的平衡，把对规范的理解具体运用于事实关系之中。理解规范与解决事实问题的过程是统一的，并不是相互孤立的。离开具体事件性的宪法解释是不常见的。在现实生活中有时人们没有严格地区分宪法问题与法律问题的界限，不适当地扩大了宪法解释的对象与范围。宪法解释过程中存在的具体问题或具体事实，发生合宪性争议的法律、法规、命令等是具体的，具有特定的领域。很显然，国家机关的一般违法行为并不会带来合宪性的争议，无须进入宪法诉讼程序。

3. 宪法原理的成熟。宪法解释是一种专业化的活动，客观上需要以成熟的宪法理论为基础，以合理的理论寻求规范与现实生活之间的平衡。

---

〔5〕 依据《深化党和国家机构改革方案》，2018 年宪法修正案新设立的宪法和法律委员会的重要职能之一是开展宪法解释。

四、宪法解释的原则与类型

(一)宪法解释的原则

各国根据本国宪法体制的特点,确定了适应本国宪法实践的宪法解释原则。在我国,宪法解释的基本原则主要有:

1. 解释宪法应符合制宪目的与精神。宪法是特定阶段社会生活需求的综合性反映,每一部宪法都具有自身的制宪目的和精神。因此,解释宪法时首先应尊重制宪目的,按照宪法的基本精神解释宪法条文的含义。特别是当宪法条文与社会生活发生冲突时,更应该注意宪法条文解释所反映的制宪背景。规定人民当家作主的宪法地位,实现一切权力属于人民的宪法原则是我国宪法的精神,也是制宪的目的。宪法解释机关具体解释宪法时需要充分反映制宪目的,以保证解释结果与宪法精神的一致性。

2. 解释宪法必须遵循依法解释原则。宪法解释是主观性与客观性的统一,其中客观性的因素占主导地位。为了保证宪法解释的科学性,各国宪法普遍规定了宪法解释的严格程序,对解释主体、解释界限、解释程序及解释效力等作了具体规定。只有按照法定程序解释宪法,才能保证解释的客观性,防止解释宪法中可能出现的主观随意性。

3. 解释宪法要反映社会发展需求。宪法是对已经获得的民主事实的确认,其规定具有现实性。但同时宪法要不断地适应社会发展需求,应以社会发展需求为基础不断地丰富宪法,完善宪法。由于制宪者或修宪者主观认识上的局限性,宪法规定的内容不可能是完美无缺的,规定得再好的宪法在具体实施过程中也会表现出一定的滞后性,需要以解释的方式加以弥补。

4. 解释宪法要体现宪法规范力。宪法解释过程受各种利益关系的影响,政治因素本身给解释活动带来各种不确定的因素。在各种可能的解释形式中有必要选择有利于宪法规范发挥效力的形式,进一步强化宪法的规范力。

(二)宪法解释的类型

宪法解释是宪法实施的中心环节,在调整不同的社会生活中表现其不同的形式。根据不同的分类标准,可以将宪法解释分为如下几种类型:

1. 根据解释的主体与效力不同,宪法解释可分为有权解释和学理解释。有权解释是指特定国家机关根据宪法赋予的职权对宪法条文的含义、界限等所作出的具有法律效力的解释。这种解释同宪法规范具有同等效力,对所有的国家机关、社会团体、企事业单位和个人都具有约束力。在我国,全国人民代表大会常务委员会进行的宪法解释属于有权解释,具有法律效力。学理解释是一种非正式解释,是指社会组织、学术团体或学者对宪法条文所作的解释,其特点是没有法律效力,不能作为适用宪法的依据。但合理的学理解释在正确理解宪法、宣传宪法、开展宪法理论研究、提高全民的宪法意识等方面会产生积极的影响,是宪法实施不可缺少的环节。

2. 根据宪法解释目的的不同,可以把宪法解释分为违宪解释和补充解释。违宪解释是指合宪性审查机关就法律、法规等规范性文件是否同宪法相一致作出解释，确认其违宪或合宪。补充解释是指宪法解释机关为保证宪法内容和原则在社会生活中得到实施，对宪法规范作出的必要说明和补充。

3. 根据宪法解释的方法不同，可以把宪法解释分为语法解释、目的解释、系统解释和历史解释。语法解释是指根据语法规则具体分析宪法条文的句子结构、文字排列和标点符号等，从而对宪法的内容进行合乎逻辑的解释。目的解释是指寻求宪法规定中的制宪目的或其在当下法秩序中的客观目的，统一说明宪法目的和要求，寻求对宪法的统一理解。系统解释是指分析某一宪法规范与其他宪法规范的联系，以说明宪法规范的内容和意义。历史解释是指从宪法制定的特定背景的分析入手，对不同时期的宪法内容进行比较，揭示宪法发展的历史事实和背景，向人们提供认识宪法的历史知识。

4. 根据宪法解释的尺度不同，可以把宪法解释分为字面解释、限制解释和扩充解释。字面解释是指根据宪法条文的字面含义所进行的解释。限制解释是指对宪法规范作窄于其文字表述的解释，也称从严解释。扩充解释是指对宪法规范作大于其文字表述的解释，也称从宽解释。

在宪法解释中采用何种解释方法主要取决于宪法解释的内容，即要根据解释内容的特点选择适宜的解释方法。每一种解释方法并不是绝对的，只具有相对性。比如，仅根据语法解释、目的解释、系统解释和历史解释中的一种解释方法可能无法获得妥当的解释结果，通常情况下，解释者都是综合运用不同解释方法进行宪法解释的。

五、合宪性推定原则

（一）合宪性推定原则的概念

合宪性推定原则（presumption of constitutionality）是在宪法解释活动中产生和发展的，在不同的宪法文化背景下有不同的表述。最初源于美国的司法审查制度的实践，并通过德国的宪法判例得到发展和完善。[6] 其基本的含义是：任何一个合宪性审查机关的权力都是相对的，当特定机关行使合宪性审查权或进行宪法解释时应考虑审查对象涉及的各种因素，需要在合理的范围内有节制地行使合宪性审查权，以减少可能引起的社会矛盾与社会震动。当判断某一项法律或行为是否合宪时，如没有十分确实、有效的依据认定其违宪，则应尽可能推定其合宪，作出合宪性判断，以避免违宪判决。即使审查对象存在一定的违宪性因素，但仍存在合宪性判断余地时不应宣布其违宪，应作出合宪性判决。在德国，这一概念被表述为"合宪的法律解释"或法律的宪法一致解释。在日本，有的学者把这一原则表述为"合宪的限定解释"或"合宪的限制解释"。[7] 合宪性推定作为宪法解释与法律解释的原则，实际上给解释者提供了在规范与现实之间寻求协调的空间与技术。它不仅适用于宪法与法律的关系，同时适用于上位法与下位法之间的位阶关系的判断。

---

〔6〕 德国宪法法院有关合宪性推定原则的最初判例始于1953年，并于1970年《联邦宪法法院法》的修改中得到了最终确认。参见韩大元：《论宪法解释程序中的合宪性推定原则》，载《政法论坛》2003年第2期。

〔7〕 参见［日］芦部信喜：《法令的合宪解释》，载《法律家》1980年第2期。

(二)合宪性推定原则的理论基础

合宪性推定原则是以司法消极主义理念为基础的,强调制宪者的意图与权力之间的制约功能,其共同的理论基础在于以下四点。

1. 宪法规范最高性价值体系。在法治社会中,宪法是社会生活的基本的价值体系,是国家法律秩序的基础和最高准则。按照法律规范位阶的一般原理,在法律体系内部的上位规范与下位规范之间形成了价值的统一体,上位规范是下位规范发挥效力的根据和基础,下位规范不得同上位规范相冲突。这里所说的冲突既包括实体内容上的冲突,也包括法律形式上的冲突。特别是在宪法规范通过普通法律得到具体化的过程中,确立宪法规范最高性价值具有重要的意义。

2. 对立法权的尊重。在宪法解释与合宪性审查权的行使过程中对法律或行为进行违宪判断的实质是对通过法律所体现的国民意志的重新判断,应在尽可能尊重民意的前提下谨慎地作出。合宪性审查权的行使者要有自我抑制性,除非存在毫无疑义的违宪依据,一般情况下不能轻易地对法律或行为进行违宪的判断。当然,对立法权的尊重并不是对民主主义价值的盲目追求或认可,实际上合宪性审查权对缺乏理性的民主主义是一种制约与限制。

3. 宪法秩序的稳定。法律是以一定的规则形式存在的,不同位阶的法律以宪法为基础建立了完整的体系,规范本身的稳定性对于法律秩序的发展发挥了十分重要的作用。当合宪性审查机关宣布业已存在的法律或条文违宪时,我们不得不面临宪法秩序可能受到损害的现实。为了维护宪法秩序的稳定与理性的发展,回避过多的或非理性的违宪判决是必要的。合宪性判决与违宪判决的社会效果是不同的,违宪判决的出现必然会在现实的法律体系中产生规则的不确定性或造成一定的震动,形成宪法裁判与立法权之间的紧张关系,其实质是以宪法价值制约立法者立法权的范围。在实际的合宪性审查活动中,审查机关负有维护宪法秩序统一的义务与责任,应尽可能避免因宪法判断可能引起的社会生活的不稳定性。

4. 宪法规范具体化。如前所述,议会的立法过程实际上是一个宪法解释过程,依据宪法规定行使的立法权是基于宪法授权而进行的,故议会具有较强的事实确定(fact - finding)能力,通常情况下具备合宪性基础。即使是涉及违宪性的法律或条款,在它还没有被宣布为违宪以前仍保持有效性,应维护法律关系的稳定性。德国宪法法院在合宪性推定原则的基础上又发展了“宪法附合的法律解释”原则,其基本含义是:当某一法律的合宪性与违宪性的比重相同时,宪法法院应把它解释为符合宪法的内容,作出合宪性判断。这种原则的意义也在于尽可能尊重法律具体化过程中的立法者权威与意志,使合宪性审查权具有必要的民主基础,维护民主正当性的价值。

总之,合宪性推定原则是在宪法解释和具体行使合宪性审查权的过程中出现的,旨在尊重立法权与宪法秩序价值,尽可能合理地作出宪法判断。在立法内容的合宪性判断上,人们普遍主张以“合理的关联性”为基础,并要求主张违宪者承担举证责任,以寻求合宪与违宪之间的界限。

六、宪法解释的方法

现代宪法解释学的核心问题是方法论，即采用何种方式解释宪法。在宪法实践中宪法解释的方法论更多地涉及技术与程序问题，并不一定涉及是否科学的价值判断问题。

传统或古典宪法解释学的方法论是在古典法解释学的基础上发展起来的。代表性的理论是萨维尼的法解释学，即宪法和法律都具有统一的规范体系，在具体的解释方法上可采用相同的方法论。有学者从宪法的角度进一步发展了法解释学理论，批判了其他学者提出的精神科学的宪法解释理论，认为它超越了宪法解释本质的界限。其基本理论构成是：宪法和法律具有共同的规范结构；对具有共同法律规范的体系只能采用共同的方法论加以解释。在该学者看来，宪法作为法律规范，具有技术性与形式性特征，而形式性是宪法的基本特征，可以采用法律的形式性方法进行解释。很显然，这种解释理论只关注宪法的形式性特征，忽略了宪法不同于法律的结构性特征。

现代宪法解释学是在传统宪法解释学基础上发展起来的，反映了人们在宪法实践中积累的经验与思考。现代宪法学发展的重要特点是以宪法解释方法论的演变为基础的，出现了宪法解释方法论的不同形式与学说。如客观主义与主观主义、合理主义与历史主义、合理论与经验论、形式主义与实质的价值论、系统思考与问题思考等不同形式之间的理论争议。其中具有代表性的解释方法有：(1)精神科学的宪法解释，即指宪法解释以宪法意义与现实为基础，以精神科学的方法为基础理解和认识宪法。(2)问题辩证的宪法解释，即认为研究宪法的思维应当是问题的思维，应以辩证的问题为中心的方式解释程序，解决社会生活中出现的宪法问题。(3)多元过程的宪法解释，因宪法规范具有高度的开放性，只能通过解释得到具体化。在法治国家中，这种解释本身需要民主的价值。在解释的过程中应防止主观的任意性，确立以合意为基础的民主内容。(4)规范构成的宪法解释，即指克服存在与当为、现实与规范的二元主义，建立与现代宪法发展相适应的解释方法。(5)理性法的宪法解释，即指为了保持宪法解释的合理性与客观性，在解释过程中引进各种存在的要素。(6)目的论的宪法解释方法，即指宪法解释中不能单纯考虑基于法律条文的文理的、逻辑的解释，应以现实的认识为基础，追求共同体指向的共同价值。

宪法解释过程中应尽可能超越主观的认识，进行具有客观性的解释活动。无论这些宪法解释方法如何复杂多样，它们的基础在于基本法律解释方法，并在此基础上进行适应宪法解释的发展，并且其实质功能都在于阐发宪法规范的明确内涵。因此，应明确基础解释方法，并根据宪法与法律的区别，全面了解和掌握宪法解释的特殊之处。

七、宪法解释的程序〔8〕

由于各国宪法解释体制不同，宪法解释中遵循的具体程序也有所不同。概括起来看，宪法解释程序通常包括：

〔8〕 进一步的阅读文献，参见韩大元、张翔等：《宪法解释程序研究》，中国人民大学出版社2016年版。

1. 宪法解释的提出。当宪法实施过程中出现宪法规范与社会生活不一致,需要对相关的宪法条文作出解释的情况时,特定主体可以以口头或书面形式提出宪法解释的要求。根据我国宪法的基本原则和相关法律规定,全国人民代表大会常务委员会行使宪法解释权,国务院、中央军事委员会、国家监察委员会、最高人民法院和最高人民检察院及全国人民代表大会各专门委员会等可向全国人民代表大会常务委员会提出宪法解释的要求。

2. 宪法解释的审查。提出宪法解释要求后,宪法解释机关依照一定程序进行审查,决定是否作出解释。在我国,宪法解释机关是全国人民代表大会常务委员会。在具体审查时,有些宪法解释要求可由全国人民代表大会常务委员会直接予以审查,有些可委托全国人民代表大会设立的专门委员会事先审查,审查结束后向全国人民代表大会常务委员会提交审查报告。

3. 宪法解释的决议。全国人民代表大会常务委员会通过会议的形式行使宪法解释权,对宪法解释进行表决时须2/3以上多数通过。

4. 宪法解释的公布。宪法解释机关对宪法作出解释形成相应的决议,并按照一定程序公布,宪法解释通常自公布之日起发生法律效力。从各国的规定来看,宪法解释一旦作出便成为宪法的组成部分。

事例与思考4-5　全国人大常委会明确提出将落实宪法解释程序机制

2022年3月8日,全国人大常委会委员长栗战书向第十三届全国人大第五次会议作《全国人民代表大会常务委员会工作报告》(以下简称《报告》)时提到,今后一年全国人大常委会的主要任务包括:落实宪法解释程序机制,回应涉及宪法有关问题的关切。加强对宪法实施的监督检查,拓宽宪法监督渠道,健全合宪性审查制度,提高备案审查工作质量,维护国家法治统一。

按照宪法规定,全国人大常委会行使解释宪法的职权。到目前为止,正式意义上的宪法解释程序尚未启动。全国人大常委会法工委法规备案审查室主任梁鹰曾公开谈到,全国人大常委会解释宪法的活动,既包括正式立法意义上的、以宪法解释案形式出现的、程式化的解释,也应包括全国人大常委会在备案审查过程中对宪法有关内容的阐释、理解和把握。比如改革中涉及的重大制度或政策调整,在宪法启动修改的时机尚不成熟而又需要广泛凝聚共识的情况下,就需要在深入研究的基础上由全国人大常委会及时对宪法有关内容作出解释,为重大改革决策部署提供合宪性支撑,以适应新时代改革发展的要求。

从宪法文本看,我国《宪法》第67条对全国人大常委会"解释宪法"的职权只作了概括性规定,无法从文本中直接推定如何解释宪法的程序或依据。由于宪法规定得过于概括,一旦开始进行宪法解释就会遇到主体和程序的不确定性问题,即如何进行解释活动缺乏文本上的具体依据。因此,有必要通过宪法解释程序法把宪法解释工作的各个环节具体化,使宪法解释有法可依,保证宪法解释的规范性与科学性。

问:1. 我国《宪法》第67条规定全国人大常委会"解释宪法,监督宪法的实施",全国人民代表大会是宪法解释的主体吗?

2. 宪法解释的原则、方法、程序是什么？

3. 如何理解宪法解释程序法的性质与功能？

第六节　宪法修改

宪法的稳定性与适应性是辩证统一的，宪法与社会生活既存在冲突，又存在协调，冲突是绝对的，协调是相对的。当运用宪法解释权无法解决或不能有效地解决宪法与社会生活的矛盾时，应适度地运用宪法修改权。

一、宪法修改与宪法修改权的概念

（一）宪法修改

宪法修改是指宪法正式施行后，随着社会生活的发展与变化，宪法规范与社会生活出现冲突时，特定机关依据宪法规定的程序，以明示的方法对宪法条文或文句进行补充、调整的活动。宪法修改的基本条件是：一是成文宪法的存在。不成文宪法体制下实际上不存在宪法修改问题。二是形式意义宪法的存在。所谓形式意义宪法是指具有成文形式和形式效力的宪法，以宪法典的形式体现。三是当运用宪法解释权达到极限时可以运用修宪方式解决社会的各种冲突。

宪法修改有以下三个基本特点：

1. 宪法修改机关是宪法授权的特定机关。宪法是国家的根本法，只有宪法授权的修改机关才能对宪法进行修改。从各国宪法的规定来看，宪法的修改机关主要有两种：一是宪法授权的特定国家机关，主要是国家立法机关；二是根据宪法修改的需要，专门设立的宪法修改机关。

2. 宪法修改必须严格按照宪法规定的程序进行，而且宪法修改的程序较一般法律的制定和修改程序更为严格。

3. 宪法修改是对作为国家根本法的宪法进行变更的活动，其变更或修改的对象是具有根本法形式特征的宪法，既包括宪法规范内容的变更，也包括宪法规范形式的变更。

（二）宪法修改权

宪法修改权是修改宪法的一种“力”，是依制宪权而产生的权力形态，一般称为“制度化的制宪权”。从制宪权中派生的修宪权低于制宪权而高于立法权。修宪权与立法权都是宪法规定的国家权力，但修宪权的对象是作为国家根本法的宪法内容，不同于制定普通法律的立法权。

根据人民主权原则，修宪权的主体是国民，修宪过程要充分反映国民的意志，遵循修宪的基本程序。在宪法规范体系中制约修宪权的规范是宪法修改规范，违反修改规范的宪法修改是无效的。修宪权的基本功能在于平衡两种价值,即一方面宪法规范要适应社会的变化,另一方面应防止因宪法规范变动过于频繁而导致的宪法秩序的不稳定。因此,宪法的修改者既需要理性地分析社会变化,同时也需要同现行宪法保持价值的统一。

二、宪法修改的形式与方式

(一)宪法修改的形式

宪法修改主要有两种形式:

1. 全面修改。这是指在原有宪法基础上对宪法内容进行全面更新,实际上以新宪法代替旧宪法。全面修改既涉及宪法基本原则和内容的调整,同时也涉及宪法结构的变更。全面修改一般是在国家政治、经济、文化生活等发生重大变化,以部分修改方式不能解决社会冲突时采用。全面修改分为实质意义上的全面修改与形式意义上的全面修改。前者指宪法的基本制度与基本秩序发生实质性的变化,不仅是量的变化,而且是实质内容的变化。后者是指宪法的实质内容没有发生变化,只是全面变更宪法的规定,是一种量的变化,而不是质的变化。根据这种划分,全面修改的形式、内容是不尽相同的,应注意区分不同性质的全面修改。

2. 部分修改。这是指对宪法原有的一些内容或特定条款加以改变或调整或增加若干新的条款的修改方式。部分修改是比较灵活的一种方式,能够在保持宪法稳定性的前提下,及时地协调宪法与社会生活的冲突,消除影响宪法权威的不利因素,为宪法的顺利实施创造条件。当社会发展处于正常状态时,我们需要运用部分修改的方式解决宪法与社会的矛盾。部分修改的方式又包括修改条文、宪法修正案等具体方式。修改条文形式主要包括增减、补充、修改文句等。修改以后一般重新颁布新的宪法文本。宪法修正案是指在不触动宪法原文的情况下,把依特定程序通过的修正内容按前后顺序分条附于原文之后。宪法修正案中有些内容是增补性的,有些内容是变更性的,其功能主要在于灵活地适应社会的变化,保持宪法的稳定性。

宪法修正案最早由美国宪法实践采用,目前已影响到其他国家。即便是同样采取宪法修正案形式的国家,在具体的表现形式方面也有不同的方式。宪法修正案与原宪法条文之间的关系主要包括以下几种:一是宪法修正案内容不受宪法条文的约束,即新条文排斥原宪法条文的效力;二是由于修正案的出现,不适用宪法中的某些规定等。通过宪法修正案以后,如何处理宪法文本与修正案的关系是需要探讨的理论问题。通常有以下几种方式:(1)修改宪法文本,把修正案的内容全部纳入宪法文本之中,重新颁布宪法典;(2)宪法文本不变,将增加的修正案内容附在原文之后,依序排列;(3)同时修改宪法文本与修正案的内容,使两者的内容保持一致;(4)增加修正案时可不改动宪法文本,只对修正案内容进行必要调整等。从修正案的性质和基本功能看,通过修正案进行修改时,不宜变动宪法文本,只需把修正案的内容按序排列。这种形式有利于保持宪法发展的历史连续性和宪法体系的完整性。

（二）宪法修改的方式

宪法修改方式的选择与宪法规范性有密切的关系。如果在修改方法上采用与一般法律相同的方法，必然导致宪法最高规范性的削弱。反之，如果在设定宪法修改方法上采取过分严格的程序，有可能影响宪法的开放性功能。设定宪法修改方法的基本目标与出发点是，积极反映社会各界的意见，在形成社会共同体意志的基础上，寻求宪法规范与社会现实之间的平衡，使宪法在保持最高规范性价值的同时反映社会的需求。目前，世界各国普遍采用的宪法修改方法主要有四种：

1. 成立专门的修宪机关或由议会审议。为了审议和议决宪法修改案，可成立专门的机关，如制宪议会等，具体负责宪法修改工作。目前，实行这种修改方法的国家主要有瑞士、挪威、比利时等。

2. 实行国民投票制度。为了修改宪法，实行国民投票制度，以国民多数意志作为是否修宪的基础，其理论基础是卢梭的国民主权思想。法国、日本、奥地利、韩国等国家实行这种制度。通过国民投票的修宪方式分为两种具体形式：一是修宪案先在议会审议、议决后，交付国民投票；二是修宪案不经议会审议直接交付国民投票的制度。法国、意大利、奥地利等国家采取前者，属于后一类型的国家有瑞士。

3. 实行立法机关修改宪法制度。由立法机关行使修宪权，具体负责修宪的工作。在修宪程序上，该方式更为严格。目前，世界上多数国家采用这种制度，代表性的国家有德国、中国等。

4. 联邦制国家的修宪方法。实行联邦制的国家，在修宪方法上采取更加多样化的方式，使构成联邦的各组成部分都能平等地参与到修宪过程之中。如德国修宪程序中联邦参议院的赞成是通过修宪案的重要条件。

上述不同修宪方法的共同基础是尽可能扩大修宪过程中的民意基础，以多数的赞成或同意作为修宪的基础。为了扩大修宪的民意基础，有些国家在修宪程序上规定了修宪案公告程序，即提前公告修宪案，使社会成员自由地发表意见，形成修宪内容的社会共同意志。

三、宪法修改程序与界限

（一）宪法修改程序

宪法修改是按照一定的法定程序进行的，一般包括提案、审议、起草、议决和公布等阶段。

1. 提案。提案是启动宪法修改程序的第一阶段。如何规定修宪提案权的主体直接关系到修宪的社会效果。从各国的规定看，议会、政府或公民个人可以成为修宪提案权主体。公民个人拥有修宪提案权的制度只在少数国家实行，如在瑞士，公民个人可以行使提案权，有表决权的10万名以上的瑞士公民可以要求全部修改联邦宪法。多数国家采用政府与议会共同行使修宪提案权或者议会两院各自行使提案权的形式。在我国，只有全国人民代表大会常务委员会和1/5以上的全国人民代表大会代表有权提出修宪提议。

2. 公告。提出的修正案以公告的形式公布,以征求社会各界的意见。如在韩国,提出修宪案以后,由总统公布20日以上。公告程序的意义在于广泛听取社会不同主体的意见,在形成正式修宪案以前形成社会共同体意志,消除因修宪可能引起的社会冲突与矛盾。

3. 审议。修宪案的公告期过后,修宪案便进入议决程序。在议会议决的程序中,重要的环节是法定人数的确立。对议决程序,各国的规定不一。有的国家规定,审议修正案必须二读或三读,有的要求两次审议通过,而且两次审议之间要间隔一定的时间。也有国家规定,对不同的修改采取不同的议决程序,如西班牙对全部修改与部分修改采取不同的议决程序。[9]

4. 议决。经过有权机关审议后决定修改的内容,经过一定程序作出议决。

5. 国民投票。有的国家在宪法修改程序中规定,经议会议决的修宪案通过国民投票方式来决定。

6. 公布。公布修正案是宪法修改的最后一道程序,是修正案发挥法律效力的前提。各国对公布的具体机关的规定不尽相同。如在意大利、葡萄牙、韩国等国家由总统公布;有的国家由议会公布;也有一些国家由行政机关公布等。在我国,宪法修正案由全国人民代表大会会议通过,并由全国人民代表大会以公告形式公布施行。

事例与思考4-6　我国1993年修宪过程中的程序问题分析

1993年2月14日,中共中央向七届全国人大常委会提出了修宪建议,全国人大常委会讨论后接受该建议,并形成了《宪法修正案(草案)》,提请第八届全国人大第一次会议审议。在七届全国人大常委会讨论修宪建议的过程中,中共中央综合了所提出的意见,于1993年3月提出了《关于修改宪法部分内容的补充建议》。由于第八届全国人大已经召开,中共中央起初直接将该补充建议向会议主席团提交。但是有的代表提出异议,认为中共中央直接提交行为不符合宪法规定程序。因此,上述补充建议由北京市等32个代表团的2383名代表签名,以代表提案的方式,提交给了第八届全国人大第一次会议。全国人大主席团将该补充建议和全国人大常委会的议案合并,形成了一份修宪提案,交付大会表决。

问:1. 在本次修宪过程中,在全国人大常委会和2383名全国人大代表分别提出修宪提案后,全国人大主席团能否将两个不同的修宪提案合并,进而提交全国人大表决通过?

2. 中共中央是否有直接向全国人大主席团提出修宪议案的权利?

[9] 参见北京大学法学百科全书编委会:《北京大学法学百科全书》(宪法学　行政法学),北京大学出版社1999年版,第512页。

(二)宪法修改界限

宪法修改权是否为一种绝对的权力、客观上是否存在界限是宪法学理论中有争议的问题。围绕该问题,形成了宪法修改界限否定论和宪法修改界限肯定论两个学派。

1. 宪法修改界限否定论。主张宪法修改界限否定论的学者们认为,只要按照宪法规定的修宪程序,宪法的任何内容都可以被修改,不受任何内容或程序上的限制。在他们看来,即使宪法上有禁止修改的规定,其规定本身也可成为修宪的对象。具体的理论依据包括:一是认为宪法和一般法律一样都是国家的意志行为,既然国家的意志可以变化,那么体现其意志的宪法和法律内容也可以随之发生变化。二是否认宪法规定之间效力的差异。宪法规定之间的效力是相同的,不能区分不同宪法规定之间的效力。三是认为制宪权是一种法外的力量,不可能限制宪法规定的修宪权的运用,修宪权实际上是国家最高的法定权力。四是不承认宪法变迁的现实与制度。五是否定自然法对修宪权的限制功能,认为现实制度下对已超越界限的修宪活动并没有相应的控制手段等。

2. 宪法修改界限肯定论。该学派主张宪法修改在客观上存在界限。多数国家的宪法修改理论普遍承认宪法修改权的界限,即宪法修改活动客观上存在不同形式的界限。宪法修改界限肯定论的基础是:从基本原理上承认制宪权与修宪权的区别,把修宪权理解为制度化的制宪权,受制宪权价值的制约;承认宪法规范体系的不同层次性,即宪法规范存在上位规范与下位规范;宪法价值存在统一性;承认自然法对宪法规范产生的影响等。学者们在论述修宪权界限时基于不同的理念与认识,其理论形态是多样化的,概括起来主要分为内在界限、外在界限与实定法界限。

宪法修改的内在界限指的是宪法中存在不能修改的一定的内容。根据德国学者 K. 哈森的观点,作为宪法的实质的“核”,即宪法的民主及法治国家的基本秩序是不能修改的。其基本理论基础是:宪法是国家秩序的基础,其内容体系应具有权威性、持续性与稳定性,不能修改所有的内容;从修宪权的性质看,它是制宪权的制度化,应服从宪法的“根本规范”价值体系,不能成为改变宪法规范性质的依据;宪法规范中存在不同层次的规范等级等。

宪法修改的外在界限指的是宪法修改活动受外部因素的影响,直接限制修宪权的内容与程序。一般而言,外在界限主要表现在:一是保持宪法体系的统一性与持续性;二是把自然法规范置于宪法规范之上,以自然法精神约束修宪权,宪法修改只能朝着合理化方向发展;三是宪法修改过程中不可避免地受国际因素的影响,特别是随着经济全球化的发展,宪法与国际环境之间存在一定的互动关系。

宪法修改界限还表现为实定法界限。所谓实定法界限是指宪法典对修改的内容、修改行为及其程序作出限制性规定等。其主要表现为三个方面的限制性规定:一是内容上的限制。根据宪法规定内容的性质与范围,对具体内容作出限制性规定。如《意大利宪法》第 139 条规定共和国政体不得成为修宪的对象,实行联邦制的国家的宪法对联邦制基本原则也作出不得修改的规定。二是修改方法上的限制。为了确立修宪权的界限,在修改方法上也作出了必要的限制,主要形式有禁止全面修改、限制法律对宪法的侵害等。三是时间上的限制。为了保障宪法规定内容的稳定性,有些国家宪法对修改宪法的时间作了限制性规定,如宪法通过、颁布、生效和修改后,非经一定期限不得修改。

四、新中国宪法修改的演变

(一)1954 年宪法修改问题的提出

1954 年宪法制定以后,我国对宪法进行了三次全面修改。按照制定 1954 年宪法时的考虑,我国向社会主义过渡需要一个相对较长的时期,作为过渡时期的宪法大概适用 15 年。但是由于社会主义改造的提前完成,宪法规范与社会生活之间开始出现了矛盾与冲突。宪法规范所调整的社会关系出现了新的特点,需要以调整后的规范适应社会生活的变化。因此,对 1954 年宪法的修改问题开始成为中共中央和社会各界关注的问题。

1970 年 2 月,中共中央政治局在筹备第四届全国人大时提出了修改宪法的问题。3 月 8 日,中央召开政治局会议,决定成立由康生、张春桥、吴法宪、李作鹏、纪登奎等组成的宪法修改小组。3 月 12 日,宪法起草小组召开了会议,对宪法修改问题进行讨论。会议后形成了《关于修改宪法问题的请示》。但由于发生"九一三事件",有关修改 1954 年宪法的工作不得不停下来,一直到 1974 年才正式启动修改程序,进行修改工作。

(二)1954 年宪法的修改

从实定法意义上讲,1954 年宪法是 1975 年宪法的法律基础。在中共中央宪法修改工作的计划中对修宪过程中的群众讨论问题给予了一定的关注。但从宪法的指导思想看,1975 年宪法实际上脱离了 1954 年宪法的基本精神。例如,在指导思想方面,以无产阶级专政下继续革命的理论为基础;在宪法规范性方面,对 1954 年宪法确定的科学的内容作了不合实际的调整,规定了许多违反客观发展规律的内容。从具体程序上看,1975 年宪法修改存在程序上的重大缺陷,表现在:一是通过宪法修改的四届人大一次会议的代表并不是选举产生的,是经过协商产生的,造成民意代表机关基础的薄弱;二是在通过 1975 年宪法的过程中,1954 年宪法规定的修改程序没有得到严格遵守,主要由中共中央直接负责整个修宪工作,连修改宪法起草委员会也是由中共中央决定成立的。

(三)1975 年宪法的修改

1975 年宪法只实施了 3 年就被 1978 年宪法所取代。相较于 1975 年宪法,1978 年宪法在发展目标、内容与规范性等方面取得了一定的进展,在一定程度上恢复了 1954 年宪法的原则与内容。比如,在国家建设目标上,规定了四个现代化的发展目标,在国家机构体系上恢复了人民检察院,并以 1954 年宪法为基础规定了公民的基本权利与自由,但在指导思想上仍然延续 1975 年宪法的原则,存在历史局限性。

在修改程序上,1978 年宪法是由中共中央提出具体的修改意见,拟订具体草案后直接提交全国人大审议通过的。宪法修改委员会由中共中央政治局全体委员组成,体现了修宪工作中党的一元化领导。由于 1975 年宪法对修宪程序没有作出具体规定,修宪过程中由谁提出修宪提案权、通过什么程序进行修宪等问题没有可遵循的规则,使修宪具有浓厚的政治色彩,实际上变为执政党的内部活动。

(四)1978 年宪法的修改

从一般的宪法理论来讲,现行宪法的修改是以前一部宪法为基础的,即根据前一部宪法规定的修改程序。1982 年宪法的前一部宪法是 1978 年宪法,故 1982 年宪法修改的基础应该是 1978 年宪法。但从实际修改程序上看,现行宪法修改是按照 1954 年宪法规定的修改程序进行的。当时,修改 1978 年宪法所面临的问题之一就是如何确定宪法修改程序。在修宪程序上,1978 年宪法延续 1975 年宪法的内容,只在第 22 条规定:"全国人民代表大会行使下列职权:(一)修改宪法……"对于宪法修改草案由谁提出,如何审议,如何通过等无明文规定。1954 年宪法曾规定了较完备的宪法修改程序,但被 1975 年宪法修改删除。1954 年《宪法》第 29 条规定,宪法的修改由全国人民代表大会以全体代表的 2/3 的多数通过。因此,对 1978 年宪法的全面修改只能按照 1954 年宪法的修改程序进行。从宪法理论和程序上看,草案以 1954 年宪法为基础,存在正当性与必要性。如 1954 年宪法在指导思想、制定过程的民主正当性等诸多方面具有特色;从第一届全国人大至第五届全国人大,我国社会主义国家性质并没有变化,制宪权主体并未发生变更,我国宪法保持了连续性,这为第五届全国人大行使修宪权提供了依据。

(五)1979 年和 1980 年以通过决议的形式修改宪法

1978 年宪法通过以后,第五届全国人大第二次会议于 1979 年通过《关于修正〈中华人民共和国宪法〉若干规定的决议》,第五届全国人大第三次会议于 1980 年通过《关于修改〈中华人民共和国宪法〉第四十五条的决议》,以决议的形式分别对这部宪法进行了两次部分修改。

(六)1982 年宪法修改与宪法修正案方式的采用

自 1982 年宪法实施以来,我国曾对宪法进行了五次修改,采用了宪法修正案的方式。1988 年在进行第一次修改时,为了增加宪法的权威性和尊严,第六届全国人大常委会经过认真研究,决定采用宪法修正案的方式进行修宪。在 1988 年 2 月 27 日举行的委员长会议上研究宪法修改时,彭真委员长说:这次对宪法的修改,采取修正案的方式,这是美国的修宪方式,比法国、苏联和我国过去的修改宪法办法好。他还说,今后修改宪法,只对必须进行修改的条文作修改,能用宪法解释的就作宪法解释,整个宪法不作修改,这样有利于宪法稳定,有利于国家稳定。会上,彭冲副委员长和王汉斌秘书长对实行这种修宪方式作了说明。采取宪法修正案的方式得到了委员长会议和常委会会议全体组成人员的赞同。从此,这一修宪方式被正式确定下来。[10] 我国 1993 年、1999 年、2004 年和 2018 年对

---

〔10〕 参见刘政:《我国现行宪法修改的原则、方式和程序——1988 年、1993 年和 1999 年三次修宪回顾》,载《中国人大》2002 年第 21 期。

宪法的修改继续沿用了1988年的修宪方式。

五、我国宪法修改制度的完善

我国《宪法》第64条对宪法修改基本制度进行了如下规定:“宪法的修改,由全国人民代表大会常务委员会或者五分之一以上的全国人民代表大会代表提议,并由全国人民代表大会以全体代表的三分之二以上的多数通过。法律和其他议案由全国人民代表大会以全体代表的过半数通过。”根据这一条的规定,宪法修改提案权的主体是全国人民代表大会常务委员会、1/5以上的全国人民代表大会代表;宪法的修改由全国人民代表大会以全体代表的2/3以上的多数通过。这一规定的基本出发点是体现最高国家权力机关对修宪权的统一行使,保证修宪权的权威性与统一性,并对修宪采取比一般法律更为严格的程序。

但我国的修宪程序在实践中也暴露出一些问题,主要有:修宪程序不完整,只规定修宪提案权主体和通过程序,没有审议程序、公布程序等必要的内容;修宪程序与宪法制度具体运行之间存在一定的距离,修宪程序缺乏规范化;修宪频率比较高,客观上影响了宪法权威的树立。我国宪法对修宪权的界限问题没有作出明文规定,但修宪权主体与修宪行为受一定限制。从修宪技术来看,在宪法中详细列举不得修改的内容是有一定难度的,但有必要规定宪法的基本原则、基本精神与基本制度不得成为修宪的对象。为了建设社会主义法治国家,有必要进一步完善宪法修改制度,建立规范的修宪程序,强化修宪的程序功能,在实体与程序价值的平衡中寻求完善修宪程序的途径。

知识点提示

宪法制定权与宪法修改权的关系
宪法制定权与宪法解释权的关系
宪法制定权与立法权的关系
宪法制定权主体与宪法制定机关的关系
宪法的一般渊源
我国宪法的渊源
宪法规范的特点
宪法规范制裁性的基本表现形式
宪法规范的效力
宪法解释的基本功能
宪法解释与法律解释的主要区别
宪法解释的主要体制
宪法修改的功能
宪法修改的界限
我国2018年宪法修改的基本特点

第五章　合宪性审查

第一节　合宪性审查概述

一、违宪与合宪性审查

（一）违宪的概念

违宪即指违反宪法，包括违反宪法的规定、原则和精神。违宪只存在于具有根本法意义上的宪法的国家，在柔性宪法国家，宪法不具有高于法律的效力，因此，并不存在违宪问题。

违宪与违法既有联系又有区别。违宪与违法是相对的概念、范畴和制度。违宪与合宪中的“宪”是指宪法，判断违宪与合宪的基准是一个国家的具有最高效力的宪法；违法与合法中的“法”是指法律，判断违法与合法的基准是一个国家的法律，这里的“法”并不包括一个国家的宪法。法律是立法机关依据宪法、以宪法为基础制定的，假定法律是符合宪法的，那么违反法律当然也就违反了宪法，即间接地违反了宪法，符合法律当然也就符合宪法，即间接地符合宪法。宪法学并不研究这种意义上的“违宪”与“合宪”，宪法学所研究的违宪是指直接违反宪法的情形，或者说是狭义上的违宪。

违宪与违法的主要区别是：

1. 性质不同。违宪是违反宪法，违法是违反法律。

2. 主体不同。违宪的主体是能够直接依据宪法实施宪法行为的主体，通常包括国家机关和政党组织，公民个人并不享有依据宪法行使国家权利、实施宪法行为的资格，因而并不构成违宪的主体。国家领导人因能够依据宪法行使国家权力、实施宪法行为而可以构成违宪的主体。凡是能够依据法律行使权利、履行义务的主体都可以构成违法的主体，违法的主体既包括国家机关和政党组织，也包括所有的企业事业组织、社会团体和个人。

3. 审查主体不同。进行合宪性审查的是特定的合宪性审查机关，有的国家是普通法院，有的国家设立专门的国家机关，有的国家是代表机关，而进行合法性判断的机关通常是普通法院。

4. 制裁不同。违反宪法的制裁是针对行使国家权力的特定形态作出的规定，如合宪性审查机关宣布法律文件无效、撤销违宪的法律文件、在个案中拒绝适用违宪的法律文件、确认政党组织违宪、确认具体的宪法行为无效、弹劾实施违宪行为的国家领导人等。

违反法律的制裁包括民事制裁、行政制裁和刑事制裁,它们与宪法制裁的形态存在巨大的区别。

宪法调整的基本社会关系是国家与公民之间的关系,其调整的基本方法是通过控制、保障和规范国家权力运行,以保障公民的基本权利与自由。因此,违反宪法的行为只能是国家机关运用国家权力的行为,国家机关行使国家权力的行为包括依据宪法形成法律规范的行为和直接依据宪法实施的具体行为;违反宪法的行为主体主要是有权行使国家权力的国家机关,有时也包括有权行使公共权力的社会政治组织,如政党组织。立法机关的主要任务是依据宪法制定法律,行政机关的任务是依据法律进行行政管理,司法机关的任务是依据法律裁判纠纷。因此,违反宪法的主体主要是立法机关,合宪性审查的对象主要是法律,这是有学者将合宪性审查又称为“违宪立法审查”的原因。

依据不同的标准可以将违宪作不同的分类。如依据国家机关违宪的情形,可以分为规范行为违宪和具体行为违宪;依据违宪的主体,可以分为立法机关违宪、行政机关违宪、司法机关违宪和政党组织违宪;依据违宪的阶段,可以分为制定规范行为违宪和实施规范行为违宪;依据违宪的形态,可以分为程序违宪与实体违宪、作为违宪与不作为违宪等。

违宪的存在是合宪性审查制度建立的前提。在宣布宪法是国家根本法并具有最高效力、其他一切法律文件均居于宪法之下的国家,即需要建立保证宪法地位和权威、保证统一宪法秩序的合宪性审查制度;而在不存在根本法意义上的宪法的国家,并不可能存在违宪,也就没有必要建立合宪性审查制度;在存在根本法意义上的宪法的国家,作为民意代表机关的议会处于较为优越的地位,其地位甚至高于其他国家机关,宪法由其制定、由其修改、由其解释,其所制定的法律被认为不可能或者说实际上不可能违反宪法,虽然有建立合宪性审查制度的必要,但法律并不是合宪性审查的主要对象。

(二)合宪性审查的概念

合宪性审查是指由特定国家机关依据特定的程序和方式对宪法行为是否符合宪法进行审查并作出处理的制度。从理论上说,合宪性审查制度是与具有根本法意义的宪法同时产生的,但在实践中,这一制度的形成要晚于宪法的产生。这一制度的基本内涵包括:

1. 合宪性审查通常只能由宪法明确规定的特定国家机关进行。在承认法律文件可能违反宪法的前提下,就需要确定进行合宪性审查的主体。具有合宪性审查权的国家机关通常是由宪法明确规定的,只有美国例外,美国宪法中并没有明确规定由哪个国家机关实施合宪性审查,而是由美国的联邦最高法院通过1803年的马伯里诉麦迪逊案开创了由普通法院实施合宪性审查的先例。各国宪法在确定进行合宪性审查的主体时,通常考虑本国的政治理念、政治体制、法律传统、法系、历史传统等因素,因此各国进行合宪性审查的主体并不是单一的,而是呈现多样化的现象。

2. 合宪性审查具有特定的程序和方式。基于合宪性审查的特殊性,合宪性审查具有不同于立法作用、行政作用和司法作用的特定审查程序和审查方式。当然,在实行不同的合宪性审查体制的国家,其合宪性审查的程序和方式又存在不同。在实行代表机关审查制的国家,既可以进行事先审查也可以进行事后审查,既可以进行抽象的原则审查也可以进行救济性的审查；在实行司法审查制的国家，只可以进行事后的、救济性的案件审查；在实行宪法法院审查制的国家，既可以进行抽象的原则审查也可以进行事后的、救济性的案件审查；在实行宪法委员会审查制的国家，既可以进行事先的抽象原则审查也可以进行事后的抽象原则审查。

3. 合宪性审查的对象是宪法行为。宪法行为是指国家机关和政党组织直接依据宪法所进行的行为，包括规范行为和具体行为。合宪性审查机关即使进行事后审查也并不审理因法律行为而发生的法律案件。在实行司法审查制的国家，由同一个法院进行司法审查和法律诉讼，既依据宪法进行合宪性审查，又依据合宪性审查之后的结果进行法律诉讼。在这类国家，所谓合宪性审查仅指法院依据宪法对法院审理法律案件时所适用的法律进行合宪性审查的活动，并不包括法院对法律案件的审理活动。

4. 合宪性审查机关作违宪判断或者合宪判断。无论在实行何种合宪性审查体制的国家，其合宪性审查机关只依据宪法作违宪或者合宪判断，而不作违法或者合法判断。因宪法的实施而引起的问题属于宪法问题，所引起的纠纷属于宪法纠纷，由合宪性审查机关作违宪或者合宪判断。因法律的实施而引起的问题是法律问题，所引起的纠纷是法律纠纷，由普通法院通过法律诉讼作违法或者合法判断。通常情况下，在社会生活中发生一个具体的纠纷以后，该纠纷先作为一个法律问题和法律纠纷，由普通法院进行违法或者合法判断。只有在法律范畴内无法获得解决时，才由合宪性审查机关进行违宪或者合宪判断。

5. 合宪性审查机关如果认为构成违宪则进行处理，即进行宪法制裁。在实行不同合宪性审查体制的国家，宪法制裁的形式存在不同。在实行代表机关审查制的国家，因代表机关地位较高，其有权对违反宪法的法律文件直接进行撤销；在实行司法审查制的国家，普通法院只能在所审理的具体案件中拒绝适用被认为违反宪法的法律文件；在实行宪法法院审查制的国家，宪法法院有权撤销违反宪法的法律文件或者确认具体的宪法行为无效；在实行宪法委员会审查制的国家，宪法委员会有权撤销违反宪法的法律文件。

（三）合宪性审查与其他制度的关系

合宪性审查与其他一些为保障宪法地位而实施的制度存在联系，同时也存在区别。

1. 合宪性审查与宪法保障

宪法保障制度即保障宪法实施的制度，是与宪法实施相联系的、在含义上最为广泛的一个概念。它在内容上包括一切保障宪法实施的措施，主要有：(1)政治制度方面的保障措施，如国家的政治制度、政党制度、国家性质、社会团体、各国家机关的具体作用等。(2)经济制度方面的保障措施，宪法作为上层建筑的组成部分，其建立的基础是经济制度，因此，经济制度如何关系宪法的实施状况。与宪法相适应的经济制度对于宪法的贯彻实施具有决定性的意义。资本主义国家宪法所确立的资本家所有制对于资产阶级宪法的实施具有决定性的意义，同样，社会主义公有制对于社会主义宪法的实施也具有决定性的意义。(3)思想意识方面的保障措施，宪法实施的基础是社会成员具有强烈的宪法意识。所谓宪法意识，即把宪法作为社会最高规则和最高规范的意识及权利意识。如果社会及社会成员内在地形成对宪法的需求，认同宪法作为社会最高规则和最高规范的作用，并以宪法为根据维护自己的宪法权利,宪法的实施就有了可靠的保证。(4)法律制度方面的保障措施,如宪法中关于宪法最高地位和最高法律效力的明确规定、严格的宪法制定和修改程序、宪法解释制度、立法机关将宪法的原则性规定通过法律具体化、合宪性审查制度等。有的国家甚至将总统作为宪法保证人加以规定,如法国的现行宪法。(5)抵抗权理念。西方国家将社会契约论作为保障宪法实施最根本、最后的手段,人民有权以暴力方法推翻反人权的政府。合宪性审查制度是宪法保障制度的一个方面。

2. 合宪性审查与宪法监督

我国宪法规定,全国人大和全国人大常委会监督宪法的实施;宪法同时规定,全国各族人民、一切国家机关和武装力量、各政党和各社会团体、各企业事业组织,都负有维护宪法尊严、保证宪法实施的职责。可见,在我国,宪法监督具有两种含义:一是作为制度形态和严格意义上的宪法监督,这一意义上的宪法监督与合宪性审查的含义相同;二是政治意义上的宪法监督,这一意义上的宪法监督并不具有严格的制度形态。

3. 合宪性审查与司法审查

一方面,司法审查即普通司法机关对公权力的审查。公权力包括立法权和行政权,司法审查也因此包括普通司法机关对立法权的审查和对行政权的审查;公权力行使的依据包括宪法和法律,司法审查也就包括对公权力的合宪性审查和对公权力的合法性审查。可见,在实行司法审查体制的国家,合宪性审查是司法审查的一个重要组成部分。另一方面,由于每个国家的政治体制、历史传统、政治理念及法律制度等具体国情的不同,合宪性审查制度在不同的国家表现为不同的体制。某些国家(如美国)受本国国情影响,采用由普通司法机关通过司法程序审查法律、法规及行政命令等规范性文件是否符合宪法的司法机关审查体制,即司法审查制;有的国家(大陆法系)由专门的机关(宪法法院或宪法委员会)实施合宪性审查;有的国家(主要为社会主义国家)由代表机关实施合宪性审查。可见,司法审查制仅为合宪性审查制度中的一种类型。司法审查制与合宪性审查制度或者西方国家所说的“合宪性审查制度”“合宪性立法审查制度”并不是同一个层次的概念。在实行司法审查制度的国家,可以说,其司法审查制就是合宪性审查制度,合宪性审查制度就是司法审查制。美国的宪法学和政治学著作经常将两者混同使用,就美国实行的制度而言,是完全可以的。但是如果推而广之,就世界范围阐述这一制度,就不能认为两者是完全相同的概念了。宪法法院并不是纯粹的司法机关,由宪法法院监督宪法实施并不属于司法审查制的范畴。社会主义国家由代表机关监督宪法的实施,因此更不属于司法审查制的范畴。

4. 合宪性审查与宪法诉讼

学者通常在两种意义上使用宪法诉讼:一是在合宪性审查中,有些国家由普通法院(如美国的联邦最高法院)或者特设机关(如德国的宪法法院)通过诉讼的方式审查法律、法规或者行政命令等是否违反宪法,通常把这种方式称为“宪法诉讼”。二是特指设立宪法法院的国家,其宪法法院所进行的所有权限范围内的活动,其中包括合宪性审查。在这一意义上,宪法诉讼的范围要大于合宪性审查。

二、合宪性审查的起源

近代早期的宪法对合宪性审查制度的规定并不十分规范。关于合宪性审查制度起源于何时的问题，主要有三种看法。

(一)英国

该看法认为合宪性审查制度起源于英国，其主要根据有二：(1)英国16～17世纪的法学家、普通法院的首席法官爱德华·科克(Edward Coke)关于“普通法是至高无上”的观点。1608年在白金汉宫举行的国王和众法官的联席会议上，詹姆斯一世宣称：他可以随心所欲地把法官那里的任何案件接过来，然后由他本人作出决定。科克当即毫不含糊地反对了这种主张，并引用亨利·德·布雷克顿的话，宣称：“国王不应在任何人之下，但应在上帝和法律之下。”(2)英国作为宗主国对殖民地立法的审查制度。在殖民地时代，英国枢密院有对殖民地立法进行审查的做法，这种审查又分为政治审查和司法审查。前者是指英国枢密院根据其所拥有的承认权对殖民地议会的制定法进行的审查；后者是指枢密院根据其所拥有的对殖民地法院判决的上诉管辖权，即通过对上诉案件的审理审查殖民地制定法是否违反英国法及对该殖民地的特许诉状。

虽然英国是不成文宪法和柔性宪法国家，同时由于奉行议会主权和议会至上原则，不存在根本法意义上的宪法，只存在部门法意义上的宪法，因而也就没有为维护国家根本法地位而建立合宪性审查制度的必要。但是，英国关于普通法的理念和枢密院作为普通司法机关在审理案件过程中对殖民地立法进行司法审查的做法对美国式的司法审查制的影响是巨大的。

(二)法国

该看法认为合宪性审查制度起源于法国。法国1799年宪法和1852年宪法曾规定，议会由四院组成，分别为参政院、评议院、立法院、元老院。其中，元老院的职权为审查其他三院表决通过的立法案是否违宪，最后由元老院将经审查合宪的法律呈送第一执政公布。故元老院又有“护宪元老院”之称。法国1799年宪法在设立元老院制度时，世界上还没有一个国家在宪法上规定合宪性审查制度。

法国元老院制度对法国合宪性审查体制的发展有很大的影响，从法兰西第二共和国宪法和第四共和国宪法所设立的“宪法委员会”就可以看出元老院制度的影子。但元老院制度对后世其他国家合宪性审查制度的形成可以说影响甚微，其原因主要有两点：(1)元老院制度在存续过程中没有发挥任何实际作用。在1799年宪法实施期间，虽然拿破仑屡屡出现违宪行为，导致宪法形同虚设，但是元老院却没有作过一次违宪判断。1852年宪法中所规定的合宪性审查体制也没有发挥应有的作用，实际上沦为皇帝的御用工具。虽然1852年宪法增加了市民可以向元老院提出请愿的规定，但是该宪法第25、26条规定，对法律的审查只能在该法律公布之前进行。因而，事实上市民对法律的违宪问题没有请愿的权利。(2)元老院审查制度的特点是由议会内部此一机构监督彼一机构，仍然是立法机关的一部分去监督另一部分的内部审查机制,元老院并不具有行使合宪性审查权的独立性。

(三)美国

该看法认为近现代的合宪性审查制度起源于美国。美国宪法制定于1787年,在制宪时,曾就合宪性审查权归属问题进行过激烈的辩论。由于种种原因,宪法对此问题没有作出明确的规定。1803年马伯里诉麦迪逊案开创了美国联邦最高法院审查联邦法律的先例,以判例的形式对此悬而未决的宪法问题作出了解答,开创了美国式的司法审查制度。

背景资料5-1 马伯里诉麦迪逊案

1800年大选揭晓,民主党人托马斯·杰弗逊当选新总统。在任总统(联邦党人)亚当斯为使联邦党人能够继续控制联邦政府,于1801年3月4日杰弗逊正式就任总统前采取了一系列紧急措施,先是任命他的国务卿马歇尔为联邦最高法院首席法官,之后又借国会通过巡回法院法案时,成倍增加联邦法院法官人数,还通过构成法(organicact),授权在哥伦比亚地区任命42名治安法官。以上这些新增加的法官人选全由亚当斯总统提名,都是联邦党人。对这些人选,亚当斯于3月3日深夜之前完成了提交参议院批准任命、总统签署、国务卿加盖国玺等任命法官的法律程序,但因时间仓促,有些委任状还未及送出便到了新总统就任日期即3月4日。新总统杰弗逊上任后,即命令其国务卿麦迪逊扣发尚未发出的委任状。马伯里就是被任命为联邦治安法院法官而未领到委任状的人之一。在等待了数月之后,马伯里依据1789年国会制定的《司法条例》第13条关于"联邦司法机关有权责成行政部门颁发执行命令"的规定,诉请至联邦最高法院。联邦最高法院根据马伯里的申请,命令国务卿麦迪逊说明为什么不颁发委任状,以考虑如何处理该案。但杰弗逊和麦迪逊对联邦党控制下的法院极为轻视,认为在理论上民选的代表即使不具有绝对的最高性,也具有相对的独立性,否认司法机关向执行部门发布司法命令的权力。加上经过改选,国会已控制在民主党人手中,并且正在就上届国会通过的巡回法院法案展开激烈辩论。在这种形势下,关于如何判决马伯里一案的问题,使以联邦派的马歇尔为首的联邦最高法院面临着两难境地:如果判决马伯里胜诉,向行政部门发出执行命令,行政部门不可能执行这一命令,则联邦最高法院处于尴尬境地;如果判决马伯里败诉,不向行政部门发出执行命令,则联邦派颜面丢失殆尽。联邦最高法院于1803年对此案作出了判决。在由首席法官马歇尔起草并为联邦最高法院全体法官一致同意的判决书中主要对三个问题进行分析和判断:(1)马伯里是否应该得到委任状?判决书认为马伯里被任命为法官且已经履行了必要的法律手续,其有权得到委任状,而总统和国务卿不予颁发委任状是没有理由的。(2)在马伯里的正当法律权利由此遭到侵犯时法律是否为其提供了法律救济手段?判决书认为法律已经为马伯里提供了法律上的救济手段。(3)是否通过由联邦最高法院向行政部门颁发执行命令的方式为马伯里提供法律上的救济手段?答案是否定的,因为它超越了《联邦宪法》第3条关于最高法院管辖权的规定。《联邦宪法》第3条关于联邦最高法院初审案件管辖权的规定是:"关于大使、公使、领事以及以一州为当事人的案件,最高法院有初审权。"《司法条例》第13条却超越宪法规定赋予最高法院向行政部门颁发执行命令的权力,这一规定是与宪法的规定相违背的,因此,《司法条例》第13条是无效的。

马歇尔的判决书还提出了两个关键性的论点:(1)宪法是最高法,高于任何国会通过的法令。因此,法院不能执行任何国会通过的不符合宪法的法律(所谓"违宪")。(2)法院享有解释宪法的最高权威,国会和总统当然也可以解释。当国会通过一项法律时,国会大概会根据它对宪法的解释来说明该项法律是否符合宪法。当总统签署一项法律并予以执行时,也会这样做。那么,为什么最高法院的裁决是最后的和权威的解释而且宣布国会和总统的解释无效呢?马歇尔引用亚历山大·汉密尔顿在《联邦党人文集》(第78篇)中的论点来回答这个问题,宪法是法律,法官的职责就是执法。因此,法官在解释法律和宪法方面有最后发言权。

美国的合宪性审查制度与在此前存在的法国元老院制度相比较,其最突出的特点是由具有独立地位的第三者对法律、行政命令等进行合宪性审查,这一做法对后世其他国家的合宪性审查制度影响巨大,具体表现为:一方面,一些国家模仿美国的做法建立了由普通法院行使合宪性审查权的司法审查制;另一方面,一些国家虽然没有建立美国式的司法审查制,但由原来的立法机关自我监督制或者法律可以规避任何审查改为建立由具有独立地位的宪法法院行使合宪性审查权的宪法法院审查制。法国在第四共和国宪法和第五共和国宪法中也设立了具有相对独立地位的宪法委员会制度。因此,合宪性审查制度起源于美国的观点是恰当的。

三、合宪性审查的基本功能

从世界范围来看,制定宪法的国家通常都建立了合宪性审查制度。那么,这些不同性质及具有不同国情的国家建立合宪性审查制度的共同而基本的目的是什么呢?

(一)保证宪法的根本法地位

在制定成文宪法的国家,一般在宪法中规定了宪法的地位。例如,1946年《日本宪法》第98条规定:"本宪法为国家的最高法规,与本宪法条款相违反的法律、命令、诏敕以及有关国务的其他行为的全部或一部,一律无效。"《美国宪法》第6条规定:"本宪法和依本宪法所制定的合众国法律,以及根据合众国的权力已缔结或将缔结的一切条约,都是全国的最高法律;每个州的法官都应受其约束,即使任何州的宪法和法律中有任何与此相反的规定。上述参议员和众议员、各州州议员,以及合众国和各州所有行政和司法官员,应宣誓或作代誓宣言拥护本宪法;但绝不得以宗教信仰的声明作为担任合众国属下任何官职或公共委托的必要资格。"宪法既然是国家根本法,在地位上就与普通法律及其他规范性法律文件存在差异,普通法律等就有可能与宪法的规定、基本原则或者精神发生抵触和矛盾,为了保证宪法的权威和最高法律效力,就需要建立相应的合宪性审查制度。

（二）保证宪法秩序

宪法秩序与宪法地位是一个问题的两个方面。保证了宪法的根本法地位即在一国之内形成了统一的宪法秩序；而一国之内宪法秩序的形成即意味着宪法在该国具有了作为根本法的地位。法治国家的外在表现形式应当包括两个方面：一是在成文宪法国家，宪法在一国具有最高的法律地位，在不成文宪法国家，由于宪法的内容被规定在宪法性法律之中，因此，法律具有最高的地位；二是在一国之内依据宪法形成了统一的宪法秩序。无论是宪法的最高法律地位，还是统一宪法秩序的形成，都依赖于合宪性审查制度的有效运作。

对宪法秩序的破坏，以法律为首。维护宪法秩序，首先是对法律的合宪性进行审查。从合宪性审查制度建立的理念来看，宪法法院审查制的基本出发点就是保证宪法秩序。这一点从宪法法院的审查方法上就可以看出来。其典型的审查方法是抽象的原则审查或者预防性审查。一般是在法律颁布以后而正式实施以前进行审查，即在还未根据这一法律形成一定的法律关系或者法律秩序之时，即保证法律与宪法规定、原则或者精神的一致性。法国甚至规定某些法律在通过以后应当自动地接受宪法委员会的审查，而有些法律在颁布以前由一定范围的主体提交宪法委员会审查。其用意是保证宪法秩序的统一性。因此，宪法法院型又有“宪法秩序保障型”之称。美国式的司法审查制的基本出发点虽然不是保证宪法秩序，但是其客观效果却是保证了宪法秩序的统一性。普通法院在审理具体案件过程中，对该案件所涉及的作为该案件审理依据的法律等规范性法律文件的合宪性进行审查，从直接目的来看，是在具体的案件中保护当事人的合法权益，而在客观上却是拒绝适用违反宪法的法律等规范性法律文件，即违反宪法的规范性法律文件在司法活动中不具有适用性，这就实际排除了其法律效力，衡量的标准是作为国家根本法的宪法，所以通过普通法院在个案中的这种审查活动，实际上也达到了保证宪法秩序的目的。在社会主义国家，都实行最高国家权力机关审查制度，最高国家权力机关并不审理具体案件，虽然宪法中并没有明确规定审查的方式，但根据最高国家权力机关的工作方式可以推论，其也是根据宪法的规定、原则或者精神进行抽象的审查，其目的也是保证统一的宪法秩序。

（三）保障公民的基本权利和自由

宪法被称为“人权保障书”，无论是资本主义国家的宪法，还是社会主义国家的宪法，公民的基本权利和自由都成为其重要和基本的内容。宪法关于其他问题的规定也都是为了更好地保证公民权利和自由的实现。

公民的基本权利和自由是由宪法确认的，法律、法规等规范性文件应当依据宪法的规定，对公民的基本权利和自由作具体化的规定，以保证公民基本权利和自由的实现。但是，如果法律、法规等规范性文件的规定违背了宪法的规定或者精神，必然侵害宪法确认的公民的基本权利和自由。合宪性审查制度的建立，保证了法律、法规等规范性文件与宪法规定的一致性，当然也就保障了公民的基本权利和自由。美国式的司法审查制是由普通法院在具体案件中对法律、行政命令等进行合宪性审查，这种审查的直接目的是保证在具体纠纷的裁决依据上适用与宪法相一致的法律或者行政命令，以保障当事人的宪法权利和自由。因此，美国式的司法审查制度又有“私权保障型制度”之称。宪法法院审查制的直接目的是保障宪法秩序，但其客观效果是保障了公民的宪法权利和自由。社会主义国家的合宪性审查制度的建立同样也是为了保障公民的基本权利和自由。

另外，合宪性审查也是保护少数人宪法权利和自由的重要机制。法律是作为民意代表机关的议会的意志的体现，而由于现代社会所实行的“多数决定、少数服从”的表决机制，实质上，法律是议会内多数人的意志的表达和体现。因此，多数人可能利用自己处于多数的地位和优势，侵犯少数人的宪法权利。合宪性审查制度的一个基本功能也是保护少数人的宪法权利免受多数人的侵害，避免多数人的任性，在保障“多数决定、少数服从”表决机制的前提下，达到“尊重少数”的效果。

事例与思考 5－1　从“女植物人”案看美国宪政体制

1990 年，美国人特丽·夏沃不幸变成了植物人。她的丈夫兼监护人迈克尔·夏沃在悉心照料她 8 年后，由于看不到好转的希望，于是向佛罗里达州当地法院申请对妻子实施安乐死。但特丽·夏沃的父母坚决反对。因此，双方开始了历时 7 年之久的生死权之争的官司，从佛罗里达州法院一直打到美国联邦最高法院。在案件审理过程中，美国参议院通过议案，同意将女植物人特丽·夏沃案件提交联邦法院审理，旨在延长特丽·夏沃的生命。参议院多数党领袖弗里斯特表示，在联邦法院审理特丽·夏沃案期间，他希望佛罗里达州法院下令为特丽·夏沃重新接上进食管。但在 3 月 22 日，美国各联邦法官裁决，拒绝为特丽·夏沃恢复进食管的要求。此前一天，时任美国总统布什签署了当日国会通过的法案，要求联邦法院重审此案。但最终得克萨斯州法院第三次裁决拔除特丽·夏沃的进食管。

问：1. 按照西方的“三权分立”原则，行政力量介入司法领域是否“违宪”？

2. 司法机关有权对植物人的生命权作出处理吗？

第二节　现代合宪性审查体制

因各国所奉行的政治理念、所实行的政治体制以及法律传统和历史传统的不同，能够承担合宪性审查职责的主体也有所不同，相应地，各国所建立的合宪性审查制度亦各不相同。依进行合宪性审查的主体及其审查方式的不同，合宪性审查体制大体可以分为最高代表机关审查制、司法审查制、宪法法院审查制和宪法委员会审查制四种类型。

一、最高代表机关审查制

最高代表机关审查制是指由作为一国最高民意代表机关的议会或代表大会审查宪法

行为是否符合宪法的制度。最高代表机关审查制,在资本主义国家表现为立法机关审查制,在社会主义国家表现为最高国家权力机关审查制。

最高代表机关审查制在历史上最早由奉行议会至上原则的资本主义国家实行。欧洲大陆法系的一些国家受其政治理念、历史传统、资产阶级革命的方式等因素的影响,在革命以后建立了议会居于优越地位的政治体制,即议会内阁制。在这一政治体制下,议会是民意代表机关,由其产生行政机关即内阁,并对内阁实施监督。这些国家的资产阶级在观念上认为,议会是他们的代表,是值得信任的,赋予议会"国民代表"的地位,只有议会才能形成国民的意志,其他国家机关不仅不能形成这种意志,而且法律明文禁止干涉这种意志。如法国在 1789 年 8 月资产阶级革命中制定的一项法律规定,法院不得以任何方式直接或间接地参与立法权的行使,不得妨碍或停止法律的执行;法院不得制定规范,若有解释法律及制定新法的必要,则向议会提出请求。因此,一部分国家议会制定的法律具有豁免权,不受任何国家机关的合宪性审查;而另一部分国家则建立了由最高代表机关自我审查的合宪性审查体制。这些国家在 20 世纪初,特别是第二次世界大战以后,转而实行宪法法院审查制。目前,在资本主义国家中,仅有少数国家仍然实行最高代表机关审查制。如荷兰宪法规定,议会通过的法律是否合宪,法院无权过问和决定,但对于与自动生效的条约规定相抵触的法规,法院不应援用;瑞士宪法规定,联邦议会有权采取旨在执行联邦宪法、保障各州宪法以及执行联邦义务的措施。

自 1918 年苏俄宪法确立由最高国家权力机关监督宪法实施以来,所有的社会主义国家宪法都明确规定由最高国家权力机关监督宪法实施。社会主义国家代表机关的性质是国家权力机关,其最高代表机关即为最高国家权力机关。这一机关是人民行使国家权力的机关,人民将国家权力委托给这一机关,这一机关代表人民行使国家权力,决定国家事务。除代表机关以外的其他国家机关都不是直接代表人民行使国家权力的机关,而是由代表机关产生行使某一方面职权的国家机关。也正因为代表机关具有这一性质,制定和修改宪法及法律的权力都由这一机关行使。

社会主义国家最高代表机关的这种地位意味着:(1)其最有资格和能力去审查和监督其他国家机关所制定的规范性法律文件是否符合宪法。最高代表机关是绝对的民意代表,因而其又是制宪机关、修宪机关和立法机关,其对民意的把握和了解,以及对宪法规定、基本原则和精神的认识,是任何其他国家机关都不可比拟的。(2)其拥有合宪性审查权也是保证最高国家权力机关地位的需要。按照民主集中制原则,人民代表机关是最高国家权力机关,其他一切国家机关均由其产生,受其监督,处于其之下。在宪法中有各种方式对这种地位加以保证,其中,行使宪法监督权是一种重要的保证方式和措施。如果其他国家机关所制定的规范性法律文件与人民代表会议所制定的宪法和法律相抵触,而其却无权予以纠正,那么最高国家权力机关的地位和权威也就无从保证。(3)其他国家机关基于与最高国家权力机关在地位上的差异,不可能行使合宪性审查权。如果其他国家机关,如法院或者宪法法院行使合宪性审查权,根据民主集中制原则,它们在地位上低于权力机关,在性质上属于非民意代表机关,则其监督权力机关所制定的法律或者其他规范性法律文件的理论根据和基础将难以建立。同时,由于在地位上低于权力机关,其行使合宪性审查权将形同监督和制约权力机关,这显然是与民主集中制原则相违背的。

实行最高代表机关审查制的国家,在宪法中都明确规定由作为代表机关的议会、全国人民代表大会、最高苏维埃等实施宪法监督权。一些社会主义国家在最高国家权力机关内或者最高国家权力机关外设立了专门机构,如宪法与法律委员会、宪法法院等,这些专门机构都是为了协助代表机关实施合宪性审查权的,它们并不具有对代表机关制定的法律实施宪法监督的权力。

实行最高代表机关审查制的国家,在宪法中除规定代表机关有监督宪法实施的权力外,一般对宪法监督的方式和程序没有作出具体规定,多数国家也没有制定具体的有关合宪性审查的法律。可以推论,代表机关实施合宪性审查权是按照其议事程序进行的。其代表机关在该国内所有国家机关中居于最高的地位,虽然宪法没有规定对违宪的法律或者其他规范性法律文件可以适用何种措施,但受代表机关地位影响,应当说其可以采取任何措施,包括撤销或者改变违宪的法律或者其他规范性法律文件。

在其他合宪性审查体制下,合宪性审查的主要对象是立法机关制定的法律。但在最高代表机关审查制下,合宪性审查的对象主要不是最高国家权力机关自身所制定的法律,而是法律以下的规范性法律文件。

在实行这类体制的国家,最高国家权力机关或者立法机关的地位高于其他国家机关,从理论上说,实行这类体制的国家的合宪性审查的力度大于实行其他体制的国家。

二、司法审查制

司法审查制是指由普通法院在审理案件过程中附带地就适用于该案件的法律的合宪性进行审查的制度。司法审查制由美国自1803年马伯里诉麦迪逊案创立,也以美国为代表。目前采用这一制度的主要有美国、日本、菲律宾、阿根廷、巴西、印度、澳大利亚、加拿大、挪威、丹麦、瑞典、智利、洪都拉斯、玻利维亚、哥伦比亚等。

实行司法审查制的国家绝大多数由宪法作出明确的规定。例如,日本宪法规定:"最高法院为有权决定一切法律、命令、规则以及处分是否符合宪法的终审法院。"1947年菲律宾宪法规定,一切涉及条约、政府协定或者法律合宪性的案件,应由最高法院全庭审讯和判决。美国是一个例外,其宪法并没有对合宪性审查权的归属作出明确的规定,而是由联邦最高法院在具体案件中从宪法的规定及司法机关的性质中推导出来的,即认为司法机关行使合宪性审查权是宪法默示的权力。

在实行司法审查制的国家,由普通法院行使合宪性审查权的主要根据是:(1)对立法机关不抱有绝对信任的政治理念。立法机关虽然是民意代表机关,但也可能任性而滥用权力。(2)在多数决原则下保护少数的政治理念。(3)在三权分立与制衡原则下法院制约其他国家机关的需要。为了与强大的立法部门、行政部门相抗衡,保持司法独立和三权分立,司法机关必须掌握合宪性审查权作为对抗的武器。(4)"司法权优越"的政治理念。在英美法系国家,根据传统,法院有对法律的解释权,在产生作为国家根本法的宪法以后,法院又获得了宪法解释权。(5)司法机关的特性。司法机关的活动规则决定了当两个效力不等的法律文件之间的内容相抵触时,适用效力高的法律文件;当两个效力相等的法律文件的内容相抵触时,适用与效力更高的法律文件的内容相符的法律文件;依此推论,适用与拥有最高效力和作为最高规则的宪法相符的法律文件,属当然之事。在此过程中,司法机关适用宪法去审查判断法律文件的有效性,实际上属于必经程序。(6)自由放任主义原理。在这一原理支配下,所谓人权即为个人的自由,而保护人权又主要是通过事后的、被动的、消极的司法途径。法院通过审理具体案件保护当事人为宪法所承认的权利,便成为法院的职责。

三、宪法法院审查制

宪法法院审查制是指在国家机构中设立专门的宪法法院以特定的程序审查法律文件等是否符合宪法的制度。在宪法中率先设立宪法法院的是1920年的奥地利宪法。此后,这类合宪性审查体制在大陆法系国家迅速发展起来。这一合宪性审查体制以德国为代表。除原来的一批欧洲国家如联邦德国、意大利、奥地利、西班牙、土耳其等比较早地实行这类宪法监督体制外,因苏联解体而独立的一些国家也设立了宪法法院。东欧和南欧原来的一些社会主义国家为配合最高国家权力机关行使合宪性审查权,也曾经设立了宪法法院,如南斯拉夫、捷克斯洛伐克等。作为亚洲国家的韩国也设立了宪法法院,实行这一体制。

实行宪法法院审查制的国家在宪法中除设立立法机关、行政机关、司法机关外,还设立专门的宪法法院,并在宪法中明确规定了宪法法院的组织、职权,宪法法院法官的任命、任期、待遇等。大陆法系国家在建立合宪性审查制度方面经历了两个历史阶段,即排斥对法律进行合宪性审查阶段和承认对法律进行合宪性审查阶段。若以宪法明确规定近代意义上的违宪审查制度的时间为标准进行划分,两个阶段的大体界限是:(1)从早期开始制定宪法至1920年奥地利宪法制定以前,议会制定的法律具有豁免权,不受合宪性审查;(2)自1920年奥地利宪法设立宪法法院开始,大陆法系的国家一般在宪法中明确承认法律应当接受合宪性审查,并由宪法法院进行审查,而非由普通法院进行审查。

设立专门的宪法法院,由宪法法院行使合宪性审查权的基本原因是:(1)在"议会万能"神话破灭以后,在议会制定的法律必须接受合宪性审查的情况下,由其自我审查已成为不可能;(2)传统上对司法权不信任的政治理念和政治心理;(3)任何国家机关不得干预立法权的行使的政治心理;(4)大陆法系国家成文法的法律传统。大陆法系的某些国家如意大利,在历史上曾模仿美国式的司法审查制,但因其与大陆法系国家的政治理念和制度不合,最终仍采用宪法法院审查制。

宪法法院并不属于普通的司法系统,不行使司法权,宪法法院的法官在产生方式、任期等方面与普通法院法官不同。宪法法院的基本权能包括合宪性审查权、宪法解释权、权限争议裁决权、弹劾案审判权、政党违宪案裁判权、选举诉讼权等。宪法法院审查制的基本特色主要有:

1. 以抽象的原则审查为主,附带的案件审查为辅。宪法法院的审查通常包括三种形式:(1)宪法规定的特定机关和人员在法律公布之后的法定时间内,就该法律的合宪性向宪法法院提出异议。这是各国通行和主要的审查形式。(2)在审理具体案件过程中,当事人及普通法院对适用于该案件的法律的合宪性持有异议,向宪法法院提出审查请求。宪法法院在作出判断时,并不审理具体案件,只是对存有疑问的法律或者行政命令的合宪性作出判断,具体案件仍然由普通法院进行审理。(3)公民在穷尽了法律上规定的救济手段之后仍认为作出法律判断的依据侵犯其宪法权利时,向宪法法院提出审查请求,即所谓的"宪法控诉"或者"宪法诉愿"。这是德国、韩国等国家的做法。

2. 适用一审终审制。在宪法法院审查制下,宪法法院通常只拥有合宪性审查权、宪法争议裁决权及弹劾案审判权等,而不拥有一般司法权;在设置上,单一制国家只设一个宪法法院,联邦制国家除联邦设一个宪法法院外,各邦还各设一个宪法法院,但联邦宪法法院与各邦宪法法院各自管辖范围分明,互不隶属。因而宪法法院独立于一般司法审级制度,实行一审终审制。

3. 宪法法院的判决具有一般效力。在实行宪法法院审查制的国家,法律或者行政命令是宪法法院的直接审查对象,因而各国宪法均赋予宪法法院的决定以一般效力,即有权撤销违宪的法律或者行政命令,使其失去法律效力。在理论上,违宪的法律或者行政命令应当自始无效,即决定具有溯及力。但是考虑到保障现存的法律秩序和法律关系的稳定,以及限制决定的溯及力,违宪的法律或者行政命令通常自判决宣告之后失效。具体做法有两种:(1)违宪的法律或者行政命令自决定公布之日起失效。如奥地利宪法规定,违宪的行政命令自判决公布之日起失效;意大利宪法规定,当法庭宣布具有法律效力的法令之某项规定为违宪时,则该项规定自判决公布之次日起失去法律效力。(2)前一种做法有不利之处,即法律失效后并没有以新的法律代替之,将使这类社会关系处于无"法"调整的空白状态。为弥补这一缺陷,一些国家采取了另外的灵活做法。如奥地利宪法规定,宪法法院在决定中可以载明法律延至何时失效,但延迟的期限最长不得超过1年。

4. 在判决主文部分判断法律的合宪性。在宪法法院审查制下,诉讼的标的为法律或者行政命令是否符合宪法,而非具体民事案件、行政案件、刑事案件中的当事人的权利、义务纠纷,因而宪法法院确认法律或者行政命令是否符合宪法是作为决定的主文出现的。

四、宪法委员会审查制

法国在政治、文化及思想背景方面与欧洲大陆的其他国家大体相当,但是法国并没有设立宪法法院,而是设立宪法委员会,由宪法委员会监督和保障宪法实施。实际上,除在机构名称上有所不同之外,该宪法委员会在组织、职权范围及审查法律等规范性文件是否违宪的方式上,与宪法法院也存在较大差异。

根据《法国宪法》第56条的规定,宪法委员会的成员为9人,任期9年,不得连任。宪法委员会每3年改选1/3,3人由共和国总统任命,3人由国民议会议长任命,3人由参议院议长任命。除上述规定的成员外,历届前任共和国总统为宪法委员会终身当然成员。宪法委员会主席由共和国总统任命。在裁决时,如双方票数相等,主席有最后决定权。《法国宪法》第57条规定,凡担任宪法委员会成员职务者不得兼任部长或议员,不得兼任的其他职务由一项组织法规定。

宪法委员会不仅是合宪性审查机关,还具有与之相联系的职权:

1. 合宪性审查权。宪法委员会有权审查组织法律、议会规则、法律及国际协定的合宪性。根据《法国宪法》第61条的规定,各项组织法律在颁布以前,或议会两院的内部规则在执行以前,均应提交宪法委员会审查,以裁决其是否符合宪法。根据《法国宪法》第61条的规定,各项法律在颁布以前,应由共和国总统、内阁总理或者两院中任何一院的议长提交宪法委员会审查。对法律的审查必须由特定的主体向宪法委员会提出审查请求,宪法委员会才可以进行。《法国宪法》第54条规定,如宪法委员会经共和国总统、内阁总理或者两院中任何一院的议长将一项国际协定提交审议,那么在宣布该项国际协定含有违反宪法的条款时,必须在修改宪法之后才可以授权批准或者通过该项协定。

法国于2008年修改宪法,增加规定,在普通诉讼中,若认为法律的规定对宪法所保障的权利与自由构成侵害,可经最高行政法院或最高司法法院向宪法法院提出追究审查申请,由宪法法院在确定期限内予以裁决。

2. 立法事项与命令事项的确定权。根据《法国宪法》第37条的规定,不属于法律范围内的事项具有条例的性质;以立法形式出现的有关这些事项的文件经征询行政法院的意见后,得以命令形式予以改变。在该宪法生效以后所制定的此类文件,除宪法委员会宣布其依上述规定具有条例性质者外,不得以命令形式予以修改。因此,如果政府要以条例的形式修改立法内容,则总理必须向宪法委员会提出请求以判断这些事项是否具有命令的性质;基于政府的请求,宪法委员会应在1个月之内作出判断,情况紧急时,判断的期限减为8日。

3. 有关选举事项的裁决权。宪法委员会实际上具有选举法院的职能。《法国宪法》第58条规定,宪法委员会监督共和国总统选举的合法性,宪法委员会审查争议事项并公布投票结果。《法国宪法》第59条规定,在发生争议的情况下,宪法委员会就国民议会议员和参议员选举的合法性作出裁决。《法国宪法》第60条规定,宪法委员会监督公民投票的合法性,并公布其结果。宪法委员会行使此项职权与其监督总统选举的合法性的职权是相同的。

4. 接受有关总统的重要问题的咨询的权力。主要有以下两个方面:(1)确认总统能否行使职权;(2)在总统采取重大行动时,接受总统的咨询。

第三节 中国的合宪性审查制

一、中国合宪性审查体制沿革

中华人民共和国成立后制定的第一部宪法即1954年《宪法》第27条第3项规定,全国人民代表大会有权监督宪法的实施;第31条第6、7项规定,全国人民代表大会常务委员会有权撤销国务院的同宪法、法律、法令相抵触的决议和命令,改变或者撤销省、自治区、直辖市国家权力机关的不适当的决议。1975年宪法基于当时的历史情况,对宪法监督制度未作任何规定。1978 年宪法恢复了 1954 年宪法的规定,1978 年《宪法》第 22 条第 3 项规定全国人民代表大会监督宪法和法律的实施;第 25 条第 5 项规定,全国人民代表大会常务委员会有权改变或者撤销省、自治区、直辖市国家权力机关的不适当的决议。

我国现行宪法沿袭 1954 年宪法和 1978 年宪法的规定,仍然采用最高代表机关监督宪法实施的体制。现行宪法在原有规定的基础上,总结我国的实践经验,借鉴其他国家的有益做法,进一步发展了我国的合宪性审查制度,形成了现行的富有特色的最高国家权力机关审查制。

2014 年 10 月,党的十八届四中全会决定明确了全面推进依法治国的重大任务,即完善以宪法为核心的中国特色社会主义法律体系,加强宪法实施;深入推进依法行政,加快建设法治政府;保证公正司法,提高司法公信力;增强全民法治观念,推进法治社会建设;加强法治工作队伍建设;加强和改进党对全面推进依法治国的领导。

坚持依法治国首先要坚持依宪治国,坚持依法执政首先要坚持依宪执政。应健全宪法实施和监督制度,完善全国人大及其常委会宪法监督制度,健全宪法解释程序机制。

事例与思考 5－2　全国人大常委会法工委的备案审查工作

自 2017 年开始,全国人大常委会法工委每年向全国人大常委会报告备案审查工作,形成了一批审查案例,积累了备案审查经验。

2023 年 3 月 13 日,第十四届全国人民代表大会第一次会议决定对《立法法》作出修改。此次立法法修改中涉及备案审查制度的,不论是条文数目还是条款内容,幅度都比较大。总结近年来的实践经验,修改后的立法法进一步完善了备案审查制度。

主要内容包括:明确法律案起草和审议过程中的合宪性审查要求。明确备案审查工作中的合宪性审查要求。将“法律委员会”修改为“宪法和法律委员会”。完善主动审查制度,明确专项审查相关内容。建立健全备案审查衔接联动机制。明确法律法规清理制度。

党的十八大以来,党中央把依宪治国、依宪执政摆在突出位置,加强备案审查制度和能力建设,注重发挥宪法在治国理政中的重要作用,切实保护公民合法权益。自十三届全国人大以来,备案审查制度和能力建设进一步加强。

全国人大常委会法工委法规备案审查室主任梁鹰指出,此次立法法修改的一个重要考虑,是从完善和加强两个方面推进备案审查工作,“此次立法法修改,贯彻落实党的二十大精神,全面梳理、深入总结党的十八大以来备案审查工作实践的新经验、新成果,通过概括提升,将近年来备案审查工作的成熟经验成果吸收入法,同时也为下一步完善和加强备案审查制度提供了基础性法律支撑并预留空间”。

问:1. 如何在备案审查中区分合宪性审查与合法性审查?

2. 全国人大常委会法工委这一工作机构如何与全国人大宪法和法律委员会这一专门委员会分工配合?

二、中国合宪性审查制度的基本内容

宪法及立法法、全国人大组织法、全国人大议事规则、全国人大常委会议事规则等法律、规范性文件规定了中国合宪性审查制度的具体内容。概括起来,主要包括以下基本内容:

1. 宪法序言确认了宪法的最高地位和最高效力。宪法序言最后一段规定:"本宪法以法律的形式确认了中国各族人民奋斗的成果,规定了国家的根本制度和根本任务,是国家的根本法,具有最高的法律效力。"该规定为我国建立并完善合宪性审查制度提供了依据。

2. 宪法规定了合宪性审查的目标。即"中华人民共和国实行依法治国,建设社会主义法治国家";"国家维护社会主义法制的统一和尊严";"国家尊重和保障人权"。

3.《宪法》第 5 条规定了合宪性审查对象。即一切法律、行政法规和地方性法规都不得同宪法相抵触;一切国家机关和武装力量、各政党和各社会团体、各企业事业组织都必须遵守宪法和法律;一切违反宪法和法律的行为,必须予以追究;任何组织或者个人都不得有超越宪法和法律的特权。

4. 宪法规定了我国合宪性审查主体。在 1954 年宪法和 1978 年宪法规定"全国人民代表大会监督宪法的实施"的基础上,现行《宪法》第 67 条增加规定,全国人大常委会也有权监督宪法的实施。增加此规定是为了弥补因全国人大为非常设机关,无法进行日常的宪法监督活动的缺陷。

5. 宪法规定了协助全国人大及其常委会进行合宪性审查的机构。现行《宪法》第 70 条、《全国人大组织法》第 37 条第 8 项规定,由各专门委员会协助全国人大及其常委会行使宪法监督权;各专门委员会审议全国人大常委会交付的被认为同宪法、法律相抵触的国务院的行政法规、决定和命令,国务院各部门的命令、指示和规章,国家监察委员会的监察法规,省、自治区、直辖市和设区的市、自治州的人民代表大会及其常务委员会的地方性法规和决定、决议,省、自治区、直辖市和设区的市、自治州的人民政府的决定、命令和规章,民族自治地方的自治条例和单行条例,经济特区法规,以及最高人民法院、最高人民检察院具体应用法律问题的解释,提出意见。各专门委员会的审议活动属于预防性原则审查,既可在规范性文件颁布前进行,也可在实施以后进行。各专门委员会属于常设机关,由它们协助全国人大及其常委会行使合宪性审查权,承担大量事务性的准备工作,能够保证全国人大及其常委会更充分地行使宪法监督权,避免 1954 年宪法和 1978 年宪法仅全国人大有宪法监督权的空洞规定。

2018 年《宪法修正案》将全国人大原"法律委员会"更名为"宪法和法律委员会",其目的在于弘扬宪法精神,增强宪法意识,维护宪法权威,加强宪法实施和监督,推进合宪性审查工作。全国人大宪法和法律委员会在继续承担统一审议法律草案工作的基础上,增加推动宪法实施、开展宪法解释、推进合宪性审查、加强宪法监督、配合宪法宣传等职责。

6. 全国人大及其常委会组织关于特定问题的调查委员会。宪法规定,全国人大及其常委会认为必要时,可以组织关于特定问题的调查委员会。全国人大及其常委会当然也可以成立对合宪性问题进行调查和处理的调查委员会。

7. 全国人大及其常委会通过批准规范性法律文件进行合宪性审查。《宪法》第116条规定，自治区的自治条例和单行条例报全国人大常委会批准后生效。

8. 全国人大及其常委会对提交备案的规范性法律文件进行合宪性审查。《宪法》第100条规定，省、直辖市的人民代表大会及其常务委员会在不同宪法、法律、行政法规相抵触的前提下，可以制定地方性法规，报全国人大常委会备案；第116条规定，自治州、自治县的自治条例和单行条例报省或者自治区的人民代表大会常务委员会批准后生效，并报全国人大常委会备案。《立法法》第109条规定，行政法规应当在公布后的30日内报全国人大常委会备案；省、自治区、直辖市的人大及其常委会制定的地方性法规，应当在公布后的30日内报全国人大常委会和国务院备案；设区的市、自治州的人大及其常委会制定的地方性法规，应当在公布后的30日内，由省、自治区的人大常委会报全国人大常委会和国务院备案；根据授权制定的法规应当在公布后的30日内报授权决定规定的机关备案。

由全国人大通过的立法法、监督法，以及全国人大常委会委员长会议制定的《司法解释备案审查工作程序》，对属于我国法的范畴的规范性法律文件的合宪性审查作了比较详细的规定：(1)合宪性审查的对象。行政法规、地方性法规、自治条例和单行条例、司法解释是全国人大常委会进行合宪性审查的对象。(2)启动主体。国务院、中央军事委员会、国家监察委员会、最高人民法院、最高人民检察院和各省、自治区、直辖市的人大常委会认为上述规范性法律文件同宪法或者法律相抵触的，可以向全国人大常委会书面提出进行审查的要求，由全国人大有关的专门委员会和常务委员会工作机构进行审查、提出意见。这些主体以外的其他国家机关和社会团体、企业事业组织以及公民认为上述规范性法律文件同宪法或者法律相抵触的，可以向全国人大常委会书面提出进行审查的建议，由常委会工作机构进行审查，必要时送有关的专门委员会进行审查、提出意见。(3)审查程序。全国人民代表大会专门委员会、常务委员会工作机构在审查中认为，行政法规、地方性法规、自治条例和单行条例同宪法或者法律相抵触的，可以向制定机关提出书面审查意见；也可以由宪法和法律委员会与有关的专门委员会、常务委员会工作机构召开联合会议，要求制定机关到会说明情况，再向制定机关提出书面审查意见。制定机关应当在两个月内研究提出是否修改或者废止的意见，并向全国人大宪法和法律委员会和有关的专门委员会、常务委员会工作机构反馈。全国人大宪法和法律委员会和有关的专门委员会、常务委员会工作机构经审查认为行政法规、地方性法规、自治条例和单行条例同宪法或者法律相抵触或者存在合宪性、合法性问题需要修改或者废止而制定机关不予修改或者废止的，应当向委员长会议提出予以撤销的议案建议，由委员长会议决定提请常委会会议审议决定。

事例与思考 5-3 对机场建设费进行合宪性审查还是合法性审查

2020年"两会"期间全国政协委员朱征夫提出了"关于对机场建设费进行合宪性审查的意见和建议"。建议中提出，机场建设费的正式名称是"民航发展基金"，目前征收依据是财政部于2012年3月17日印发的《民航发展基金征收使用管理暂行办法》。朱征夫委员认为,收取民航发展基金的行为包含征收公民私有财产的内容,根据宪法和立法法的规定,公民的合法的私有财产不受侵犯,对非国有财产的征收、征用,只能制定法律。以财政部印发的《民航发展基金征收使用管理暂行办法》为依据征收民航发展基金,涉嫌违反宪法。

这个建议迅速被上报给全国人大。在对该建议进行研究的过程中,全国人大常委会法工委征求了财政部、司法部、民航总局等单位意见,并对民航发展基金的性质、设立背景、征收依据、征收对象和标准、收入和支出情况等问题开展了深入、详尽的研究。

结论是,我国现行法律中"征收"一词既可用于纳入预算管理的税费征收,也可用于国家对非国有动产、不动产的征收。民航发展基金作为一种政府性基金,其征收不属于《宪法》第13条规定的对公民私有财产的征收,主要理由为:

一是征收事由与被征收人的关联性不同。民航发展基金用于民航基础设施建设,按照"谁收益,谁付费"的原则,由使用航路、航站资源的航空公司和乘客缴纳,作为征收对象的旅客和航空公司也是征收的受益人,缴纳义务人与其对航空运输资源的使用之间有特定的关联。宪法上对私有财产的征收是基于公共利益的需要,征收事由与被征收人之间的关联一般比较弱,被征收人与征收的受益一般也没有直接、必然的关联。

二是补偿要求和征收程序不同。对非国有财产的征收会导致财产权主体成为特别负担者,需要由征收主体予以补偿,其征收程序一般包含征收登记、征收决定、补偿等。民航发展基金的本质是政府收费,不具有可补偿性,航空旅客应缴纳的民航发展基金由航空公司或者销售代理机构在旅客购买机票时一并代征,航空公司应缴纳的民航发展基金由民航局清算中心直接征收。

据此,全国人大常委会法工委研究认为,征收民航发展基金不属于《宪法》第13条规定的对公民私有财产的征收,并非《立法法》第8条规定的只能由法律规定的事项。

全国人大常委会法工委审查认为,征收民航发展基金不属于《宪法》第13条第3款规定的对私有财产的征收或者征用,不存在与宪法相抵触的问题。但是,征收民航发展基金依据的是国务院文件和有关部门规章,与2018年修改后的《预算法》关于政府性基金依照法律、行政法规的规定征收的规定不符。全国人大常委会法工委已向司法部提出,如果需要继续征收民航发展基金,应当及时完善相关法律或者行政法规依据。

2021年1月20日,第十三届全国人大常务委员会第二十五次会议听取了法工委主任沈春耀所作的《全国人民代表大会常务委员会法制工作委员会关于2020年备案审查工作情况的报告》,其中对民航发展基金的征收进行合宪性审查名列第一,标题就是"积极稳妥处理合宪性、涉宪性问题"。

问:1. 你认为对机场建设费的征收应当进行合宪性审查还是进行合法性审查?

2. 宪法问题与法律问题的联系与区别是什么?

3. 公民个人向全国人大常委会提出启动合宪性审查程序是否应当具备一定条件?

根据宪法、立法法及其他法律的规定,全国人大及其常委会进行合宪性审查,既可以进行事前的预防性审查,也可以进行事后的合宪性审查;既可以在没有发生案件的情况下进行抽象的原则审查,也可以在国家机关行使权力过程中发现规范性法律文件可能违反宪法而进行审查。如人民法院在审理案件需要适用法律文件的过程中,认为某项行政法规、地方性法规、自治条例和单行条例可能违反宪法,而向全国人大常委会提出合宪性审查请求,基于请求,全国人大常委会对存在违宪疑问的上述规范性法律文件的合宪性进行审查。

基于全国人大及其常委会的性质和地位,全国人大及其常委会对违反宪法的规范性法律文件有权予以撤销或者改变,对违反宪法的行为有权确认无效,对实施违反宪法行为的领导人有权予以罢免。

知识点提示

合宪性的概念　　合宪性与违法的关系
合宪性审查的基本内涵　　合宪性审查的基本功能
司法审查制的基本特点　　宪法法院审查制的基本特点
我国合宪性审查制度的基本内容　　我国合宪性审查的特点

中篇　公民基本权利与基本义务

第六章　公民基本权利一般原理(一)

第一节　人权与权利概念

权利与基本权利理念源于人权思想,是在人权价值社会化的过程中不断发展的。因此,在解释权利与基本权利概念以前我们有必要对人权的概念、人权与权利的关系等问题进行研究。

一、人权概念

(一)人权的发展

人权最初是从道德权利中发展起来的,其基本含义是指作为人应该享有的自由或资格。人权作为道德权利,具有超国家性与超实定法的性质,即人权在一般情况下以道德形态与社会伦理的力量存在,并不仅仅存在于实定法之中。自 1945 年后,人权的功能与理念发生了变化,出现了人权社会化的新趋势。社会权的宪法化、以环境权的发展为主要特征的第三代人权的出现进一步推动了社会文明的进步。根据国内一些学者的观点,人权具有三个方面的含义:首先,人权是一种道德意义上的权利,属于应有权利的范围,是指作为人应享有的权利;其次,人权就实质而言,既是国内管辖的问题,又是一种法律权利;最后,人权还必须是一种实有权利,一种实实在在的现实权利。[1]

(二)宪法文本上的人权表述

人权在各国宪法文本中有不同的含义与表述方式。概括起来有以下几种表述方式:一是宪法文本中直接规定人权;二是宪法文本中不直接出现人权字眼,但在解释上将人权表现为基本权利或基本权;三是严格限制人权在宪法文本中的含义,直接以基本权利规定人权的核心内容;四是文本中同时出现人权与基本权利、基本的权利等表述,在实践中主要通过宪法解释规则确定其具体内涵。

在现代宪法中直接规定人权的国家并不多见,即使规定人权的国家也体现了不同的宪法传统与文化特色。如在德国,宪法上的人权与基本权是有区别的,两者具有不同的性质与功能。在美国,传统上使用基本的人权(fundamental human rights)这一概念,但后来出现宪

---

〔1〕 参见沈宗灵主编:《法理学》,高等教育出版社 1994 年版,第 190～191 页。

法权利(constitutional rights)的概念后,两者之间出现了不同的解释。在法国,自通过《人权宣言》以来,区分了"人的权利"与"市民的权利",并与人权本身的概念相区别,广泛地使用"公的自由"概念。在英国,传统上使用市民的自由(civil liberties)这一概念,力求把实定法的权利一体化,直到1998年制定《人权法案》后,英国才开始出现普遍承认人权概念的趋势。

在亚洲,《日本宪法》第3章章名是"国民的权利与义务",第11条中使用了"基本人权"的概念,并在宪法文本中解释为:本宪法所保障的国民的基本人权为不可侵犯的永久权利,现在及将来均赋予国民。《越南宪法》(2013年修正)第3条中直接规定了人权:在越南社会主义共和国,有关政治、民事、经济、文化和社会的各项人权得到尊重,体现为公民的各项权利,并在宪法和法律中作出规定。《孟加拉国宪法》中使用了"基本人权"和自由(宪法序言);《塔吉克斯坦共和国宪法》在序言中规定了"承认人的自由和权利";《乌兹别克斯坦共和国宪法》在序言中规定了"忠于人权和国家主权原则",并在第三部分中具体规定"人和公民的基本权利、自由和义务"等。

背景资料6-1 世界人权日

1948年12月10日,联合国大会通过并发布了《世界人权宣言》。这份迄今已被翻译成200余种语言的联合国文件宣布:"所有的人均生而自由,在尊严及权利方面处于平等地位。"1950年,联合国大会决定将每年的12月10日定为"世界人权日"(Human Rights Day)。

我国宪法文本中人权规定在第二章第33条第3款,由《宪法修正案》第24条纳入我国宪法规范体系。那么作为具体规范的人权在宪法文本中具有什么样的含义,如何确定其性质与效力是宪法学理论需要研究的重要问题。

(三)宪法文本中人权含义的解释

根据学术界的一般理论,人权是人作为人应该享有的自由或资格。人权基于道德的基本要求而存在,表明人生存的基本资格。尽管在人权的解释上,各国学者们有不同的表述,但在基本价值与核心理念上已达成如下共识:人权的本质在于尊重人作为人的尊严,也正因如此,无论侵害主体如何,国家的义务都应该是保持其统治下的所有个人享受人作为人所具有的尊严。[2] 在文本中人权与基本权利、基本权等同时存在的情况下,人权内涵的界定有不同的标准。如《德国基本法》第1条规定:德国人民承认不可侵犯和不可转让的人权是一切社会、世界和平与正义的基础。根据这一解释,人权本质上是以人权思想为基础而形成的作为人应当享有的自然权,而基本权是宪法保障的公民的基本权利,具有普遍性与不可侵犯性。因此,基本法中出现的人权只是以一种政治或道德理念而存在,实际发挥规范与调整作用的是基本权体系。第二次世界大战后德国的宪法解释方法出现了

---

〔2〕 参见[日]大沼保昭:《人权、国家与文明》,王志安译,生活·读书·新知三联书店2003年版,第21页。

新的变化,开始把宪法理解为一种价值体系与价值秩序,推动人权宪法化的进程。人权宪法化是一个长期的过程,有助于扩大人权价值的社会化。在法国,除宪法序言中使用人权外,《法国宪法》第34条中则使用“公的自由”,形成人权、公的自由与基本权并存的局面。但在具体的宪法体系上,人权概念实际上通过实定化过程转化为宪法典的内容。那么实定化以后的人权是否具有法律效力?在实际生活中会产生什么样的约束力呢?

从宪法文本中人权概念存在的基本特点来看,人权实定化以后成为基本权或基本权利。人权与基本权利的区别主要在于:人权是一种自然权,而基本权利是实定法上的权利;人权具有永久不变的价值上的效力,而基本权利是法律和制度上保障的权利,其效力与领域受到限制;人权主要表现为价值体系,而基本权利具有具体权利性;人权源于自然法,而基本权利源于人权等。二者区别见表6-1。

表6-1　人权与基本权利的区别

人权	基本权利
自然权利、道德权利	宪法所规定的权利
永久的价值上的效力	效力有限制
价值体系	具体权利
源于自然法	源于人权

人权与基本权利的区别决定了宪法文本中的人权需要法定化,并转化为具有具体权利内容的基本权利形态。人权一旦转化为宪法文本中的基本权利,公民与国家机关都应受基本权利的约束。自然法意义上的人权并不是或者不能成为判断宪法和法律的尺度。人权概念的不确定性、价值的多样性与宪法文本的统一性是有矛盾的。人权所体现的基本价值是宪法制定与修改过程中的最高目标,表明人类生存与发展的要求、理念与期待。人权的宪法化体现了人权价值的现实化,为人权价值的实现提供了多样化的形式。即使规定在宪法文本中,人权仍处于体系化的过程之中,不断地向基本权利转化。正如日本学者佐藤幸治教授所说,人权并不是立即或全部变为宪法保障的基本人权,在人权中具有特定内涵、被认为具有重要意义的部分才能被规定为宪法,或者通过概括性的基本权的规定变为宪法保障的“法的权利”。[3] 人权在宪法文本中的不同表述与含义,有助于人们区分不同意义上的权利,使人权的不确定性获得统一性的基础。

我国宪法文本中人权条款的解释可以考虑以下要素:一是作为宪法原则意义上的人权;二是国家价值观意义上的人权;三是转化为基本权利内容的人权。作为宪法原则,人

〔3〕 佐藤幸治『日本国憲法論』(成文堂,2011年)123頁。

权具有约束一切公共权力与社会生活领域的效力。[4] 中国共产党自成立以来一直在探索发展人权的道路,并明确把人权纳入国家发展目标之中,使之成为国家的核心价值观。如前所述,人权与基本权利之间存在价值上互换的空间与形式,需要适当限制人权条款的内涵,使之保持概括性条款的性质。《宪法》第二章规定的作为基本权利主体的公民与作为人权主体的人之间、人权内容与列举的基本权利之间需要保持逻辑上的协调与解释规则的统一。

宪法文本上规定人权条款的意义主要是:

1. 以"国家尊重和保障人权"作为宪法原则,对我国立法起到重要的指导作用。尊重和保障人权,意味着社会关系的调整要更加注重权力和权利的平衡、权力和责任的平衡、权利和义务的平衡。通过立法合理配置个人与社会、个人与个人的权利义务关系,实现社会的和谐有序发展。具体到我国的立法实践,就是要坚持以人为本、立法为民的原则,忠实于人民的利益,对人民负责。立法为民,重点在于依法配置权力,要确保行政权可以依法得到有效监督,促使行政机关依照法定的权限和程序正确地行使权力,确保个人和组织的合法权益不受非法侵害。

2. 有利于国家机关及其工作人员树立保障人权的意识。尊重与保障人权要求国家机关及其工作人员摆正自己的位置,履行公仆职责,任何政治决策和管理措施都要考虑人民的利益。强化人权意识也有利于发展民主,抑制官僚主义。

3. 有利于推动人与社会的协调发展。片面强调经济增长,忽视社会全面发展和人文关怀,必然导致经济与社会发展失衡。经济发展应该是以人为本的发展。尊重和保障人权,还要求我们统筹城乡经济社会发展,创造条件逐步改变城乡二元结构。

4. 有利于推动人与自然和谐共生。在人与自然的关系、人权与自然的关系上,我们认识到,只有尊重自然规律,使人与自然协调发展,才能使人享有人权。

背景资料 6-2 《国家人权行动计划(2021—2025年)》的目录

导言

一、经济、社会和文化权利

(一)基本生活水准权利

(二)工作权利

(三)社会保障权利

(四)财产权益

---

〔4〕 法国宪法委员会以宪法序言中的人权原则为基础,进行合宪性判断的做法是值得借鉴的经验。1946 年宪法实际上禁止宪法委员会以宪法序言为基础进行合宪性判断,而 1958 年宪法取消了类似的限制性规定,允许以宪法序言中的人权原则为基础,对合宪性问题进行判断。在基本权利没有具体化的情况下,赋予人权以宪法原则效力是必要的。1970 年宪法委员会在欧洲共同体协议案件中,以宪法序言为依据,进行了合宪性判断。1971 年在有关结社自由的决定中,宪法委员会进一步明确了宪法序言的规范价值,使宪法规范之间的协调性获得了统一的基础。

(五)健康权利

(六)受教育权

(七)文化权利

二、公民权利和政治权利

(一)生命权

(二)人身权利

(三)个人信息权益

(四)宗教信仰自由

(五)选举权和被选举权

(六)知情权和参与权

(七)表达权和监督权

(八)获得公正审判的权利

三、环境权利

(一)污染防治

(二)生态环境信息公开

(三)环境决策公众参与

(四)环境公益诉讼和生态环境损害赔偿

(五)国土空间生态保护修复

(六)应对气候变化

四、特定群体权益保障

(一)少数民族权益

(二)妇女权益

(三)儿童权益

(四)老年人权益

(五)残疾人权益

五、人权教育和研究

(一)学校人权教育

(二)人权研究

(三)人权知识培训

(四)人权知识普及

六、参与全球人权治理

(一)履行国际人权条约义务

(二)深度参与联合国人权机构工作

(三)开展建设性人权对话与合作

(四)为全球人权事业作出中国贡献

七、实施、监督和评估

我国宪法对人权的保护具有以下特点:一是人权主体非常广泛。宪法不仅保护我国公民的基本权利,也保护外国人的权利;不仅保护个人的权利,也保护群体的权利。二是人权内容广泛。既包括政治权利和自由,也包括财产权和继承权等社会经济文化权利。

二、权利概念

(一)权利概念的历史发展

在中国古代文献中出现过的"权利"一词并非现代意义上的权利概念,它只是古代传统政治文化的体现。现代意义上的权利概念首先源于西方的政治实践与文化,它通过移植传至中国,并通过同中国法律文化的结合,逐步得到发展。美国汉学家金勇义先生认为,中国没有西方那种与生俱来的、超自然的和绝对的权利观念,在中国传统中存在相对的、源于具体的社会场合和社会条件的权利。[5] 这说明,权利概念通过移植传入中国,与中国法律文化发生关联,中国法律文化构成了权利概念的前理解,而权利概念成为融贯中西对权利的理解的枢纽或框架。

中华人民共和国成立后,随着法律实践的发展与法文化的交流,权利概念的界定一直是学者们普遍关注的问题。中华人民共和国成立初期,由于受苏联权利理论的影响,部分学者采用了"权利是国家保证实施的某种行为的可能性"的观点,通常把权利理解为"法定行为的资格"。如20世纪50年代,有的学者指出,公民权利是国家法律所确认的公民实现某种行为的可能性。[6] 也有学者在谈到权利概念时,把权利与合法性基础联系在一起,即把法或法律确定为权利存在的前提,这种观点的讨论范围限定在了法定权利。应有权利与实有权利概念的区分就清楚地指出了前述观点的局限,特别是前述观点很难回应例如人权条款这种具备解释空间的法律规定。对此,有的学者认为"存在着并不以法律为唯一根据的权利问题,权利的合法性问题不具有必然性的性质,在权利问题上存在着应有与现有的基本区别"[7]。现有权利是法律意义上的权利,而应有权利是人的生存和发展的基本价值需求,是在法律出现之前就存在的,是先于法律的权利。

上述几种权利概念从不同的角度揭示了权利属性的某一侧面,具有一定的合理性,但存在某些不妥之处。如"可能性说"没有强调权利主体的地位,简单地把权利从法律规范中抽象出来,忽略了权利主体的意志活动,因为从主体意志上说,权利不仅是一种可能性,它实际上还具有一定的现实性。应有权利与现有权利的区分对于理解权利的完整形态与价值体系是必要的,但现实社会运行过程中强调应有权利的价值也存在特定的范围,它可以表现为现有权利的基本价值尺度,但不能取代现有权利的实践意义,因为在现实生活中权利是一种综合性的社会现象,其内涵的判断应基于多样化的方法与知识体系。权利不仅表现为一种主张和价值体系,同时表现为人们在社会生活中实现利益的实践过程;不仅是一种人们追求的理想,同时也是人类实践活动的总结与概括。

---

〔5〕 参见[美]金勇义:《中国与西方的法律观念》,陈国平等译,辽宁人民出版社1989年版,第114页。

〔6〕 参见辛光编著:《中华人民共和国公民的基本权利和义务》,湖北人民出版社1955年版,第4页。

〔7〕 公丕祥:《合法性问题:权利概念的法哲学思考》,载《社会科学战线》1992年第3期。

在权利概念的演变中,曾出现了意志论和利益论两种理论。意志论的功能在于给予权利拥有者对他人义务的支配力。利益论则认为,权利的功能在于促进权利人的利益,可以使权利人变得更好。当然意志论与利益论各有优势,也各自存在缺陷,需要在个案中具体权衡。[8]

综合来看,所谓权利,是指公民在宪法和法律规定的范围内,以作为或不作为的方式形成或支配利益的一种行为。

(二)权利的基本特征

与人权概念相比,权利具有如下基本特征:

1. 公民享有的具体权利的范围是法定的。尽管权利表现形式中包括应有与现有的因素,但权利的现实化过程与目标通常是以法定的形式表现的。权利的类型、权利的范围、权利行使方式以及权利主体的活动等受宪法和法律的约束。权利的法定性是权利主体行使权利合理性与合法性的基础。应有状态中的权利具有一定的价值性,但不一定具有现实的合法性,当应有权利的价值性通过合法性获得相应的表现形式时,权利才有可能转化为现实状态。

2. 权利是主体依照法定形式实现其意志的行为。权利主体享有权利并实现权利具有目的性,即实现一定的利益。利益虽不是权利的本质,但对利益的追求是权利主体的内在动机,权利与利益有密不可分的联系。从一般意义上说,权利主体的活动可能给主体带来不同形式的利益,实现主体的意志。从权利的法定性要求来看,主体实现其意志的方式并不是自由选择的,它遵循法律规定的具体形式。主体意志的自由性与选择方式的法定性是相统一的,它是权利法定性的内在要求。权利作为一种行为,可采取作为和不作为两种行为模式。一方面,权利主体依照法律规定为或不为某种行为以形成或支配某种利益;另一方面,权利主体要求其他公民或国家机关、社会团体、企事业单位为或不为某种行为,使主体的利益得到满足。从宪法的一般规定来看,作为权利主体的公民与作为人权主体的人是不同的概念,人权主体的范围大于权利主体的范围。

3. 权利的相对性。权利作为主体的意志活动,其活动范围存在严格的界限,超出其合理性的界限则会失去合法性保护的基础。权利的相对性具体表现在:权利主体自由意志的相对性,即权利主体行使权利时自由意志是特定的,受特定范围的限制;权利行使方式的相对性,即权利主体在选择活动方式时也受特定条件的限制;权利范围是特定的,受宪法和法律的限制;公民的权利与义务的一致性也在客观上限定了权利的范围。权利主体行使权利的前提条件之一是依照法律规定履行义务,公民的权利与义务是不可分离的,享有权利必须履行义务。如言论自由是公民依宪法享有的权利,公民可以依法定程序享有这一自由,但同时必须履行相应的义务,不得滥用言论自由。《宪法》第51条规定:"中华人民共和国公民在行使自由和权利的时候,不得损害国家的、社会的、集体的利益和其他公民的合法的自由和权利。"这一条的规定实际上确立了权利与自由的界限,为权利的相

---

[8] 具体权利的理论可参见朱振、刘小平、瞿郑龙等编译:《权利理论》,上海三联书店2020年版,第21页以下。

对性提供了统一的基础与原则。

(三)权利的基本分类

为了研究权利概念的特征及其运行的特点,我们可以根据权利的内容、主体及性质对权利进行分类,以寻找分析权利的不同角度。根据我国的立法经验与法律实践,权利通常可分为如下几种:

1. 根据权利的法律基础不同,可分为法律权利与基本权利。这种分类的基础是普通法与根本法的区别,即宪法中规定的权利涉及社会生活的基本方面,反映了权利主体的宪法地位,故称之为基本权利。普通法律中规定的权利是权利主体在具体的法律关系中享有的具体的权利,反映了权利主体的法律地位。如公民享有的宗教信仰自由、人身自由、受教育权等权利是基本权利,而民事关系中的物权、债权等权利是公民的普通权利。由于规定权利的法律基础不同,普通权利与基本权利在整个权利体系中的性质与地位也不尽相同。

2. 根据权利调整领域不同,可分为政治权利、社会经济权利和人身权利。[9] 在不同的社会生活领域,权利所表现出的性质是不尽相同的,在政治生活领域公民享有的权利是政治权利;在经济生活领域公民主要享有社会经济权利,如社会保障权、休息权、劳动权等;在文化生活领域公民主要享有文化权利;在与公民人身相关的领域中公民享有广泛的人身权利。

3. 根据权利主体不同,可分为普通主体享有的权利与特定主体享有的权利。普通主体享有的权利是指不特定的公民普遍行使的权利,通常由宪法和法律所规定。在我国的权利体系中存在特定主体享有的权利,特定主体是指法律规范明示的受到特别保护的人。特定主体通常分为两类:第一类特定主体是基于职务或者职业的特殊性而享有权利的主体,如公务员、军人等除享有普通主体享有的权利外,还享有与其职务或职业相关的权利。公务员作为权利关系中的特定主体享有《公务员法》中规定的权利,并履行相应的义务。军人基于职业的特殊性,享有《国防法》规定的军人权利并履行相应的义务。这类特殊主体在享有特定权利时,其他方面应享有的法律权利可能受到一定限制,如军人的言论自由、出版自由和集会、游行、示威的自由依法受到一定限制。公务员的某些政治行为也受法律的限制。第二类特定主体是法律关系中需要被特殊保护的主体,如妇女、儿童、老年人、残疾人等。对这类主体的权利保护通常由具体的部门法作出规定。

4. 根据权利的内容不同,可分为实体性权利与程序性权利。实体性权利对应某种实体利益,如生命、身体、健康、人格、财产等,从某种角度观察,它们都是静态的;程序性权利对应某种程序利益,如请求、复议、诉讼等,相对于实体性权利而言,它们是动态的。

三、基本权利的历史发展与特征

(一)基本权利的历史发展

公民的基本权利从产生到发展经历了漫长的过程。权利观念与权利类型发展到特定

---

〔9〕 参见陈云生:《权利相对论》,人民出版社1994年版,第32页。

历史阶段以后,与公民人身直接有关的、表明公民主体地位的那部分权利必然寻求新的规范模式,宪法规范的产生实际上满足了权利发展的要求。基本权利的历史始于宪法性文件或宪法惯例的规定。

17 世纪及以前英国的宪法性文件中,就出现过对公民基本权利的确认。如 1215 年《自由大宪章》、1628 年《权利请愿书》、1679 年《人身保护法》、1689 年《权利法案》等宪法性文件规定了公民的基本权利与自由。1776 年《弗吉尼亚宪法》较早地规定了公民的基本权利,从宪法角度明确了基本权利的属性。1789 年法国的《人权宣言》提出了人权口号,确定了法律面前人人平等的原则,并规定公民享有选举权、财产权及言论、出版自由。1791 年的《法国宪法》除把《人权宣言》作为宪法的序言外,还规定了公民享有的集会、请愿、宗教信仰自由以及有限制的选举权等权利,使基本权利一定程度上得到宪法化。《法国宪法》在"宪法保障的自然权利和公民权利"部分规定:一切公民,除德行上和才能上的差别外,都得无差别地担任各种职业和职务,同样的犯法处以同样的刑罚,不因人而有所差别;公民有言论、著述、出版和发表其思想的自由;公民有安静而不带武器集会的自由;宪法保障财产的不可侵犯;公民有选举或选择其宗教牧师的权利等。1793 年的《法国宪法》中进一步确定了公民的基本权利,其范围包括:宪法保障全体法国人民的平等、自由、安全、财产、信教自由、普通教育、公共救助、无限的出版自由、请愿权、结成人民团体的权利并享有一切的人权。此后欧洲各国的宪法中普遍以较大的篇幅规定了公民基本权利的范围,并以基本权利的规定为基础确定公民的宪法地位。从宪法与权利的相互关系来看,1919 年德国《魏玛宪法》制定以前基本权利的宪法化程度普遍比较低,基本权利的内容及其体系不够完整。

1919 年德国《魏玛宪法》的制定标志着基本权利的宪法化得到了一定程度的发展,基本权利以其完整的形态被纳入宪法体系之中,最终确定了公民享有的基本权利,具体包括:法律面前一律平等原则;公民在联邦境内有迁徙自由;公民的人身自由、住宅自由、通讯自由不被侵犯;公民的和平集会的权利,公民的组织社团的权利;公民的选举自由;公民的请愿和报告的自由;公民的宗教信仰自由;公民的受教育权;公民的经营工商业的自由、契约自由、财产所有权、财产继承权等。《魏玛宪法》有关公民基本权利的规定奠定了现代宪法结构中公民的宪法地位,初步建立了与宪法功能相适应的比较完整的权利体系。从制定《魏玛宪法》的历史背景来看,《魏玛宪法》规定的基本权利体现了宪法发展过程中权利观念与实践发展的经验,反映了通过宪法规范调整社会生活的要求。特别是十月革命的胜利对于基本权利的宪法化起到了重要作用,扩大了基本权利的社会基础。

第二次世界大战以后各国普遍以较大的篇幅在宪法上规定了基本权利,体现了宪法价值观的重大变化。尊重人权、追求和平成为第二次世界大战后宪法发展的重要特点,强化了宪法的基本权利保障功能。人们通过战争的教训普遍认识到,不仅要合理地确定公民的宪法地位,而且要实现宪法地位的现实化。第二次世界大战后各国宪法中规定的基本权利内容得到进一步扩大,体系日益完备。如第二次世界大战前的《意大利宪法》规定的基本权利只有 9 条,而第二次世界大战后 1947 年《意大利宪法》分四章对公民基本权利与义务作了规定,其条文数达到 42 条,并把"消除经济及社会方面的障碍——实际上限制公民自由与平等的障碍”作为共和国的任务,使它成为一项宪法基本原则。

(二)基本权利的特征

关于基本权利的性质有实定权说、反射的利益说、自然权说、制度保障说、基本权利的双重性说等学说。其中,基本权利的双重性说是各国普遍采纳的理论。这一学说认为,基本权利既是公民抵御国家权力侵犯的主观的公权,同时也是宪法实践中形成的客观的秩序。[10] 基本权利的特征表现在:

1. 基本权利确立公民的宪法地位,是一种保障个体权利、规范国家权力的权利体系。基本权利的行使与基本义务的履行构成公民在一国中的宪法地位。宪法地位是公民参与国家管理、实现其主体意志的基础,是公民行为合宪性的依据。宪法上确定基本权利的首要意义在于使公民行使的基本权利获得合宪性的基础。由于公民在社会生活中行使不同领域的权利,每一种权利与公民生活有不同的联系,基本权利的确立一方面提炼了各种权利的一般性规则,另一方面明确了公民的宪法地位。

2. 基本权利是宪法体制的核心内容。基本权利在整体的权利体系中居于基础地位,建构了权利体系基本框架和价值基础。这种权利客观上具有不可取代性,是公民生活中不可缺少的部分。基本权利作为一种价值秩序能够判别什么是普通法律应以权利形成保护的价值或利益。通过这套价值秩序,结合宪法的最高法地位,基本权利能够成为普通法律权利的保障,从而能够保障国家法治的统一。

3. 基本权利是实定法意义上的权利形态,不具有自然法意义上的权利性质,是相对稳定的权利群。对于一个公民而言,基本权利既是最重要、最根本的权利,同时也是在社会生活中应享有的最低限度的权利。在多样化的权利形态中被纳入基本权利范畴的一般是国家有能力给予保护并实现的具有现实基础的权利,具有相对的稳定性。某种权利一旦被宪法确定为基本权利,通常具有较强的稳定性,不宜轻易变动。对某种基本权利的调整需要经过慎重的价值与事实的选择与判断。就宪法运行的整个过程而言,基本权利具有适应社会发展变化的功能与能力,能够推动社会发展。

4. 基本权利一般具有不可转让性。基本权利是确定公民宪法地位的权利形态,是公民不可缺少的权利。基本权利反映了国家保护公民的要求,是人的主体意志的体现,与做人的资格有密切的联系。因此,当国家通过宪法规定公民基本权利时,这一权利通常成为公民的专有权利,公民不得将其权利转让给他人,否则会失去行使基本权利的资格。在政治生活领域,公民行使基本权利的活动比较突出地体现了这一特点。如对于公民享有的宗教信仰自由、结社权、出版自由等基本权利,公民可以放弃,但不得以任何理由转让。一般来讲,财产权是依法可以转让的。

5. 基本权利的综合性。基本权利作为宪法上的最高价值规范,在权利体系上具有综合性,即概括了公民在社会生活领域中应享有的最基本的权利,涉及政治领域、经济领域、文化领域与社会领域。在主要的、基本的社会生活领域中宪法确定了基本权利的范围,以

---

〔10〕 关于基本权利的双重性质的介绍,参见张翔:《基本权利的双重性质》,载《法学研究》2005 年第 3 期。

保障公民的宪法地位。

总之,基本权利是宪法赋予公民的最基本、最重要的权利,表明了公民的宪法地位,反映了国家权力与公民权利之间的关系,构成国家制度运行的基础。

第二节　基本权利主体与分类

一、基本权利主体

基本权利主体,是指依据宪法的规定享有基本权利的主体,即谁有资格主张基本权利。基本权利的实现是主体意志的实现过程,是主体的一种活动。基本权利主体不仅要具备享有权利的权利能力,同时要具备能够以自己的行为具体实现权利以及承担相应责任的行为能力。

(一)公民

公民是基本权利的一般的、经常性的主体。各国宪法中规定的基本权利主要是通过公民的自主性活动而得到实现。公民这一概念经过长时期的历史演变,最终成为各国宪法普遍公认的法律概念,成为基本权利的主体之一。所谓公民是指具有一国国籍的人。国籍是确定公民资格的唯一条件,公民的判断标准是国籍。一个人具有某国的国籍,就意味着从法律上同特定国家产生了固定的法律联系,构成公民与国家的关系。

《宪法》第33条第1款明确规定:“凡具有中华人民共和国国籍的人都是中华人民共和国公民。”《国籍法》第2条规定:“中华人民共和国是统一的多民族的国家,各民族的人都具有中国国籍。”这些规定说明,在我国凡是具有中国国籍的人都是中国公民,成为宪法上的基本权利主体,不受民族、职业、家庭出身、宗教信仰、教育程度、财产状况等因素的影响。根据各国的法律规定,国籍的取得主要有两种方式:一种是因出生而取得;另一种是因加入而取得。对因出生而取得国籍的问题,各国通常采用三种原则:一是血统主义原则,即确定一个人的国籍以他出生时父母的国籍为准,不问其出生地国;二是出生地主义原则,即以出生地作为子女取得国籍的依据,而不问其父母是本国人还是外国人;三是混合主义原则,即以血统主义为主,以出生地主义为辅,或者以出生地主义为主,以血统主义为辅,或者不分主次,将两种原则结合起来确定国籍。我国采取出生地主义和血统主义相结合的原则,对国籍的确定作了如下规定:父母双方或一方为中国公民,本人出生在中国,具有中国国籍,但父母双方或一方为中国公民并定居在外国,本人出生时即具有外国国籍的,不具有中国国籍;父母无国籍或国籍不明,定居在中国,本人出生在中国,具有中国国籍。外国人或无国籍人,愿意遵守中国宪法和法律,并具有下列条件之一的,可申请加入中国国籍:中国人的近亲属;定居在中国;有其他正当理由。经批准加入中国国籍的公民,不再保留外国国籍,中国公民如果自愿加入或取得外国国籍,则自动丧失中国国籍。这就说明,我国主张一人一国籍原则,不承认双重国籍。我国宪法确定公民地位的基本依据是其是否具有中国国籍的基本事实,没有附加其他任何条件,国家不能剥夺公民的国籍。

事例与思考 6-1 英国以国家安全为由剥夺公民国籍

2015 年 2 月,15 岁英国少女沙米玛·贝古姆(Shamima Begum)投奔"伊斯兰国"(ISIS 恐怖组织),并嫁给"伊斯兰国"成员。后遭遇丈夫去世等变故,贝古姆流落到难民营,生活困顿。2019 年 2 月,贝古姆表示想返回英国。时任英国内政大臣根据英国国籍法裁定:出于国家安全考虑,剥夺贝古姆英国公民身份。贝古姆对这个裁定提起申诉:剥夺英国国籍意味着自己就成为了"无国籍人士"。但她的申诉被内政部驳回,理由是:贝古姆的母亲是孟加拉国国籍,因此她可以加入孟加拉国国籍。2020 年 7 月,英国的司法机关与内政部就如下问题发生分歧:是否因为存在危害国家安全的风险就拒绝贝古姆入境乃至剥夺其国籍。

问:1. 英国政府以国家安全为理由,根据 1981 年英国《国籍法》剥夺贝古姆国籍的行为是否合法合理地限制了贝古姆的基本权利?

2. 近年来越来越多的国家以国家安全为理由限制和侵害其他国家、组织或个人的权益,对此你怎么看?

公民作为基本权利主体与人权主体之间既有联系又有区别。如前所述,人权是作为人应该享有的权利与自由。按照人权的价值观,自然人成为享有人权的主体,这种人权既包括超越国家、超越宪法的非实定法的权利与自由,又包括实定法上的权利与自由。在现代的宪法实践中,人权的基本要求与价值通过宪法规定的基本权利得到较为充分的反映,体现了人权的基本内容与观念。这样就出现了作为基本权利主体的公民与人权主体相互交叉的情况。就基本的权利与自由方面而言,公民与作为人权主体的自然人范围是一致的,人权在实定宪法上表现为基本权利,即人权的宪法化便表现为基本权利。但由于人权与基本权利概念的区别,公民权与人权之间也存在一定的差异,具体表现在:公民享有的基本权利是宪法赋予的权利,而人权主体享有的人权既包括基本权利的内容,又包括非基本权利的广泛的内容;公民是以国籍为基础而确定的法律概念,而人权是基于法律、道德、文化等因素而确定的综合性的权利。

事例与思考 6-2 中国首例冷冻胚胎继承纠纷案

南京市民李华(化名)夫妇的儿子、儿媳遇车祸双亡,儿子、儿媳生前没有生育,但曾在南京市鼓楼医院做过试管婴儿,并留下了 4 枚冷冻胚胎,两对失独老人都想拿到冷冻胚胎,延续"香火"。在纠纷无法调解的情况下,李华把亲家告了,并追加拒绝交出胚胎的医院为第三人,要求法院将冷冻胚胎的继承和处置权判给自己。

法院对此案作出一审判决:冷冻胚胎不属于遗产范畴,对于原告提出的应由其监管处置冷冻胚胎的诉求,不予支持。李华提起上诉。2014 年 9 月 17 日,中国首例冷冻胚胎继承纠纷案二审宣判,法院最终支持双方老人共同处置 4 枚冷冻胚胎。终审法院认为,医院不能根据约定的相关条款单方面任意处置胚胎。我国现行法律对胚胎的法律属性没有明确规定,应综合考虑伦理、情感、特殊利益保护三方面,将胚胎的监管权和处置权判归已故夫妻双方父母享有。当然,双方父母作为权利主体,在行使监管权和处置权时,应当遵守法律且不得违背公序良俗和损害他人之利益。

问:1. 胎儿、胚胎是不是宪法意义上的“人”? 能否成为基本权利的主体?

2. 无锡市中级人民法院支持双方老人共同监管处置 4 枚冷冻胚胎的判决中认定的冷冻胚胎的性质是什么? 该判决是否正当?

公民作为基本权利主体不同于人民的概念。我国宪法在序言、正文中多处使用了人民的概念,但它本身并不是严格的法律概念。两者的主要区别是:

1. 公民是法律概念;而人民是政治概念,是政治上标明敌我的概念。

2. 公民是具有某国国籍的自然人,是稳定的法律概念;而人民作为政治概念,在不同的时期有不同的内涵。现阶段人民的范围包括全体社会主义劳动者、社会主义事业的建设者、拥护社会主义的爱国者、拥护祖国统一和致力于中华民族伟大复兴的爱国者。这就说明公民概念的外延大于人民,不仅包括人民,而且还包括敌对分子。

3. 公民是个体概念,而人民是整体概念。公民作为基本权利的主体,它表示个体在具体法律关系中的地位,即享有权利与履行义务。而人民作为一种整体概念,它主要表示国家权力的归属和国家性质,通常作为一种政治原则来使用。《宪法》规定的“中华人民共和国的一切权力属于人民”的宪法原则反映了人民在国家体制中的地位,并不是指人民作为个体的地位。宪法规定的基本权利是由公民行使的,并不仅仅由人民行使,不属于人民范围内的公民除被依法剥夺或限制某种基本权利外,作为公民仍然享有宪法规定的其他基本权利。

(二)外国人

具有外国国籍和无国籍者能否成为一国宪法规定的基本权利主体? 这是宪法学界争议较大的问题,主要有肯定说和否定说两种学说。肯定说认为,除参政权与社会的基本权外,外国人作为人权主体应享有宪法规定的基本权利,具有权利的主体资格。否定说认为,基本权利是社会共同体结合的价值体系,外国人不应成为这种价值秩序的组成部分,况且不少国家宪法中只规定了“公民的基本权利与义务”,实际上排斥了外国人的基本权利主体资格。从基本权利的性质和宪法国际化的趋势来看,在一定程度和范围内允许外国人行使基本权利是必要的,不能仅仅拘泥于宪法条文中规定的“公民”范围。实际上,目前不少国家在实践中逐渐放宽外国人行使基本权利的范围,确认外国人能够在本国的基本权利体系中获得某种主体资格。

根据国际人权法规和宪法的规定,外国人的人身权、财产权、诉讼权等基本权利是受宪法和法律保护的。如外国人的合法收入、储蓄、房屋和其他生活资料的所有权以及法定范围内的财产权受法律保护,并被纳入宪法保障体系之中。当然,外国人作为基本权利主体的资格是受严格限制的,基本权利的范围是有限的。从各国宪法的规定来看,被限制的基本权利通常有:

1. 参政权。有些国家法律规定,外国人没有资格担任国会议员、地方议会议员、地方自治团体负责人等。如《日本国家公务员法》第2条第3款规定:“外国人不能参与国家重大事项的决定或就任行使国家权力的公职人员。”

2. 一定的经济自由权。各国出于国家安全和某种利益需要,不允许外国人从事某些特定的职业、担任特定的职务以及取得某些特定权益。

3. 出入境的权利。根据国际法,一国不得禁止外国人合法离境,但在特殊情况下可以限制外国人离境或将他驱逐出境。对外国人基本权利的某些限制是必要的,但这种限制应基于合理的理由与界限。

我国宪法对外国人成为基本权利主体的问题没有作出明示的规定,但从宪法的基本精神来看,外国人在中国享有依法被限制的权利以外的其他基本权利,并有保障其实现的具体制度。从发展趋势来看,一国境内的外国人享有的基本权利的范围将逐步扩大,根据实际需要会逐步放宽对外国人基本权利的限制。在解释宪法规定的“公民”一词时我们既要遵循传统的宪法界限,又要以开放的心态不断扩大外国人行使基本权利的范围,以适应经济全球化的要求。

2004年8月公安部与外交部联合发布施行了《外国人在中国永久居留审批管理办法》。这一管理办法的颁布标志着中国“绿卡”制度的正式实施。该管理办法共29条,分别对外国人申请在中国永久居留的资格条件、申请材料、审批程序、审批权限、取消资格等方面作出了明确规定。符合一定条件的外国人在申请得到我国“绿卡”之后在我国居留可不受居留期限限制。取得“绿卡”的外国人在我国其权利亦受到我国宪法的保护。2012年《外国人在中国永久居留享有相关待遇的办法》(人社部发〔2012〕53号)进一步明确了在中国永久居留的外国人享有相关待遇的问题,强调除政治权利和法律法规规定不可享有的特定权利和承担的特定义务外,取得永久居留权的外国人原则上和中国公民享有相同权利,承担相同义务。

(三)法人

法人能否成为基本权利主体是宪法实践中有争议的问题。从传统的宪法理论来看,基本权利主要是围绕国家与自然人的相互关系展开的,排除了法人成为基本权利主体的可能性。其理论依据是,基本权利具有自然权的性质,是公民个人的权利,主体是特定的。但是随着法人地位的提高和活动的多样化,法人在某些领域实际上开始享有基本权利,成为基本权利主体。由于法人的特殊性和自身的特点,它并不享有宪法规定的所有的基本权利,有些与自然人的固有属性相联系的具有肉体性、精神心理方面的基本权利,法人是无法享有的。但有些基本权利,如平等权、经济自由权、财产权、请求权等权利,法人是可以享有的。《德国基本法》第19条第3款明确规定了法人作为基本权利主体的地位,[11]为法人享有基本权利提供了宪法基础。有的学者认为,确认法人基本权利主体地位的基础是法人概念的重新界定,即从宪法理论角度建立法人的结构,它的基本特点是:法人主要在经济与社会生活领域行使基本权利;法人在与参与该组织的自然人的关系上具有相对独立性;法人是以自律作为基础的团体。

由于法人种类比较多,在具体行使基本权利时不同法人呈现不同特点。如本国私法人的某些基本权利行使受到一定的限制。有些基本权利就其原则而言适用于所有法人,但其基本权利表现为具体权利形态时又有新的特点。如法人享有一般意义上的平等权,但不能成为男女平等权的主体。通常法人能够享有的基本权利有:除男女平等权之外的平等权、宗教信仰自由、学术自由、言论自由、出版与集会自由、迁徙自由、住宅自由、通信自由、财产权、请愿权等。通常法人不能享有的基本权利有:人的尊严权、自由权中有关人身自由方面的权利、良心自由、男女平等权、参政权、请求权中有关刑事补偿的请求权等。

二、基本权利分类

随着基本权利主体地位的提高和内容的多样化,基本权利分类标准和方法日益丰富。基本权利分类方法首先反映了不同宪法价值观的要求,它不仅仅涉及分类的技术问题。对于初学者而言,分类本身不是目的,借助分类理解基本权利体系的基本构成,从而形成整体认识才是学习基本权利分类的基本目的。

传统的基本权利分类理论是以公民与国家的隶属关系为基础的,反映了国家中心主义思想。耶利内克在《主观公法权利体系》一书中把国民的地位分为被动的、消极的、积极的、能动的四个方面,与此相对应确定了国民的公义务、自由权、受益权、参政权。这种分类方法是以主观的公权与地位论为基础的。主观的公权以客观法秩序的存在为基础,强调个人在共同体中的地位,赋予个人以国家内组成部分的性质。对此有的学者提出了批评意见,认为这种理论过分突出了自由权的比重,没有反映基本权利之间相互交叉的权利形态,不利于将新的权利概念引入基本权利体系。

新的基本权利分类方法适应了自由权生活化的发展趋势,以基本权利调整的具体生活领域为对象,有层次地划分基本权利的类型。新的分类方法以公民实际享有的权利内容与形式为基础,在一定程度上改变了传统基本权利理论中的国家中心主义因素。基本权利的发展趋势之一是"自由权的生活化",即主要根据生活领域的特点划分不同的基本权利。除传统的自由权、社会权、请求权、参政权等体系外,重点发展以自由权与社会权为核心的基本权利体系。具体分类方法主要有以下几种:

(一)以基本权利主体为基础的分类方法

这种分类方法是以基本权利主体的特点为基础进行的分类,将基本权利分为公民的基本权利与法人的基本权利、个人基本权利与团体(集体)基本权利等。主体分类法的基

---

[11] 《德国基本法》规定,在基本权利的性质许可的范围内,基本权利也适用于本国的法人。

础是享有基本权利的自然人——公民的活动,即以人的地位的确定和人的价值为基础。在一定条件下,法人的基本权利和团体的基本权利可以还原为个人的基本权利。另外,根据主体的性质,基本权利还可以分为人的权利与公民的权利。因此,主体分类法是以作为权利主体的个人为基础的,体现了个人在国家生活中的宪法地位。

(二)以基本权利性质为基础的分类方法

有的学者按照基本权利的性质,将基本权利分为超越国家的基本权利与实定法上的基本权利、绝对的基本权利与相对的基本权利。超越国家的基本权利是指不因国家权力而受限制或被剥夺的基本权利,如生命权、平等权、良心自由、表现自由、艺术自由等。实定法上的基本权利是指由国家权力确定并保护的权利,如财产权、选举权、请愿权、国家赔偿请求权等。这种分类方法实际上无限地扩大了基本权利的范围,超越了其实定法的界限。所谓绝对的基本权利是指以任何理由都不得限制的基本权利,相对的基本权利是指因国家秩序和国家目的的需要可以限制的基本权利。如韩国、德国等国家的宪法规定,人权的本质内容不得侵犯,对某些基本权利不能以任何理由加以限制。但在具体的宪法实践中,基本权利是有限度的,具有相对性、绝对性。绝对的基本权利通常只具有理念的意义,并不反映权利的现实形态。以基本权利生成的历史与性质为基础所进行的分类有助于我们从历史中发现基本权利,并从历史中揭示基本权利发展的逻辑。

(三)以基本权利内容为基础的分类方法

根据基本权利的内容可以把基本权利形态分为若干不同的形式,这是各国宪法中普遍采用的方法。如前所述,基本权利是一种综合性的权利体系,在不同的领域中体现不同的权利内容。美国普林斯顿大学教授斯坦利·凯莱按照美国联邦宪法修正案的内容将基本权利分为如下几种:信仰、言论、出版、集会自由;武装保卫自己的权利;人身、财产与住宅不受侵犯;私有权和受法律程序保障权;被告人的权利;不受酷刑及过重罚金权;其他保留的权利和地方自治权。有的学者从基本权利本身的内容着眼,将基本权利分为社会权利、政治权利、文化教育权利、公民个人权利与自由等方面。以基本权利的内容为标准的另一种分类方法是着眼于基本权利的适用领域,将基本权利分为:以实现幸福为内容的幸福追求权;不受歧视的平等权;以国家不作为为内容的自由权的基本权;以经济利益的扩大为内容的经济基本权;以政治秩序形成与政治活动内容为主的政治基本权;以国家行为的请求为内容的请求权的基本权;以人类生活保障为目的的社会基本权等。按照内容分类法,我国公民的基本权利是以现行宪法列举的基本权利内容为基础的,具体包括:(1)平等权;(2)政治权利与自由;(3)人身自由;(4)宗教信仰自由;(5)文化教育权利;(6)社会经济权利;(7)监督权与请求权;(8)特定主体权利。

(四)以基本权利的法律效力为基础的分类方法

根据基本权利的法律效力,基本权利的分类有两种类型:第一种类型是具体的基本权利和抽象的基本权利。具体的基本权利是指直接约束国家权力的基本权利,抽象的基本权利是指通过具体立法变为现实的、具体的基本权利,从而使基本权利的实现产生直接的社会效果。抽象的基本权利只赋予立法一定的义务,而对行政权与司法权则无直接的约束力。第二种类型是对国家的基本权利与对第三者的基本权利。前者是指对国家产生约束力的基本权利;后者是指对国家与第三者都产生约束力的基本权利,如表现自由、环境权、私生活秘密与自由等。

(五)以基本权利的领域与文化传统为基础的分类方法

在现代宪法学的发展过程中,基本权利分类标准呈现综合化、多样化的趋势,领域与文化的因素对基本权利分类理论产生了重要影响。如《欧洲联盟基本权利宪章》对联盟承认的权利、自由和原则作了如下规定:尊严(人的尊严、生命权、人的完整权等);自由(自由与安全权、尊重私生活权、保护个人数据、结婚和建立家庭的权利、思想自由、良心与宗教自由、集会与结社自由、艺术与科学自由、财产权等);平等(法律面前平等,非歧视,文化、宗教和语言的多样性,男女平等,儿童权利,老年人权利等);团结(企业内工人的知情和协商权、集体谈判和行动权、获得安置服务权等);公民权利(选举权和被选举权、参政权、获得文件权、请愿权、迁徙和居住自由等);司法审判(公正审判权、无罪推定和辩护权等)。虽然这些权利并非都是基本权利,但从中可以看出基本权利发展的总体趋势。

第三节　宪法上列举的基本权利与未列举的基本权利

由于基本权利在宪法体系中居于重要地位,各国普遍确定了基本权利的设定原则与具体的设定方式。

一、宪法上基本权利的设定方式

(一)列举式

这种设定方式是指按照基本权利的设定原则,将基本权利的内容一一列举,规定于宪法之中,使之成为宪法的具体内容。世界上多数国家的宪法采用这种设定方式,其优点是:基本权利量的表述比较清楚;基本权利主体容易掌握权利的内容与界限;在基本权利的实现过程中能够尽可能保证解释的统一性。其缺点是:基本权利的稳定性与社会生活之间冲突较突出;对基本权利的列举方面主客观条件有制约性;给基本权利的开放性结构带来一定的困难等。在采取列举式的国家中,具体列举基本权利的方式也不尽相同,有的国家在宪法序言中列举基本权利,有的国家则在总则中规定基本权利的内容,如《瑞士联邦宪法》在总则中具体规定了基本权利的内容。现代多数国家在宪法中专列章节规定了公民的基本权利,但公民基本权利的章节在整个宪法结构中的位置有所不同。多数国家将公民基本权利的章节列在总纲之后、国家机构之前,以表示国家对公民基本权利的重视,少数国家则列在国家机构之后。从宪法与国家权力的相互关系上看,先规定公民基本权利与自由,后规定国家权力运行程序符合宪法发展的内在逻辑。我国宪法规定基本权利时采取了列举式,并把“公民的基本权利和义务”一章放在“国家机构”之前,理顺了公民与国家在宪法体制中的合理关系,表明了国家对基本权利的重视。

(二)概括式

这种方式是指在宪法中对公民基本权利进行概括性规定,而不列举具体内容与类型。这种方式有利于协调基本权利价值性与社会生活的关系,但不利于公民了解基本权利的内容与具体救济方式。

(三)折中式

折中式是将列举式与概括式结合的一种方式,即列举公民基本权利中的主要内容,对没有列举的内容则采取概括规定的方式。如《葡萄牙宪法》第 16 条规定:“宪法规定的基本权利,不排除国际法上适用的法律及规则所载之其他基本权利;有关基本权利的宪法规定及法律规定,应根据《世界人权宣言》予以解释,在该等规定内出现漏洞时,亦应根据此宣言填补之。”这种方式的优点是有利于发挥基本权利开放性功能,其缺点是不利于基本权利范围的确定,有时可能造成基本权利之间界限的混乱。

有些国家在基本权利的设定方式上采取了特殊的形式,如《印度宪法》第三篇以列举的方式规定了基本权利,包括平等权、自由权、反剥削权、宗教自由权、文化教育权、宪法补救权,这些基本权利可以通过法律规定的程序得到司法等公力救济,具有约束力。第四篇规定了“国家政策之指导原则”,它尽管不通过任何法院实施,但它是治理国家的根本规则,国家在制定法律时有贯彻此等原则的义务。在宪法条文中具体规定的指导原则通常是国家“应该”“尽力”争取和保障的内容,以指导原则的形式规定广泛的社会权一方面可以表达国家对这类权利的关注,另一方面预示国家将会尽可能地创造条件逐步实现这类权利。在发展中国家中,这种设定基本权利的方式有一定的实践价值,至少可以成为当代各国宪法中设定基本权利的方式之一。

二、宪法文本上未列举的基本权利的保护方式

在现代宪法发展史上,宪法未列举权利保护理论源于美国。美国联邦宪法修正案第 9 条具体规定了宪法未列举权利的保护条款,即该宪法对某些权利的列举,不得被解释为否定或轻视由人民保留的其他权利。根据不同的宪法解释方法,美国联邦宪法修正案第 9 条的性质有不同的表述。

一是联邦权力限制说。该说认为美国联邦宪法修正案第 9 条的价值在于,在宪法基本权力结构中,阐明限制联邦政府权限的基本原理,从美国联邦宪法修正案第 9 条中不能直接推导出没有列举的具体权利。

二是权利创造机能说。该说认为美国联邦宪法修正案第 9 条是永不枯竭的权利源

泉,任何一种形态与内容的权利都可以从这一条款中找到依据。主张这一理论的学者又分为传统自然法理论学派与进步平等主义学派,他们对联邦权力限制说的主要批评意见是:该理论与宪法条款的表述相矛盾,即美国联邦宪法修正案第 9 条中明确了未列举的权利问题,没有规定联邦主义政治结构问题,违背了宪法批准过程中的历史事实。按照他们的解释,规定美国联邦宪法修正案第 9 条的目的是避免《权利法案》排斥宪法上未列举的权利。

三是政治原理宣言说。该说认为美国联邦宪法修正案第 9 条是为限制联邦政府滥用权力,根据国民主权原理而宣布的“国民权利”条款。另外,学者们对美国联邦宪法修正案第 9 条与自然权性质、第 9 条与第 2 条、第 9 条与第 10 条的关系也给予了关注。

事例与思考 6－3　罗伊案与多布斯案

美国得克萨斯州限制堕胎的法令规定,除非因为维护孕妇的生命,州内一律禁止妇女实施堕胎手术。1969 年,一位化名为杰内・罗伊的妇女和其他人一起向得克萨斯州限制堕胎的法令提出了挑战。罗伊主张得克萨斯州限制堕胎的法令剥夺了她在妊娠中的选择权,因为她系因遭到强奸而怀孕,她既无钱到可以合法堕胎的州进行堕胎,又不能中止妊娠,所以一旦分娩,必然被迫将孩子交给他人收养。得克萨斯州限制堕胎的法令使她无法自主地决定是否终止妊娠,违反了美国联邦宪法。被告得克萨斯州政府在诉讼中称:生命始于受孕而存续于整个妊娠期间,所以怀孕妇女在整个妊娠过程中,都存在保护胎儿生命这一国家利益。宪法中所称的“人”包括胎儿在内,非经正当法律程序而剥夺胎儿生命是美国联邦宪法修正案第 14 条所禁止的行为。该案最终上诉到联邦最高法院。1973 年,联邦最高法院以6∶3 的多数意见裁定,得克萨斯州限制堕胎的法令过于宽泛地限制了孕妇在妊娠过程中的选择权,虽然美国宪法没有明文规定公民享有隐私权,但是无论是《权利法案》提供的特定保障,还是美国联邦宪法修正案第 9 条所确认的“剩余权利原则”,或者是美国联邦宪法修正案第 14 条确认的未经正当程序不可剥夺的“自由”,都为公民隐私权的保护提供了广阔的宪法空间,而“隐私权的广泛性足以涵盖妇女自行决定是否终止妊娠的权利”,故该法令构成违宪。但是伦奎斯特法官在此案中代表少数意见认为,从 36 个州有关堕胎的立法史来看,妇女的堕胎权利一直受到不同程度的限制,不可能是一项“基本权利”,因此,不应当受到任何特殊保护。

2022 年 6 月 24 日,美国联邦最高法院对多布斯诉杰克逊妇女健康组织案(Dobbs v. Jackson)以 6∶3 多数作出判决,认为堕胎本身涉及诸多道德议题,罗伊案和凯西案(Planned Parenthood v. Casey)侵蚀了美国宪法的权威,本案判决推翻此二判例,并将决定此议题之权利还给美国人民以及他们所选举的代表。此后,是否立法禁止堕胎将由各州自行决定。

问:1. 宪法未明文规定的隐私权能否从列举的“剩余权利原则”或者是正当法律程序原则中推导出?

2. 罗伊案判决将妊娠分为三个阶段,在不同的阶段,堕胎受到的限制不同。基本权利是否存在限制,以及限制的标准和条件是什么?

3. 在堕胎问题上,存在胎儿的生命权与母亲的个人选择权之间的冲突。对于基本权利的冲突,应当如何协调?
4. 如果堕胎是一种权利,国家是否有义务资助堕胎?国家对基本权利的义务是消极的还是积极的?
5. 如果生育和堕胎都是受美国联邦宪法修正案第14条保护的权利,国家资助生育而不资助堕胎,是否违反平等保护原则?
6. 多布斯案推翻了罗伊案和凯西案判例,并将这项规则的制定权交由各州行使,这会使得总体社会利益变得更好吗?试给出观点或说明理由。

我国宪法对基本权利采取列举主义原则,在宪法文本中没有规定"未列举基本权利"如何保护的具体内容。我国宪法中的人权条款与其他国家宪法中规定的"未列举权利保护"条款的性质与功能是不同的,不能简单地进行类比。但这并不意味着我国宪法中的人权条款具有封闭性或缺乏灵活性。目前在我国的宪法中,人权条款对列举的基本权利与未列举的基本权利都发挥着不同形式的保障作用。人权条款可解释为基本权利保障的概括性条款,为基本权利的实现提供更直接且广泛的价值基础。同样,人权条款在宪法未列举权利的保护方面发挥一定的补充作用。如为扩大基本权利保护范围,可以依照人权条款提炼现有条款中隐含的新的权利类型;当基本权利条款有规定,而没有具体法律规定时,提供具体的救济途径;对基本权利条款作出宪法解释时,为解释的合理性提供价值基础与标准;当出现宪法和法律上没有规定的新的权利要求时,可依照人权条款作出必要的判断等。

三、人权条款与国家保护人权义务

关于人权的观念从自由权中心主义逐步转化为自由权与社会权并重后,国家保护人权义务也发生了变化,不仅保护的范围有所扩大,而且保护形式与程序日益多元化。在现代人权分类理论下,国家的人权保护义务是比较明确的,逐步改变了仅仅"通过司法权来实现人权保障"的传统观念获得逐步改变,[12]新的人权分类开始确立。在国家人权保护义务中的主体是整体意义上的国家,但直接表现为具体行使国家权力的国家机关,包括国家立法机关、司法机关与行政机关。在一定条件下,政党、社会团体与企业等也要承担保障人权的义务。国家机关作为具体行使国家权力的主体,首先要保护一切基本权法益,并以此作为进行活动的道德和法律基础。人权保护义务实际上是指国家机关对基本权法益的国家保护义务,其义务包括:保护基本权主体的具体利益;保护第三者的利益;紧急状态中对社会主体权利的保护;采取预防手段减少人权主体利益受到不当的危害。国家必须保护人权的根据来自国家存在的目的与宪法的正当性要求。

国家保护人权的义务是一种综合性的道德与法律要求,包括多样化的内容。国家保护人权的义务分为四个方面:(1)尊重的义务;(2)保护的义务;(3)满足的义务;(4)促进

---

〔12〕 参见[日]大沼保昭:《人权、国家与文明》,王志安译,生活·读书·新知三联书店2003年版,第217页。

的义务。其中,尊重的义务是指国家避免和自我控制对个人自由的侵害的义务;保护的义务是指国家防止和阻止他人对个人权利侵害的义务;满足的义务是指国家满足个人通过努力也不能实现的个人所需、希求和愿望的义务;促进的义务是指国家为整体上促进上述人权而应采取一定措施的义务。[13] 可以看出,国家对人权的尊重与保护义务是相互联系的全面性的义务,尊重的背后实际上存在国家应该履行的保护、满足与促进的义务,尊重只是国家义务的前提与基本的道德基础。

在宪法规范中,"尊重"一词最初主要指国家对自由权的保护义务,表现为国家的消极义务,是一种自由国家的基本理念。当自由国家向社会国家转变后,对人权的尊重扩大到社会权领域,尊重义务范围得到了扩大。为了履行尊重人权的义务,国家既负有积极的义务,同时也要负消极的义务。在社会权领域,国家尊重人权的义务主要表现为满足与促进,积极而适度地干预公民的生活。在自由权领域,国家尊重人权的义务主要表现为国家负有消极的义务,自我控制国家权力对自由权的侵害。因此,国家尊重人权义务是全面性的、综合性的义务,不能片面地强调其中的某一项内容。自由权与社会权保护义务的相对化客观上要求国家保护义务的多样性与综合性。国家对人权的尊重和保障义务不仅是一种政治道德的要求,同时也是一种约束一切国家权力的规范的要求,是一种法的义务,在整个宪法规范体系中居于核心的地位,发挥着最高法律效力。当然,国家的这一义务并不是在任何情况下都会发生的,需要具备一定的条件。如人权保护的具体法律利益的存在、作为第三人利益保护的需要、违法状况的存在与实施危害的客观危险的存在等。

从我国宪法实施的基本要求看,尊重与保障人权的主体是国家机关,特别是立法者要积极地承担保护义务,使人权的理念在立法过程中得到实现。行政机关和司法机关在执行或适用法律时,应尊重基于人权条款而产生的保护义务,确立具体的程序与规则。这里需要强调的是,司法程序只是尊重和保障人权价值的一种基本形式,但不是唯一的形式。中国也有必要在社会、历史与经验中合理地选择人权保障的制度,建立经验与规范相统一的人权保障体制。

背景资料6-3　2021年6月《中国共产党尊重和保障人权的伟大实践》白皮书发表

目录

前言

一、为人民解放和幸福而奋斗

二、尊重和保障人权的执政方略

三、筑牢人民当家作主的根本制度

四、促进各项人权全面发展

五、依法保障公民基本权利

六、推进世界人权事业发展

---

[13] 参见[日]大沼保昭:《人权、国家与文明》,王志安译,生活·读书·新知三联书店2003年版,第220页。

七、丰富发展了人权文明多样性

结束语

知识点提示

人权的概念与特点

权利与基本权利的概念

人权与权利的关系

人权与基本权利的关系

国家与公民的关系

国家权力与公民基本权利的关系

基本权利与一般法律权利的关系

公民的概念

公民与国民的关系

国民与人民的关系

基本权利的特殊主体

我国的公民基本权利体系

我国公民的基本义务

第七章　公民基本权利一般原理(二)

第一节　基本权利效力

一、基本权利效力概念

所谓基本权利效力,是指基本权利的价值与具体内容能够得到实现的一种力量,具体表现为基本权利对社会生活领域产生的拘束力,其目的在于保障宪法规定的人权价值的实现。基本权利效力源于宪法本身的效力,通过具体主体的权利活动体现基本权利的价值。在宪法实践中,基本权利效力具有以下特点:(1)基本权利效力的广泛性,即基本权利拘束一切国家权力活动与社会生活领域。(2)基本权利效力的具体性,即基本权利效力通常在具体的事件中得到实现,特定主体在具体的活动中感受权利的价值,并通过具体事件解决围绕效力而发生的宪法争议。(3)基本权利效力的现实性,即基本权利尽管具有未来指向性的特点,为今后的立法活动提供法律基础,但本质上基本权利是调整现实社会中主体活动的具体权利形态,一旦规定在宪法上便具有直接的规范效力,并不一定通过部门法得到具体化。部门法对基本权利的具体化只是基本权利实现的一种形式,并不是唯一的形式。如果过分强调基本权利具体化过程中部门法的作用有可能削弱宪法的法律性,混淆基本权利与普通权利的界限,最终导致基本权利虚置。(4)基本权利效力的可诉性,即在宪法实践中如发生基本权利效力的争议,应通过具体的诉讼或其他形式得到救济。

二、基本权利效力类型

基本权利是具有直接效力的权利形态,直接拘束立法、行政与司法等活动领域。基本权利效力通常分为三种类型:一是基本权利对国家权力的效力;二是基本权利对私人之间活动的效力;三是基本权利的放射效力(Ausstrahlungswirkung)。第三种类型区别了私人之间的效力概念与私人之外的法律关系中存在的基本权利的效力,在宪法学中并不是常用的概念,故本书中只分析第一种和第二种基本权利的效力。

基本权利的效力直接约束国家权力活动是现代各国宪法普遍确认的一项原则,同时也是宪法的基本功能之一。其实,基本权利产生与发展的内在需求与动力源于限制国家权力的客观必要性。在国家与社会二元化体制下,基本权利主体首要的任务是限制与抵抗国家权力可能带来的侵害,从国家权力的侵害中维护自由的价值,以维护人的尊严。因此,基本权利最初是以抵抗国家权力为目标而产生的社会个体主观的公权,具有防御性质。即使在基本权利同时具有客观法律秩序与共同体价值体系性质的今天,基本权利本身的防御权性质并没有发生实质性的改变,仍是其基本的价值取向。

三、基本权利效力约束

(一)基本权利效力与立法权

基本权利价值的实现是法治国家首要的任务,而立法是建立法治的基础。立法者通过一定形式制定反映民意的法律,推动基本权利价值的具体化。能否制定良法对于法治价值的实现将产生重要的影响。为了保障立法过程的科学性与民主性,宪法规定了立法的基本目标与基本原则,对立法者的活动进行了必要的限制。维护与尊重人权是现代法治国家进行立法活动的基本要求,基本权利的效力直接约束立法者与立法过程,以防止立法者制定侵害人权的法律。立法者在立法过程中应遵循过剩禁止原则和比例原则,控制其立法裁量权的滥用,保证立法的民主性与科学性。随着基本权利强化对立法活动的控制,传统的宪法与法律关系的命题发生了相应的变化,法律本身被纳入基本权利价值体系之中,成为实现基本权利的形式。

(二)基本权利效力与行政权

基本权利对行政活动产生直接的约束力,有关行政的一切活动都要体现基本权利的价值,以保障行政权的合宪性。受到基本权利效力约束的行政活动主要包括行政机关的活动、公务员的活动、公法上的法人的各种管理行为。当行政机关行使自由裁量权时基本权利效力的约束功能可能受到一定的影响,尤其是具体发生基本权利受侵害的事件时难以把握判断标准与界限。在实践中,行政权侵害基本权利的现象是大量存在的,需要进一步强化对行政权的控制,扩大基本权利在行政活动领域中的效力,及时解决基本权利与行政权之间出现的各种冲突。

(三)基本权利效力与司法权

基本权利直接约束一切司法活动。由于司法活动是保障人权的最后堡垒,人们自然对司法权的行使寄予期望,要求在司法活动中体现基本权利的价值。不尊重基本权利价值的司法活动是缺乏正当基础的,不可能获得必要的社会基础。现代司法权运行的出发点与最终目标是实现宪法保护的人权价值,使司法权具有人文基础。为了实现基本权利的价值,各国在宪法实践中不断摸索新的权利救济制度以防止因司法权滥用可能导致的侵权现象。宪法诉愿制度是防止司法权滥用的有效机制,在宪法实践中已产生了积极的效果。尽管世界各国采用的司法体制不尽相同,但司法的中立性与权威性有利于在司法领域中实现基本权利的价值。除司法体制本身对基本权利的救济提供有效的保障外,以司法程序解决基本权利争议的各种宪法保障制度已在实践中发挥了重要的作用。从宪法与司法的相互关系来看,司法权运作的合宪性主要取决于实现基本权利价值的程度。

(四)基本权利效力与私人活动领域

在传统的基本权利理论看来,基本权利效力主要适用于国家权力的活动领域,是以防御国家权力侵害为目的而提出的。因此,除约束国家权力外,基本权利在其他领域没有发生实际的、现实的效力。至于私人之间的相互关系主要依据私人自治原则来处理,如私人之间发生一方限制另一方基本权利的现象时,人们只是判断这种限制是否基于双方的合意,是否存在合意似乎成为判断限制是否合理的基本依据。按照这种传统的思维方式,人们实际上排除了基本权利在私人之间产生效力的可能性,把这种效力仅仅限定在所谓的"公法"领域。但随着社会生活的发展与变化,否定基本权利在私人之间效力的理论遇到了实践的挑战,学者们在宪法变迁与宪法现实的关系中逐步确立了基本权利第三人效力的理论体系。

按照传统的基本权利理论,基本权利只是个人对抗国家权力的具有防御性质的主观公权,它只存在于国家与个人之间。这种意义上的基本权利效力只能约束国家权力的活动,不能扩大到适用于私人之间的关系。但进入 20 世纪后,主观公权意义上的基本权利的观念逐步发生了变化,基本权利开始成为"客观价值体系"的基础,即基本权利的效力适用于整个法律关系,调整整个法律秩序,构成社会共同体的价值基础。传统的主观公权意义上的基本权利与作为客观价值体系基础的基本权利的有机结合为强化基本权利的效力提供了客观依据。因为私人关系存在于整个法律关系之中,私人领域中适用的法律规定不得同基本权利价值相抵触,作为秩序与法律规范意义上的基本权利价值必须通过基本权利效力的发挥才能实现。

在宪法与民法的关系上,这种趋势尤为明显。宪法可以部分地修正民法上已确定的原理,解决民法领域中存在的违背基本权利效力的现象。如民法上确定的所有权尊重原则、契约自由原则、过失责任原则等并不是固定不变的,在宪法原理的影响下可以进行必要的修正。这种修正有的采取直接修正的方式,有的采取间接修正的方式。如多数国家宪法规定,所有权受宪法保护,但其内容与界限由法律规定。有的国家宪法明确规定,财产权的行使应符合公共利益的要求,强调财产权行使的社会义务性。根据宪法的规定,所有权与财产权的概念只能具有相对的意义,不能绝对化。在宪法与契约自由的关系上,现代宪法原理实际上影响了契约自由的内涵与功能,扩大了基本权利效力在契约自由领域中的具体运用。由于契约而出现私人间侵害基本权利的现象时,这种契约的合法性与合理性就会失去存在基础,有可能因缺乏合宪性被宣布为无效。[1] 契约自由受基本权利的约束已成为宪法实践的基本要求。

第二节 限制基本权利的目的与界限

基本权利的受限制性是20世纪宪法的重要特征,反映了基本权利相对化、社会化的趋势。合理地限制基本权利的目的是有效地保障基本权利,而为了有效地保障基本权利,必须对不符合社会公共利益的基本权利进行必要的限制。

事例与思考7-1 国务院应对新型冠状病毒肺炎疫情联防联控机制综合组出台《关于进一步优化落实新冠肺炎疫情防控措施的通知》,并印发《新冠病毒感染者居家治疗指南》

据《人民日报》客户端2022年12月7日报道,国务院应对新型冠状病毒肺炎疫情联防联控机制综合组出台《关于进一步优化落实新冠肺炎疫情防控措施的通知》,并印发《新冠病毒感染者居家治疗指南》。在新冠病毒疫情暴发期间,我国出台并不断改进隔离办法,秉持生命至上、人民至上的理念,尽可能保障人民的生命健康权益。但不可否认,包括居家隔离在内的各种隔离措施都是对公民人身权利的限制,这种限制应当符合什么要件、遵循什么要求,才能满足合法性与合宪性,该问题需要厘清。

问:1. 宪法的目的是保障公民基本权利。但是,公民基本权利的行使存在客观界限,在一定条件下可以依法进行限制。上述材料中,对新冠病毒感染者实施隔离体现了维护公共利益的需要。但是对公民基本权利进行限制应该符合哪些目的?

2. 国家可以任意限制公民基本权利吗?

3. 实施权利限制必须符合哪些基本程序?

---

〔1〕 实际上,基本权利对私人之间关系的效力主要涉及宪法与契约自由的关系问题。各国的学者在研究该问题时对契约自由的宪法意义问题给予了一定的关注,认为只有从理论和实践上解释清楚宪法与契约自由的关系才能建立宪法与私法的理论体系。如日本宪法学者阿部照哉、民法学者我妻荣教授提出了宪法与契约自由的基本原理。我妻荣教授认为,因私人间契约而造成基本权侵害时国家的救济可采取三种方式:一是在一定程度上承认私人间存在的限制人权的情况。二是当限制人权已超过一定限度时,国家对违反公序良俗的契约不赋予效力,使契约失去实际效力。其意义在于国家虽不积极地禁止私人间履行义务,但国家表现出不关心的态度。三是当出现明显的侵害人权的现象时,为了阻止其履行契约,国家要积极地干预,或者对强制要求履行义务的当事人进行处罚。他认为,上述三个阶段中,划分第一阶段和第二阶段的界限是比较难的,第三阶段国家权力的积极干预是比较明确的。阿部照哉教授则认为,分阶段的适用是必要的,但有时难以确定明确的标准,他提出的方法是:先判断是否存在支撑支配关系或契约自由的当事人之间的自由、平等的事实关系。但缺乏契约自由前提时需要直接适用基本权。阿部照哉『基本人権の法理』(有斐閣,1976年)108頁参照。

事例与思考7-2　雇人跨县扔乞丐

据《华商报》2012年8月26日报道,一民政干部在迎接上级卫生检查时,将镇上一名流浪人员用车载到荒郊野外遗弃。在海拔1400多米高的秦岭上,该青年乞丐最终死亡。《中国青年报》也报道过江西省崇义县有关部门为整治市容环境,对县城的沿街流浪乞讨人员和精神病患者实施收容遣送,将他们"扔"到了邻县的荒郊野外,其中有5人失踪。有关人员却没有表示忏悔,而是说:对流浪乞讨者各县都是这样处理的。

问:1. 你如何看待"扔乞丐"的行为?宪法规定"国家尊重和保障人权","扔乞丐"的行为体现了政府部门履行尊重和保障人权的义务吗?

2. 当公民的基本权利与公共利益发生冲突时,应如何进行衡量和选择?

3. 限制公民基本权利的实体和程序限制有哪些?

事例与思考7-3　限娱令

2018年,国家广播电视总局《关于实施"记录新时代"纪录片创作传播工程的通知》(广电发〔2018〕10号)规定,将2011年《关于进一步加强电视上星综合频道节目管理的意见》中"电视上星综合频道平均每天6:00至次日1:00之间至少播出30分钟国产纪录片"的规定后增加"每个电视上星综合频道全年在19:30-22:30时段播出国产纪录片总量不得低于7小时。"支持和鼓励地方电视台上星频道和地面频道开设纪录片栏目,扩大国产纪录片播出需求。

问:1. 观众根据自身喜好选择收看电视节目属于公民的何种基本权利?

2. 国家广播电视总局下发的限娱令是对公民基本权利的限制吗?对公民基本权利的限制应符合哪些目的?

3. 国家可以任意限制公民基本权利吗?实施权利限制必须符合哪些程序?

一、限制基本权利的内涵与依据

限制基本权利是指确定基本权利的范围,使之不得超过一定的限度,超过限度则构成权利的滥用。基本权利的受限制性具体表现为对基本权利主体和基本权利具体活动形式的限制。具体地说,限制基本权利主要有三个方面的内容:

1. 剥夺基本权利。一般作为刑罚的附加刑采用,如选举权是公民的政治权利之一,是进行政治活动的基础。《刑法》规定,对于被判处死刑、无期徒刑的犯罪分子,应当剥夺政治权利终身。

2. 停止行使某种基本权利。出于某种原因,对基本权利主体的活动加以暂时性地限制,等条件恢复时再准予行使基本权利。

3. 出于社会公益,对基本权利特殊主体的活动进行限制,如对公务员的政治活动、军人的政治权利进行限制等。

二、限制基本权利的目的

根据法治的原则,限制基本权利必须有明确的程序与合理目的。由于各国宪法的性质不同,在限制基本权利的目的上也表现出不同的特点。从各国宪法的规定来看,限制基本权利主要有三个方面的目的,即维护社会秩序、保障国家安全和维护公共利益。

(一)维护社会秩序

社会秩序是社会有序状态或动态平衡。正常的社会秩序是社会稳定和发展的基本条件。社会秩序包含相应的社会关系内容和某些社会规范与原则。维护社会秩序的基本要求是:合理地确定社会成员的权利与义务;明确社会主体的宪法地位;对侵犯基本权利的现象规定预防和解决的程序;保护社会成员的积极性。宪法秩序是社会秩序的基础,稳定的社会秩序有赖于宪法关系中权利主体正确地行使权利,不得滥用权利。当权利被滥用的行为危及社会秩序的基础时,出于恢复或维护社会秩序的目的,可对基本权利的某些内容进行必要的限制。

(二)保障国家安全

限制基本权利的另一个目的是保障国家安全。在一个社会中,保障基本权利首先要保障国家安全和领土完整,即国家政权的稳定。当发生国际、国内危机时,正常的宪法秩序就会受到破坏,基本权利的保障也就失去了基础。从某种意义上说,国家安全是基本权利保障的前提之一。值得注意的是,出于保障国家安全的目的限制基本权利时,应明确国家安全机关的权限、限制程序及权利救济的具体形式等。《国家安全法》规定:国家安全机关在国家安全工作中依法行使侦查、拘留、预审和执行逮捕以及法律规定的其他职权;国家安全机关及其工作人员在国家安全工作中,应当严格依法履行职责,不得超越职权、滥用职权,不得侵犯个人和组织的合法权益。这些限制性规定的目的是规范国家安全机关的活动程序,防止滥用职权与侵犯公民基本权利。

(三)维护公共利益

为了维护公共利益,各国宪法普遍规定了对危害公共利益的行为加以限制的范围与具体形式。尽管各国宪法对公共利益内容的规定及表述有所不同,但都遵循一个总的原则,即行使权利和自由不得违背社会的公共利益。公共利益通常表示社会全体利益、幸福与福利。自 18 世纪以后,公共利益逐渐成为宪法规定的内容。进入 20 世纪以后,基本权利的社会化、相对化的趋势要求协调公益和私益,私益的追求不得违背公益,公益成为正确行使基本权利的界限与标准。

联合国在《世界人权宣言》中确定以公共福利为限制基本权利的标准。第 29 条第 2 款规定:“人人在行使他的权利和自由时,只受法律所确定的限制,确定此种限制的唯一目的在于保证对旁人的权利和自由给予应有的承认和尊重,并在一个民主的社会中适应道德、公共秩序和普遍福利的正当需要。”《公民权利和政治权利国际公约》中也规定,权利附有特别责任及义务,可以进行某种限制,但其目的是"保障国家安全或公共秩序、公共卫生或风化"。1980 年 2 月 29 日联合国在第 23 号决议中指出,每个人在行使其权利和自由时只受《联合国宪章》、《世界人权宣言》及其他各项人权公约和有关文件规定的限制,任何个人或组织都不得非法限制或破坏。

《宪法》第 51 条对限制基本权利的目的作了如下表述:"中华人民共和国公民在行使自由和权利的时候,不得损害国家的、社会的、集体的利益和其他公民的合法的自由和权利。"这一条是对公民行使自由和权利的总的限制性规定,同时也表明了限制的基本目标。在我国,公民合法地行使基本权利的基本前提是不损害社会、国家与集体利益,不损害他人的利益。为了维护社会、国家与集体利益,在必要时可以对公民的基本权利进行限制,以保障权利主体之间利益的平衡。除宪法外,其他法律、法规中也相应地规定了有关限制权利的目的、内容。宪法的总体限制目的一般通过普通法律具体体现。如有关民事权利限制方面,《民法典》第 8 条规定,民事主体从事民事活动,不得违反法律,不得违背公序良俗。第 132 条规定,民事主体不得滥用民事权利损害国家利益、社会公共利益或者他人合法权益。在其他法律、法规中也有以维护公共利益为目的的限制性规定。宪法是公共利益的高度提炼与概括,是对多种利益关系的总体协调。为了社会和国家利益,有必要限制损害公共利益的行为。这种限制并不影响保障基本权利的社会效果,保障与限制是有机统一的。当然,我们必须承认,总体上对公共利益的界定同判断某一具体行为是否违反公共利益之间有时存在一定程度的矛盾。限制基本权利的具体标准不能拘泥于抽象的原则,应当把原则和界限进一步量化,明确具体的限制目的与限制过程。

三、限制基本权利的形式

(一)基本权利内在的限制

基本权利内在限制主要指基本权利内部已确定限制的范围,不是从外部设定条件。主要分为两种情况:一是基本权利本身的限制,即宪法中规定的基本权利概念本身对其范围与界限进行了必要的限定;二是通过具体附加的文句对其范围进行了限定。如宪法规定游行示威时不得侵犯他人的权利与自由、发表言论时要求遵守社会公德等。

(二)宪法和法律的限制

1. 宪法限制

现代各国宪法一方面规定了保障基本权利的内容,另一方面又规定了限制基本权利的界限。这种界限也称作基本权利的宪法界限。宪法为基本权利运行确定了总的原则与程序,以此作为基本权利保障的内在条件。《宪法》第 51 条的规定是宪法对基本权利活动进行限制的总的原则与标准,确定了基本权利的内在界限。在宪法上保障与限制基本权利是有机统一的,通过宪法的任何限制都应具有合理的界限,不应超过宪法原则与精神所要求的范围与限度。制宪者在宪法中明示限制基本权利的界限,其目的是使立法者在制定法律时尊重基本权利价值,依法正确行使立法裁量权。有些国家的宪法明文规定,尊重人权是一切国家权力的义务，如《俄罗斯联邦宪法》第18条规定:“人和公民的权利与自由是直接有效的，它们规定着法律的意图、内容和适用，立法权和执行权、地方自治的活动，并受到司法保证。”

事例与思考7-4　交通部强制安装车载导航

2012年12月31日，交通运输部发布了《关于加快推进“重点运输过程监控管理服务示范系统工程”实施工作的通知》(以下简称《通知》)，指出北斗卫星导航系统是我国自主建设的战略性系统工程，对保障国家安全和经济社会发展具有十分重大的战略意义。

《通知》明确规定为确保北斗兼容车载终端安装进度，进一步支持国家北斗导航战略，自2013年1月1日起，各示范省份在用的“两客一危”车辆(旅游包车、三类以上班线客车和危险品运输车)需要更新车载终端的，应安装北斗兼容车载终端;所有新进入运输市场的重型载货汽车和半挂牵引车应加装北斗兼容车载终端，并接入全国道路货运车辆公共监管与服务平台;鼓励农村客运车辆安装北斗兼容车载终端。凡未按规定安装或加装北斗兼容车载终端的车辆，不予核发或审验道路运输证。

《通知》还进一步规定，各示范省份要高度重视车载终端安装工作，采取切实有效的措施，确保在2013年3月底前完成本省80%以上北斗兼容车载终端安装任务。

问:1. 宪法的目的是保障公民的基本权利。但是公民基本权利的行使存在客观界限，在一定条件下可以依法受到限制。在这个事例中，交通部为了实现推广北斗导航系统，使国家北斗导航战略可持续发展得到根本保障的目的是否具有正当性?

2. 为了维护公共利益，交通部可以要求强制安装北斗兼容车载导航吗?

3. 实施权利限制必须符合哪些程序?

事例与思考7-5　行政活动内容的公开

2021年10月21日，某公安分局在多平台的账号上发布了一则警情通报:陈某卉、李某迪因涉嫌嫖娼被某公安分局依法行政拘留。该内容使公众能够迅速确定李某迪的身份。随后，中国演出协会发起对李某迪的从业抵制，中国音乐家协会取消了其会员资格，其此前参与制作的视听作品等全部下架或形象进行模糊处理。

问:1. 宪法的功能在于保障公民权利、限制国家权力。在本案中，李某迪作为公众人物，其名誉权与公民的监督权冲突时，舆论监督权(言论自由)被予以优先保护。这是否体现了宪法功能的发挥?

2. 公众人物的名誉权受限制有什么规范和理论依据?

3. 对于某公安分局的信息公开，有观点认为这实质上构成“一事二罚”，或者至少违背了比例原则，侵犯了个人信息权益和隐私权，你怎么看待这个观点?

2. 法律限制

在宪法原则的指导下,对行使基本权利的活动可通过法律进行适当的限制,法律限制是经常被运用的方式。通过法律限制基本权利涉及作为限制基本权利的手段和不依法律不能限制基本权利的界限。合理的限制不仅可以促进基本权利的制度化、法律化,而且可以消解个人与共同体之间的张力,协调个人利益和公共利益。通过法律限制基本权利的条件是必须有国家通过的法律为依据,而且这种法律必须具有合宪性;限制基本权利要有明确的目的,对特定的基本权利不得限制,如《韩国宪法》第 37 条规定:"对人权进行限制时也不能侵害自由和权利的本质内容。"具体的限制方式有两种:(1)法律的一般保留,即法律规定的保留适用于所有基本权利,所有基本权利均受法律限制。(2)法律的个别保留,即根据具体的法律条文对基本权利进行限制。在具体限制基本权利时,一般保留和个别保留有时会出现交叉的现象,有些国家只规定了个别保留,而没有规定一般保留,如韩国、日本等国。法律保留主要以行政活动为对象,但在必要的情况下,也可约束立法活动,以保障基本权利不受立法权侵害。我国宪法采取了一般保留的方式,法律对基本权利的限制适用于所有领域,但这种限制是有目的的,是在宪法原则指导下的限制。

(三)紧急状态下公民基本权利的限制

所谓紧急状态,就是指在一定范围和时间内由于突发重大事件而严重威胁和破坏公共秩序、公共安全、公共卫生、国家统一等公共利益和国家利益,需要紧急予以专门应对的社会生活状态。在紧急状态下,为了保障公民的基本权利和社会公共利益,迅速恢复经济与社会的正常状态,有必要赋予国家机关一定的紧急权力。如何既保障基本权利价值又保证国家权力有效运作,如何在基本权利的保障与限制之间寻求合理平衡是现代宪法学需要研究的重要课题。

1. 紧急状态下限制基本权利的宪法依据

紧急状态是相对于正常状态而言的,宪法上所确认的基本权利都是常态下的基本权利,它们能否在紧急状态下正常行使呢? 各国的立法和实践表明,在紧急状态下需要限制或克减公民的基本权利。许多国家的宪法和国际人权公约都明确了这一点。经过 2004 年修宪,我国已经将紧急状态明确地规定在宪法之中,使紧急状态有明确的宪法基础。在紧急状态下,对基本权利的限制是有宪法依据的,主要体现在以下几个方面。

首先,宪法规定的基本权利是针对公共权力而设置的,在保持其价值统一性的同时,其内容并不是绝对的,公共权力和私权利之间存在合理的界限。通过基本权利界限的解释,我们可以确定基本权利的规范领域及其存在的问题,并提供宪法解释的标准与具体规则。

其次,迅速控制紧急状态的需要,恢复宪法秩序。引发紧急状态的事件是不可避免的。该事件的发生必然会对整个社会秩序造成极大的冲击,有可能侵害宪法赖以发挥作用的环境。如果不能迅速控制,宪法的基础就会发生动摇,国家体制甚至都有颠覆的危险。这时,为了迅速控制紧急状态,有必要赋予国家以紧急权,采取非常措施以应对这种非常状态。“紧急权的发动必须是以恢复国家秩序和宪法秩序为目的。”[2]公民也有义务服从国家紧急权的管理需要,配合国家迅速有效地控制紧急状态。按照宪法的原理,为应对可能给宪法秩序带来的任何危害,为了保障国家安全、维护秩序与公共福利,可以在必要的限度内对基本权利进行限制。我国《宪法》第 51 条的规定也显示可以基于公共利益的需要对基本权利进行限制。

最后,保障公民基本权利,减少生命和财产损失的需要。我国《宪法》第 33 条第 3 款规定:“国家尊重和保障人权。”许多国家宪法采用法律保留原则,授权法律可以限制基本权利,这是以宪法肯定基本权利的存在为前提的。国家在紧急状态下限制公民基本权利的行使,其直接目的在于保证紧急权的有效行使,防止紧急权的滥用,进而能尽快恢复宪法秩序,从而保障公民的基本权利能尽快在常态之下正常行使。换言之,限制基本权利的出发点与归属点是更好地保障公民的基本权利价值。从另外一个角度来看,紧急权的正当行使虽然会给一小部分人带来不利的影响,但是却能保障更大一部分人的生命和财产,减少社会整体利益受到更多不必要的损失。

2. 紧急状态下基本权利的限制界限

紧急状态下,限制或克减公民的基本权利应该符合宪法的规定和基本精神。在宪法学框架内,国家紧急权有两种表现形式:一是宪法对可能出现的国家紧急状况已作出预测性的规定;二是宪法对可能出现的紧急状况无法作出预测性的规定,有可能出现“超宪法的‘宪法外的国家紧急状态’”。但无论出现何种情况,国家紧急权的发动必须符合宪法规定或宪法原则,任何违反宪法规定和精神的做法都不具有合宪性的基础。

(1)限制的范围。各国宪法和国际人权公约对紧急状态下基本权利限制或克减的范围有几种不同的规定方式。一是肯定式规定,即规定可以限制或克减哪些基本权利。二是否定式规定,即规定哪些权利不得限制或克减。三是折中式规定,即一方面宣称不得限制或克减某些基本权利,另一方面又规定可以限制某些基本权利。四是模糊式规定,即不对紧急状态下可以限制或克减的基本权利作出具体规定。

从上面几种基本权利限制或克减范围的规定来看,限制或克减范围的确定有一个大致的标准:经济权利和政治权利一般可以克减,人的生命、思想、信仰方面的权利则不得克减。后者因其构成了人权的最本质的部分,故而不得克减。

(2)限制的程度。基本权利的克减应该有一个程度上的限制。换言之,不能无限制地限制或克减公民的基本权利,不得侵害人权的本质内容。人权的本质内容通常是指成为人权核心的实体内容,本质内容的侵犯就是指因这种侵犯,公民的自由或权利变得有名无实。在人权实践中,认定人权本质内容的标准有时不易掌握,对一些基本的人权在限制上采取更慎重的方法是必要的。但从人权社会化、相对化的发展趋势来看,一概否定人权本质内容的限制也是不适宜的。如果基本权利的本质内容受到了侵犯,该权利即不再存在。所有权利条款的核心都在于保障人的尊严与价值。

(3)限制的条件。限制或克减基本权利需要符合以下几个方面的条件,使政府行使

---

[2] 董和平、韩大元、李树忠:《宪法学》,法律出版社 2000 年版,第 330 页。

的紧急权不仅具有合法性,而且具有权威性,防止可能出现的紧急权的滥用。

时间起点:宣布进入紧急状态之后。《公民权利和政治权利国际公约》第 4 条规定,"在社会紧急状态威胁到国家的生命并经正式宣布时,本公约缔约国得采取措施克减其在本公约下所承担的义务"。《加拿大危机法》规定:"在公共福利危机的宣告生效期间,总理可以依照合理的原因采取其认为处理危机必要的如下命令或规制措施……"不宣布进入紧急状态不得克减公民的基本权利。只有在宣布紧急状态之后,限制或克减才有必要,才有合宪性的基础。

限制依据:形式法律。对于公民基本权利的限制,只能由国家最高权力机关所制定的法律来进行,这是宪法的一项基本原理。宪法文本中的"法律"在不同条文中有不同的价值表现形式,内涵也不尽相同。一般情况下,限制基本权利不可以授予行政机关或其他机关来行使,行政法规等形式的规范性法律文件限制基本权利通常不具有合宪性的基础。

实施主体:实体和程序合法。我国《宪法》第 67 条规定,全国人民代表大会常务委员会有权决定全国或者个别省、自治区、直辖市进入紧急状态。第 80 条规定,中华人民共和国主席根据全国人民代表大会的决定和全国人民代表大会常务委员会的决定,宣布进入紧急状态。第 89 条规定,国务院有权依照法律规定决定省、自治区、直辖市的范围内部分地区进入紧急状态。根据《国家安全法》第 37 条的规定,国务院"行使宪法法律规定的和全国人民代表大会及其常务委员会授予的涉及国家安全的其他职权"。

3. 紧急状态下基本权利的保障与救济

紧急状态下限制或克减公民的部分基本权利的根本目的在于保障公民的基本权利。但是,不是所有的基本权利都是可以限制或克减的,某些基本权利即使在紧急状态下也不得克减,也需要和平常一样加以保障。

(1)宪法限制基本权利的合理界限。在紧急状态下,宪法仍然能够发挥作用,仍然发挥着保障基本权利的功能,只是保护的方式发生了变化而已。在限制或克减基本权利的时候,需要严格遵循比例原则,进行利益衡量,以确保宪法维护秩序与保障人权的价值能够得到实现。具体而言,包含以下三个方面的内容:其一,采取的方法应有助于目的达成,这在学理上被称为"合目的性"或"适当性"原则;其二,有多种同样能达成目的的方法时,应选择对公民权益损害最少的方法,这在学理上被称为"必要性"原则;其三,采取的方法所造成的损害不得与想要达成的目的在利益上显失均衡,这在学理上被称为"狭义的比例原则"。比例原则作为一种权衡方法和程式,主要适用于公权力运用、限制或侵害的场景,它对于控制国家权力行使目的的正当合理、手段与目的之间的适当链接、收益与成本之间的比例均衡等都具有重要作用。

我国宪法体现了比例原则的要求。如《宪法》第 10 条第 3 款规定:"国家为了公共利益的需要,可以依照法律规定对土地实行征收或者征用并给予补偿。"《宪法》第 13 条第 3 款规定:"国家为了公共利益的需要,可以依照法律规定对公民的私有财产实行征收或者征用并给予补偿。"这两条都规定了征收、征用的合目的性原则。《宪法》第 14 条第 4 款规定:"国家建立健全同经济发展水平相适应的社会保障制度。"这里的规定符合比例的要求。

(2)基本权利的救济。没有救济,就没有权利。这是法治原则在常态下的一项重要内涵。笔者认为,在紧急状态之下,仍有其适用余地。正如《美洲人权公约》第27条所规定的,在紧急状态下不得暂时停止为保护那些不得克减的基本权利所必要的司法保证。对于限制或克减公民的基本权利,也要给予救济的渠道,只是与常态之下的救济有所差别而已。

一是对规范性文件的合宪性和合法性审查。一个合宪合法的规范文件将取得良好的效果,有助于提高应对紧急状态的效率;但是一个违宪违法的规范文件则可能带来无数个违宪违法的行为,造成恶劣的效果,侵犯公民的合法权益。有必要依据《行政诉讼法》《立法法》等规定了审查依据、方式等内容的规范对各类规范文件进行审查。审查的方式有两种:其一为附带式审查,即发生了具体的损害案件之后,在案件审理中对其进行审查;其二为抽象审查,即在规范性法律文件公布之后,有权人员和机构依照《立法法》的规定向有权机关提出审查的要求或建议,由其进行审查。当然,我国目前的请求审查及具体审查的程序在可操作性上还有欠缺,还需要对请求权的主体要件、审查主体及其权限、审查结果的效力等问题作进一步明确。

二是对限制行为的合宪性和合法性审查。在具体实施规范性法律文件的过程中,针对限制行为的违宪违法现象也有必要设定法律的救济渠道。当然,这里我们所说的法律救济应该与常态之下的法律救济有所区别,它应该更能体现紧急状态对效率的要求,也应该提供更便捷的途径方便当事人提起救济程序。在紧急状态之下,为了保证紧急权有效行使,原则上只应允许对超出合理界限的限制行为提起救济程序;对于尚处于合理界限之内的限制行为,司法应保持谦抑状态。另外,无论是行政复议还是行政诉讼,均需在受理程序、审理组织构成、审理期限上作简易的规定,以确保纠纷的迅速解决。这些都需要在今后的立法中予以明确。

三是给予补偿。我国《国家安全法》对此作了具体规定,该法第64条规定,发生危及国家安全的特别重大事件,需要进入紧急状态、战争状态或者进行全国总动员、局部动员的,由全国人民代表大会、全国人民代表大会常务委员会或者国务院依照宪法和有关法律规定的权限和程序决定。第65条规定,国家决定进入紧急状态、战争状态或者实施国防动员后,履行国家安全危机管控职责的有关机关依照法律规定或者全国人民代表大会常务委员会规定,有权采取限制公民和组织权利、增加公民和组织义务的特别措施。第66条规定,履行国家安全危机管控职责的有关机关依法采取处置国家安全危机的管控措施,应当与国家安全危机可能造成的危害的性质、程度和范围相适应;有多种措施可供选择的,应当选择有利于最大程度保护公民、组织权益的措施。

另一个制约立法机关的原则是"授权明确性原则"。"授权明确性原则"是指立法机关对行政机关的授权在目的、范围和内容上必须明确。

我国《立法法》关于授权明确性的规定包括:第13条规定,授权决定应当明确授权的目的、事项、范围、期限以及被授权机关实施授权决定应当遵循的原则等。第14条规定,授权立法事项,经过实践检验,制定法律的条件成熟时,由全国人民代表大会及其常务委员会及时制定法律。法律制定后,相应立法事项的授权终止。第15条规定,被授权机关应当严格按照授权决定行使被授予的权力。被授权机关不得将被授予的权力转授给其他机关。

第三节　基本权利的竞合与冲突

一、基本权利竞合

基本权利竞合是指同一个基本权利主体在同一事件中同时主张几种权利的现象。基本权利竞合现象通常发生在一个主体的行为涉及几种基本权利的情况中,反映了基本权利多样化的趋势。如依法逮捕参加示威游行的人时,当事人可能主张人身自由与集会自由;当国家干预宗教团体发行的报刊时可能涉及宗教信仰自由与言论自由等。

根据基本权利竞合的性质与表现形式,通常把基本权利的竞合分为三种类型,即一般基本权利与特别基本权利竞合、限制程度不同的各种基本权利相互竞合、规范领域不同的基本权利之间的竞合等。这三种类型中第二种类型较为普遍,在基本权利价值体系中经常面临如何选择基本权利保护顺序的问题。

在发生基本权利竞合现象时需要根据基本权利的具体特点采取合理的原则,使权利竞合问题能够得到合理解决。如一般基本权利与特别基本权利之间发生竞合时采用特别法优先的原则,确定特别基本权利受侵害的事实。当限制程度不同的基本权利之间发生竞合时根据权利的结构分析构成要件的合理基础,并提供解决权利竞合的途径。

二、基本权利冲突

基本权利冲突是指不同的基本权利主体在同一事件中为了各自的利益向国家主张相反的基本权利要求的现象。基本权利冲突产生的条件主要有两种:一是从宪法规定的基本权利中推导出公民的基本权利,这种权利有时会发生交叉;二是通过基本权利具体化的客观价值体系同时对法秩序产生影响的效力。基本权利冲突产生的直接后果是主张一种基本权利的同时牺牲另一种基本权利,如怀孕母亲决定堕胎时母亲的自我决定权与胎儿的生命权之间的冲突等。

在一般情况下,宪法中规定的基本权利的价值是相同的,需要给予同等的保护。但发生冲突与矛盾时可以区分不同层次的基本权利的价值,优先保护相对价值高的基本权利,从价值体系上协调冲突的基本权利。

事例与思考7-6　“馒头”事件

2006年2月,影片《无极》被网民胡某戏谑改编为《一个馒头引发的血案》(以下简称“馒头”事件),在该片中,胡某大量剪辑使用了《无极》的影像片段,并予以配音和编排,对《无极》充满了嘲讽意味。该片的视频迅速在网络上传播,引起了《无极》的导演的强烈不满,声称要起诉胡某,但最终并没有形成诉讼案件。

在本事件中,《无极》的著作权人认为自己的“保护作品完整权”受到了侵犯,“保护作品完整权”应当是宪法上“人格尊严”和“艺术自由”在著作权领域的映射。胡某认为改编是宪法上保护的艺术自由。同时有学者主张胡某是行使“言论自由”或“表达自由”,认为本案中不存在艺术自由的问题。对胡某行为的定性表现为“基本权利的竞合”问题。同时,该事件中更为关键的是《无极》的著作权人和导演的人格尊严与网络改编者胡某的艺术自由之间的冲突问题。

问:1. 基本权利的竞合与冲突该如何理解?

2. 如何解决基本权利的冲突问题?

第四节　公民基本权利在我国的产生与发展

一、旧中国宪法与基本权利观念

宪法意义上的基本权利(最初主要是人权观念)传入中国始于清末立宪。1906年9月,慈禧正式下诏“预备立宪”,并规定立宪的原则是“大权统于朝廷,庶政公诸舆论,以立国家万年有道之基”。[3]《钦定宪法大纲》在附录中规定了“臣民权利义务”9条,但这一规定“不仅残缺不全,而且只在法定的范围内才可以行使,并且皇帝随时有权颁布诏令,予以剥夺”。如1907年《结社集会律》规定:结社集会,凡与政治及公事无关者可以“照常设立”。[4] 可见,《钦定宪法大纲》虽规定了“臣民的权利”,但没有提供其实现的具体措施,随时可以剥夺。此后的《宪法重大信条十九条》也没有规定具体保障人权的内容。

以孙中山先生为代表的革命派制定的《中华民国临时约法》第一次系统地规定了“人民的广泛的权利与自由”,但在具体保障制度方面存在严重的缺陷,如规定了选举权,但对具体行使选举权的条件作了种种限制。此后的《天坛宪草》《中华民国约法》《中华民国宪法》等宪法及宪法性文件均不同程度地规定了基本权利与自由的内容,但这些内容并不实质反映宪法的精神。

在20世纪20、30年代,一些学者从宪法角度探讨了人权价值及其宪法保护等问题。如胡适在1929年4月发表的《人权与约法》一文中提出:在今日如果真要保障人权,如果真要确立法治基础,第一件事便是应该制定一个中华民国的宪法,也应该制定所谓训政时期的约法。[5] 罗隆基在1929年7月发表的《论人权》一文中,系统地考察了人权保障的一些理论。其内容主要包括:人权是一些做人的权,是做人的那些必要的条件;在人权与国家问题上,国家功用就在于保障人权,就在于保障国民做人上那些必要的条件。什么时候,国家这个功用失掉了,人民对国家服从的义务就告终;法律保障人权,人权产生法律,

〔3〕 参见李进修:《中国近代政治制度史纲》,求实出版社1988年版,第66页。

〔4〕 参见蒋碧昆编著:《中国近代宪政宪法史略》,法律出版社1988年版,第62页。

〔5〕 参见高军、李慎兆、严怀德等编:《中国现代政治思想史资料选辑》(上册),四川人民出版社1983年版,第804页。

同时宪法保障人权,宪法亦依赖人权的保障。[6] 上述理论主张尽管存在局限性,但对人们从宪法角度思考人权问题起了理论上的启蒙作用。

二、中国共产党领导的人权保障实践

追求人权与重视人权保障是中国共产党人的目标,中国共产党的历史也就是争取和发展人权的历史。

1922 年中国共产党在发表的《第一次对时局的主张》一文中明确提出了实行普选,保障人民结社、集会、言论、出版自由权等口号。1922 年安源煤矿工人们也喊出了"从前是牛马,现在要做人"的口号。1923 年,著名的"二七"大罢工进一步明确地提出了"争自由,争人权"的口号。1927 年 2 月,上海工人在第三次武装起义中也提出了"一切权力归市民代表政府"的口号。

1934 年,中华苏维埃共和国召开了第二次全国代表大会,通过了《中华苏维埃共和国宪法大纲》。大纲规定了人民在政治上、经济上与文化上享有的广泛的权利,如参政权、武装权、自由权、受教育权等。其中第 10 条规定:"中华苏维埃政权以保证工农劳苦民众有言论、出版、集会、结社的自由为目的,反对地主资产阶级的民主,主张工人农民的民主,打破地主资产阶级经济的和政治的权力,以除去反动社会束缚劳动者和农民自由的一切障碍,并用群众政权的力量,取得印刷机关(报馆、印刷所等)、开会场所及一切必要的设备,给予工农劳苦民众,以保障他们取得这些自由的物质基础。"

在抗日战争时期,中国共产党有关的施政纲领规定了保障基本权利的原则,并制定了单行条例。《陕甘宁边区施政纲领》第 6 条规定:"保证一切抗日人民(地主、资本家、农民、工人等)的人权、政权、财政及言论、出版、集会、结社、信仰、居住、迁徙自由权。除司法系统及公安机关依法执行职务外,任何机关、部队、团体不得对任何人加以逮捕、审问或处罚,而人民则有用无论何种方式控告任何公务人员非法行为的权利。"《陕甘宁边区抗战时期施政纲领》《晋冀鲁豫边区施政纲领》《山东省战时施政纲领》等宪法性文件中相应地规定了有关基本权利保护方面的内容。为了切实保障基本权利,各解放区还制定了有关的条例,如 1942 年 2 月陕甘宁边区政府公布了《陕甘宁边区保障人权财权条例》,同年 10 月晋西北临时参议会通过了《晋西北保障人权条例》。这些条例的主要特点是,详细规定了保护公民人身权利的法律措施,健全了逮捕、审问、处罚的具体程序,如有些地方制定了逮捕拘留条例,以保障人权条例的施行。《陕甘宁边区保障人权财权条例》第 1 条规定:"本条例以保障边区人民之人权财权,不受非法之侵害为目的。"第 10 条规定:"逮捕人犯不准施以侮辱、殴打及刑讯逼供、强迫自首,审判采证据主义,不重口供。"条例共 22 条,具体规定了保障基本权利的程序问题。

在解放战争时期,中国共产党重视人权保障的传统始终没有变,根据历史的发展,不断充实有关基本权利保障方面的原则与规定。1946 年通过的《陕甘宁边区宪法原则》是

---

[6] 参见高军、李慎兆、严怀德等编:《中国现代政治思想史资料选辑》(上册),四川人民出版社 1983 年版,第 818 页。

当时解放区民主建设重要的宪法性文献,它规定人民享有六大基本权利,其内容是:人民为行使政治上各项自由权利,应受到政府的诱导与物质帮助;人民有免于经济上偏枯与贫困的权利;人民有免于愚昧及不健康的权利;人民有武装自卫的权利;边区人民不分民族,一律平等;妇女除有与男子平等的权利外,还应照顾妇女之特殊利益。中国共产党在中华人民共和国成立前领导的人权保障实践为新中国人权保障体制的建立提供了丰富的经验。

三、新中国宪法与公民基本权利的发展变化

中华人民共和国的成立为我国公民享有广泛的基本权利提供了政治、社会与法律保障。人民民主政权的建立是新中国公民基本权利保障制度产生的基本前提。随着社会政治、经济、文化事业的发展,我国宪法体制上的公民基本权利的内容、类型与界限等发生了相应的变化,逐步形成了具有中国特色的基本权利保障体系。

(一)《共同纲领》与公民基本权利

1949 年 9 月 29 日通过的《共同纲领》是中国宪法史上第一部具有新民主主义性质的宪法性文件。《共同纲领》在第一章总纲中规定了公民的基本权利,主要有:选举权和被选举权;思想、言论、出版、集会、结社、通讯、人身、居住、迁徙、宗教信仰及示威游行的自由权;男女平等权;保护报道真实新闻自由等。同时,《共同纲领》规定保护国外华侨的正当权益,保护守法的外国侨民。从当时的情况来看,《共同纲领》不可能确定十分完备的权利体系,只规定了现实生活中需要的有可能实现的基本权利。

(二)1954 年宪法与公民基本权利

1954 年宪法是中国历史上第一部社会主义类型宪法,它以《共同纲领》为基础,是对《共同纲领》的继承和发展。1954 年宪法把公民的基本权利与义务列为第三章,有关基本权利的条款共 15 条,主要内容有:法律面前人人平等;选举权和被选举权;言论、出版、集会、结社、游行、示威的自由;宗教信仰自由;人身自由;通信自由;劳动权;休息权;物质保障权;受教育权;控告权等。在规定基本权利的同时,1954 年宪法确定了实现权利的途径和条件,如第 87 条规定,国家供给必需的物质上的便利,以保证公民享受这些自由;第 91 条规定,国家通过国民经济有计划的发展,逐步扩大劳动就业,改善劳动条件和工资待遇,以保证公民实现劳动权;第 97 条规定,由于国家机关工作人员侵犯公民权利而受到损失的人,有取得赔偿的权利。1954 年宪法确定了较完整的基本权利保障体系,比较合理地确定了基本权利的限制与保障的界限。1954 年宪法的制定标志着中国基本权利保障体系的初步形成,它在实践中发挥了一定的作用。但是从 20 世纪 50 年代后期开始,由于党内“左”的错误的影响,宪法确定的原则和程序受到了严重的破坏,基本权利保障制度失去了正常的功能,宪法规定的基本权利与社会现实之间发生了严重的冲突。特别是在“文化大革命”十年中,庄严的宪法形同虚设,公民的基本权利得不到宪法的有效保护。

(三)1975 年宪法与公民基本权利

1975 年宪法是在国家政治生活极不正常的情况下制定的,宪法本身缺乏正当性。1975 年宪法中虽保留了 1954 年宪法的一些原则和内容,但在基本权利保障方面缩小了范围,取消了一些基本的、重要的原则,如法律面前人人平等原则,法院独立进行审判、只服从法律的原则,审判公开和被告人有权获得辩护等。由于当时的政治环境,宪法的指导思想存在严重的错误,宪法规定的极不完整的基本权利缺乏必要的政治保障、法律保障与思想保障。可以说,从 1957 年党内出现"左"的错误开始直到 1978 年,我国公民的基本权利保障制度没有得到正常实施,基本上处于停滞状态。

(四)1978 年宪法与公民基本权利

1976 年粉碎"四人帮"以后,根据新时期的任务,国家重新调整了国家与个人、国家权力与个人权利之间的关系,强化了对权利的保障。1978 年宪法恢复了 1954 年宪法中规定的一些重要的权利与自由,并对权利的实现规定了保障条款。如第 47 条规定,任何公民,非经人民法院决定或者人民检察院批准并由公安机关执行,不受逮捕;第 49 条规定,国家规定劳动时间和休假制度,逐步扩充劳动者休息和休养的物质条件,以保证劳动者享受这一权利;第 55 条规定,公民在权利受到侵害的时候,有权向各级国家机关提出申诉等。1978 年宪法规定的公民基本权利比 1975 年宪法有了很大的发展,对基本权利关系作了必要的调整,但并没有真正纠正"左"的内容,保留了一些不规范、不科学的内容。总之,由于当时指导思想上的一些问题,1978 年宪法中有关基本权利的内容及其保障措施还很不完善。

(五)1982 年宪法与公民基本权利

以 1978 年 12 月中国共产党十一届三中全会的召开为标志,我国的权利保障体制进入了进一步建立和完善的新的历史时期。

1982 年宪法以四项基本原则作为指导思想,在认真总结经验教训的基础上,对原有的基本权利体系进行了较大的调整,建立了符合中国实际的基本权利保障体系,其基本特点表现在:

1. 为了突出地显示基本权利在宪法体制中的重要地位,将公民的基本权利和义务一章设为第二章,位于总纲之后、国家机构之前,合理地处理了公民权利与国家权力之间的关系。宪法结构的这种变化表明了政治秩序中基本权利所具有的价值与普遍的约束力。

2. 重新调整基本权利体系,增加基本权利内容。1982 年宪法取消了 1975 年宪法、1978 年宪法中关于公民有罢工自由的规定,增加了公民人格尊严不受侵犯、退休人员生活受保障、残疾公民受帮助等权利,规范了基本权利的内涵。从基本权利和义务条文的数量看,1954 年宪法有 19 条,1975 年宪法有 4 条,1978 年宪法有 16 条,而 1982 年宪法有 24 条。1982 年宪法重视基本权利的规范化问题,如有关宗教信仰自由方面,1975 年宪法和 1978 年宪法只写了公民"有信仰宗教的自由和不信仰宗教、宣传无神论的自由"一句,其规定不规范、不科学。1982 年宪法对宗教信仰自由作了新的补充,规定:“中华人民共和国公民有宗教信仰自由。任何国家机关、社会团体和个人不得强制公民信仰宗教或者不信仰宗教,不得歧视信仰宗教的公民和不信仰宗教的公民。”同时从宪法上明确了宗教信仰自由的合理界限。

3. 强调基本权利的实现条件。1982 年宪法坚持了基本权利价值性与实践性相统一的原则,注重从法律和物质上保障公民的权利和自由。如为了保障公民的人格尊严不受侵犯,1982 年宪法规定:“禁止用任何方法对公民进行侮辱、诽谤和诬告陷害。”为了实现公民的劳动权,1982 年宪法规定:“国家通过各种途径,创造劳动就业条件,加强劳动保护,改善劳动条件,并在发展生产的基础上,提高劳动报酬和福利待遇。”在规定基本权利的同时,1982 年宪法确定了相应的物质和法律保障,使基本权利具有现实基础。

4. 体现基本权利与基本义务并重原则,强调权利与义务一致性原则。在基本权利与基本义务的价值取向上,1982 年宪法坚持基本权利与基本义务并重原则,规定:“任何公民享有宪法和法律规定的权利,同时必须履行宪法和法律规定的义务。”按照 1982 年宪法的精神,基本权利的行使与基本义务的履行具有同等意义,义务的履行是实现权利的不可缺少的形式。有关基本权利与基本义务并重原则我们将在公民的基本义务部分作进一步的探讨。

(六)五次修宪与基本权利的发展

1982 年宪法颁布实施以来,根据社会发展的实际需要,国家通过不同形式不断扩大基本权利的范围与类型。1988 年修宪对私营经济地位的宪法确立、土地使用权与所有权的分离的规定,实际上为公民行使经济权利提供了宪法基础。1993 年修宪对社会主义市场经济地位的规定与农村家庭联产承包制度的规定,为公民基本权利的进一步发展奠定了宪法基础。1999 年修宪把建设社会主义法治国家作为宪法的基本原则,进一步完善了国家的基本经济制度,扩大了对非国有经济的保护范围。2004 年修宪的亮点之一是将人权写入宪法,使保障人权从政治原则上升为宪法原则,并进一步明确了私有财产权的宪法地位,完善了基本权利体系。

知识点提示

基本权利对国家权力的效力

基本权利在私法领域的效力

基本权利的内在限制与外在限制

基本权利的宪法限制

紧急状态下基本权利的限制

公共利益的概念

限制基本权利的目的

第八章　平　等　权

第一节　平等权概述

一、平等与平等权概念

（一）平等的理念与发展

平等与自由是人类长期追求的目标，实际上构成宪法发展的内在动力。但两者的价值并不是始终统一的，有时存在矛盾与冲突。为了获得人的价值的平等，消除实际上存在的各种不平等的现象，人类进行了长期的努力。

平等是一种表明一个对象同其他对象之间相互关系的概念，以两个或两个以上的对象为前提。宪法意义上的平等概念以宪法规范的平等价值为基础，在宪法效力中体现平等的内涵。平等是多样化的概念，依不同的标准可作出不同的分类，如形式平等与实质平等。形式平等是指法律面前的平等，即对所有的人不分其身份或地位适用法律。实质平等是指法的内容的平等，即立法者要根据平等原则制定法律，立法过程受平等原则的约束。此外，实质平等与绝对平等、实质平等与相对平等体现了平等价值在不同领域的具体运用。

（二）平等权概念

平等权是宪法规定的基本权利体系的重要组成部分，是权利主体参与社会生活的前提与条件。所谓平等权是指公民平等地享有权利，不受任何差别对待，要求国家给予同等保护的权利与原则。其特点是：

1. 平等权具有双重性，即作为主观权利与客观秩序的规范性质。平等权为公民向国家要求平等地位、消除各种不平等现象提供了法律基础。

2. 从公民与国家的关系来看，公民有权要求国家提供平等的保护，不因公民性别、年龄、职业、出身等因素给予差别对待；国家有义务无差别地保护每一个公民的平等地位。特别是国家有关机关适用法律时给予公民的保护或惩罚是平等的，不得因某些特定人的个人因素给予特殊保护，而对其他公民不予保护。平等权实际上确立了国家机关活动的合理界限，是国家机关活动的基本出发点。

3. 平等权意味着公民平等地行使权利，平等地履行义务。权利与义务一致性的原则源于平等权的价值观,平等权观念与理论原则要求权利与义务价值的并重。国家平等地保护公民的法定权利,同时平等地要求公民履行法定义务。从这种意义上讲,平等权是公民基本权利的高度概括与综合,构成基本权利形成与运行的指导性规则。我国《宪法》第5条第5款规定:“任何组织或者个人都不得有超越宪法和法律的特权。”这一条规定实际上确定了平等权适用的广泛的范围,即平等权不允许特权现象的存在,凡是存在特权的领域就不存在平等权原则。

4. 平等权意味着它是实现基本权利的方法或手段。平等权是基本权利体系中的一种权利,同时也是实现政治权利、经济权利、社会权利与文化权利的手段,为这些权利的实现提供基础。宪法上规定的基本权利是平等原则的体现,是平等权在不同社会领域中的具体化,如平等选举权、租税平等、男女平等、民族平等、教育机会平等。因此,平等权是多样化的、综合性的概念,反映了国家权力与公民权利的相互关系。

二、平等权的发展

平等观念与法是同时产生的,平等是法的基本属性,同时也是法追求与维护的目标。人类社会的发展是不断地发现平等价值与不断地扩大平等范围的过程。平等从思想到原则,从理论到法律,从一般的法律权利到宪法权利的发展过程反映了人类治理国家经验的不断成熟。在近代国家平等观念具有两个方面的内容:一是参政平等的要求,即公民参与国家机关组成与统治的过程;二是法适用平等的要求,即国家机关平等地保护公民,不得差别对待。

平等权作为一项法律原则在我国新民主主义革命时期的根据地人民政权颁布的宪法性文件中已有所体现。如1934年颁布的《中华苏维埃共和国宪法大纲》第4条规定,劳动人民在苏维埃法律面前一律平等。1946年通过的《陕甘宁边区宪法原则》规定:“边区人民不分民族,一律平等。”《共同纲领》则规定了男女平等和民族平等原则。1954年宪法明确规定:“中华人民共和国公民在法律上一律平等。”1975年宪法和1978年宪法因受当时历史条件的限制,取消了平等权的规定。1982年宪法在总结历史经验的基础上重新确定了平等原则,规定“中华人民共和国公民在法律面前一律平等”,为公民享有平等权提供了宪法基础。

三、平等权的意义

平等权是宪法规定的公民基本权利,同时也是法治国家必须遵循的宪法原则。保障平等权的理论与实践意义主要在于:有利于实现“一切权力属于人民”的宪法原则,保护公民的宪法地位与合法权益;有助于公民平等地行使权利与平等地履行义务,反对特权与官僚主义,消除腐败现象;有助于协调国家权力与公民权利的相互关系,以强化公权力的合宪性。保障平等权是建设社会主义法治国家的必然要求,也是法治国家的重要标志。

四、平等权的宪法地位

平等权作为公民的基本权利,构成宪法权利的基础,是一种综合性的、具有手段意义的权利体系。

平等权在基本权利体系中的地位表现在：

1. 平等权是公民享有的基本权利，是人权不可缺少的重要内容。在早期资产阶级启蒙思想家的观念中和宪法文件中，平等权被解释为人与生俱来的重要权利。

2. 平等权与其他基本权利一样反映了历史发展的进程，是不同历史时期人们向往平等与自由的必然结果。从平等思想到实定宪法上的基本权利，平等权集中体现了宪法的要求，为宪法的具体化提供了统一的基础。

3. 作为一项基本权利，平等权不像其他基本权利那样具有特定而具体的内容，其权利性主要体现在与其他基本权利的相互关系中，具体通过政治平等权、经济平等权、文化平等权与社会平等权体现其权利的价值。但这一点并不否定平等权的权利性，它只是反映权利存在的不同形式而已。有的学者认为："平等权可以说不是一种具有具体内容的权利……一个人是否享有平等权固然和国家的性质以及他所属的阶级在国家中的地位有密切关系，但这种平等权一定要通过他和社会其他成员的交往才能体现出来。"〔1〕

在平等权的理论中，如何判断平等权的性质是十分重要的问题。围绕平等权性质，学术界主要有三种观点：第一种观点认为，平等权是公民的一项基本权利，具有权利性；第二种观点认为，平等权是法制的原则或宪法原则；第三种观点认为，平等权具有综合权利体系的性质，同时又有作为宪法指导原则的性质。权利性与原则性是平等权的重要特征。如果把平等权只理解为一项宪法原则，不赋予其权利属性，有可能导致平等权价值名存实亡。从某种意义上说，确定平等权的性质是树立平等原则的前提。因为没有主体的具体权利活动便无法产生指导其行为的准则，更不能形成指导法制建设的总体原则。在平等权性质问题上，过去人们只注重原则意义上的平等权，而忽视了平等权作为权利的性质，甚至否定了平等权的基本权利性质。当然，在平等权问题上只强调平等权的权利性而忽视其原则性，也可能导致平等权功能不完整的现象，影响平等权对其他基本权利的指导意义。

第二节　平等权的内容与类型

一、平等权的内容

平等权所包含的内容是十分广泛的，涉及社会生活的不同领域。法律面前人人平等只是平等权内容的重要组成部分，并不反映平等权的所有内容与领域。

---

〔1〕 何华辉：《比较宪法学》，武汉大学出版社1988年版，第226页。

事例与思考 8-1　全国首例户籍就业歧视案

2013 年,女大学生江某萍在应聘某市人力资源和社会保障局电话咨询员一职时,因非该市户籍被拒绝。经过 15 个月马拉松式的维权诉讼,2014 年 8 月,江某萍终于拿到了 11000 元赔偿款,为这起"全国首例户籍就业歧视案"画上了句号。

问:1. 该市人力资源和社会保障局构成户籍就业歧视,是否侵犯了宪法保护的平等权?

2. 原告选择民事诉讼进行救济是否是最佳的权利救济途径?

事例与思考 8-2　高考一本录取率的地区差异

2022 年各省级行政区高考一本录取率统计显示,北京、重庆、辽宁、天津、陕西分别以 46.02%、38.02%、31.13%、30.44%、30.32% 位居前五;河南、广西、云南、江西、陕西分别以 11.93%、13.06%、13.45%、13.78%、14.43% 位居倒数前五。高考一本录取率受到考生人数、所在地高校分布、考试录取规则等多重因素的综合影响,但从结果上看,各地区之间存在较大差异。

问:1. 不同地区采用不同录取规则有法律依据吗?

2. 不同地区一本录取率的差异是否违背了宪法规定的受教育权平等原则?

3. 国家应当如何履行维护地区经济发展和教育平等的职能?

(一)法律面前人人平等

在现代国家中,平等权首先表现为法律面前人人平等原则。我国《宪法》第 33 条第 2 款规定:"中华人民共和国公民在法律面前一律平等。"从平等权概念来看,法律面前平等意味着公民行使权利和履行义务平等,不允许公民因其性别、身份、职业等因素不同而享有法外特权。现行宪法将 1954 年宪法规定的"中华人民共和国公民在法律上一律平等"改为"……在法律面前一律平等",其目的是准确地表述平等权的适用范围,即"法律面前一律平等"只包括法律实施上的平等,不包括立法上的平等。这就从宪法角度确定了平等权适用的范围与效力。

法律面前人人平等作为一项宪法原则,包括的主要内容有:所有公民平等地享有权利和平等地履行义务;任何公民都受法律约束,不允许有超越法律规定的任何特权;所有公民在司法上一律平等,即实施法律、执行法律和适用法律上平等;法律面前平等是指法律赋予公民权利能力上的平等,同等条件下公民具有获得相同权利的资格,并不表示行为能力上的平等。可见,法律面前平等只是法律范围内的平等,与实际中的不平等现象不具有直接对应关系。

(二)禁止差别对待与合理差别

如前所述,法律面前平等在本质上是权利与义务平等,禁止任何差别对待。在法律关系上人们的地位是平等的,社会身份、职业、出身等因素不应成为任何受到不平等待遇的理由。平等权禁止的差别是不合理的差别,即宪法意义上的差别有合理的差别与不合理的差别之分。平等权的相对性要求禁止不合理的差别,而合理的差别具有合宪性。例如,在2010年《选举法》修改前,《选举法》规定的城乡代表人口数的不同比例并不是严格按照人口比例来确定的,4∶1的比例显然是投票价值上的不平等,但这种不平等是宪法规定范围内的合理的差别,具有合理基础。又如,宪法对全国人大代表的言论免责权作了特殊规定,这一权利是人大代表基于其取得的代表资格而享有的,不具有代表资格的公民不能享有。在这里,平等权的价值表现在人大代表在言论免责权行使方面的平等,公民之间权利方面的某些特殊规定是一种合理的差别,不能认为是一种特权。如果不承认现实生活中存在的合理的差别,仅仅以平等理念处理各种宪法问题,有可能导致平均主义,混淆平等与自由的界限。基于性别、年龄及个人生活环境的差异,在法律或公共政策的规定中有可能出现一些差别,对此应作具体分析,区分合理的差别与不合理的差别。当出现某种差别时,需要判断是否具有宪法上的正当理由。对合理性的正当性问题,各国有不同的判断标准。如在男女平等政策的合理性问题上,美国采用中间审查标准,积极平等的实现措施往往受到严格审查标准的限制。而在韩国,宪法法院在审理有关男女平等案件时,主要采用比例原则,考虑以下因素:实现男女平等的立法目的是否具有正当性;为实现立法目的而采取的手段是否合理;男女平等属于宪法上的重大公益,与此无明显抵触的差别性的规定并不侵害私益等。

从一般意义上讲,判断差别正当性的基本原则是:是否符合作为宪法核心价值的人的尊严原则;确定差别措施的目的是否符合公共利益;采取的手段与目的之间是否有合理的联系等。如果差别对待最终是有利于相对弱势者并能增进公共利益,那么差别本身就具有了相应的合理性。消除各种缺乏合理性的歧视现象是实现平等价值的重要方面,但社会生活中的不平等现象并不都是歧视。一般意义上,构成歧视应满足如下条件:一是存在区别待遇;二是此种区别具有不良的效果;三是该区别的理由是被禁止的。[2]

事例与思考8-3　蒋某诉中国人民银行成都分行身高歧视案

中国人民银行成都分行公开招聘,规定报名条件之一就是男性身高在1.68米、女性身高在1.58米以上。蒋某不符合被告的上述规定,以中国人民银行成都分行要求的身高条件侵犯了宪法赋予自己的担任国家公职的平等权为由,将其起诉至法院。被告在接到法院送达的起诉状副本后,重新以相同的形式、版面和位置发布了招录启事,但取消了以前关于身高限制的规定。蒋某请求法院依法确认被告的被诉具体行政行为违宪。受案法院认为,蒋某提起的诉讼不属于《行政诉讼法》规定的受案范围,不符合法定的起诉条件,依法裁定驳回原告蒋某的起诉。

问:在本案中,中国人民银行成都分行将身高作为招聘条件,是否构成了身高歧视,进而侵犯了平等就业权?

---

〔2〕 参见李薇薇:《论国际人权法中的平等与不歧视》,载《环球法律评论》2004年第2期。

二、平等权的类型

目前,从世界各国宪法的规定来看,平等权类型的划分主要有以下几种:

1. 禁止差别内容的规定。在宪法中规定禁止差别的方式有三种:第一种是宪法中只列举禁止差别的理由;第二种是只列举禁止差别的领域;第三种是同时规定禁止差别的理由与领域。男女平等原则的规定属于第一种类型,有关教育机会平等的规定属于第二种类型,它明示了教育领域的平等。我国《宪法》第 34 条的规定属于第三种类型,它规定了在行使选举权和被选举权的领域不能以民族、种族、性别、职业、家庭出身、宗教信仰、教育程度、财产状况、居住期限为由进行差别对待。从宪法的基本精神来看,除上述列举的禁止领域与理由外,其他方面的不合理理由也属于禁止范围。

2. 根据平等权适用的具体领域,平等权可分为政治生活领域平等权、经济生活领域平等权、社会生活领域平等权与文化生活领域平等权等。不同领域的平等权尽管表现不同,但都反映了平等权的要求,是平等权的具体反映。

3. 根据享有平等权主体的不同,平等权可分为以公民为主体的平等权、以法人为主体的平等权与以特定对象为主体的平等权。公民是平等权的一般主体,在特定条件下法人也可成为平等权主体。在现代宪法制度中,平等权主体包括社会生活中的特定主体,如妇女、残疾人、儿童、难民、犯人等。这些主体享有的平等权是平等权在特定领域中的体现,是以禁止差别为义务的权利形态或法律原则。由于先天条件的影响,某些主体的平等权需要通过特殊规定加以保护,这种“特殊”并不违反平等原则。

事例与思考 8－4　北京市居住证制度与平等权

北京每年积分落户的名额约为 6000 人。根据北京人社局 2021 年 4 月 14 日《关于开展 2021 年北京市积分落户申报工作的通告》,申请北京积分落户资格须满足三个条件:(1)持有本市居住证;(2)不超过法定退休年龄;(3)在京连续缴纳社会保险 7 年及以上。

北京积分落户有社保、居住、学历、年龄、职住区域、纳税、创新、荣誉表彰等加分项目。

问:居住证与户籍关联了买房、买车、教育等诸多资格待遇,设置这些限制是否构成了对平等权的违背?

第三节　平等权的适用、效力与限制

一、平等权的适用

如前所述,平等权首先是公民的一项基本权利,同时也是重要的宪法原则。就其适用范围而言,平等权适用于人类生活的一切领域,即表现为政治生活的平等、经济生活的平等、社会生活的平等与文化生活的平等。每一领域的平等原则通过具体的平等权适用而得到体现，如男女平等是我国的一项宪法原则，它具体表现为男女平等权，其适用于男女平等的所有领域。

为了体现平等权原则，我国宪法在序言、总纲及公民的基本权利和义务部分强调了平等权的适用与意义。

1. 我国宪法在序言中规定了平等、团结、互助、和谐的社会主义民族关系，全国各族人民、一切国家机关和武装力量、各政党和各社会团体、各企业事业组织，都必须以宪法为根本的活动准则，并且负有维护宪法尊严、保证宪法实施的职责。

2. 在宪法总纲部分，具体规定了平等权运用原则与领域。如我国《宪法》第 4 条规定了各民族一律平等的原则，禁止对任何民族的歧视和压迫，禁止破坏民族团结和制造民族分裂的行为。第 5 条规定，任何组织或者个人都不得有超越宪法和法律的特权。

3. 在公民的基本权利和义务部分，首先规定了公民在法律面前一律平等的原则，明确平等权在基本权利体系中的指导意义。《宪法》第 33 条规定，任何公民享有宪法和法律规定的权利，同时必须履行宪法和法律规定的义务。第 36 条规定了宗教平等原则，第 38 条规定了人格尊严平等原则，第 48 条规定了男女平等原则，即妇女在政治的、经济的、文化的、社会的和家庭的生活等各方面享有同男子平等的权利。

二、平等权的效力

作为基本权利与宪法原则，平等权具有一般约束力，它约束一切国家机关活动与公务员的活动。行政机关执行法律、司法机关适用法律时应遵守平等原则。根据我国学术界多数学者的观点，法律面前平等原则是指法律实施上的平等，通常不包括立法上的平等，平等权效力不能直接约束立法者。但立法者制定法律时应严格遵守平等原则，不能制定违背平等原则的法律，不得规定具有不合理差别的内容。因为立法必须以宪法为依据，一切法律、法规和其他规范性文件都不得与宪法相抵触。

平等权效力能否约束私法关系是学术界有争议的问题。根据公法与私法关系的发展，公法原则适用于私法关系是一个重要的发展趋势。私人之间的关系并不具有“私人”的性质，它受宪法规定的平等权效力的约束，其活动不能违反平等原则。比如，在个体等主体的经营活动中，男女平等原则也具有直接的约束力，应保护宪法规定的平等权，在雇佣关系、同工同酬等方面，平等权发挥着重要的作用。

事例与思考 8－5 以摇号方式配置小客车指标

为了缓解北京市日益严峻的交通拥堵状况，北京市政府制定了《北京市小客车数量调控暂行规定》，实施小客车数量调控措施，以摇号的方式无偿分配小客车配置指标。2011 年 1 月 26 日，北京市进行了首轮购车摇号，17600 个个人车牌名额随机分配给 187420 位申请者，平均中标率约为 9.4%。而 2011 年 5 月第五期个人摇号申请者已经达到 533805 人，车牌指标仍然为 17600 个，平均中标率下降到约 3.3%。摇号购车政策施行后引发了热议，其中涉及许多宪法问题，关涉公民、企业等主体的诸多基本权利，尤其是平等权的问题，比如，

2020年该规定第二次修改后对新能源和非新能源小客车区别对待等,有待认真分析。

问:1. 摇号购车中是否确实存在差别对待?

2. 以驾照、户籍和企业纳税额作为申请摇号的资格,该差别对待是否合理?是否具有宪法上的正当性?

三、平等权的限制

基于平等权的相对性与合理的差别性,宪法确定了平等权的界限。具体表现为平等权例外条件的规定,主要有:规定公务员政治行为的界限与范围,其言论自由、结社自由权受限制;军人受军事法院的审判;人大代表的言论免责权与不受逮捕权;军人及其家属的社会优待权;妇女权益的特殊保护等。上述内容通常规定在宪法中,属于合理的差别,故并不违反平等原则。

对平等权的法律限制主要表现在特别权力关系之中,处于特别权力关系中的主体因其职务的特殊性,其平等权受合理的限制,主要有:对监狱犯人的书信检查;[3]根据公务员法规定限制公务员进行特定的政治活动;对外国人财产权的限制;军人行为的限制等。在合理的范围内通过法律限制平等权具有宪法依据,属于平等权的合理差别。

事例与思考8-6 张某著诉芜湖市人事局乙肝歧视案

2003年6月,张某著在芜湖市人事局报名参加安徽省国家公务员考试。经过笔试和面试,张某著的综合成绩在报考该职位的30名考生中名列第一。2003年9月17日,张某著在芜湖市人事局指定的铜陵市人民医院进行体检,报告显示其乙肝两对半中的HbsAg、HbeAB、HBcAb均为阳性,符合《安徽省国家公务员录用体检实施细则(试行)》,但是,主检医生却在其体检单上签上不合格的结论。依照主检医生的结论,芜湖市人事局以口头方式向张某著宣布不予录取。受案法院认为,芜湖市人事局拒绝张某著进入考核程序的具体行政行为缺乏事实依据,应予撤销,但鉴于2003年安徽省国家公务员招考工作已结束,且张某著报考的职位已录用该专业考试成绩第二名的考生,故该被诉具体行政行为不具有可撤销内容。

问:1. 在本案中,芜湖市人事局对主检医生的体检行为有无基本的审查义务?

2. 主检医生明显错误的体检结论能否成为人事局行政行为的合法依据?

3. 人事局依据主检医生的体检结论而作出的不予录取的行政行为是否构成对乙肝患者的歧视?

4. 该案是否为国家机关侵犯公民平等权的宪法案件?

---

〔3〕《监狱法》第47条规定:"罪犯在服刑期间可以与他人通信,但是来往信件应当经过监狱检查。监狱发现有碍罪犯改造内容的信件,可以扣留。罪犯写给监狱的上级机关和司法机关的信件,不受检查。"

事例与思考 8－7　生育登记与结婚登记解绑

据《瞭望》新闻周刊消息，2023 年 2 月 15 日起施行的《四川省生育登记服务管理办法》（以下简称《办法》）明确，生育登记取消生育数量和是否结婚的限制，引发广泛关注。特别是生育登记取消结婚限制，被一些网民认为有鼓励非婚生育的含义。四川省卫健委人口家庭处相关负责人回应称，《办法》并非鼓励或倡导未婚生育，而是将生育登记的重心转移到生育意愿和生育结果上来，回归人口监测及生育服务本位。“目的是推动人口监测更精准，从优生优育角度让更多孕产妇能享受应有的服务。”多位受访专家对《瞭望》新闻周刊记者表示，在我国构建生育友好型社会的背景下，《办法》客观上适应了育龄人群多样化的婚育需求，但对提高生育率作用有限，并非“催生”手段。

问：1. 有人认为《办法》促进了婚生子女和非婚生子女的平等地位，你怎么看？

2.《办法》是否对其生效之前的非婚生子女具有效力？未受《办法》保障的非婚生子女是受到了不平等的对待还是受到了合理限制？

知识点提示

平等的概念	平等权的概念
平等原则的基本内容	平等权的分类
平等权的性质	平等权的效力
平等与合理差别	限制平等权的合理界限

第九章　政治权利

第一节　政治权利概述

一、政治权利的概念

所谓政治权利是指公民依据宪法和法律的规定，参与国家政治生活的行为，主要表现为两种形式：一种是公民参与国家、社会组织与管理的活动，以选举权与被选举权的行使为基础；另一种是公民在国家政治生活中自由地发表意见、表达意愿的自由，通常表现为言论、出版、集会、结社、游行、示威自由，简称为政治自由。政治权利的概念有广义与狭义之分。狭义的政治权利仅指选民行使的选举权与被选举权。广义的政治权利还包括参与政治组织管理活动的权利与表达意见的自由。政治权利与政治自由的侧重点与运行方式有所不同，政治权利侧重于公民具体参与国家权力分配与组织活动的过程，而政治自由则侧重于公民参与政治生活与表达意见的自由。但从国家与公民的相互关系上看，参与政治生活与表达意见的自由具有内在统一性，是一种混合型的权利形式，很难严格地区别开来。为了便于说明政治权利在整个基本权利体系中的地位与价值，采取广义政治权利的概念是必要的，本书中所讲的政治权利是指广义政治权利。

二、政治权利的范围

根据广义政治权利的概念，政治权利的范围包括选举权与被选举权，言论、出版、集会、结社、游行、示威自由，不包括通信自由和监督权。通信自由是宪法规定的公民基本权利，被剥夺政治权利的罪犯尽管通信自由受到限制，但其作为公民有权享受一定范围内的通信自由，权利的行使受法律限制与被剥夺是两个不同的概念。我国《刑法》第 54 条规定的剥夺政治权利范围包括如下权利：选举权和被选举权；言论、出版、集会、结社、游行、示威自由的权利；担任国家机关职务的权利；担任国有公司、企业、事业单位和人民团体领导职务的权利。后两项内容是剥夺选举权与被选举权的必然结果，这一范围与宪法规定的政治权利范围是否一致是需要探讨的理论问题。在司法实践中有必要通过宪法解释对政治权利的含义与界限进行必要的说明。[1] 宪法是确定政治权利范围的最高依据，其他

---

〔1〕 有学者主张宪法文本中的公民政治权利应当仅限于公民的选举权和被选举权，《刑法》将公民的言论、出版、集会、结社、游行、示威的自由作为附加刑剥夺政治权利的内容，不符合《宪法》第 34 条和第 35 条的区分规定，应予修改。参见刘松山：《宪法文本中的公民“政治权利”——兼论刑法中的“剥夺政治权利”》，载《华东政法学院学报》2006 年第 2 期。

法律必须以宪法的规定为基础，不得任意扩大或缩小其范围。

三、政治权利的性质

政治权利是公民在国家政治生活领域享有与行使的权利与自由，既表现为国家权力的组织与分配，又表现为在国家政治生活中自由地发表意见的权利。其性质与具体表现是：

1. 政治权利反映了公民在国家与政治生活中的宪法地位。在现代宪法国家中，公民的宪法地位首先表现为政治权利主体地位的确立与具体行使权利的程度。能否享有政治权利以及政治权利的实现程度反映一个国家政权的性质，是衡量民主政治发展程度的重要标志。

2. 政治权利与其他基本权利之间存在密切关联。在现代社会生活中，人们的生活领域大体上分为政治生活、社会生活与经济生活。其中，政治生活在人类生活领域中处于十分重要的地位，政治权利是政治生活的权利基础，如果一个公民没有选举权与被选举权，就不能参加国家的具体管理，这会使得公民的人身自由、经济自由等权利和自由缺乏保障。如果一个公民不能有效地享有政治自由，那么其他权利实现的基础也会在一定程度上受到限制。基本权利之间存在相互支撑的关系，如果出现部分基本权利的保障不足、实现受限等问题，最终会波及整个基本权利体系。

3. 政治权利具有协调国家权力与公民权利的功能。在一个国家的政治生活中，国家权力与公民权利之间的冲突与矛盾是不可避免的，两者的平衡是相对的。如何合理地确定两者的界限，使之处于相对平衡的状态是宪法建设中需要注意解决的问题。通过行使政治权利，一方面可以建立监督政治权力结构的机制，另一方面可以合理地调整政治权力结构的具体运行过程，及时地发现冲突、解决冲突，使社会的发展处于良性状态。比如，公民选举权既包括投票权，也包括监督权、罢免权。政治权利中的六项自由是监督、制约、完善权力结构，及时地解决社会冲突与矛盾的有效形式。如言论自由是公民行使基本权利的重要条件与基础，实际上发挥着制约基本权利行使过程的效果。在言论自由得不到充分保障的国家，公民权利主体的地位与积极性难以得到合理的保护，会直接影响权利实现的社会效果。

四、政治权利保障

各国宪法和法律对政治权利的保障作了严格而具体的规定。

1. 政治保障。我国宪法对政治权利的政治保障主要体现在政治基础上，即人民民主专政的国家政权为公民行使政治权利提供了政治基础。我国《宪法》第 2 条规定，人民依照法律规定，通过各种途径和形式，管理国家事务，管理经济和文化事业，管理社会事务。这一规定确定了公民参与政治生活的基本形式。

2. 法律保障。宪法有关政治权利的规定通常通过部门法得到具体落实。近年来，我国在法制建设中初步形成了保障公民政治权利的立法和执法体系，自 1979 年以来制定的法律中，有关政治生活方面的法律占一定的比重。如目前我国已制定了《选举法》《行政复议法》《行政诉讼法》《国家赔偿法》《集会游行示威法》等与公民政治生活密切相关的法律,并多次对《选举法》作出重大修改,进一步提高了选举的民主程度。

3. 物质保障。我国宪法注重政治权利的物质保障。政治权利的实现在很大程度上取决于物质保障。《选举法》明确规定,选举经费由国库开支,从物质上保障了选举权的顺利实现。在有关政治权利的实现方面,宪法和法律规定了相应的物质保障。

五、政治权利限制

政治权利作为基本权利之一,具有相对性,受社会政治、经济、文化发展以及法律的限制。一个国家政治体制的性质直接决定公民享有政治权利的范围与地位,它表明政治权利的阶级性与公共性。经济条件与文化发展的程度通过各种直接或间接形式影响政治权利的实现。在政治权利的限制方面,各国普遍强调限制的必要性,但在具体限制的合理界限与限制方法上有不同做法。

(一)限制政治权利的合理界限

限制政治权利必须确定合理界限,明确限制的目的与限制范围,使限制行为具有合理性。如前所述,基本权利受国家权力限制的目的是维护社会秩序、公共利益与公共安全。在政治权利的限制上需要解决的问题是,限制是为了更好地保障公民政治权利的实现,保障的目的具有首要意义,不能为限制而限制,更不能把限制与保障对立起来。

(二)限制政治权利的方法

限制政治权利应按照法定程序和方法进行,使限制方法与程序符合限制的基本目标。通常的做法是,在宪法和法律中规定政治权利与政治自由的同时,规定限制方法及其原则。如宪法中规定公民享有言论自由,同时禁止滥用言论自由、禁止借言论自由诽谤他人。宪法规定了公民有集会、游行、示威的自由,但通过对具体行使程序的规定限制其滥用。有关公民政治权利的限制必须有宪法、法律的明文规定,其他规范性文件不得设定任何限制性规定。限制政治权利行为的规范化、法定化是保障基本权利的重要内容,是法治国家的标志之一。

事例与思考 9-1 监狱能否限制罪犯的政治权利

在一次人大代表换届选举中,某省监狱管理局提出:对判处10年以上有期徒刑未附加剥夺政治权利、改造表现不好的罪犯和判处10年以下有期徒刑、改造表现极坏的罪犯,除依照审判监督程序判处附加剥夺政治权利外,对其中一部分对象拟由省监狱管理局提请人民检察院决定,停止其行使选举权利,以利于改造工作顺利进行,促进罪犯的改造。

问:未被判处附加剥夺政治权利的罪犯因改造表现不好能否由省监狱管理局或检察院决定停止其行使选举权?

第二节　选举权与被选举权

一、选举权与被选举权的概念

所谓选举权，是指选民依法选举代议机关代表和特定国家机关公职人员的权利。所谓被选举权，是指选民依法被选举为代议机关代表和特定国家机关公职人员的权利。选举权和被选举权的基本特征是：

1. 享有选举权与被选举权必须具备法定资格，即国家宪法和法律赋予公民选举权与被选举权。

2. 选举权与被选举权行使对象包括两个方面：一是代议机关代表；二是特定国家机关公职人员，即法律规定由选举产生的公职人员，包括立法机关、司法机关及特定范围内的行政机关工作人员。

3. 选举权与被选举权的行使方式是法定的，通常采取投票表决等形式。具体行使方式由选举法规定。

在我国，选举权与被选举权的行使资格是相同的，“选举权与被选举权统一说”一直在立法和学理上占有主导地位。近年来，有的学者指出，选举权与被选举权并不是同等概念，两者的构成要件与实现方式不应相同。选民的条件和作为代表的条件应有所不同，作为代表的条件应包括各种综合的要素。[2] 被选举权作为选民的一种行为能力，从现实出发，有必要规定较严格的条件，以体现被选举权的社会价值。

二、选举权的性质

选举权是国家法律规定并予以保障的某种行为的可能性，它作为政治权利，具有现实基础。一般来说，选举权具有以下两种要素：一是外在要素。国家法律规定是选举权存在的合法根据，是选举权运行的首要条件。在现实生活中，哪些人有选举权，哪些人没有选举权，哪些人的选举权被停止等都由法律统一规定。我国宪法、选举法对此作了明确规定。在法律规定的范围内，选民应选择适当的方式行使自己的选举权，如果选民的行为超过了法律规定的界限，就会变为破坏法定权利的行为。从确定选举权到实现选举权，在一系列复杂的环节中，选民必须严格遵守法律的各项规定，自觉地约束自己的行为。二是内在要素。宪法规定是人们行为的最高尺度，但它还不是现实的形态，没有公民的主观努力，宪法规定本身是不能自发实现的。选举权也如此，法律规定的选举权能否实现、实现

---

[2] 《代表法》没有规定人民代表的具体条件。但在人民代表行使的权利与承担的义务中实际上规定了选举权与被选举权的具体要求。《代表法》规定：代表必须模范地遵守宪法和法律，保守国家秘密，在自己参加的生产、工作和社会活动中，协助宪法和法律的实施。代表应当与原选区选民或者原选举单位和人民群众保持密切联系，听取和反映他们的意见和要求，努力为人民服务。

到什么程度,取决于主体的能力。内在要素意味着一种实践的能力,即认识客观必然性并根据这种认识选择适当的偶然性表现必然性的能力,没有这种能力,选举权便无从谈起。在将潜在的选举权变为现实的选举权的过程中,主体必须具备实践能力,它是选举权内在因素的基础。

总之,在理解选举权性质时,应从外在要素与内在要素的统一中准确地对其予以把握,不能强调一方面属性而忽视另一方面属性,两者的有机结合才能构成选举权的完整形态。

第三节　言论、出版、结社、集会、游行、示威自由

一、言论自由

(一)言论自由的概念

言论自由是宪法规定的公民的基本权利之一,是公民参与国家管理的有效形式。所谓言论自由是指公民通过各种语言形式宣传自己的思想和观点的自由。从广义上说,新闻、出版、著作自由等也可包含在言论自由的范畴之内,形成综合性的权利体系。从狭义上说,出版自由不包括在言论自由范畴之内。言论自由按其性质与功能,可分为政治性言论自由与非政治性言论自由。政治性言论自由是言论自由的核心与基础。宪法规定的言论自由实际上指的是政治性言论自由,构成政治权利的实体内容。

(二)言论自由的范围

我国宪法规定的言论自由具有特定的范围与表现形式,一般来说,言论自由的范围包括:(1)公民作为基本权利主体,都有以言论方式表达思想和见解的权利,其内容十分广泛;(2)通过言论自由表达的内容受法律保护,不受非法干涉,既包括政治、经济方面的内容,又包括对社会、文化等方面的看法和见解;(3)言论自由表现形式是多样化的,既可采取口头的形式,又可采取书面的形式,必要时依照法律规定,可利用广播、电视、纸媒等传播媒介;(4)言论自由作为一项法定的权利,权利的享受者不应由于某种言论而承担不利后果,其合法权益受法律保护;(5)言论自由客观上存在法定界限,受合理限制。

言论自由范围的确定主要取决于社会生活的发展与实际需求,其标准与界限并不是固定不变的。从宪法学发展历史来看,传统的言论自由范围仅限于以不特定多数人为对象,表明自己的意见或思想的自由;但是到了现代社会,言论自由的范围有了扩大,除包括思想表达与传达自由外,还包括了解权、反论权等方面。特别是随着信息化的发展,个人行使言论自由的形式越来越丰富和多样化,对了解权、反论权等权利的保护是当代各国宪法保护言论自由的重要形式。言论自由范围的扩大一方面为公民参与国家政治与社会生活提供了良好的环境,另一方面强化了公民对国家权力运行过程的监督。

（三）言论自由的功能

宪法上规定言论自由的目的是什么？言论自由在社会生活中产生何种影响？言论自由的价值是什么？这些问题实际上涉及言论自由的功能问题。从言论自由的运行过程来看，正确认识言论自由的功能是维护言论自由价值的重要体现。

言论自由作为政治口号和公民的基本权利，最初是由资产阶级在反封建斗争中提出来的，它构成人权的基本内容。资产阶级革命胜利后，言论自由普遍规定在各国宪法之中，成为衡量民主政治发展水平的标志之一。从中国革命与建设的经验来看，保障言论自由是中国共产党在制定政策时始终关注的问题。如1931年制定的《中华苏维埃共和国宪法大纲》规定："中华苏维埃政权以保证工农劳苦民众言论、出版、集会、结社的自由为目的。"1945年毛泽东在《论联合政府》一文中提出：取消一切镇压人民的言论、出版、集会、结社、思想、信仰和身体等项自由的反动法令，使人民获得充分的自由权利。[3] 中华人民共和国成立后制定的第一部社会主义宪法——1954年宪法第87条规定："中华人民共和国公民有言论、出版、集会、结社、游行、示威的自由。国家供给必需的物质上的便利，以保证公民享受这些自由。"此后的几部宪法都从宪法高度确定了言论自由在政治权利体系中的重要地位，并采取了一系列的保障措施。

言论自由在社会发展中的具体功能表现在：

1. 言论自由在政治权利体系中处于核心地位。公民享有政治权利的首要前提是能够享有言论自由，自由地发表对政治生活和国事的看法和见解。政治权利的其他构成部分既是言论自由在不同领域不同形式的表现，也是言论自由的具体化。如没有言论自由的保障，就不可能有选举权与被选举权的实现，同理，没有言论自由的法律确认与实际保障，公民难以真正实现结社自由、出版自由及游行示威自由。公民政治自由的出发点与落脚点是言论自由的实现。

2. 言论自由是民主政治的基础。一个国家保障言论自由的程度从一个侧面反映了这个国家民主化的程度，它贯穿于民主政治运行与实现的整个过程。首先，在政治组织的形成过程中，言论自由提供了广泛的民意基础，使政治组织具有合法性与权威性；其次，在政治权力与组织的运行过程中，言论自由起着有效的政治监督作用，以保证政治权力的有效运行；最后，言论自由是代议政体存在与发展的基础，为民意的集中与表现提供了大量的信息，以保证代议政体发挥正常功能。

3. 言论自由具有政治监督功能。在倡导民主、法治与人权的社会中，言论自由的价值受到高度重视，它不仅成为政治制度的核心内容，而且也是社会安定与繁荣的标志。公民运用言论自由可以监督国家公共权力的运行过程，若发现权力运行脱离主权者意志，可依据法律规定的程序，纠正或防止权力异化。在宪法和法律范围内的言论自由是推动决策民主化、科学化的重要保证。只有公民充分享有言论自由，才能形成强有力的社会舆论监督机制，保证社会稳定与发展。

---

〔3〕 参见《毛泽东选集》（第1卷），人民出版社1991年版，第971页。

4. 言论自由具有协调国家权力与公民权利的功能。国家权力与公民权利的平衡是政治与社会稳定的重要因素,当两者发生冲突与矛盾时,应采取有效的措施加以解决,否则政治稳定将受到影响。公民通过言论自由的行使,可以为解决不同形式的冲突与矛盾提供大量的政治信息,使选择的方案具有合理性与科学性。公民对政治生活的各种意见与看法主要是通过言论自由表达的,这已成为政治信息的主要来源与主要传达形式。这种传达形式的完备与畅通,可以避免政治生活中不同利益的对立,形成政治与社会生活的平衡。

(四)言论自由的界限

言论自由作为一项政治权利与自由,在客观上存在一定界限,即言论自由并不是绝对的,它受一定条件的限制。如何确定言论自由的界限是言论自由保障中需要解决的重要问题。

言论自由的受限制性是人权发展的普遍规律,各国在人权立法中一方面强调言论自由的实体价值,另一方面又对言论自由的内容与行使程序作了必要的限制。《世界人权宣言》第19条规定:"人人有主张及发表自由之权;此项权利包括保持主张而不受干涉之自由及经由任何方法不分国界以寻求、接受并传播消息意见的自由。"《公民权利和政治权利国际公约》第19条也规定:"一、人人有保持意见不受干预之权利。二、人人有发表自由之权利;此种权利包括以语言、文字或出版物,艺术或自己选择之其他方式,不分国界,寻求、接受及传播各种消息及思想的自由。三、本条第二项所载权利之行使,附有特别责任及义务,故得予以某种限制,但此种限制经法律规定,且为下列各项所必要者为限:(甲)尊重他人权利或名誉;(乙)保障国家安全或公共秩序,或公共卫生或风化。"

在我国,确定言论自由合理界限的基本依据是《宪法》第51条的规定,即行使言论自由不得损害国家、社会、集体的利益和他人合法权益。具体地说,言论自由的界限表现在两个方面:一是外在限制,指宪法规定的言论自由有确定的效力范围,在其效力范围内的言论才能得到法律的保护;二是内在限制,指言论自由的行使程序由宪法和法律规定,在其规定的程序之内言论自由才是合理的,否则就构成言论自由的滥用,甚至成为危害社会的行为。合理界限内的言论自由应当是主观上善意和客观上无害的行为,有害于国家或社会利益、侵害他人权利或侮辱他人的各种言论均属于禁止之列。与言论自由的合理界限相联系的另外一个问题是言论自由与错误言论的区别问题。宪法保障的言论自由中也包括公民对某一问题所发表的错误言论,只要不是出于主观上的恶意,不危害社会,应允许错误言论的存在,不能苛求行使言论自由的主体行为都符合客观要求。

限制言论自由方式的法制化是保障言论自由价值的重要形式。限制是必要的,但限制方式必须依据宪法和法律的规定,使限制内容、程序、标准等进一步规范化,以保障言论自由不受非法侵犯。

事例与思考 9-2　社交功能软件显示实时 IP

2023 年 4 月 28 日，微博全量开放 IP 属地显示功能，用户个人主页以及用户在各条微博下的评论内容都会显示 IP 属地，具体到各个省份。而几乎同期，抖音、快手、小红书、知乎等社交平台也陆续上线了 IP 属地显示功能。这引起了网络用户的热议，有观点认为，长期的谣言、网络暴力等现象使人们不堪其扰，显示 IP 可以起到一定的作用；也有观点认为，全面显示 IP 违反了个人信息保护方面的法律，侵犯了个人隐私。

问：1. 言论自由权是公民的一项基本权利。社交功能软件显示 IP 属地是否构成了对言论自由权的不当限制？

2. 对公民言论自由的保护与限制如何保持适当的平衡？

（五）言论自由与互联网的发展

在互联网时代，基本权利体系中首先要实现信息享有者地位的平等，扩大平等权的适用范围。信息的共享是互联网时代公民平等地位的重要体现，如果公民在信息的享有方面处于不平等的地位就会影响其他权利的实现效果。在传统的宪法体制下，人们主要通过舆论机关的报道获取必要的信息，个人之间信息享有的机会大体上是平等的。但进入互联网时代后，人们不再仅仅通过舆论机关获取信息，而是通过互联网自由地获取信息，出现了享有信息的不平等现象。这一状况随着时代发展有所改变，从中国网民年龄结构来看，截至 2021 年 12 月，20—29 岁、30—39 岁、40—49 岁网民占比分别为 17.3%、19.9% 和 18.4%，高于其他年龄段群体；50 岁及以上年龄的网民群体占比由 2020 年 12 月的 26.3% 提升至 26.8%。不过不同年龄段的人群对于互联网技术的掌握程度是不同的，在以物质生活权利平等为主体的 20 世纪的权利体系向以精神生活的权利平等为特征的 21 世纪的权利体系转变的今天，应当高度重视信息享有者地位不平等的问题。

事例与思考 9-3　任建宇因网络发帖被劳教事件

任建宇曾被重庆市选派到彭水县郁山镇担任大学生村官，后被录用为公务员。因其在 2011 年 4 月至 8 月多次在 QQ 空间中转发所谓的“负面言论和信息”和拥有的一件印有“不自由、毋宁死”的“铁证”T 恤衫被重庆警方认定为“涉嫌煽动颠覆国家政权”并因此被刑事拘留，虽然重庆市人民检察院拒绝批捕，但任建宇却被重庆市劳教委处以两年劳动教养。

2012 年 11 月 19 日，劳教委撤销了劳教决定，任建宇重获自由。现代版的“文字狱”案引发了专家学者和普通民众等各界人士对劳动教养制度存废的全民大讨论，很多人都希望备受关注的任建宇案能够像当年的孙志刚案一样，成为改革劳教制度的催化剂。

2013 年 12 月 28 日，第十二届全国人大常委会第六次会议通过《关于废止有关劳动教养法律规定的决定》：第一，废止 1957 年 8 月 1 日第一届全国人民代表大会常务委员会第七十八次会议通过的《全国人民代表大会常务委员会批准国务院关于劳动教养问题的决定的决议》及《国务院关于劳动教养问题的决定》。第二，废止 1979 年 11 月 29 日第五届全国人民代表大会常务委员会第十二次会议通过的《全国人民代表大会常务委员会批准国务院关于劳动教养的补充规定的决议》及《国务院关于劳动教养的补充规定》。第三,在劳动教养制度废止前,依法作出的劳动教养决定有效;劳动教养制度废止后,对正在被依法执行劳动教养的人员,解除劳动教养,剩余期限不再执行。至此,在我国存在长达半个世纪的劳动教养制度被废止。劳动教养制度是我国在特殊时期出台的一项行政处罚措施,其本身存在缺乏法律授权和规范、劳动教养对象不明确、处罚程序不正当等弊端,在一些地方甚至演变成相关部门滥用权力、非法剥夺公民人身自由的一种手段。废止劳动教养制度彰显了我国人权司法保障制度的进步。

问:1. 言论自由作为一项重要的基本权利,应当受到国家的尊重和保障,但言论自由也有界限。言论自由的界限是什么?

2. 任建宇多次在QQ空间中转发所谓的"负面言论和信息"是否超出了言论自由的保护范围?

3. "煽动颠覆国家政权"的认定标准是什么?任建宇被认定为"涉嫌煽动颠覆国家政权"合法、正当吗?

4. 劳动教养制度的法律依据是什么?劳动教养制度的废止有什么重要意义?

在谈到基本权利与互联网技术时代的关联时,人们普遍关注公民的了解权(知情权、知悉权)问题。在全球范围内,了解权价值与互联网技术之间的矛盾是比较突出的。了解权本身是信息技术发展的产物,对于协调国家、社会与公民的相互关系发挥了重要作用。但在传统宪法体制下,了解权通常被解释为言论自由的一项内容,是一种通过舆论媒体发表言论的形式。在互联网时代,由于公共机关必须公开必要的信息,社会成员没有必要仅仅通过运用请求权等形式行使其了解权,其信息获取量大大增加,且不断要求更多信息的公开。即使运用请求权,也可通过互联网实现其权利的要求,这就改变了传统的言论自由的实现方式。

从某种意义上讲,互联网的正面效应与负面效应在表现自由领域都有相应的表现。一方面,人类在互联网时代获得了前所未有的自由地表达思想与意志的多样化的手段,通过各种形式推动宪法体制的民主化进程。另一方面,作为表现自由核心的言论自由通过互联网获得新的表现形式,已超越传统言论法治的范围。由此产生言论的社会责任问题,即通过何种形式实现言论的价值与社会责任。虽然互联网技术扩大了人们享有表现自由的范围,但没有及时地为他人权利的保护建立必要的体系。如互联网新闻目前主要存在于言论法治之外,通过现行的基本权利理论不能有效地解决言论自由与社会责任的相互关系问题。对互联网上的报道,法律上还没有建立有效的反论权制度,需要确立保护反论权的新的制度。在对表达自由限制的标准与方式上,互联网技术带来了许多新课题。传统的表达自由限制理论是为调整现实关系中的权利问题而建立的,无法适用于互联网空间中出现的表达自由问题,对互联网空间中的表达自由的限制难以找到合理的依据与可行的方法。在互联网上滥用表达自由的问题已经影响到言论自由的发展,需要在理论上进行研究。

事例与思考 9－4 网络谣言和网络暴力与女学生的死亡

据中青网报道,2022 年 7 月 13 日下午,郑某华拿着某大学的研究生录取通知书,希望给在病床上的爷爷一个惊喜。她将这一幕拍成照片和视频发到社交平台上,照片里的她留着粉色中长发。谈及染头发的初衷,她说希望毕业照上的自己是明媚而鲜艳的。这条名为"病床上的爷爷打开了我的录取通知书"的帖子,却让郑某华陷入网络暴力的漩涡中,有网友针对她照片里粉色的头发展开攻击,编造她是"陪酒女""夜店舞女",说她"不正经"等。还有机构盗用她的照片,把文字内容加上"普通女生专升本"的故事来卖课谋利。此外,还有人编造"老人带病考取研究生,还娶了一个小女生"等谣言,对郑某华展开羞辱。遭到网暴后,郑某华曾试图通过法律途径来维护自己的权益。但由于长期遭受网络暴力,以及未能得到有效的心理疏导,郑某华患上抑郁症,最终在抑郁焦躁情绪中自杀。

问:1. 网络言论自由的特点及宪法意义是什么?

2. 网络言论自由的界限是什么?

3. 关于规范网络言论自由的法律法规有哪些?这些法律法规构成的规范群是体系完备的吗?是否需要进一步完善?

二、出版自由

(一)出版自由的概念

所谓出版自由,是指公民可以通过公开发行的出版物,包括报纸、期刊、图书、音像制品、电子出版物等,自由地表达自己对国家事务、经济和文化事务、社会事务的见解和看法。出版自由一般包括两个方面的内容:一是著作自由,即公民有权自由地在出版物上发表作品;二是出版单位的设立与管理,即报社、期刊社、图书出版社、音像出版社和电子出版社的设立与管理遵循国家宪法和法律的规定。

(二)出版自由的功能

在现代社会中,出版自由是公民重要的政治权利,是实现言论自由的必然要求,旨在保护公民文字上的表达自由与思想交流。其主要功能在于:

1. 出版自由是民主政治的重要体现。从广义上说,出版自由是言论自由的组成部分,但两者的表现形式不尽相同。言论自由侧重于口头上的思想表达与交流,而出版自由是通过文字等语言符号表现自由。公民根据宪法的规定,可以通过各种出版物,以文字的形式发表对国家事务与社会事务的看法,并直接参与国家管理,扩大民主政治的基础。

2. 出版自由具有政治监督功能。在一个法治社会中,公民有权通过多种形式监督政治权力的运行过程,既需要口头的表现形式,又需要文字的表现形式。有了出版自由,可以形成政治监督的多样化机制,协调公民与国家之间的矛盾,形成协调而稳定的政治局面。

3. 出版自由具有信息传播功能。出版业主要从事图书、报纸、期刊、音像及电子出版物的出版发行等工作。出版物的出版与管理直接与信息传播有关。保障出版自由,发展出版事业,有助于促进信息的社会流动,使社会成为一个开放性的结构。特别是在经济转型时期,出版事业的发展对人们形成共同的信念、构筑与时代主题相适应的主体文化产生了重要的影响。

4. 出版自由与其他基本权利的实现有密切的联系。如宪法中规定的监督权、选举权与被选举权的实现直接与出版自由的实现程度有关。因为出版自由是公民具体行使监督权的主要形式之一,反映了一个社会政治参与机制的完善程度。

(三) 出版自由的保障

出版自由作为公民的一项政治权利,受宪法和法律的保障。出版自由的保障是人类长期以来追求的基本目标之一,它已成为人权法的重要组成部分。

1789 年法国《人权宣言》第 11 条规定:“自由传达思想和意见是人类最宝贵的权利之一,因此各个公民都有言论、著作和出版自由,但在法律所规定的情况下,应对滥用此项自由负担责任。”美国联邦宪法修正案也明确规定政府不得剥夺人民言论或出版自由,并强调了出版自由的意义。1948 年《世界人权宣言》虽然没有使用“出版自由”一词,但其内容体现了保障出版自由的精神。1966 年制定的《公民权利和政治权利国际公约》第 19 条第 2 款规定了有关出版自由的保障问题。各国宪法对出版自由的规定不尽相同,有的国家直接使用“出版自由”一词,有的国家则把出版自由规定在言论自由内。

在我国,最早规定出版自由的宪法性文件是清末《钦定宪法大纲》,其中规定:“臣民于法律范围内,所有言论、著作、出版及集会、结社等事,均准其自由。”旧中国宪法性文件中有的使用了“出版自由”一词,有的使用了“刊行自由”一词。中华人民共和国成立后,所有宪法都规定了出版自由。我国先后制定了《管理书刊出版社印刷业发行业暂行条例》《期刊登记暂行办法》《期刊管理暂行规定》等规范性文件。为了发展和繁荣中国特色社会主义出版事业,保障公民依法行使出版自由的权利,促进社会主义精神文明建设,国务院于 2001 年 12 月颁布了《出版管理条例》(2020 年第 5 次修订),其中第 5 条第 1 款明确规定:“公民依法行使出版自由的权利,各级人民政府应当予以保障。”第 23 条第 1 款规定:“公民可以依照本条例规定,在出版物上自由表达自己对国家事务、经济和文化事业、社会事务的见解和意愿,自由发表自己从事科学研究、文学艺术创作和其他文化活动的成果。”这一条例是现阶段保障公民出版自由、管理出版事业的重要依据,是未来制定统一的出版法的基础。但在实践中出现了值得探讨的理论问题,如制定条例是否具有合法性与合宪性?从一般理论上讲,对政治权利的规范与限制必须通过法律实现,而行政法规作为法律的下位规范无权对宪法基本权利作出具体规定。因此,尽快制定出版法赋予出版自由实质合法性基础是保障出版自由的重要条件。

(四) 出版自由与出版管理

出版自由与其他权利一样并不是绝对的,它必须有一定的界限,出版自由的保障与出版管理是统一的,合理的出版管理是保障出版自由的重要基础。国家权力可以根据一定的原则,对出版物与出版活动进行必要的限制,确定其合理界限。出版管理通常包括两个方面:一是国家对出版业,包括出版物的出版、印刷或复制、发行进行统一管理;二是国家对出版物,包括报纸、期刊、图书、音像制品、电子出版物的管理。随着民主与法制建设的发展,出版管理逐步从行政管理转向法制化管理,从事前检查制向事后追惩制发展。

1. 出版管理的基本原则

出版管理必须遵循宪法确定的基本原则,保障公民依法行使出版自由的权利,促进社会文明的发展。《出版管理条例》第5条第2款规定:“公民在行使出版自由的权利的时候,必须遵守宪法和法律,不得反对宪法确定的基本原则,不得损害国家的、社会的、集体的利益和其他公民的合法的自由和权利。”这是出版管理过程中必须遵循的基本原则,是分清非法出版与出版自由界限的基本依据。

2. 出版单位的管理

根据《出版管理条例》的规定,出版单位是指报社、期刊社、图书出版社、音像出版社和电子出版物出版社等。为了加强对出版工作的领导,国务院出版行政部门制定全国出版单位总量、结构、布局的规划,指导、协调出版事业发展。

设立出版单位应具备下列条件:有出版单位的名称、章程;有符合国务院出版行政主管部门认定的主办单位及其主管机关;有确定的业务范围;有30万元以上的注册资本和固定的工作场所;有适应业务范围需要的组织机构和符合国家规定的资格条件的编辑出版专业人员。《出版管理条例》中对有关的申请和批准程序作了明确规定,如规定国务院出版行政主管部门应当于收到设立出版单位的申请书之日起60日内,作出批准或者不批准的决定,并由省、自治区、直辖市人民政府出版行政主管部门书面通知主办单位,不批准的应当说明理由。同时规定,出版单位不得向任何单位或者个人出售或者以其他形式转让本单位的名称、书号、刊号或者版号、版面,并不得出租本单位的名称、刊号。在我国,报纸、期刊、图书、音像制品等都由出版单位出版,因此对出版单位设立的规定与其他具体管理措施都有助于出版管理的规范化,有助于确定出版自由的合理界限。

3. 出版物的管理

国家对出版物采取了一方面给予保障,另一方面给予限制的原则,以保证公民能够在出版物上自由地表达对国家事务、社会事务的见解和看法,自由地发表自己的科研成果。合法的出版物受法律保护,任何组织和个人不得非法干扰、阻止、破坏出版物的出版。任何出版物不得含有下列内容:反对宪法确定的基本原则的;危害国家统一、主权和领土完整的;泄露国家秘密、危害国家安全或者损害国家荣誉和利益的;煽动民族仇恨、民族歧视,破坏民族团结,或者侵害民族风俗、习惯的;宣扬邪教、迷信的;扰乱社会秩序,破坏社会稳定的;宣扬淫秽、赌博、暴力或者教唆犯罪的;侮辱或者诽谤他人,侵害他人合法权益的;危害社会公德或者民族优秀文化传统的;有法律、行政法规和国家规定禁止的其他内容的。

由于出版物的内容不真实或者不公正,致使公民、法人或者其他组织的合法权益受到侵害的,其出版单位应当公开更正,消除影响,并依法承担其他民事责任。报纸、期刊发表的作品内容不真实或者不公正,致使公民、法人或者其他组织的合法权益受到侵害的,当事人有权要求有关出版单位更正或者答辩,有关出版单位应当在其近期出版的报纸、期刊上予以发表;拒绝发表的,当事人可以向人民法院提起诉讼。

事例与思考 9-5 谢某平出版《大迁徙》被刑事拘留案

《方圆法治》杂志社记者谢某平创作《大迁徙》一书,反映陕西省渭南市三门峡水库移民的历史遗留问题,并于2010年5月自费在《火花》杂志社以增刊形式出版。2010年6月,陕西省渭南市文化市场稽查大队以"疑似非法出版物"为由查抄了该书。渭南市公安局临渭分局认为谢某平违反国家关于出版管理的法规,擅自发行非法出版、印刷的《大迁徙》2万册,涉嫌非法经营罪,对谢某平刑事拘留。2010年9月,谢某平办理取保候审手续后回到北京市。

问:1. 我国宪法规定公民享有出版自由,出版自由与其他权利一样有一定的界限,与出版管理是统一的。出版管理方面的规范性文件有哪些?

2. "非法出版物"的判断标准是什么?

3. 本案中谢某平擅自印刷、出版、发行《大迁徙》涉嫌非法经营罪,被刑事拘留,是否合法、正当?

4. 违反出版管理法规的法律责任

《出版管理条例》中对有关违反出版管理规定的行为的法律责任问题进行了具体规定,如规定未经批准,擅自设立出版物的出版、印刷或者复制、进口单位,或者擅自从事出版物的出版、印刷或者复制、进口、发行业务,假冒出版单位名称或者伪造、假冒报纸、期刊名称出版出版物的,由出版行政主管部门、工商行政管理部门依照法定职权予以取缔;不够刑事处罚的,没收出版物、违法所得和从事违法活动的专用工具、设备,违法经营额1万元以上的,并处违法经营额5倍以上10倍以下的罚款,违法经营额不足1万元的,可以处5万元以下的罚款;侵犯他人合法权益的,依法承担民事责任。《刑法》第363条规定,以牟利为目的,制作、复制、出版、贩卖、传播淫秽物品的,处3年以下有期徒刑、拘役或者管制,并处罚金;情节严重的,处3年以上10年以下有期徒刑,并处罚金;情节特别严重的,处10年以上有期徒刑或者无期徒刑,并处罚金或者没收财产。从出版物的事前检查制向事后追惩制发展的趋势并不意味着国家可以放任出版物的必要管理与干预,必要的限制与管理是保障出版自由所不可缺少的条件。问题主要在于如何确定限制的合理界限,使保障与限制保持相对的平衡。为了更好地实现出版自由,有必要进一步明确限制出版自由的主体、程序、标准、救济等各个环节,使之走向法治化。

三、结社自由

(一)结社自由的概念

所谓结社自由,是指公民为了一定的宗旨或共同目的而依法律规定的程序组织某种社会团体的自由,它是公民的一项基本权利。结社自由一般具有如下特征:结社具有持久性与稳定性；结社应遵循法定程序，具有严格的程序性；结社一般具有固定的组织机构与成员。

（二）结社的类型

根据结社的性质和活动方式，通常把结社分为以营利为目的的结社和不以营利为目的的结社。前者指成立公司等，由民法、商法等法律加以调整。后者又分为政治性的结社和非政治性的结社。政治性结社主要指成立政党等，非政治性结社主要指成立宗教团体、学术团体、文化艺术团体等。我国宪法规定的结社自由是指不以营利为目的的结社，其中主要以成立社会团体为内容。1998 年 10 月国务院通过的《社会团体登记管理条例》（2016 年修订）在总则中明文规定，社会团体是指中国公民自愿组成，为实现会员共同意愿，按照其章程开展活动的非营利性社会组织。成立社会团体，应当经其业务主管单位审查同意，并依照本条例的规定进行登记。可以看出，在我国，公民享有的结社自由的范围一般限于组织社会团体的自由。

据统计，截至 2021 年 7 月，全国共登记社会组织 90 多万家，其中社会团体近 38 万家，民办非企业单位约 52 万家，基金会 8600 多家。在全国性社会团体中，使用行政编制或事业编制、需要国家财政拨款的有 200 多家，其中由中央机构编制管理部门直接确定其主要工作任务、机构编制和领导职数的有 21 家，这些社会团体虽然是非政府性质的组织，但在国家政治生活中发挥着重要的作用。

2013 年 3 月 14 日，第十二届全国人大第一次会议批准通过的《国务院机构改革和职能转变方案》要求改革社会组织管理制度，其规定："加快形成政社分开、权责明确、依法自治的现代社会组织体制。逐步推进行业协会商会与行政机关脱钩，强化行业自律，使其真正成为提供服务、反映诉求、规范行为的主体。探索一业多会，引入竞争机制。""重点培育、优先发展行业协会商会类、科技类、公益慈善类、城乡社区服务类社会组织。成立这些社会组织，直接向民政部门依法申请登记，不再需要业务主管单位审查同意。"

社会团体是社会建设的重要主体，改进社会团体的建设和管理、增强其服务社会的功能是社会治理的重要内容。党的十八大报告提出，要"加快形成政社分开、权责明确、依法自治的现代社会组织体制"。2016 年中共中央办公厅、国务院办公厅印发的《关于改革社会组织管理制度促进社会组织健康有序发展的意见》指出，重点培育、优先发展行业协会商会类、科技类、公益慈善类、城乡社区服务类社会组织，可直接向民政部门依法申请登记。党的二十大报告提出，要"引导、支持有意愿有能力的企业、社会组织和个人积极参与公益慈善事业"，"加强新经济组织、新社会组织、新就业群体党的建设"。

（三）结社自由的功能

结社自由作为公民的一项基本权利，在国家的政治和经济发展中有重要的功能，反映了社会发展进程中的不同特点。结社自由的保障与结社立法的发展程度是评价一个国家民主政治发展程度的重要指标之一。中华人民共和国成立以后，在结社自由的保障方面经历了曲折的发展过程。《共同纲领》第 5 条规定，中华人民共和国人民有结社的自由权。1950年《社会团体登记暂行办法》确定了社会团体的范围。1951年公布了《社会团体登记暂行办法施行细则》。1954年宪法中规定公民有结社自由权。1975年宪法由于受“左”的思潮的影响,实质取消了结社自由权。1978年宪法和1982年宪法中结社自由作为公民的基本权利得到明确规定。1989年国务院发布了新的《社会团体登记管理条例》,1998年10月,国务院修改通过了《社会团体登记管理条例》,对有关社会团体登记管理问题作了具体规定,这是调整社会团体活动的主要依据。社会团体的主要功能在于:

1. 社会团体是政府同人民沟通的桥梁和纽带。政府在行政管理活动中需要经常听取人民群众的意见和呼声,使政府行为符合人民的意志和愿望。一方面,通过社会团体的活动,政府可以了解不同利益主体的要求;另一方面,政府可以通过社会团体的活动向人民群众宣传、解释政府的政策、决定及法规,扩大政府活动的群众基础和社会基础。

2. 社会团体作为社会结构的组成部分,承担某些政府通过行政手段难以进行的行政性业务,如承担原来由经济行政主管部门所负责的经济管理职能,协助政府完成有关经济与社会管理方面的任务。特别是全国性的有影响的社会团体在社会发展中有着相当重要的地位,不同程度地承担着政府交办的某些工作,联系的社会层面及活动范围比较广泛。随着党和政府职能的转变,过去由党和政府直接处理的一些事务需要由社会团体来承担,其作用将更加突出。

3. 社会团体是建设社会主义市场经济的重要力量。由于社会团体具有专业性、行业性,拥有一大批学术上有造诣、技术上有专长的人才,具有广泛的社会影响力。它们通过提出建议、进行人员培训、提供咨询服务、开展国际民间交往等方式,参与政治生活和经济生活,投入经济建设,发展社会福利和公益事业,推动社会的协调发展。

4. 发展社会团体是保证政府决策民主化、科学化的重要形式。在利益格局多元化的条件下,政府在决策时应及时地听取社会各界的意见,在充分考虑不同利益主体要求的基础上,按照民主化、科学化的程序作出决策。由于社会团体反映了多元化的利益要求,它们提出的建议可以为决策提供可供选择的方案和背景材料,从而产生较好的影响。

(四)结社自由的保障与限制

结社自由作为一项宪法规定的基本权利,公民一方面享有结社的权利,另一方面也要履行相应的义务。公民的结社自由权与履行相应的义务是统一的。这些义务具体表现为宪法、法律、法规的限制。为了维护社会公共利益,在法律规定的范围内国家权力可以采取限制性措施,但这种限制不得侵害结社自由的实体内容。根据《社会团体登记管理条例》的规定,结社自由的保障与限制的具体程序包括以下几个方面的内容:

1. 社会团体的成立实行核准登记制度。在我国境内成立的社会团体,应当根据本条例的规定申请登记。申请登记时,发起人应向登记管理机关提交下列材料:登记申请书;业务主管单位的批准文件;验资报告、场所使用权证明;发起人和拟任负责人的基本情况、身份证明;章程草案。社会团体的章程应当包括下列事项:名称、住所;宗旨、业务范围和活动地域;会员资格及其权利、义务;民主的组织管理制度,执行机构的产生程序;负责人的条件和产生、罢免的程序;资产管理和使用的原则;章程的修改程序;终止程序和终止后资产的处理;应当由章程规定的其他事项。社会团体具备法人条件的,经核准登记后,取得法人资格,应当自批准成立之日起60日内向登记管理机关提交批准文件,申领《社会团体法人登记证书》。登记管理机关自收到文件之日起30日内发给《社会团体法人登记证书》。

2. 社会团体必须遵守宪法、法律、法规和国家政策,不得反对宪法确定的基本原则,不得损害国家的统一、安全和民族的团结,不得损害国家利益、社会公共利益以及其他组织和公民的合法权益,不得违背社会道德风尚。社会团体不得从事营利性经营活动。国家保护社会团体依照其登记的章程进行活动,其他任何组织和个人不得非法干涉。我国社会团体的登记管理机关是国务院民政部门和县级以上地方各级人民政府民政部门。成立全国性的社会团体,由国务院的登记管理机关负责登记管理;成立地方性的社会团体,由所在地人民政府的登记管理机关负责登记管理;成立跨行政区域的社会团体,向所跨行政区域的共同上一级人民政府的登记管理机关申请登记。

3. 登记管理机关对社会团体的活动进行法律监督。其主要的监督管理职责有:监督社会团体遵守宪法和法律;监督社会团体依照本条例的规定,履行登记手续;监督社会团体依照登记的章程进行活动。登记管理机关对社会团体进行年度检查。社会团体应当于每年3月31日前向业务主管单位报送上一年度的工作报告,经业务主管单位初审同意后,于5月31日前报送登记管理机关,接受年度检查。社会团体违反规定有下列情形之一的,由登记管理机关给予如下处罚:警告、责令改正、可以限期停止活动,并可以责令撤换直接负责的主管人员;情节严重的,予以撤销登记。若构成犯罪,则依法追究刑事责任:涂改、出租、出借《社会团体法人登记证书》,或者出租、出借社会团体印章;超出章程规定的宗旨和业务范围进行活动;拒不接受或者不按照规定接受监督检查;不按照规定办理变更登记;违反规定设立分支机构、代表机构,或者对分支机构、代表机构疏于管理,造成严重后果;从事营利性的经营活动;侵占、私分、挪用社会团体资产或者所接受的捐赠、资助;违反国家有关规定收取费用、筹集资金或者接受、使用捐赠、资助。上述行为若有违法经营额或者违法所得,则予以没收,可以并处违法经营额1倍以上3倍以下或者违法所得3倍以上5倍以下的罚款。这是为了防止结社自由的滥用而作的限制性规定,其目的是保障公民的结社自由。作为一种保障性措施,《社会团体登记管理条例》规定登记管理机关作出不批准决定时,应向发起人说明理由。

在现代法治国家中,结社自由是公民实现表现自由的基本方式之一,是民主政治发展的重要基础。一方面要充分尊重结社自由的价值,建立有效的保障体制;另一方面也要适当地加以限制。保障与限制的界限应建立在合理的基础之上,并以法律明文规定。结社立法是结社自由的法律保障,应通过结社立法具体规定结社自由的主体及其地位、行使方式、限制原则与程序等问题,逐步建立适合中国国情的结社法律体系。

四、集会、游行、示威自由

在公民的基本权利体系中,集会、游行、示威自由是公民表达其意愿的重要表现形式,集中反映了公民的宪法地位。

(一)集会、游行、示威自由的概念

集会、游行、示威自由是言论自由的延伸和具体化,是公民表达其意愿的不同表现形式。在我国,集会是指聚集于露天公共场所,发表意见、表达意愿的活动。游行是指在公共道路、露天公共场所列队行进,表达共同愿望的活动。示威是指在露天公共场所或者公共道路上以集会、游行、静坐等方式,表达要求、抗议或者支持、声援等共同意愿的活动。三种表现形式既有共同点,又有区别,比如集会自由的行使具有一定的静态性,示威、游行自由的行使则是动态的;示威、游行自由所表达的意愿比起集会自由更强烈一些,社会的影响面更大。一般说来,集会、游行、示威自由具有如下特点:

1. 集会、游行、示威自由的主体是公民,国家决定举行的庆祝、纪念等活动,政党、社会团体等组织依章程规定举行的活动不属于集会、游行、示威法规范所调整的范围。

2. 集会、游行、示威自由是公民表达其意愿、实现自我价值的主观性权利,通过公民的群体活动而得到实现。

3. 集会、游行、示威自由作为公民表达意愿与思想的表现形式,实际上反映了言论自由的价值与要求,是言论自由的具体化。一般性的文娱、体育活动,正常的宗教活动等不属于集会、游行、示威自由的范畴。

4. 由于集会、游行、示威自由的行使过程中公民需利用公共场所、公共道路、公共设施等,因此,这些自由的行使同时表现为公物利用权。公民有权依法利用公共设施,公共机关或地方公共团体有义务为公民自由地行使这一权利提供相应的条件。

(二)集会、游行、示威自由的基本功能

宪法和法律规定集会、游行、示威自由的目的是保障公民的表现自由,维护社会稳定和公共秩序,其基本功能具体表现在:

1. 协调功能。公民行使集会、游行、示威自由是现代民主政治的基本要求。由于利益结构的多元化,政府的决策与活动中可能出现与公民利益相冲突的情况。如果一个社会没有确立调整利益关系的机制,有可能导致政治体系本身的不稳定。依法保障公民集会、游行、示威自由,可以使公民通过不同形式表达其意愿,使政府了解民意,及时地作出合理的回应。

2. 监督功能。集会、游行、示威自由是“一切权力属于人民”这一宪法原则的具体体现。公民作为政治生活的参与者和监督者,有权通过法定的形式充分表达其愿望、建议或意见,促使决策者重新考虑已作出的决策。政治实践表明,集会、游行、示威自由的行使是公民监督政府工作和公务员活动的有效形式,有利于提高政治民主化程度。

3. 稳定功能。政治与社会稳定是社会发展的重要基础。没有稳定的政治局面就不可能进行经济建设,人民群众正常的生活也会受到破坏。有些人担心,集会、游行、示威是公民表达其意愿的激烈方式,可能会影响安定团结的政治局面,主张法律上应尽可能严格地对其进行限制。其实这种担心是没有必要的,因为集会、游行、示威自由本身是政治沟

通的一种形式，是政府了解民意的重要途径。依法保障集会、游行、示威自由，一方面可以协调不同群体的利益关系，另一方面可以建立政治沟通基础上的稳定的政治局面。政治稳定应该是在充分反映民意基础上经利益协调而形成的客观社会秩序。

（三）集会、游行、示威自由的保障与限制

各国宪法和法律对集会、游行、示威自由给予了充分的保障。宪法上的具体规定通过有关集会、游行、示威的法律法规得到具体化。集会、游行、示威自由最初源于请愿权，早在英国1215年的《自由大宪章》、1689年的《权利法案》中就有关于集会、游行、示威自由的规定。第二次世界大战后，各国宪法以公民基本权利的形式规定了集会、游行、示威自由。如《日本宪法》第21条规定："保障集会、结社、言论、出版以及其他一切表现的自由。"《葡萄牙宪法》第45条规定："公民有权举行和平、不携带武器之集会，即使在开放于公众的地方也无须任何许可；承认所有公民有示威权。"为了进一步保障集会、游行、示威自由，规范其行使程序，各国普遍制定了有关集会、游行、示威自由方面的单行法律，不仅有全国性的单行法律，地方也制定了地方性法规。我国1954年宪法中规定公民享有集会、游行、示威自由，1975年宪法、1978年宪法、1982年宪法沿用了1954年宪法的规定。1989年我国制定了《集会游行示威法》，具体规定了行使这些自由的程序、救济等内容，从法律上确定了保障与限制集会、游行、示威自由的界限。

1. 集会、游行、示威的申请与许可制度

在我国，公民行使集会、游行、示威自由时应向主管机关提出申请并获得许可。根据《集会游行示威法》的规定，集会、游行、示威的主管机关是集会、游行、示威举行地的市、县公安局，城市公安分局，游行、示威路线经过两个以上区、县的，主管机关为所经过区、县的公安机关的共同上一级公安机关。申请书中应载明如下内容：集会、游行、示威的目的、方式、标语、口号、人数、车辆数、使用音响设备的种类与数量、起止时间、地点、路线和负责人的姓名、职业、住址。主管机关接到申请书后，应当在申请举行日期的2日前，将许可或者不许可的决定书面通知其负责人。不许可的，应当说明理由。逾期不通知的，视为许可。申请举行集会、游行、示威要求解决具体问题的，主管机关接到申请书后，可以通知有关机关或者单位同集会、游行、示威的负责人协商解决问题，并可以将申请举行的时间推迟5日。集会、游行、示威的负责人对主管机关不许可的决定不服的，可以自接到决定通知之日起3日内，向同级人民政府申请复议，人民政府应当自接到申请复议书之日起3日内作出决定。有关提出申请的资格限制方面，《集会游行示威法》作了如下规定：国家机关工作人员不得组织或者参加违背有关法律、法规规定的国家机关工作人员职责、义务的集会、游行、示威；以国家机关、社会团体、企业事业组织的名义组织或者参加集会、游行、示威，必须经本单位负责人批准。[4]

---

〔4〕《公务员法》第59条规定："公务员应当遵纪守法，不得有下列行为：（一）散布有损宪法权威、中国共产党和国家声誉的言论，组织或者参加旨在反对宪法、中国共产党领导和国家的集会、游行、示威等活动；（二）组织或者参加非法组织，组织或者参加罢工……"

2. 集会、游行、示威的管理制度

经主管机关许可后,公民可以行使集会、游行、示威自由,但在行使过程中应遵守有关的管理制度。《集会游行示威法》第 4 条对公民行使集会、游行、示威自由确定了总体原则,规定:“公民在行使集会、游行、示威的权利的时候,必须遵守宪法和法律,不得反对宪法所确定的基本原则,不得损害国家的、社会的、集体的利益和其他公民的合法的自由和权利。”具体的限制性规定包括:

(1)集会、游行、示威应当和平地进行,不得携带武器、管制刀具和爆炸物,不得使用暴力或者煽动使用暴力。

(2)不得妨碍公务。为了保障公务活动不受影响,保持公共利益与公民权利之间的平衡,《集会游行示威法》作了如下规定:集会、游行、示威在国家机关、军事机关、广播电台、电视台、外国驻华使馆领馆等单位所在地举行或者经过的,主管机关为了维持秩序,可以在附近设置临时警戒线,未经人民警察许可,不得逾越;一些重要的地点,如全国人大常委会、国务院、中央军事委员会、最高人民法院、最高人民检察院、国宾下榻处、重要军事设施、航空港、火车站、港口等周边距离 10 米至 300 米内,不得举行集会、游行、示威。

(3)集会、游行、示威应当按照许可的目的、方式、标语、口号、起止时间、地点、路线及其他事项进行,不得违反治安管理法规,不得进行犯罪活动或者煽动犯罪。在集会、游行、示威进行中出现危害公共安全或严重破坏社会秩序的情况时,人民警察现场负责人有权命令解散。拒不解散的,人民警察现场负责人有权依照国家有关规定决定采取必要手段强行驱散,并对拒不服从的人员强行带离现场或者立即予以拘留。

(四)法律责任

在举行集会、游行、示威时违反治安管理法规的,依照《治安管理处罚法》的规定予以处罚。举行集会、游行、示威,有下列情形之一的,公安机关可以对其负责人和直接责任人员处以警告或者 15 日以下拘留:未依照《集会游行示威法》申请或者申请未获许可的;未按照主管机关许可的目的、方式、标语、口号、起止时间、地点、路线进行,不听制止的。举行集会、游行、示威时有犯罪行为的,依照刑法有关规定追究刑事责任。《刑法》第 297 条规定:“违反法律规定,携带武器、管制刀具或者爆炸物参加集会、游行、示威的,处三年以下有期徒刑、拘役、管制或者剥夺政治权利。”第 298 条规定:“扰乱、冲击或者以其他方法破坏依法举行的集会、游行、示威,造成公共秩序混乱的,处五年以下有期徒刑、拘役、管制或者剥夺政治权利。”设定法律责任的目的和出发点是为公民实现集会、游行、示威自由提供更可靠的条件,并不是限制公民行使权利。从立法的角度讲,需要更新观念,正确处理社会稳定与公民基本权利之间的关系,需要进一步明确集会、游行、示威的许可标准和具体程序,确定其限制界限,提高公民参与政治生活的积极性,以缓解社会的矛盾,形成有利于安定团结的政治局面。

事例与思考 9－6 刘某成宣传宪法事件

退休教师刘某成在杭州市上城区的住所面临拆迁，刘某成认为拆迁不公，同时申诉拆迁条例违反宪法有关保护公民房屋、公民住宅不受侵犯等条款，经多次上访均没有得到有效回应。2003 年 3 月 7 日，上城区人大、政协两会召开，他与其他十几个人穿上写有“维护宪法人人有责”“公民住宅不受侵犯”“住房所有权不许剥夺”“强逼签约强制拆迁，严重违宪”等字样的白大褂，到区政府门口进行“宣传”，声称其目的是提醒参加人大会议的人大代表，其首要职责是维护宪法的实施，同时向过往人群宣传宪法。刘某成被警方以扰乱上城区政府的正常工作秩序为由，处治安拘留 10 日。

问：在此事件中，刘某成等人行为的性质如何认定，是作为意见表达的言论自由行为，还是其所声称的宣传宪法的行为，抑或“集会、示威”的实践形式？

事例与思考 9－7 广东省某市禁设各类条幅标语

2009 年 11 月 16 日，某市市政园林和林业局、某市城市管理行政执法局联合发布《关于在某市范围内禁止设置各类横幅标语和影响环境卫生行为的通告》（以下简称《通告》）。该《通告》称，为了督促、推动全民清洁行动狠抓落实，进一步提升某市市容和环境卫生整体水平，根据某市制定的《某经济特区市容和环境卫生管理条例》的规定，决定在全市范围内禁止设置各类条幅标语和影响环境卫生的行为。市、区、镇（街道）城市监督管理部门将组织专项检查执法行动，严查违法设置横幅标语的行为。对违反规定的，依法采取强制措施，并对违法单位和个人按照规定进行处罚。市民如发现有违法悬挂和张贴横幅标语的情况，可直接向城市监管部门投诉。

据报道，某市市政园林和林业局相关负责人介绍，禁止的不仅仅是横幅广告，党政机关的横幅标语也在禁止之列。

问：1. 自中华人民共和国成立以来，我国形成了一种“标语文化”，禁止党政机关的横幅标语是否具有合法性和妥当性？

2. 禁止其他横幅标语涉及公民的言论自由，某市先以条例后以通告的形式禁止各类横幅标语，这种干预是否具有正当性？

知识点提示

政治权利的概念	政治权利的范围
政治权利的功能	选举权的性质
言论自由的合理界限	结社自由的概念
限制与保障出版自由的界限	集会游行自由的合理限制

第十章　宗教信仰自由

宗教信仰自由作为公民的一项基本权利，属于人们的精神自由领域，反映了人们的内心信念。现代各国宪法普遍规定公民的宗教信仰自由，并规定了相应的保障制度。

第一节　宗教信仰自由的概念与历史沿革

一、宗教信仰自由的概念

宗教信仰自由是指公民依据内心的信念，自愿地信仰宗教的自由。信仰宗教是个人选择的事情，具体包括如下内容：公民既有信仰宗教的自由，也有不信仰宗教的自由；有信仰这种宗教的自由，也有信仰那种宗教的自由，即有权选择宗教；在同一宗教里，有信仰这个教派的自由，也有信仰那个教派的自由；有过去信教而现在不信教的自由，也有过去不信教而现在信教的自由。宗教信仰自由作为一种权利体系或权利束，主要由信仰的自由、宗教活动自由、宗教仪式自由构成，在有些国家还包括传教自由。从行使宗教信仰自由的方式来看，它既包括积极的自由，又包括消极的自由。积极的自由是指信仰宗教、结成宗教团体、参加宗教仪式等方面的自由，而消极的自由是指不信仰宗教的自由与不参加宗教仪式的自由。在宗教信仰自由概念中，积极的自由与消极的自由具有同等的价值，享有宗教信仰自由的主体地位平等。

二、宗教信仰自由的历史沿革

宗教信仰自由是在反对宗教压迫斗争中形成的人的基本权利，反映了人类追求人权价值的目标与过程。宗教信仰自由原则的确定标志着人类从宗教压迫中解放出来，获得自我发展的机会与途径。在欧洲中世纪，国家权力与教会权威相互结合，限制公民自由地选择自己信仰的宗教，只允许国教的存在。由马丁·路德和加尔文领导的16世纪宗教改革运动，导致了与罗马教廷对立的改革教会派的产生，最后以承认各派地位平等而告终。1689年英国制定《容忍法案》，首次肯定各教派地位平等。美国联邦宪法修正案与法国《人权宣言》中规定宗教信仰自由以后，各国宪法普遍以基本权利的形式规定宗教信仰自由。第二次世界大战后，宗教信仰自由作为人权的重要组成部分，受到国际社会的广泛瞩目。1948年联合国大会通过的《世界人权宣言》第18条规定："人人有思想、良心和宗教自由的权利;此项权利包括改变他的宗教或信仰的自由,以及单独或集体、公开或秘密地以教义、实践、礼拜和戒律表示他的宗教或信仰的自由。"1981 年联合国大会通过了《消除基于宗教或信仰原因的一切形式的不容忍和歧视宣言》,该宣言中规定:"凡在公民、经济、政治、社会和文化等生活领域里对人权和基本自由的承认、行使和享有等方面出现基于宗教或信仰原因的歧视行为,所有国家均应采取有效措施予以制止及消除;所有国家在必要时均应致力于制定或废除法律以禁止任何此类歧视行为;同时,还应采取一切适当的措施反对这方面的基于宗教或其他信仰原因的不容忍现象。"各国宪法普遍强调宗教信仰自由的价值,通过宪法规范和具体法律确定了宗教信仰自由在人权体系中的地位,为宗教信仰自由的保障提供了可靠的法律基础。

在我国,宗教信仰自由历来是宪法和法律所保护的重要权利。1954 年宪法规定"中华人民共和国公民有宗教信仰的自由"。1982 年宪法根据公民权利发展的实际情况和宗教的特点,在 1954 年宪法的基础上对宗教信仰自由作了更为具体的规定。

根据国家宗教事务局的不完全统计,中国现有各种宗教信徒 1 亿余人,宗教活动场所 8.5 万余处,宗教教职人员约 30 万人,宗教团体 3000 余个,宗教团体还办有多所培养宗教教职人员的宗教院校。

第二节　宗教信仰自由的基本功能与保障

一、宗教信仰自由的基本功能

宪法规定宗教信仰自由为基本权利,对于一个国家政治体制的稳定和法治发展具有十分重要的意义。

1. 宗教信仰自由作为人的思想信仰自由,构成人权的组成部分。信仰宗教或者不信仰宗教完全是由个人选择的事情,国家应给予保护。对宗教信仰自由的保护在很大程度上取决于国家对宗教的基本态度与所采取的具体保障措施。宗教信仰自由受法律保障意味着个体对某种宗教的信仰或者不信仰得到社会的认可与尊重。

2. 宗教信仰自由具有协调社会关系的功能。我国是多宗教的国家,不仅宗教的存在具有悠久的历史,而且社会影响面比较广。世界性宗教,如佛教、基督教、伊斯兰教,通过文化的冲突与融合,逐步变为意识形态内容之一。另外,在我国,宗教问题又与民族问题有密切的联系,具有民族性,如我国信仰伊斯兰教的少数民族共有十个,生活在不同区域,具有不同的宗教生活方式。正确处理宗教信仰自由问题,不仅有助于确定公民与国家之间的合理关系,而且有助于促进平等团结互助和谐的民族关系。多民族国家的宗教问题实际上是民族问题的一部分,是民族政策的重要组成部分。有些少数民族基本上全民信仰某一种宗教,在这些民族中宗教问题与民族问题交织在一起,但在汉族中,佛教、道教、天主教和基督教则同民族问题基本上没有联系。可见,少数民族中的宗教信仰问题是一个具有长期性、民族性与群众性的问题。正确处理宗教信仰自由问题对于一个存在多种宗教的国家而言具有特别重要的意义。

3. 宗教信仰自由政策反映了社会生活的实际要求,能够对社会生活起到自我调整作用。由于历史和现实的原因,宗教的存在具有长期性、复杂性与群众性。在现阶段,宗教对人们社会生活产生的影响比较大,它作为一种文化现象直接影响人们的生活方式与思维方式。宪法对宗教信仰自由的规定是社会生活的客观反映与表现。宪法的规定源于生活,又高于生活。宪法一方面保护信教群众的信仰自由,赋予其平等的地位;另一方面也保护不信教群众的不信仰宗教的自由。依法保护宗教信仰自由,能够形成社会的凝聚力,有助于达到团结一切可以团结的力量之目的。

二、宗教信仰自由的保障

宗教信仰自由作为公民的一项基本权利,受宪法和法律的保障。在我国,宗教信仰自由的保障具体表现在:

1. 法律保障。我国宪法和法律对公民宗教信仰自由的保障作了原则性的规定。《宪法》第 36 条规定:"中华人民共和国公民有宗教信仰自由。任何国家机关、社会团体和个人不得强制公民信仰宗教或者不信仰宗教,不得歧视信仰宗教的公民和不信仰宗教的公民。国家保护正常的宗教活动……"宪法的规定实际上确定了宗教信仰自由在基本权利体系中的地位,为宗教信仰自由的实现提供了宪法依据。除宪法的总体规定外,《刑法》《民法典》《选举法》《义务教育法》等法律中具体规定了宗教信仰自由的保障。2004 年 11 月 30 日国务院颁布的《宗教事务条例》(2017 年修订)是保障公民宗教信仰自由的重要依据,其基本宗旨是:保障公民宗教信仰自由,维护宗教和睦与社会和谐,规范宗教事务管理,提高宗教工作法治化水平。

事例与思考 10-1 离婚中的宗教信仰

甲乙二人为夫妻。丈夫甲在结婚时曾提出条件,自己的妻子必须与自己信仰同一宗教。当时乙符合该条件,于是甲乙二人结婚。结婚一段时间以后,妻子乙改变了自己所信仰的宗教。于是,甲诉至法院要求解除婚姻关系。理由是乙由于改变了自己的宗教信仰,因此不再符合甲在婚前对自己的配偶提出的要求,因此婚姻关系应予解除。

问:1. 在本事件中,甲乙夫妻二人均各自独立地享有宗教信仰自由,一个人选择信仰某一种宗教或放弃信仰某一种宗教均不构成对另一人宗教信仰自由的侵害。那么,丈夫甲以宗教信仰为条件,与乙结成夫妻,这种条件是否受法律保护?

2. 甲要求解除婚姻关系的行为是否构成了对乙之宗教信仰自由的侵犯?

3. 平等主体之间的契约自由是否受公民基本权利的限制?

2. 物质保障。宗教信仰自由受物质保障。在保障宗教信仰自由的过程中,国家积极创造物质方面的条件,提供良好的环境,如安排宗教活动场所,恢复、修缮、开放寺、观、教堂。根据法律和政府的有关规定,各宗教团体的房屋财产的产权归宗教团体所有。例如,1989 年 10 月 11 日,坐落在拉萨的布达拉宫年久失修,国务院拨出专款 3500 万元,对布达拉宫进行重点维修。2002 年,国家启动西藏三大重点文物维修工程,总投资为 3 亿多元,其中分配给布达拉宫 17930 万元,罗布林卡 6740 万元,萨迦寺 8660 万元,所需资金全部由中央财政安排。

3. 组织保障。在我国,宗教设有自己的全国性和地方性的组织机构。目前我国有中国佛教协会、中国道教协会、中国伊斯兰教协会、中国天主教爱国会、中国天主教教务委员会、中国天主教主教团、中国基督教三自爱国运动委员会和中国基督教协会 8 个全国性宗教团体。为了有计划地培养和教育年青一代的爱国宗教职业人员,国家设立了中国佛学院、中国伊斯兰教经学院、中国基督教南京金陵协和神学院、中国天主教神学院和中国道教学院等多所宗教院校。[1]

第三节　宗教信仰自由与宗教事务的管理

宗教信仰自由作为公民的一项基本权利,在客观上存在一定的界限。国家通过对宗教事务的必要管理,对公民行使宗教信仰自由进行必要的限制。因为宗教信仰尽管表现为思想的信仰,但一旦这种思想信仰表现为宗教行为、宗教活动、建立宗教活动场所时就会涉及社会生活的不同方面,不能完全按个人意愿自由进行。

一、宗教信仰自由的基本原则

在我国,公民行使宗教信仰自由应遵循的基本原则是:

1. 合法性原则。我国《宪法》第 36 条第 3 款规定:“国家保护正常的宗教活动。任何人不得利用宗教进行破坏社会秩序、损害公民身体健康、妨碍国家教育制度的活动。”这就说明,公民既享受宪法和法律赋予的宗教信仰自由,也要承担宪法和法律规定的义务,如果超越宪法和法律规定的界限,宗教信仰自由就不属于正常的范围,就会失去合法基础。《宗教事务条例》第 2 条规定,公民有宗教信仰自由。任何组织或者个人不得强制公民信仰宗教或者不信仰宗教,不得歧视信仰宗教的公民或者不信仰宗教的公民。信教公民和不信教公民、信仰不同宗教的公民应当相互尊重、和睦相处。

2. 宗教与国家教育制度相分离原则。宗教信仰自由包括信仰宗教和不信仰宗教两个方面,任何强迫不信教的人信教的行为,如同强迫信教的人不信教一样,都是侵犯他人的宗教信仰自由,超越了法定界限。我国宗教信仰自由政策的实质是使宗教信仰问题成为公民个人自由选择的问题,成为公民个人的私事,不允许宗教干预国家行政、干预司法、干

---

[1] 参见《全面建成小康社会:中国人权事业发展的光辉篇章》白皮书,载中华人民共和国国务院新闻办公室网站 2021 年 8 月 12 日,http://www.scio.gov.cn/zfbps/32832/Document/1710544/1710544.htm。

预学校教育和社会公共教育,绝不允许强迫任何人,特别是18周岁以下少年儿童入教、出家和到寺庙学经,绝不允许恢复已被废除的宗教封建特权和宗教压迫剥削制度。

3. 独立办教原则。外国宗教组织或个人与中国宗教社会团体进行交往时,应当遵守中国的法律,不得利用宗教干涉中国的内政,不得以任何方式与手段支配中国的宗教团体和宗教事务。根据《宗教事务条例》第5条的规定,各宗教坚持独立自主自办的原则,宗教团体、宗教院校、宗教活动场所和宗教事务不受外国势力的支配。宗教团体、宗教院校、宗教活动场所、宗教教职人员在相互尊重、平等、友好的基础上开展对外交往;其他组织或者个人在对外经济、文化等合作、交流活动中不得接受附加的宗教条件。

二、宗教团体设立、活动场所的登记制度

为了保障公民享有的宗教信仰自由,从法律上确立宗教活动场所的合法地位,赋予宗教团体和活动场所应有的权利,我国实行宗教团体、宗教活动场所登记制。

1. 宗教团体设立。宗教团体的成立、变更和注销,应当根据《社会团体登记管理条例》的规定办理登记。其章程应当符合《社会团体登记管理条例》的有关规定。

2. 宗教活动场所登记范围。宗教活动场所主要包括佛教的寺院和庵堂、道教的宫观、伊斯兰教的清真寺、天主教和基督教的教堂以及其他固定场所。设立宗教活动场所应具备的条件是:设立宗旨不违背《宗教事务条例》第4—5条的规定;当地信教公民有经常进行集体宗教活动的需要;有拟主持宗教活动的宗教教职人员或者符合本宗教规定的其他人员;有必要的资金,资金来源渠道合法;布局合理,符合城乡规划要求,不妨碍周围单位和居民的正常生产、生活。

3. 宗教活动场所登记程序。筹备设立宗教活动场所,由宗教团体向拟设立的宗教活动场所所在地的县级人民政府宗教事务部门提出申请。县级人民政府宗教事务部门应当自收到申请之日起30日内提出审核意见,报设区的市级人民政府宗教事务部门。宗教活动场所经批准筹备并建设完工后,应当向所在地的县级人民政府宗教事务部门申请登记。县级人民政府宗教事务部门应当自收到申请之日起30日内对该宗教活动场所的管理组织、规章制度建设等情况进行审核,对符合条件的予以登记,发给《宗教活动场所登记证》。

4. 宗教活动场所一经依法登记,其合法权益受到国家法律的保障,如其权益受到侵犯,宗教场所管理组织和信教群众可按有关法律、法规,向政府有关行政机关申请复议,直至向人民法院起诉,寻求法律保护。加强对宗教活动场所的管理是政府依法对宗教活动进行管理的重要手段,有助于将政府对宗教活动场所的管理纳入法治轨道,调动广大信教公民的积极性。

5. 宗教活动场所的一切活动必须遵守国家法律、法规,宗教活动场所不受境外组织和个人的支配。我国宪法规定,宗教团体和宗教事务不受外国势力的支配。我国宗教实行独立自主自办的方针,反对外来势力支配与干涉中国宗教的内部事务,以维护中国公民真正享有宗教信仰自由。外国人在我国境内的正常的宗教活动受法律、法规的保护。

事例与思考10－2　三亚海上观音圣像事件

海南省三亚市为开发旅游资源，弘扬佛教文化，由三亚南山观音苑建设发展有限公司总计投资8亿元，建造了"南山海上观音圣像"和"南山观音文化苑"。这一工程从立项、规划到开工，先后通过了国家发改委、国家宗教局以及海南省地方政府的审批。该公司经营的范围包括旅游景点、宾馆酒店、旅行社、房地产等的建设和管理。在2004年举行的圣像开光大典新闻发布会上，三亚市政府的一位负责人更是明确地表示，这一工程是"在国家宗教局，海南省委、省政府，三亚市委、市政府及各界的努力下"，才得以完成的，而"三亚市政府将集全市之力，全力配合中国佛教协会和南山寺做好开光大典的服务工作"。

问：1. 政教分离原则是世俗国家的一般原则与政治道德基础，其意义在于禁止国家把某一特定宗教定为国教，国家与宗教之间应保持各自的准则与领域。我国宪法文本没有具体规定政教分离原则，但依据宪法原理与宗教信仰自由的原则，可以推定出政教分离原则。从合法性的角度来看，三亚观音圣像建设的申请主体、建设主体与投资主体是否符合《宗教事务条例》的规定？

2. 从宗教活动的性质来看，观音圣像是否属于《宗教事务条例》规定的"宗教造像"？三亚市政府能否利用公权力参与和三亚观音圣像有关的活动及以地方财政资金投资或"接管"该项目？

知识点提示

宗教信仰自由的概念

宗教信仰自由的性质与特点

宗教信仰自由的内容

宗教信仰自由的限制

我国宗教信仰自由的基本政策

第十一章　人身自由

第一节　人身自由概述

一、人身自由的概念与价值

（一）人身自由的概念

人身自由，又称身体自由，是指公民的人身不受非法侵犯的自由。人身自由是公民参加国家政治生活、社会生活的基础，是保护个人免受国家任意干预其自由的权利，是以人身保障为核心的权利体系。我国《宪法》第 37 条规定："中华人民共和国公民的人身自由不受侵犯。任何公民，非经人民检察院批准或者决定或者人民法院决定，并由公安机关执行，不受逮捕。禁止非法拘禁和以其他方法非法剥夺或者限制公民的人身自由，禁止非法搜查公民的身体。"宪法的这一规定实际上确立了公民人身自由的宪法地位，使之成为基本权利体系的基石。

（二）人身自由的价值

1. 人身自由是体现公民宪法地位的重要标志。人身自由是公民作为人而表现的基本价值要求，是人的不可剥夺的权利。人身自由制度的完善是社会文明与进步的结果，反映了人类自我完善的过程。

2. 人身自由是人类自身生存所必需的权利。在现代宪法体制中，自由通常分为人身自由、精神自由与经济自由等；享有精神自由与经济自由的前提是人身的独立与自由，即首先在人身上成为自由的人。如果公民的人身自由得不到保障，其他权利与自由的行使则会失去基础。从这种意义上说，人身自由是基本权利体系的基础与核心，反映了宪法的基本要求。

3. 人身自由的保障直接关系社会的稳定与发展。人身自由本身体现了人的价值，构成公民与国家之间保持协调的重要因素，是维护社会稳定的基础。人身自由能否得到尊重、人身自由的实现程度直接影响社会生活的安定。因此，从法律与制度上切实保障公民的人身自由有助于稳定社会关系，发挥社会主体的积极性。

二、人身自由的性质与界限

(一)人身自由的性质

人身自由作为公民的基本权利,构成自由权的核心内容,具有不可侵犯性。就其主体而言,本国公民和外国人都可以成为人身自由的享受主体,其权利价值具有普遍性。为了维护社会秩序与公共利益,必要时可以限制人身自由,但必须遵循宪法和法律所确定的合理界限,即对人身自由必须在合理的范围之内以合理的手段进行限制,比例原则、经济分析等理论模型提供了较好的平衡手段。保障人身自由是国家权力为公民权利的实现而提供的安全保障,反映了国家权力的义务性。就人身自由的实体价值而言,它具有普遍的约束力,一切国家机关、政党与公务员都有义务尊重公民的人身自由,负有保障公民人身自由的义务。从这种意义上说,人身自由是防止国家权力侵犯的权利,是个人消极的、防御的权利,其权能包括受到侵害而请求国家赔偿以及获得赔偿等内容。

(二)人身自由的界限

人身自由的保障是现代宪法遵循的一项基本原则,对人身自由的限制必须按照基本权利的立法界限原则,即确立国家权力运行的界限。人身自由的保障通常分为两种形式:一是实体保障;二是程序保障。实体保障是指保障人身自由的原理、原则,程序保障是指限制人身自由时遵循的刑事程序或刑事制度。我国宪法所确定的人身自由的实体保障主要表现在:确立了限制或剥夺人身自由时遵循的法定原则,只有法定的国家机关按照法定程序才有权决定限制或剥夺公民的人身自由;确立罪刑法定主义原则,即法律明文规定为犯罪行为的,依照法律定罪处刑,法律没有明文规定为犯罪行为的,不得定罪处刑;禁止连坐制,即公民不因亲属的犯罪行为而受到株连。我国宪法和法律所确定的人身自由的程序保障主要表现在:拘留和逮捕依法律程序进行;严禁刑讯逼供;被告人合法权益受保护原则;保护罪犯的合法权益。

事例与思考 11－1　劳动教养制度的废除与人身自由的保障

唐某因对女儿被强奸案的判罚不满而屡次上访。2012 年 8 月,唐某因扰乱社会秩序罪被劳动教养。随后该事件被发上微博,引发舆论的强烈关注。2013 年 7 月 15 日,唐某案二审胜诉,该案加速了中国劳教制度的改革。2013 年 11 月 12 日通过的《中共中央关于全面深化改革若干重大问题的决定》提出,废止劳动教养制度。2013 年 12 月 28 日全国人大常委会通过了《关于废止有关劳动教养法律规定的决定》,这意味着已实施五十余年的劳动教养制度被依法废止。

问:1. 劳动教养制度限制公民的人身自由,违反了宪法和立法法的相关规定,既不具有合法性也不具有正当性,应如何理解?

2. 人身自由作为公民的基本权利,如何理解人身自由构成自由权的核心内容?

3. 人身自由的程序保障有哪些?

三、人身自由的内容

各国宪法对人身自由的内容作了不同的规定,但其核心是人身自由不受侵犯。而人身自由的前提与基础是人的尊严与生命权,没有尊严与生命权,其他人身自由也会失去存在的意义。另外,隐私权也构成人身自由的基本内涵。我国宪法规定的人身自由通常包括四项内容:公民的人身自由不受侵犯;公民的人格尊严不受侵犯;公民的住宅不受侵犯;公民的通信自由和秘密受法律保护。

事例与思考 11-2 深圳某地“卖淫女示众”事件

2006 年 11 月 29 日,深圳市某公安分局挂出“某公安分局打击整治涉黄违法犯罪公开处理大会”的横幅,将连日大扫黄活动中逮捕的 167 名涉黄人员押到色情场所集中的“三沙”(上沙、下沙和沙嘴)地区游街示众。这些人全部戴上了口罩,面部几乎全部被遮住,仅留一双眼睛。警方在众人围观下分别读出他们的姓名及籍贯,宣布每人行政拘留 15 日。

问:1. 人格尊严是公民权利的基础。在现代宪法理论上,人格尊严是宪法价值的集中体现,是宪法权利的核心内容。那么,行政机关在执法过程中,如何维持国家权力的行使与公民权利的保障之间的平衡?

2. 公权力如何保障相对人的权利和人格尊严?

3. 公开示众的行为是否必须明令禁止?

第二节 生 命 权

一、生命权的历史发展

生命是一种肉体的存在形式,与死亡相对应。在生命的起源问题上,自然科学、生物学以及教会各有不同的解释。宪法学意义上生命开始的认定主要依据自然科学的研究成果,在具备生理的生存条件后人类的生命价值是平等的,不得给予不合理的差别待遇。在人类生存的环境中,生命的价值与意义需要通过法律形式加以确认,特别是宪法对生命价值的保护是生命价值得到实现的重要形式。宪法本身是不能创造生命的,生命的历史远远早于宪法的历史,但生命的价值不能自发地得到实现,它需要把个体价值变为社会共同体价值,使生命的价值成为社会政治共同体的基础。

自近代社会以来,生命权与自由权、财产权一样成为人们普遍公认的自然权。生命权作为宪法权利最早规定在 1776 年美国的《独立宣言》上,其中规定了生命、自由与追求幸福等权利。从基本权利的发展历史来看,生命权被规定在宪法中或受宪法保护始于第二次世界大战以后。在吸取无视、践踏生命权的惨痛教训后,人们真正感受到了生命权的价值,要求国家与社会切实保护人的生命权。生命、自由与追求幸福的权利在不违反公共利益的范围内,在立法中得到最大限度的保障。在有些国家尽管生命权没有被宪法明文规定,但这并不影响生命权价值的保障。从各国宪法的实践来看,生命权已成为社会生活的基本价值,是评价宪法发展水平的重要标志。

二、生命权的性质

生命权是享有生命的权利,体现着人类的尊严与价值。生命权就其性质而言是一种综合性的权利,反映了不同于其他权利的特点:(1)生命权是表示人类生存的自然意义上的权利,具有自然法的性质。(2)生命权的宪法化体现了国家与社会主体应有的社会关系,即生命权是国家与社会的最高价值,在任何情况下国家都不能把人的生命权作为一种工具或手段,应将生命权的维护作为制定法律或制定政策的基本出发点。从这种意义上讲,生命权具有自由权的性质,旨在防止国家权力或他人的侵害。(3)生命权价值的宪法确认意味着国家有保护生命权的义务,使生命权成为社会价值体系的基础。一切国家机关、公务员的活动都不能损害公民的生命权,并且应建立各种形式的生命权保障体制。(4)生命权的宪法意义还表现在它为全社会树立宪法权威、为提高社会成员的宪法意识提供了社会基础。生命权是否得到社会的尊重、社会成员的生命权是否得到切实保护不仅标志着基本权利实现的程度,而且也是衡量整个社会人权发展水平的评价指标。

三、生命权的宪法根据

在宪法的价值体系中生命权处于基础与核心地位是不可争议的事实,没有生命权价值就不会存在基本权利和整个宪法体制。但具体如何规定生命权,各国宪法不尽相同。德国和日本等国家在宪法上明确规定了生命权保护的根据,并把保护生命权规定为国家的义务。但多数国家并没有在宪法上具体规定生命权,于是围绕生命权的宪法根据问题学者们提出了不同的主张。既然生命权是一切权利的基础,是最重要的权利,但为什么有些国家在宪法上没有作出具体规定呢?对于这个问题比较合理的解释是,生命权对于人类生存来说是最重要的权利,是人类享有的当然的权利。因此,制宪者们也许把生命权的保护看作制宪理念中的核心概念,对其重要性的认识有可能超越了实定宪法本身的意义。因此,是否在宪法文本上直接规定生命权并不影响生命权作为基本权利的属性与价值。

当宪法上没有具体规定生命权条款时可以通过宪法解释学方法寻求其根据,在已有的基本权利条款中找到能够说明生命权价值的条款。那么,哪些条款可以提供这种根据呢?从比较宪法的角度看,我们可以列举以下几种可能的条款作为分析的基础:(1)规定人身自由的宪法条款。几乎所有的具有成文宪法的国家都规定了人身自由,人身自由与生命权有非常密切的关系,生命权是人身自由的基础,如果没有生命权,公民就不能行使人身自由。(2)宪法规定的有关人的尊严与价值的条款。有的学者认为,生命离开了尊严与价值是没有意义的,因为生命权是有尊严的人类存在与发展的根源,是一种先验与自然的权利,构成一切基本权利的基础。[1] (3)“宪法上没有列举的权利保护”条款。自美国联邦宪法修正案第9条通过后,有些国家宪法中就规定了宪法上没有列举的权利同样得到保护的条款,生命权虽没有具体规定,但根据宪法的上述条款可以寻找生命权的根据。笔者认为,比较三种条款后可以确定如下原则:当宪法上规定“没有列举的权利得到保障”的条款时,可以从这个条款中找到其宪法根据;当宪法上没有类似的规定时,可以把人的尊严条款作为根据。我国宪法没有具体规定生命权问题,在宪法上生命权是否属于基本权利并不明确。当涉及生命权的问题时我们需要提供宪法根据,以此为依据处理宪法中的生命权问题。我国《宪法》第38条关于公民人格尊严的规定可以理解为保护生命权价值的宪法根据。当然,这一条款中的“人格尊严”与人的尊严的概念之间有一定的区别,前者的范围窄一些。

四、生命权的基本内容

从一般意义上讲,生命权内容包括:

1. 防御权。生命权的本质是对一切侵害生命权价值的行为的防御,防止国家把生命权作为实现国家目的的手段。国家既不能创造生命,也不能对自然存在的生命价值作出不合理的决定。

2. 享受生命的权利。生命权的对象是生命,每个社会主体平等地享有生命的价值,其主体地位得到宪法的保护。

3. 生命保护请求权。当生命权受到侵害时,受害者有权向国家提出保护的请求,以得到必要的救济。为了保护生命权,各国通过宪法或刑法等为生命权价值的实现建立了有效的制度。如在器官移植中,国家应积极制定有关器官移植的法律或政策,使生命受到威胁的患者得到及时的治疗。但这种请求权并不是绝对的,国家只能提供必要的保护,以体现国家对生命权的关怀。比如,国家应积极地制定有关器官移植的法律,但这并不意味着患者有权向国家提出提供特定器官的要求。

4. 生命权的不可转让性与不可处分性。由于生命权是人的尊严的基础和一切权利的出发点,故生命权具有专属性,只属于特定的个人。个人主观的生命权同时具有社会共同体价值秩序的性质,表现为一种维护社会共同体价值的道德和法律义务。在这种意义上,生命权并不属于宪法上的“自我决定权”,宪法上并不允许自我处分自己生命权的自杀

---

[1] 1996年韩国宪法法院在有关死刑是否违宪的判决中提出:人的生命是最宝贵的,是不能以任何东西换取的人类存在的基础。这种生命权无论是否被规定在宪法上,都是先验的、自然法意义上的权利,构成宪法规定的一切基本权利的前提。但1996年和2010年韩国宪法法院两次作出死刑制度合宪性判断,2022年死刑合宪性议题再次引发讨论。较为特别的是,尽管韩国尚未在法律上废止死刑,但实际上已经长期未作出死刑判决,因此被认为是“事实上已经废除死刑”的国家。

权，也禁止把生命的处分权委任给他人。[2]

事例与思考 11－3 同命不同价与平等权

2004 年 5 月 1 日实施的最高人民法院《关于审理人身损害赔偿案件适用法律若干问题的解释》第 29 条规定，“死亡赔偿金按照受诉法院所在地上一年度城镇居民人均可支配收入或者农村居民人均纯收入标准，按二十年计算”。根据该条规定，生命的价值取决于被害者生前“户口”的差异。

最高人民法院《关于修改〈最高人民法院关于审理人身损害赔偿案件适用法律若干问题的解释〉的决定》于 2022 年 5 月 1 日起施行，其中将人身损害赔偿标准由原来的城乡区分修改为统一采用城镇居民标准计算。

问：1. 在城乡二元格局变化和城乡人口流动频繁的背景下，同命不同价是否具备存在基础？修改后的有关人身损害赔偿的司法解释的作用体现在哪些方面？

2. 以户籍制度为依据决定公民生命的价值，这种做法是否损害公民的平等权？司法解释修改赔偿标准是一种纠偏还是适应社会发展的变迁？

3. 无论是城乡区别还是统一标准，以人身损害赔偿金额的多少判断生命价值是否妥当？

五、生命权的主体与效力

（一）生命权的主体

生命权的主体只能是自然人，法人不能成为生命权的主体。这里讲的自然人包括本

---

〔2〕“人有没有自杀的权利”，对于这个问题存在诸多争议，而安乐死及其合法化纷争是这种争论的集中表现。一般来说，存在三种观点：第一种观点认为，“人有自杀的权利”。其理论基础是自然法思想，认为人的生命权源于自然，是不可以剥夺的，既然人拥有绝对的生命权，那么人就有对自己生命的绝对的自由处分权。第二种观点认为，“人没有自杀的权利”。其理论基础主要是基督教的“原罪说”，并有一定的法社会学理论的支持。基督教认为生命授于上帝，个人无权自行处分。按照基督教的“原罪说”，作为人类始祖的亚当、夏娃之罪孽延至后世一切人类，故人生而有罪，且须终生赎罪，自杀无异于逃避义务。第三种观点即“法律空白说”，根据生命权的最高价值与社会共同体价值体系，法律没有必要对自杀是否合法作出评价，即自杀无所谓合法违法，法律无法对自杀作出合法与否的评价。从宪法学角度来看，前两种观点都无法证成。主张人有自杀的权利的观点其实是与宪法维护人的生命权这一最高价值相矛盾的。同时，假设承认自杀是人的权利，那么法律是否应当惩罚救助自杀者的人呢？在此，法律也面临两难处境：一方面救助者的做法出于基本的人道主义，法律的惩罚行为缺乏正当性；另一方面既然自杀是人的权利，救助者无疑侵犯了他人的权利。而对于人没有自杀的权利，人自杀要受处罚的观点来说，假如自杀者已经死亡，而对于死者，当代刑法是无法惩罚的。而且当自杀未遂时，无法解释法律对于自杀未遂者不予追究的情况。相对来说，“法律空白说”具有较大的合理性。对于自杀行为，应该本着高于法律的规范评价的态度，因为只有这样才符合人的生命权作为人的基本权利之最高价值的精神。因此，自杀既不是法律权利，也不是法律自由。日本国会于 2006 年通过了《自杀对策基本法》，该法案规定对于自杀行为，不应仅仅从个人生命权的角度看待，应该从社会宏观角度来认识自杀行为。为此，日本设置了“自杀综合对策会议”组织，并将遏制自杀作为国家和地方政府的职责，政府每年向国会提交报告书，而且对自杀防范工作给予必要的财政支持。该法案还要求各地的医疗机构和企事业单位制定相应对策，关注员工精神健康，为有自杀倾向者提供适当的医疗服务，援助自杀者的遗属。

国人、外国人和无国籍人,所有的人都享有不可侵犯的生命权。因此,生命权首先是人的权利,并不仅仅是公民的权利。生命是一种自然现象,但生命权主体的认定是一种法律行为,通过立法者的活动最终确定。围绕生命权主体目前争论的主要问题有胎儿生命权的认定与生命权终止标准的确定。

胎儿是否属于生命权主体目前学术界仍有争论,这一争论实际上涉及妇女私生活权的问题,即堕胎是否合法。关于宪法上保护的生命权应包括哪些范围,胎儿是否属于宪法保护的生命权对象,一种观点认为,胎儿的生命是需要保护的,但孕妇的自我决定权应优先于胎儿生命的利益。按照这种观点,是否堕胎的决定权是一种妇女的自然权,由妇女自我决定。另一种观点认为,胎儿的生命与人的生命具有同等价值,应给予同等保护。上述两种观点各有一定的合理性,但理论上并没有完全解决这些难题,如妇女的自我决定权与胎儿生命权价值的冲突与协调问题、胎儿生命权价值与宗教自由价值之间的关系等不同命题之间的界限问题。

对胎儿生命权的宪法保障主要遵循利益衡量原则,在保障生命权价值的前提下,有条件地实行堕胎政策。目前,衡量生命权价值的原则主要有期间解决方式与适应解决方式。前者是指对一定期间内进行堕胎的行为无论其是否有正当理由一律允许的政策。后者是指在一定范围内限制堕胎的自由,对堕胎附加一定的条件。从世界各国宪法保护胎儿生命权的基本趋势看,适应解决方式是保护生命权价值的基本政策。

由于现代医学的发展,人工授精开始成为解决不孕症的重要方式。但在试管中授精时一次有可能诞生多个胎儿,其中注入母体的只是一部分,其余的也许会死去。就一般情况而言,以出生为目的注入母体内的胎儿的生命权是明确的,但没有注入母体内的其他胎儿的生命权主体资格是难以认定的。另外,受精卵或胚胎生命是否具有人格尊严也是争论比较大的问题。对于该问题有两种不同的主张:一种观点认为,受精卵虽是人的尊严性的萌芽,但已具备生命的特征,不同于尸体;另一种观点认为,还没有诞生的生命是没有尊严的。有关精子、卵子、受精卵等的问题实质上涉及宪法基本权利问题,需要从宪法角度确定规制的原则与立法。〔3〕

事例与思考 11-4　死刑犯的生命权

2002年4月23日,《中国青年报》刊登了一则题为《一审被判死刑还该不该重金抢救》的报道:身患严重支气管炎的被告人王某兵因犯抢劫罪一审被判处死刑,在上诉期间,他的病情急剧恶化,生命垂危。出于人道精神,看守所将王某兵送往医院紧急抢救治疗,并承担了数万元的医疗费用。《监狱法》第7条第1款规定:"罪犯的人格不受侮辱,其人身安全、合法财产和辩护、申诉、控告、检举以及其他未被依法剥夺或者限制的权利不受侵犯。"

---

〔3〕 我国生殖技术的发展已有一定的规模,目前从事试管婴儿技术及相关服务项目的医疗机构有近百家,全国有1000万对不育夫妻需要该技术的帮助。有关规范主要有原卫生部颁布的《人类辅助生殖技术管理办法》《人类精子库管理办法》等。这类规范的制定主体、规范内容及其效力等方面存在一定的问题,需要在今后的立法中进一步完善。

问:1. 本案中,对于一审被判处死刑尚处于上诉期间的被告人,其生命权是否受到限制?

2. 如果经过核准而待执行的死刑犯因疾病等原因生命垂危,国家是否有救治的义务?

(二)生命权的效力

在宪法确定的基本权利体系中没有比生命权更重要的权利,它是基本权利价值体系的基础和出发点。生命权作为主观的权利首先对国家权力的一切活动产生效力,约束国家权力活动的过程与结果。个人有权以生命权为依据,防御国家权力对生命权的任何形式的侵害。应该说,在保护生命权价值的立法体系中,宪法保护是层次最高、效力最强的规范保护。刑法在生命权保护方面的确发挥了重要的功能,但这种保护的基础和效力源于宪法的价值,不能脱离宪法的原则,如生命权的主体资格的认定、生命的开始与终止时间的确认等只能由宪法加以规范。生命权对国家权力产生的效力实际上是国家产生了保护公民生命权的法律义务,一方面不能侵犯公民的生命权,另一方面应为生命权的保护提供积极的条件。生命权的效力同时作用于私人之间的关系,公民有权防御私人对生命权的侵害。对来自私人的侵害,除适用保护生命权的普通法律外,必要时可以直接适用宪法的规定,以扩大生命权的保护范围。

六、生命权的限制

事例与思考 11－5　内蒙古呼格吉勒图再审案

1996 年 4 月 9 日,内蒙古自治区呼和浩特市毛纺厂年仅 18 周岁的职工呼格吉勒图被认定为一起奸杀案的凶手。案发仅 61 天后,法院判处呼格吉勒图死刑,并立即执行(本案又称“4・09”毛纺厂女厕女尸案)。2005 年,被媒体称为“杀人恶魔”的内蒙古系列强奸杀人案凶手赵志红落网。其交代的第一起杀人案就是“4・09”毛纺厂女厕女尸案,从而引发媒体和社会的广泛关注。2014 年 11 月 20 日,呼格吉勒图案进入再审程序。2014 年 12 月 15 日,内蒙古自治区高级人民法院再审宣告原审被告人呼格吉勒图无罪,之后启动追责程序和国家赔偿。

问:1. 死刑是否具有合法性与正当性?

2. 死刑冤假错案是对生命权的极大侵害,造成死刑冤假错案的原因有哪些?

3. 在我国目前还不具备废除死刑的条件的情况下,如何完善规制冤假错案的宪法机制?

生命权是人最为宝贵的权利,在一般情况下国家权力不能以任何理由对生命权进行限制。因为对生命权的限制实际上意味着对生命权的剥夺,使被剥夺生命权的主体失去了行使其他权利的基础。但在实际生活中,生命权的价值又表现出一种相对性,在必要时也受到一定的限制,而这种限制只能限定在不得已和必要的限度之内。对生命权的限制首先涉及死刑制度的合宪性问题,即限制生命权的死刑制度是否符合宪法保护的生命权价值。

(一)生命权是否具有绝对性

如果把生命权理解为绝对的权利,那么死刑制度的存在是违宪的,国家权力不应对具有前国家性质的权利进行限制,更不能剥夺。但从生命权存在的形式与实际的价值来看,生命权本身在宪法框架中是具有相对性的权利,依据宪法和法律的规定,可以进行限制。为了保障生命权的价值,法律对侵害生命权的行为设定必要的限制性条款并不损害生命权的价值。

(二)生命权的相对性与限制标准的合理性之间的关系问题

由于生命权对人类的生存与发展具有重要的价值,对其进行限制时应遵循严格的标准与程序。从宪法的逻辑角度思考,需要研究死刑制度是否是限制生命权的合理形式(或最佳的形式)。根据比例原则,限制生命权的目的必须与宪法的价值相一致,获得宪法价值的认可。有的学者认为,死刑制度违背了人的尊严与价值,不符合国家主权的原则。因为社会个体赋予国家的权力中并不包括剥夺其自身生命的权力,死刑实际上超越了限制的限度。另外,死刑制度在手段的比例性方面也存在原理之间的内在矛盾。这种观点是有一定道理的,对生命权而言,死刑制度的确是一种最为严厉的制裁手段,其有效性并没有得到最终检验。限制生命权的合理性实际上包括限制手段的合理性,如手段与限制目的之间出现冲突也会影响生命权价值的实现。

(三)死刑制度与国家的生命权保护义务之间的关系问题

根据人权的一般原理,国家在宪法上规定基本权利的同时承担着保护义务,包括生命权在内的一切权利都受国家的保护。那么对特定人以判处死刑的方式剥夺生命的制度是否违背国家的保护义务?在宪法上死刑制度面临的可能的难题是如何防止死刑案件中的误判。在实行死刑制度的国家,即使采用最完备的制度和程序,也难免会出现死刑上的误判。对已执行死刑后被发现误判者,国家无论给予多大的补偿,生命权的价值也是难以恢复的,国家实际上违反了对生命权的特别保护义务。基于这种理由,国家在履行保护义务时对涉及人的生命权的问题应给予高度重视,从国家存在与发展的目标上尊重生命权价值,不要把生命权视为国家达到某种目的的手段。即使以某种特殊理由保留死刑制度的国家也有必要在价值体系上确立生命权的意义,对死刑制度存在的范围作出严格的限制,尽可能缩小死刑的范围。现实中死刑制度的存在并不表明死刑制度存在的合理性。因此,在死刑制度的判断和适用上,法官历来采取十分慎重的态度。如韩国宪法法院在有关刑法规定的死刑条款是否违宪的判决中指出:生命权是一种自然法的权利,是一切权利的基础。但从文化与现实的层面来看,马上取消死刑是没有正当基础的。不过,这种必要性应建立在严格的法律程序上,遵循以下原则:规定死刑的各种法律条款与实际行为之间保持合理的比例关系;当以法律规定死刑时宣告程序要严格;可暂且不论死刑制度的合宪与否问题,当一个国家的文化发展变化,形成安定的社会环境,以死刑预防犯罪失去其必要性时,有必要根据国民的法律感情废除死刑。当符合上述条件时仍保留死刑制度应属于违宪的范畴。[4] 基于现实的刑事政策的需要而保留死刑制度并不能说明死刑制度本身的价值合理性,待条件成熟时废除死刑是实现宪法价值的必然要求。

背景资料 11-1　我国死刑复核权的下放与回收

自 1954 年中华人民共和国第一部宪法颁布以来,死刑核准权经历了一个发展变化的过程。自 1954 年《人民法院组织法》颁布至"文化大革命"前,死刑核准权由最高人民法院和高级人民法院共同行使。1979 年 7 月 1 日,第五届全国人大第二次会议通过了《刑事诉讼法》和《刑法》,规定死刑核准权由最高人民法院统一行使。

1980 年 2 月 12 日,第五届全国人大常委会第十三次会议批准:在 1980 年,对现行的杀人、强奸、抢劫、放火等犯有严重罪行应当判处死刑的案件,最高人民法院可以授权省、自治区、直辖市高级人民法院核准。

1981 年 6 月 10 日,全国人大常委会通过《关于死刑案件核准问题的决定》延长了死刑核准权下放的期限:"在一九八一年至一九八三年内,对犯有杀人、抢劫、强奸、爆炸、放火、投毒、决水和破坏交通、电力等设备的罪行,由省、自治区、直辖市高级人民法院终审判决死刑的,或者中级人民法院一审判决死刑,被告人不上诉,经高级人民法院核准的,以及高级人民法院一审判决死刑,被告人不上诉的,都不必报最高人民法院核准。"

按照 1981 年 6 月的决定,死刑复核权下放的期限为 1983 年年底。但在那一年,中央作出了"严打"的重大决定,部分死刑复核权被无限期地下放给了地方。

1983 年 9 月 2 日,全国人大常委会通过了《关于迅速审判严重危害社会治安的犯罪分子的程序的决定》和《关于修改〈中华人民共和国人民法院组织法〉的决定》。前者第 1 条规定:"对杀人、强奸、抢劫、爆炸和其他严重危害公共安全应当判处死刑的犯罪分子,主要犯罪事实清楚,证据确凿,民愤极大的,应当迅速及时审判,可以不受刑事诉讼法第一百一十条规定的关于起诉书副本送达被告人期限以及各项传票、通知书送达期限的限制。"第 2 条又规定:"前条所列犯罪分子的上诉期限和人民检察院的抗诉期限,由刑事诉讼法第一百三十一条规定的十日改为三日。"后者将原《人民法院组织法》第 13 条修改为:"死刑案件除由最高人民法院判决的以外,应当报请最高人民法院核准。杀人、强奸、抢劫、爆炸以及其他严重危害公共安全和社会治安判处死刑的案件的核准权,最高人民法院在必要的时候,得授权省、自治区、直辖市的高级人民法院行使。"

后来,随着毒品犯罪的迅猛发展,最高人民法院又于 1991 年 6 月 6 日、1993 年 8 月 18 日、1993 年 8 月 19 日和 1997 年 6 月 23 日分别授权云南、广东、广西、四川、甘肃和贵州共六

---

[4] 这是韩国宪法法院 1996 年 11 月 28 日作出的判决。在判决中宪法法院对刑法的死刑条款作出了合宪判决,但对死刑制度的违宪条件做了分析,提出了未来废除死刑制度的目标。

个省、自治区的高级人民法院对毒品犯罪死刑案件行使核准权。

1996年3月17日,《刑事诉讼法》修订草案在全国人民代表大会获得通过,《刑事诉讼法》除了重申"死刑由最高人民法院核准",原来的《刑事诉讼法》第23条也被修改为:"上级人民法院在必要的时候,可以审判下级人民法院管辖的第一审刑事案件;下级人民法院认为案情重大、复杂需要由上级人民法院审判的第一审刑事案件,可以请求移送上一级人民法院审判。"同时,上述1983年关于迅速审判的决定被废止。

1997年9月26日,最高人民法院下发《关于授权高级人民法院和解放军军事法院核准部分死刑案件的通知》,维持了原来的死刑复核中央与地方分工的格局。

2005年年底,最高人民法院下发通知,要求从2006年7月1日起,各地死刑二审案件必须全部开庭审理。

2006年10月31日,第十届全国人大常委会第二十四次会议通过了《关于修改〈中华人民共和国人民法院组织法〉的决定》,该法原第13条被删除,将死刑复核权下放的最后法理依据废止。原第13条中规定:杀人、强奸、抢劫、爆炸以及其他严重危害公共安全和社会治安判处死刑的案件的核准权,最高人民法院在必要的时候,得授权省、自治区、直辖市的高级人民法院行使。

2006年12月28日,最高人民法院《关于统一行使死刑案件核准权有关问题的决定》公布,决定从2007年1月1日起,过去根据《人民法院组织法》原第13条规定发布的关于授权高级人民法院和解放军军事法院核准部分死刑案件的通知,一律予以废止。

2011年2月25日,《刑法修正案(八)》由第十一届全国人大常委会第十九次会议通过,自2011年5月1日起施行,取消了13项死刑罪名:走私文物罪,走私贵重金属罪,走私珍贵动物、珍贵动物制品罪,走私普通货物、物品罪,票据诈骗罪,金融凭证诈骗罪,信用证诈骗罪,虚开增值税专用发票、用于骗取出口退税、抵扣税款发票罪,伪造、出售伪造的增值税专用发票罪,盗窃罪,传授犯罪方法罪,盗掘古文化遗址、古墓葬罪,盗掘古人类化石、古脊椎动物化石罪。

2015年8月29日,第十二届全国人大常委会第十六次会议表决通过《刑法修正案(九)》,自2015年11月1日起开始施行,取消了9项死刑罪名:走私武器、弹药罪,走私核材料罪,走私假币罪,伪造货币罪,集资诈骗罪,组织卖淫罪,强迫卖淫罪,阻碍执行军事职务罪,战时造谣惑众罪。

七、器官移植、克隆技术与生命权

(一)器官移植与生命权

随着现代科学技术的发展,器官移植被认为是一项先进的医疗手段,已成为治疗完全丧失功能的脏器的有效手段。如心脏疾病、肝脏疾病、肾脏疾病等疾病的患者可通过器官移植获得第二次生命。根据《中国器官移植发展报告(2020)》,2015—2020年,我国公民逝世后器官捐献累计完成29334例;每百万人口器官捐献率从2015年的2.01%升至2020年的3.70%,其中2018年最高,达到4.53%;器官捐献、移植数量均居世界第二位。

该报告还显示,2020年,我国具有器官移植资质的医院有180家,器官获取组织有113个,公民逝世后器官捐献5222例,完成器官移植手术17897例。可见,器官移植被公认为一种新的医疗方法,并处于不断发展的阶段。

目前,器官移植中的主要矛盾是供移植用的器官非常短缺,世界上需要器官移植的患者正在以每年15%的速度递增。从器官移植为人类生命健康提供服务的角度来看,器官移植的功能是应给予肯定的,对于宪法保护的生命权价值的发展也起到了积极的作用。但日益发展的器官移植对保护生命权价值也带来了新的问题。如器官移植范围的确定问题,如何从法律上规定可以移植的器官的范围、限制特定器官不能移植。[5] 在死者的器官取得方面,应注意保护死者应具有的尊严,不能把死者视为一种物。因为随着生命的消失,死者权利能力也被终止,但人的尊严与价值仍应得到国家的尊重。当移植死者器官时需要尊重死者生前的遗愿,如无死者遗愿时需要征求家属的意见。在死者生前或家属有明确表示的情况下,违背其意志实施器官移植的行为是违反宪法的。各国在有关器官移植的法律中对此作了明确的规定,其宪法依据在于人的尊严权。

在死者器官移植上的另一有争议的问题是是否承认脑死亡。传统的死亡标准主要是心脏停止说和呼吸停止说。按照这种标准,从愿意捐献器官的死者身上摘取供移植的器官时,只能在临床死亡期过后摘取,影响摘取质量。如果脑死亡概念得到法律的认可,则有可能给器官移植提供有利的条件。在是否承认脑死亡的问题上,除了考虑医疗技术与人的生命权价值问题外,首先需要的是寻求宪法的依据,即脑死亡的认定是否符合宪法的价值体系。生命是价值与事实的统一体,当宪法上保护生命权时,它实际上是对生命价值的一种判断,赋予生命以价值的基础。因此,生命权概念或者生命权终止概念的确定是一个严肃的宪法问题,需要从宪法角度进行论证。从医学发展的趋势来看,脑死亡认定是必然的趋势,但从法律角度,特别是从宪法角度来看还有一些理论问题值得研究和探讨。

(二)克隆技术与生命权

克隆技术的发展是20世纪科学技术的重大突破,它给人类生活带来的影响是多方面的,其中包括可能产生的负面影响。从某种意义上讲,克隆技术对人类生存和发展带来的消极影响是十分明显的。目前世界各国围绕克隆技术所展开的争论实际上表明了人类在技术与人的尊严的冲突中维护生命权价值的意志。

克隆的含义是无性繁殖,它可以改变人类的生存环境,造福于人类,但同时也会给人类生活带来新的问题。从宪法和法律的角度看,克隆技术给人类造成的最大危害是使生命权价值受到损害。首先,克隆人改变了"人"的基本定义,理论上会使得人的独特性与目的性丧失,使人失去了人的尊严。宪法价值体系中的人首先是通过男女繁殖而来,是生物和社会性的统一体。如果人可以被克隆,就会出现人的宪法地位的不确定性与手段性,

---

[5] 2007年3月21日国务院第一百七十一次常务会议通过了《人体器官移植条例》,该条例自2007年5月1日起施行。该条例规定了器官捐献自愿无偿原则、禁止一切形式的人体器官商业化原则,以及器官捐献不得损害捐献人的身体健康原则,并对人体器官的捐献、移植及相应法律责任作了具体规定,体现了对生命权、健康权、人身自由和人格尊严、知情权和隐私权等人权的尊重与保障。

对克隆人来说尤其如此。具有宪法地位的人是有个人品行的人,能够感受和促进宪法体制的发展。在调整国家与公民关系上,宪法所体现的是一种价值体系,其中蕴含着生命权的价值。无论克隆技术如何发展,被克隆出来的人是不可能具有个性与品性的,不具有人的尊严性与价值。因此,如不控制克隆技术会直接损害人类本身的价值。其次,克隆人的研究与宪法规定的学术研究自由的关系是学者们关注的问题。主张研究克隆人的学者认为,禁止研究克隆人的规定或政策违反了宪法规定的学术研究自由。宪法规定的学术研究自由能否为克隆人的研究提供根据?从宪法的理念和学术研究自由的价值来看,克隆人的研究已超过了学术研究自由本身的界限,损害了宪法存在的基础。克隆人的出现首先损害的是人本身的生命权价值,而人的生命权是宪法制度存在的根本基础。当然,克隆技术与克隆人是有区别的,宪法禁止的并不是一切克隆技术,而是把克隆技术用于克隆人。

由于克隆人的出现有可能破坏现实的法律秩序与宪法保护的生命权价值,各国普遍以立法或政策的形式禁止克隆人的研究。从宪法保护的生命权价值的要求来看,禁止克隆人的研究是必要的,但我们需要解释技术与宪法之间的关系,以宪法的伦理和价值体系为基础揭示克隆人损害人类生命权价值的原因与表现形式,维护人的尊严与价值。

事例与思考 11－6 “基因编辑婴儿”事件

根据人民日报、新华社等媒体消息,2019 年 1 月 21 日,从广东省“基因编辑婴儿事件”调查组获悉,已初步查明,贺某奎为追逐个人名利,自筹资金,蓄意逃避监管,私自组织有关人员,实施国家明令禁止的以生殖为目的的人类胚胎基因编辑活动;1 月 21 日,南方科技大学经研究决定解除与贺某奎的劳动合同关系;2 月,贺某奎的一篇研究论文被撤稿;12 月 30 日,“基因编辑婴儿”案在深圳市南山区人民法院一审公开宣判,贺某奎被依法判处有期徒刑 3 年,并处罚金人民币 300 万元。

问:1. 贺某奎的行为在形式上属于科研活动,但实质上侵害了全人类在基因上的权益,应如何规范科研活动与生命权之间的关系?

2. 贺某奎触犯了我国法律、违反了行业道德规范,那么是否应当对其进行职业禁止?如需要,其范围如何确定?

事例与思考 11－7 换头术与生命权

2016 年,中国医学教授完成一项猴子换头手术,术后猴子苏醒并发出叫声。但由于未能连接神经系统,苏醒的猴子无法控制躯体,也无法感受疼痛,接受手术的猴子在 20 小时后死亡。这个手术的意义在于:这是在灵长类动物身上进行的第一次换头手术。后来,该教授打算将这项手术应用到人身上,但未能实际进行。

问:1. 尽管人体换头术还没有成功的病例,但是换头术是否侵犯了生命权的本质内容?

2. 如果人体换头术成功,会产生哪些有利和不利的后果?

3. 生命权是绝对权还是相对权?可以对生命权进行限制吗?

第三节　人身自由不受侵犯

一、人身自由不受侵犯的概念

人身自由不受侵犯，是指公民享有不受非法搜查、拘禁、逮捕、剥夺、限制的权利。这一概念表明：人身自由是公民宪法地位的直接体现；任何组织或个人不得非法剥夺或限制公民的人身自由；剥夺或限制公民的人身自由，必须按照法定程序进行。

根据《宪法》第 37 条的规定，中华人民共和国公民的人身自由不受侵犯。禁止非法拘禁和以其他方法非法剥夺或者限制公民的人身自由，禁止非法搜查公民的身体。

二、人身自由的保障程序

（一）人身自由的实体保障

人身自由是一种相对的权利，国家权力可依照法定程序进行限制或剥夺。但对公民人身自由的限制必须基于法律的规定，严格遵循宪法规定的基本原则。一般人身自由的实体保障主要表现在：限制人身自由实行严格的法定主义，体现了法律保留原则；实行罪刑法定主义；为了保障公民的人身自由，在司法活动中实行一事不再理原则，限制国家刑罚权的滥用等。

（二）人身自由的程序保障

在我国，剥夺或限制人身自由具体包括以下法定程序：

1. 拘留和逮捕的法定程序。根据宪法的规定，任何公民，非经人民检察院批准或者决定或者人民法院决定，并由公安机关执行，不受逮捕。公安机关逮捕人的时候，必须出示逮捕证，除有碍侦查或者无法通知的情形以外，应当把逮捕的原因和羁押的处所在 24 小时以内通知被逮捕人的家属或者他的所在单位。人民法院、人民检察院对于各自决定逮捕的人，公安机关对于经人民检察院批准逮捕的人，必须在逮捕后的 24 小时以内进行讯问，在发现不应逮捕的时候，必须立即释放，并发给释放证明。公安机关依法拥有拘留权，被拘留者对拘留不服的，可向公安机关或检察机关提出申诉。公安机关拘留的人需要逮捕的，必须由人民检察院批准，人民检察院不批准逮捕的，公安机关应当在接到通知后立即释放。

2. 搜查取证的法定程序。根据宪法规定，禁止非法搜查公民的身体，禁止非法搜查或者非法侵入公民的住宅。为了收集犯罪证据、查获犯罪人，侦查人员可以对犯罪嫌疑人以及可能隐藏罪犯或者犯罪证据的人的身体、物品、住处和其他有关的地方进行搜查。但必须严格依照法定程序进行。进行搜查时，侦查人员必须向被搜查人出示搜查证，并且应当有被搜查人的家属、邻居或者其他见证人在场。搜查妇女的身体应当由女工作人员进行。

这些法定程序保证了公民人身自由不受非法侵犯,即使受限制或剥夺时也要依照法定程序进行。

3. 审判活动的法定程序。我国《宪法》第 130 条规定:“人民法院审理案件,除法律规定的特别情况外,一律公开进行。被告人有权获得辩护。”公开审判制度本身就是对人身自由的一种法定程序的保障,法院在审判活动中应坚持依法定程序全面地收集证据,只有被告人供述,没有其他证据的,不能认定被告人有罪和处以刑罚;没有被告人供述,但证据确实充分的,可以认定被告人有罪和处以刑罚。在刑罚的适用方面实行“刑罚的轻重,应当与犯罪分子所犯罪行和承担的刑事责任相适应”原则,保护被告人的合法权益。根据《刑事诉讼法》的规定,被告人除自己行使辩护权以外,还可以委托律师或者近亲属或者其他公民为其辩护。公诉人出庭支持公诉的案件,被告人没有委托辩护人的,人民法院可以为其指定辩护人。

4. 禁止刑讯逼供原则。严禁刑讯逼供是我国公安、司法机关的办案原则。法律严格禁止刑讯逼供。刑讯逼供是对公民人身自由的严重侵犯。我国《刑事诉讼法》第 56 条规定:“采用刑讯逼供等非法方法收集的犯罪嫌疑人、被告人供述和采用暴力、威胁等非法方法收集的证人证言、被害人陈述,应当予以排除……”《刑法》第 247 条规定:“司法工作人员对犯罪嫌疑人、被告人实行刑讯逼供或者使用暴力逼取证人证言的,处三年以下有期徒刑或者拘役。致人伤残、死亡的,依照本法第二百三十四条、第二百三十二条的规定定罪从重处罚。”严禁刑讯逼供是我国法治建设中必须坚持的原则,是保障公民人身自由的重要措施。

事例与思考 11-8　认罪认罚从宽制度

认罪认罚从宽是指犯罪嫌疑人、被告人自愿如实供述自己的罪行,对于指控的犯罪事实没有异议,同意检察机关的量刑意见并签署具结书的案件,可以依法从宽处理。

从宽分为实体上从宽和程序上从简两方面。在程序上,对认罪认罚案件,属于基层法院管辖且可能判处 3 年以下有期徒刑的,可以适用速裁程序进行审判。属于基层法院管辖且可能判处 3 年以上有期徒刑的,可以适用简易程序。在审理当中,被告人对程序适用提出异议的,或者有其他不宜简化审理程序情形的,人民法院依法转为普通程序进行审理。

在实体上,检察机关根据犯罪事实和对社会的危害程度以及认罪认罚的情况,依法提出从宽处罚的量刑建议,人民法院在作出判决时一般采纳人民检察院指控的罪名和量刑建议,但是被告人不构成犯罪,或者不应当追究刑事责任,或者违背意愿认罪认罚,否认指控的犯罪事实,或者指控的罪名跟人民法院认定的罪名不一致,以及有其他可能影响公正审判情形的除外。

问:认罪认罚从宽制度有助于缓解我国刑事审判中案多人少、程序推进缓慢的问题,但是存在一些为了推动程序而强行认罪认罚,侵害公民人身自由和诉讼权利的情形,如何有效解决这类问题?

三、人格尊严不受侵犯

（一）宪法与人的尊严

现代宪法学体系的构建与原理演变的出发点与逻辑基础是人的尊严与价值的维护。宪法学研究首先要回答什么是宪法意义上的人，为什么人必须有尊严，宪法如何保护人的尊严等基本问题。宪法的历史告诉我们，人与动物的本质区别是，人具有尊严，尊严是全体人类所共有的。在宪法世界里，尊严是不可缺少的人的本质要素，是人类本体的核心内容。如果我们把宪法理解为社会共同体的基本规则与最低限度的道德要求，那么人本身是组织社会共同体的力量，而这种力量只有在尊严得到维护的前提下才有可能得到实现。从这个角度来看，人的尊严是组织社会共同体并保持社会共同体长久存续的构成性要素。它在客观上提出了宪法保护的如下要求：人的尊严的最高价值性；人的尊严的不可分割性与统一性；人的尊严对国家价值的优先性等。就其性质而言，人的尊严具有双重性，即同时具有主观权利与客观宪法原理的性质。在德国宪法法院的判例中，人的尊严被视为“宪法的最高价值”“宪法枢纽的基本原理”“基本权价值体系中的最高价值”等，并以此为基础建立了宪法学的核心范畴，即人的尊严是指导国家活动目标的引导原理（Orientierungsprinzip），人的尊严性是确定国家生活的标准，是国家为人而存在的基本逻辑；人的尊严性同时成为解释宪法条文的标准，对宪法的发展发挥补充的作用。在任何一种宪法判断中，当法律条文或规范同人的尊严性发生冲突时，裁判者应服从于人的尊严性。

（二）人格尊严的概念

人格尊严，是指与人身有密切联系的名誉、姓名、肖像等不容侵犯的权利，它是公民作为权利主体维护其尊严的重要方面。人格尊严的法律确认表现为作为人应具有的人格权，它是公民参与社会活动时应具有的资格，标志着人类文明的进步。人格尊严的基本特点是：

1. 人格尊严是权利主体宪法地位的基础，集中反映了宪法所维护的人权价值。

2. 人格尊严是人格权的基础，具体包括名誉权、姓名权、肖像权与人身权，是以人的价值为核心的权利体系。

3. 人格尊严与私生活权的保护有密切的联系，保护私生活权的目的是尊重人格尊严，使公民享有私生活领域的权利与自由。

4. 人格尊严具有双重性，即同时作为客观宪法原理和主观权利。作为客观宪法原理的人格尊严是宪法的核心价值，在整个基本权利体系中具有最高的价值。作为主观权利，人格尊严具有具体权利属性。

（三）人格尊严的保障

我国《宪法》对人格尊严的保障给予了高度重视，规定：“中华人民共和国公民的人格尊严不受侵犯。禁止用任何方法对公民进行侮辱、诽谤和诬告陷害。”这一条实际上是对

人格尊严的宪法保障,其内容具体包括:

1. 人格尊严不可侵犯权是宪法规定的公民基本权利,是宪法关系存在的基础。

2. 公民人格尊严不受侮辱,即不得使用暴力或其他方法公然贬低他人人格,破坏他人的名誉。

3. 不得诽谤他人,即不得捏造虚构的事实,损害他人的人格。

4. 不得对他人诬告陷害,即不得为达到陷害他人的目的,向有关机关虚假告发、捏造事实。人格尊严的宪法保障具体通过民法、刑法等部门法得到实现。如《刑法》第 246 条第 1 款规定:“以暴力或者其他方法公然侮辱他人或者捏造事实诽谤他人,情节严重的,处三年以下有期徒刑、拘役、管制或者剥夺政治权利。”

(四)人格尊严的基本内容

随着信息化时代的到来,人格尊严的范围越来越广泛,人格尊严的宪法保护成为现代国家的重要标志。由于各国经济与文化发展水平不同,人格尊严的具体保护范围与保护方法不尽相同。从我国宪法和法律的规定来看,人格尊严的基本内容包括以下几项:

1. 公民享有姓名权。公民有权决定、使用和依照法律规定改变自己的姓名,禁止他人干涉、盗用、假冒。对公民姓名权的侵犯就是对公民人格尊严的侵犯。2014 年 11 月 1 日第十二届全国人大常委会第十一次会议通过的《关于〈中华人民共和国民法通则〉第九十九条第一款、〈中华人民共和国婚姻法〉第二十二条的解释》(已失效)规定:“公民依法享有姓名权。公民行使姓名权,还应当尊重社会公德,不得损害社会公共利益。公民原则上应当随父姓或者母姓。有下列情形之一的,可以在父姓和母姓之外选取姓氏:(一)选取其他直系长辈血亲的姓氏;(二)因由法定扶养人以外的人扶养而选取扶养人姓氏;(三)有不违反公序良俗的其他正当理由。少数民族公民的姓氏可以从本民族的文化传统和风俗习惯。”

事例与思考 11－9　北雁云依案

2009 年 1 月 25 日,山东济南的吕某峰、张某峥夫妇的女儿出生了,因酷爱诗词歌赋和中国传统文化,夫妇二人决定给爱女起名为“北雁云依”,“北雁”是姓,“云依”是名。这个名字不仅听起来好听、有诗意,寓意也很美好,而且还有对应的典故。2009 年 2 月,吕某峰前往当地派出所为女儿申请办理户口登记,当地派出所依照《婚姻法》第 22 条之规定,作出拒绝办理户口登记的决定,双方因此产生纠纷诉至法院。审理法院认为:双方对《民法通则》第 99 条和《婚姻法》第 22 条的适用问题存在分歧。就本案件涉及的法律适用问题,需请有权机关作出解释或者确认。故本案从 2010 年 3 月 11 日起中止审理,层报最高人民法院并提请全国人大常委会作出前述姓名权解释。2015 年 4 月 21 日本案恢复审理,法院从社会管理、公序良俗和人格尊严三个角度判决驳回原告二人的诉讼请求。

问:公民姓名权的人格尊严基础能否支持公民自由选择姓名?全国人大常委会的解释和法院的行为是否构成了对公民人格尊严的合理限制?

2. 公民享有肖像权。肖像是人的形象的客观记录，是公民人身的派生物。根据《民法典》的规定，公民享有肖像权，未经本人同意，不得以营利为目的使用公民的肖像。

3. 公民享有名誉权。名誉权是公民人格权的重要组成部分，是公民要求社会和他人对自己的人格尊严给予尊重的权利。名誉权尽管不具有财产的内容，但对维护公民的人格权具有重要的意义。

4. 公民享有荣誉权。荣誉权是指公民对社会给予的褒扬享有的不可侵犯的权利，如因对社会的贡献而得到的荣誉称号、奖章等。荣誉权一般不具有经济价值，它更多地具有精神价值，是社会对特定人贡献给予的肯定。公民、法人享有荣誉权，禁止非法剥夺公民、法人的荣誉称号。

背景资料 11－2　《英雄烈士保护法》

《英雄烈士保护法》是为加强对英雄烈士的保护，维护社会公共利益，传承和弘扬英雄烈士精神、爱国主义精神，培育和践行社会主义核心价值观，激发实现中华民族伟大复兴中国梦的强大精神力量，根据宪法，制定的法律。该法共 30 条。2018 年 4 月 27 日，第十三届全国人大常委会第二次会议通过《英雄烈士保护法》，自 2018 年 5 月 1 日起施行。

5. 公民享有隐私权。在信息化社会中，隐私权是公民人格尊严的重要内容，表明了人类文明的进步。如果公民在自己的私生活领域得不到法律的保护，那么其作为权利主体就不可能享有完整的人格权。我国宪法条文中尽管没有保护隐私权的专门规定，但从宪法的基本精神与有关规定中可以找出宪法保护隐私权的依据。首先，从一般的学理解释来看，宪法规定的“人格尊严不受侵犯”中包含了保护隐私权的含义。其次，公民住宅不受侵犯的宪法规定是对隐私权的一种具体保护。最后，其他部门法对隐私权的保护是宪法精神的具体体现。

隐私权作为人格权的一种，其权利形态具有复合的性质，即隐私权是自由地享有私生活、私生活领域不被公开的权利，因此对国家权力和第三者而言，它具有防御权的性质；隐私权通常是对特定人固有事项的保护，因此具有专属权的性质；隐私权是对个人信息的管理与控制权，因此具有请求权的性质。宪法保护的隐私权的内容包括：个人私生活秘密不受侵犯；个人私生活自由与安宁不受侵犯；私密信息的自律管理权。

事例与思考 11－10　商店保安强令顾客脱裤检查

1998 年 7 月 8 日，大学生钱某到上海屈臣氏日用品有限公司四川北路店购物。当钱某离开该店时，店门口警报器一直在鸣响。于是，该店一女保安上前阻拦钱某离店，并引导钱某穿越三处防盗门，但警报器仍然不停地鸣响。后来，钱某被四川北路店的保安人员强行带入该店的办公室内。女保安用手提电子探测器对钱某的全身进行检查，最后确定在钱某的胯部有带有磁信号的商品，于是，女保安当即要求钱某脱去裤子接受检查。钱某拒绝无效,在女保安及另一名女店员在场的情况下,被迫解脱裤扣接受检查。然而女保安并未检查出钱某身上有带有磁信号的商品,最后允许钱某离开。1998年7月20日,钱某以上海屈臣氏日用品有限公司和其四川北路店为被告向上海市虹口区人民法院提起诉讼,诉称店方的行为侵害了其名誉权,使其精神受到极大伤害,要求被告公开登报赔礼道歉并赔偿精神损失。

问:本案中上海屈臣氏日用品有限公司四川北路店保安人员的行为是否应定性为侵犯了钱某的人格尊严,侵犯了其隐私权?

6. 公民享有个人信息权。在信息社会中,个人信息是公民人格的表征,在未取得公民同意的情况下处理公民个人信息,构成对公民人格尊严的手段化利用。由于公民个人信息整体构成了公民人格的完整表征,因而任何主体处理个人信息的行为都可能危及公民的人格尊严。在宪法秩序中,主要通过民法、个人信息保护法、网络安全法等相关部门法落实对公民个人信息权的保护。公民个人信息权与隐私权存在区别,个人信息权更侧重于社会联结,而隐私权更侧重于个体区分,因此,二者必然采取不同的规范保护路径。

(五)人格尊严的界限

人格尊严权是公民的一项基本权利,与人身有密不可分的联系,但它并不是绝对的,其具有相对性。国家有义务保护公民人格尊严,但同时也有权力为了维护公共利益,依照法定程序限制公民的人格尊严权,设定法定的界限。由于公民生活在社会关系之中,人格尊严权的享有既具有个体性,又具有社会性,应遵循社会伦理规范与宪法秩序。只有在平衡、和谐的关系中才有可能充分展现人格尊严权的价值。随着信息化社会的发展,人格尊严权受侵犯的现实可能性越来越大,特别是现代科学技术发展所带来的侵犯隐私权的现象日益严重,对此宪法学需要采取应对措施,消除消极影响,为人格尊严权价值的充分实现提供法律依据。[6]

第四节　住宅安全权

一、住宅安全权的概念

住宅是公民居住、生活的处所,住宅是否受到保障直接关系公民其他权利的实现。住宅安全权是指公民居住、生活的场所不受非法侵入和搜查的权利。我国《宪法》第39条

〔6〕 最高人民法院《关于确定民事侵权精神损害赔偿责任若干问题的解释》规定,人民法院应当依法予以受理或支持的民事侵权损害赔偿案件包括:因人身权益或者具有人身意义的特定物受到侵害,自然人或者其近亲属向人民法院提起诉讼请求精神损害赔偿的案件;非法使被监护人脱离监护,导致亲子关系或者近亲属间的亲属关系遭受严重损害,监护人向人民法院起诉请求赔偿精神损害的案件;死者的姓名、肖像、名誉、荣誉、隐私、遗体、遗骨等受到侵害,其近亲属向人民法院提起诉讼请求精神损害赔偿的案件等。

规定:“中华人民共和国公民的住宅不受侵犯。禁止非法搜查或者非法侵入公民的住宅。”住宅安全权这一概念通常包括如下内容:任何公民的住宅不得非法侵入;任何公民的住宅不得随意搜查;任何公民的住宅不得随意查封。公民享有住宅安全权是公民参与社会生活、享有人身自由权的重要条件。

事例与思考 11－11　夫妻卧室观看黄碟案

2002 年 8 月 18 日 23 时许,陕西省延安市万花派出所接到群众举报,称辖区内一居民在家看黄碟,派出所 4 名民警前去调查。民警闯进该居民家中后,要求夫妻拿出黄碟,夫妻二人拒绝。民警以妨碍执行公务为名,将其带回派出所,以“涉嫌妨害公务”刑事拘留。但检方以“事实不清,证据不足”为由不批准逮捕。当事人中的丈夫共被关了 16 日,罚款 1000 元。迫于舆论的压力,延安市宝塔区政法委书记、政府办公室主任、信访局局长专程向当事人赔礼道歉,并补偿近 3 万元。

问:1. 在本事件中,如何理解住宅概念? 民警在没有正当理由的前提下闯进居民家的行为,是否侵犯了该居民的住宅安全权?

2. 国家公权力机关能否任意干预公民的私人生活领域?

二、住宅安全权的保障

住宅安全权是对公民私生活的空间保护,其范围不仅仅限于公民生活用的住宅,工作场所、宿舍等也属于广义上的住宅概念。凡不经同意随意侵入公民住宅的行为都构成对住宅安全权的侵犯。宪法对非法搜查或者非法侵入住宅的行为规定了禁止性规范,为住宅安全权的保障提供了宪法依据。为了收集犯罪证据、查获犯罪人,侦查人员可以对犯罪嫌疑人以及可能隐藏罪犯或者犯罪证据的人的身体、物品、住处和其他有关的地方进行搜查(《刑事诉讼法》第 136 条)。进行搜查时,必须向被搜查人出示搜查证。《刑法》第 245 条第 1 款规定:“非法搜查他人身体、住宅,或者非法侵入他人住宅的,处三年以下有期徒刑或者拘役。”

三、住宅安全权的限制

为了维护公共利益,必要时可以对住宅安全权进行限制,但这种限制必须基于公正的法律程序。依法对公民住宅进行限制并不侵犯住宅安全权的本质内容,具有合理的基础。对住宅安全权的合理限制表现在:法定的国家机关为刑事侦查的需要,可依法对公民住宅进行搜查;法定的国家机关可依法查封公民的住宅;在紧急状态下有关机关和人员可在事先没有办理必要手续的情况下,强行进入公民住宅,以应付紧急事态,但事后须及时办理必要手续。

第五节 通信自由

一、通信自由的概念

通信自由,是指公民通过书信、电话及其他手段,根据自己的意愿进行通信,不受他人干涉的自由。通信是公民参与社会生活、进行社会交流的必要的手段,是公民不可缺少的基本自由。通信自由的基本特征是:

1. 通信自由所保护的利益是私生活秘密与表现行为的自由。通信自由与私生活秘密的保护存在一定的交叉,但两者的侧重点与角度不同。

2. 通信自由是表现自由的基础。公民通过行使通信自由,可以自由地进行社会交往,通信自由是思想交流的重要手段。

3. 通信自由的主体是自然人与法人,外国人在一定条件下也可以成为通信自由的主体。通信自由的主体具有广泛性。

二、通信自由的保障

通信自由的主要内容是通信秘密,即通信秘密受法律保护,公民的通信手段包括书信、电话、电报等。通信秘密具体包括:公民的通信他人不得扣押、隐匿、毁弃;公民通信、通话的内容他人不得私阅或窃听。除因国家安全或者追查刑事犯罪的需要,由公安机关、国家安全机关或者检察机关依照法律规定的程序对通信进行检查外,任何组织或者个人不得以任何理由侵犯公民的通信自由和通信秘密。《邮政法实施细则》规定,任何单位或者个人均负有保护通信自由、通信秘密和邮件安全的责任;任何单位或者个人不得利用邮政业务进行法律、法规和政策所禁止的活动。人民法院、检察机关依法没收国内邮件、汇款、储蓄存款时,必须出具法律文书,向相关县或者县级以上邮政企业、邮电管理局办理手续。没收进出口国际邮递物品应当由海关作出决定,并办理手续。为了保障公民的通信自由,《刑法》第 252 条规定:"隐匿、毁弃或者非法开拆他人信件,侵犯公民通信自由权利,情节严重的,处一年以下有期徒刑或者拘役。"《刑法》第 253 条第 1 款规定:"邮政工作人员私自开拆或者隐匿、毁弃邮件、电报的,处二年以下有期徒刑或者拘役。"邮政法与刑法等部门法的规定,使宪法规定的通信自由得到了具体化。

三、通信自由的界限

宪法所保护的通信自由是一种合法的、正当的通信自由,危害宪法秩序与侵害他人权益的行为不属于通信自由的范畴,通信自由如同其他自由一样具有相对性,为了国家安全与公共利益的需要,可对通信自由进行适当的限制。如《刑事诉讼法》第 143 条规定:"侦查人员认为需要扣押犯罪嫌疑人的邮件、电报的时候,经公安机关或者人民检察院批准,即可通知邮电机关将有关的邮件、电报检交扣押。不需要继续扣押的时候，应即通知邮电机关。”《国家安全法》中也有类似的规定。通信自由的目的是防止国家权力的侵害，使公民享有自由地交流思想的必要手段。当通信自由的行使危害社会秩序时可进行必要的限制，以维护公共利益。当然，这种限制必须基于合理的理由与正当的法律程序，不得侵犯通信自由的本质内容。为了从法律上进一步明确保障与限制通信自由的界限，有必要制定专门的通信自由保护法，规定限制通信自由的主体、程序与具体的救济方法，切实维护通信自由的价值。

事例与思考 11－12 调查交通事故时查阅、复制当事人通讯记录的备案审查

全国人大常委会法工委向第十三届全国人大常委会第十五次会议报告2019年备案审查工作情况时指出，有的地方性法规规定，公安机关交通管理部门调查交通事故时可以查阅、复制当事人的通讯记录。法工委经审查认为，该规定不符合保护公民通信自由和通信秘密的原则和精神，对公民通信自由和通信秘密保护的例外只能是在特定情形下由法律作出规定，有关地方性法规所作的规定已超越立法权限。经向制定机关指出后，有关规定已经修改。

问：1. 我国宪法和法律对公权力机关查看公民通信记录等侵犯通信自由和通信秘密的行为有哪些规定？

2. 除了在备案审查中对地方性法规进行纠正，我国公民在通信自由和通信秘密遭受侵犯时还可通过哪些途径依法实现救济？

事例与思考 11－13 证监会有权查阅通讯记录吗？

《证券法》第170条第1款规定：“国务院证券监督管理机构依法履行职责，有权采取下列措施：……（四）查阅、复制与被调查事件有关的财产权登记、通讯记录等文件和资料……”

问：1. 宪法规定的通信自由如何界定？为了国家安全和公共利益可以对通信自由进行限制，国家限制通信自由的界限是什么？

2. 该规定是否违反《宪法》第40条有关通信自由和通信秘密的规定？

3. 如何理解通讯记录？

知识点提示

人身自由的概念	人身自由的基本特点
人身自由的基本内容	生命权的性质
生命权的主体	人身自由的保障程序
保障人格尊严的意义与功能	人格尊严的内容
住宅安全权的概念	通信自由与通信秘密的概念
通信自由与通信秘密的限制	

第十二章　社会经济权利

第一节　社会经济权利概述

一、社会经济权利的概念与基本特征

所谓社会经济权利，是指公民依照宪法的规定享有经济利益的权利。社会经济权利作为宪法的一项基本内容始于以1919年德国《魏玛宪法》为代表的20世纪初的宪法，1918年的《苏俄宪法》首次规定了社会经济权内容。《魏玛宪法》确定了国家对经济生活干预的合理性与必要途径，促进了权利的社会化进程。第二次世界大战以后，各国宪法普遍重视社会经济权利的价值，扩大了对弱者的保护范围。

社会经济权利具有以下基本特征：

1. 社会经济权利是一个复合的概念。通常来说满足物质生活需求的生存发展方面的诸权利共同构成社会经济权利体系。在基本权利体系中，社会经济权利与其他基本权利之间相互衔接，共同形成现代权利体系。

2. 社会经济权利是以国家权力积极而适度的干预为条件的。在社会经济权利涉及的经济生活领域中，国家应采取积极的干预方式，为公民享有权利提供充分的物质条件，特别是应对弱者的权益给予关注。

3. 社会经济权利是社会正义原则的体现。对公民财产权、物质帮助权、劳动权等权利的保护实际上反映了社会正义价值，它是以国家履行某种义务为基础的。公民作为社会经济权利的主体，有权利要求国家积极履行社会经济权利实现方面的义务，并不断地创造条件满足人们物质生活方面的需求。

二、社会经济权利的基本内容

由于各国经济发展水平与宪法文化的不同，对社会经济权利具体内容的规定也不尽相同。随着宪法调整范围的扩大，社会经济权利的内容呈现不断扩大的趋势，如出现了消费者权利保护、环境权保护、社会保障权保护等新的内容。从我国宪法和有关法律的规定看，社会经济权利包括：财产权、劳动权、休息权、物质帮助权、退休人员生活保障权以及社会保障权。把公民财产权与社会保障权纳入社会经济权利范围，有助于从国家履行义务的角度合理地确定其在基本权利体系中的地位，进一步扩大社会经济权利的范围，满足公民实现经济利益的要求。

事例与思考 12-1 平台与骑手之间是否存在劳动关系

李某国在自己的手机上下载了同城必应科技公司(以下简称同城公司)的“闪送”应用,经注册、审核,并前往同城公司位于北京市朝阳区双井的办公场所进行考试后,同城公司向李某国发放了工牌。李某国于2016年5月29日起开始从事配送工作。在此期间,双方未签订劳动合同。李某国登录手机应用,自主决定上线时间,自主抢单,自行安排交通工具在规定的时间内完成闪送业务;每完成一单闪送业务,李某国可按照该单费用的80%计提收入,收入累计在应用的个人账户内,可于每周一进行转账提取。2016年7月24日,李某国在进行闪送业务时发生交通事故受伤,李某国认为属于工伤,应享受工伤保险待遇。2017年3月31日,李某国开始为其他公司服务。李某国要求确认其与同城公司之间自2016年5月29日至2017年3月30日存在劳动关系。同城公司认为其与李某国之间是按照《合同法》缔结居间合同,不存在劳动关系。

法院判决认为,李某国与同城公司之间属于新兴平台用工关系,虽然二者形式上构成合同关系,但二者实际地位并不平等。从李某国个案来看,其与同城公司之间实质上成立劳动关系,用工形式的灵活性不能否定此劳动关系。判决同时指出,不可否认,目前同城公司与李某国之间的劳动关系缺乏完全吻合的法定工时形式,亦缺乏完全适应的社会保险制度。但法院认为,不能因为相关配套制度尚不完善而拒绝向劳动者提供基本权利之救济——如李某国要求确定劳动关系从而获得工伤保险待遇。[1]

问:1. 法院判决中提到“基本权利之救济”是否构成在判决说理部分援引宪法规范?宪法规范的援引有哪些形式?

2. 公民的劳动权作为社会经济权利受国家保护。本案中,主审法官的判决是否合理?这种救济规范依据缺失还可以通过哪些方式弥补?

第二节 公民财产权

一、私有财产权的概念

在现代宪法体制国家中,财产权与生命权、自由权一同构成了公民的三大基本权利,集中体现着人的基本价值与尊严。为了实现通过财产权所体现的人的基本价值,各国普遍在宪法中规定了保障私有财产权的原则、界限与范围,并通过普通法律把保护私有财产权的宪法原则具体化,为公民实现私有财产权提供法律基础。所谓公民财产权,是指公民个人通过劳动或其他合法方式取得财产和占有、使用、收益、处分财产的权利。公民财产权是公民基本权利的一项重要内容,是公民在社会生活中获得自由与实现经济利益的必

---

[1] 参见李某国与北京同城必应科技有限公司劳动争议纠纷案,北京市海淀区人民法院(2017)京0108民初53634号民事判决书。

要途径。宪法中规定的财产权一般是指公法和私法上有财产价值的所有权利。作为基本权利的财产权主要是针对公权力而存在的,被规定为宪法内容后就为私法上的财产权保障提供了根本法基础。在宪法调整的经济关系中,财产权是公民个人的一项基本权利,也是宪法确立的一项原则,具有普遍性意义。

二、私有财产权的历史发展

我国1954年宪法曾对公民财产权的地位作了规定,1954年宪法第11条规定:“国家保护公民的合法收入、储蓄、房屋和各种生活资料的所有权。”第12条规定:“国家依照法律保护公民的私有财产的继承权。”1975年宪法和1978年宪法基本保留了1954年宪法有关保护公民财产权的规定。1982年宪法对公民财产权的规定同1954年宪法相比有了重大发展,主要是将“生活资料的所有权”改成“合法财产的所有权”,扩大了公民财产权的保护范围。

2004年以前,我国的宪法及其修改对公民的合法财产和私有财产的继承权等问题作了不同形式的规定,第四次宪法修改以前,宪法对私有财产权规定的不完善主要表现在:没有形成私有财产保障的理念;财产权的保障对象不明确,基本排除了对生产资料的保护,只保护合法收入、储蓄、房屋等生活资料,对公民作为财产权主体应享有的生产资料所有权没有给予必要的保护。

随着社会主义市场经济的发展、公民个人财富的积累与公众法律意识的提高,公众对财产权的保护问题给予了高度关注,要求国家在法律体制中提供有效的保护。社会主体普遍要求政府加强对私人财产权的保护。2004年《宪法修正案》规定了私有财产权的宪法地位,有助于在全社会实现保护私有财产的基本价值,要求政府尊重私有财产权,为私有财产权的合法拥有者提供良好的法律环境。

背景资料12-1　我国私有财产权宪法保障的历史回顾

表12-1　我国私有财产权的宪法保障

宪法性文件	主　体	内　容	条　文
《共同纲领》 1954年宪法	·工人 ·农民 ·小资产阶级 ·民族资产阶级 ·手工业者和其他非农业的个体劳动者 ·公民	工人经济利益及其私有财产权 农民的土地所有制 经济利益及其私有财产 土地所有权和其他生产资料所有权 生产资料所有权 合法收入、储蓄、房屋和各种生活资料的所有权	《共同纲领》第3条,1954年宪法第8条第1款、第9条第1款、第11条

续表

宪法性文件	主　　体	内　　容	条　　文
1975 年宪法	·公民	劳动收入、储蓄、房屋和各种生活资料的所有权	第 9 条第 2 款
1978 年宪法	·非农业的个体劳动者 ·公民	从事法律许可范围内的，不剥削他人的个体劳动 合法收入、储蓄、房屋和其他生活资料的所有权	第 5 条第 2 款、第 9 条
1982 年宪法	·公民	合法的收入、储蓄、房屋和其他合法财产的所有权 私有财产的继承权 保护个体经济的合法的权利和利益	第 11 条第 1 款，第 13 条第 1 款、第 2 款
1988 年宪法修正案	·公民	保护私营经济的合法的权利和利益	第 1 条
2004 年宪法修正案	·公民	国家依照法律规定保护公民的私有财产权和继承权。国家为了公共利益的需要，可以依照法律规定对公民的私有财产实行征收或者征用并给予补偿	第 22 条

三、私有财产权的性质与内容

（一）私有财产权的性质

围绕财产权的性质主要有四种学说：第一种学说认为，财产权是自由权，是个人享有的不可侵犯的权利；第二种学说认为，宪法上的财产权是一种个人依照法律享有的法律制度，即私有财产权的制度性保障；第三种学说认为，财产权是个人对国家任意行为的防御性权利，同时具有个人财产权与法律制度的性质；第四种学说认为，财产权在宪法框架里具有双重性，即主观的防御性与客观秩序的性质。作为防御性权利，财产权是公民设防公权力侵犯的权利，确立了公权力活动的边限。同时财产权具有制度保障的基本属性，起着保障个体自由地利用各种经济条件的“自由保障”的功能。

（二）私有财产权的范围

《宪法》第 13 条第 1、2 款规定：“公民的合法的私有财产不受侵犯。国家依照法律规定保护公民的私有财产权和继承权。”“合法的私有财产不受侵犯”意味着国家有义务保护所有公民的财产权，并采取各种有效措施实现财产权价值。1982 年宪法规定的所有权概念并不包括财产权的所有内容，它只是财产权的一部分，无法完整地表述财产权的基本内容。为了明确公民私有财产中生产资料的保护范围，宪法修正案以财产权代替原宪法条文中的所有权,并确立了私有财产权不受侵犯的宪法原则。根据宪法修正案的规定,公民的生活资料和生产资料都应受宪法保护。公民财产权的范围主要包括以下内容:

1. 合法收入。合法收入是指公民在法律允许的范围内,用自己的劳动或其他方法所取得的货币或实物收入。具体内容包括:工资、实物、奖金、稿酬、退休金等;公民自有的林木、果树;劳动者个人用于生产的生产资料;个体劳动者所使用的生产工具和其他生产资料;公民合法取得的其他收入,如出租房屋的合法租金、银行储蓄存款的利息、受赠的财产、继承的遗产等。

2. 储蓄。储蓄是指公民存入银行或农村信用社的货币。国家鼓励公民将暂时不用的货币存入银行、农村信用社。银行、农村信用社对公民的储蓄实行存款自愿、取款自由、存款有息和为储户保密原则。非经司法机关批准,任何个人、单位不得查询、冻结或提取公民的个人存款。

3. 房屋。房屋是指属于公民生活资料的房屋。无论城市或乡村,凡属公民个人所有的房屋,任何单位或个人都不得非法侵占、查封、破坏。

4. 其他生产资料和生活资料。公民享有的生产资料和生活资料的范围日益广泛,凡依法不禁止的公民个人所有的有关衣、住、行、用的生活用品,都可以作为公民个人财产权的客体,受国家法律保护。随着经济的发展,公民财产权的范围日益扩大,出现了新的权利类型,如投资权利、从事生产经营的权利等。另外,在市场经济的发展中出现的非按劳分配而得到的收入,如证券收入、红利股息收入等,需要从法律上明确其性质与地位。

在公民的劳动收入中既包括合法的劳动收入,也包括合法的非劳动收入。非劳动收入主要指持股分红、买卖差价收入、彩票中奖等。随着公民富裕程度的提高,合法的非劳动收入部分在整个收入中的比重将越来越大,在有些公民的收入中甚至超过劳动收入部分。根据财产权的性质,宪法修正案没有采取对财产权列举的方式,而只确定了一个原则,即合法的公民财产权受到法律的同等保护。财产权的宪法保护只限于合法的财产权范围,并不保护不合法的私有财产。在这里,“合法”是一种严格的法律判断,旨在强调财产积累过程的合法性,要求社会成员通过诚实的劳动积累财富,树立合法致富光荣的社会风气。

四、公共利益原则与私有财产权限制

在现代法治社会中,私有财产权在个人自由的实现方面发挥着重要的作用。财产权的本质是实现自由的基本要求,是人作为有尊严的个体存在的社会物质基础。因此,从社会发展的角度来看,个体拥有私有财产是社会协调发展与保护人的尊严的重要条件。与其他权利一样,财产权的存在并不是绝对的,财产权的社会性实际上决定了财产权存在的界限。财产权的界限存在两种理论表达:财产权的限制和财产权的社会义务。各国宪法一方面规定财产权保护原则,另一方面对财产权也规定了必要的限制。《宪法》第 13 条第 3 款规定,国家为了公共利益的需要,可以依照法律规定对公民的私有财产实行征收或者征用并给予补偿。这一规定有利于在公权力与私权利、私有财产与公共财产之间确定合理的界限,使受侵害的财产得到合理补偿。征收和征用是国家为了公共利益对公民的

私有财产进行限制的两种形式,但两者的性质与功能是不同的。两者的主要区别是:征收是所有权的转移;征用是使用权的改变,一般是在紧急状态下的强制使用,一旦紧急状态结束,被征用的物品要发还给原权利人。适用征收和征用的条件和补偿标准也是不同的,因征收对权利人利益的损害大于征用,故补偿标准相对更高一些。过去,在限制公民财产权时,法律并没有明确其标准,程序也不完备,由此引发补偿金标准不统一或补偿金过低等问题。《宪法》第13条第3款为了在公共利益与个人利益之间寻求合理的平衡,规定了征收和征用的条件与程序,对公共利益本身划定了严格的范围。同时,《宪法》第51条也被认为具有基本权利的一般限制功能,具有在一般意义上限制财产权的功能。按照宪法精神,权利人对公共利益本身的正当性与否可以进行判断。对公民财产权的限制必须基于公共利益,即社会整体利益,体现国家国防、外交等重大的国家利益,既要考虑为公益而采取的国家政策的价值,同时也要考虑社会正义的价值。

同时需要注意的是,为了公共利益对公民财产权进行的任何限制都不是无对价地剥夺私有财产,而是必须给予合理的补偿。为公共利益而进行的征收或征用给权利人造成了不同程度和不同形式的财产损失,故从权利保护的角度给予合理补偿是十分必要的。宪法对补偿制度的规定对保护公民的财产权将产生重要影响,有助于公民运用损失补偿请求权得到权利救济。

事例与思考12－2　重庆"钉子户"拆迁事件

据《重庆青年报》报道,重庆市九龙坡区杨家坪鹤兴路17号有一处原营业用房,周围都已拆迁,该房四周被挖下十多米的坑,成了"孤岛",也成了网上传说的"史上最牛的拆迁房"。杨家坪鹤兴路片区地处九龙坡商业核心地段,紧邻杨家坪步行街和商业区。最后,房屋所有人杨某、吴某夫妇与开发商达成和解,并签署了拆迁安置协议。

问:1. 宪法规定,公民合法的私有财产不受侵犯。国家为了公共利益的需要,可以依照法律规定对公民私有财产实行征收或者征用并给予补偿。在本事件中,公共利益如何界定?

2. 公共利益与私人利益发生冲突时,宪法如何保护私人利益?

3. 商业利益与公共利益是否绝对相互排斥?

4. 如何确定征收征用的补偿标准?

事例与思考12－3　北京冬奥会期间限行等行政管制事件

围绕北京冬奥会,政府发布了多项车辆限行管理规定。例如,2022年北京冬奥会期间车辆限行规定为:

1. 所涉路段,除持有闭幕式或冬奥组委核发的奥林匹克运动会专用证件的车辆和人员外,禁止其他车辆和行人通行。社会车辆和公交车可经大屯路地下隧道、北四环路、北五环路主路及北侧辅路、北土城西路、北土城东路绕行。

2. 所涉路段,每天6时至24时,禁止核定载质量4吨(不含)以上货车通行。

3. 所涉路段,除持有北京冬奥组委核发专用证件的车辆和人员外,禁止其他车辆和行人通行。

4. 北京冬奥会专用车道限行时间为:除京礼高速奥运专用道全天通车外,其他奥运专用道6时至24时启用。

5. 所涉路段,禁止其他车辆和行人通行。2022年1月27日至2月23日,每天早6时至比赛结束后2小时,五塔寺路(五塔寺路西口至石刻博物馆西墙段)除持有北京冬奥组委核发专用证件的车辆和人员外,禁止其他车辆和行人通行。

问:1. 为了顺利举办北京冬奥会,政府在特定条件下限制了车辆和行人的行动自由。私家车是公民的合法财产,为了公共利益,政府限制公民合法私有财产的正常使用,是否违反宪法的规定?

2. 限制私家车出行是否属于征收或征用?有观点认为这属于财产权的社会义务,你如何理解?

五、私有财产权保障制度

(一)私有财产权保障制度的功能

私有财产权入宪对我国社会和法治发展进程产生了重要影响,主要表现为:对私有财产权的宪法保护形成对公共权力的严格限制,规范了国家权力的活动范围;要求所有的公权力机关依照宪法尊重公民合法的私有财产权,严格遵循法定界限;有助于鼓励人们在市场经济发展过程中从事创造性劳动,鼓励人们投资,创造更多的社会财富;财产权的宪法保障制度有助于建立公民权利救济制度。

(二)私有财产权宪法保障的基本要求

财产权的内容与界限通过合宪的法律,产生五种效力:一是宪法上的财产权直接通过法律得到实现。二是抽象和一般规定的财产权形式通过行政机关的活动得到具体化,但行政机关无权任意扩大或缩小财产权的范围。从现实生活来看,大量任意限制或剥夺公民财产权的现象是在所谓的“具体化”过程中发生的。以下几种情况不属于合理限制的范围:规定财产权的法律或法规内容违宪或违法;执行违宪法律的行政机关的执行行为;虽然法律或法规合宪,但执行行为违法等。无论属于何种情况,上述现象都是侵犯公民财产权的行为,违背了宪法关于财产权的基本精神。宪法对私有财产权的保障是一种原则的确认,为保护私有财产权提供了统一的立法基础。如果没有相应的立法,财产权保护原则也会失去存在的意义。宪法对私有财产权的规定是重要的,但更重要的是通过法律和制度实现财产权价值,并在财产权受侵害时给予有效的救济。三是财产权的宪法保护依赖于成熟的宪法解释制度。对宪法文本中有关财产权的内容进行判断时,需要积极运用灵活而有效的宪法解释学规则。如财产与财产权、合法财产性质、征收或征用的宪法学意义、公共利益的内涵等都需要在宪法实践中不断地说明和解释。四是进一步落实税收法定原则,严格控制国家课税权的行使。五是在实现私人财产权价值的过程中树立法治思维,提高依法行政的水平,使私有财产权的保护成为社会普遍认可的基本价值观。

事例与思考 12－4　《物权法》(现已失效)制定过程中的合宪性争论

2005 年 7 月 10 日,新华社全文公布了全国人大常委会办公厅《关于公布〈中华人民共和国物权法(草案)〉征求意见的通知》,在《物权法(草案)》公布后,以 2005 年 8 月 12 日一位大学教授通过网络发布公开信——《一部违背宪法和背离社会主义基本原则的〈物权法〉草案》为标志,引发了关于《物权法》中有关条款是否合宪的争论。

争论的焦点在于是否有必要把"国家财产神圣不可侵犯"写进《物权法》文本,是否应规定"根据宪法,制定本法"以及《物权法》对公有财产和公民私有财产的平等保护原则是否违宪。公开信认为:《物权法(草案)》是一部背离社会主义基本原则、"开历史倒车"的草案。草案废除了《宪法》和《民法通则》中调整财产关系的最核心条款"社会主义的公共财产神圣不可侵犯",实质上妄图用"私有财产神圣不可侵犯"的精神和原则取而代之,这是违宪的行为;在贫富差距越来越大的情况下讲平等,就是要把乞丐的打狗棍和少数人的汽车、机器平等保护,要把普通居民的住房、危旧房和那些高级别墅一样保护,这样形成的不是劳动的平等,而是资本的平等。有学者从宪法与民法对财产权保护的内涵的区别入手,认为《物权法(草案)》对公有财产(包括国家和集体的财产)和私有财产的平等保护原则与我国宪法对公共财产和私有财产的差别对待具有本质区别,《物权法(草案)》贯彻平等保护原则不违宪。而有学者认为,在宪法眼中不同主体的物权应区别保护,而不应平等保护。对不同主体的财产实行平等保护,是以国家、集体在财产占有方面已经占据了优越宪法地位为前提的,是以国家、集体事实上占有和垄断社会全部财产中的基础性部分为前提的,这种平等只是宪法上和事实上公有主体居于优先的前提下的法律上的平等。真正实现物权平等保护只会加强不会削弱公有经济的主体、主导地位。

2007 年 3 月 16 日,第十届全国人大第五次会议以 2799 票赞成、52 票反对、37 票弃权表决通过了《物权法》。《物权法》在第一编第一章中明确规定:根据宪法,制定本法;国家实行社会主义市场经济,保障一切市场主体的平等法律地位和发展权利;国家、集体、私人的物权和其他权利人的物权受法律保护,任何单位和个人不得侵犯。

问:1. 作为调整平等主体之间法律关系的民事法律规范重要组成部分的《物权法》,是否有必要规定宪法里已经确认了的公有财产神圣不可侵犯的原则?

2. 从公有财产和公民私有财产的保护方式来看,已经通过的《物权法》与宪法的相关规定是否一致?

3.《中共中央关于全面推进依法治国若干重大问题的决定》提出,加强市场法律制度建设,编纂民法典。关于民法典的宪法基础也产生了争议,有学者主张去掉"根据宪法,制定本法"的表述,如何理解宪法是民法典制定的依据?

第三节 劳动权

一、劳动权的概念与基本特征

劳动权是指一切有劳动能力的公民有劳动和取得劳动报酬的权利。劳动权是公民赖以生存的基础,是获得行使其他权利的物质前提的权利。我国《宪法》第42条第1款规定:“中华人民共和国公民有劳动的权利和义务。”劳动权作为基本权利,具有自由权与社会权的综合性质。劳动者进行劳动的权利不受国家任意侵犯,对公共权力进行防御的功能体现了自由权的基本精神。同时,劳动者有权通过劳动追求幸福生活,并要求国家积极创造条件,在这种意义上劳动权又具有社会权性质。

劳动权具有下列基本特征:

1. 劳动权的平等性。凡是具有劳动能力的公民,都有权平等地参加社会劳动,享有平等的就业机会。

2. 参加社会劳动的公民有权根据所提供的劳动数量和质量获得相应的报酬。劳动权的行使与报酬是相适应的。

3. 劳动权具有双重性。劳动权既是权利,又是义务。宪法规定,劳动是一切有劳动能力的公民的光荣职责。公民有权根据自己的能力参加社会劳动,取得相应报酬,同时也有义务培养自己的劳动素质,提高自己的劳动能力,参加社会劳动,推动社会建设。

二、劳动权的基本内容

根据我国宪法和劳动法的规定,劳动权主要包括劳动就业权和取得报酬权。

(一)劳动就业权

劳动就业权是劳动权的核心内容,是公民行使劳动权的前提。《劳动法》第3条规定,“劳动者享有平等就业和选择职业的权利”。第12条规定:“劳动者就业,不因民族、种族、性别、宗教信仰不同而受歧视。”为劳动者提供更多的就业机会是国家的一项义务,《宪法》第42条第2款规定:“国家通过各种途径,创造劳动就业条件,加强劳动保护,改善劳动条件,并在发展生产的基础上,提高劳动报酬和福利待遇。”劳动就业权关系劳动者的切身利益,为此国家采取了一系列的措施。为了保证特定主体的劳动就业权,《劳动法》对妇女、残疾人、少数民族人员劳动就业问题作了特殊的保护性规定。

事例与思考12-5 35周岁作为职业年龄限制

1994年6月,《国家公务员录用暂行规定》发布,报考国家公务员必须具备的基本条件是“年龄为三十五岁以下”。2019年,中共中央组织部修订《公务员录用规定》,明确报考公务员的年龄要求为“十八周岁以上，三十五周岁以下”。有观点认为，这样的规定是因为公务员被认为是相对稳定的职位，35周岁以上的人成为公务员，会造成干部队伍老龄化。后来，这一年龄标准被一些企事业单位和其他单位采用。

2023年两会期间，全国政协委员吕国泉建议，要强化法律制度保障，明确就业年龄歧视判定标准，增加监管处罚可操作性，对各年龄段劳动者给予平等就业保护。全国政协委员姜耀东也建议，企事业单位应结合实际，考虑不同种类工作的特性和年龄匹配度，对一些需要丰富经验和阅历的岗位，应当向35周岁以上群体倾斜。近年来的全国和地方两会上，一直有代表、委员建议取消公务员招录设置的35周岁年龄门槛。

根据《宪法》第33条“中华人民共和国公民在法律面前一律平等”、第42条“中华人民共和国公民有劳动的权利和义务”的规定，公民只要具有行为能力和劳动能力，就应当享有平等的劳动权。

问：1. 职业年龄限制是否违背了宪法规定的平等保护原则？是否侵犯了公民的平等就业权？

2. 结合地方政府放宽职业年龄限制的尝试，说明国家如何协调公民的平等就业权和具体职业对就业者的适当要求之间的合理关系？

事例与思考12－6　终身禁业与劳动权保障

2018年12月29日，第十三届全国人大常委会第七次会议表决修正了《食品安全法》，其中第135条规定，被吊销许可证的食品生产经营者及其法定代表人、直接负责的主管人员和其他直接责任人员自处罚决定作出之日起五年内不得申请食品生产经营许可，或者从事食品生产经营管理工作、担任食品生产经营企业食品安全管理人员。其主要负责人和食品安全管理人员因食品安全犯罪被判处有期徒刑以上刑罚的，终身不得从事食品生产经营管理工作，也不得担任食品生产经营企业食品安全管理人员。目前，终身职业禁止作为一种资格罚已经在多个领域存在。

问：1. 终身禁止从事食品领域工作的规定是否侵犯公民劳动权？

2. 劳动权既是权利又是义务，能够对公民的劳动权进行限制吗？

（二）取得报酬权

劳动报酬是公民付出一定劳动后所获得的物质利益。《劳动法》第46条规定：“工资分配应当遵循按劳分配原则，实行同工同酬。工资水平在经济发展的基础上逐步提高。国家对工资总量实行宏观调控。”为了保障劳动者的取得报酬权，我国实行最低工资保障制度。根据《劳动法》的规定，最低工资的具体标准由省、自治区、直辖市人民政府规定，用人单位支付劳动者的工资不得低于当地最低工资标准。

事例与思考12－7　最低工资与劳动权

福建畅丰车桥制造有限公司(以下简称畅丰公司)于2002年5月与陈某力建立劳动关系,安排陈某力从事装卸工作,实行计件工资。从2013年3月起,因生产任务减少,畅丰公司只给陈某力安排少量工作,但仍按原计件标准发放工资,致使其月工资始终低于当地最低工资标准,最低时只有90元/月。2014年3月,畅丰公司以陈某力没有打卡上班为由与其解除劳动合同。在当地工会的帮助下,陈某力向福建省龙岩市新罗区人民法院提起诉讼,法院判决畅丰公司向陈某力支付实发工资与最低工资标准的差额。

问:本案中畅丰公司给予员工陈某力低于当地法定最低工资标准的工资,违反当地有关规定,是否侵犯了陈某力受宪法保护的劳动权?

第四节　休　息　权

一、休息权的概念与基本特征

休息权是指劳动者休息和休养的权利,它是劳动者获得生存权的必要条件。休息权作为劳动者享有的基本权利,与劳动权形成完整的统一体,没有休息权,劳动权就无法实现。

休息权具有下列基本特征:

1. 休息权是实现劳动权的必要条件。劳动者在付出一定的劳动以后,需要消除疲劳、恢复必要的劳动能力,休息权本身是劳动权存在和发展的基础。

2. 休息权是劳动者享受文化生活与自我提高的重要权利。休息权不仅为劳动者提供充分恢复体力的机会,而且为劳动者参加各种文化与社会活动、提高文化素质提供了机会。因此,休息权是劳动者自我发展不可缺少的条件。

3. 休息权是一种法定的权利,在劳动者享有休息权期间不得以任何理由侵犯其法定的休息权。劳动者有权自行安排自己的活动,用工单位不得扣除应支付的工资。

二、休息权的保障

休息权是我国宪法规定的公民的基本权利之一。《宪法》第43条规定:“中华人民共和国劳动者有休息的权利。”同时规定:“国家发展劳动者休息和休养的设施,规定职工的工作时间和休假制度。”根据《劳动法》的规定,我国实行劳动者每日工作时间不超过8小时、平均每周工作时间不超过44小时的工时制度。目前,我国劳动者的休息时间主要有:工作日中用于休息和用膳的间歇时间、公休假日、法定休假节日、年休假、探亲假等。

第五节　社会保障权

一、社会保障权的概念与基本特征

社会保障权是指因社会危险处于需保护状态的个人，为了维持人的有尊严的生活而向国家要求给付的请求权。这一概念由四种要素组成：社会危险的存在，即年老、疾病等事实的存在；提出保护的要求；保障人的有尊严的生活；国家积极履行给付义务。社会保障权从法律原则到具体的权利形态经过了长期的过程。《世界人权宣言》第 22 条规定："每个人，作为社会的一员，有权享受社会保障，并有权享受他的个人尊严和人格的自由发展所必需的经济、社会和文化方面各种权利的实现，这种实现是通过国家努力和国际合作并依照各国的组织和资源情况。"第 25 条第 1 款规定："人人有权享受为维持他本人和家属的健康和福利所需的生活水准，包括食物、衣着、住房、医疗和必要的社会服务；在遭到失业、疾病、残废、守寡、衰老或在其他不能控制的情况下丧失谋生能力时，有权享受保障。"《经济、社会及文化权利国际公约》第 9 条规定："本盟约各国承认人人有权享受社会保障，包括社会保险。"《公民权利和政治权利国际公约》第 9 条规定："人人有权享有人身自由和安全。"《欧洲联盟基本权利宪章》第 34 条专门规定了社会保障和社会援助，明确欧盟各国应尊重个人的社会保障福利和社会服务的权利，确认和尊重社会和住房援助权等。这些公约的规定实际上确立了个人的社会保障权，并赋予国家积极实现社会保障权的义务。

社会保障权具有下列基本特征：

1. 社会保障权是保障人们过有尊严生活的有效手段，体现了社会正义。

2. 社会保障权是一种具体的权利，当国家不履行社会保障义务时，当事人有权通过司法程序主张自己的权利。

3. 社会保障权既是一种社会权利，又是一种经济权利，具有社会性和经济性两重属性。

4. 实现社会保障权是宪法体制国家必须履行的义务，其实现过程需要国家的积极干预。社会保障权的实现不仅使处于社会危险中的弱者得到必要的社会救济，同时能保障社会生活的平衡。

二、社会保障权的基本功能

社会保障权在基本权利体系中有重要功能，具体表现在：

1. 政治功能。由于现代社会生活的复杂性，为了形成安定的政治局面，国家需要以社会保障制度及时调整各种矛盾，保证社会成员利益不受侵害，切实保障人权。社会保障权实际上是现代社会的"安全阀"。

2. 社会功能。通过社会保障权的行使,保障社会成员最低生活标准,防止社会成员陷入贫困,减少社会生活中的贫富差别,以解决社会矛盾和协调国家和公民之间的关系。

3. 经济功能。社会保障权的经济功能主要表现为所得的合理分配,按照一定的社会保障费,对公民的基本生活需要和社会权利予以保障。社会保障权的价值在于"使贫富之间的收入差距有某种缩小"。

4. 法律功能。社会保障权的基本内容是实现生存权,并通过法律确定社会保障的具体内容,明确公民对国家的社会保障请求权,如社会保险请求权、社会福利请求权、补助请求权等。

三、社会保障权的基本内容

社会保障权的内容是多方面的,通常可分为实体的社会保障请求权和程序的社会保障请求权。实体的社会保障请求权是指个人向国家提出的具体请求,主要包括所得保障、医疗保障、福利保障、教育保障等。程序的社会保障请求权是指实现实体的社会保障权所需要的一种救济程序。

在我国,社会保障权主要表现为公民的物质帮助权。《宪法》第 45 条规定,中华人民共和国公民在年老、疾病或者丧失劳动能力的情况下,有从国家和社会获得物质帮助的权利。国家举办社会保险、社会救济和医疗卫生事业,并且逐步扩大这些事业以保证公民享受这种权利。除宪法的规定外,有关法律、法规具体规定了社会保障权的内容及其实现方式。社会保障权作为一种权利体系,由生育保障权、疾病保障权、伤残保障权、死亡保障权与退休保障权等具体权利构成。

在实现社会保障权的过程中,发展社会保险制度是一种重要形式。从各国社会保障制度的发展看,社会保险对人权保障产生了直接的影响,具体表现在:社会保险是一种防止贫困的保障手段,即政府向被保险人提供保险金,以保证被保险者的生活安定和福利;社会保险是一种强制性的保险,国家为了消除贫富差距和地区之间的差异,要求社会成员参加社会保险;社会保险对国家而言是一种非营利性事业。目前,我国的社会保险主要包括养老保险、医疗保险、疾病保险、伤残保险、失业保险、生育保险等。

事例与思考 12－8　养老保险中的平等权

2014 年,国务院颁布《事业单位人事管理条例》,规定从 7 月 1 日起,事业单位及其工作人员将依法参加养老金缴费。2015 年,国务院发布《关于机关事业单位工作人员养老保险制度改革的决定》,决定从 2014 年 10 月 1 日起对机关事业单位工作人员养老保险制度进行改革;同时决定,统一提高全国城乡居民基本养老保险基础养老金最低标准,再次提高全国企业退休人员基本养老金标准。

这次改革有利于建立覆盖城乡居民的、公平可持续的社会保障体系,改革涉及机关和事业单位人员意味着养老保险制度体系的公平性有所提升,有利于解决养老保障中的"双轨制"问题。

问:1. 养老保险制度改革体现了哪些宪法价值和原则?

2. 养老保险的优势是吸引公务员从业的重要方面,公务员的权利是否应该高于其他人群的权利?

3. 社会保障是宪法体制国家必须履行的义务,社会保障权实现过程需要国家的积极干预,是一种社会权利和经济权利,其能否成为一种独立的基本权利?

四、社会保障权的界限

从宪法与社会保障制度的相互关系来看,社会保障权是一种根据补充性原理,帮助社会弱者摆脱贫困的权利,对于社会保障权主体而言,社会保障只是一种起补充作用的制度,客观上不能超过经济社会发展所许可的限度。因此,国家需要投入必要的物质资源,既要防止提供的物质帮助过少,又要防止提供的物质帮助超过国家财力所能承受的限度。

要根据一个国家的经济与文化发展情况选择适当的社会保障方式,发挥社会保障制度的利益调整功能。当公民的社会保障权受到侵犯时,公民可以通过法律程序得到救济。由于社会保障权是补充性的权利,在具体保障与救济方面也需要根据权利侵害的具体事实作出综合的判断。

知识点提示

社会经济权利的概念与特点

私有财产权的性质与范围

私有财产权入宪的理论与实践意义

宪法保障私有财产权的规范体系

劳动权的双重性质

社会保障权的基本内容

第十三章　文化教育权利

第一节　文化教育权利概述

一、文化教育权利的概念与基本特征

所谓文化教育权利，是指公民在文化与教育领域享有的权利与自由，对于建设社会主义精神文明，提高全民族的文化水平有重要意义。

文化教育权利具有下列基本特征：

1. 文化教育权利是一种综合性的权利体系，主要由文化权利与教育权利组成，是国家发展文化与教育事业的重要基础和规范要求。

2. 文化教育权利在基本权利体系中处于重要地位。文化教育权利的发展程度直接影响公民的政治权利、经济权利等基本权利的实现程度，是保障公民宪法地位的不可忽视的因素。

3. 文化教育权利是主观权利与客观价值秩序的统一，权利主体有权请求国家积极创造条件，为公民实现文化教育权利提供各种条件与设施。

4. 文化教育权利的主体是公民，一般情况下只限于本国公民。

二、文化教育权利的基本内容与宪法保障

文化教育权利作为公民的基本权利，主要包括教育方面的权利和文化活动方面的权利。教育方面的权利主要表现为受教育权，文化活动方面的权利主要表现为科学研究的自由、文艺创作的自由和从事其他文化活动的自由。

文化教育权利是宪法保障的公民的基本权利，集中反映了宪法在文化教育领域中的调整功能。宪法对文化教育权利的保障具体表现在：宪法规定了建设文化国家的基本理念，使文化成为宪法发展的基础；宪法规定了教育与文化权利的地位与具体实现方式，为其他基本权利的实现提供文化方面的基础；宪法对文化教育权利的保障还通过具体的法律、法规得到落实。

事例与思考 13－1　异地高考政策中的公民受教育权问题

随着大量城市流动人口和进城务工农民工在异地工作时间的推移，其子女在流入地参加高考的需求日益迫切。2014 年 7 月 24 日，国务院发布《关于进一步推进户籍制度改革的

意见》(以下简称《意见》)。《意见》称,改进城区人口500万以上的城市现行落户政策,建立完善积分落户制度,居住证持有人随迁子女逐步可在当地高考。

无论异地高考还是基础教育,都事关公众权益和教育公平;若学前教育和义务教育做不好,即使开放了异地高考,随迁子女的教育福利也将受到牵累。因此,异地高考不可能一蹴而就全部开放,分步走是现实的理性选择。不过,这个分步走必须给出一个明确的期限。

问:1. 受教育权的实现是否客观需要依赖于国家与政府积极地履行义务?

2. 如何理解当前教育平等性与地区差异的现状?

3. 宪法应如何保障公民的平等受教育权?

第二节　受教育权

一、受教育权的概念与基本特征

(一)受教育权的概念与功能

受教育权是公民在教育领域享有的重要权利,是公民接受文化、科学等方面教育训练的权利。从广义上讲,受教育权包括每个人按照其能力平等地享受教育的权利,同时也包括要求提供教育机会的请求权。从狭义上讲,受教育权是指公民享有的平等的接受教育的权利。受教育机会的平等是平等权价值的直接体现,反映了维护社会公平与进行文化建设的要求。从宪法价值的角度来看,受教育权的功能主要表现在:(1)通过普及教育,培养个人潜在的能力,为人类的文化生活与有尊严的职业生活提供必要的基础,即通过个人能力的开发,保护人的个性,建立实现人类价值的基础;(2)通过行使受教育权,社会成员获得建设民主社会与法治社会的基本伦理和生活哲学的基础,有助于社会成员在多元的文化背景中感受民主与法治的价值;(3)通过培养个体综合能力,提高个人综合素质,受教育权能够推动个体与共同体在政治、经济、文化等方面相互促进,整体推动国家的发展。

(二)受教育权的基本特征

1. 受教育权是自由权与社会权的统一,其中社会权反映了受教育权的实质内容。受教育权的自由权性质赋予公民积极寻求接受教育的机会,而受教育权的社会权性质则要求国家为那些有能力但因经济等问题不能享有受教育机会的公民提供条件与环境。

2. 受教育权是通过公民的能力开发、建设文化国家整体推动共同体发展的重要途径。

3. 受教育权具有双重性,即受教育权既是公民的一项权利,同时也是公民的一项义务。国家一方面为公民享有受教育权提供各种机会,另一方面有权要求作为共同体成员的公民履行受教育方面应尽的义务。

4. 根据社会成员的能力,获得平等的受教育的机会是宪法价值的具体体现。宪法确定的平等权在人们的职业生活与经济活动中起到保障与协调作用。从政治国家宪法向社会国家宪法的转变很大程度上取决于受教育权的实现程度。

二、受教育权的基本内容

根据宪法和有关法律的规定,公民受教育权的基本内容包括:

1. 按照能力受教育的权利。公民按照自己所具备的能力,接受相应的教育。国家可以采取必要的考试制度,使有一定能力的公民享受相应的教育。

2. 享受教育机会的平等。每个公民在宪法和法律所规定的范围内,享有平等的受教育权,不因除能力之外的性别、宗教、社会身份等原因而受不平等的待遇。特别是在入学方面应贯彻平等原则,及时地向社会提供教育设施。

3. 受教育权在不同阶段通过不同形式得到实现。在我国的受教育权保障体系中,直接与教育功能相联系的形式主要有:幼儿教育、初等教育和初级中等教育、普通高等教育、成人教育等。初等教育和初级中等教育属于义务教育,《义务教育法》规定:国家、社会、学校和家庭依法保障适龄儿童和少年接受义务教育的权利;父母或其他监护人必须使适龄的子女或者被监护人按时入学,接受规定年限的义务教育;适龄儿童、少年因疾病或者特殊情况,需要延缓入学或免予入学的,应由其父母或其他监护人提出申请,经当地人民政府批准;禁止任何组织和个人招用应接受义务教育的适龄儿童、少年就业。随着社会主义市场经济的发展,公民受教育的形式将更加多样化,在保证教育的公共性的前提下,可采取灵活的形式,使公民获得实现受教育权的更丰富的形式。

事例与思考 13-2 “孟母堂”事件

2004 年 9 月,教学内容以读《易经》《道德经》《论语》等中国古代传统典籍为主的全日制私塾“孟母堂”在上海某区开设。2006 年 7 月 17 日,上海市某区教育局下发告知单,指出“孟母堂”属非法教育机构,从事的是非法教育活动,应立即停止非法行为。上海市教委发言人阐述了三大理由:学堂未经教育行政部门审批,未获得办学许可;“读经教育”与义务教育多学科、全面发展的要求不相符,违反了《义务教育法》的多项规定;学堂未经物价部门审核,擅自收取高额学费。而家长未按规定把适龄子女送到经国家批准的教育机构接受义务教育也属违法行为。

问:1. 受教育权是公民享有的一项基本权利。本事件中,“孟母堂”是否违反了《义务教育法》?

2. 教育部门对具有一定群众基础的“孟母堂”的取缔行为是否侵犯了公民行使受教育权的选择自由?

3.《义务教育法》明确规定义务教育阶段的教学制度、教学内容、课程设置,以及审定教科书制度,是否与公民行使受教育权的选择自由产生冲突?

三、受教育权的保障

我国已建立了较完善的公民受教育权保障体系,在实践中已取得了良好的社会效果,有关保障公民受教育权利的法律体系已初步建立。除宪法对受教育权作出原则性规定外,我国先后颁布了《义务教育法》《教育法》《职业教育法》等法律,进一步完善了教育立法。2022 年 6 月 21 日,教育部新闻发布会上公布,2012—2021 年,全国小学净入学率从 99.85% 提高到 99.9% 以上,初中阶段毛入学率始终保持在 100% 以上。义务教育阶段建档立卡脱贫家庭学生辍学率实现了动态清零,长期存在的辍学问题得到了历史性解决。国家连续实施特殊教育提升计划,切实保障残疾儿童和少年平等接受教育的权利,适龄残疾儿童义务教育入学率超过 95%。[1] 2021 年 11 月 30 日,教育部、国家统计局、财政部发布的 2020 年全国教育经费执行情况统计公告显示,2020 年全国教育经费总投入约为 5.30 万亿元,其中,国家财政性教育经费约为 4.29 万亿元,占国内生产总值比例为 4.22%。这是自 2012 年以来连续第九年做到"不低于 4%",也意味着"十三五"期间持续做到了"不低于 4%"。[2] 截至 2021 年,中国文盲率下降至 2.67%。[3]

事例与思考 13-3 高考鼓励性加分全部取消

2015 年 3 月 8 日,时任教育部部长袁贵仁在接受媒体采访时表示,将扩大使用全国统一高考命题的范围,2015 年将扩大 3 个省,2016 年再扩大 7 个省。届时,将有 25 个省区市在高考中使用由国家考试中心统一命制的试卷。

他说,2015 年全国性加分政策中,鼓励性加分全部取消(如体育特长生等特长突出或做出卓越贡献的考生),只保留一些扶持性加分政策(如少数民族考生、烈士子女等);地方性加分政策也减少了六成以上,十几个省市已全部取消地方加分项目。袁贵仁表示,从 2015 年开始,将取消自主招生推荐的限制,同时把自主招生的时间全部调到高考之后进行。2018 年 3 月 21 日,教育部发布《关于做好 2018 年普通高校招生工作的通知》,对 2018 年的高校招生做出部署。该通知指出,全面取消体育特长生、中学生学科奥林匹克竞赛、科技类竞赛、省级优秀学生、思想政治品德有突出事迹等全国性高考加分项目。2022 年 9 月 15 日,教育部介绍考试招生制度改革时指出,已取消 5 类全国性高考加分项目,逐步取消 95 类地方性加分项目。

问:1. 鼓励性加分全部取消、全国统一高考命题与教育公平之间有什么关系?

2. 自主招生与教育公平之间有什么关系?自主招生为什么要调到高考之后?自主招生程序的公开、公正应怎样保障?

3. 要实现真正的教育公平还需要从哪些方面进行制度完善?

---

〔1〕 参见《教育部:全国义务教育贫困学生辍学实现动态清零》,载中国新闻网,https://www.chinanews.con.cn/sh/2022/06-22/9786099.shtml。

〔2〕 参见陈鹏:《连续 9 年"不低于 4%",本轮教育经费投入有何不同》,载中国政府网,http://www.gov.cn/xinwen/2021-12/03/content_5655560.htm。

〔3〕 参见彭可馨:《教育部:全国普通话普及率达 80.72%,文盲率下降至 2.67%》,载中华人民共和国教育部政府门户网站,http://www.moe.gov.cn/fbh/live/2022/54618/mtbd/202206/t20220628_641478.html。

第三节　文化权利

根据我国宪法的规定,公民的文化权利包括三个方面的内容,即从事科学研究的权利、文艺创作的权利与从事其他文化活动的权利。

事例与思考 13－4　《武媚娘传奇》复播满屏都是大头照

2014 年 12 月,湖南卫视热播的电视剧《武媚娘传奇》因剧中女演员穿着低胸服饰而被国家广播电影电视总局审查,复播后女性角色被剪胸,颈部以下不得入镜。

2015 年 1 月 21 日上午,国务院新闻办公室在京举行构建现代公共文化服务体系等情况发布会。发布会上,国家广播电影电视总局副局长针对电视剧《武媚娘传奇》回炉重新剪辑一事进行了回应,他表示该剧在播出后遭到不少观众投诉,"除了存在一些不利于未成年人健康成长的画面,还有其他方面的问题。国家广播电影电视总局依法负有监管的责任"。在对此剧进行检查后,发现的确存在修改不到位的情况,国家新闻出版行政部门依法依规作出了相应的处罚,并且依法责成播出机构和制作机构修改到位后方可播出。

问:1. 国家广播电影电视总局停播《武媚娘传奇》以及对播出机构和制作机构修改不到位作出行政处罚的依据是什么?"不利于未成年人健康成长的画面"的判断标准是什么?

2. 国家广播电影电视总局对电视剧、电影的严格审查是否限制了文化艺术创作?

3. 国家广播电影电视总局干预新闻媒体的界限是什么?如何才能更好地保障文艺创作的权利?

事例与思考 13－5　方言译制片被禁事件

2004 年 10 月 13 日,国家广播电影电视总局发出《关于加强译制境外广播电视节目播出管理的通知》,禁止播放方言版的译制片。在经典动画《猫和老鼠》的本土化运作中,除先后出现天津方言、东北方言、四川方言外,还有陕西方言、兰州方言、河南方言等诸多版本。其中,四川方言版和东北方言版被评价为"粗话连篇、充满暴力、教坏小孩",并引发了《猫和老鼠》方言版究竟是创新经典还是糟蹋经典的讨论。

问:1. 我国宪法规定国家推广全国通用的普通话。地方语言译制片是否违反了宪法关于推广普通话的规定?

2. 国家推广普通话是否意味着可以运用强制方式?

3. 制作地方语言译制片是公民行使文化权利的正当行为吗?

一、从事科学研究的权利

公民从事科学研究的权利受宪法和法律保护。科学研究的范围包括自然科学技术、社会科学及其他人文科学研究。科学研究是对未知领域的探讨，是探求真理的过程。科学研究作为公民的基本权利，其内容包括：公民有自由地对科学领域的问题进行探讨的权利，不允许任何机关、团体和个人非法干涉；公民有权通过各种形式发表自己的研究成果，国家有义务提供必要的物质条件与具体设施；国家积极创造条件，鼓励和奖励科研人员，保护科研成果。就科学研究的价值而言，自然科学技术、社会科学和其他人文科学具有同等意义，应给予同等待遇。

从宪法的角度来讲，从事科学研究的权利实际上是人的思想自由的保障问题。研究人员可按照自然规律及现实条件，自主地选择研究课题，独立思考，发表自己的研究成果。但是科研自由本身是有界限的，应注意防止现代科学技术带来的负效应。宪法所保护的从事科研的思想自由只是在有利于人类进步事业的前提与范围内的自由，有严格的宪法界限。国外宪法学界围绕科研自由的宪法界限进行过长期的讨论，争论的主要焦点是限制通过科研活动所反映的思想自由有没有合理依据。多数学者认为，既然宪法的最高理念是维护人权的价值，那么对侵害人权价值的活动、行为模式的限制是符合宪法精神的，是一种合理的限制。

具体地说，限制科研自由的宪法根据在于：(1)保障宪法规定的“生命、健康权利”，实现宪法的基本理念。在德国，抑制科技发展的宪法依据是《德国宪法》第2条规定的“生命及人身不可侵犯的权利”。而“人的尊严”的保障又是生命及人身不可侵犯的政治及哲学基础。日本通过宪法解释确定了“生命、健康权”的人权体系，并把它作为限制科研自由的依据。(2)从国家负有保护人权的义务来看，科研自由的实现在很大程度上受国家财政支持，国家在分配科研项目经费时应考虑所要研究的内容及其成果运用过程的合宪性。(3)从科学工作者的伦理要求来看，科研自由应造福于人类，不能危害人类社会发展，特别是科研活动不得违反人权保障原则。通过科研为人类进步事业服务是科学工作者的基本的职业要求。这种伦理要求与宪法的基本理念是一致的，它构成合宪性的基础。

通过宪法对科研的负效应进行限制的主要形式有：(1)禁止或严格限制某些特定内容的研究。人体试验、生物武器、研究毒品等行为是被禁止的。对医疗技术、器官移植等技术的研究要符合宪法和法律的要求。国家权力可以干预科研的内容，并确定科研为和平服务的原则。在当代科学技术发展中，重点控制的技术有原子能研制与开发、遗传、体外授精、器官移植等新兴技术。(2)通过宪法和法律对某种特定的科研项目进行限制。联合国大会在《利用科学和技术进展以促进和平并造福人类宣言》中已经注意到，科学和技术的进步虽然使各国人民生存条件的改善机会日增，但在某些情况下，也能够引起社会问题，威胁个人的人权和基本自由。(3)对科研机构和科研设施的限制。科研活动是在科研机构的组织下利用科研设施进行的。为了防止科研的负面作用，对有关科研机构及科研人员从事的科研活动实行审查与许可制是必要的，它并不违反宪法规定的表现自由精神，特别是对尖端科技实行的许可制是科技进步的重要条件。

二、从事文艺创作的权利

公民根据宪法的规定有权自由地从事文艺创作活动并发表成果。文艺创作是一种创造性的劳动,应允许公民自由地选择创作内容和创作形式,按照不同的风格进行文艺创作。在文艺创作上应允许不同风格、不同流派存在,国家权力不能非法地干预文艺创作,在需要作出限制时应注意合理界限。尊重文艺创作的规律与合理地限制公民文艺创作的权利是统一的,二者并不矛盾。国家应鼓励和帮助公民从事文艺创作活动,努力丰富公民的文化生活。

事例与思考 13-6 郑某影视作品被下架

2021 年 8 月 27 日,“郑某偷逃税案件”公布调查结果,郑某偷税逃税的金额被追缴,并处罚款共计 2.99 亿元。国家广播电视总局也发文,要求各机构不得邀请郑某参与制作节目,并停止播出郑某已参与制作的节目。此后,由郑某主演的影视作品全平台下架,在各大视频搜索平台也无法搜索到郑某及其作品。

问:1. 演员参与制作电影、电视节目、网络剧、微电影等活动,是行使从事文艺创作的权利还是劳动权?

2. 国家广播电视总局发文要求各机构不得邀请郑某参与制作节目,并停止播出郑某已参与制作的节目,是否构成不当侵害公民从事文化活动的基本权利?

三、从事其他文化活动的权利

上述科学研究和文艺创作之外的文化活动属于其他文化活动的权利范围,主要指观赏文化艺术珍品、欣赏文艺作品,利用图书馆、文化馆、出版社从事文化娱乐活动等。这些活动对于丰富公民的文化生活、提高公民的文化素质具有重要的意义。为了实现公民的文化权利,国家应积极创造条件,提供必要的设施与物质保障。

知识点提示

文化教育权利的概念	文化教育权利的基本内容
受教育权的性质	受教育权的基本内容
受教育权的救济程序	文化权利的基本内容

第十四章　监督权与请求权

第一节　监　督　权

一、监督权的概念与基本特征

监督权是宪法规定的公民基本权利之一，是公民监督国家机关及其工作人员活动的权利。

监督权具有以下基本特征：

1. 监督权是人民主权原则的具体表现。在我国，人民当家作主，人民有权通过监督权经常性地监督国家机关及其工作人员的活动，以保证国家权力的合法性。

2. 监督权的客体是国家机关及其工作人员的活动。监督的内容主要包括遵守国家法律、法规的情况。

3. 监督权的综合性。根据宪法规定，监督权由不同形式的具体的监督权组成，不同形式的监督权之间存在内在联系。公民根据监督权客体的实际情况，自行选择适宜的方式。

二、监督权的基本内容

我国《宪法》第 41 条第 1 款规定："中华人民共和国公民对于任何国家机关和国家工作人员，有提出批评和建议的权利；对于任何国家机关和国家工作人员的违法失职行为，有向有关国家机关提出申诉、控告或者检举的权利，但是不得捏造或者歪曲事实进行诬告陷害。"根据这一规定，监督权的内容具体包括：

1. 批评、建议权。公民在国家政治生活和社会生活中，有权对国家机关及其工作人员的缺点、错误提出批评意见，其形式是多样化的。建议权主要指公民有权通过一定的形式向国家机关及其工作人员提出合理化建议。批评、建议权的行使对于防止官僚主义、提高工作效率有重要意义。

2. 控告、检举权。公民对于任何国家机关及其工作人员的违法失职行为，有权向有关国家机关提出控告，揭发违法失职与犯罪行为，请求有关机关对违法失职者给予制裁。

3. 申诉权。当自己的合法权益受到侵犯时，公民有权向各级国家机关提出申诉。申诉权分为诉讼上的申诉权与非诉讼上的申诉权。诉讼上的申诉权是指当事人或其他公民认为人民法院已经发生法律效力的判决或裁定确有错误时，依法向司法机关提出申请要求重新审查处理的权利。非诉讼上的申诉权是指公民对行政机关的决定不服，向其上级机关提出申请,要求重新处理的权利。我国有关的法律、法规对申诉权的保护作了具体规定。

2005年1月5日,国务院通过了修改后的《信访条例》。该条例将保护信访人权利确立为信访工作的基本原则。条例所称信访,是指公民、法人或者其他组织采用书信、电子邮件、传真、电话、走访等形式,向各级人民政府、县级以上人民政府工作部门反映情况,提出建议、意见或者投诉请求,依法由有关行政机关处理的活动。2014年中共中央办公厅、国务院办公厅印发的《关于依法处理涉法涉诉信访问题的意见》提出,对于涉及民商事、行政、刑事等诉讼权利救济的信访事项,改变经常性集中办理、过分依靠行政推动、通过信访启动法律程序的工作方式,把解决涉法涉诉信访问题纳入法治轨道,由政法机关依法按程序处理,依法纠正执法差错,依法保障合法权益,依法维护公正结论,保护合法信访,制止违法闹访。2022年,中共中央、国务院印发了《信访工作条例》,指出信访工作是党的群众工作的重要组成部分,是党和政府了解民情、集中民智、维护民利、凝聚民心的一项重要工作,是各级机关、单位及其领导干部、工作人员接受群众监督、改进工作作风的重要途径;要坚持和加强党对信访工作的全面领导,做好新时代信访工作,保持党和政府同人民群众的密切联系。

三、监督权的效力与界限

监督权作为公民的基本权利,对国家机关及其工作人员的活动产生直接约束力,即具有一般的效力。《宪法》第41条第2款规定:“对于公民的申诉、控告或者检举,有关国家机关必须查清事实,负责处理。任何人不得压制和打击报复。”法律对此作了严格的保护性规定,如《刑法》第254条规定:“国家机关工作人员滥用职权、假公济私,对控告人、申诉人、批评人、举报人实行报复陷害的,处二年以下有期徒刑或者拘役;情节严重的,处二年以上七年以下有期徒刑。”

事例与思考14-1 区伯嫖娼事件

监督公车私用的“区伯”区某坤,于2015年3月26日在湖南省长沙市被当地警方以嫖娼名义抓获并处行政拘留5日。2015年3月28日下午,长沙市公安局某分局有关人士证实确有其事,但拒绝透露详情。

虽然警方拒绝透露详情,但区伯嫖娼被抓一事应该已经板上钉钉。巧合的是,就在嫖娼被抓的当天,区伯在微博账号上发布了最后一条信息,称到湖南省两天监督到公车私用两起,并已向廉洁广州微博账号上举报,等待调查处理回复。没想到的是,区伯没有等来处理回复,却等来了因嫖娼被行政拘留5日的处罚决定。

问:1. 区伯监督公车私用,行使公民的监督权,但是因为嫖娼事件引起争议。我们应该如何理性看待区伯行使的监督权?

2. 之后区伯在接受采访时表示自己是被陷害,如果区伯真的是被陷害,其如何获得权利救济?

事例与思考 14－2　公民投诉交警被拘案

2005 年 3 月 12 日下午，邵某升驾驶汽车超速行驶，被交警叶某志认定为违章行为并予以罚款。随后，邵某升向“110”投诉，称叶某志值勤时满口酒气，并对其处理不公。厦门市公安局督察队立即派工作人员前往现场并调查取证，经测试，叶某志血液中酒精含量为 0，并未喝酒。集美公安分局以邵某升捏造事实诽谤他人为由，对其作出治安拘留的处罚决定。经过复议后，邵某升向集美区人民法院提起诉讼。厦门市集美区人民法院审理后认为，检举权是宪法赋予公民的基本权利，为了保障公民充分地行使这一民主权利，公民在行使检举权时，对其行为应享有充分的豁免权。因此，并不应强求其所检举的情况一定属实，国家机关亦不能仅因检举人所反映的情况与事实有所出入便对其科以处罚。

问：1. 我国《宪法》第 41 条规定了公民的批评、建议权和申诉、控告、检举的权利。但是在行使这些权利与捏造事实诽谤他人等之间存在区分上的困难。那么，法律该如何在程序上保障公民监督权的行使？

2. 公民行使监督权，受到国家机关的侵害时，如何获得有效的救济？

第二节　请　求　权

一、请求权的概念与特征

所谓请求权，是指公民依照宪法的规定，要求国家作一定行为的权利。

请求权具有以下基本特征：

1. 请求权是以国家行为为对象，要求国家作一定积极行为的主观的权利。
2. 请求权是一种确保基本权利实现的手段性权利。
3. 请求权是具有一般效力的、具体的、现实的权利。

二、请求权的类型

我国宪法的具体规范中还没有出现请求权的概念，但从宪法规定的基本精神和宪法的具体运行过程来看，我国公民享有的基本权利类型中实际上存在请求权。从广义上讲，请求权除包括国家赔偿请求权、国家补偿请求权与裁判请求权外，还包括宪法规定的监督权，因为监督权在某种意义上具有请求的性质。从狭义上讲，请求权包括国家赔偿请求权、国家补偿请求权、裁判请求权。我国宪法规定的国家赔偿取得权实际上是一种请求权。国家补偿请求权是指由于国家合法、正当的行为造成公民权利损失时要求予以救济的权利，目前有关保障国家补偿请求权的规定散见于一些单行法律、法规之中，还没有统一的国家补偿法体系。裁判请求权是公民公正地接受审判的权利，宪法规定的公民在法律面前人人平等原则、法院公开审判原则、法院独立审判原则及被告人有获得辩护的权利的规定等构成了裁判请求权的具体内容。

三、国家赔偿请求权

根据宪法和国家赔偿法的规定,公民享有取得国家赔偿的权利。国家赔偿请求权是指由于国家机关和国家机关工作人员侵犯公民权利而受到损失的人,依照法律规定取得赔偿的权利。《国家赔偿法》第 2 条第 1 款规定:"国家机关和国家机关工作人员行使职权,有本法规定的侵犯公民、法人和其他组织合法权益的情形,造成损害的,受害人有依照本法取得国家赔偿的权利。"国家赔偿请求权是基于宪法的规定而发生直接法律效力的,是具有财产权特征的一种权利。

(一)国家赔偿请求权的主体

根据宪法和国家赔偿法的规定,公民、法人和其他组织的合法权益受到国家机关和国家机关工作人员违法行使行政职权侵害时可提起国家赔偿请求。军人、国家公务员的国家赔偿请求权依法受到一定的限制。外国人的国家赔偿请求权依国际法上的相互主义原则确定。《国家赔偿法》第 40 条第 2 款规定:"外国人、外国企业和组织的所属国对中华人民共和国公民、法人和其他组织要求该国国家赔偿的权利不予保护或者限制的,中华人民共和国与该外国人、外国企业和组织的所属国实行对等原则。"

(二)国家赔偿请求权的范围

我国的国家赔偿请求权可分为行政赔偿请求权与刑事赔偿请求权。

行政赔偿请求权的范围在法律上有明确的规定。根据《国家赔偿法》第 3 条的规定,行政机关及其工作人员在行使行政职权时有下列侵犯人身权情形之一的,受害人有取得赔偿的权利:违法拘留或者违法采取限制公民人身自由的行政强制措施的;非法拘禁或者以其他方法非法剥夺公民人身自由的;以殴打、虐待等行为或者唆使、放纵他人以殴打、虐待等行为造成公民身体伤害或者死亡的;违法使用武器、警械造成公民身体伤害或者死亡的;造成公民身体伤害或者死亡的其他违法行为。

(三)赔偿责任的构成要件

1994 年通过的《国家赔偿法》于 2010 年和 2012 年作出修改。修改后的《国家赔偿法》在归责方面改变了之前采用的严格的违法原则,其第 2 条第 1 款规定:"国家机关和国家机关工作人员行使职权,有本法规定的侵犯公民、法人和其他组织合法权益的情形,造成损害的,受害人有依照本法取得国家赔偿的权利。"该法首次明确,致人精神损害,造成严重后果的,赔偿义务机关应当支付"精神损害抚慰金。"

（四）赔偿方式与计算标准

为了保障公民赔偿请求权的实现，《国家赔偿法》具体规定了赔偿方式与计算标准。[1] 国家赔偿以支付赔偿金为主要方式，能够返还财产或者恢复原状的，予以返还财产或者恢复原状。有关侵犯公民人身自由的，每日的赔偿金按照国家上年度职工日平均工资计算，对侵犯公民健康权，侵犯公民、法人和其他组织财产权造成损害时的赔偿问题规定了具体的赔偿金计算方法。根据法律规定，赔偿费用列入各级财政预算。

（五）国家赔偿请求权的界限

公民行使国家赔偿请求权在法律上有一定的界限。除对国家赔偿请求权主体作必要的限制外，根据基本权利限制原则可对赔偿请求权的具体活动进行限制。但它只能限制国家赔偿责任的内容、范围及其程序，禁止国家赔偿责任立法的行为，超越了其合理的界限。

事例与思考 14－3 呼格吉勒图案与国家赔偿请求权

2012 修正的《国家赔偿法》第 33 条规定："侵犯公民人身自由的，每日赔偿金按照国家上年度职工日平均工资计算。"根据国家统计局 2014 年 5 月 27 日公布的数据，2013 年城镇非私营单位在岗职工年平均工资为 52379 元，日平均工资为 200.69 元。

在受到普遍关注的呼格吉勒图案中，内蒙古自治区高级人民法院 2014 年 12 月 30 日对该案作出国家赔偿决定，赔偿金额总计 2059621.40 元，其中向赔偿请求人支付死亡赔偿金、丧葬费共计 1047580 元，支付呼格吉勒图生前被羁押 60 日的限制人身自由赔偿金 12041.40 元，向赔偿请求人支付精神损害抚慰金 100 万元。

问：1. 什么事实使呼格吉勒图的家人获得国家赔偿？其家人为什么有国家赔偿请求权？

2. 国家赔偿标准的变动说明了什么？

3. 国家赔偿的范围包括间接损害和可期待利益吗？

事例与思考 14－4 佘祥林"杀妻"错案与国家赔偿请求权

佘祥林是湖北省京山县雁门口镇人。1994 年 1 月 20 日，佘妻张在玉失踪，其亲属怀疑

---

[1] 《国家赔偿法》第 33 条规定："侵犯公民人身自由的，每日赔偿金按照国家上年度职工日平均工资计算。"最高人民法院《关于 2023 年作出的国家赔偿决定涉及侵犯公民人身自由赔偿金计算标准的通知》指出，国家统计局 2023 年 5 月 9 日公布，2022 年全国城镇非私营单位就业人员年平均工资为 114029 元，按照人力资源和社会保障部提供的日平均工资计算公式，平均工资为 436.89 元。根据《国家赔偿法》第 33 条和最高人民法院、最高人民检察院《关于办理刑事赔偿案件适用法律若干问题的解释》第 21 条第 2 款规定，各级人民法院自 2023 年 5 月 10 日起作出国家赔偿决定时，对侵犯公民人身自由的赔偿金，按照每日 436.89 元计算。

张在玉被佘祥林杀害。1994年4月28日,佘祥林因涉嫌杀人被批捕,后被判有期徒刑15年。被关押11年后,佘妻于2005年3月28日突然回到京山县。2005年4月13日,“杀妻”错案重审,佘祥林得以洗清“杀妻”罪名。2005年5月11日,佘祥林提出国家赔偿申请。2005年9月1日,佘祥林与当地政府部门签订协议,荆门市中级人民法院支付佘祥林赔偿金(4009天×63.83元/天,含无名女尸安葬费1100元),同时当地政府支付佘祥林家庭生活困难补助金20万元。但是,在“杀妻”错案发生初期,其母因儿子入狱而含冤逝世,哥哥佘锁林遭受非法关押,聂麦清等人也因开具“良心证明”而导致被非法关押等没有得到任何赔偿。佘祥林本人在看守所期间患眼底神经性萎缩、双腿严重风湿病等,也没有得到伤残补偿。

问:1. 在本事件中,什么事实使佘祥林享有国家赔偿请求权?

2. 其哥哥等亲友所受损害不属于国家赔偿请求权的赔偿范围吗?

知识点提示

监督权的概念　　监督权的基本内容

监督权在基本权利保障中的功能　　请求权的概念

请求权的类型　　国家赔偿请求权的范围

第十五章　特定主体的权利保护

在我国的基本权利体系中存在特定主体应享有的权利，特定主体的权利是指法律规范明示的受到特别保护群体的权利。从宪法的规定来看，特定主体主要包括妇女、儿童、老年人、残疾人与华侨等。

第一节　妇女权利保护

一、妇女权利保护的根据

由于历史和现实的原因，妇女经常是被歧视的对象，未能获得与男子同等的地位，在政治生活领域尤为突出。为了保护妇女权利，各国宪法中普遍强调男女平等原则，强调妇女权利的宪法保护。我国《宪法》第48条规定，中华人民共和国妇女在政治的、经济的、文化的、社会的和家庭的生活等各方面享有同男子平等的权利。国家保护妇女的权利和利益，实行男女同工同酬，培养和选拔妇女干部。1992年10月施行的《妇女权益保障法》对妇女权利的保护作了具体的规定。2022年，《妇女权益保障法》再次修改，强调了党和政府在保障妇女权益工作中的地位和作用；不断贯彻男女平等、防止性别歧视和丰富妇女权益保障内容；规定了男女平等评估机制以及妇女发展状况和权益保障统计的调查制度；规定了生育手术中对妇女本人意愿的尊重；突出对妇女人身和人格权益保护，曾有亲密关系者可申请人身安全保护令；增加相关部门对被拐卖绑架妇女的发现报告责任；明确性骚扰的救济途径和防治措施等。

事例与思考15-1　女干部退休年龄争议

中国建设银行平顶山分行按照相关规定要求年满55周岁的出纳科副科长周某华女士退休，周女士对单位决定不服，要求与男性一样享有60周岁退休的权利，并称单位的这一做法属于退休歧视，违反宪法。2005年8月，周女士向平顶山市劳动争议仲裁委员会提出仲裁申请，要求撤销该退休决定。10月11日，平顶山市劳动争议仲裁委员会开庭审理本案，认为申请人所提的请求不属于仲裁委员会管辖范围，驳回了周女士的请求。后周女士向法院提起诉讼，2006年2月8日，河南省平顶山市湛河区人民法院作出一审判决，认为中国建设银行平顶山分行的决定符合现行国家政策和法规，并无不当，故驳回原告周女士的诉讼请求。

问:1. 我国宪法规定,中华人民共和国公民在法律面前一律平等。对妇女与男性公民退休年龄作出差别规定是否违反了平等原则?

2. 这种规定是构成对妇女的歧视,还是一种优待措施?

3. 妇女是否可以放弃这种优待措施?

二、妇女权利保护的几种类型

1. 政治权利保护。妇女政治权利保护方面的内容主要包括:国家保障妇女享有与男子平等的政治权利;妇女有参与国家事务的权利;妇女享有平等的选举权与被选举权;国家重视培养妇女干部。

2. 受教育权的保护。受教育权是妇女权利体系中的重要组成部分,妇女能否有效地行使权利,很大程度上取决于受教育权的实现。为了保障妇女受教育权,《妇女权益保障法》第38条专门规定了有关文化教育的内容,"各级人民政府应当依照规定把扫除妇女中的文盲、半文盲工作,纳入扫盲和扫盲后继续教育规划,采取符合妇女特点的组织形式和工作方法,组织、监督有关部门具体实施"。

3. 经济权利保护。妇女在经济生活中享有与男子同等的同工同酬权、平等就业权、特殊劳动保护权以及生育权等。在劳动权的实现方面应采取适当措施,消除在就业方面对妇女的歧视,以保证她们在男女平等的基础上享有同等的劳动权利。主要内容包括:享有相同就业机会的权利;享有自由选择专业和职业、晋升和工作保证等权利;享有社会保障的权利,包括在退休、失业、疾病、残废和老年或其他丧失劳动能力的情况下,享有相应的生活救济权;在工作中享有健康和安全保障的权利。

对于妇女享有劳动权的特殊保护内容包括:为了使妇女不因为结婚或生育而受歧视,保障其有效地工作,应采取特别措施禁止以怀孕或产假为理由对其予以解雇;实施带薪假或具有同等社会福利的产假,不丧失原有工作、年资或社会津贴;鼓励提供必要的补助性社会服务,特别是通过促进建立和发展托儿所设施系统,使父母得以兼顾家庭义务和工作责任;对怀孕期间从事有害于健康的工作的妇女应予特别保护;为妇女提供有关怀孕、分娩和产后期间的适当服务,必要时给予免费服务,并保证妇女在怀孕和哺乳期间得到充足营养。

4. 家庭生活中的平等权。国家保护妇女与男子平等的婚姻家庭权利。妇女在家庭生活中的平等权具体包括:国家保护妇女的婚姻自主权;妇女对法律规定的夫妻共同财产享有与其配偶平等的占有、使用、收益和处分的权利;国家保护离婚妇女的房屋所有权;妇女有按照国家有关规定生育子女的权利,也有不生育的自由等。

事例与思考 15-2　孕期调岗劝退

李某某于2017年3月入职宁夏某公司,签订了为期2年的劳动合同,岗位系办公室文员。2018年11月,李某某因怀孕向单位请了两周保胎假,休完假后正常复岗工作。2019年1月22日,单位以李某某工作表现不符合岗位职责为由,将其调到销售岗位。李某某不同意，认为以其目前的情况无法完成销售任务。公司以李某某不服从管理为由，要求她递交辞职报告。2019年1月24日，李某某来到银川市总工会职工(农民工)法律援助工作站求助。中华全国妇女联合会认为，用人单位出于规避法律的故意，无视劳动合同的约定，将怀孕女职工调整到相对繁重的工作岗位，然后以女职工不服从调整或者不能胜任工作为由“劝退”，达到辞退女职工的目的。

问：1. 我国宪法、法律和其他规范对孕期妇女职业保护有哪些规定？

2. 性别平等是我国宪法确定的平等原则的具体体现并为低位阶规范所遵循，孕期妇女依法应当获得特别保障，这种保障如何确定界限？

第二节　儿童权利保护

一、儿童权利保护的概念

儿童作为权利主体，在社会生活中享有广泛的权利，而这种权利的实现程度直接关系国家的未来发展。儿童因身心尚未成熟，在其出生以前和出生以后均需要特殊的保护和照料，并在法律上给予特殊保护。

事例与思考15－3　七旬老人卧底丐帮揭黑

据《瞭望》新闻周刊报道，一位76岁的老人，北京离休老干部曹某澄扮为乞丐，混入乞丐组织同吃同行两月，自费万余元，揭开残害胁迫流浪儿童行乞的重重黑幕，撰写了《救救孩子，深圳街头弃婴和病残乞儿生存状况调查手记》。老人沉重地指出，流浪儿童沦为行乞工具的症结在于城市管理的多重责任缺失。深圳丐帮中出名的“花子首富”，手底下控制着三四个病残儿乞讨，病重的常常失踪、下落不明，不久又会有新的病残儿出现。他下毒手把拐骗来的病残儿拧断胳膊、打断腿，制造惨相，越惨不忍睹越能多要钱。2006年从各种渠道送到深圳殡仪馆火化的死亡弃婴和幼儿共286名！这些还仅仅是登记在册的。

儿童是我国宪法规定的特殊的权利主体，其权益受到特别保护。一般来说，儿童权利总是和抚养权、受教育权联系在一起，并通过父母或社会组织的监护义务得以实现。

问：1. 在本事件中，儿童因病残等原因被遗弃后，被某些乞讨人员当作自己的子女而行骗行乞，严重伤害儿童的身心健康，那么，应如何保护这一部分弃婴的权利？

2. 国家在弃婴的权利保护中应该承担哪些义务？

事例与思考15－4　留守儿童成长保障问题

2021年3月，安徽省某市一名11岁男孩在家中上吊自杀。报道称，男孩父母在外打工，家中只有奶奶看管男孩。派出所民警称，直到当天晚上奶奶才发现已经上吊自杀的孙子,随后报警。2021 年 3 月 22 日,该名男童的父亲质疑儿子上吊自杀跟被老师打骂有关。校方表示:不存在打骂情况,教室没有监控。2021 年 3 月 24 日,警方发布通报,证实男孩生前在学校未曾遭到老师打骂。

《中国国民心理健康发展报告(2020)》中专题报告《农村贫困地区留守儿童心理健康状况》基于一项全国调查的数据,考察了农村儿童情绪行为问题的总体状况以及影响因素。调查对象为全国 12 个省份 27 个国家级贫困县内 3—16 周岁的农村儿童(包括 3—6 周岁、小学一年级、小学四年级和初中一年级的儿童)或其主要照料人。共有 20321 名儿童或者照料人参加了本次调查。

调查结果表明,在各年龄段儿童中,初中一年级儿童的情绪行为问题最多,有 11.3% 的儿童有明显的情绪行为问题。就性别而言,只有小学四年级儿童在该问题上有明显的性别差异,男孩的情绪行为问题比女孩更严重。就留守状态而言,除小学一年级外,其他年龄段双亲留守儿童的情绪行为问题显著多于非留守儿童。总的来说,年龄较大的儿童有更严重的情绪行为问题,总体的性别差异并不显著,非留守儿童的整体心理健康状况好于双亲留守儿童,但与单亲留守儿童没有显著差异。

问:1. 留守儿童自杀事件反映了什么社会问题?

2. 国家和社会应当如何保障留守儿童健康快乐地成长?

二、儿童权利保护的范围

1. 享受社会安全的权利。这主要包括父母应特别照料和保护儿童,保证儿童有足够的营养、住宅、娱乐和医疗设施。亲生父母以外的人照料儿童时,一切事项应当以争取儿童最大利益,特别是儿童得到安全和照料的权利为首要因素。

2. 享受特殊保护的权利。儿童应在物质条件得到保障的环境中生活,社会要对无家可归和难以生活的儿童给予特殊照顾,采取国家支出或其他援助的办法使家庭人口众多的儿童得以维持生活。一旦生活有困难,儿童有权获得社会救济。

3. 受抚养权。抚养儿童是社会和父母义不容辞的责任。为保障抚养权的实现,联合国有关条约具体规定了抚养权主体、抚养方式、抚养管辖权等问题。《抚养儿童义务法律适用公约》规定,本公约适用于对 21 岁以下未结婚的青少年和儿童的抚养,包括婚生子女和非婚生子女。

4. 受教育权。儿童的受教育权不受侵犯。儿童受教育的初级阶段应是免费和义务性的。在教育儿童方面,父母负有责任。其他对儿童进行教育和负有责任的人要以儿童的根本利益为出发点,创造各种条件使儿童享有受教育权。

5. 独立的人格权。由于儿童是未成年人,在行使权利时自然受到一些条件的限制。儿童的有些权利是通过监护人的活动来实现的,但其人格是独立的,任何侵犯儿童人格权的行为都应受到法律的追究。儿童不应受歧视、虐待和剥削,儿童更不能成为任何形式的买卖对象。

6. 被收养权。在国内和国际寄养和收养的儿童应得到法律保护,具体规定是:每个国家均应给予家庭和儿童福利高度优先的地位;儿童的寄养安排应由法律规定;各国政府应确定政策、进行立法和有效监督，以保护跨国收养的儿童；如有可能，跨国收养只应在有关国家已确定这种措施的情况下进行；收养的目的是为无法由亲生父母照料的儿童提供永久的家庭。

7. 残疾儿童的特殊权利。残疾儿童享有独立的人格尊严，并享受同其他同龄公民相同的基本人权。在接受医疗和心理治疗方面享有优先权，并有经济和社会的保障权。

第三节　残障人权利保护

一、残障人权利保护的意义

残障人是一个特殊而困难的群体，其人权需要特殊保障。在人权保障体系中，对残障人人权的保障程度反映了一个国家人权发展的实际水平，并从广泛的意义上体现了人权的价值。因此，残疾人人权保障的效果不仅关系残障人的利益，而且关系其家庭的利益，对国家政治稳定和社会发展意义重大。

二、残障人权利的保护范围

残障人与正常人一样享有宪法和法律规定的权利和自由，并同时享有特殊的权利，主要包括：

（一）劳动就业权的特殊保障

残障人人权中最基本、最首要的是劳动就业权。对残障人而言，只有充分享受劳动就业权，才有可能享有其他方面的权利。1987 年联合国通过决议，要求联合国秘书长每年向联合国大会报告联合国系统内雇用残障人的状况；1987 年联合国系统关于“残疾人十年”的第七次会议强调，各国要将残疾人就业问题作为首要问题来考虑，并提倡各国立法中采用按比例雇用残疾人的办法。《日本残疾人雇用促进法》规定，民间企业须雇用 1.5% 的残疾人，公营企业须达 1.9%，国家和地方的企业事业组织、城乡集体经济组织，应当按一定比例安排残疾人就业，并为他们选择适当的工种。对申请从事个体工商业的残疾人，有关部门应当优先核发营业执照，并在场地、信贷等方面给予照顾。据统计，我国目前有 1800 万名就业年龄段持证残疾人，截至 2021 年年底，持证残障人就业规模为 881.6 万人，就业率为 50% 左右。[1] 其中 1200 万名心智障碍者群体的就业率不足 5%。

（二）政治权利的特殊保障

残障人参与国家政治生活的权利应得到切实保障。《残疾人权利宣言》中规定：残疾

---

〔1〕 参见康琼艳：《城乡残疾人就业规模达 881.6 万人》，载中国政府网，http://www.gov.cn/xinwen/2022-04/14/content_5685156.htm。

人享有的公民权利和政治权利与其他人一样;对于智力缺陷者的权利的任何可能限制或压制,适用《智力迟钝者权利宣言》第7条的规定。各国选举法对残障人选举权的保护作了一些特殊规定。如《日本公职选举法》第48条第1款规定,残障人可按照法律规定的程序代理投票;第49款第1款规定,重残障人投票时,根据政令规定的程序,在所居住的场所写完选票以后,可以通过邮寄方式投票。我国《选举法》第40条第2款规定:"选民如果是文盲或者因残疾不能写选票的,可以委托他信任的人代写。"

(三)受教育权的特殊保障

残障人由于各种原因在实现受教育权的过程中经常遇到一些困难,残障人中文盲比例也相当高。各国在残障人立法中普遍重视受教育权问题,并规定了具体措施。如《残疾人保障法》规定,残疾人教育采取普及与提高相结合、以普及为重点的方针,着重发展义务教育和职业技术教育;对具有接受普通教育能力的残疾人,由普通学校给予教育,使他们与健全人生活、学习在一起。针对入学中歧视残障人的现象,《残疾人保障法》规定,中等专业学校、技工学校和高等学校必须招收符合国家规定的录取标准的残疾考生入学,不得因其残疾而拒绝招收;拒绝招收的,当事人或者其家属、监护人可以要求有关部门处理,有关部门应当限令该学校招收等。

(四)人格权的特殊尊重

残障人作为人权主体,其人权受国家法律的保障和全社会的尊重。《残疾人权利宣言》第3条规定,残疾人享有他们的人格尊严受到尊重的基本权利。残疾人,不论其缺陷或残疾的起因、性质和严重性,应与其他同龄公民享有同样的基本权利,其中最主要的是享受适当的、尽可能正常而充实的生活。《残疾人保障法》中特别强调残障人的公民权利和人格尊严受法律保护,禁止歧视、侮辱、侵害残障人。残障人人权立法的目的是,减少或者消除残疾影响和外界障碍,以保障残障人人权的实现,它是人权保障体制中不可缺少的内容。

背景资料15-1　《残疾人权利公约》的签署

《残疾人权利公约》在历时5年的磋商谈判后,于2006年12月13日在第61届联合国大会上正式获得通过。该公约是联合国历史上通过的第一个内容全面的保护残障人权利的公约。2007年3月30日,时任中国常驻联合国代表王光亚代表中国在《残疾人权利公约》上签字。81个国家及区域一体化组织的代表当天出席了在纽约联合国总部举行的《残疾人权利公约》开放签署仪式并签署了该公约。出席签字仪式的中国残疾人联合会常务副理事长吕世明在随后举行的高级别对话中表示,中国高度重视保障8296万余名残疾人的权利,为该公约的顺利通过作出了实质性贡献。中国愿与各国加强友好交流与合作,促进全世界残疾人状况的普遍改善。

事例与思考 15－5　《马拉喀什条约》在中国的批准与生效

2021 年 10 月 23 日,全国人大常委会批准了《关于为盲人、视力障碍者或其他印刷品阅读障碍者获得已出版作品提供便利的马拉喀什条约》(以下简称《马拉喀什条约》),2022 年该条约对中国生效,中国成为该条约的第 85 个缔约方。

《马拉喀什条约》于 2013 年 6 月 27 日在摩洛哥马拉喀什通过,由联合国专门机构——世界知识产权组织管理。该条约要求各缔约方规定版权限制与例外,以保障阅读障碍者平等欣赏作品和接受教育的权利,是世界上迄今为止唯一一部版权领域的人权条约。

问:1.《马拉喀什条约》在中国的生效需要经过何种程序?我国宪法对此是否有规定?

2.《马拉喀什条约》作为版权领域第一部人权条约,体现了对于阅读障碍者人权的保障,你还知道哪些与特定主体相关的人权公约?

第四节　华侨、归侨和侨眷权利保护

一、华侨、归侨和侨眷的概念

我国《宪法》第 50 条规定:“中华人民共和国保护华侨的正当的权利和利益,保护归侨和侨眷的合法的权利和利益。”

华侨是指侨居国外的中华人民共和国公民;归侨是指曾居于国外、现已回到祖国定居的我国公民;侨眷是指华侨在国内的眷属。我国《宪法》第 50 条规定的“正当权益”是指根据国际法和国际惯例,一国公民旅居他国时应享有的权利和利益。对华侨的保护,有国内法保护和外交保护两种方式,以外交保护为主。对归侨、侨眷权利的保护,《归侨侨眷权益保护法》中作了具体规定。

二、华侨、归侨和侨眷权利保护范围

华侨、归侨和侨眷权利保护的范围包括:归侨、侨眷享有宪法和法律规定的公民权利,在全国和地方人大代表中有适当名额的归侨代表;私有房屋的所有权受法律保护;国家保护侨汇收入;通信自由受法律保护;有权出境定居等。

知识点提示

特定主体基本权利的保护与平等保护原则的关系　　男女平等原则的意义
妇女权利保护的类型　　儿童权利保护的范围
残障人权利保护的范围　　华侨的宪法地位

第十六章　公民的基本义务

第一节　公民基本义务的一般理论

一、基本义务的概念

基本义务是指宪法规定的公民必须履行的责任。在社会生活中，公民需要履行各种形式的法律义务，其中对于国家来说具有首要意义的义务，即对公民生活产生重大影响的义务构成宪法规定的义务。

基本义务的概念经过了长期的发展过程。基本义务始于英国的宪法性文件。1215年《自由大宪章》和1628年权利请愿书最早确定了“不经议会许可，国王不得征税”的原则。1789年法国《人权宣言》对纳税义务作了明确规定，如第14条规定，所有公民都有权亲身或由其代表来确定赋税的必要性，自由地加以认可，注意其用途，决定税额、税率、客体、征收方式和时期。1919年德国《魏玛宪法》进一步发展了基本义务的内涵与内容，如第120条规定，教育子女为父母之最高义务及自然权利；第145条规定，受国民小学教育为国民普遍义务；第163条规定，德国人民在不妨害其人身自由时，应公共福利之需要，按照精神上、体力上的能力，尽道德上的义务。魏玛宪法对基本义务的规定标志着基本义务的价值通过宪法规范得到具体化。

二、基本义务的特征

1. 基本义务表明公民的宪法地位。基本义务是公民作为统治对象而负担的义务，是公民宪法地位的直接体现。宪法作为保障人权与限制国家权力的最高法，本质上是防御国家权力的规范，并不调整公民个人之间的具体活动。宪法规定基本义务只是表明公民与国家的关系，不影响宪法中公民应具有的地位。

2. 基本义务具有制度保障或法律保留的性质。宪法规定的基本义务是具体立法活动的宪法依据，通常具有一种伦理的、宣言的效力。基本义务是公民宪法地位的高度概括，它通过各种形式的部门法得到具体化和现实化。如纳税是公民的一项基本义务，但在宪法中，纳税义务只作为一项基本原则，还没有变为现实的义务。纳税义务须通过国家立法才能变为现实的义务。纳税义务通过国家立法机关制定的税法得以现实化和具体化，并通过租税平等与租税法定主义而得到保护。

3. 基本义务与基本权利的一体性。在宪法实践中，基本义务与基本权利并非始终具有对应性,但两者以不同的形式保持着内在的一体性。第一,有些基本权利与基本义务是直接结合为一体的。如受教育权与劳动权既是公民的基本权利,同时也是公民的基本义务。从表现形式看,其他的基本权利并不一定具有相对应的基本义务,但基本义务的规定实际上构成基本权利运行的宪法界限。《宪法》第33条第4款规定:“任何公民享有宪法和法律规定的权利,同时必须履行宪法和法律规定的义务。”第二,公民的基本权利和基本义务相互促进,相辅相成。公民基本权利的有效保障将促使公民自觉地履行义务,公民基本义务的自觉履行将为公民基本权利和自由的扩大创造条件。从这种意义上讲,基本义务的履行是实现基本权利和自由的基本形式与手段。

三、基本义务的性质与分类

如何确定基本义务的性质是基本义务理论中的重要问题。如前所述,基本义务是随着社会发展的需要而发展变化的。基本义务是一种宪法规定的、实定法意义上的义务,是公民形成与发展国家共同体的基本条件,它与自然法意义上的人权并不相互对应。从基本义务的存在形式看,有些义务带有社会伦理与道德的性质,有些义务具有法律的性质,具有法律上的效力。基本义务的存在形式主要有:一是基本权利中包含的伦理或道德意义上的基本义务;二是宪法文本中直接规定的基本义务,即通过间接的宣言性的效力发挥功能。

根据不同标准,可以对基本义务进行分类。根据国家性质与宪法发展的不同历史阶段,基本义务可分为古典的基本义务与社会国家的基本义务;根据基本义务的性质,基本义务可分为伦理的义务与法律的义务;根据基本义务的内容,基本义务可分为政治生活领域的基本义务、经济生活领域的基本义务与社会生活领域的基本义务等。

第二节 我国公民的基本义务

一、维护国家统一与民族团结义务

国家的统一与各民族团结是进行社会主义现代化建设的重要保证。《宪法》第52条规定:“中华人民共和国公民有维护国家统一和全国各民族团结的义务。”

(一)维护国家统一的义务

国家统一是公民享有基本权利的重要条件。任何公民都负有自觉地维护国家统一的神圣义务。维护国家统一的宪法学意义在于:首先,民主的宪法体制以国家的统一为基础,制宪权与修宪权是国家统一的重要标志。其次,国家统一是公民实现基本权利与自由的前提,没有国家统一,任何基本权利与自由的实现都是没有基础的。最后,国家统一是我国社会主义法制统一性的客观要求。只有在统一的国家状态中才能保证法制的统一性,建设成熟的法治国家。

背景资料16-1 《反分裂国家法》

2005年3月召开的第十届全国人大第三次会议通过了《反分裂国家法》。该法共10条,它规定坚持一个中国原则是实现国家和平统一的基础;以和平方式实现祖国统一最符合海峡两岸同胞的根本利益;国家尽最大的努力实现和平统一。这部法律还将发展两岸关系、两岸协商谈判等政策主张以法律形式加以明确。该法的颁布实施对推动两岸关系发展具有重大的现实作用和深远的历史影响。

背景资料16-2 《国家安全法》的颁布实施

《国家安全法》是为了维护国家安全,保卫人民民主专政的政权和中国特色社会主义制度,保护人民的根本利益,保障改革开放和社会主义现代化建设的顺利进行,实现中华民族伟大复兴,根据宪法制定的法律。

2015年7月1日,第十二届全国人大常委会第十五次会议通过了《国家安全法》,国家主席习近平签署第29号主席令予以公布。该法对政治安全、国土安全、军事安全、文化安全、科技安全等11个领域的国家安全任务进行了明确,共7章84条,自2015年7月1日起施行。

(二)维护民族团结的义务

在我国,维护国家统一的重要内容与标志是维护民族团结。我国是统一的多民族国家,能否正确处理民族关系对国家的统一与稳定将产生重要的影响。《宪法》第4条第1款规定:“中华人民共和国各民族一律平等。国家保障各少数民族的合法的权利和利益,维护和发展各民族的平等团结互助和谐关系。禁止对任何民族的歧视和压迫,禁止破坏民族团结和制造民族分裂的行为。”根据宪法和民族区域自治法的规定,一切破坏民族团结、制造民族分裂的行为都将受到法律的追究。

二、遵守宪法和法律义务

《宪法》第53条规定了公民遵守宪法和法律的义务。同条规定的保守国家秘密、爱护公民财产、遵守劳动纪律、遵守公共秩序、尊重社会公德义务是遵守宪法和法律义务的具体化,是公民在不同的社会领域应遵循的具体规则与承担的责任。

(一)遵守宪法义务的概念

遵守宪法义务是指忠于宪法,维护宪法尊严,保障宪法实施的义务。这一义务是基于宪法规范的最高性而产生的,是宪法保障制度正常运行的重要条件。根据我国宪法的规定,作为公民的基本义务,遵守宪法具有三个方面的内容:一是宪法具有最高的法律效力,宪法规范是公民活动的最高行为规范与准则；二是公民有义务同一切违宪现象进行斗争，捍卫宪法尊严，恢复被损害的宪法秩序；三是遵守宪法义务中涉及的宪法不仅指我国现行的宪法典，同时也包括我国宪法的基本原则与基本价值体系。

（二）遵守宪法义务的主体

有关遵守宪法义务的主体，各国宪法规定不尽相同。有些国家规定公民是遵守宪法义务主体，有些国家则规定了特定的义务主体。从法治国家的一般原理看，制宪者在宪法中只要求国家权力的承担者履行遵守宪法的义务，普通公民并不承担法律意义上的遵守宪法的义务。当公民遵守宪法义务时，它所体现的是一种政治道德或社会伦理上的义务。

背景资料 16－3 宪法法律学习纳入国民教育体系

教育部发布关于加强宪法教育的通知，通知要求，要明确中小学宪法教育的目标任务，要将中小学课程已包含的宪法知识内容进一步整合，与法治知识课程设置相结合，研究制定开展宪法教育的基本要求，形成科学的教学安排和常态化的教育机制，探索建立宪法教育效果的考核与评估机制。鼓励有条件的地方明确中小学宪法教育的专门学时，并将宪法知识纳入中考的测试范围。要加强宪法教育的支持体系建设。要组织专家编写、审定中小学宪法教育读本，利用教育部全国青少年普法网等资源开展网上宪法教育活动。有条件的地方要向中小学配发宪法教育读本和宪法宣传挂图、资料。

根据党的十八届四中全会“在中小学设立法治知识课程”的要求，把小学六年级上册和初中八年级下册设置为法治教育专册，集中讲授宪法，强化系统性。其他册次教材结合相关内容分散嵌入，确保法治教育贯穿始终、全程不断线。小学涉及30多部法律法规，初中涉及50多部法律法规、6部条例和司法解释。

习近平总书记2018年2月24日在十九届中央政治局第四次集体学习时的讲话强调，“要坚持从青少年抓起，把宪法法律教育纳入国民教育体系，引导青少年从小掌握宪法法律知识、树立宪法法律意识、养成遵法守法习惯”。

我国宪法规定的遵守宪法义务的主体是非常广泛的，其主体具体包括：

1. 公民。公民是遵守宪法义务的主体。《宪法》第53条明确规定“中华人民共和国公民必须遵守宪法和法律”。根据我国宪法的规定，公民不仅是遵守宪法义务的主体，而且是监督国家工作人员遵守宪法的主体。

2. 国家机关公务员。国家权力机关、行政机关、司法机关等国家机关的公务员均负有遵守宪法的义务。

3. 政党。中国共产党和民主党派负有遵守宪法的义务，中国共产党必须在宪法和法律的范围内活动，不得有超越宪法和法律的特权。

4. 社会团体、企事业组织。社会团体和企事业组织必须以宪法为活动准则，遵守宪法，维护宪法的尊严。企事业组织特别是非公有制企业的活动要维护宪法尊严，企业的各项规章制度应符合宪法和法律的要求。企业遵守宪法的主要表现是切实保障劳动者的权益,使之不受非法侵害。

(三)遵守宪法义务的性质

围绕遵守宪法义务的性质,学术界主要有两种意见:一种意见认为,遵守宪法义务是道德的、政治的义务,违反该义务并不带来直接的法律后果,只带来道德的、政治的责任。另一种意见认为,遵守宪法义务不仅是道德的、政治的责任,而且是一种法律义务。遵守、尊重宪法的行为可分为作为与不作为,有关不作为的行为是一种法律义务。违反遵守宪法义务的行为主要包括违反宪法规范以及宪法精神的行为,实际上是对宪法忠诚义务的违反。

我国宪法在关于公民基本义务的规定中明确了其法律性质,即一切国家机关、武装力量、各政党和各社会团体、各企事业组织、公民必须遵守宪法和法律。一切违反宪法和法律的行为必须予以追究。宪法中规定的"必须"一词实际上反映了遵守宪法义务的法律性质,即违反宪法和法律的行为必须负相应的法律责任。

(四)遵守宪法和法律义务的具体化

《宪法》第53条除规定公民的遵守宪法和法律义务外,同时规定了公民的保守国家秘密、爱护公共财产、遵守劳动纪律、遵守公共秩序、尊重社会公德义务。这几项义务是遵守宪法和法律义务的具体化。

1. 保守国家秘密。国家秘密是指涉及党和国家安全和利益,尚未公开或不准公开的政治、经济、军事、公安、司法等秘密事项,以及应当保密的文件、资料等。国家秘密关系国家的安全和利益,每个公民都必须保守国家秘密。《保守国家秘密法》第3条第2款规定:"一切国家机关、武装力量、政党、社会团体、企业事业单位和公民都有保守国家秘密的义务。"违反法律的规定,故意或过失泄露国家秘密,情节严重的,按照刑法有关规定追究刑事责任;泄露国家秘密,不够刑事处罚的,可以酌情给予行政处分。2023年4月26日修订通过的《反间谍法》将相关主体窃密的对象范围扩展到"其他关系国家安全和利益的文件、数据、资料、物品";增加了对国家秘密、情报的鉴定评估机制;进一步明确了相关责任主体和责任承担方式等。

2. 爱护公共财产。社会主义公共财产是指全民所有财产和劳动群众集体所有财产。《宪法》规定,社会主义的公共财产神圣不可侵犯。国家保护社会主义的公共财产,禁止任何组织或者个人用任何手段侵占或者破坏国家和集体的财产。

3. 遵守劳动纪律。劳动纪律是指劳动者在从事社会生产和进行工作时,必须遵守和执行的劳动秩序、劳动规则及工作程序。它是进行生产和工作不可缺少的条件。

4. 遵守公共秩序。公共秩序包括社会秩序、生产秩序、教学科研秩序。公共秩序是保证安定团结的政治局面、进行现代化建设的重要条件。每个公民必须遵守公共秩序,积极地同一切违反公共秩序的行为进行斗争,以维护良好的社会环境。

5. 尊重社会公德。宪法规定的社会公德指社会公共道德,是人们在生产、工作和生活中必须遵守的道德标准，其核心内容是爱祖国、爱人民、爱劳动、爱科学、爱社会主义。开展爱国主义教育是加强社会公德教育的重要内容。

三、维护祖国安全、荣誉和利益的义务

《宪法》第54条规定了公民维护祖国安全、荣誉和利益的义务，并规定公民不得有危害祖国安全、荣誉和利益的行为。

1. 维护祖国的安全。祖国安全是指国家的领土完整和主权不受干扰，国家政权不受威胁。祖国安全是国家政权稳定和公民依法行使权利与自由的根本保障。只有在祖国安全得到保障的前提下，公民才有可能实现权利与自由，国家的稳定和尊严才能得到维护。每一个公民必须要树立祖国安全高于一切的观念，同一切损害祖国尊严、危害国家安全的言行进行斗争。

2. 维护祖国的荣誉。祖国荣誉是指国家的声誉与荣誉不受损害，对有辱祖国荣誉、损害祖国利益的行为给予法律制裁。公民对祖国应当有自尊心和自豪感，要把维护祖国荣誉作为自己神圣的职责，同一切出卖祖国利益、损害祖国尊严的行为进行斗争。维护祖国荣誉，有必要提倡有助于培养对国旗、国歌、国徽崇敬感的礼仪，增强人们的爱国主义情感。国旗是国家的象征和标志，公民都要遵守《国旗法》，凡属《国旗法》规定应当升挂国旗的单位和场所，必须严格执行升旗制度。唱国歌也是公民表达爱国情感的一种神圣行为。在升国旗仪式和大型集会等活动中，要奏国歌，而且要提倡齐唱国歌，成年公民和小学三年级以上学生都应当会唱国歌，并能理解国歌的内容和国旗、国徽的含义。通过上述必要的仪式，增强爱国意识，提高维护祖国荣誉的自觉性。

3. 维护祖国利益。祖国利益是国家共同利益的集中体现，是相对于集体利益和个人利益而言的。祖国利益通常分为对内和对外两个方面，对外主要是国家主权、安全和发展利益；对内主要是指国家利益，是公民利益的最高体现。公民在享受宪法规定的权利与自由的同时，必须要自觉地维护祖国利益，正确处理国家、集体与个人利益之间的相互关系，同损害祖国利益的行为进行斗争。

四、依法服兵役的义务

（一）依法服兵役义务的意义

《宪法》第55条规定："保卫祖国、抵抗侵略是中华人民共和国每一个公民的神圣职责。依照法律服兵役和参加民兵组织是中华人民共和国公民的光荣义务。"依法服兵役是公民维护祖国安全、荣誉和尊严的实际行动，是公民的神圣义务。1984年5月31日第六届全国人大第二次会议通过并自1984年10月1日施行的《兵役法》把宪法规定的服兵役义务进一步具体化，明确了服兵役义务的内容与具体程序。《国防法》第7条规定，保卫祖国、抵抗侵略是每一个公民的神圣职责；公民应当依法履行国防义务。国防是国家生存与发展的安全保障，没有稳固的国防就不可能维护稳定的国家政权，公民的权利与自由就无法得到保障。

(二)依法服兵役义务的主体

根据宪法和兵役法、国防法的规定,依法服兵役义务的主体是中华人民共和国公民,外国人不能成为服兵役义务的主体。我国实行义务兵与志愿兵相结合、民兵与预备役相结合的兵役制度。中华人民共和国公民不分民族、种族、职业、家庭出身、宗教信仰和受教育程度,都有义务依法服兵役。《兵役法》根据服兵役主体的不同特点,对服兵役作了具体规定:(1)不得服兵役。依法被剥夺政治权利的人没有服兵役的资格。(2)不征集服兵役。应征公民被羁押,正在受侦查、起诉、审判的,或者被判处徒刑、拘役、管制在服刑的,不征集。(3)缓征。应征公民是维持家庭生活的唯一劳动力或者是正在全日制学校就学的学生,可以缓征。《兵役法》第15条规定,每年12月31日以前年满18周岁的男性公民,应当进行初次兵役登记。根据《国防法》第53条的规定,各级兵役机关和基层人民武装机构应当依法办理兵役工作,按照国务院和中央军事委员会的命令完成征兵任务,保证兵员质量。

(三)不履行服兵役义务的法律责任

依法服兵役义务作为公民的基本义务,具有法律强制性,即不履行服兵役义务要承担法律责任。《兵役法》规定,有服兵役义务的公民拒绝、逃避兵役登记的,应征公民拒绝、逃避征集的,预备役人员拒绝、逃避军事训练的,经教育不改,基层人民政府应当强制其履行服兵役义务。在国防活动中,公民一方面要履行法律规定的义务,另一方面也享有相应的权利,如《国防法》第57条规定:“公民和组织有对国防建设提出建议的权利,有对危害国防利益的行为进行制止或者检举的权利。”

事例与思考16-1 拒绝服兵役被拘

2023年2月8日,湖北省某县人民政府发布对拒服兵役青年张某某实施处罚的通报。通报称,张某某2022年秋季自愿应征报名,进入部队后不久,即以无法适应部队工作生活为由,多次向所属部队提出终止服役申请。虽经反复教育劝导,张某某本人仍拒绝继续履行服兵役义务。张某某严重违反《兵役法》有关规定,对其作出罚款34584元,不得录用为公务员、国有企业和事业单位工作人员,县公安局在其个人户籍“服兵役栏”永久备注“拒服兵役”字样等9项处罚。

问:1. 我国宪法规定,公民有服兵役的义务。对于公民逃避服兵役的行为,国家能采取何种处罚措施?

2. 如何理解公民服兵役义务中公民和国家的权利义务关系?

五、依法纳税的义务

《宪法》第56条规定了公民依照法律纳税的义务。

（一）纳税义务的概念与特征

纳税义务是指纳税义务人依法向税收部门按一定比例缴纳税款的义务。纳税的基本特征是：(1)无偿性。纳税是无偿的，是国家单方面向纳税人征收的，无须返还。(2)固定性。纳税是一种法律行为，纳税主体与具体税率由法律明确规定。(3)强制性。纳税是一种法律义务，是每一个公民必须履行的义务，不履行义务要承担法律责任。(4)平衡性。根据税收法定的原则，是否纳税和纳税多少应考虑社会成员的纳税能力。合理的税收可以调节个人收入的分配水平，在一定程度上缓解收入分配不公的矛盾，从而达到稳定社会和巩固国家政权的目的。

（二）纳税义务的意义

纳税是现代社会中公民应该履行的基本义务。各国宪法普遍规定了公民的纳税义务。纳税义务的意义主要在于：

1. 税收是政府的主要财政来源，是国家进行宏观调控的重要经济杠杆。在现代社会中，政府充当各种角色，有关公共事务的开支只能由政府提供，但政府不直接创造财富，只能通过税收把一部分公民的钱款汇集起来，形成足够的财力。

2. 体现公平原则，合理调节个人收入差距。如前所述，在法治国家中，纳税是根据纳税者的能力来确定的，社会各个阶层普遍接受，可以缓解收入分配不公的矛盾，维护社会的稳定。

3. 有利于调节经济运行。税收作为国家进行宏观调控的经济杠杆，有利于稳定和调节经济运行，贯彻负担公平原则，所得多者多征，所得少者就少征。在社会转型时期，由于各方面的法律、法规不健全，导致人们收入的不合理，容易引起社会的不稳定。有关税制改革在建立合理的经济关系、规范纳税人行为、推动市场经济发展方面起了重要作用。

（三）纳税义务主体

根据宪法的规定，中华人民共和国公民有纳税的义务，即成为纳税义务主体。从广义上说，纳税义务主体中既包括自然人，又包括法人。由于征税实际上是一种国家统治权的行使，因此外国人在我国拥有财产时，也应按照税法的有关规定纳税。但依照我国有关法律规定应予免税的各国驻华使馆、领事馆的外交代表、领事官员和其他人员的所得可免征个人所得税。根据《个人所得税法》第 1 条的规定，在中国境内有住所或者无住所而在境内居住满 183 天的个人从中国境内和境外取得的所得，依照本法规定缴纳个人所得税。

（四）纳税义务的内容

纳税义务首先要贯彻租税平等与公平原则。个人所得税以个人所得为征税对象，要真实地体现个人的纳税能力，按照公民实际纳税能力来确定具体纳税的数额。国家在确定公民纳税义务时，要保证税制的科学合理和税收负担的公平，既要保证国家财政需要，又要使纳税人有承受能力。1994 年开始我国进行了税制改革，其内容涉及流转税制、所得税制和一些地方税种,普遍征收增值税,取消产品税,减少重复征税,使税负公平合理。

纳税是一种法律行为,要体现税收法定原则。纳税义务具有双重性,即一方面纳税是国家财政的重要来源,具有形成国家财力的属性;另一方面纳税义务具有防止国家权力侵犯其财产权的属性。与纳税义务相对应的国家权力是课税权。由于纳税涉及公民个人财产权的保护问题,因此依法治税是保护公民财产权的重要保证。依法治税是指要保证税制的统一性和税法的严肃性,用税收基本法律规范严格约束征纳双方。税收法定原则的主要内容是纳税人依法纳税,税务机关依法征税,体现实质法治主义精神。

事例与思考 16－2　《立法法》修改——明确细化"税收法定"原则

2015 年 3 月 15 日,第十二届全国人大第三次会议表决通过了《关于修改〈中华人民共和国立法法〉的决定》。修改后的《立法法》将"税收"专设一项,明确"税种的设立、税率的确定和税收征收管理等税收基本制度"只能由法律规定。这意味着,今后政府收什么税、向谁收、收多少、怎么收等事项,只能由全国人大及其常委会通过制定法律予以明确。

问:1. 当前规制税收法律关系的法律法规有哪些?

2. "税收法定"体现了哪些宪法价值、原则和精神?

3. "费"也与公民的财产权密切相关,如何实现收费制度的法制化?

税收关系国计民生,税收法定更有利于维护公民的财产权,相应地,公民必须依据宪法和法律履行依法纳税的义务。同时,税收内容、税收目的、征税程序等要符合宪法规定的公民权利保障原则,使税收工作真正走上法治化轨道,以保证公民财产权不受非法侵犯。

(五)纳税义务与纳税权利

在现代社会中,纳税是公民应该履行的一项基本义务,是法治社会的重要标志。纳税义务的履行,实际上给纳税人带来了相应的权利。从某种意义上说,纳税义务的履行是纳税者享受权利的基础与条件。纳税者首先有权利享受政府用税收提供的服务和公共设施,如医疗、教育、社会安全、法律保障、交通等,并有权利要求政府积极改善这些条件并提供优质服务。另外,纳税者有权利了解、监督税款的使用情况,进而监督政府工作。了解税款的使用情况是现代宪法国家公民行使了解权的重要内容。为了使纳税行为进一步规范化,纳税者有权利要求接受与纳税有关的教育,了解有关纳税的知识与必要的程序,政府应尊重纳税者的基本权利,提高纳税者的权利意识。为了方便纳税人纳税,我国税务机关在改革中建立了优化纳税服务的体系,探索将一站式服务理念和方法延伸到所有税种,方便纳税人,建立统一的电子税源档案库,对纳税人所有资料实行一户式存储。

纳税作为公民的法律义务具有强制性,对拒绝纳税或者偷税、骗税、抗税的行为,法律规定了严厉的惩罚措施。我国《刑法》第二编第三章第六节规定了危害税收征管罪,具体规定了相应的法律责任。对偷税、骗税、抗税等违法犯罪行为的严厉制裁有助于提高全民纳税意识，体现税负公平原则，保护诚实纳税人的纳税积极性，从而进一步加强国家财力，达到稳定社会和巩固国家政权之目的。

六、其他方面的基本义务

我国宪法规定的基本义务表现了其多样性的特点。除上述基本义务之外，宪法还规定了劳动的义务、受教育的义务、夫妻双方计划生育的义务、父母抚养教育未成年子女的义务、成年子女赡养扶助父母的义务。这些义务既具有社会伦理与道德的性质，也具有一定程度的法律性质。具体履行义务的方式由具体法律规定，宪法只提供原则性和方针性的价值框架，以发挥社会共同体的价值引导作用。

知识点提示

基本义务的概念　　基本义务的特点
基本义务与基本权利的关系　　基本义务的分类
我国公民的基本义务

下篇 | 国家机构

第十七章　国家机构概述

第一节　国家机构的概念与本质

一、国家机构的概念

国家机构是国家机关的总和，是统治阶级为了实现其统治职能而建立的具有国家强制力的国家组织。因此，国家机构又称为“统治机构”。

国家机构与一般的社会组织都处理社会公共事务，但两者相比较，国家机构具有的特殊性主要表现在：

1. 国家机构具有鲜明的阶级性。国家机构是特定社会在政治上、经济上以及在某些文化领域中占统治地位的阶级，为了保证本阶级的经济利益和政治利益，实现阶级统治和阶级使命而建立的国家组织。而一般的社会组织也处理社会公共事务，但阶级色彩并没有国家机构那么浓厚。

2. 国家机构具有特殊的强制力。国家机构的某些组成部分本身即是暴力机关，如警察、监狱；有的虽然本身不是暴力机关，但有强大的国家强制力作为后盾保证其意志的实现。而一般社会组织意志的实现主要依靠其内部成员的自律。

3. 国家机构具有严密的系统性。这种系统性表现在两个方面：一是在同一个层次的国家机关之间按照一定的原则和职权分工组成；二是中央与地方之间、国家整体与组成部分之间、上下级国家机关之间，也是按照一定的原则和职权分工组成的。就整个国家而言，由这些不同职权、不同活动方式的国家机关组成一个国家具有严密组织性的国家机构体系。一般的社会组织，即使是全国性的社会组织，也不可能具有这么严密的组织性和系统性。

4. 国家机构的法定性。组成国家机构的各个国家机关的成立、增加、减少具有法定性，即必须具有合法性基础，只有在法律明确规定的情况下，才能成立国家机关；各国家机关之间的相互关系由法律规定；各国家机关所行使的权力必须依据法律的授权、在法律规定的范围内行使。而一般社会组织的成立通常采用的是申请制，其活动范围通常采用的是禁止制，而非由法律明确规定和授权。

5. 国家机构由统治阶级中极少数中坚分子所组成。在人民主权原则下，国家权力属于人民，但近现代国家通常实行的是间接民主制，国家权力实际上是由社会上的极少数人所行使，这些人通常是统治阶级中最积极、最活跃的分子。作为国家权力所有者的人民也通过某些途径参与国家的政治过程,但通常扮演着监督者的角色。而一般的社会组织的成员通常都参与该社会组织的实际活动过程。

6. 国家机构是历史的范畴。国家机构与阶级、国家等社会现象是紧密联系的,在国家产生以前,人类社会不存在国家机构。国家机构是在国家产生的同时,基于居于统治地位的阶级的统治需要而设立的。当人类社会发展到仅仅依靠一般的社会组织就已经能够有效地处理社会公共事务的时候,国家的存在就不再是必要的,即国家消亡之时,国家机构也就不再存在。而只要存在人类社会,一般的社会组织就具有存在的必要。

事例与思考 17－1　中共中央、国务院印发《党和国家机构改革方案》

2023 年 3 月 16 日,中共中央、国务院印发了《党和国家机构改革方案》,并发出通知,要求各地区各部门结合实际认真贯彻落实。该改革方案有五个方面内容,分别涉及深化党中央机构改革、深化全国人大机构改革、深化国务院机构改革、深化全国政协机构改革和优化机构编制资源配置等五个部分十九项具体内容。深化党和国家机构改革,目标是构建系统完备、科学规范、运行高效的党和国家机构职能体系。党的二十大对深化机构改革作出重要部署,对于全面建设社会主义现代化国家、全面推进中华民族伟大复兴意义重大而深远。必须以习近平新时代中国特色社会主义思想为指导,以加强党中央集中统一领导为统领,以推进国家治理体系和治理能力现代化为导向,坚持稳中求进工作总基调,适应统筹推进“五位一体”总体布局、协调推进“四个全面”战略布局的要求,适应构建新发展格局、推动高质量发展的需要,坚持问题导向,统筹党中央机构、全国人大机构、国务院机构、全国政协机构,统筹中央和地方,深化重点领域机构改革,推动党对社会主义现代化建设的领导在机构设置上更加科学、在职能配置上更加优化、在体制机制上更加完善、在运行管理上更加高效。

问:1. 国家机关行使的国家权力应从何处获得?

2. 社会组织的性质和地位是什么?其行使的应当是权力还是权利?

关于国家机构与国家机关的关系,国家机构是一个国家的所有国家机关的总称或者概称,国家机关是构成国家机构的具有独立宪法地位和法律地位的具体单位。根据国家机关的职能,可以把行使立法权的国家机关称为立法机关,把行使行政权的国家机关称为行政机关,把行使司法权的国家机关称为司法机关。根据国家机关的地位,在单一制国家,可以把国家机关大体分为中央国家机关和地方国家机关;在联邦制国家,可以把国家机关大体分为联邦国家机关和组成联邦的各组成单位的国家机关。在地方国家机关或者组成联邦的各组成单位的国家机关中,根据它们的层级,还可以作进一步的划分。例如,在我国,地方国家机关可以分为省级国家机关、市级国家机关、县级国家机关和乡级国家机关。根据国家机关的产生,可以分为民选的国家机关和非民选的国家机关、独立的国家机关和派出的国家机关。一个特定的国家机关内部又是由一些内部机构构成的,但这些内部机构通常不具有独立的法律地位。

关于国家机构与国家结构的关系,国家结构又称为国家的结构形式,它主要是说明一个特定国家的内部构成,即内部关系,特别是回答中央与地方之间的关系、国家整体和组成部分之间的关系问题。而国家机构是关于国家组织的问题。国家机构与国家结构之间又存在一定的联系。国家机构的设立通常以国家结构为基础,国家机构内部的国家机关之间的关系同时也以国家结构为基础。

二、国家机构的本质

任何国家都必须有国家机构,任何历史类型的国家都必须有国家机构。国家机构在本质上是为居于统治地位的阶级实现其阶级统治职能和任务服务的。因此,国家机构的性质决定于国家的性质,而国家的性质又决定于这个国家的阶级性质和经济基础。根据人类历史上存在的国家的性质,可以把国家分为奴隶制国家、封建制国家、资本主义国家、社会主义国家四种历史类型,相应地,可以把国家机构分为奴隶制国家机构、封建制国家机构、资本主义国家机构和社会主义国家机构。

目前世界上主要存在两类性质的国家机构,即资本主义国家机构和社会主义国家机构。这两类国家机构除在性质上存在区别外,基于不同的政治理念,在国家机构的组织和活动原则上存在不同的特点。资本主义国家的国家机构按照“分权与制衡原则”建立并进行活动,社会主义国家的国家机构按照“民主集中制原则”建立并进行活动,它们在国家机关的权力配置和相互关系上存在差异。

我国的国家机构属于社会主义类型的国家机构。根据我国宪法的规定,我国是工人阶级领导的、以工农联盟为基础的人民民主专政的社会主义国家,我国国家机构的性质决定于这一国家性质。我国的国家机构是为人民民主专政服务的,是为实现人民民主专政政权的任务和职能而设立和运行的。

三、我国国家机关的分类

以国家机关所处的地位的不同,其可区分为:(1)中央国家机关和地方国家机关,地方国家机关通常又可以分为省级国家机关、市级国家机关、县级国家机关、乡级国家机关等,中央国家机关领导和监督地方国家机关;(2)国家权力机关和其他国家机关,国家权力机关产生本级其他国家机关,并领导和监督其他国家机关。

以国家机关所具有的权能的不同,其可分为国家权力机关、国家行政机关、国家监察机关、国家审判机关和国家检察机关。国家权力机关决定全国或者本行政区域的重大问题,国家行政机关依据法律进行行政管理,国家监察机关依据法律行使监察权,国家审判机关依据法律行使审判权,国家检察机关依据法律行使法律监督权。

根据法律地位的不同,国家权力机关可以分为最高国家权力机关和地方国家权力机关,国家行政机关可以分为最高国家行政机关和地方国家行政机关,国家监察机关可以分为国家监察委员会和地方监察委员会,国家审判机关可以分为最高国家审判机关和地方国家审判机关,国家检察机关可以分为最高国家检察机关和地方国家检察机关。

根据地方国家机关与中央的关系,以及地方国家机关的权力的特殊性,国家机关可分为一般地方国家机关、民族区域自治机关、特别行政区机关。这些地方国家机关与中央的关系都属于中央与地方的关系,但一般地方国家机关不具有自治权,而民族区域自治机关和特别行政区机关因具有特殊性,具有一定的自治权。又由于民族自治地方和特别行政区所具有的特殊性的原因和特殊性的程度的不同,民族区域自治机关行使民族自治权,特别行政区行使高度自治权。

以国家机关是否具有独立宪法和法律地位的不同,其可以分为具有独立宪法地位和法律地位的国家机关和派出机关。我们目前的派出机关仅限于由某级人民政府设立的代表该级人民政府进行管理的行政机关,它们通常没有独立的地位,并不由作为国家权力机关的人民代表大会产生,只由上一级人民政府委派、代表上一级人民政府进行管理,在法律、法规、规章授权的情况下,它们可以以自己的名义进行行政管理。在我国,这类派出机关有三个,即行政公署、区公所和街道办事处。

第二节　国家机构的演变

一、中华人民共和国成立初期的国家机构体系

中华人民共和国成立初期起临时宪法作用的《共同纲领》规定:“人民行使国家政权的机关为各级人民代表大会和各级人民政府。”按照这一规定,我国确立的是实行人民代表大会制度的国家。但中华人民共和国成立初期,军事行动尚未结束,土地制度的改革尚未完成,人民群众还没有充分组织起来,不具备在普选的基础上召开人民代表大会的条件,也就不具备由人民代表大会产生其他国家机关的基础。因此,在中央,由中国人民政治协商会议全体会议代行全国人民代表大会的职权,选举中央人民政府委员会,并付之以行使国家权力的职权。中央人民政府委员会组织政务院、人民革命军事委员会、最高人民法院、最高人民检察署等组成中央人民政府。在地方,在军事管制委员会基础上,产生地方各级人民政府委员会;召开地方各级人民代表会议,使之代行或者逐步代行地方各级人民代表大会的职权。人民代表会议代行人民代表大会的职权之后,地方人民政府委员会即由本级人民代表会议选举产生。

(一)中央人民政府委员会

中央人民政府委员会对内领导国家政权,对外代表中华人民共和国。由中国人民政治协商会议全体会议选举中央人民政府主席 1 人,副主席 6 人,委员 56 人,并由中央人民政府委员会选举秘书长 1 人组成。根据《共同纲领》和《中央人民政府组织法》的规定,行使如下职权:

1. 立法权和监督权。制定并解释国家的法律、颁布法令,并监督其执行;废除或者修改政务院与国家法律、法令相抵触的决议和命令。

2. 国家事务决定权。规定国家的施政方针；批准或者修改中华人民共和国与外国订立的条约和协定；处理战争与和平问题；批准或者修改国家的预算和决算；颁布国家的大赦令和特赦令；制定并颁发国家的勋章、奖章，制定并授予国家的荣誉称号。

3. 任免权。任免政务院的总理、副总理，政务委员及秘书长、副秘书长，各委员会的主任委员、副主任委员、委员，各部部长、副部长，科学院院长、副院长，各署署长、副署长及银行行长、副行长；根据政务院的提议，任免或者批准任免各大行政区和各省市人民政府主席、副主席以及主要的行政人员；任免驻外国的大使公使和全权代表；任免人民革命军事委员会主席、副主席、委员，人民解放军总司令、副总司令，总参谋长、副参谋长，总政治部主任和副主任；任免最高人民法院院长、副院长和委员，最高人民检察署检察长、副检察长和委员。

中央人民政府委员会每两个月举行一次会议，由中央人民政府主席召集。半数委员出席方得开会，有出席委员过半数同意方能通过决议。

中央人民政府主席召集并主持中央人民政府委员会的会议，领导中央人民政府委员会的工作。中央人民政府副主席和秘书长协助主席执行职务。

（二）政务院

政务院是国家政务的最高执行机关。由中央人民政府委员会任命总理 1 人，副总理若干人，秘书长 1 人，政务委员若干人组成。政务委员得兼任各委员会的主任委员和各部部长。政务院对中央人民政府委员会负责并报告工作，在中央人民政府委员会闭会期间，对中央人民政府主席负责并报告工作。

政务院的主要职权是：(1)颁发决议、命令，并审查其执行；(2)废除或者修改各委、部、会、署、行和各级政府同国家的法律、法令及政务院的决议、命令相抵触的决议和命令；(3)向中央人民政府委员会提出议案；(4)联系、统一并指导各委、部、会、院、署、行及所属其他机关的相互关系、内部组织和一般工作；(5)领导全国各地方人民政府的工作；(6)任免或者批准任免除应由中央人民政府委员会任免或者批准任免以外的各县市以上的主要行政人员。

政务院总理主持政务院全院事宜，副总理及秘书长协助总理执行职务。政务院的政务会议每周举行一次，由总理召集。政务会议须有政务委员过半数的出席始得开会，须有出席政务委员过半数的同意始得通过决议。政务院的决议和命令由总理签署或者并由有关各委、部、会、院、署、行的首长副署。

政务院设政法、财经、文教 3 个委员会，分别指导有关的部、会、院、署、行；政务院另设人民监察委员会，执行监察任务；政务院设 30 个部、会、院、署、行，分管各种国家行政事宜。各部、会、院、署、行在自己的权限内发布决议、命令，并审查其执行。

（三）人民革命军事委员会

人民革命军事委员会统一管辖并指挥中国人民解放军和其他人民武装力量。该委员会设主席 1 人，副主席若干人，委员若干人。

(四)最高人民法院及最高人民检察署

最高人民法院是最高审判机关,负责领导和监督全国各级审判机关的审判工作。最高人民法院设院长1人,副院长若干人,委员若干人。

最高人民检察署对政府机关、公务人员和全国国民是否严格遵守法律负最高的检察责任。最高人民检察署设检察长1人,副检察长若干人,委员若干人。

(五)地方各级人民政府

1. 省人民政府委员会由省人民代表会议选举省人民政府主席1人、副主席若干人及委员若干人组成,并呈报中央人民政府委员会批准任命,任期2年。在人民代表会议未召开之前,省人民政府委员会由政务院提请中央人民政府委员会批准任命。省人民政府委员会主席召集省人民政府委员会全体委员会会议和省人民政府行政会议。省人民政府设各厅、局、处、委员会,省设人民法院和人民检察署。

2. 市人民政府委员会由市人民代表会议选举市长(必要时得设副市长)及委员若干人组成,并经中央人民政府委员会批准任命,任期1年。市人民代表会议代行人民代表大会职权,市人民政府委员会由上级人民政府或者军事管制机关任命。市长主持市人民政府委员会会议,并领导市人民政府委员会的工作。市人民政府设局、处、科以及委员会。市设人民法院、人民检察署。市长召集市人民政府委员会全体会议和市人民政府行政会议。

3. 县人民政府委员会由县人民代表会议选举县长1人(必要时得设副县长)及委员若干人组成,报请省人民政府呈报政务院批准任命,任期1年。市人民政府代行县人民代表大会的职权,县人民政府委员会由上级人民政府或者上级军事管制机关任命。县长领导县人民政府委员会的工作,召集县人民政府委员会全体会议和行政会议。县人民政府设科、局、委员会。县设人民法院、人民检察署。

4. 乡人民政府委员会由乡人民代表会议选举乡长1人、副乡长及委员若干人组成,经区报县人民政府批准任命,任期1年。乡长主持乡人民政府委员会会议,并领导全乡的工作。乡人民政府设文书1人,视工作需要可设各种经常的及临时的委员会。

(六)地方各级人民代表会议

1. 省各界人民代表会议由省人民政府经中央人民政府批准召集。其代表一部分由县市各界人民代表会议或者市协商委员会推选;县市未召开人民代表会议的,则由县市各界人士举行联席会议推选;一部分为政府代表,由省主席、副主席、秘书长、各厅厅长、法院院长担任;还有一部分为各民主党派、各人民团体、省级和专区级机关以及驻省部队的代表,由各单位自行推选产生;其他方面的代表,由省人民政府邀请。根据省各界人民代表会议组织通则的规定,凡能召开省各界人民代表会议的地方,即应代行省人民代表大会的下列职权:(1)听取并审查省人民政府的工作报告;(2)决定省的施政方针和政策;(3)审查、通过省人民政府的预决算;(4)建议有关省政兴革事宜;(5)选举省人民政府主席、副主席、委员。省各界人民代表会议闭会期间，设省各界人民代表会议协商委员会。

2. 市各界人民代表会议由市军事管制委员会及市人民政府召开。其代表由三部分构成：(1)军管会、市人民政府代表；(2)各民主党派、各人民团体、驻市各机关及部队的代表；(3)由军管会、市人民政府邀请的其他代表。市各界人民代表会议在军事管制初期，是军管会和市人民政府传达政策、联系群众的协议机关，后来，经直属上级人民政府批准，成为代行人民代表大会部分职权的机关。市各界人民代表会议闭会期间，设市各界人民代表会议协商委员会。

3. 县各界人民代表会议由农民代表、县人民政府的代表、各民主党派、各人民团体、驻县各机关及部队的代表及县人民政府邀请的代表等组成。县各界人民代表会议经省人民政府批准，可代行县人民代表大会的部分职权。

4. 乡人民代表会议不称“各界”代表会议，亦不设常设机构。乡人民代表会议一经建立，即代行乡人民代表大会的职权。

中华人民共和国成立初期，在省人民政府与中央人民政府之间还存在大行政区的政权组织。按当时的体制，大行政区作为一级地方行政区域，原应设人民代表大会和人民政府。但各大区实际情况不一。东北较早召开了人民代表大会，选举产生了东北人民政府委员会。而其他大区（华东、中南、西北、西南）则因实行军事管制，建立了军政委员会。大区军政委员会是向召开人民代表大会和建立大区人民政府过渡的政权组织，非由选举产生，是经政务院提请中央人民政府委员会任命的。军政委员会既是最高一级地方政权机关，又是政务院的派出机关，代表中央领导本行政区的各省市。中华人民共和国成立初期，华北各省、市改为直接归政务院领导。1950 年 9 月政务院增设中央人民政府华北事务部，专门领导管理华北各省的事务。1952 年 4 月，华北事务部撤销，成立华北行政委员会。

1952 年 11 月 15 日，中央人民政府委员会通过决定，把各大行政区人民政府（军政委员会）一律改为行政委员会。大区行政委员会不是最高一级地方政权机关，而仅仅作为中央的派出机关。至此，各大区不再是一级政权，不再有必要建立大行政区人民代表大会和大行政区人民政府。1954 年 6 月，中央人民政府委员会作出决定：撤销大行政区的建置。

二、1954 年宪法规定的国家机构体系

与中华人民共和国成立初期的国家机构相比较，1954 年宪法规定的国家机构体系进一步完善。主要表现是：

1. 全国人民代表大会和地方各级人民代表大会都已召开。人民政协不再代行全国人大的职权，地方各级人民代表会议亦因完成了历史使命而结束。全国人大是最高国家权力机关，是行使国家立法权的唯一机关。地方各级人民代表大会是地方国家权力机关。

2. 全国人民代表大会常务委员会是全国人大的常设机关。其地位相当于中华人民共和国成立初期的中央人民政府委员会。全国人大常委会同中华人民共和国主席结合行使国家元首的职权。

地方各级人民代表大会不设常务委员会,由本级人民委员会(地方人民政府)行使人民代表大会常设机关的职权。又由于人民政协的地方委员会已经建立,故地方各级人民代表会议闭会后的协商委员会也不再存在了。

3. 中华人民共和国主席在宪法上作为独立的国家机关。中华人民共和国成立初期的中央人民政府主席是中央人民政府的成员,主持中央人民政府委员会会议,领导中央人民政府委员会的工作。在中央人民政府休会期间,政务院对中央人民政府主席负责并报告工作。而1954年宪法规定的中华人民共和国主席则不是全国人大常委会的组成人员,不参加全国人大常委会的会议,国务院亦不对主席负责并报告工作。全国人大常委会另设委员长、副委员长。

4. 国务院即中央人民政府。这与中华人民共和国成立初期的政务院不同。政务院同中央人民政府委员会、人民革命军事委员会、最高人民法院、最高人民检察署都作为中央人民政府的组成部分。政务院采取委员会制,而国务院则采部长会议形式。

对于中华人民共和国成立初期的地方各级人民政府,1954年宪法一律改称为“人民委员会”。

5. 人民革命军事委员会在1954年宪法中不再存在,《宪法》第42条规定中华人民共和国主席“担任国防委员会主席”。

6. 中华人民共和国成立初期的人民检察署一律改称“人民检察院”。

7. 大行政区已经撤销,中央人民政府不再有派出机关。

三、1975年宪法规定的国家机构体系

1975年宪法关于国家机构体系的规定与1954年宪法的规定相比较,主要有以下变化:

1. 不设国家主席。1954年宪法规定的由国家主席行使的职权在1975年宪法中分别由不同的领导人或者组织行使。例如,1975年宪法规定,根据中国共产党中央委员会的提议任免国务院总理和国务院的组成人员;由全国人大常务委员会“接受外国使节”;“中国共产党中央委员会主席统率全国武装力量”等。

2. 确认各级革命委员会是地方各级人民政府。革命委员会是在“文化大革命”中成立的组织,改1954年宪法中的“人民委员会”为“革命委员会”。

3. 取消乡的建制,代之以“人民公社”。1975年宪法规定“农村人民公社是政社合一的组织”。

4. 取消检察机关的设置。1975年宪法规定“检察机关的职权由各级公安机关行使”。

1975年宪法关于国家机构体系的规定与1954年宪法比较,在体系的完整性上和国家机关职能分工的合理性上有所倒退。

四、1978年宪法规定的国家机构体系

1978年宪法关于国家机构体系的规定,比1975年宪法有所完善,恢复了人民检察院的设置。但在其他方面基本上沿袭了1975年宪法的规定。

1. 不设国家主席。1978 年宪法仍规定“武装力量由中国共产党中央委员会主席统率”“根据中国共产党中央委员会的提议,决定国务院总理的人选”。与 1975 年宪法稍有差别的是:规定由全国人大常委会委员长“接受外国使节”,“根据国务院总理的提议,决定国务院其他组成人员的人选”。

2. 仍然肯定“地方各级革命委员会,即地方各级人民政府”,并且强调其组成人员“必须按照无产阶级革命事业接班人的条件,实行老、中、青三结合的原则”。

3. 乡的建制仍未恢复。1978 年宪法虽不再把“政社合一”直接写进宪法,但仍规定“人民公社的人民代表大会和革命委员会是基层政权组织,又是集体经济的领导机构”。

1979 年 7 月 1 日,第五届全国人大第二次会议作出《关于修正〈中华人民共和国宪法〉若干规定的决议》。根据这一决议,国家机构体系有了进一步完善。主要表现是:(1)把“地方各级革命委员会”改为“地方各级人民政府”;(2)把直接选举的范围由乡级扩大到县级;(3)县和县以上的地方各级人民代表大会设立常务委员会。

五、1982 年宪法规定的国家机构体系

1982 年宪法恢复了 1954 年宪法规定的国家机构体系的基本框架,并在此基础上总结和吸收了中华人民共和国成立以来各个阶段中存在过的值得肯定和承袭的内容,摒弃了 1975 年宪法和 1978 年宪法中存在的弊病,使我国的国家机构体系进一步完善。其主要为:(1)全国人大和地方各级人民代表大会会议的制度化以及工作程序的规范化;(2)全国人大常委会的地位和作用进一步强化;(3)选举制度的民主化;(4)人民代表职责的规范化;(5)国家行政机关实行行政首长负责制;(6)恢复中华人民共和国主席的设置;(7)在国家机构体系中增设中央军事委员会;(8)废除事实上存在的国家领导职务的终身制;(9)在全国范围内恢复乡的建制。2018 年宪法修正案在国家机构体系中增设监察委员会。

第三节　国家机构的原则

我国的国家机关必须坚持中国共产党的领导,坚持以马克思列宁主义、毛泽东思想、邓小平理论、“三个代表”重要思想、科学发展观、习近平新时代中国特色社会主义思想为指导,依照宪法和法律规定行使职权。

一、民主集中制原则

《宪法》第 3 条第 1 款规定:“中华人民共和国的国家机构实行民主集中制的原则。”民主集中制原则是民主和集中的辩证统一,即在民主基础上的集中和在集中指导下的民主。民主集中制原则是无产阶级政党所实行的原则,由列宁最先提出。列宁认为,民主集中制原则的核心是集中,是以民主为基础的集中制。毛泽东对列宁提出的民主集中制原

则作了发展:一是认为民主集中制原则包括民主和集中两个方面,两者是对立统一关系;二是将这一原则既作为政党的原则,也作为国家机构的组织和活动原则。

民主集中制原则在我国国家机构中的主要表现是我国实行人民代表大会制,其具体表现主要为:

1. 人民与人民代表大会的关系。根据宪法的规定,中华人民共和国的一切权力属于人民。因此,人民是国家权力的所有者。人民不可能直接行使国家权力,而只能选举自己的代表,由代表组成国家权力机关行使国家权力。人民在民主的基础上选举代表,由代表组成全国人民代表大会和地方各级人民代表大会;由全国人民代表大会和地方各级人民代表大会作为最高国家权力机关和地方国家权力机关,代表人民决定全国范围和相应的行政区域内的重大问题,并产生其他国家机关;人民监督人民代表大会的工作,人民代表大会对人民负责,人民有权监督代表并罢免自己选举产生的不称职的代表。

2. 人民代表大会与其他国家机关的关系。人民代表大会作为代表人民行使国家权力的机关,产生其他国家机关,包括国家行政机关、国家监察机关、国家审判机关、国家检察机关、军事机关,并对这些国家机关进行监督,这些国家机关要对人民代表大会负责;在所有国家机关中,人民代表大会处于核心地位。其中,全国人民代表大会及其常委会有权对所有国家机关的工作进行监督,有权对它们行使职权的行为进行宪法监督和法律监督;各国家机关在产生以后,依据宪法和法律的规定,对属于自己职权范围内的事务独立地进行处理,不受其他国家机关、社会团体和个人的干涉,即使是人民代表大会对这些国家机关的监督也必须在宪法和法律规定的程序和权力范围内进行。

3. 国家机关内部的关系。在每一个国家机关内部,无论是实行合议制的国家机关,还是实行首长个人负责制的国家机关,在作出决策和决定时,都在不同程度上实行民主集中制。根据宪法的规定,行政机关实行首长个人负责制,但宪法同时规定,行政机关在作出重大决定前仍然要召开全体会议或者常务会议进行讨论,然后才由行政首长作出最后决定。

4. 中央与地方的关系。我国是统一的多民族国家,国家权力的固有者为中央,地方的权力均来自中央的授予。保证中央的统一领导是保证国家整体利益、保证国家统一、保证国家稳定和建立统一秩序的必要条件。国家的宪法、法律、全国性的决定、决议、政令在全国范围内必须得到统一的执行。同时,考虑到全国各地情况的差异,特别是民族自治地方和特别行政区的情况与全国的一般情况差别较大,这些地方国家机关又根据宪法和法律的规定,不同程度地享有自治权。

二、责任制原则

宪法规定,一切国家机关必须实行工作责任制。国家机关的责任制包括决策机制和承担责任的机制。

根据国家机关行使权力的性质和特点的不同,不同的国家机关实行不同的决策机制,大体可以分为集体负责制和个人负责制。

集体负责制又称为合议制,是指国家机关在作出决策时,由集体进行讨论,集体作出决策。实行集体负责制的国家机关通常在行使权力时要求极为慎重、更多的是要强调民主基础的国家机关。在我国，实行集体负责制的国家机关是全国人民代表大会和地方各级人民代表大会、人民法院。人民代表大会作为代表人民行使国家权力的机关，其决策的过程是形成人民意志的过程，其制定的宪法、法律，作出的决定、决议，涉及人民的根本利益，要求具有最大限度的民主基础。同时，人民又是由不同阶级、阶层和集团的人组成的，存在不同的利益，因此，需要充分、慎重、周到地考察这些不同的利益，并在其中保持一种相对的平衡。要做到这一点，就必须广泛听取不同意见，并慎重考虑这些不同意见，进行充分的协商和讨论，取得大体一致的认同。人民法院审理各类案件，也需要极为慎重，这些案件涉及人民的生命、财产等各种权利和自由，而且人民法院的裁判是一种最终的决定。因此，参与案件审理的各位法官在独立判断的基础上，共同作出裁判，能够最大限度地保护当事人的合法权利。集体负责制要求组成集体的每一分子在平等的基础上进行讨论，并在平等的基础上进行表决，按照少数服从多数的原则，以多数意见为合议体的意见。

个人负责制又称首长负责制，是指国家机关在作出决策时，由该国家机关的首长个人按照自己的判断独立行使该国家机关权力范围内的职权。实行个人负责制的国家机关，通常在行使权力时要求效率。在我国，实行个人负责制的国家机关是行政机关、中央军事委员会。国务院及地方各级行政机关是国家权力机关的执行机关，它们依据法律进行行政管理，而法律是在充分民主的基础上制定的；行政管理的最大要求和最大特点是效率，即要求高效率地处理行政事务。如果行政机关在执行法律的过程中，仍然需要进行讨论、表决，就会贻误处理行政事务的时机。中央军事委员会是我国的最高军事统率机关，它领导全国的武装力量，军事的特点在于迅速、果断，实行合议制会贻误战机。

监察委员会和人民检察院实行个人负责制与集体负责制相结合的体制。

集体负责制和个人负责制都是民主集中制的表现。集体负责制既强调民主又强调集中，在民主的基础上进行讨论、表决，又要求组成集体的每一分子具有独立的判断和意志，在形成法律、决定、决议以后，必须遵守执行；个人负责制既强调集中又强调民主，首长个人在作出重大决定前必须听取所在集体的意见，集思广益，最后作出决断。

任何国家机关都必须对自己行使职权的行为承担相应的责任。这种责任包括政治责任和法律责任。人民有权监督全国人民代表大会和地方各级人民代表大会的工作，选举产生人大代表的选举单位和选民有权罢免由其选举产生的代表；全国人大有权监督全国人大常委会的工作，撤销和改变全国人大常委会作出的不适当的决定、命令；全国人大和地方各级人大有权罢免由其产生的其他国家机关的领导人；全国人大和全国人大常委会有权监督全国所有的国家机关的工作，包括宪法监督和法律监督；全国人大常委会有权撤销国务院制定的同宪法、法律相抵触的行政法规、决定、命令；全国人大常委会有权撤销省级人大常委会制定的同宪法、法律相抵触的地方性法规、决定、命令；上级人民代表大会有权监督下级人民代表大会的工作；人民代表大会及其常委会有权撤销同级行政机关的决定、命令；国务院有权撤销或者改变全国所有的行政机关的决定、命令；上级行政机关有权撤销或者改变下级行政机关的决定、命令。

知识点提示

国家机构的概念
国家机构与国家机关的关系
国家机构与一般社会组织的区别
国家机构的本质
我国的国家机关的分类
我国国家机构体系
民主集中制原则的具体内容
责任制原则的具体内容

第十八章　选 举 制 度

第一节　选举制度的基本范畴

选举制度是国家制度的重要组成部分，是建立与完善民主政治的基础与出发点。

一、选举制度的历史演变与概念

（一）选举制度的历史演变

选举系指选择、挑选、择贤等活动，表现为社会主体的选定行为，包括主体、客体、目的与程序等要素。选举作为古老的社会权力与政权组织形式，反映了人类在治理国家过程中积累的经验与理性。现代选举制度是古雅典、古罗马国家某些民主制度的继承与发展。人类社会发展早期的选举活动具有纯粹的社会性，并不表现明显的阶级倾向性。自人类社会进入阶级社会以后，选举活动具有鲜明的阶级性，开始成为统治者组织与分配国家权力的基本形式。在奴隶社会、封建社会，选举活动被限于非常有限的范围，选举权主体只限于社会的特权阶层，缺乏选举制度存在的社会基础。选举制度发展到资本主义社会后，开始具有自身的价值体系与广泛的社会基础。资本主义经济、政治与文化的发展在一定程度上改变了选举理论与社会相互脱离的现象，使选举制度成为政权组织的基本形式。其主要标志是：选举权的主体范围有所扩大；选举制度成为代议政体的基础；选举成为协调各种利益关系的有效机制；选举的社会效果具有普遍的权威性等。1871 年的巴黎公社是人民民主专政的伟大尝试，实行了民主的选举。十月社会主义革命胜利以后，苏联逐步建立了社会主义选举制度，实现了普选。

选举制度历史发展的基本特点是：（1）选举的发展与经济的发展是同步的，当出现资本主义商品经济发展时，社会需要公正、公平与具有权威性的政权组织形式，通过选举活动扩大政权的社会基础；（2）选举制度所体现的价值与民主政治的发展水平是一致的，选举权的扩大是民主制度在政治上取得的积极成果，选举的发展为民主政治价值的体现提供了有效的表现形式与内在的动力；（3）选举制度的发展与政权组织形式的完善有密切的联系，它是政权合法性的重要基础；（4）选举制度是普遍性与特殊性价值的统一，一个国家的历史传统与文化对选举制度发展的多样性产生了重要影响。

（二）选举制度的概念

所谓选举制度，是指关于选举国家代表机关代表与国家公职人员的原则、程序与具体方法的各项制度的总称。选举制度的具体内容由选举法规定。选举制度的概念通常分为广义与狭义两种。广义选举制度的概念包括选举代表机关代表与特定公职人员的选举，选举主体的范围比较广泛。狭义选举制度是指选民依据选举法的规定选举代表机关代表的制度。我国选举法调整范围限于全国人大代表与地方人大代表的选举，采用狭义选举制度的概念。选举法具体规定选区划分、选民登记、候选人提名、投票程序、选举诉讼等具体制度。

二、新中国选举制度的历史发展

中华人民共和国成立后，选举制度的建立与完善成为发展民主政治的基本任务与重要形式。1953 年 3 月，我国颁布了中华人民共和国第一部选举法，全称是《中华人民共和国全国人民代表大会及地方各级人民代表大会选举法》，对全国与地方人大代表的选举程序与原则作了具体的规定。1953 年《选举法》的基本精神是：体现选举权的普遍性原则，扩大了选民的范围；实行直接选举与间接选举并用原则，提高选举制度的民主性；根据当时的实际情况，采取无记名投票与举手表决并用原则等。1953 年《选举法》也有一些不完善之处，但作为新中国的第一部选举法，它在发展民主政治与提高人民群众政治积极性方面发挥了重要作用。新中国的选举制度一方面吸收了中华人民共和国成立以前各革命根据地民主选举制度的合理经验，另一方面根据我国的国情吸收了苏联选举制度的经验。在革命根据地与苏联经验的基础上建立起来的新中国选举制度是以普选为基础的选举制度，奠定了我国政治体制的基本框架与基础。1953 年《选举法》为 1954 年第一届全国人民代表大会的召开提供了基本的法律基础和制度保障，也为 1954 年宪法的颁布提供了组织上的准备。根据 1953 年《选举法》，于 1953 年 3 月到 1954 年 8 月进行了中国历史上第一次民主普选。全国进行直接选举的基层单位共 214798 个，共有人口 571434511 人，登记选民 323809684 人，占选举地区 18 周岁以上的人口总数的 97% 以上，实际参加投票的约有 278093100 人，参选率为 86% 。但由于受“左”的思潮的影响，1958 年以后直接选举工作不得不被中断，间接选举工作一直到“文化大革命”以前完全处于停止状态。

1979 年 7 月，第五届全国人大第二次会议对 1953 年《选举法》进行了重大修改，通过了新中国历史上的第二部选举法，也是现行有效的选举法。1979 年《选举法》反映了社会主义民主与法制建设的经验与新要求。它在选举制度方面的主要发展是：(1) 进一步扩大普选的范围，除依法被剥夺政治权利的人以外，凡年满 18 周岁的公民都有选举权与被选举权；(2) 扩大直接选举范围，将直接选举范围扩大到县；(3) 实行差额选举，将各级人大代表等额选举改为差额选举，规定候选人名额应多于应选人名额；(4) 调整划分选区的方法，将选区划分方法改为按居住状况、生产单位、事业单位与工作单位，便于选民参加选举；(5) 改变推荐代表候选人的方法，规定任何选民或单位有三人以上附议，都可推荐代表候选人；(6) 规定对代表的监督与罢免程序；(7) 规定可以采用各种形式宣传候选人等。根据 1979 年《选举法》，截至 1981 年年底，全国县、乡两级进行了换届选举。选举法的修改反映了我国民主政治发展的客观事实，推动了选举制度的民主化、科学化。

1982 年宪法颁布以后，根据国家政治生活的变化，不断完善选举制度，分别于 1982

年、1986年、1995年、2004年、2010年、2015年、2020年进行了七次修改。1982年12月，第五届全国人大第五次会议作出《关于修改〈中华人民共和国全国人民代表大会和地方各级人民代表大会选举法〉的若干规定的决议》，对1979年《选举法》进行了首次修改，其主要内容是：完善介绍候选人的程序；规定选举委员会应向选民介绍代表候选人的情况；对少数民族每一代表所代表的人口数作了进一步有利于实现民族平等的规定等。1983年3月，第五届全国人大常委会根据各地进行县级以下直接选举的实践经验，通过了《关于县级以下人民代表大会代表直接选举的若干规定》，对县级以下人大代表的直接选举作了补充规定，进一步完善了选举权主体行使选举权的程序与条件。1986年12月，第六届全国人大常委会第十八次会议对1979年《选举法》进行了修改与补充，进一步完善了选举制度，主要内容是：(1)确定省、自治区、直辖市、设区的市、自治州的人大常委会指导本行政区域内县级以下人大代表的选举工作，乡镇的选举委员会受县、不设区的市和市辖区的选举委员会的领导，确定了新的选举工作领导关系；(2)规定少数民族每一代表所代表的人口数的新比例；(3)确定比较灵活的选区划分原则，实行新的选民登记方法等。

经过选举制度的几次调整，我国选举制度的民主性有了进一步提高，选举制度在国家政治体制的运作中发挥了重要的作用。为了使选举制度更好地适应社会生活的实际需要，1995年2月，第八届全国人大常委会第十二次会议对《选举法》进行了重大修改，主要内容有：(1)进一步体现选举制度的平等性原则，将原来规定的省级人大与全国人大农村每一代表所代表的人口数5倍、8倍于城市每一代表所代表的人口数一律改为4倍，进一步缩小了城乡之间的差别；(2)具体规定了地方各级人大代表的名额，逐步提高妇女代表的比例；(3)规定乡镇的选举委员会受上一级人民代表大会常务委员会的领导；(4)规定香港特别行政区和澳门特别行政区应选全国人大代表的名额及其产生方法，由全国人大另行规定；(5)进一步完善了差额选举制度；(6)规定了代表当选与罢免代表的具体程序；(7)强化了选举制度的监督功能。

2004年10月，第十届全国人大常委会第十二次会议对《选举法》进行了第四次修改，修改的主要内容有：(1)直接选举增加预选程序；(2)加大贿选处罚力度；(3)进一步扩大了候选人与选民见面的途径，规定选举委员会可以组织代表候选人与选民见面，回答选民的问题；(4)对于县级的人大代表，原选区选民50人以上联名，对于乡级的人大代表，原选区选民30人以上联名，可以向县级的人大常委会书面提出罢免要求。

2010年3月14日，第十一届全国人大第三次会议对《选举法》进行了第五次修改。这次修改的主要内容有：(1)首次规定城乡按相同人口比例选举人大代表，规定全国人大和地方各级人大代表名额"按照每一代表所代表的城乡人口数相同的原则"进行分配；(2)进一步增强候选人透明度，规定"选举委员会根据选民或者代表候选人的要求，应当组织代表候选人与选民见面，介绍本人的情况，回答选民的问题"；(3)规定"选举时应当设有秘密写票处"，从而保证无记名投票制度的实现，同时对投票站的设立和选举大会的召开、加强流动票箱管理作了规定；(4)增设"选举机构"专章，选举委员会履行的职责包括进行选民登记、划分选区、组织介绍代表候选人情况、确定选举日期、确定选举结果是否有效等；(5)规定禁止公民同时在两地担任人大代表，并规定代表候选人应向选举委员会或者大会主席团如实提供个人身份、简历等情况;(6)提高了乡、民族乡、镇的人大代表总名额上限,由最多不超过130名修改为不超过160名,并强调人大代表广泛的代表性,全国人大和地方各级人大"应当有适当数量的基层代表";(7)对代表辞职程序作出了进一步明确的规定;(8)增强了对破坏选举行为的查处力度。

2015年8月29日第十二届全国人大常委会第十六次会议通过的《关于修改〈中华人民共和国地方各级人民代表大会和地方各级人民政府组织法〉、〈中华人民共和国全国人民代表大会和地方各级人民代表大会选举法〉、〈中华人民共和国全国人民代表大会和地方各级人民代表大会代表法〉的决定》,对选举法作出修改:(1)增加参加各级人大代表选举公民不得直接或者间接接受境外资助的规定;(2)增加当选代表名单由选举委员会或者人民代表大会主席团予以公布的规定;(3)增加代表资格审查委员会审查及审查结果的报告及处理程序的规定;(4)将"全国人民代表大会和省、自治区、直辖市、设区的市、自治州的人民代表大会"修改为"县级以上的各级人民代表大会",使得规定更加精练;(5)增加了对补选产生的代表进行代表资格审查的规定。

2020年10月17日,第十三届全国人大常委会第二十二次会议通过《关于修改〈中华人民共和国全国人民代表大会和地方各级人民代表大会选举法〉的决定》。修改的主要内容有:(1)增加坚持党的领导的规定;(2)更加具体规定了人口基数与代表数之间的对应规则;(3)增加了重新确定代表名额的备案规定;(4)完善了国家工作人民违法行为的罚则。

三、我国选举制度的基本功能

选举制度是我国社会主义民主政治制度的基础与重要组成部分,直接体现了我国社会主义制度的性质与要求。总体上讲,我国选举制度的基本精神是:适应人民民主专政的国家性质;反映人民群众的意志与要求,为人民群众参与国家事务的管理提供程序与法律保障。

1. 反映人民民主专政的国家性质。选举权是人民当家作主的宪法原则的直接体现,是人民参加国家管理的基本权利。选民依据宪法与选举法规定的程序,选举人民代表,由人民代表组成各级权力机关,并以人民代表大会为基础组成国家机关的有机体系。因此,国家机关的权威性与合法性取决于选举制度的民主性程度。选举制度功能有时表现为政权组织活动的程序与具体的操作规程,并不直接体现国家的阶级性质。

2. 选举制度是人民代表大会制度建立与发展的基础。人民代表大会制度作为国家政权的组织形式,其成立与运作的基础是选民的选举行为。选民地位的法律化、选民积极性的发挥、选民与人民代表的相互关系等因素是人大制度发展中不可忽视的内容。宪法规定,中华人民共和国的一切权力属于人民。人民行使国家权力的机关是全国人民代表大会和地方各级人民代表大会。国家行政机关、监察机关、审判机关、检察机关都由人民代表大会产生,对它负责,受它监督。这就从宪法制度上确立了选举制度的法律地位。人民代表大会广泛的代表性与社会基础是通过选举制度来具体体现的,为国家权力的科学分配与运作提供了理论与实践基础。

3. 选举制度是公民参与政治生活的基本形式之一。在人民代表大会制度下，公民参与国家管理与政治生活的基本形式是选举活动，即选民选举的人民代表组成国家权力机关，并通过公务员与国家权力机关的具体活动实现其意志。因为选举制度已经成为法治国家普遍公认的政权组织形式，集中反映了社会主体意志。以选民的自由意志为基础选举产生的国家机构活动具有合法性与权威性，其运作过程有可能获得广泛的社会基础。当然，选举制度本身并不必然表现为民主的价值体系，不反映选民自由意志的选举以及选举的社会效果有可能违背社会发展的规律，脱离选民的利益。民主的选举制度能够从制度的层面保障选民自由的实现，赋予国家政权机关以广泛的民意基础。这就是说，选举制度起到了连接社会主体与公共政权机关之间合理关系的纽带作用，有助于在公共权力与公民权利之间寻求合理的平衡。

4. 选举制度是合理地调整国家权力与公民权利的基本形式。通过选举制度的功能，一方面为国家权力的合理组织与科学运作提供原则与程序；另一方面也有助于以权利监督国家机关与人民代表的活动，保证权力活动的合宪性。特别是在权力与权利之间发生冲突与矛盾时，选举制度以其特殊的功能提供预防矛盾与解决矛盾的形式，保证宪法秩序的稳定。在国家政治生活中，权力运作受宪法与法律的监督，遵循合宪性原则。选举权、监督权与罢免权作为三位一体的权利体系，在权力监督与反腐败中发挥着重要的作用，防止权力异化、消除腐败的基本制度建设是通过选举制度来实现的。在通过选举挑选候选人的过程中，选民需要以认真负责的态度积极参与选举，并以选举权为基础行使监督权与罢免权。

四、选举制度的基本原则

我国选举制度的基本精神是：实现一切国家权力属于人民的宪法原则，保障人民参与国家管理的基本权利。

（一）选举权的普遍性原则

宪法规定，除依照法律被剥夺政治权利的人外，凡年满 18 周岁的公民，不分民族、种族、性别、职业、家庭出身、宗教信仰、教育程度、财产状况、居住期限，都有选举权与被选举权。目前，我国选举权主体的范围是十分广泛的，享有选举权的公民占适龄人口的 97% 以上，居于绝大多数。依法被限制选举权的范围是极其有限的。在理解选举权普遍性原则时应注意掌握以下三个问题：(1) 精神病患者的选举权规定。精神病患者不能行使选举权的，经选举委员会确认，不列入选民名单。(2) 因犯危害国家安全罪或者其他严重刑事犯罪案件被羁押，正在受侦查、起诉、审判的人，经人民检察院或者人民法院决定，在羁押期间停止行使选举权。(3) 根据 1983 年第五届全国人大常务委员会第二十六次会议通过的《关于县级以下人民代表大会代表直接选举的若干规定》，下列人员准予行使选举权：被判处有期徒刑、拘役、管制而没有附加剥夺政治权利的；被羁押，正在受侦查、起诉、审判，人民检察院或者人民法院没有决定停止行使选举权利的；正在取保候审或者被监视居住的;正在被劳动教养的;[1]正在受拘留处罚的等。上述人员参加选举,由选举委员会和执行监禁、羁押、拘留或者劳动教养的机关共同决定,可以在流动票箱投票,或者委托有选举权的亲属或其他选民代为投票。被判处拘役、受拘留处罚或者被劳动教养的人也可以在选举日回原选区参加选举。保护上述人员依法享有的选举权具有重要的理论与实践意义:一方面体现了我国选举权的普遍性原则,使依法享有选举权的人能够实际行使选举权;另一方面扩大了社会主义民主的范围,有利于改造和教育罪犯,发挥各方面的积极性。

关于华侨的选举权问题,1953年《选举法》曾规定,国外华侨得单独进行选举,选举办法另订,并明确规定国外华侨应选全国人大代表30名。1979年《选举法》对华侨是否单独进行选举未作规定,只规定:华侨代表的产生办法另订。1982年修改《选举法》时,修改为:"全国人民代表大会和归侨人数较多地区的地方人民代表大会,应当有适当名额的归侨代表。"根据1986年修改的《选举法》第6条的规定,旅居国外的中华人民共和国公民在县级以下人民代表大会代表选举期间在国内的,可以参加原籍地或者出国前居住地的选举。旅居国外的华侨同居住在国内的公民一样享有选举权,但因他们居住在国外,具体行使选举权存在实际困难。为保障华侨实现选举权,《选举法》根据华侨的实际情况,规定华侨在选举期间在国内时,可以参加出国前居住地或原籍地的县、乡两级选举。

(二)选举权平等性原则

选举权平等性原则是法律面前人人平等原则在选举过程中的具体体现,反映了社会主义民主的本质。选举权的平等性是指每个选民在每次选举中只能在一个选区享有一个投票权,不承认也不允许任何选民因民族、种族、职业、财产状况、家庭出身、居住期限的不同而在选举中享有特权,更不允许非法限制或者歧视任何选民对选举权的行使。选举权的平等性原则的要求主要表现在:(1)除法律规定当选人应具有的条件外,选民平等地享有选举权和被选举权;(2)在一次选举中选民平等地拥有相同的投票权;(3)每一代表所代表的选民人数相同;(4)一切代表在代表机关具有平等的法律地位;(5)对在选举中处于弱者地位的选民给予特殊的保护性规定,也是选举权平等性的表现。

事例与思考18-1 选举权平等性原则

2010年《选举法》修改,将农村与城市每一代表所代表的人口数4∶1的比例修改为1∶1的比例,在法律上实现了城乡按相同人口比例选举人大代表,农民和工人在一票一值上享有了平等的选举权,体现了宪法规定的公民在法律面前一律平等的原则。

在全国人大常委会主持下,2012年12月中旬至2013年1月,35个选举单位共选举产生2987名十二届全国人大代表。十二届全国人大代表选举的最大特点是首次实行城乡按相同人口比例选举人大代表,呈现出基层代表数量增加、党政领导干部代表数量下降、农民工代表倍增等诸多特色和亮点。

---

〔1〕 劳动教养制度已废除,但由于本规定现行有效,为保证引述完整,故予保留。

问:1. 选举权的平等性是绝对的吗？如何理解选举中对少数民族的照顾性规定？

2. 城乡按相同比例选举人大代表的实现有哪些方面的原因？

3. 当前城乡按照相同比例选举人大代表还存在哪些问题？如何进行规制？

事例与思考 18－2　公民同时担任两地同级人大代表问题

2008 年,因涉嫌挪用公款犯罪被立案侦查的广东省甲市“亿万富翁”梁某镇,由于同时身兼广东省甲市人大代表和广西壮族自治区乙市人大代表,当甲市检察院申请对其采取强制措施后,甲市人大常委会许可对其采取强制措施并移送法院进行刑事审判,而乙市人大常委会则表示了不同意见,不同意对梁某镇采取强制措施移送法院进行刑事审判。因为两地人大常委会机关意见针锋相对,检察机关无所适从,致使该案陷于左右为难之境地,案件被迫搁置。

问:1. 选举权平等原则与代表权的平等有何关系？

2. 对人大代表采取刑事强制措施应当经过怎样的程序？

3. 公民可否同时担任两地同级人大代表？

我国宪法规定的选举权的平等性并不是绝对意义的平等,它着眼于实际民主,从政治、经济与文化发展的实际水平与可能性出发不断扩大实质民主的范围。1953 年与 1979 年《选举法》对农村与城市每一代表所代表的人口数作了不同的规定,即县为 4∶1,省为 5∶1,全国为 8∶1。在当时的历史条件下,这种规定是有一定合理性的,具有一定的现实基础。但客观条件发生变化以后,如仍维持原来的比例关系显然不利于体现平等原则的价值。城市数量的增加与农民结构的变化,从客观上要求适当调整原有的比例关系,缩小城乡之间的差别。随着城市化的发展,选举过程的平等性也要相应得到提高。如果继续维持原来的比例关系,有可能进一步导致选举权价值不平等的现象,影响选举权平等原则的实现。1995 年第八届全国人大常委会根据社会发展的实际需要,将原来的 8∶1、5∶1、4∶1 的比例一律改为 4∶1,体现了选举权价值向实质平等发展的客观要求。这一比例的调整虽然没有完全解决选举权价值不平等的现实问题,但毕竟向实质平等迈进了一步。

2010 年《选举法》修改将 4∶1 的比例修改为 1∶1 的比例,在法律上实现了城乡按相同人口比例选举人大代表,农民和工人在一票一值上享有了平等的选举权,体现了宪法规定的公民在法律面前一律平等的原则。这一修改是顺应社会背景与客观条件发展而进行的。

在理解选举权平等性原则时需要正确理解对少数民族选举权的特殊照顾问题,这种政策上的倾斜是基于我国为多民族国家的实际情况与实施民族区域自治政策的需要,有利于形成民主的、平等的民族关系。在平等权理论上,这种照顾性的规定属于宪法允许的合理差别范围,是实现实质平等的必要措施。

(三)直接选举与间接选举并用原则

选举方式的采用取决于一个国家民主政治发展的实际需要与具体的现实条件。《选举法》规定,全国人民代表大会的代表,省、自治区、直辖市、设区的市、自治州的人民代表大会的代表,由下一级人民代表大会选举;不设区的市、市辖区、县、自治县、乡、民族乡、镇的人民代表大会的代表,由选民直接选举。直接选举与间接选举并用原则主要是根据国家的经济、政治与文化发展的实际情况确定的,具有现实的客观基础。在我国,县乡两级政权是国家政权的基础,把直接选举的范围扩大到县级,有利于发展基层人民民主,发挥人民群众的积极性,有利于强化对政权活动的监督。当然,随着国家民主政治发展水平的提高和具体现实条件的改善,我国可以适当扩大直接选举,与时俱进地完善民主选举制度。

(四)无记名投票原则

为了体现选举制度的民主性,《选举法》规定,全国和地方各级人民代表大会的选举,一律采用无记名投票的方法。选民如果是文盲或者因残疾不能写选票的,可以委托他信任的人代写。无记名投票方法有利于选民在不受任何干扰的情况下,按照自己的自由意志选举候选人。根据这一原则,选民在选举时只需在正式候选人姓名下注明同意或不同意,也可另选他人或者弃权,填写选票后亲手投入票箱。无记名投票原则的实行是提高选举制度的民主性、尊重选民意志的重要保障。1953 年《选举法》曾规定,选举基层人大代表时可以采取举手表决的办法,也可以采取无记名投票办法。当时的规定主要是适应人民群众文化发展的实际情况。随着国家政治、经济与文化的发展,特别是全民族的文化水平普遍得到提高以后,有条件实行完全的无记名投票制度。2010 年修改的《选举法》在第 38 条增加规定"选举时应当设有秘密写票处"。这一规定是对无记名投票原则的重要完善,目的在于实现秘密投票,从而保证选民投票的自由。

五、选举的物质保障和法律保障

《选举法》第 8 条明确规定:"全国人民代表大会和地方各级人民代表大会的选举经费,列入财政预算,由国库开支。"由国库开支是指国家(包括中央和地方)财政支出,而不是由机关单位或者选民个人支出。这样,一方面从物质条件上保障了整个选举活动能够正常、顺利地进行;另一方面则可使每一个选民和候选人能够不因财产占有的悬殊而在选举中受到任何限制或处于不利地位,也可避免一些利用经济实力来控制和操纵选举的行为。

同时,我国对公民的选举权还有严格的法律保障。这一方面表现在我国《选举法》和其他有关选举的法律文件规定了选举的原则、组织、程序和方法,使选举制度得以法律化、条文化,而且还规定各省、自治区、直辖市的人大常委会可以根据《选举法》的规定,结合本地区的实际,制定有关选举的实施细则,以保证选举工作的顺利进行。另一方面则表现在对破坏选举行为的制裁上。《选举法》第 36 条规定:"全国人民代表大会和地方各级人民代表大会代表的选举,应当严格依照法定程序进行,并接受监督。任何组织或者个人都不得以任何方式干预选民或者代表自由行使选举权。"

第二节　选区划分、选民登记与选举投票

一、选区划分

选区是以一定数量的人口为基础划分的区域，是选民选举产生人大代表的基本单位。根据《选举法》的规定，不设区的市、市辖区、县、自治县、乡、民族乡、镇的人民代表大会的代表名额分配到选区，按选区进行选举。选区可以按居住状况划分，也可以按生产单位、事业单位、工作单位划分。

在划分选区时，一般按照每一选区选 1 名至 3 名代表划分。这种选区划分方法实际上是中小选区相结合的制度。从《选举法》的规定看，我国《选举法》规定的选区划分的适用范围是县、乡由直接选举产生的人大代表的选举。为了切实保障投票权价值的平等，《选举法》第 26 条规定："本行政区域内各选区每一代表所代表的人口数应当大体相等。"农村各选区每一代表所代表的人口数应大体相等。如果选区之间的人口数的差距过大，有可能影响选民之间投票效力的不平等，不利于实现选举权的平等原则。

二、选民登记

选民登记是选举工作的重要环节，是公民确认选民资格的必经法律程序。根据《选举法》的规定，选民登记按选区进行，它是依法对选民资格进行的法律认可。凡年满 18 周岁未被剥夺政治权利的公民都应列入选民名单。根据《选举法》的规定，选举权的主体是选民，选民是指依照宪法和法律规定，享有选举权，并经过选民登记，领取选民证的公民。

我国的选民登记采用一次性登记的方法，经登记确认的选民资格长期有效。每次选举前，主要是对上次登记以来的变更情况进行处理，具体包括：对新满 18 周岁的公民予以登记；对被剥夺政治权利期满后恢复政治权利的选民予以登记；对上次登记后迁出本选区的，列入新迁入选区的选民名单；对死亡的和被依法剥夺政治权利的公民从选民名单上除名；对因患精神病不能行使选举权的公民，经确认后不列入选民名单。在选民登记工作中目前比较突出的问题是流动人口的登记问题。为了保障流动人口的选举权的实现，1983 年全国人大常委会通过的《关于县级以下人民代表大会代表直接选举的若干规定》规定，选民在选举期间临时在外地劳动、工作或者居住，不能回原选区参加选举的，经原居住地的选举委员会认可，可以书面委托有选举权的亲属或者其他选民在原选区代为投票。选民实际上已经迁居外地但是没有转出户口的，在取得原选区选民资格的证明后，可以在现居住地的选区参加选举。

选民名单是具有法律效力的文件，应在选举日前 20 日公布，并发给选民证。对于公布的选民名单有不同意见的，可以在名单公布 5 日内向选举委员会提出申诉。选举委员

会对申诉意见应在3日内作出处理决定。申诉人对处理决定不服时,可以在选举日5日以前向人民法院起诉,人民法院应在选举日以前作出判决,其判决为最后决定,公民必须服从,不能向上级人民法院上诉。但如果因法院延误时间,选举日前没有作出判决而导致选举权受到侵犯时,法律应提供合理的救济途径。

背景资料18-1 国家人权行动计划:保障公民依法行使选举权和被选举权

2021年9月9日,国务院新闻办公室发布的《国家人权行动计划(2021—2025年)》(以下简称《行动计划》)指出,保障公民依法行使选举权和被选举权。采取直接选举和间接选举相结合的方式,选举产生全国人民代表大会代表和地方各级人民代表大会代表。

《行动计划》提出,严格落实选举法,最广泛动员和组织全国10亿多选民参加选举,直接选举产生200多万名县乡两级人大代表,并逐级选举产生设区的市级人大代表、省级人大代表、全国人大代表。

在增加基层人大代表数量方面,《行动计划》强调,保证各级人大代表中有适当数量的工人、农民、专业技术人员基层代表。依照2020年修改的选举法,重新确定县乡人大代表名额,新增县乡人大代表名额向基层群众、社区工作者等倾斜。

《行动计划》指出,保障流动人口的选举权和被选举权。为流动人口参选创造便利条件。放宽流动人口特别是已经取得居住证的流动人口在现居住地参选的条件。

三、选举投票

选举投票是选举程序的重要环节,是选民行使选举权的集中体现。在选民直接选举人民代表大会代表时,各选区应该设立投票站或者召开选举大会,由选举委员会主持。间接选举的投票由该级人民代表大会主席团主持。投票结束以后,进入选举结果的确定程序,其内容包括:(1)确定选举是否有效。在直接选举中,选区全体选民过半数参加投票选举有效,每次选举所投的票数多于投票人数的无效,等于或者少于投票人数为有效。(2)代表候选人当选的确定。在直接选举中,选区全体选民的过半数参加投票选举有效,代表候选人获得参加投票的选民过半数票即可当选。在间接选举时,代表候选人须获得全体代表的过半数选票才能当选。(3)宣布选举结果。选举结果由选举委员会或者人民代表大会主席团根据《选举法》确定是否有效,并予以宣布。

第三节 候选人制度

在选举中,候选人产生过程的民主化、科学化与法治化程度关系到选举的社会效果,同时直接影响政局的稳定与民众的政治心态。

一、候选人提名权主体

(一)提名权的意义

提名权是指提出候选人的权利,即哪些组织和公民依照法律规定拥有提出候选人的权利。切实保障公民与组织行使提名权是实现选举权价值的重要形式。选举权作为一种权利体系,包含着选举过程中的具体权利形态。在提出候选人阶段,选举权主要表现在提名权的行使上,即通过提名活动体现选举制度的平等原则。合理地确定提名权主体的范围、发挥提名权主体的积极性对于保证选举质量,协调各种利益关系有十分重要的意义。

(二)提名权主体

关于选举过程中的提名权主体,《选举法》第30条作了如下规定:全国和地方各级人民代表大会的代表候选人,按选区或者选举单位提名产生。各政党、各人民团体,可以联合或者单独推荐代表候选人。选民或者代表10人以上联名,也可以推荐代表候选人。推荐者应向选举委员会或者大会主席团介绍代表候选人的情况。从上述规定中可以看出,我国《选举法》规定的提名权主体包括选民、政党、人民团体、人大代表。

1. 选民的提名权。选民作为选举权主体有权提出候选人是当今世界各国选举制度的一般性规定。从1953年《选举法》开始,我国法律就明确了选民作为提名权主体的地位。1953年《选举法》中曾规定,选民或代表可以单独或联合提名代表候选人。1979年《选举法》中曾规定,选民或代表可以单独或联合提名代表候选人。任何选民或者代表有3人以上附议,即可以推荐代表候选人。1986年修改后的《选举法》把选民可以联合提名候选人的人数修改为10人。

2. 政党和人民团体的提名权。根据《选举法》的规定,各政党和人民团体享有代表候选人的提名权。各政党指中国共产党和其他8个民主党派。人民团体主要指各阶层人民群众组织的社会组织,如中华全国总工会、共青团、全国妇联等组织,其中政党的提名是代表候选人提名的基本形式。政党与人民团体参与候选人提名过程,不仅符合现代选举制度发展的总趋势,同时也是现代民主政治发展的必然结果。因为现代民主政治是政党政治,选举制度作为代议制的基础与核心,不能脱离政党政治的作用。因此,法律上同时规定选民与政党作为提名权主体的地位是合理的,从选举的运行过程看,多数国家也采用了这一体制。

3. 人大代表的提名权。根据《选举法》的规定,在间接选举中,除政党、人民团体可以推荐候选人之外,人大代表有权行使提名权。尽管在间接选举中政党和人民团体的推荐比例相对大一些,但人大代表的提名权也是不可忽视的。

(三)提名权主体地位的平等性

不同的提名权主体在选举过程中行使着由选举权派生的提名权。尽管在提名过程中不同主体的提名权表现形式各异,但提名权主体的地位是平等的,即提名权主体依法律规定程序提出的提名在法律制度和事实上具有平等的价值。

二、候选人提名方式

候选人提名方式是指提名权主体在提名活动中所采取的具体形式与措施。因此,确立合理而科学的提名方式对于体现提名权主体的自由意志,保证选举权的实现具有重要的意义。

(一)选民与人大代表的提名方式

根据《选举法》第30条的规定,选民或者代表10人以上联名可以推荐代表候选人,按选区或者选举单位提名产生。选民与代表对代表候选人的提名方式主要包括如下内容与程序:

1. 选民与代表的提名方式应符合法律规定的要件,主要有:选民或代表10人以上联名提出;选民或代表提出的候选人人数不得超过本选区或选举单位应选代表的名额;按照法律规定的要求向选举委员会或大会主席团介绍候选人的情况。10人以上联合提名是选民与代表行使提名权的实质性要件。1979年《选举法》曾规定过选民只要有1人提名、3人附议就可提出候选人,结果带来了候选人过多的现象,反而不利于选民选举权的实现。当然,如果对联合提名所需人数限制过严,也不利于完善候选人制度。现行《选举法》规定以10人为提名条件,基本上符合我国选民的现状与选举制度发展的实际情况。

2. 选民的提名一般在选民小组会议上提出,其他选民都可以提出自己的见解。经过反复讨论与酝酿,每一个选民都可以按照自己的自由意志提出自己满意的候选人,其他选民若同意候选人提名,可以联名提出共同候选人。对选民联名提出的候选人,应按照法律规定列入候选人名单并加以公布,不得限制。县级以上地方各级人民代表大会代表依照法律规定的程序,可以提出上一级人民代表大会代表候选人。

(二)政党和人民团体的提名方式

关于政党和人民团体的提名方式,《选举法》第30条作了规定,即各政党、各人民团体,可以联合或者单独推荐代表候选人。这就说明,政党和人民团体的提名有两种方式:一是联合提名,二是单独提名。从选举实践看,政党和人民团体的联合提名占主导地位,运用范围比较广。单独推荐主要是中国共产党的推荐。在全国人大代表、省一级人大代表和国家机关领导人的选举中,政党和人民团体联合提名是基本形式。

1. 各政党和人民团体的范围。《选举法》规定,各政党、各人民团体可以单独或联合提名候选人。中央和省级的政党和人民团体可以推荐全国人大代表的候选人,以及省、自治区、直辖市和设区的市、自治州的人大代表候选人。政党的组织要按照级别,通过法律程序进行人大代表的推荐。

2. 联合推荐的意义。党组织在推荐候选人时,除以党组织的名义单独推荐外,在大部分的情况下可与其他政党和人民团体经过充分协商后联合提出。一般程序是:先由党组织内部酝酿候选人人选,经党内协调后,同选区内的民主党派和人民团体进行协调,比较各方提出的候选人条件后，提出大家普遍满意的候选人。同民主党派、人民团体协商国家机关领导人的人事安排是中国共产党坚持政治协商的重要形式。国家的大政方针、重要人事安排和重大问题在出台前，及时同各民主党派中央、全国工商联和无党派人士协商，听取各方意见已形成制度。

三、正式代表候选人名单的确定程序

（一）直接选举中正式代表候选人确定

关于直接选举中正式代表候选人的确定问题，《选举法》第32条中做出如下规定：由选民直接选举人民代表大会代表的，代表候选人由各选区选民和各政党、各人民团体提名推荐，选举委员会汇总后，将候选人名单及其基本情况在选举日的15日以前公布，并由各该选区的选民小组反复酝酿、讨论、协商，根据较多数选民的意见，确定正式代表候选人名单，并在选举日的7日以前公布。可见，正式代表候选人确定程序主要有：

1. 选举委员会的汇总。各提名权主体依法提出的候选人是初步候选人，其人数远远超过法律规定的候选人差额比例。对初步候选人名单，由选举委员会汇总后，交选民小组讨论、协商，选民小组对初步候选人名单讨论后，根据候选人情况，初步提出正式代表候选人名单，如果大多数选民同意，选举委员会可以确定正式代表候选人。如果对正式代表候选人不能形成较为一致的意见，则需要进行预选，根据预选时得票多少的顺序，确定正式代表候选人名单。

2. 讨论与协商。能否选好正式代表候选人很大程度上取决于选民对代表候选人的讨论情况以及通过讨论后对候选人的了解程度。在选民小组会议上，应充分发扬民主，尊重选民的民主权利，由选民来决定正式代表候选人。

3. 公布候选人名单的时间。公布候选人名单有两个阶段：第一阶段是初步候选人名单的公布，选举委员会汇总选民初步提出的候选人后，在选举日的15日以前公布；第二阶段是经过选民的反复酝酿、讨论与协商后，根据较多数选民的意见，在选举日的5日以前公布正式代表候选人名单。

（二）间接选举中正式代表候选人名单的确定

关于间接选举中正式代表候选人名单的确定，《选举法》第32条第2款作了如下规定：县级以上的地方各级人民代表大会在选举上一级人民代表大会代表时，提名、酝酿代表候选人的时间不得少于两天，各该级人民代表大会主席团将依法提出的代表候选人名单及代表候选人的基本情况印发全体代表，由全体代表酝酿、讨论。如果所提候选人数符合法律规定的差额比例，直接进行投票选举，如果所提候选人的人数超过法律规定的最高差额比例，进行预选，根据预选时得票多少的顺序，并按照具体的差额比例，确定正式代表候选人名单。

四、候选人介绍制度

候选人介绍制度是整个候选人制度的一项重要内容。我国选举法从保护选民的了解

权角度,对如何介绍候选人作了原则性的、概括性的规定,其主要内容为:

1. 候选人介绍在法律程序上的意义。选举法把介绍代表候选人作为正式投票选举前的一道必经程序,以法律程序来规定,使候选人的介绍有了明确的法律依据。《选举法》第30条规定,推荐者应向选举委员会或者大会主席团介绍代表候选人的情况;《选举法》第34条规定,选举委员会或者人民代表大会主席团应当向选民或者代表介绍代表候选人的情况。这里的"应当"明确了介绍自己推荐的候选人的性质。这就表明,推荐者有义务介绍自己推荐的候选人,选举委员会或人大主席团也有义务向选民或者代表介绍候选人的情况。

2. 介绍候选人的范围。介绍候选人的范围包括对初步代表候选人和正式代表候选人的介绍。从候选人产生过程的阶段划分,分为初步候选人产生阶段的介绍和正式代表候选人产生阶段的介绍。两个阶段的介绍虽有一定的联系,但各有侧重。初步代表候选人的介绍主要是为正式投票选举而准备,相对而言,第二阶段的介绍更为重要和具体。

3. 介绍候选人的主体。由谁介绍候选人是涉及介绍候选人组织工作的重要问题,根据《选举法》规定,政党、人民团体、选民、人大代表、选举委员会、大会主席团以及候选人本人可以成为介绍候选人主体。政党、人民团体、选民和人大代表的介绍只限于自己推荐的代表候选人,而且一般是在选民小组或代表小组会议上介绍,其对象与场所有严格限制,选举委员会或者大会主席团在介绍代表候选人方面也有分工,选举委员会介绍直接选举产生的代表候选人,而大会主席团介绍间接选举产生的代表候选人。这就是说,选举委员会或大会主席团负责介绍所有的候选人,是介绍候选人的基本主体。2010年修改的《选举法》使候选人本人也成为介绍的主体。其中,第30条规定,受政党、人民团体、选民或人大代表推荐的代表候选人,"应当向选举委员会或者大会主席团如实提供个人身份、简历等基本情况";第34条规定,"选举委员会根据选民的要求,应当组织代表候选人与选民见面,由代表候选人介绍本人的情况,回答选民的问题"。

4. 代表候选人介绍时间的限制。对代表候选人的介绍时间上有严格限制。《选举法》规定,选举日必须停止对代表候选人的介绍。

5. 候选人的介绍内容。现行《选举法》中规定选举委员会或大会主席团应当介绍代表候选人。一般来说,介绍候选人的内容除候选人的自然情况外,还应包括候选人的工作业绩、个人品德、财产状况等方面的内容。

第四节　选举管理制度

选举管理是选举活动正常运行的基本条件,一般通过选举机构进行具体的管理活动。选举机构是负责办理选举事务的机关,按照一定的原则和程序进行具体的选举活动。

一、选举管理的基本原则

我国的选举管理是以选举机构为中心进行的，不同形式的选举机构具体承担有关选举的管理工作。选举管理需要遵循的基本原则主要有：

1. 公正原则。选举管理工作首先要体现公正原则。从选举机构的设置到具体活动过程都要以公正作为基本的价值目标，使选举管理与社会主体的意志尽可能趋于一致。就其价值选择而言，选举与管理的目标模式是相同的，民主选举当然要求管理机构活动的正当性。只有公正的选举管理才能获得社会的支持，使选举活动本身具有吸引力。

2. 民主原则。社会主体意志的社会化与集中主要通过选举活动得以表现，而选举管理活动中所体现的民主原则可以保证选举过程的民主与选举结果的合法性。

3. 合法性原则。选举管理活动作为一个系统和程序，每一个环节都以合法性为基础，按照法律规定的规则来进行。各国宪法和法律对有关选举管理的内容、方式、原则以及具体运行机制等都作了具体规定。有时选举管理机构在具体管理选举事务时，在一定的范围内有自由裁量权，但合法性与裁量权之间的界限不易判断。如我国的选举委员会在确定正式代表候选人的过程中就有较大的自由裁量权，有权汇总多数选民的意见，并根据较多数选民的意见最后确定正式代表候选人。

二、选举机构的设置

（一）我国选举机构设置的历史演变

中华人民共和国成立以后颁布的第一部《选举法》规定，中央和地方各级选举委员会为办理全国和地方各级人民代表大会选举事宜的机关，中央选举委员会由中央人民政府委员会任命，地方各级选举委员会由上一级人民政府任命，选举委员会设主席1人和委员若干人。当时《选举法》规定的选举委员会的主要任务是：在全国范围内指导和监督《选举法》的确切执行，并根据《选举法》的规定发布指示和决定，指导地方各级选举委员会的工作，受理对于选举中违法行为的检举和控告，并作出处理的决定；规定选民登记表；选民证和各级人民代表大会代表的当选证书和格式以及各级选举委员会印章的形式。省、县、设区的市、乡、镇、市辖区和不设区的市的选举委员会各有相应的任务。

1979年《选举法》根据选举实践的发展，对选举机构体制作了一定的调整，规定：全国人民代表大会常务委员会主持全国人民代表大会代表的选举。省、自治区、直辖市，设区的市、自治州的人民代表大会常务委员会主持本级人民代表大会代表的选举。在地方人民代表大会常务委员会成立以前，由地方行政机关主持。不设区的市、市辖区、县、自治县、人民公社、镇设立选举委员会，主持本级人民代表大会代表的选举，不设区的市、市辖区、县、自治县的选举委员会受本级人民代表大会常务委员会的领导。人民公社、镇的选举委员会受人民公社管理委员会、镇人民政府的领导。1983年第五届全国人大常委会通过《关于县级以下人民代表大会代表直接选举的若干规定》，对选举委员会的组成作了补充规定，主要内容是：县、自治县、不设区的市、市辖区的选举委员会的组成人员由本级人民代表大会常务委员会任命,乡、民族乡、镇的选举委员会的组成人员由县、自治县、不设区的市、市辖区的人大常委会任命。1986 年的《选举法》修改中取消了乡、民族乡、镇的人民政府领导本级选举委员会的规定。

1995 年 2 月的《选举法》修改中,对选举机构的领导体制作了如下调整,即不设区的市、市辖区、县、自治县的选举委员会受本级人民代表大会常务委员会的领导,乡、民族乡、镇的选举委员会受不设区的市、市辖区、县、自治县的人民代表大会常务委员会的领导。另外,《选举法》还规定,省、自治区、直辖市、设区的市、自治州的人民代表大会常务委员会指导本行政区域内县级以下人大代表的选举工作。

(二)我国现行的选举机构体系

由于我国采取直接选举和间接选举并用的多级选举体制,在选举管理的具体表现形式上具有各自的特点。在具体选举事务的管理上,各级选举机构的职权范围也不尽相同。从《选举法》的规定来看,我国的选举机构体系包括:

1. 人大常设机构的管理。根据《选举法》的规定,有关间接选举的管理由人大常设机构负责。全国人民代表大会常务委员会主持全国人民代表大会代表的选举,具体管理工作主要有:负责分配各地各方面应选代表的名额,制定全国人大代表名额的分配方案;决定选举的时间和选举办法;对各省、自治区、直辖市选举全国人大代表工作中如何适用有关法律问题进行指导,并进行必要的法律解释和说明;审查各省、自治区、直辖市和解放军选出的全国人大代表的资格是否有效,选举的程序是否合法等。在我国的选举机构体系中,全国人大常委会是有关选举管理的最高机关,其活动和作出的决定具有很大的权威性。省、自治区、直辖市、设区的市、自治州的人民代表大会常务委员会主持本级人民代表大会代表的选举,具体管理选举的有关事项。另外,根据《选举法》的规定,省、自治区、直辖市、设区的市、自治州的人民代表大会常务委员会指导本行政区域内县级以下人民代表大会代表的选举工作。

在间接选举中,实行本级人大常委会负责本级人大有关选举事宜符合间接选举的特点,有利于由权力机关统一管理选举事务。由于人大常委会是一种常设机构,从组织结构到人员构成以及活动程序等方面相对比较稳定,而且它本身具有权威性,有利于提高选举管理的社会效果。

2. 选举委员会体制。在直接选举中,由选举委员会主持选举事务,它是专门处理选举事务的非常设机构。《选举法》规定,不设区的市、市辖区、县、自治县、乡、民族乡、镇设立选举委员会,主持本级人民代表大会代表的选举。选举委员会是管理直接选举的领导机构,处理大量的有关选举方面的事务。设立选举委员会的主要目的是,对县乡两级选举事务进行统一管理,提高选举管理水平,及时解决选举中出现的各种问题。由于直接选举是选民选举人大代表,选举事务比起间接选举更复杂,只靠人大常委会的力量是难以完成的。设立非常设性的选举委员会,可以为直接选举的正常进行提供有效的组织保障。

有关选举委员会的职责,2010 年修改的《选举法》增加了第 10 条(2020 年修正后为第 11 条),规定选举委员会的职责包括:(1)划分选举本级人民代表大会代表的选区,分配各选区应选代表的名额;(2)进行选民登记,审查选民资格,公布选民名单;受理对于选民名单不同意见的申诉,并作出决定;(3)确定选举日期;(4)了解核实并组织介绍代表候选人的情况;根据较多数选民的意见,确定和公布正式代表候选人名单;(5)主持投票选举;(6)确定选举结果是否有效,公布当选代表名单;(7)法律规定的其他职责。该条第2款规定,选举委员会应当及时公布选举信息。

(三)人民解放军的选举机构

上面介绍的两种形式是目前我国的直接选举和间接选举中普遍采用的选举机构,但除此之外,我国的多级选举体制中还存在其他特定的选举机构,如人民解放军选举全国人大代表和地方人大代表时成立选举委员会,具体负责有关选举事宜。根据《中国人民解放军选举全国人民代表大会和县级以上地方各级人民代表大会代表的办法》,人民解放军及人民解放军团级以上单位设立选举委员会,负责办理各该级的选举事宜,指导所属部队的选举工作。人民解放军选举委员会领导全军的选举工作,其他各级选举委员会主持本单位的选举工作。人民解放军选举委员会的组成人员由全国人民代表大会常务委员会批准,其他各级选举委员会的组成人员,由上一级选举委员会批准。

第五节 代表辞职与罢免制度

选举权主体通过一定的选举行为产生选举结果,即产生人大代表和国家公职人员。就选举权本身的价值体系与结构而言,选举行为本身只是选举权主体活动的一部分,对选举结果的监督与制约也是选举权主体所追求的基本目标。这种监督与制约具体表现为选举法规定的代表辞职和罢免制度。

一、代表辞职制度

根据《选举法》第55条的规定,代表可以提出辞职,其具体程序是:全国人民代表大会代表,省、自治区、直辖市、设区的市、自治州的人民代表大会代表,可以向选举他的人民代表大会的常务委员会书面提出辞职。常务委员会接受辞职,须经常务委员会组成人员的过半数通过。接受辞职的决议,须报送上一级人民代表大会常务委员会备案、公告。县级的人民代表大会代表可以向本级人民代表大会常务委员会书面提出辞职,乡级的人民代表大会代表可以向本级人民代表大会书面提出辞职。县级的人民代表大会常务委员会接受辞职,须经常务委员会组成人员的过半数通过。乡级的人民代表大会接受辞职,须经人民代表大会过半数的代表通过。接受辞职的,应当予以公告。

事例与思考 18－3　湖南省衡阳市人大代表贿选事件

2012 年 12 月 28 日至 2013 年 1 月 3 日，湖南省衡阳市召开第十四届人民代表大会第一次会议，527 名市人大代表出席会议，并从 93 名代表候选人中差额选举出了 76 名湖南省人大代表。但是，在此次选举中，56 名当选的省人大代表均存在以贿赂手段破坏选举的严重违纪违法行为，涉案金额高达 1.1 亿元；同时，518 名衡阳市人大代表和 68 名工作人员收受钱物。

衡阳市第十二届人大常委会第六次会议决定，对以贿赂手段当选的 56 名省人大代表依法确认当选无效并予以公告；对 5 名未送钱拉票但工作严重失职的省人大代表，依法公告终止其代表资格。衡阳市有关县(市、区)人大常委会会议分别决定，接受 512 名收受钱物的衡阳市人大代表及 3 名未收受钱物但工作严重失职的市人大代表辞职。另有 6 名收受钱物的衡阳市人大代表此前因调离本行政区域已经终止代表资格。

问：1. 我国《选举法》关于惩治贿选的法律规定有哪些？除《选举法》之外，我国其他法律法规也规定了破坏选举的罚则，试分析体系规定相关法则的宪法原理。

2. 以贿赂手段当选的 56 名省人大代表，在湖南省第十二届人大常委会第六次会议上被确认并公告"当选无效"，其"当选无效"的溯及力如何？

3. 对于因 516 名代表资格终止后出现巨大空缺的衡阳市人大及其常委会，湖南省第十二届人大常委会第六次会议通过《关于成立衡阳市第十四届人民代表大会第三次会议筹备组的决定》，授权筹备行使相关职权。如何定位市级以上人大代表解散式补选中的选举机构？

二、罢免制度

(一)罢免制度的理论基础

我国《宪法》和《选举法》规定，全国和地方各级人民代表大会的代表，受选民和原选举单位的监督。代表受选民的监督，选民有权罢免代表是我国宪法的一项基本原则，体现选举制度的基本精神。

1. "一切权力属于人民"的原则是罢免制度赖以存在的基本的理论依据。"一切权力属于人民"的原则作为我国宪法的基本原则，确立了人民当家作主的宪法地位。人民作为国家权力主体，有权决定国家事务，并以自己的自由意志选择行使权力的公仆。这种选择行为主要通过选举制度来实现，即通过选举制合理地组织国家权力，形成有机的国家权力体系。人民有权选择公仆，同时也有权监督公仆的活动，必要时也有权撤换自己的公仆。选择和监督公仆的权利是人民当家作主的基本权利，通过选举行为选择忠于人民利益的代表，同时通过监督与罢免行为来制约、约束代表是我国国家性质的必然要求与标志。

2. 选举权、监督权与罢免权的三位一体是罢免制度赖以存在的法律依据。选举法上规定的选举权并非仅指投票权，它同时包括监督权与罢免权，三者是具有内在联系的有机整体。选举权是前提，监督权与罢免权是选举权的延续和具体化。选举权主体的活动产生了一定的权力关系，具体表现为一定机构的设置和职位的产生。从权力运行的过程看，没有监督权、罢免权，选举权本身就失去了生命力，成为有名无实的东西。

3. 选民和选举单位有权罢免自己选出的代表是人民代表大会制度的基本原则。如果说，选举制是人民代表大会制度运行的基础与起点，那么罢免制度就是保证人民代表大会制度人民性与民主性的重要条件，其功能主要在于有利于保证人民利益，及时调整影响人民代表大会制度正常运作的制度性因素，以协调选民与权力机关的相互关系。

事例与思考 18-4 全国人大代表职务的罢免

2021年12月4日，国新办在京举行《中国的民主》白皮书新闻发布会。全国人大常委会副秘书长郭振华介绍，十三届全国人大成立近四年来，有10人被依法罢免全国人大代表职务。

在罢免程序上，部分全国人大代表首先经组织调查或者中央纪委立案调查；随后由省一级人大常委会罢免全国人大代表职务；之后，全国人大常委会通过并公告全国人大代表资格终止。此后还包括开除公职以及移送司法机关等相关程序。

问：1. 我国法律对全国人大代表的罢免是如何规定的？

2. 结合现实，谈谈全国人大及地方各级人大代表罢免制度对保障人民当家作主的意义。

3. 全国人大代表的罢免与全国政协委员的罢免的制度意义有何不同？

4. 罢免权的实质是摆正"社会主人"与"社会公仆"的正确关系，调整选民与国家权力机关的关系。罢免权是不受时空的限制、不拘泥于形式、最能独立地表达民主要求、人民群众乐意接受的民主形式。罢免制度的主要功能在于：(1)制衡功能。通过罢免权的行使，选民有权严格监督依法选出的人大代表和国家公职人员，使其权力的行使符合宪法精神。在各种权力监督体制中，罢免权的行使是最为严厉和有效的形式。(2)选择功能。在"一切权力属于人民"的宪法原则下，作为国家主人的人民有权依照法律规定选择为人民服务的公仆，人民的信任是公仆活动的基础。人民通过选举选择公仆后，又可通过罢免权撤换不忠于人民利益、以权谋私的公仆，重新选择公仆。(3)评价功能。罢免权的行使是选民对代表和公职人员活动的一种评价过程。为什么罢免以及如何罢免等活动实际上是选民对代表履行职责活动的评价过程。《选举法》规定了罢免的一般原则，但不涉及具体罢免的条件或内容。从广义上说，评价功能也表现为公众对社会公职人员与人大代表活动的评价，即对国家权力运行总体过程的评价。因此，罢免权的价值并不仅仅表现为对个别人政治活动的评价，更重要的是对国家权力运行总体过程的评价。(4)自我完善功能。罢免制度是民主政治的重要组成部分，对民主政治的自我完善而言，罢免制度起着不可或缺的推动作用。

(二)选民和选举单位的罢免权

1. 罢免权主体

根据《宪法》和《选举法》的规定,选民或者选举单位都有权罢免自己选出的代表。在直接选举中选民成为罢免权主体,在间接选举中选举单位成为罢免权主体。选民和选举单位享有罢免权意味着选举权主体与罢免权主体的一体性,其罢免行为是选民和选举单位选举行为的自然延续。

选民能够作为罢免权主体是由选举权的性质与功能所决定的,具有充分的法律根据。只要符合法定人数与法定程序,便可随时提出罢免案。

选举单位作为罢免权主体,其罢免行为针对的对象是间接选举产生的代表,由该级人民代表大会和常务委员会组成人员按照法律程序提出罢免案。选举单位的罢免活动是由人民代表大会的代表和常务委员会委员依法进行的,实际上通过人大代表的活动来体现。

2. 罢免代表的条件

罢免代表的行为是监督代表活动的最严厉的手段,应当符合一定的条件。1995 年修改的《选举法》中对罢免条件没有作统一的规定。1979 年《选举法》中曾规定,"任何公民或者单位对违法乱纪或者严重失职的代表,都可以提出罢免的要求"。1986 年《选举法》修改时没有对罢免对象作具体规定。1979 年《选举法》中规定的"违法乱纪"和"严重失职"是罢免代表的主要依据,《选举法》中虽然没有具体规定罢免的对象,但选民和选举单位罢免代表时通常从违法乱纪和严重失职的角度考虑,但对代表的罢免并不仅仅限于违法乱纪、严重失职者,它还应包括其他方面的内容,如造成严重经济损失的政策失误等。从法律规定和选举实践看,罢免的依据主要包括:(1)违反宪法行为;(2)违反法律行为;(3)决策失误;(4)品质恶劣;(5)以权谋私等。

3. 罢免代表的法律程序

关于罢免要求的提出,现行《选举法》第 50、51 条作了如下规定:对于县级的人民代表大会代表,原选区选民 50 人以上联名,对于乡级的人民代表大会代表,原选区选民 30 人以上联名,可以向县级的人民代表大会常务委员会书面提出罢免要求。县级以上的地方各级人民代表大会举行会议的时候,主席团或者 1/10 以上代表联名,可以提出对由该级人民代表大会选出的上一级人民代表大会代表的罢免案。在人民代表大会闭会期间,县级以上的地方各级人民代表大会常务委员会主任会议或者常务委员会 1/5 以上组成人员联名,可以向常务委员会提出对由该级人民代表大会选出的上一级人民代表大会代表的罢免案。

在提出罢免要求时,应当写明罢免理由,包括被罢免者违法乱纪及不履行代表义务的事实情况及有关材料、有关法律条文及具体说明的理由。由于罢免要求的提出须采用书面形式,故罢免理由的陈述对于罢免权的行使是十分重要的。原选区选民 30 人以上联名提出罢免要求时,选民之间要经过充分的协商与讨论,最后由选民代表集中大家的意见,提出具体的罢免理由。

罢免代表采用无记名投票的表决方式。罢免县级和乡级的人大代表,须经原选区过半数的选民通过；罢免县级以上的地方各级人民代表大会选出的代表，须经各该级人民代表大会过半数的代表通过，在代表大会闭会期间，须经常务委员会组成人员的过半数通过。同时规定，罢免的决议须报送上一级人民代表大会常务委员会备案、公告。为了加强对县乡两级人民代表罢免活动的管理，《选举法》中还规定，县、乡级表决罢免要求时，由县级的人民代表大会常务委员会派有关负责人员主持。

4. 罢免的效力

依法定程序通过的罢免决议产生法律效力，除代表职务被撤销外，其他职务也相应撤销。《选举法》第 54 条规定，县级以上的各级人民代表大会常务委员会组成人员，县级以上的各级人民代表大会专门委员会成员的代表职务被罢免的，其常务委员会组成人员或者专门委员会成员的职务相应撤销，由主席团或者常务委员会予以公告。乡、民族乡、镇的人民代表大会主席、副主席的代表职务被罢免的，其主席、副主席的职务相应撤销，由主席团予以公告。常务委员会组成人员、专门委员会成员的职务和乡镇人大主席、副主席的职务是基于人大代表的身份而取得的，一旦失去人大代表的职务，其他与权力机关工作有关的职务自然失去基础，不能继续履行其职务，因此相应撤销其职务是合理的。

（三）人大代表对国家机关领导人的罢免权

我国的罢免制度包括选民对人大代表的罢免和人大代表对国家机关领导人的罢免。人大代表的罢免权在我国宪法和代表法中作了规定，是人大代表的一项重要权利，是对国家权力运行过程进行监督的基本形式之一。

1. 人大代表罢免权的特点

人大代表罢免权是指人大代表依照法定程序，提出罢免国家机关领导人的权利。其特点是：(1)享有罢免权的主体是各级人大代表，它不同于选民和选举单位；(2)罢免与选举的范围是一致的，罢免对象仅限于由权力机关选举或任命的人；(3)行使罢免权必须按照法律规定的程序，提起罢免要求时要符合法定人数。

人大代表的罢免权与选民或者选举单位的罢免权尽管行使方式有所不同，但其实质是一致的。人大代表的罢免权反映了选民和选举单位的利益，人大代表本身又受选民的监督，因此，人大代表行使的罢免权最终要体现人民利益。

2. 罢免的对象

关于人大代表罢免权的对象，《地方各级人大和地方各级政府组织法》《全国人大组织法》《代表法》对罢免的对象作了如下规定：

(1)全国人大代表。全国人大代表有权依照法律规定的程序提出对全国人民代表大会常务委员会组成人员、中华人民共和国主席、副主席、国务院组成人员、中央军事委员会组成人员、国家监察委员会主任、最高人民法院院长、最高人民检察院检察长的罢免案。

(2)县级以上地方各级人大代表。县级以上的地方各级人民代表大会代表有权依照法律规定的程序提出对本级人民代表大会常务委员会组成人员、人民政府组成人员、监察委员会主任、人民法院院长、人民检察院检察长的罢免案。人民政府组成人员包括省长、副省长、自治区主席、自治区副主席、市长、副市长、州长、副州长、区长、副区长、县长、副县长。

(3)乡镇人大代表。乡、民族乡、镇的人民代表大会代表有权依照法律规定的程序提出对本级人民政府领导人员,即乡长、副乡长、镇长、副镇长的罢免。

3. 罢免案的提出

全国人民代表大会3个以上的代表团或者1/10以上的代表,可以提出对于全国人民代表大会常务委员会组成人员、国家主席、副主席、国务院和中央军事委员会的组成人员、国家监察委员会主任、最高人民法院院长和最高人民检察院检察长的罢免案。

县级以上的地方各级人民代表大会举行会议的时候,主席团、常务委员会或者1/10以上代表联名,可以提出对本级人民代表大会常务委员会组成人员、人民政府组成人员、监察委员会主任、人民法院院长、人民检察院检察长的罢免案。

乡、民族乡、镇的人民代表大会举行会议的时候,主席团或者1/5以上代表联名,可以提出对人民代表大会主席、副主席,乡长、副乡长,镇长、副镇长的罢免案。

4. 罢免案的审议和表决程序

罢免案提出后,由主席团提请大会审议,然后提交大会全体会议审议表决。县级以上的地方各级人民代表大会提出的罢免案有两种审议程序:一种是由主席团交会议审议后,提请全体会议表决;另一种是由主席团提议,经全体会议决定,组织调查委员会,由本级人民代表大会下次会议根据调查委员会的报告审议决定。第一种审议程序在罢免理由充分、代表们看法趋于一致时采用;第二种情况是罢免理由不充分,或者代表们的看法不一致,需要对罢免理由所涉及的事实情况作出进一步调查和了解时采用。罢免案提请大会全体会议表决前,被提出罢免的人,有权在主席团会议或大会全体会议上提出申辩意见,或书面提出申辩意见,由主席团印发会议。罢免案以大会全体代表的过半数通过。

知识点提示

选举制度的概念
选举制度的基本功能
人民代表大会制度与选举制度的关系
选举制度的基本原则
我国选举委员会的特点与功能
我国候选人制度的基本特点
选举权的平等性原则
行使罢免权的程序

第十九章　中央国家机关

第一节　全国人民代表大会

一、全国人民代表大会的性质与地位

全国人大是中华人民共和国的最高国家权力机关。具体地说，全国人大是全国人民的代表机关，是全国人民行使国家权力的最高机关，是行使国家立法权的机关。

我国历部宪法对于全国人大的性质与地位都作了规定。1954 年《宪法》第 21 条规定："中华人民共和国全国人民代表大会是最高国家权力机关"；第 22 条规定，全国人大"是行使国家立法权的唯一机关"。1975 年《宪法》第 16 条第 1 款规定："全国人民代表大会是在中国共产党领导下的最高国家权力机关。"1978 年《宪法》第 20 条规定："全国人民代表大会是最高国家权力机关。"现行《宪法》第 57 条规定："中华人民共和国全国人民代表大会是最高国家权力机关"；第 58 条规定："全国人民代表大会和全国人民代表大会常务委员会行使国家立法权。"

1. 全国人大是全国人民的代表机关。全国人大是由省、自治区、直辖市、军队和特别行政区按照法定程序选举产生的代表组成的。同时，全国人大代表着全国人民的意志和利益，是全国人民的代表机关。

2. 全国人大是行使国家立法权的机关。宪法将立法权分为国家立法权和地方立法权。国家立法权是制定在全国范围内统一适用的法律的权力。1954 年《宪法》规定全国人大是"行使国家立法权的唯一机关"。基于国家管理的实际需要，全国人大曾于 1955 年授权全国人大常委会依照宪法的精神，根据实际的需要，适时地制定部分性质的法律，即单行法规。全国人大又于 1959 年授权全国人大常委会在全国人大闭会期间，根据情况的发展和工作需要，对现行法律中一些已经不适用的条文，适时地加以修改，作出新的规定。现行宪法根据实际需要，第 58 条规定，"全国人民代表大会和全国人民代表大会常务委员会行使国家立法权"。据此，全国人大和全国人大常委会都是行使国家立法权的机关。

3. 全国人大是最高国家权力机关。全国人大与地方各级人大作为人民的代表机关，构成了我国的国家权力机关系统。在这个系统中，全国人大监督、指导地方各级人大的工作，有权审查和撤销地方各级人大的规范性文件，在地位上是最高的。全国人大有权制定或修改宪法，设定国家的各项基本制度、基本政策；设定国家机构体系及其相互关系，并将

国家权力赋予这些国家机关。全国人大有权将全国范围内的重要事项制定为基本法律。全国人大有权就全国范围的重大事项作出决定、决议。

在国家机构体系中,除国家权力机关外,还有国家行政机关、监察机关、审判机关、检察机关等,根据宪法的规定,这些国家机关都由人民代表大会产生,对它负责,受它监督。全国人大不仅产生并监督全国人大常委会组成人员、国家主席、国务院、中央军委、国家监察委员会、最高人民法院和最高人民检察院,这些中央国家机关要向全国人大负责,而且全国人大行使最高监督权。全国人大是在我国所有的国家机关中地位最高的国家机关,没有任何国家机关在地位上高于全国人大或者与全国人大地位相平行。

全国人大代表人民修改宪法,监督宪法的实施,有权就全国范围内最重要的问题作出决定,将最重要的事项制定为基本法律,并可以行使应当由最高国家权力机关行使的其他职权。

二、全国人民代表大会的组成与任期

全国人大由一定数量的代表组成。全国人大由省、自治区、直辖市、军队和特别行政区选出的代表组成。省、自治区、直辖市出席全国人大的代表由该省、自治区、直辖市人民代表大会根据《选举法》的规定选举产生。军队的代表由人民解放军各总部、大军区级单位和中央军事委员会办公厅的军人代表大会根据《中国人民解放军选举全国人民代表大会和县级以上地方各级人民代表大会代表的办法》选举产生。国外华侨不作为选举单位,其代表在省市选举中一并选出。台湾省出席全国人大的代表由在各省、自治区、直辖市和中国人民解放军的台湾省籍同胞派代表到北京协商产生。特别行政区按照由全国人大常委会规定的特定办法推选产生全国人大代表。

按照《选举法》的规定,全国人大代表的名额不超过3000人。省、自治区、直辖市应选全国人大代表的名额,由全国人大常委会按照各省、自治区、直辖市的人口数,按照每一代表所代表的城乡人口数相同的原则,以及保证各地区、各民族、各方面都有适当数量代表的要求进行分配。全国少数民族应选全国人大代表由全国人大常委会参照各少数民族的人口数和分布等情况,分配给各省、自治区、直辖市人大选出。人口特少的民族,至少应有1名代表。

事例与思考19－1　深化全国人大机构改革,组建全国人大常委会代表工作委员会

2023年3月印发的《党和国家机构改革方案》第二项“深化全国人大机构改革”中规定组建全国人大常委会代表工作委员会。负责全国人大代表名额分配、资格审查、联络服务有关工作,指导协调代表集中视察、专题调研、联系群众有关工作,统筹管理全国人大代表议案建议工作,负责全国人大代表履职监督管理,统筹全国人大代表学习培训工作,指导省级人大常委会代表工作等,承担全国人大常委会代表资格审查委员会的具体工作,作为全国人大常委会的工作委员会。

问:1.组建全国人大常委会代表工作委员会的意义是什么?

2. 组建全国人大常委会代表工作委员会的过程是什么?

全国人大每届任期5年。全国人大任期届满的2个月以前,全国人大常委会必须完成下一届全国人大代表的选举。如果遇到不能进行选举的非常情况,由全国人大常委会全体组成人员的2/3以上的多数通过,可以推迟选举,延长本届全国人大的任期。在非常情况结束后1年内,必须完成下届全国人大代表的选举。

三、全国人民代表大会的职权

全国人大作为全国人民行使国家权力的机关,行使下列六个方面的职权。

(一)宪法方面

1. 修改宪法。宪法是国家根本法,只有代表全国人民意志的全国人大有权进行修改。宪法的修改由全国人大常委会或者1/5以上的全国人大代表提议,并由全国人大以全体代表的2/3以上的多数通过。现行宪法通过以来,全国人大分别于1988年、1993年、1999年、2004年、2018年五次以修正案的方式,进行了部分修改。

2. 监督宪法的实施。宪法是我国一切国家机关和武装力量、各政党和各社会团体、各企业事业组织的根本活动准则;一切法律、行政法规和地方性法规都不得同宪法相抵触;一切违反宪法的行为都必须予以追究。作为最高国家权力机关的全国人大有权监督这些国家机关和组织制定的规范性文件、具体行为是否违反了宪法,对于违反宪法的规范性文件、具体行为有权予以撤销、改变或者宣布无效,以保证国家法制的统一和尊严。例如,宪法规定,全国人大有权改变或者撤销全国人大常委会作出的不适当的决定,其中包括违反宪法的决定。

(二)立法方面

根据《立法法》第11条的规定,下列事项只能制定法律:(1)国家主权的事项;(2)各级人民代表大会、人民政府、监察委员会、人民法院和人民检察院的产生、组织和职权;(3)民族区域自治制度、特别行政区制度、基层群众自治制度;(4)犯罪和刑罚;(5)对公民政治权利的剥夺、限制人身自由的强制措施和处罚;(6)税种的设立、税率的确定和税收征收管理等税收基本制度;(7)对非国有财产的征收、征用;(8)民事基本制度;(9)基本经济制度以及财政、海关、金融和外贸的基本制度;(10)诉讼制度和仲裁基本制度;(11)必须由全国人民代表大会及其常务委员会制定法律的其他事项。

上述《立法法》第11条规定的立法事项中,尚未制定法律的,全国人大及其常委会有权作出决定,授权国务院可以根据实际需要,对其中的部分事项先制定行政法规,但是有关犯罪和刑罚、对公民政治权利的剥夺和限制人身自由的强制措施和处罚、司法制度等事项除外。

(三)人事方面

1. 选举。全国人大选举全国人大常委会委员长、副委员长、秘书长、委员,选举国家主席、副主席,选举中央军委主席,选举国家监察委员会主任,选举最高人民法院院长和最高人民检察院检察长。

2. 决定。全国人大根据国家主席的提名,决定国务院总理的人选;根据国务院总理的提名,决定国务院副总理、国务委员、各部部长、各委员会主任、审计长、秘书长的人选;根据中央军委主席的提名,决定中央军委其他组成人员的人选。

(四) 监督方面

事例与思考 19－2 人大如何对监察委员会实施有效监督

2020 年 8 月 10 日,时任国家监察委员会负责同志在第十三届全国人大常委会第二十一次会议上作国家监察委员会关于开展反腐败国际追逃追赃工作情况的报告。这是全国人大常委会首次听取国家监委专项工作报告。

人大如何监督监委,是监察体制改革后面临的一项新课题。我国《宪法》《监察法》规定,各级监察委员会由本级人民代表大会产生,对本级人民代表大会及其常务委员会负责,并接受其监督。《监察法》还规定,各级人民代表大会常务委员会听取和审议本级监察委员会的专项工作报告,组织执法检查等。这些法律规定为"监督监察机关"指明了方向和路径。

听取和审议监察机关专项工作报告,既是深化国家监察体制改革的重要内容,也是落实《监察法》的要求,加强对监察委员会监督的重要体现。关于如何开展监督、何时开展监督,《监察法》没有作出特别具体详尽的规定,写好人大审议监察机关专项报告这篇文章,有待于在实践中不断探索和优化。

"九层之台,起于累土",基础牢固,方能行稳致远。为提高这次专项工作报告起草、修改和调研质量,国家监委分别召开部分中央和国家机关有关负责同志、部分特约监察员和专家学者、部分省市县纪委监委负责同志座谈会,听取对报告稿的意见建议。国家监委还积极与全国人大常委会和全国人大监察和司法委员会沟通联系,两次将报告稿送全国人大监察和司法委员会征求意见,体现了严肃认真的工作态度和求真务实的作风,也生动彰显了对权力机关的尊重、对法律的敬畏。

问:1. 人大对监察委员会实施监督是否会影响司法机关依法独立行使监察权?

2. 人大若对监察委员会实施监督,应当坚持什么监督原则?

1. 听取和审议工作报告。全国人大在每年举行会议时,由全国人大常委会、国务院、最高人民法院、最高人民检察院向大会作工作报告,并经各代表团审议后,作出相应的决议。

2. 提出询问和质询。全国人大各代表团、主席团、专门委员会审议议案和有关报告时,国务院或者国务院有关部门应当派负责人员到会,听取意见,回答代表提出的询问。全国人大会议期间,一个代表团或者 30 名以上的代表联名,可以书面提出对国务院和国务院各部门的质询案。

3. 罢免。全国人大有权罢免全国人大常委会的组成人员，国家主席、副主席，国务院总理、副总理、国务委员、各部部长、各委员会主任、审计长、秘书长，中央军委主席和中央军委组成人员，国家监察委员会主任，最高人民法院院长，最高人民检察院检察长。

（五）决定重大国家事务方面

全国人大有权审查和批准国民经济和社会发展执行情况报告，审查和批准国家的预算和预算执行情况的报告，批准省、自治区、直辖市的建置，决定特别行政区的设立及其制度，决定战争与和平问题等。

（六）其他方面

全国人大行使应当由最高国家权力机关行使的其他职权。例如，全国人大设立民族委员会、宪法和法律委员会、财政经济委员会、教育科学卫生委员会、外事委员会、华侨委员会和其他需要设立的专门委员会；认为必要时，可以组织特定问题的调查委员会，并且根据调查委员会的报告，作出相应的决议。

四、工作程序

（一）会议制度

1. 会议的举行。全国人大的工作方式是举行会议。全国人大的会议每年举行一次，由全国人大常委会召集。如果全国人大常委会认为必要，或者有1/5以上的全国人大代表提议，可以临时召集全国人大会议。全国人大会议须有全体代表的2/3以上出席，才能举行。

全国人大常委会在全国人大会议举行前，进行下列准备工作：（1）提出会议议程草案；（2）提出主席团和秘书长名单草案；（3）决定列席会议人员名单；（4）会议的其他准备事项。在会议举行的一个月前，将开会日期和建议会议讨论的主要事项通知代表，并将准备提请会议审议的法律草案发给代表。

2. 代表团。全国人大会议举行前，代表按照选举单位组成代表团。代表团推选团长、副团长，并可分设若干代表小组。代表团审议议案和有关的报告。以代表团名义提出的议案、质询案、罢免案，应经代表团全体代表的过半数通过。团长召集并主持代表团全体会议，副团长协助团长工作。

3. 预备会议。全国人大会议举行前，召开预备会议，由全国人大常委会主持。预备会议选举全国人大会议主席团和秘书长，通过会议议程和关于会议其他准备事项的决定。

4. 主席团。主席团主持全国人大会议。主席团推选主席团成员若干人分别担任每次大会全体会议的执行主席，并指定其中一人担任全体会议主持人。主席团处理下列事项：（1）根据会议议程决定会议日程；（2）决定会议期间代表提出议案的截止时间；（3）听取和审议关于议案处理意见的报告，决定会议期间提出的议案是否列入会议议程；（4）听取和审议秘书处和有关专门委员会关于各项议案和报告审议、审查情况的报告，决定是否将议案和决定草案、决议草案提请会议表决;(5)听取主席团常务主席关于国家机构组成人员人选名单的说明,提名由会议选举的国家机构组成人员的人选,依照法定程序确定正式候选人名单;(6)提出会议选举和决定任命的办法草案;(7)组织由会议选举或者决定任命的国家机构组成人员的宪法宣誓;(8)其他应当由主席团处理的事项。主席团的决定由主席团全体成员的过半数通过。

主席团常务主席就拟提请主席团审议事项,听取秘书处和有关专门委员会的报告,向主席团提出建议。主席团常务主席可以对会议日程作必要的调整。

主席团可以召开全国人大全体会议,进行大会发言,就议案和有关报告发表意见。

5. 秘书处。全国人大会议设秘书处,由秘书长和副秘书长若干人组成。副秘书长的人选由主席团决定。秘书处在秘书长领导下,办理主席团交付的事项和处理会议日常事务。副秘书长协助秘书长工作。

6. 列席和旁听。国务院的组成人员、中央军委的组成人员、国家监察委员会主任、最高人民法院院长和最高人民检察院检察长,列席全国人大会议;其他有关机关、团体的负责人,经全国人大常委会或者主席团决定,可以列席全国人大会议。大会全体会议设旁听席,有关人士可以依照规定旁听。

7. 会议公开。全国人大会议公开举行,并通过旁听、举行新闻发布会、记者招待会等形式向公众传播。但在必要的时候,经主席团征求各代表团的意见后,由有各代表团团长参加的主席团会议决定,全国人大可以举行秘密会议。

事例与思考 19-3 全国人民代表大会的会期制度能够发挥人民代表大会制度的功能吗?[1]

1982 年宪法通过后,全国人大每年举行会议的时间逐步提前。从 1985 年到 1988 年都是在当年的 3 月开始举行的。据此,于 1989 年制定了全国人大议事规则,根据代表的意见和实际情况,规定全国人民代表大会会议于每年第一季度举行。这一规定的含义是全国人大会议必须在每年的第一季度召集,否则就是违法;而且在第一季度举行的时间要逐步提前。王汉斌副委员长在第七届全国人大第二次会议上关于全国人大议事规则草案的说明中指出:从批准国家的年度计划和预算考虑,较为合适的开会时间应为财政年度开始前的 12 月,但目前在实际工作安排上还有困难,建议今后在实践中争取逐步提前。这个"规则"实施 15 年来,每年的全国人大会议都是按规定在第一季度举行,并且逐步提前,多次安排在 3 月 5 日举行,有的还安排在 3 月 1 日举行。这表明,全国人大每年举行会议的时间已经做到制度化了。所须努力的是,争取继续提前,最好在每年的 2 月甚至 1 月召开。近些年来,许多地方人大都能做到在 1 月或 2 月举行会议。会期制度的另一方面,是每次会议召开的时间长短。加拿大议会每年举行一次会议,但每次会议从 9 月开始到次年 6 月,约 27 个星期。我国全国人大每次开会的时间最长的 26 天(第一届全国人大第四次会议和第二届全国人大第三次会议),短的只有 5 天(第四届全国人大第一次会议),一般为 15 天左右。

[1] 刘政:《从历史进程看人代会会期制度的完善》,载《中国人大》2006 年第 1 期。

对地方人大，就省级人大来说，一般每次会议开 7 天左右，设区的市级人大为 5 天左右，县级人大为 3 天左右，乡镇人大为 1 至 2 天。值得注意的是，有些地方人大尤其是县、乡人大开会的时间越来越短，如有的县人大只开一天半就散会了。有的乡人大只开半天。这就很难行使职权了。

问：1. 根据《地方各级人大和地方各级政府组织法》的规定，县级以上地方人大有 15 项职权，乡镇人大有 13 项职权。而每年只开一次会，会期这么短，可能行使好职权吗？

2. 应如何改革人大会期制度，从而更加充分地发挥人大制度的功能？

（二）议案通过程序

1. 议案的提出。全国人大主席团、全国人大常委会、全国人大各专门委员会、国务院、中央军委、国家监察委员会、最高人民法院、最高人民检察院，可以向全国人大提出属于全国人大职权范围内的议案，由主席团决定列入会议议程。一个代表团或者 30 名以上的代表联名，可以向全国人大提出属于全国人大职权范围内的议案，由主席团决定是否列入会议议程，或者先交有关的专门委员会审议、提出是否列入会议议程的意见，再决定是否列入会议议程。

全国人大主席团可以向全国人大提出法律案，由全国人大会议审议。全国人大常委会、国务院、中央军委、国家监察委员会、最高人民法院、最高人民检察院、全国人大各专门委员会，可以向全国人大提出法律案，由主席团决定列入会议议程。一个代表团或者 30 名以上的代表联名提出法律案的程序与上述其他议案相同。向全国人大提出的法律案，在全国人大闭会期间，可以先向常委会提出，经常委会会议审议后，决定提请全国人大审议，由常委会向大会全体会议作说明，或者由提案人向大会全体会议作说明。

全国人大主席团、三个以上的代表团或者 1/10 以上的代表，可以提出对全国人大常委会的组成人员，中华人民共和国主席、副主席，国务院和中央军事委员会的组成人员，国家监察委员会主任，最高人民法院院长和最高人民检察院检察长的罢免案，由主席团提请大会审议。

全国人大常委会或者 1/5 以上的全国人大代表可以向全国人大提出宪法修正案。

事例与思考 19－4　《立法法》修改：总结实践经验，完善立法体制机制

2023 年 3 月 13 日，第十四届全国人大第一次会议高票通过了《关于修改〈中华人民共和国立法法〉的决定》。这是 2000 年制定《立法法》以来的第二次修改。总结新时代立法工作的新成果新经验，修改后的《立法法》完善了立法体制机制：一是将国家监察委员会制定监察法规、上海市人大及其常委会制定浦东新区法规、海南省人大及其常委会制定海南自由贸易港法规纳入立法法予以规范；二是扩大设区的市立法权限范围，扩大部门规章制定主体；三是贯彻国家区域协调发展战略，增加区域协同立法有关规定；四是明确基层立法联系点的法律地位和作用，更好推动立法践行全过程人民民主，增加开展立法宣传有关规定，

扩大立法公开;五是适应新时代新要求,明确立法技术规范、紧急立法程序,完善法律案的终止审议程序、法律解释制度,丰富立法形式,增加立改废释纂和决定等内容。

问:我国的立法体制机制是什么?

2. 议案的审议。列入会议议程的议案由各代表团进行审议,主席团可以并交有关的专门委员会审议,提出审议报告,由主席团审议决定提请大会全体会议表决。列入会议议程的议案在审议中有重大问题需要进一步研究的,可以授权全国人大常委会决定,提请全国人大下次会议审议。向全国人大提出的议案在交付大会表决前,提案人要求撤回的,对该议案的审议即行停止。

列入会议议程的法律案,大会全体会议听取关于该法律案的说明后,由各代表团审议,并由宪法和法律委员会以及有关的专门委员会审议。宪法和法律委员会根据各代表团和有关的专门委员会审议意见,对法律案进行统一审议,向主席团提出审议结果报告和草案修改稿,对重要的不同意见应当在审议结果报告中予以说明,主席团审议通过后,印发会议,并将修改后的法律案提请大会全体会议表决。

列入会议议程的议案,在审议中有重大问题需要进一步研究的,经主席团提出,由大会全体会议决定,可以授权全国人大常委会审议决定,并报全国人大下次会议备案或者提请全国人大下次会议审议。

3. 议案的通过和公布。全国人大全体会议表决议案,由全体代表过半数通过。全国人大通过的法律由国家主席签署主席令予以公布。

4. 代表建议和意见。全国人大代表向会议提出的对各方面工作的建议、批评和意见,由全国人大常委会的办事机关交由有关机关、组织研究处理,并负责在大会闭会之日起3个月内,至迟不超过6个月,予以答复。代表对答复不满意的,可以提出意见,由全国人大常委会办事机构交由有关机关、组织或者其上级机关、组织再作研究处理,并负责答复。

(三)询问与质询

各代表团审议议案和有关报告的时候,国务院和其他的有关部门应当派负责人员到会,听取意见,回答代表提出的询问。主席团和专门委员会在对议案和有关报告进行审议的时候,国务院或者有关机关负责人应当到会,听取意见、回答询问,并可以对有关议案作补充说明。

在全国人大会议期间,一个代表团或者30名以上的代表联名,可以书面提出对国务院以及国务院各部门、国家监察委员会、最高人民法院、最高人民检察院的质询案。质询案必须写明质询对象、质询的问题和内容,由主席团决定交受质询机关书面答复,或者由受质询机关的领导人在主席团会议上或者有关的专门委员会会议上或者有关的代表团会议上口头答复。在主席团会议或者专门委员会会议上答复的,提质询案的代表团团长或者代表有权列席会议,发表意见。提质询案的代表或者代表团对答复不满意的,可以提出要求,经主席团决定,由受质询机关再作答复。

事例与思考 19－5　云南省人大常委会质询云南省发展改革委

根据《各级人民代表大会常务委员会监督法》和《云南省实施〈中华人民共和国各级人民代表大会常务委员会监督法〉办法》的有关规定，2022 年 11 月 30 日上午，云南省第十三届人大常委会第三十五次会议召开质询会议，就招投标领域隐性壁垒等问题开展质询。这是《各级人民代表大会常务委员会监督法》实施以来，省人大常委会首次开展质询。关于招投标领域隐性壁垒等问题的质询案由 10 位省人大常委会组成人员联名提出。此次省人大常委会依法组织开展质询，是贯彻落实党中央关于优化营商环境决策部署和省委工作要求的重要举措，也是运用刚性手段增强监督实效的有益探索。省人大常委会组成人员直面矛盾、严肃质询，体现了为人民依法履职的高度自觉；省发展改革委负责同志直面问题、认真作答，体现了依法接受人大监督的高度自觉。

问：质询与询问的区别是什么？

（四）辞职与罢免

全国人大在会议期间，全国人大常委会的组成人员，中华人民共和国主席、副主席、国务院组成人员、中央军事委员会的组成人员、国家监察委员会主任、最高人民法院院长和最高人民检察院检察长提出辞职的，由大会主席团将其辞职请求交各代表团审议后，提请大会全体会议决定；在大会闭会期间提出辞职的，由委员长将其辞职请求提请全国人大常委会会议审议决定。全国人大常委会如果决定接受上述有关人员辞职的，应当报请全国人大下次会议确认。

全国人大会议主席团、3 个以上的代表团或者 1/10 以上的代表，可以提出对全国人大常委会组成人员、中华人民共和国主席、副主席、国务院组成人员、中央军事委员会组成人员、国家监察委员会主任、最高人民法院院长和最高人民检察院检察长的罢免案，由主席团交各代表团审议后，提请大会全体会议表决；或者由主席团提议，经大会全体会议决定，依法组织调查委员会，由全国人大下次会议根据调查委员会的报告审议决定。罢免案应当写明理由并提供有关材料。在大会全体会议表决之前，被提出罢免的人员有权在主席团会议和大会全体会议上提出申辩意见，或者书面提出申辩意见。

全国人大常委会组成人员、专门委员会成员的全国人大代表职务被原选举单位罢免的，其全国人大常委会组成人员、专门委员会成员的职务相应撤销。

五、全国人大各委员会

全国人大所设立的委员会可以分为两类：一类是常设性的专门委员会，另一类是临时性的调查委员会。

（一）专门委员会

1. 组成。根据《宪法》第 70 条的规定，全国人大按工作需要设立专门委员会。各专门委员会由全国人大从代表中选举主任、副主任若干人和委员若干人组成，协助全国人大及其常委会的工作。各专门委员会的人选由主席团在代表中提名,大会通过。在大会闭会期间,全国人大常委会可以补充任命专门委员会的个别副主任委员和部分委员,由委员长会议提名,常委会会议通过。根据工作需要,各专门委员会可以任命专家(不限于代表)若干人为顾问,列席委员会会议,发表意见。第十四届全国人大现设民族委员会、宪法和法律委员会、财政经济委员会、教育科学文化卫生委员会、外事委员会、华侨委员会、监察和司法委员会、环境与资源保护委员会、农业与农村委员会、社会建设委员会10个委员会。各专门委员会受全国人大领导,在全国人大闭会期间,受全国人大常委会领导。

2. 职能。各专门委员会的工作是:(1)审议全国人大主席团或者全国人大常委会交付的议案;(2)向全国人大主席团或者全国人大常委会提出属于全国人大或者全国人大常委会职权范围内同本委员会有关的议案,组织起草法律草案和其他议案草案;(3)承担全国人大常委会听取和审议专项工作报告有关具体工作;(4)承担全国人大常委会执法检查的具体组织实施工作;(5)承担全国人大常委会专题询问有关具体工作;(6)按照全国人大常委会工作安排,听取国务院有关部门和国家监察委员会、最高人民法院、最高人民检察院的专题汇报,提出建议;(7)对属于全国人大或者全国人大常委会职权范围内同本委员会有关的问题,进行调查研究,提出建议;(8)审议全国人大常委会交付的被认为同宪法、法律相抵触的国务院的行政法规、决定和命令,国务院各部门的命令、指示和规章,国家监察委员会的监察法规,省、自治区、直辖市和设区的市、自治州的人民代表大会及其常务委员会的地方性法规和决定、决议,省、自治区、直辖市和设区的市、自治州的人民政府的决定、命令和规章,民族自治地方的自治条例和单行条例,经济特区法规,以及最高人民法院、最高人民检察院具体应用法律问题的解释,提出意见;(9)审议全国人大主席团或者全国人大常委会交付的质询案,听取受质询机关对质询案的答复,必要的时候向全国人大主席团或者全国人大常委会提出报告;(10)研究办理代表建议、批评和意见,负责有关建议、批评和意见的督促办理工作;(11)按照全国人大常委会的安排开展对外交往;(12)全国人大及其常委会交办的其他工作。

除以上工作外,宪法和法律委员会统一审议向全国人大或者全国人大常委会提出的法律草案和有关法律问题的决定草案;其他专门委员会就有关草案向宪法和法律委员会提出意见。民族委员会还可以对加强民族团结问题进行调查研究,提出建议;审议自治区提请全国人大常委会批准的自治区的自治条例和单行条例,向全国人大常委会提出报告。财政经济委员会对国务院提出的国民经济和社会发展计划草案、规划纲要草案、中央和地方预算草案、中央决算草案以及相关报告和调整方案进行审查,提出初步审查意见、审查结果报告;其他专门委员会可以就有关草案和报告向财政经济委员会提出意见。

(二)调查委员会

《宪法》第71条规定,全国人大和全国人大常委会"认为必要的时候,可以组织关于特定问题的调查委员会,并且根据调查委员会的报告,作出相应的决议"。主席团、3个以上的代表团或者1/10以上的代表联名,可以提议组织关于特定问题的调查委员会,由主席团提请大会全体会议决定。

调查委员会的组织和工作，由全国人大或者全国人大常委会决定。调查委员会由主任委员、副主任委员若干人和委员若干人组成，由主席团在代表中提名，提请大会全体会议通过。调查委员会可以聘请专家参加调查工作。调查委员会是临时性委员会，没有固定的任期。

调查委员会进行调查的时候，一切有关的国家机关、社会团体和公民都有义务向它提供必要的材料。

调查委员会应当向全国人大提出调查报告。全国人大根据调查委员会的报告，可以作出相应的决议。

实践中，全国人大根据需要还可以成立其他临时性委员会。例如，全国人大曾设立"中华人民共和国香港特别行政区基本法起草委员会""中华人民共和国澳门特别行政区基本法起草委员会""全国人大香港特别行政区筹备委员会""全国人大澳门特别行政区筹备委员会"。这些委员会均对全国人大和全国人大常委会负责，其成员由全国人大常委会任命。

六、全国人大代表

全国人大代表是全国人大的组成人员，其中一部分代表同时又是全国人大常委会的组成人员，每届任期 5 年，从每届全国人大举行第一次会议开始，到下届全国人大举行第一次会议为止。他们代表着全国人民的意志和利益，依照宪法和法律赋予全国人大的各项职权，参加行使最高国家权力。

（一）全国人大代表的工作

1. 在全国人大会议期间的工作

全国人大代表在全国人大会议期间的工作包括：(1) 出席和参加全体会议、代表团全体、小组会议，审议各项议案和报告；(2) 可依照法定程序提出议案，包括修改宪法的议案；(3) 参加各项选举，可对主席团提名的由全国人大选举产生的国家机构领导人的人选和全国人大各专门委员会的人选，提出意见；(4) 参加决定国务院组成人员和中央军委副主席、委员的人选；(5) 在审议议案和报告时，可向有关国家机关提出询问；可依照法律规定的程序，书面提出对国务院和国务院各部、各委员会，最高人民法院、最高人民检察院的质询案；(6) 可依照法律的规定提出罢免案；(7) 可依法提议组织关于特定问题的调查委员会；(8) 可向全国人大提出对各方面工作的建议、批评和意见。

事例与思考 19－6　拉齐尼·巴依卡——一名优秀的人大代表

作为一名守卫祖国西部边陲的共和国护边员，拉齐尼·巴依卡十几年来勤恳敬业，以实际行动践行着共产党员的神圣使命。在他工作的地方，留下了很多动人的故事：在那条海拔 4000 米以上、长年与风雪为伴的边境线上，他会迎着暴虐的风雪，把自家牦牛聚集在一起,形成厚厚的墙壁,为巡逻官兵抵御严寒;他会在接到边境管区牧民那西尔江·塔西坎迪的电话后,顶风冒雪,将牧民患急病的母亲送到医院直到老人恢复健康;他会舍命营救掉进雪洞的解放军战士,却丝毫不顾自己的安危,以至于在医院被紧急抢救3小时才挽回生命……他的足迹踏遍帕米尔高原边防线上的每一块界碑、每一条河流、每一道山沟。善良、正直、无私是对他的评价,忠诚、勇敢、无畏是他的标签。

2018年,拉齐尼·巴依卡当选为第十三届全国人大代表。从此,每当巡边时,他不仅帮助边境线上的牧民,尽力解决他们的生活困难,还会广泛听取意见和建议,把祖国边境线上的声音带到两会上。在两会结束后,他还主动宣讲两会精神,把党和国家的声音真真切切地传递到基层。

"这辈子要一直做一名不穿军装的边防战士,永远守护好祖国的边境线……"这是拉齐尼·巴依卡生前常说的一句话。而今,数九隆冬,英雄已逝,这铮铮誓言将永远传颂在帕米尔高原的天地之间,传颂在共和国西陲千里的边防线上,"帕米尔雄鹰"拉齐尼·巴依卡的精神也将世代相传。

问:人大代表的职责是什么?

2. 在全国人大闭会期间的工作

全国人大常委会组织代表在闭会期间开展的各项活动包括:(1)全国人大代表在常委会的统一安排下,对有关地区、有关单位进行视察,就被视察的各方面的工作提出建议、批评、意见,但不直接处理问题;(2)可应邀列席全国人大常委会会议以及各专门委员会会议;(3)列席原选举单位的人大会议和人大常委会会议,回答原选举单位对代表工作和代表活动的询问,协助政府推行工作;(4)根据全国人大或者全国人大常委会的决定,参加关于特定问题的调查委员会;(5)有权向全国人大常委会提出对各方面工作的建议、批评和意见;(6)有权按照法律规定的程序提议临时召集全国人大会议。

(二)代表执行职务的保障

为了保证全国人大代表履行职责,宪法和法律规定了对代表的多方面的保障:(1)在全国人大各种会议上的发言和表决,不受法律追究;(2)在会议期间非经全国人大主席团许可,在全国人大闭会期间非经全国人大常委会许可,不受逮捕或者刑事审判;如果因为是现行犯被拘留,执行拘留的机关应立即向主席团或者常委会报告;如果对代表采取法律规定的其他限制人身自由的措施,应当经全国人大主席团或者全国人大常委会许可;(3)代表在全国人大闭会期间参加由全国人大或者全国人大常委会作出安排的代表活动时,代表所在单位必须给予时间保障,并按正常的出勤对待,享受所在单位的工资和其他应得的待遇;(4)代表的活动经费列入财政预算;(5)全国人大常委会采取多种方式同代表保持联系,常委会的办事机构为代表执行职务提供服务;(6)少数民族代表在执行职务时,有关的部门应在文字、生活习惯等方面给予必要的帮助和照顾;(7)一切组织和个人都必须尊重代表的权利,支持代表执行职务,违者予以追究。

(三)代表的义务

全国人大代表作为中华人民共和国公民,应与其他公民一样,必须履行宪法和法律规定的义务。同时,全国人大代表又必须履行宪法和法律规定的作为人民代表所应尽的义务:(1)全国人大代表必须模范地遵守宪法和法律,保守国家秘密,在自己参加的生产、工作和社会活动中,协助宪法和法律的实施;(2)全国人大代表应同原选举单位和人民群众保持密切的联系,听取和反映他们的意见和要求,努力为人民服务;(3)全国人大代表接受原选举单位的监督,原选举单位有权罢免自己选出的全国人大代表。

(四)停止执行代表职务和代表资格终止

1. 停止执行代表职务。代表有下列情形之一的,暂时停止执行代表职务:(1)由刑事案件被羁押正在受侦查、起诉、审判的;(2)被依法判处管制、拘役或者有期徒刑而没有附加剥夺政治权利,正在服刑的。这些情形在代表任期内消失后,恢复其执行代表职务,但代表资格终止者除外。

2. 代表资格终止。代表有下列情形之一的,其代表资格终止:(1)辞职被接受的;(2)未经批准两次不出席本级人大会议的;(3)被罢免的;(4)丧失中华人民共和国国籍的;(5)依照法律被剥夺政治权利的;(6)丧失行为能力的。

代表因故出缺的,由原选举单位补选。省、自治区、直辖市人大常委会在本级人大闭会期间,可以补选个别出缺的代表。

第二节　全国人民代表大会常务委员会

一、全国人大常委会的性质和组成

全国人大常委会是全国人大的常设机关,是经常性行使国家权力的国家权力机关,是行使国家立法权的机关,是中华人民共和国最高国家权力机关的组成部分。全国人大常委会的组成人员由全国人大在代表中选举产生,接受全国人大的监督,对全国人大负责并报告工作,全国人大有权"改变或者撤销全国人民代表大会常务委员会不适当的决定",这表明全国人大常委会从属于全国人大,同时又高于其他国家机关的地位。

事例与思考 19－7　《治安管理处罚条例》引发争议:人大改变"橡皮图章"形象

1986 年 3 月,《治安管理处罚条例》修改草案提交第六届全国人大常委会审议,围绕是否应当对卖淫、嫖宿暗娼处以罚款等焦点问题,引爆了人大立法史上第一次激烈的立法争议,该法历经 3 次审议才得以出台,成为人大改变"橡皮图章"形象的一个重要起点。

问:人大怎样才能成为真正的国家权力机关?

全国人大常委会由委员长、副委员长若干人,秘书长、委员若干人组成。其组成程序是由全国人大主席团从本届的代表中提名,经各代表团酝酿协商后,再由主席团根据多数代表的意见,确定正式代表候选人名单。主席团在提名常委会组成人员初步名单时,应向会议介绍候选人的基本情况,并对代表提出的问题作必要的说明。最后的正式候选人名单中,常委会委员候选人的名额通常略多于应选委员的名额,以便交付全体代表进行差额选举。经全国人大以无记名投票选举,获得票数超过全体代表的半数的候选人当选。

全国人大常委会的组成人员中,应当有适当名额的少数民族代表。这一规定体现了民族平等、民族团结的原则,保证了少数民族代表平等地参与国家管理和对重大事务的决定。

全国人大常委会是全国人大的常设机关,是经常行使国家权力的机关,要求其组成人员必须集中精力和时间投入常委会的工作;同时,全国人大常委会按照宪法行使对其他国家机关的工作的监督权。因此,宪法规定,全国人大常委会的组成人员不得担任国家行政机关、监察机关、审判机关和检察机关的职务;如果担任上述职务,必须向常委会辞去常委会的职务。

委员长主持常委会会议和常委会的工作。副委员长、秘书长协助委员长的工作。副委员长受委员长的委托,可以代行委员长的部分职权。委员长因为健康情况不能工作或者缺位时,由常委会在副委员长中推选一人代理委员长,直到委员长恢复健康或者全国人大选出新的委员长为止。

二、全国人大常委会的任期

全国人大常委会每届任期与全国人大的每届任期相同,即5年。其任期从每届全国人大第一次会议选出本届常委会起,至下届全国人大选举产生新的常委会止。如果遇到非常情况而依照法定程序延长本届全国人大的任期时,常委会的任期便随之延长。

委员长、副委员长连续任职不得超过两届。

三、全国人大常委会的职权

(一)解释宪法、监督宪法的实施

全国人大常委会既是最高国家权力机关的组成部分,又是全国人大闭会期间的常设机关,由其对宪法进行日常的解释是适宜的。同时,全国人大常委会根据宪法规定,具有监督宪法实施的职能,也有必要拥有宪法解释权。1983年9月2日第六届全国人大常委会第二次会议通过的《关于国家安全机关行使公安机关的侦查、拘留、预审和执行逮捕的职权的决定》,是对《宪法》第37条和第40条规定作出的解释。

现行宪法在全国人大有权监督宪法实施的基础上,根据日常监督宪法实施的需要,增加规定全国人大常委会也有权监督宪法的实施。根据宪法的这一规定,《立法法》第110条规定,国务院、中央军事委员会、国家监察委员会、最高人民法院、最高人民检察院和各省、自治区、直辖市的人大常委会认为行政法规、地方性法规、自治条例和单行条例同宪法或者法律相抵触,或者存在合宪性、合法性问题的,可以向全国人大常委会书面提出进行审查的要求,由全国人大有关的专门委员会和常务委员会工作机构进行审查、提出意见。上述规定以外的其他国家机关和社会团体、企业事业组织以及公民认为行政法规、地方性法规、自治条例和单行条例同宪法或者法律相抵触的,可以向全国人大常委会书面提出进行审查的建议,由常委会工作机构进行审查,必要时送有关的专门委员会进行审查、提出意见。可见,全国人大常委会是我国监督宪法实施的主要机关。

(二)制定法律、解释法律

全国人大常委会与全国人大都行使国家立法权。全国人大常委会有权制定和修改除应当由全国人大制定的基本法律以外的其他法律。在实践中,因全国人大常委会是常设机关,大部分法律是由全国人大常委会制定的。同时,全国人大常委会在全国人大闭会期间,有权对由全国人大制定的基本法律(特别行政区基本法除外)进行部分的补充和修改,但是不得与该基本法律的基本原则相抵触。

事例与思考 19－8　唤醒"单项表决",解决立法争议

立法争议频繁发生,立法博弈日趋激烈,乃是近年来各级人大立法的显著特征。这是体制转轨、社会转型、深化改革的时代语境下,社会利益多元化的必然体现。由此带来的突出问题是,一些立法案因个别条款存在重大分歧,或因久拖不决多年"难产",甚至搁置过久而险成"废案",或在激辩声中勉强出台,而争议仍然经久不息。这样的现实,折射了立法民主与立法效率之间的深刻矛盾。诸多立法争议固然可以通过凝聚社会共识得以解决,但民意诉求纷繁、利益博弈纠结的社会生态,决定了不少立法分歧并不能完全消解。在此背景下,表决作为立法最后关口,就愈加突显出程序民主的终极价值。长期以来,对立法案进行整体表决是人大立法一以贯之的方式,在意见较为一致的情形下,自然能充分发挥高效立法的优势。但一旦个别条款遭遇重大分歧,作为民意代表的表决者势必陷入两难境地:或顾全大局而被迫妥协,或坚持异议而割爱全篇,其实质都是遮蔽了真实民意的表达,拉低了立法民主的水准。

有效的策略是改革人大立法的表决制度,引入单项表决程序。当立法案的重要条款发生较大争议时,以逐一分项的方式,对其先予表决,并据此对争议性条款作出取舍,再付诸整体表决。如此,既能提前解决立法分歧、保证立法博弈更为充分,又能最大限度尊重民意,使立法民主真正深入细节层面。尤其是,与偏重效率的整体表决相比,单项表决能在兼顾效率的同时实现民主的最大化,进而合理平衡两者的内在冲突,推进立法质量的提升。

问:应当怎样完善人大的立法程序?

全国人大常委会行使法律解释权。法律有以下情况之一的,由全国人大常委会解释:(1)法律的规定需要进一步明确具体含义的;(2)法律制定后出现新的情况,需要明确适用法律依据的。国务院、中央军委、国家监察委员会、最高人民法院、最高人民检察院和全

国人大各专门委员会以及省、自治区、直辖市的人大常委会可以向全国人大常委会提出法律解释要求。法律解释草案表决稿由常委会全体成员的过半数通过,由常委会发布并予以公布。法律解释同法律具有同等的效力。

1981年6月10日第五届全国人大常委会第十九次会议通过《关于加强法律解释工作的决议》,根据这个决议,凡关于法律、法令条文本身需要进一步明确界限或者作补充规定的,由全国人大常委会进行解释。该决议同时授权最高人民法院在审判工作中解释法律,授权最高人民检察院在检察工作中解释法律,授权国务院对审判工作和检察工作以外的法律进行解释。通常将全国人大常委会的解释称为"立法解释",将最高人民法院和最高人民检察院的解释称为"司法解释",将国务院的解释称为"行政解释",立法解释的效力要高于司法解释和行政解释。

(三)人事任免

在全国人大闭会期间,常委会有权根据国务院总理的提名,决定部长、委员会主任、审计长、秘书长的人选;根据中央军委主席的提名,决定中央军委副主席和委员的人选;根据国家监察委员会主任的提请,任免国家监察委员会副主任、委员。宪法规定,全国人大常委会决定驻外全权代表的任免;根据最高人民法院院长的提请,任免最高人民法院副院长、审判员、审判委员会委员以及军事法院院长;根据最高人民检察院检察长的提请,任免最高人民检察院副检察长、检察员、检察委员会委员以及军事检察院检察长等。另外,全国人大常委会还有权批准省、自治区、直辖市人民检察院检察长的任免。

(四)决定国家的重大事务

在全国人大闭会期间,常委会有权审查和批准国民经济和社会发展计划、国家预算在执行过程中所必须作的部分调整方案;全国人大常委会有权决定同外国缔结的条约和重要协定的批准和废除;规定军人和外交人员的衔级制度和其他专门衔级制度;规定和决定授予国家的勋章和荣誉称号;决定特赦;决定全国总动员或者局部动员;决定全国或者个别省、自治区、直辖市进入紧急状态。在全国人大闭会期间,如果遇到国家遭受武装侵犯或者必须履行国际共同防止侵略的条约的情况,全国人大常委会有权决定战争状态的宣布。

(五)监督其他国家机关

全国人大常委会有权撤销国务院制定的同宪法、法律相抵触的行政法规、决定和命令;撤销省、自治区、直辖市国家权力机关制定的同宪法、法律和行政法规相抵触的地方性法规和决议。全国人大常委会监督国务院、中央军事委员会、国家监察委员会、最高人民法院和最高人民检察院的工作;有权听取并审议国务院及国务院各部、各委员会和最高人民法院、最高人民检察院的工作报告,常委会认为必要时,可以对工作报告作出决议。

事例与思考 19－9　地方计生法规中的强制性亲子鉴定规定被废止

2021 年 12 月 21 日，第十三届全国人大常委会第三十二次会议审议的《全国人民代表大会常务委员会法制工作委员会关于 2021 年备案审查工作情况的报告》提出：有的地方性法规规定，有关行政部门为调查计划生育违法事实，可以要求当事人进行亲子鉴定；对拒不配合的，处以 1 万元以上 5 万元以下罚款。

有公民对上述规定提出审查建议。全国人大常委会经审查认为，亲子关系涉及公民人格尊严、身份、隐私和家庭关系和谐稳定，属于公民基本权益，受宪法法律保护，地方性法规不宜规定强制性亲子鉴定的内容，也不应对此设定相应的行政处罚、处分、处理措施。经沟通，制定机关已对相关规定作出修改。

问：应如何进一步落实全国人大常委会的监督职能？

在常委会会议期间，常委会组成人员 10 人以上联名，可以向常委会书面提出对国务院及国务院各部、各委员会和最高人民法院、最高人民检察院的质询案。

（六）最高国家权力机关自身的组织工作

全国人大常委会主持全国人大代表的选举，召集全国人大会议，主持全国人大会议的预备会议；向全国人大提出议案，包括宪法修正案、法律草案和其他议案；联系全国人大代表，组织他们进行视察等活动；根据委员长会议的提名，通过代表资格审查委员会的主任、副主任和委员；任免全国人大常委会副秘书长和工作委员会的主任、副主任和委员；在全国人大闭会期间，补充任命专门委员会的个别副主任和部分委员，任免专门委员会顾问。

（七）全国人大授予的其他职权

全国人大在必要时，可以授权全国人大常委会行使一定的职权。例如，《立法法》第 26 条规定，法律案在审议中有重大问题需要进一步研究的，经主席团提出，由大会全体会议决定，可以授权常委会根据代表的意见进一步审议，作出决定，并将决定情况向全国人大下次会议报告；也可以授权常委会根据代表的意见进一步审议，提出修改方案，提请全国人大下次会议审议决定。

四、全国人大常委会的工作程序

（一）常委会会议

全国人大常委会每两个月举行一次会议，必要时可以召集临时会议。会议由委员长召集并主持，委员长可以委托副委员长主持会议。常委会全体成员过半数出席可以开会；全体成员过半数赞成方能通过决议。每次会议在开会前经委员长会议拟定议程草案，提请常委会全体会议决定。为了使参加会议的人员有所准备，应在每次会议举行之前 7 天，将开会日期和建议会议讨论的主要事项等通知常委会组成人员。

常委会举行会议时，国务院、中央军委、国家监察委员会、最高人民法院、最高人民检察院的负责人列席会议;全国人大各专门委员会的主任委员、副主任委员,有关的专门委员会委员、顾问及有关部门负责人,以及各省、自治区、直辖市的人大常委会主任或者副主任一人,列席会议。必要时,可以邀请有关的全国人大代表列席会议。

全国人大常委会的会议是全体会议,如需要时也可以举行分组会议和联组会议。分组会议审议议案或者审议有关的工作报告时,应通知有关部门派人到会,听取意见,回答询问;在联组会议审议时,应当通知有关的负责人到会听取意见,回答询问。

(二)提出和审议议案

委员长会议、国务院、中央军事委员会、国家监察委员会、最高人民法院、最高人民检察院、全国人大各专门委员会以及全国人大常委会组成人员 10 人以上联名,都可以向全国人大常委会提出属于其职权范围内的议案。

委员长会议提出的议案,由常委会会议予以审议。由国务院、中央军事委员会、国家监察委员会、最高人民法院、最高人民检察院、全国人大各专门委员会提出的议案,由委员长会议决定提请常委会会议审议,或者先交有关的专门委员会审议、提出报告,再决定提请常委会会议审议。由常委会组成人员 10 人以上联名提出的议案,由委员长会议决定提请常委会会议审议,或者先交有关的专门委员会审议、提出报告,再决定是否提请常委会会议审议。如果不提请常委会审议,则应向常委会会议报告或者向提案人说明。对于列入议程的议案,提案人、有关的专门委员会、常委会的有关工作部门应当提供资料。议案在交付表决前,提案人要求撤回的,经委员长会议同意,对该议案的审议即行终止。

对于列入会议议程的法律草案,常委会听取关于草案的原则精神的说明后,经分组会议作初步审议,然后交有关的专门委员会审议和法律委员会审议,由法律委员会向下次或者以后的常委会会议提出审议结果的报告,并将其他专门委员会的审议意见印发给常委会会议。对于有关法律问题的决定的议案和修改法律的议案,法律委员会审议后,可以向本次常委会会议也可以向下次或者以后的常委会会议提出审查结果的报告,以便常委会全体会议作出决定。

事例与思考 19－10　杭州在全国率先启动人脸识别禁止性条款的地方立法

2020 年 11 月,杭州在全国率先启动了人脸识别禁止性条款的地方立法——《杭州市物业管理条例(修订草案)》新增规定,“物业服务人不得强制业主通过指纹、人脸识别等生物信息方式使用共用设施设备,保障业主对共用设施设备的正常使用权”。这是全国首部将小区人脸识别纳入物业管理的地方性法规。自 2019 年中国人脸识别第一案以来,个人信息保护进一步受到人们重视。

问:为什么说立法过程是平衡不同利益关系的过程?

列入常委会会议议程的议案在审议中有重大委托需要进一步研究的,经委员长或者委员长会议提出,联组会议或者全体会议同意,可以暂不交付表决,交专门委员会进一步审议,提出审议报告。

常委会采用无记名投票、举手或者其他方式,以全体成员的过半数同意通过议案。

(三)质询

常委会在会议期间,常委会组成人员10人以上联名,可以向常委会书面提出对国务院及国务院各部、各委员会和最高人民法院、最高人民检察院的质询案。质询案由委员长会议决定交有关的专门委员会审议或者提请常委会会议审议。在专门委员会审议时,提出质询案的人可以出席发表意见。质询案经常委会会议或者有关的专门委员会审议后,由委员长会议决定,由受质询机关负责人在常委会会议上或者在有关的专门委员会会议上作口头答复,或者由受质询的机关书面答复。在专门委员会会议上作口头答复的,专门委员会应向常委会会议或者向委员长会议提出报告;以书面答复的,应由被质询机关负责人签署,并印发给常委会组成人员和有关的专门委员会。

五、委员长会议

全国人大常委会的委员长、副委员长、秘书长组成委员长会议,处理常委会的重要日常工作。根据法律的规定,其工作任务是:(1)决定常委会每次会议的会期,拟定会议议程草案;(2)对向常委会提出的议案和质询案,决定交由有关的专门委员会审议或者提请常委会全体会议审议;(3)指导和协调各专门委员会的日常工作;(4)处理常委会其他重要日常工作。

六、工作机构

全国人大常委会设立代表资格审查委员会,在每届全国人大代表选举产生后,对其资格进行审查;设立办公厅,在秘书长领导下工作;可以根据工作需要设立工作委员会,如法制工作委员会。

第三节　中华人民共和国主席

一、国家主席的性质和地位

(一)国家主席制度的沿革

《共同纲领》规定,在普选的全国人大召开以前,由中国人民政治协商会议的全体会议执行全国人大的职权,制定《中央人民政府组织法》,选举中华人民共和国中央人民政府委员会,并付之以行使国家权力的职权。根据《中央人民政府组织法》的规定,中央人民政府委员会对外代表中华人民共和国,对内领导国家政权;由中国人民政治协商会议的全体会议选举中央人民政府主席1人、副主席6人,委员56人,秘书长1人。主席主持中央人民政府委员会的会议,并领导中央人民政府委员会的工作。可见,中央人民政府委员会是中华人民共和国成立初期的国家元首,但中央人民政府主席在其中又发挥着特殊作用。

1954 年宪法在国家机构一章中,设中华人民共和国主席作为独立的国家机关。根据宪法规定,国家主席对外代表中华人民共和国,接受外国使节;根据全国人大常委会的决定,派遣和召回驻外全权代表,批准同外国缔结的条约;统率全国武装力量,担任国防委员会主席;在必要时,召开最高国务会议,并担任最高国务会议主席。

1975 年宪法和 1978 年宪法不设国家主席。1954 年宪法中原由国家主席行使的职权分别由不同职位的党和国家领导人行使。现行宪法恢复了国家主席的设置。

(二)职权和地位

宪法规定,国家主席根据全国人大的决定和全国人大常委会的决定,公布法律,任免国务院总理、副总理、国务委员、各部部长、各委员会主任、审计长、秘书长,授予国家的勋章和荣誉称号,发布特赦令,宣布进入紧急状态,宣布战争状态,发布动员令等;对外代表中华人民共和国,进行国事活动,接受外国使节,根据全国人大常委会的决定,派遣和召回驻外全权代表,批准和废除同外国缔结的条约和重要协定。从国家主席在对内和对外方面的职能可以看出,其是我国的国家元首。

国家副主席协助主席工作,受主席的委托,可以代行主席的部分职权。

国家主席、副主席由全国人大选举产生,受全国人大和全国人大常委会的监督,全国人大还有权罢免国家主席、副主席。

事例与思考 19－11　国家主席习近平签署特赦令

2015 年 8 月 29 日,国家主席习近平签署主席特赦令,根据第十二届全国人大常委会第十六次会议 29 日通过的《全国人大常委会关于特赦部分服刑罪犯的决定》,对参加过抗日战争、解放战争等四类服刑罪犯实行特赦。

根据主席特赦令,对依据 2015 年 1 月 1 日前人民法院作出的生效判决正在服刑、释放后不具有现实社会危险性的四类罪犯实行特赦。主席特赦令指出,对符合以下条件的服刑罪犯,经人民法院依法作出裁定后,予以释放。

四类特赦对象为:一是参加过中国人民抗日战争、中国人民解放战争的。二是中华人民共和国成立以后,参加过保卫国家主权、安全和领土完整对外作战的,但犯贪污受贿犯罪,故意杀人、强奸、抢劫、绑架、放火、爆炸、投放危险物质或者有组织的暴力性犯罪、黑社会性质的组织犯罪、危害国家安全犯罪、恐怖活动犯罪的、有组织犯罪的主犯以及累犯除外。三是年满 75 周岁、身体严重残疾且生活不能自理的。四是犯罪的时候不满 18 周岁,被判处 3 年以下有期徒刑或者剩余刑期在 1 年以下的,但犯故意杀人、强奸等严重暴力性犯罪、恐怖活动犯罪、贩卖毒品犯罪的除外。

中华人民共和国成立后,根据宪法,国家先后进行过 7 次特赦。之前一次是 1975 年,此后 40 年没有再特赦。

问：国家主席相较于其他中央国家机关有何种特殊的宪法地位？

二、国家主席的产生和任期

（一）产生

国家主席、副主席由全国人大选举产生。其产生程序是：(1)全国人大主席团提名人选，同时由其向会议介绍候选人的基本情况；(2)全国人大各代表团酝酿协商主席团提出的人选，代表在酝酿协商过程中提出的问题，由主席团作必要的说明；(3)由全国人大主席团根据多数代表的意见，确定正式候选人名单，提交大会投票；(4)采用无记名投票方式进行选举，得票数超过全体代表的半数的当选，并即时公布。选举的具体办法由大会全体会议通过。

担任国家主席、副主席需要同时具备以下资格：(1)有选举权和被选举权；(2)年满45周岁（1954年宪法曾经规定年满35周岁）；(3)中华人民共和国公民。

（二）任期

国家主席、副主席每届任期同全国人大每届任期相同，为5年，即自当选时起行使职权到下一届全国人大选出的国家主席、副主席就职为止。

（三）继任、补选和代理

国家主席缺位时，由副主席继任主席的职位。国家副主席缺位时，由全国人大补选。国家主席、副主席都缺位时，由全国人大补选，在补选以前，由全国人大常委会委员长暂时代理主席职位。

第四节　国　务　院

一、国务院的性质和地位

中华人民共和国成立初期，在中央人民政府内曾设有政务院，作为国家政务的最高执行机关，对中央人民政府委员会负责，并报告工作，在中央人民政府委员会休会期间，对中央人民政府主席负责并报告工作。

1954年宪法始设国务院。该宪法关于国务院性质和地位的规定沿袭至今（1975年宪法规定其是中央人民政府，但没有规定是最高国家权力机关的执行机关和最高国家行政机关）。

1. 国务院即中华人民共和国中央人民政府。这一规定表明，在国际关系中，国务院就是中华人民共和国政府，代表中华人民共和国同外国政府进行交往、外交谈判、签订国际条约和政府协定。在国内的国家机构体系中,我国有各级人民政府。除国务院外,其他人民政府都是地方政府,都必须接受作为中央人民政府的国务院的统一领导。

2. 国务院是最高国家权力机关的执行机关,即国务院是全国人大及其常委会的执行机关。在我国,国家权力是统一与分工关系。全国人大及其常委会行使国家立法权,把全国人民的意志形成法律,并就国家重大事项作出决定,但不执行这些法律和决定,而由全国人大产生的国务院执行全国人大及其常委会制定的法律和作出的决定。同时,国务院又受全国人大及其常委会监督,向全国人大及其常委会负责并报告工作。

3. 国务院是最高国家行政机关。这一规定表明:(1)在国家权力统一的前提下,根据国家机关之间的分工,国务院在国家机关中是行政机关,行使的是行政权,它不行使国家立法权(特别授权除外)、军事统率权、审判权和法律监督权,这些权力由其他性质的国家机关行使;(2)国务院作为我国行政机关中地位最高的行政机关,并不管理全国范围内所有的行政事务,只管理着全国范围内的最重要和最主要的行政事务,同时,它领导、指导和监督其他行政机关的行政管理活动。

国务院由总理、副总理若干人、国务委员若干人,各部部长,各委员会主任,审计长,秘书长组成。中国人民银行作为国务院部委之一,其行长也是国务院组成人员。国务院的组成程序是,国务院总理由国家主席提名,经全国人大决定,然后由国家主席任命。国务院的其他组成人员由总理提名,经全国人大决定,再由国家主席根据全国人大的决定,任命副总理、国务委员、各部部长、各委员会主任、行长、审计长、秘书长。

国务院每届任期同全国人大每届任期相同,为5年。总理、副总理、国务委员连续任职不得超过两届。

二、国务院的领导体制与会议制度

(一)领导体制

国务院的领导体制随着中央国家机关体系的变革,经历了以下发展过程:(1)中华人民共和国成立初期。政务院实行的是委员会的集体领导体制。政务院总理主持政务院全院事宜,总理负责召集政务院的政务会议,政务会议须有政务委员过半数出席始得开会,出席会议的政务委员过半数同意才能通过决议。(2)1954年至1975年。国务院实行的是部长会议制的集体领导体制。国务院全体会议由总理、副总理、各部部长、各委员会主任、秘书长组成,国务院发布的决议、命令必须经国务院全体会议或者国务院常务会议通过。(3)1975年至1982年。1975年宪法取消了由总理主持工作的规定,1978年宪法取消了国务院秘书长的设置,这两部宪法对国务院的领导体制的规定不很明确。(4)现行宪法明确规定国务院实行总理负责制。

总理负责制是指国务院总理对国务院的工作负全部责任,同时对国务院的工作有完全的决定权。总理负责制的主要表现和基本内容是:

1. 国务院总理由国家主席提名,并由国家主席根据全国人大的决定,予以任命。由于国家主席是我国的国家元首,代表和象征着中华人民共和国,接受国家主席的任命也就意味着受命于国家,接受国家的托付,担负起总管全国行政的重任。

2. 国务院总理向全国人大提名副总理、国务委员、各部部长、各委员会主任、审计长、秘书长的人选。这意味着国务院组成人员都由总理挑选,他们就必须尊重总理对国务院全盘工作的领导。国务院其他组成人员的工作要对总理负责,国务院在整体上对最高国家权力机关负责,并由总理承担总的责任。

3. 总理领导国务院工作。副总理、国务委员协助总理工作。国务委员受总理的委托,负责某些方面的工作或者专项任务,并可以代表国务院进行外事活动。副总理、国务委员按照各自的分工或者总理的委托,做好工作,对于工作中的重要情况、重大事件,须向总理及时报告;对于方针性、政策性的问题,要认真调查研究,向总理提出解决问题的办法和建议。

4. 总理召集和主持国务院常务会议和国务院全体会议,议题由总理确定,会议在决定问题时不进行表决,而是在充分展开集体讨论的基础上,由总理集中与会者的意见,形成国务院的决定。

5. 国务院颁布行政法规,规定行政措施,发布决定和命令,任免国家工作人员以及向全国人大或者全国人大常委会提出议案,都必须由总理签署。

(二)会议制度

国务院在实行总理负责制的同时,实行两种会议制度,即国务院常务会议和国务院全体会议。国务院工作中的重大问题要经国务院常务会议和全体会议讨论决定。

国务院常务会议由总理、副总理、国务委员和秘书长组成,一般每周举行一次,由总理召集并主持,也可以委托常务副总理召集、主持。常务会议的主要任务是:讨论国务院工作中的重大问题;讨论通过提请全国人大或者全国人大常委会审定的议案;讨论由国务院发布的行政法规;讨论决定各部门、各地区向国务院请示的重要事项,以及分析国内国外的形势,互通情况等。

国务院全体会议由国务院全体组成人员即由总理、副总理、国务委员、各部部长、各委员会主任、审计长、秘书长组成,约每个月举行一次,由总理或者由总理委托常务副总理召集。会议的主要任务是:决定和部署国务院的重要工作;讨论通过按照法律规定需要由国务院全体会议讨论决定的事项,以及通报国内外的形势和协调各部门的工作等。

除上述两种会议外,国务院日常工作中的重要问题由总理办公会议研究和处理。总理、副总理、国务委员还可以召开专题会议研究处理专项业务问题;必要时总理还可以召开由全国的省长、自治区主席、直辖市市长参加的省长会议部署工作或者征询意见。

三、国务院的职权

国务院行使以下七个方面的职权:

1. 根据宪法和法律,规定行政措施,制定行政法规,发布决定和命令,并组织实施,审查它们的实施情况。其中最主要的是制定行政法规的权力。根据《立法法》的规定,行政法规可以就下列事项作出规定:(1)为执行法律的规定需要制定行政法规的事项;(2)《宪法》第89条规定的国务院行政管理职权的事项。行政法规原则上不得规定由《立法法》第11条规定的法律保留的事项,但在这些事项尚未制定法律而又由全国人大及其常委会授权的情况下,国务院可以根据需要制定行政法规,规定对除有关犯罪和刑罚、对公民政治权利的剥夺和限制人身自由的强制措施和处罚、司法制度等以外的事项。

2. 向全国人大和全国人大常委会提出议案,包括法律草案、国民经济和社会发展计划草案、财政预算案以及其他重大议案。

3. 规定各部和各委员会的任务和职责,统一领导各部和各委员会的工作,并且领导不属于各部和各委员会的全国性的行政工作;规定中央和省、自治区、直辖市的国家行政机关的职权的具体划分。

4. 改变或者撤销各部、各委员会发布的不适当的命令、指示和规章;改变或者撤销地方各级国家行政机关的不适当的决定和命令。

5. 编制和执行国民经济和社会发展计划和国家预算;领导和管理经济工作和城乡建设、生态文明建设;领导和管理教育、科学、文化、卫生、体育和计划生育工作;领导和管理民政、公安、司法行政工作;领导和管理国防建设事业;管理对外事务,同外国缔结条约和协定;领导和管理民族事务,保障少数民族的平等权利和民族自治地方的自治权利;保护华侨的正当的权利和利益,保护归侨和侨眷的合法权利和利益。

6. 审定行政机构的编制,依照法律规定任免、培训、考核和奖惩行政人员;任命特别行政区行政长官和主要官员。

7. 全国人大和全国人大常委会授予的其他职权。例如,1985年第六届全国人大第三次会议决定,授权国务院在必要时,对于有关经济体制改革和对外开放方面的问题,在同有关法律和全国人大及其常委会的有关决定的基本原则不相抵触的前提下,可以制定暂行的规定或者条例,颁布实施,并报全国人大常委会备案。根据《立法法》第12条的规定,国务院有权根据全国人大和全国人大常委会的授权制定应当由法律规定的事项的行政法规。

四、国务院各部门及所属其他行政机构

(一)类别

国务院下设的行政机构按职能可分为:

1. 国务院办公厅:协助国务院领导处理国务院日常工作。

2. 国务院组成部门:是指各部、各委员会如国防部、外交部等,国家发展和改革委员会、国家民族事务委员会等,还包括中国人民银行和审计署,它们依法分别履行国务院基本的行政管理职能。各组成部门的主要负责人都是国务院组成人员。

3. 国务院直属机构:主管国务院的某项专门业务,具有独立的行政管理职能。如国家市场监督管理总局、国家广播电视总局、国家税务总局。

4. 国务院办事机构:协助国务院总理办理专门事项,不具有独立的行政管理职能。如国务院侨务办公室、国务院港澳事务办公室、国务院台湾事务办公室等。

5. 国务院组成部门管理的国家行政机构:由国务院组成部门管理,主管特定业务,行

使行政管理职能的机构。例如由国家发展和改革委员会管理的国家能源局等。

6. 国务院议事协调机构：承担跨国务院行政机构的重要业务工作的组织协调任务。例如科技教育领导小组、绿化委员会、国务院学位委员会等。国务院议事协调机构议定的事项，经国务院同意，由有关的行政机构按照各自的职责负责办理。在特殊或者紧急的情况下，经国务院同意，国务院议事协调机构可以规定临时性的行政管理措施。

（二）设置程序

1. 根据国务院组织法的规定，国务院设立办公厅。

2. 国务院组成部门的设立、撤销或者合并，由国务院机构编制管理机关提出方案，经国务院常务会议讨论通过后，由国务院总理提请全国人大或者全国人大常委会决定。

3. 国务院直属机构、国务院办事机构、国务院组成部门管理的国家行政机构以及国务院议事协调机构的设立、撤销或者合并，由国务院机构编制管理机关提出方案，报国务院决定。

4. 国务院办公厅、国务院组成部门、国务院直属机构、国务院办事机构可以在职能分解的基础上设立司、处两级内设机构；国务院组成部门管理的国家行政机构根据工作需要可以设立司、处两级内设机构，也可以只设立处级内设机构。国务院行政机构的司级内设机构的增设、撤销或者合并，经国务院机构编制管理机关审核方案，报国务院批准；处级内设机构的设立、撤销或者合并，由国务院行政机构根据国家的有关规定，按年度报国务院机构编制管理机关备案。

（三）国务院组成部门的领导体制和基本职权

各部、各委员会实行部长、主任负责制。国务院各部部长、各委员会主任负责本部门的工作；召集和主持部务会议或者委员会会议、委务会议，讨论决定本部门工作的重大问题。

各部、各委员会根据法律和国务院的行政法规、决定、命令，在本部门的权限内，发布命令、指示和规章。各部、各委员会发布的命令、指示、规章均由部长或者委员会主任签署。国务院各部、各委员会领导或者指导与其业务对口的地方行政机构。

国务院各部、各委员会、中国人民银行、审计署和具有行政管理职能的直属机构，可以根据法律和国务院的行政法规、决定、命令，在本部门的权限范围内，制定规章。部门规章规定的事项应当属于执行法律或者国务院的行政法规、决定、命令的事项。部门规章应当在公布后的30日内报国务院备案。

事例与思考19－12　《宪法》对审计机关设置和审计监督地位的规定

《宪法》对审计机关设置和审计监督地位有如下规定：

第91条规定："国务院设立审计机关，对国务院各部门和地方各级政府的财政收支，对国家的财政金融机构和企业事业组织的财务收支，进行审计监督。审计机关在国务院总理领导下，依照法律规定独立行使审计监督权，不受其他行政机关、社会团体和个人的干涉。"

第109条规定："县级以上的地方各级人民政府设立审计机关。地方各级审计机关依照法律规定独立行使审计监督权,对本级人民政府和上一级审计机关负责。”

问:1. 审计的宪法意义是什么?

2. 如何使审计结果具有实效性?

第五节　中央军事委员会

一、军事统率机关的沿革

中华人民共和国成立以后,我国的军事统率机关经历了以下发展阶段:

1. 人民革命军事委员会。《共同纲领》第 20 条规定,中华人民共和国建立统一的军队,即人民解放军和人民公安部队,受中央人民政府人民革命军事委员会统率,实行统一的指挥,统一的制度,统一的编制,统一的纪律。根据《中央人民政府组织法》第 5 条的规定,中央人民政府委员会组织人民革命军事委员会,作为国家军事的最高统辖机关;第 23 条规定,人民革命军事委员会统一管辖并指挥全国人民解放军和其他人民武装力量;第 24 条规定,人民革命军事委员会设主席 1 人,副主席若干人,委员若干人。

2. 国家主席。1954 年《宪法》第 42 条规定,中华人民共和国主席统率全国武装力量,担任国防委员会主席。

3. 中共中央主席。1975 年宪法和 1978 年宪法在取消国家主席设置的情况下,改由中共中央主席统率全国武装力量。

4. 中央军事委员会。现行宪法虽然恢复了国家主席的设置,但在设置国家主席时,本着国家主席仅作为国家的象征和代表、不具体掌握实际国家权力的理念,没有像 1954 年宪法那样赋予国家主席统率全国武装力量的权力。1975 年宪法和 1978 年宪法关于由中共中央主席统率全国武装力量的规定,造成了政党权力与国家权力、政党组织与国家机构关系的混淆,也是不可取的。统率全国武装力量的权力作为国家权力的一部分,应当纳入国家权力体系之中,因此,现行宪法为了统率全国武装力量而新设置了中央军事委员会,由其统率全国武装力量。

现行宪法中的中央军事委员会与中华人民共和国成立初期的人民革命军事委员会在职能上是相同的,但在法律地位上有所不同。人民革命军事委员会是作为中央人民政府的一部分而设置的,而中央军事委员会是作为宪法中的一个独立的国家机关设置的。

二、中央军事委员会的性质和地位

(一)性质

中华人民共和国中央军事委员会是最高军事领导机关,统一领导和指挥全国武装力量。全国武装力量包括中国人民解放军现役部队、中国人民武装警察部队和民兵。我国武装力量的任务是巩固国防,抵抗侵略,保卫祖国,保卫人民的和平劳动,参加国家建设事业,努力为人民服务。

我国同时存在两个中央军事委员会:一个是作为中华人民共和国国家机构组成部分的中华人民共和国中央军事委员会,另一个是作为中国共产党领导机构组成部分的中国共产党中央军事委员会。两个中央军事委员会的组成人员是完全相同的。

我国的武装力量由中国共产党创建,并直接由中国共产党领导和指挥,由党指挥军队是一项基本原则。因此,在党的中央领导机构中设置了作为最高军事机构的中共中央军事委员会。而同时,我国的武装力量又属于人民,武装力量是国家政权的重要组成部分,其领导机构也应是国家机构的一部分。因此,在宪法中又设置了中华人民共和国中央军事委员会。

(二)地位

中央军事委员会是我国最高军事统率机关,在整个军事机关系统中处于最高的领导地位。

宪法规定,中央军事委员会主席和中央军委的其他组成人员由全国人大产生;全国人大有权罢免中央军事委员会主席和中央军事委员会其他组成人员。宪法又规定,中央军事委员会主席对全国人大和全国人大常委会负责。宪法的这些规定表明,中央军事委员会对于全国人大及其常委会来说,处于从属地位。

三、中央军事委员会的组成和任期

中央军事委员会由主席 1 人、副主席若干人、委员若干人组成。中央军事委员会主席的人选由全国人大主席团提名,经全国人大各代表团酝酿协商后,再由主席团根据多数代表的意见,确定正式候选人名单。全国人大会议选举时,采用无记名投票方式,以获得超过全体代表的半数票当选。全国人大根据中央军事委员会主席的提名,决定中央军委副主席和委员的人选。

中央军事委员会每届任期同全国人大每届任期相同,为 5 年。宪法没有对中央军委主席、副主席作出连续任职不得超过两届的限制性规定。

四、中央军事委员会的职权

宪法中只规定了中央军事委员会领导全国武装力量,而没有具体规定中央军事委员会的职权。根据涉及军事方面的有关法律的规定,中央军事委员会行使下列具体职权:

1. 统一指挥全国武装力量。
2. 决定军事战略和武装力量的作战方针。
3. 领导和管理中国人民解放军的建设,制定规划、计划,并组织实施。
4. 统一领导边防、海防和空防的防卫工作。
5. 向全国人大或者全国人大常委会提出议案。
6. 根据宪法和法律,制定军事法规,发布决定和命令。
7. 决定中国人民解放军的体制和编制,规定总部以及军区、军兵种其他军区级单位的任务和职责。

8. 依照法律、军事法规的规定,任免、培训、考核和奖惩武装力量成员。

9. 批准武装力量的武器装备体制和武器装备发展规划、计划,协同国务院领导和管理国防科研生产。

10. 协同国务院管理国防经费和国防资产。

11. 法律规定的其他职权。

此外,中央军事委员会和国务院根据情况召开协调会议,解决国防事务的有关问题,并组织实施。

五、中央军事委员会的领导体制

宪法明确规定,中央军事委员会实行主席负责制。军委主席在中央军事委员会中处于领导地位,即主席领导中央军事委员会的工作,副主席和委员协助主席工作。

中央军事委员会主席的领导地位主要表现在:第一,全国人大在决定产生中央军事委员会时,由中央军委主席提名副主席和委员的人选;第二,中央军委主席领导中央军事委员会的工作,召集并主持中央军事委员会会议;第三,中央军事委员会发布决定、命令,向全国人大或者全国人大常委会提出议案,均由中央军委主席签署;第四,宪法规定中央军事委员会主席代表中央军事委员会对全国人民代表大会和全国人民代表大会常务委员会负责。

中央军事委员会实行主席负责制,但其组织形式则是委员会制。一方面,中央军委的组成人员应向军委主席负责,在军委主席的领导下工作,并由军委主席向全国人大和全国人大常委会负责;而另一方面,中央军委工作中的重大问题须经过中央军事委员会会议集体讨论。

知识点提示

全国人大的性质和地位

全国人大的主要职权

全国人大与全国人大常委会的关系

全国人大与其他国家机关的关系

全国人大专门委员会的性质和地位

全国人大代表的权利

全国人大常委会性质和地位

全国人大常委会的主要职权

国家主席的性质和地位

国家主席的职权

国务院的性质和地位

国务院的职权

国务院总理负责制的基本内容

中央军事委员会的性质和地位

中央军事委员会的领导体制

第二十章　地方国家机关

第一节　行 政 区 划

一、行政区划的概念与原则

行政区划是“行政区域划分”的简称，是指统治阶级为了便于行政管理，根据实现国家权力和执行国家任务的需要，并兼顾地理条件、历史传统、风俗习惯、经济联系、民族分布等实际状况，把国家的领土作层次不同的划分。统治阶级对其管辖下的领土作某种划分，总要遵循一定的原则和规律，考虑一定的因素。就我国而言，在对领土进行划分时，遵循以下原则：

1. 有利于各民族的团结。我国是多民族的国家，在进行行政区划时，要考虑到民族自治的要求和各个民族的利益，保证民族区域自治的实施。

2. 有利于社会主义经济建设。在进行行政区划时，要照顾到自然资源的经济发展状况，使行政区划与经济区划、国土规划尽可能地协调一致。

3. 便于行政管理和人民行使国家权力。行政区划层次过多不利于提高行政管理的效率；行政区划过少，不利于照顾各地区、各民族的特点，行政区划的层次应当适当。

4. 参照历史状况。行政区划有其历史延续性，应当尊重历史事实，特别是在处理行政区划争议时，不能只考虑现状。当然，在长期的历史发展中，行政区划也在不断变迁，应参照历史状况，做到全面。

二、我国现行行政区划

《宪法》第 30 条具体规定了我国的行政区划：(1) 全国分为省、自治区、直辖市；(2)省、自治区分为自治州、县、自治县、市；(3) 县、自治县分为乡、民族乡、镇。直辖市和较大的市分为区、县。自治州分为县、自治县、市。自治区、自治州、自治县都是民族自治地方。《宪法》第 31 条规定，国家在必要时，由全国人大设立特别行政区。我国分别于 1997 年和 1999 年设立了香港特别行政区和澳门特别行政区。

由上可见，在我国，存在三种不同的地方行政区域单位，即一般行政区域单位、民族自治地方和特别行政区；现行行政区划基本上是四级，即省（自治区、直辖市）、市（设区的市、自治州）、县（自治县、不设区的市、市辖区）、乡（民族乡、镇）。

事例与思考 20-1 撤销地区行政公署改为市级建制合宪吗?

宪法规定我国实行省、县、乡三级行政区划体系,即“(一)全国分为省、自治区、直辖市;(二)省、自治区分为自治州、县、自治县、市;(三)县、自治县分为乡、民族乡、镇”。而实际上,在省、县之间,还存在一级地级建制。民政部网站显示,截至2022年12月31日,在全国共有地级建制333个,其中自治州30个、地级市293个、地区7个、盟3个(不包括台湾省、香港特别行政区和澳门特别行政区)。相较于1997年的统计资料,地区减少了65个,盟减少了5个,而地级市增加了71个。作为省(区)和县(自治县)之间的中间层次,地级市和自治州是实设的一级行政建制,分别占地级行政层次的88%和9%,而地区和盟则是省(区)的派出机关,分别占地级行政层次的2.1%和0.9%。其中,盟只设在内蒙古自治区,是沿袭清朝盟旗制的产物。地区和盟虽在法律上不是一级政府,属于虚设机构,但在实际运作中常被当作一级实设的政府运作。因此,如果将地区行政公署按虚设的派出机构看待,我国行政区划处于省、县、乡三级和省、市(州)、县、乡四级并存的局面;如果考虑到地区行政公署实设的实际情况,我国行政区划的结构就是四级。

问:1. 在我国行政区划体系中,处于省与县之间的地级行政层次是否应该存在?

2. 地级建制在实践中的存在是否符合我国宪法的规定?

行政区域的划分和变更必须经过一定的法定程序:(1)省、自治区、直辖市的设立、撤销、更名,特别行政区的设立,由全国人大决定;(2)省、自治区、直辖市的区域界线的变更,自治州、县、自治县、市、市辖区的设立、撤销、更名或者隶属关系的变更,自治州、自治县的行政区域界线的变更,县、市行政区域界线的重大变更,由国务院审批;(3)县、市、市辖区部分行政区域界线的变更,由国务院授权省、自治区、直辖市人民政府审批;(4)乡、民族乡、镇的设立、撤销、更名或者变更行政区域的界线,由省、自治区、直辖市的人民政府审批;(5)民族自治地方的设立、区域界线的划定,由上级地方国家机关和有关民族的代表充分协商拟定,按照法律规定的程序报请批准;民族自治地方的界线需要变动时,由上级机关的有关部门和民族自治地方的自治机关充分协商拟定,报国务院批准。

第二节 县级以上地方各级人大及其常委会

一、县级以上地方各级人大

(一)性质和地位

县级以上地方各级人大包括省、自治区、直辖市、设区的市、自治州、县、不设区的市、市辖区的人大。它们是地方国家权力机关,是相应行政区域范围内的人民行使国家权力的机关。同级的人大常委会、人民政府、监察委员会、人民法院和人民检察院均由它产生,对它负责，受它监督，向它报告工作（监察委员会除外），其在同级国家机关中处于支配和核心的地位。

（二）组成和任期

省、自治区、直辖市、自治州、设区的市的人大由下一级人大选出的代表组成，县、自治县、不设区的市、市辖区的人大由选民直接选举的代表组成。县级以上地方各级人大代表的名额，由省、自治区、直辖市的人大常委会按照便于召开会议、讨论问题和解决问题，并使各民族、各地区、各方面都有适当数量代表的原则确定，并报全国人大常委会备案。

县级以上地方各级人大每届任期 5 年。

（三）职权

县级以上地方各级人大具有下列职权：

1. 在本行政区域内，保证宪法、法律、行政法规和上级人大及其常委会决议的遵守和执行，保证国家计划和国家预算的执行。
2. 审查和批准本行政区域内的国民经济和社会发展规划纲要、计划和预算及其执行情况的报告，审查监督政府债务，监督本级人民政府对国有资产的管理。
3. 讨论、决定本行政区域内的政治、经济、教育、科学、文化、卫生、生态环境保护、自然资源、城乡建设、民政、社会保障、民族等工作的重大事项和项目。
4. 选举本级人大常委会的组成人员。
5. 选举省长、副省长，自治区主席、副主席，市长、副市长，州长、副州长，县长、副县长，区长、副区长。
6. 选举本级监察委员会主任、人民法院院长和人民检察院检察长；选出的人民检察院检察长，须报经上一级人民检察院检察长提请该级人大常委会批准。
7. 选举上一级人大代表。
8. 听取和审议本级人大常委会的工作报告。
9. 听取和审议本级人民政府和人民法院、人民检察院的工作报告。
10. 改变或者撤销本级人大常委会的不适当的决议。
11. 撤销本级人民政府的不适当的决定和命令。
12. 保护社会主义的全民所有的财产和劳动群众集体所有的财产，保护公民私人所有的合法财产，维护社会秩序，保障公民的人身权利、民主权利和其他权利。
13. 保护各种经济组织的合法权益。
14. 铸牢中华民族共同体意识，促进各民族广泛交往交流交融，保障少数民族的合法权利和利益。
15. 保障宪法和法律赋予妇女的男女平等、同工同酬和婚姻自由等各项权利。

事例与思考20－2　多人违反香港特别行政区人大选举规定,涉虚假声明被取消参选资格

2017年12月19日,第十三届香港特别行政区全国人大代表选举正式举行。此次香港特别行政区全国人大代表选举新增规定,参选人要声明拥护宪法和基本法,拥护“一国两制”方针政策,效忠中华人民共和国和香港特别行政区,并声明未直接或间接接受外国机构、组织、个人提供的与选举有关的任何形式的资助。主席团在选举日之前,对违反选举办法第11条规定的登记表所声明内容的参选人,经过审查核实,可以决定不将其列入候选人名单或者从候选人名单中除名。

问:此次香港特别行政区对人大代表候选人资格的新增规定说明了什么?

省、自治区、直辖市的人大根据本行政区域的具体情况和实际需要,在不同宪法、法律、行政法规相抵触的前提下,可以制定和颁布地方性法规,报全国人大常委会和国务院备案。设区的市、自治州的人大根据本行政区域的具体情况和实际需要,在不同宪法、法律、行政法规和本省、自治区的地方性法规相抵触的前提下,可以依照法律规定的权限制定地方性法规,报省、自治区的人大常委会批准后施行,并由省、自治区的人大常委会报全国人大常委会和国务院备案。

省、自治区、直辖市以及设区的市、自治州的人大根据区域协调发展的需要,可以开展协同立法。

地方性法规可以就下列事项作出规定:(1)为执行法律、行政法规的规定,需要根据本行政区域的实际情况作具体规定的事项;(2)属于地方性事务需要制定地方性法规的事项。除《立法法》第11条规定的由法律保留的事项外,其他事项国家尚未制定法律或者行政法规的,省、自治区、直辖市和地级市根据本地方的具体情况和实际需要,可以先制定地方性法规。在国家制定的法律或者行政法规生效后,地方性法规同法律或者行政法规相抵触的规定无效,制定机关应当及时予以修改或者废止。

经济特区所在地的省、市的人大根据全国人大的授权决定,制定法规,在经济特区范围内实施。

事例与思考20－3　山西省人大常委会罢免任润厚副省长职务

2014年8月29日,中央纪委监察部网站发布消息,山西省副省长任润厚涉嫌严重违纪违法,目前正接受组织调查。2014年9月20日下午,山西省第十二届人大常委会第十四次会议通过免职名单,会议根据时任省长李小鹏的提名,决定免去任润厚的山西省副省长职务。另悉,9月12日上午,长治市第十三届人大常委会第二十一次会议经过表决,罢免了任润厚的山西省第十二届人民代表大会代表职务。

问:1. 请分析我国与实行权力分立的国家在民意代表机关与行政机关关系上的异同。

2. 请分析罢免案的性质和条件。

（四）会议制度

县级以上地方各级人大的工作方式主要是举行会议。每年至少举行一次会议，经1/5以上的代表提议，可以临时召集会议。会议由本级人大常委会召集，每届第一次会议在本届人大代表选举完成后的2个月内，由上届本级人大常委会召集。

每次会议先举行预备会议。预备会议由本级人大常委会主持，每届人大第一次会议的预备会议由上届本级人大常委会主持。预备会议选举本次会议的主席团和秘书长，通过本次会议的议程和其他准备事项的决定。

人大会议由主席团主持。人民政府组成人员、监察委员会主任、人民法院院长、人民检察院检察长列席本级人民代表大会会议；其他有关机关、团体负责人，经本级人大常委会决定，可以列席本级人民代表大会会议。

主席团、常委会、各专门委员会、本级人民政府、代表10人以上联名，可以向本级人大提出属于本级人大职权范围内的议案，由主席团决定提交人大会议审议，或者并交有关的专门委员会审议，再由主席团审议并提交大会表决。代表提出的议案，要由主席团或者专门委员会决定是否列入大会议程。列入会议议程的议案，在交付大会表决前，提案人要求撤回的，经主席团同意，会议对该项议案的审议即行终止。

人大常委会组成人员，省长、副省长，自治区主席、副主席，市长、副市长，州长、副州长，县长、副县长，区长、副区长，监察委员会主任，人民法院院长，人民检察院检察长的人选，由本级人大主席团或者代表联合提名。省、自治区、直辖市的人大代表30人以上书面联名，设区的市和自治州的人大代表20人以上书面联名，县级人大代表10人以上书面联名，可以提出上述人选的候选人。

主席团、常委会或者1/10以上代表联名，可以提出对本级人大常委会组成人员、人民政府组成人员、监察委员会主任、人民法院院长、人民检察院检察长的罢免案，由主席团提请大会审议。代表10人以上联名，可以书面提出对本级人民政府和它的所属各工作部门以及监察委员会、人民法院、人民检察院的质询案，由主席团决定交受质询机关在主席团会议、大会全体会议或者有关的专门委员会会议上口头答复，或者由受质询机关书面答复。在审议议案时，代表可以向有关地方国家机关提出询问，由有关机关派人说明。

会议进行选举和通过决议，以全体代表的过半数通过。

事例与思考20-4　山东省第十四届人大第一次会议从8天压缩到5天半

2023年1月12日下午，山东省第十四届人大第一次会议第一次新闻发布会在济南举行。会上宣布，本届人民代表大会会期相比往届有了新的调整。

山东省第十四届人民代表大会是一次换届会议，按照以往几次换届会的惯例，会期一般在8天左右，这次山东省人民代表大会将会期压缩到5天半，主要从以下几个方面进行了优化。

一是优化全体会议和主席团会议安排。在严格履行法定程序的前提下，适当整合了全体会议和主席团会议议程，与以往换届会安排4次全体会议和5次主席团会议相比，这次山东省人民代表大会压减为3次全体会议和4次主席团会议。

二是控制第二次全体会议时长。山东省人大常委会、山东省高级人民法院、山东省人民检察院工作报告,在印发全稿和简稿的基础上,相关负责同志在会上只口头汇报简稿。

三是组织各代表团全体会议和分组会议集中审议有关内容、酝酿有关候选人和人选。对需要各代表团审议的事项和酝酿的候选人、人选等进行梳理整合,合理安排各代表团全体会议、分组会议审议的内容和时间,在确保符合法定程序的前提下提高审议效率。

问:应建立何种会期制度才能够保证人大制度的功能的发挥?

(五)委员会

1. 专门委员会。省、自治区、直辖市、自治州、设区的市的人大根据需要,可以设法制委员会、财政经济委员会、教育科学文化卫生委员会、环境与资源保护委员会、社会建设委员会和其他需要设立的专门委员会;县、自治县、不设区的市、市辖区的人民代表大会根据需要,可以设法制委员会、财政经济委员会等专门委员会。各专门委员会受本级人大领导,在大会闭会期间,受本级人大常委会领导。其主任委员、副主任委员和委员的人选由主席团在代表中提名,大会通过。各专门委员会开展下列工作:(1)审议本级人大主席团或者常委会交付的议案;(2)向本级人大主席团或者常委会提出属于本级人大或者常委会职权范围内同本委员会有关的议案,组织起草有关议案草案;(3)承担本级人大常委会听取和审议专项工作报告、执法检查、专题询问等的具体组织实施工作;(4)按照本级人大常委会工作安排,听取本级人民政府工作部门和监察委员会、人民法院、人民检察院的专题汇报,提出建议;(5)对属于本级人大及其常委会职权范围内同本委员会有关的问题,进行调查研究,提出建议;(6)研究办理代表建议、批评和意见,负责有关建议、批评和意见的督促办理工作;(7)办理本级人大及其常委会交办的其他工作。

2. 临时委员会。县级以上地方各级人大根据需要可以组织对于特定问题的调查委员会。主席团或者1/10以上代表联名,可以向本级人大提议组织关于特定问题的调查委员会,由主席团提请全体会议决定。调查委员会由主任委员、副主任委员和委员组成,由主席团在代表中提名,提请全体会议通过。调查委员会应当向本级人大提出调查报告。人大根据调查委员会的报告,可以作出相应的决议。

(六)代表

县级以上地方各级人大代表是本级国家权力机关的组成人员,代表人民的利益和意志,依照宪法和法律赋予本级人大的各项职权,参加行使国家权力。

1. 代表的权利

代表依法行使下列权利:(1)提出议案。依照法律规定的程序向本级人大提出属于本级人大职权范围内的议案。(2)提出建议、批评和意见。县级以上的地方各级人大代表,有权向本级人大及其常委会提出对各方面工作的建议、批评和意见。代表提出的建议、批评和意见由本级人大常委会的办事机构交有关机关和组织研究处理并负责答复。(3)提名、推荐人选。依照法律规定的程序提出本级人大常委会组成人员、人民政府领导人员、监察委员会主任、人民法院院长、人民检察院检察长以及上一级人大代表的人选，并有权对本级人大主席团和代表依法提出的上述人员的人选提出意见。对确定的候选人，可以投赞成票，可以投反对票，可以另投他人，也可以弃权。(4)提出罢免案。依照法律规定的程序提出本级人大常委会组成人员、人民政府组成人员、监察委员会主任、人民法院院长、人民检察院检察长的罢免案。(5)提出询问和质询案。代表在审议议案和报告时，可以向本级有关国家机关提出询问。依照法律规定的程序提出对本级人民政府和它所属各工作部门以及监察委员会、人民法院、人民检察院的质询案。(6)人身受特别保护。代表非经主席团许可，在大会闭会期间非经本级人大常委会许可，不受逮捕或者刑事审判。如果因为代表是现行犯被拘留，执行拘留的公安机关应立即向该级人大主席团或者常委会报告。(7)发言和表决免受法律追究。(8)其他。如有权依法提议组织关于特定问题的调查委员会，参加表决时可以投赞成票、反对票或者弃权票等。

事例与思考 20－5　鄂州市一人大代表因醉驾被刑拘

2011 年 5 月 26 日晚 8 时许，鄂州市人大代表朱某咏酒后驾驶轿车，在鄂州市凤凰路市公安局门前，突然向后倒车将后面停放的一辆轿车撞损。朱某咏正欲离开，被公安民警抓了个现行。出人意料的是，朱某咏竟当场阻挠民警执法，并大喊："我是市人大代表！"

鄂州市交警直属大队民警赶到现场，要求朱某咏进行酒精测试，其极力反抗。最后，4 名民警对朱某咏采取强制措施，将其送到医院进行血液酒精浓度测试。据检测，朱某咏血液中乙醇浓度为 159mg/100ml，大大超过醉驾标准 80mg/100ml，已经涉嫌构成危险驾驶罪。

面对检测结果，朱某咏提出异议："有人害我，检验的血是别人的！"民警当即将朱某咏的另一份血液样本，送往武汉大学中南医院法医司法鉴定所进行鉴定。27 日晚，鉴定结果显示，朱某咏血液中乙醇浓度为 158mg/100ml。

考虑到朱某咏人大代表的特殊身份，鄂州市公安局交警支队、鄂城区公安分局向该市人大常委会递交报告，呈请许可对市人大代表朱某咏采取刑事拘留措施。5 月 27 日，鄂州市人民代表大会常务委员会书面回复称，依据代表法，同意鄂城公安分局采取强制措施，同时报请市人大常委会备案。

问：1. 为什么人大代表享有人身特别保护权？

2. 如何理解人身特别保护权和法律面前人人平等的关系？

2. 代表的义务

代表的义务主要是：必须模范地遵守宪法和法律，保守国家秘密，在自己参加的生产、工作和社会活动中，协助宪法和法律的实施；应当与原选举单位或者原选区选民和人民群众保持密切联系，听取和反映他们的意见和要求，努力为人民服务；接受原选举单位和原选区选民的监督，原选举单位或者选区选民有权依法罢免自己选出的代表；应当出席本级人大会议，依法行使代表的职权。县、自治县、不设区的市、市辖区的人大代表分工联系选民,有代表3人以上的居民地区或者生产单位可以组织代表小组,协助本级人民政府推行工作。

3. 代表的活动

常委会组织本级人大代表开展闭会期间的活动,受上一级人大常委会的委托,也可以组织本级人大选举产生的上一级人大代表开展闭会期间的活动。在本级或者下级人大常委会协助下,代表按照便于组织和开展活动的原则组成代表小组,也可以参加下级人大代表的代表小组活动。代表根据本级人大常委会的统一安排,对本级或者下级国家机关和有关单位的工作进行视察,代表也可以持代表证就地视察。一切组织和个人都必须尊重代表的权利,支持代表执行代表职务。

二、县级以上地方各级人大常委会

(一)性质和地位

省、自治区、直辖市、自治州、县、自治县、市、市辖区的人大设立常委会。县级以上地方各级人大常委会是本级人大的常设机关,是经常行使地方国家权力的机关,是本级国家权力机关的组成部分。其组成人员由本级人大选举产生,它对本级人大负责并报告工作;同时,对本级人民政府、监察委员会、人民法院及人民检察院的工作进行监督。

事例与思考20-6　朝阳区人大常委会成立人大代表工作室,为各级人大代表履职拓展新途径

为推进基层民主政治建设,2012年,北京市朝阳区人大常委会在全市率先成立了人大代表工作室。代表工作室的设立,为市民搭建了表达诉求的平台,也为各级人大代表履职拓展了新途径,为基层和群众办成了一批民生实事。2016年,为充分发挥人大代表工作室的作用,北京市朝阳区在各街乡设立了1名人大代表事务助理。助理们专门协助区人大代表做好选民意见的收集和整理分类,并负责最终反馈等服务保障工作。下一步,人大代表工作室还将完善“代表接待选民”“选民意见处理”“代表履职登记”“档案管理”等制度,提高人大代表工作室规范化程度。

问:你认为人大代表是专职化好还是兼职化好?为什么?

(二)组成和任期

省、自治区、直辖市、自治州、设区的市的人大常委会由主任、副主任若干人、秘书长、委员若干人组成;县、自治县、不设区的市、市辖区的人大常委会由主任、副主任若干人和委员若干人组成。这些组成人员均由本级人大在代表中选举产生。

常委会组成人员不得担任国家行政机关、监察委员会、审判机关和检察机关的职务;如果担任上述职务,必须向常委会辞去常委会的职务。常委会主任因为健康情况不能工作或者缺位时,由常委会在副主任中推选1人代理主任职务,直到主任恢复健康或者人大

选出新的主任为止。

人大常委会的组成人员的名额为省、自治区、直辖市45人至75人，人口超过8000万的省不超过95人；设区的市、自治州29人至51人，人口超过800万的设区的市不超过61人；县、自治县、不设区的市、市辖区15人至35人，人口超过100万的县、自治县、不设区的市、市辖区不超过45人。

常委会的任期和本级人大的每届任期相同，均为5年，它行使职权到下届本级人大选出的新的常委会为止。

（三）职权

县级以上地方各级人大常委会具有以下职权：

1. 在本行政区域内，保证宪法、法律、行政法规和上级人大及其常委会决议的遵守和执行。

2. 领导或者主持本级人大代表的选举。

3. 召集本级人大会议。

4. 讨论、决定本行政区域内的政治、经济、教育、科学、文化、卫生、生态环境保护、自然资源、城乡建设、民政、社会保障、民族等工作的重大事项和项目。

5. 根据本级人民政府的建议，审查和批准本行政区域内的国民经济和社会发展规划纲要、计划和本级预算的调整方案。

6. 监督本行政区域内的国民经济和社会发展规划纲要、计划和预算的执行，审查和批准本级决算，监督审计查出问题整改情况，审查监督政府债务。

7. 监督本级人民政府、监察委员会、人民法院和人民检察院的工作，听取和审议有关专项工作报告，组织执法检查，开展专题询问等；联系本级人大代表，受理人民群众对上述机关和国家工作人员的申诉和意见。

8. 监督本级人民政府对国有资产的管理，听取和审议本级人民政府关于国有资产管理情况的报告。

9. 听取和审议本级人民政府关于年度环境状况和环境保护目标完成情况的报告。

10. 听取和审议备案审查工作情况报告。

11. 撤销下一级人大及其常委会的不适当的决议。

12. 撤销本级人民政府的不适当的决定和命令。

13. 在本级人大闭会期间，决定副省长、自治区副主席、副市长、副州长、副县长、副区长的个别任免；在省长、自治区主席、市长、州长、县长、区长和监察委员会主任、人民法院院长、人民检察院检察长因故不能担任职务的时候，根据主任会议的提名，从本级人民政府、监察委员会、人民法院、人民检察院副职领导人员中决定代理的人选；决定代理检察长，须报上一级人民检察院和人民代表大会常务委员会备案。

14. 根据省长、自治区主席、市长、州长、县长、区长的提名，决定本级人民政府秘书长、厅长、局长、委员会主任、科长的任免，报上一级人民政府备案。

15. 根据监察委员会主任的提名，任免监察委员会副主任、委员。

16. 按照《人民法院组织法》和《人民检察院组织法》的规定,任免人民法院副院长、庭长、副庭长、审判委员会委员、审判员,任免人民检察院副检察长、检察委员会委员、检察员,批准任免下一级人民检察院检察长;省、自治区、直辖市的人民代表大会常务委员会根据主任会议的提名,决定在省、自治区内按地区设立的和在直辖市内设立的中级人民法院院长的任免,根据省、自治区、直辖市的人民检察院检察长的提名,决定人民检察院分院检察长的任免。

17. 在本级人大闭会期间,决定撤销个别副省长、自治区副主席、副市长、副州长、副县长、副区长的职务;决定撤销由它任命的本级人民政府其他组成人员和监察委员会副主任、委员,人民法院副院长、庭长、副庭长、审判委员会委员、审判员,人民检察院副检察长、检察委员会委员、检察员,中级人民法院院长,人民检察院分院检察长的职务。

18. 在本级人大闭会期间,补选上一级人民代表大会出缺的代表和罢免个别代表。

事例与思考 20-7 陕西省柞水县人大常委会否决政府专项工作工作报告

2023 年 3 月 23 日,陕西省柞水县第十九届人大常委会第八次会议在审议县政府《2022 年环境状况和环境目标完成情况的报告》时,以 16 票反对、8 票赞成、2 票弃权未获表决通过。这是本届人大常委会发挥监督刚性,充分行使表决权,向政府报告工作亮剑说“不”的第二次。此前,2022 年第三次县人大常委会在对县城管局开展工作评议时,因测评结果为不满意,未能获得通过。这在当天的会场上引起了强烈反响,也让所有参会人员感受到县人大常委会在监督上动了“真格”。

“没有通过就是没有通过,必须正视结果。虽然去年我县环境目标任务完成较好,在省市摘奖,但也不能因此掩盖一些点上存在的问题,也说明委员们对环保工作关注度高,期望值高”。县人大常委会主任如是说。正是因为人大常委会认真履职,真实调查;正是因为各位委员高度负责,发现问题,才有了上面的投票结果。人大常委会的审议不能说说算了,不能让委员说了白说,一定要落实到位、整改到位,才能彰显出人大监督的刚性。“针对政府的专项报告没有通过,我们将加强后续监督,三个月后继续听取县政府整改落实审议意见情况的报告,直至问题全部得到解决,再对其进行二次审议。”县人大常委会主任说。

县政府分管副县长会后表示,这次县政府工作报告被县人大常委会否决,让我们深感压力,也充分暴露出了政府工作还存在很多问题与不足,必须从政府自身找原因,必须高度重视,认真反思,举一反三,加强整改,变压力为动力,尽快扭转被动局面,力争以全新的工作状态和扎实的整改效果,去迎接县人大常委会的二次审议。

县人大常委会将及时跟进县政府环保工作审议意见的问题整改,确保监督取得实实在在的效果,促进全县生态文明建设水平全面提升。

问:1. 人大常委会对政府专项工作报告实施监督的意义是什么?

2. 政府专项工作报告未获通过的政治责任是什么?

省、自治区、直辖市的人大常委会在本级人民代表大会闭会期间,根据本行政区域的具体情况和实际需要，在不同宪法、法律、行政法规相抵触的前提下，可以制定和颁布地方性法规，报全国人大常委会和国务院备案。设区的市、自治州的人大常委会在本级人大闭会期间，根据本行政区域的具体情况和实际需要，在不同宪法、法律、行政法规和本省、自治区的地方性法规相抵触的前提下，可以依照法律规定的权限制定地方性法规，报省、自治区的人大常委会批准后施行，并由省、自治区的人大常委会报全国人大常委会和国务院备案。省、自治区、直辖市以及设区的市、自治州的人大常委会根据区域协调发展的需要，可以开展协同立法。

事例与思考 20-8 《杭州市政府立法听证规定》于2023年3月1日起实施

2023年1月17日，杭州市政府公布了《杭州市政府立法听证规定》，其采取废旧立新的方式对2001年制定的政府规章《杭州市实施立法听证会制度的规定》进行全面修订，从规章层面进一步梳理、规范立法听证活动，从制度上保障立法听证的良性运作，从根本上保障人民群众参与立法的权利。《杭州市政府立法听证规定》于2023年3月1日起正式施行。

问：既然立法者是民意代表，为什么立法过程中还需要举行听证？

（四）会议制度

常委会会议由主任召集，每两个月至少举行一次，常务委员会决议以全体组成人员的过半数通过。

主任会议可以向本级人大常委会提出属于常委会职权范围内的议案，由常委会审议；人民政府、人大各专门委员会可以向本级人大常委会提出属于常委会职权范围内的议案，由主任会议决定提请常委会会议审议，或者先交有关的专门委员会审议、提出报告，再提请常委会会议审议。一定数量以上的委员联名，可以向本级人大常委会提出属于常委会职权范围内的议案，由主任会议决定是否提请常委会会议审议，或者先交有关的专门委员会审议、提出报告，再决定是否提请常委会会议审议。一定数量以上的委员联名，可以向常委会书面提出对本级人民政府、监察委员会、人民法院、人民检察院的质询案，由主任会议决定交受质询机关答复。

省、自治区、直辖市、自治州、设区的市的人大常委会主任、副主任和秘书长组成主任会议；县、自治县、不设区的市、市辖区的人大常委会主任、副主任组成主任会议。主任会议处理常委会的重要日常工作。

（五）委员会及机构

县级以上的地方各级人大常委会设立代表资格审查委员会，审查代表的选举是否符合法律规定。其主任委员、副主任委员和委员的人选，由常委会主任会议在常委会组成人员中提名，常委会会议通过。

主任会议或者1/5以上的常委会组成人员书面联名，可以向本级人大常委会提议组织关于特定问题的调查委员会,该提议由全体会议决定。其主任委员、副主任委员和委员由主任会议在常委会组成人员和其他代表中提名,提请全体会议通过。调查委员会应当向本级人大常委会提出调查报告,常委会根据报告可以作出相应的决议。

常委会根据工作需要,可以设立办事机构和法制工作委员会、预算工作委员会、代表工作委员会等工作机构。省、自治区的人大常委会可以在地区设立工作机构。

第三节 县级以上地方各级人民政府

一、性质和地位

县级以上地方各级人民政府是指省、自治区、直辖市、自治州、设区的市、县、自治县、不设区的市、市辖区的人民政府。地方各级人民政府是地方相应的同级国家权力机关的执行机关,是地方相应行政区域的国家行政机关。地方各级人民政府对本级人大和上一级人民政府负责并报告工作,在本级人大闭会期间,对本级人大常委会负责并报告工作。因此,地方各级人民政府实行双重负责制,既要对同级人大及其常委会负责,又要向上一级人民政府负责,全国地方各级人民政府都是国务院统一领导下的国家行政机关,都服从国务院。

二、组成和任期

省、自治区、直辖市、自治州、设区的市的人民政府分别由省长、副省长,自治区主席、副主席,市长、副市长,州长、副州长和秘书长、厅长、局长、委员会主任等组成。县、自治县、不设区的市、市辖区的人民政府分别由县长、副县长,市长、副市长,区长、副区长和局长、科长等组成。

每届任期与本级人大任期相同,即每届任期5年。

三、职权

县级以上地方各级人民政府行使下列职权:(1)执行本级人大及其常委会的决议,以及上级国家行政机关的决定和命令,规定行政措施,发布决定和命令;(2)领导所属各工作部门和下级人民政府的工作;(3)改变或者撤销所属各工作部门的不适当的命令、指示和下级人民政府的不适当的决定、命令;(4)依照法律的规定任免、培训、考核和奖惩国家行政机关工作人员;(5)编制和执行国民经济和社会发展规划纲要、计划和预算,管理本行政区域内的经济、教育、科学、文化、卫生、体育、城乡建设等事业和生态环境保护、自然资源、财政、民政、社会保障、公安、民族事务、司法行政、人口与计划生育等行政工作;(6)保护社会主义的全民所有的财产和劳动群众集体所有的财产,保护公民私人所有的合法财产,维护社会秩序,保障公民的人身权利、民主权利和其他权利;(7)履行国有资产管理职责;(8)保护各种经济组织的合法权益;(9)铸牢中华民族共同体意识,促进各民族广泛交往交流交融,保障少数民族的合法权利和利益,保障少数民族保持或者改革自己的风俗习惯的自由,帮助本行政区域内的民族自治地方依照宪法和法律实行区域自治,帮助各少数民族发展政治、经济和文化的建设事业;(10)保障宪法和法律赋予妇女的男女平等、同工同酬和婚姻自由等各项权利;(11)办理上级国家行政机关交办的其他事项。

省、自治区、直辖市的人民政府可以根据法律、行政法规和本省、自治区、直辖市的地方性法规,制定规章,并应当在公布后的30日内报国务院和本级人大常委会备案。设区的市、自治州的人民政府可以根据法律、行政法规和本省、自治区的地方性法规制定规章,并应当在公布后的30日内报国务院和省、自治区的人大常委会、人民政府以及本级人大常委会备案。规章须经各该级政府常务会议或者全体会议讨论决定。地方政府规章可以就下列事项作出规定:(1)为执行法律、行政法规、地方性法规的规定相应制定规章的事项;(2)属于本行政区域的具体行政管理事项。

四、领导体制

县级以上地方各级人民政府分别实行省长、自治区主席、市长、州长、县长、区长负责制,即实行行政首长负责制,他们分别主持地方各级人民政府的工作。

人民政府会议分为全体会议和常务会议。全体会议由本级人民政府全体成员组成。省、自治区、直辖市、自治州、设区的市的人民政府常务会议,分别由省长、副省长,自治区主席、副主席,市长、副市长,州长、副州长和秘书长组成;县、自治县、不设区的市、市辖区的人民政府常务会议,分别由县长、副县长,市长、副市长,区长、副区长组成。省长、自治区主席、市长、州长、县长、区长召集和主持本级人民政府全体会议和常务会议。政府工作中的重大问题须经政府常务会议或者全体会议讨论决定。

五、所属各工作部门

县级以上地方各级政府根据工作需要和优化协同高效以及精干的原则,设立必要的工作部门。省、自治区、直辖市的人民政府设厅、局、委员会等工作部门,其设立、增加、减少、合并,自治州、县、自治县、市、市辖区的人民政府设局、科等工作部门,其设立、增加、减少、合并,按照规定程序报请批准,并报本级人大常委会备案。县级以上人民政府设立的审计机关依法独立行使审计监督权,对本级人民政府和上一级审计机关负责。人民政府所属各工作部门受本级人民政府统一领导,并受上级人民政府主管部门的业务指导或者领导。

六、派出机关

县、自治县的人民政府在必要的时候,经省、自治区、直辖市的人民政府批准,可以设立若干区公所,作为它的派出机关。市辖区、不设区的市的人民政府,经上一级人民政府批准,可以设立若干街道办事处,作为它的派出机关。行政公署简称“行署”,是省、自治区人民政府的派出机关;区公所是县、自治县人民政府的派出机关;街道办事处是市辖区和不设区的市人民政府的派出机关。派出机关受派出的人民政府的委托,代表派出的人民政府进行行政管理;同时,根据法律、法规、规章的授权,也可以以自己的名义进行行政管理。

事例与思考 20－9 曹某与宁夏回族自治区人民政府驻北京办事处人事争议

2014年11月,曹某起诉至北京市东城区人民法院称:我调入宁夏回族自治区人民政府驻北京办事处后,2007年宁夏回族自治区人民政府驻北京办事处违反《宁夏回族自治区事业单位的机构编制管理规定》,擅自改变我的隶属关系和经费渠道,将我列为"编外"人员,未安排工作并支付应有的工资待遇。现我起诉要求确认与宁夏回族自治区人民政府驻北京办事处之间存在人事关系,并要求宁夏回族自治区人民政府驻北京办事处补发2009年4月至今应得工资差额、福利待遇、取暖费、带薪休假工资及各种补贴等共计249083元。

被告宁夏回族自治区人民政府驻北京办事处辩称:曹某调入我单位前系占差额事业编制的工勤人员,进入我单位后为自收自支事业编制工勤人员。2006年2月,因在内部进行机构改革全额预算事业编制核编竞聘上岗过程中,曹某未能竞聘上,故其被列入未聘分流人员,亦未签订聘用合同,曹某在没有被辞退前与我单位存在人事关系,我单位按规定发放其生活保障费。曹某的诉求不属于法院的受理范围,应予驳回。

东城区人民法院经审理后认为:人事争议是指事业单位与其工作人员之间因辞职、辞退及履行聘用合同所发生的争议。宁夏回族自治区人民政府驻北京办事处认可与曹某存在人事关系,双方未签订聘用合同。应指出曹某的诉讼请求,不属因辞职、辞退及履行聘用合同所发生的争议,故其请求不属于人民法院人事争议案件的受案范围。据此东城区人民法院于2015年3月裁定驳回曹某的起诉。

裁定后,曹某不服,以原审裁定适用法律错误为由,上诉至北京市第二中级人民法院,请求撤销原审裁定,改判支持其原审诉讼请求。宁夏回族自治区人民政府驻北京办事处同意原审裁定。

北京市第二中级人民法院经审理认为,最高人民法院《关于人民法院审理事业单位人事争议案件若干问题的规定》第3条规定,本规定所称人事争议是指事业单位与其工作人员之间因辞职、辞退及履行聘用合同所发生的争议。本案中,宁夏回族自治区人民政府驻北京办事处与曹某并未签订聘用合同,现阶段双方亦并非就辞职或辞退问题发生争议,故曹某提出的诉讼请求不属于人民法院人事争议案件受案范围,原审法院裁定驳回其起诉的处理,并无不当。综上,作出裁定:驳回上诉,维持原裁定。

问:从宪法的视角,如何看待"驻京办事处"现象?

第四节　乡镇人民代表大会和人民政府

一、历史演变

《共同纲领》规定,在普选的地方人民代表大会召开以前,由地方各界人民代表会议逐步地代行人民代表大会的职权。1950年12月,政务院发布的《乡(行政村)人民代表会议组织通则》规定,乡人民代表会议代表由选民直接选举产生,也可有特邀代表;乡人民代表会议享有听取与审查乡人民政府的工作报告，建议与决议本乡事宜，审议本乡人民负担及财粮收支事宜，经县人民政府批准得选举或者决议撤换乡长、副乡长及委员等职权。

1954 年宪法和《地方各级人民代表大会和地方各级人民委员会组织法》规定，在乡、民族乡、镇设立人民代表大会，由选民直接选举产生，每届任期 2 年。乡、镇人民代表大会享有在本行政区域内保证宪法、法律、法令的遵守和执行，在职权范围内通过和发布决议，批准生产计划和各项工作的实施计划，规划公共事业，审查财政收支，选举或者罢免本级人民委员会的组成人员，听取和审查本级人民委员会的工作报告，改变或者撤销本级人民委员会不适当的决议和命令，保护公共财产，维护公共秩序，保障公民权利和少数民族的平等权利等职权。

1958 年开展人民公社化运动，原有的乡、镇人民代表大会变成了公社社员代表大会，人民委员会被公社管理委员会所代替，人民公社性质为“政社合一”的组织。1966 年“文化大革命”开始后，社员代表大会和公社管理委员会又被“革命委员会”所取代。“革命委员会”成为党、政、经济、文化一元化领导的乡、镇政权组织。

1975 年宪法规定，农村人民公社是“政社合一”的组织。农村人民公社、镇设立人民代表大会，每届任期 2 年，由它选举产生的“革命委员会”既是它的常设机关，同时又是乡、镇人民政府。

1978 年宪法规定，人民公社设人民代表大会和革命委员会，它们既是基层政权组织，又是集体经济的领导机构，这部宪法虽然没有明确规定人民公社是什么性质的组织，但这一规定表明，人民公社仍然是“政社合一”的组织；乡、镇人民代表大会每届任期 2 年；乡、镇革命委员会即乡、镇人民政府，是乡、镇人民代表大会的执行机关，是乡、镇国家行政机关。

1979 年第五届全国人大第二次会议通过的修正宪法若干规定的决议等，将人民公社革命委员会改称为“人民公社管理委员会”，镇革命委员会改称为“镇人民政府”。

1982 年宪法明确规定，乡、镇人民代表大会是该级国家权力机关，乡、镇人民政府是该级国家行政机关，从而废除了“政社合一”“党政社不分”的乡镇政权组织形式。

事例与思考 20－10 河南省印发《关于深化乡镇管理体制机制改革的若干意见》

2022 年 6 月，河南省委办公厅、省政府办公厅印发《关于深化乡镇管理体制机制改革的若干意见》（以下简称《意见》），树立大抓基层、大抓基础的鲜明导向，推动重心下移、保障下倾，让基层各类机构、组织在服务保障群众需求上有更大作为。“深化乡镇管理体制机制改革既是贯彻落实中央关于构建简约高效基层管理体制的具体要求，也是解决我省乡镇体制机制问题的迫切需要。”省委编办相关负责人表示。

《意见》明确乡镇八大主责主业，包括党的建设、经济发展、乡村建设、公共服务、平安建设、综合行政执法、行政审批服务、完成上级党委政府交办的其他事项。以清单形式对乡镇职责全面规范，省级制定《河南省乡镇职责参考目录》，省辖市指导县级制定《乡镇职责清单》《属地管理主体责任和配合责任清单》《行政执法事项清单》。

对未列入乡镇职责清单的事项,经审核批准后,方可交由乡镇办理或协助办理,进一步厘清县直部门和乡镇之间的关系。清单在具体实施过程中,根据法律法规立、改、废、释以及机构和职能调整情况,及时按程序进行调整,建立动态调整和长效管理机制。

"创新资源配置思路和方式,健全动态调整机制,加大统筹使用各类编制资源力度,不断提升资源使用效益。"省委编办相关负责人介绍,《意见》科学划分乡镇类别,统一规范乡镇人员编制和机构设置,进一步理顺了条块关系。

问:在新农村建设中,乡镇机构改革如何合理定位?

二、乡镇人民代表大会

(一)性质和组织

乡、民族乡、镇人民代表大会是我国地方基层国家权力机关,是乡、民族乡、镇人民行使国家权力的机关,在国家权力机构系统中处于基础的地位。

乡、民族乡、镇的人民代表大会由选民直接选举的代表组成。乡、民族乡、镇的代表名额基数为45名,每1500人可以增加1名代表;但是,代表总名额不得超过160名;人口不足2000人的乡、民族乡、镇的代表总名额可以少于45名。聚居的少数民族乡或者人口居住分散的乡、民族乡,经省、自治区、直辖市的人民代表大会常务委员会决定,代表名额可以另加5%。确定和分配乡、民族乡、镇级人大代表名额既要考虑到便于召开会议,讨论和解决问题,又要注意使各民族、各方面都有适当数量的代表。

乡、民族乡、镇的人大设主席,并可以设副主席1至2人。主席、副主席由本级人大从代表中选出,任期与本级人大每届任期相同。主席、副主席不得担任国家行政机关的职务;如果担任国家行政机关的职务,必须向本级人大辞去主席、副主席的职务。主席、副主席在本级人大闭会期间负责联系本级人大代表,组织代表开展活动,并反映代表和群众对本级人民政府工作的建议、批评和意见。

乡、民族乡、镇的人民代表大会每届任期5年。

(二)职权

乡、镇人民代表大会具有以下职权:

1. 在本行政区域内,保证宪法、法律、行政法规和上级人民代表大会及其常委会决议的遵守和执行。

2. 在职权范围内通过和发布决议。

3. 根据国家计划,决定本行政区域内的经济、文化事业和公共事业的建设计划和项目。

4. 审查和批准本行政区域内的预算和预算执行情况的报告,监督本级预算的执行,审查和批准本级预算的调整方案,审查和批准本级决算。

5. 决定本行政区域内的民政工作的实施计划。

6. 选举本级人大主席、副主席。

7. 选举乡长、副乡长，镇长、副镇长。

8. 听取和审议乡、民族乡、镇的人民政府的工作报告。

9. 听取和审议乡、民族乡、镇的人民代表大会主席团的工作报告。

10. 撤销乡、民族乡、镇的人民政府的不适当的决定和命令。

11. 保护社会主义的全民所有的财产和劳动群众集体所有的财产，保护公民私人所有的合法财产，维护社会秩序，保障公民的人身权利、民主权利和其他权利。

12. 保护各种经济组织的合法权益。

13. 铸牢中华民族共同体意识，促进各民族广泛交往交流交融，保障少数民族的合法权利和利益。

14. 保障宪法和法律赋予妇女的男女平等、同工同酬和婚姻自由等各项权利。

少数民族聚居的乡、民族乡、镇的人民代表大会在行使职权的时候，可以依照法律规定的权限采取适合民族特点的具体措施。

事例与思考 20－11　民政部：乡镇代管村委会公章违背宪法精神

有媒体对河南郑州、漯河等地调查后报道称，多地乡镇政府代管村委会公章造成群众办事困难，还有的乡镇政府代管村公章后成立了“印章管理中心”。一些乡镇政府表示，这是为了防止公章落入村支部书记或村委会主任个人口袋造成“乱盖章”“人情章”等问题。

2017年2月21日，民政部召开2017年一季度新闻发布会，针对媒体报道的乡镇政府代管村委员会公章造成群众办事难的问题，民政部基层政权和社区建设司司长表示，村章乡管违背宪法精神，更不方便群众生产生活，必须坚决纠正。

村民委员会印章是村级公共权力的象征，在办理村公共事务和公益事业方面具有重要作用，在村民生产生活中办理参军、外出务工证明等手续时必须使用。村民委员会印章由指定的符合条件的村民保管，这既是村民自治的具体事务，也是全面依法治国的直接体现。

司长还表示，针对一些村情复杂、矛盾多发的“问题村”，在村委会换届选举或者对于村级组织进行治理整顿期间，乡镇政府可以暂时将村公章收缴代管，待换届选举或者整顿工作结束后归还，切实维护好群众的合法权益。

问：乡镇代管村委会公章为何违背宪法精神？

（三）会议制度

乡、民族乡、镇的人民代表大会的工作方式是举行会议，会议一般每年举行两次。经1/5以上的代表提议，可以临时举行本级人民代表大会会议。乡、民族乡、镇的人民代表大会举行会议时，选举主席团，由主席团主持会议，并负责召集下一次的本级人民代表大会会议。乡、民族乡、镇的人民代表大会主席、副主席为主席团的成员。乡、民族乡、镇人民代表大会每届第一次会议，在本届人民代表大会代表选举完成后的两个月内，由上届人民代表大会主席团召集。乡级人民政府领导人员列席人大会议。

会议听取的各项工作报告主要有：本级政府的工作报告；本级人大工作报告；本级政

府关于经济文化事业和公共事业的建设计划的报告;本级政府的财政预算和预算执行情况的报告;本级政府办理上次代表大会议案、建议、批评和意见情况的报告。在审议报告中代表可对大会的各项决议草案提出修改意见。

另外,在会议举行期间,主席团、本级人民政府可以向大会提出属于本级人大职权范围内的议案,由主席团决定提交大会审议、表决。代表 5 人以上联名,可以向大会提出属于本级人大职权范围内的议案,由主席团决定是否列入大会议程。列入会议议程的议案,在交付大会表决前,提案人要求撤回的,经主席团同意,会议对该项议案的审议即行终止。代表向大会提出的对各方面工作的建议、批评和意见,由主席团交有关机关和组织研究处理并负责答复。

代表 10 人以上联名可以书面提出对本级人民政府和它所属各工作部门的质询案。质询案必须写明质询对象、质询的问题和内容。质询案由主席团决定交由受质询的机关在主席团会议或者大会全体会议上口头答复,或者由受质询机关书面答复。在主席团会议上答复的,提出质询案的代表有权列席会议,发表意见;主席团认为有必要时,可以将答复质询案的情况报告印发会议。质询案以口头答复的,应当由受质询机关的负责人到会答复;质询案以书面答复的,应当由受质询机关的负责人签署,由主席团印发会议或者印发提质询案的代表。代表向有关地方国家机关提出询问时,有关机关应派人进行说明。

乡、民族乡、镇的人大主席、副主席,乡长、副乡长,镇长、副镇长的人选,由本级人大主席团或者 10 人以上代表联名提名。主席团或者 1/5 以上代表联名,可以提出对大会主席、副主席,乡长、副乡长,镇长、副镇长的罢免案,由主席团提请大会审议。罢免案应当写明罢免理由。被提出罢免的人员有权在主席团会议或者在大会全体会议上提出申辩意见,或者书面提出申辩意见。在主席团会议上提出申辩意见或者书面提出申辩意见,由主席团印发会议。大会主席、副主席,乡长、副乡长,镇长、副镇长,可以向大会提出辞职,由大会决定是否接受辞职。大会进行选举和通过决议,以全体代表的过半数通过。

(四)代表

代表在会议上的发言和表决不受法律追究。他们在出席人大会议和执行代表职务时,国家根据需要给予往返的旅费和必要的物质上的便利或者补贴。乡、民族乡、镇人大代表应当和选民保持密切联系,宣传法律和政策,向人大和人民政府反映群众的意见和要求。代表分工联系选民,有代表 3 人以上的居民地区或者生产单位可以组织代表小组,协助本级人民政府推行工作。代表受选民的监督。

三、人民政府

乡、民族乡、镇的人民政府是本级人民代表大会的执行机关,是基层的国家行政机关,在国家行政机关系统中处于基础的地位。乡镇人民政府对本级人民代表大会和上一级国家行政机关负责、报告工作,并服从国务院的统一领导。

乡、民族乡的人民政府设乡长、副乡长。民族乡的乡长由建立民族乡的少数民族公民担任。镇人民政府设镇长、副镇长。乡、民族乡、镇的人大主席团或者人大代表 10 人以上联名，可以提出本级人民政府领导人员的候选人。乡、民族乡、镇的乡长、镇长的候选人数一般应多1人，进行差额选举；如果提名的候选人只有1人，也可以等额选举。乡、民族乡、镇的副乡长、副镇长的候选人数应比应选人数多1人至3人，进行差额选举。乡长、副乡长，镇长、副镇长候选人以获得本级人大全体代表的过半数通过者当选。乡、民族乡、镇的人民政府每届任期5年。

乡、民族乡、镇人民政府依法行使下列职权：（1）执行本级人民代表大会的决议和上级国家行政机关的决定和命令，发布决定和命令；（2）办理本行政区域内的经济和社会发展计划、预算，管理本行政区域内的经济、教育、科学、文化、卫生、体育事业和生态环境保护、财政、民政、社会保障、公安、司法行政、人口与计划生育等行政工作；（3）保护社会主义的全民所有的财产和劳动群众集体所有的财产，保护公民私人所有的合法财产，维护社会秩序，保障公民的人身权利、民主权利和其他权利；保护各种经济组织的合法权益；铸牢中华民族共同体意识，促进各民族广泛交往交流交融，保障少数民族的合法权利和利益，保障少数民族保持或改革自己的风俗习惯的自由；保障宪法和法律赋予妇女的男女平等、同工同酬和婚姻自由等各项权利；（4）办理上级人民政府交办的其他事项。

乡、民族乡、镇实行乡长、镇长负责制，乡长、镇长分别主持本级人民政府的工作。乡、镇政府不设工作部门，根据工作的实际需要，可以聘用少数工作人员。

事例与思考 20－12　最高人民法院案例：下级行政机关拒绝履行上级行政机关交办事项行为具有可诉性

2011年6月，康菲石油公司蓬莱19－3油田溢油事故污染到中国海域，绥中县海水养殖区域也在受污染范围内。事故发生后，农业部代表受损失的渔业养殖户与康菲石油公司进行谈判，达成赔偿协议，康菲石油公司将赔偿款缴付中国政府，由中国政府负责赔偿款的发放工作。有关绥中县渔业养殖户的损失赔偿款发放工作，辽宁省海洋与渔业厅交由绥中县政府负责。2012年6月26日，绥中县政府作出绥政发（2012）67号《关于印发绥中县蓬莱19－3溢油事故赔偿补偿工作实施方案的通知》，指定绥中县渔业局具体负责养殖户损失申报审查和赔偿款发放工作。单君廷作为受损养殖户，申报了损失赔偿，并通过初审。在领取赔偿款之前，单君廷将海域使用证转让给案外人唐祯兴，并将海域使用证原件交给了唐祯兴，但未办理海域使用证过户登记手续。在领取赔偿款时，因未能出具海域使用证原件，绥中县渔业局拒绝向单君廷支付赔偿款。单君廷遂以绥中县渔业局为被告，提起民事诉讼，请求判令绥中县渔业局发放赔偿款。案件审理中，绥中县人民法院依职权追加唐祯兴为第三人，并于2013年11月20日作出民事判决，责令绥中县渔业局将康菲石油公司支付的赔偿款129377.60元发放给单君廷。唐祯兴上诉，葫芦岛市中级人民法院于2014年5月22日作出民事裁定，以该案不属于民事诉讼受理范围为由，裁定撤销一审民事判决，驳回单君廷的起诉。单君廷申请再审，辽宁省高级人民法院以相同理由，驳回其再审申请。单君廷向最高人民法院提起本案诉讼。

最高人民法院经审理认为，本案焦点问题有两项：（1）绥中县政府、绥中县渔业局发放赔偿款的行为是否是行政行为,是否属于行政诉讼受案范围;(2)一、二审行政裁定与生效民事裁定相抵触是否应予以纠正。

一、关于发放赔偿款的行为性质问题

《行政诉讼法》第2条第1款规定,公民、法人或者其他组织认为行政机关和行政机关工作人员的行政行为侵犯其合法权益,有权依照本法向人民法院提起诉讼。也就是说,公民、法人或者其他组织认为侵犯其人身权、财产权等合法权益的行政行为,属于人民法院行政诉讼的受案范围。本案中,因康菲石油公司漏油事故造成海面污染,给中国渔业养殖户造成巨大损害。为充分保障受损渔业养殖户的合法权益,简化赔偿程序,提高赔偿效率,中国政府代表受损失渔业养殖户与康菲石油公司就污染损失赔偿问题进行谈判。中国政府的受托谈判行为,是行使平等民事主体之间民事权利的行为。达成赔偿协议后,康菲石油公司将赔偿款缴付中国政府,有关绥中县渔业养殖户的赔偿款发放工作,辽宁省海洋与渔业厅交绥中县政府办理,并由绥中县渔业局具体负责实施。绥中县政府制定赔偿款发放规则,绥中县渔业局确定受污染养殖户及其赔偿款数额、实施发放赔偿款的行为,是接受上级行政机关的指令,根据行政管理职权,履行交办事项的行为,属于依职权行使行政权的行政行为。绥中县政府和绥中县渔业局拒绝向单君廷发放赔偿款,直接影响其财产权益,属于行政诉讼的受案范围。一、二审法院以"不属于行政诉讼的受案范围"为由,裁定不予受理,适用法律错误,依法应予纠正。

二、本案一、二审行政裁定与生效民事裁定相抵触的问题

最高人民法院《关于行政诉讼证据若干问题的规定》第70条规定:"生效的人民法院裁判文书或者仲裁机构裁决文书确认的事实,可以作为定案依据。但是如果发现裁判文书或者裁决文书认定的事实有重大问题的,应当中止诉讼,通过法定程序予以纠正后恢复诉讼。"本案中,葫芦岛市中级人民法院的民事裁定认为,绥中县政府制定赔偿款发放标准、绥中县渔业局发放赔偿款的行为,是依附在行政权力之下的职权行为,与赔偿请求人之间的主体地位不平等,不属于民事案件受案范围,据此驳回单君廷提起的民事诉讼。单君廷根据生效民事裁定,提起本案行政诉讼。在生效民事裁定已经将绥中县政府、绥中县渔业局的行为定性为行政行为,驳回单君廷的民事诉讼起诉,生效民事裁定尚未被依法撤销的情况下,一、二审又以本案"不属于行政诉讼的受案范围"为由,裁定驳回单君廷的起诉,与生效的民事裁定相抵触。即便本案一、二审认为单君廷请求绥中县政府、绥中县渔业局发放赔偿款的诉讼应当属于民事诉讼理由成立,也应当中止本案审理,通过审判监督程序,撤销生效民事裁定后,才能裁定驳回单君廷的起诉。一、二审裁定违反司法解释规定,审判程序违法,依法应予纠正。

综上,绥中县政府和绥中县渔业局接受上级政府的指令发放赔偿款的行为,属于行使职权的行政行为,一、二审行政裁定认为该行为不是行政行为,不属于行政诉讼受案范围,驳回单君廷的起诉不当,且与生效民事裁定直接相抵触,适用法律错误,依法应予以纠正。单君廷起诉符合法定起诉条件,依法应当予以受理。依照《行政诉讼法》第89条第2项,最高人民法院《关于执行〈中华人民共和国行政诉讼法〉若干问题的解释》第76条第1款的规定,裁定撤销辽宁省高级人民法院(2015)辽行终字第00196号行政裁定、撤销大连海事法

院(2015)大海行初字第12-1号行政裁定并指令大连海事法院继续审理。

问:如果下级行政机关不服上级行政机关的决定和命令,应当如何处理?

四、居民委员会和村民委员会

居民委员会和村民委员会是我国城市和农村按照居民居住地区设立的两类基层群众性自治组织,它们不属于国家机关和国家机关系统,但与基层政权之间存在紧密的联系。它们在办理本居住地区的公共事务和公益事业,调解民间纠纷,协助维护社会治安,向人民政府反映群众的意见、要求和提出建议,加强公民的民主参政意识,推动我国的民主建设等方面发挥着作用。根据宪法的规定,1989年全国人大常委会通过了《城市居民委员会组织法》,1998年全国人大常委会通过了《村民委员会组织法》,对居民委员会和村民委员会的性质、组织、职权、与基层政权之间的关系等方面作出了具体的规范。

(一)居民委员会

1. 性质和地位

居民委员会是集中居住在一定地域范围内的城市居民自我管理、自我教育、自我服务的基层群众性自治组织。城市基层政权组织与居民委员会之间为工作指导或者职权委托的关系:不设区的市、市辖区政府或者它的派出机关对居民委员会的工作给予指导、支持和帮助;居民委员会协助不设区的市、市辖区政府或者它的派出机关开展工作;居民委员会受不设区的市、市辖区政府或者它的派出机关的委托,代表它们实施行政管理。

市、市辖区的政府有关部门需要居民委员会或者它的下属委员会协助进行的工作,应当经市、市辖区政府或者它的派出机关同意并统一安排;市、市辖区政府有关部门,可以对居民委员会有关的下属委员会进行业务指导。

2. 任务

居民委员会的主要任务是:(1)宣传宪法、法律、法规和国家的政策,维护居民的合法权益,教育居民依法履行应尽的义务,爱护公共财产,开展各种形式的社会主义精神文明建设活动;(2)办理本居住地区居民的公共事务和公益事业;(3)调解民间纠纷;(4)协助维护社会治安;(5)协助人民政府或者它的派出机关做好与居民利益有关的公共卫生、计划生育、优抚救济、青少年教育等项工作;(6)向人民政府或者它的派出机关反映居民的意见、要求和提出建议;(7)开展便民利民的社区服务活动,兴办有关的服务事业;(8)管理本居民委员会的财产;(9)多民族居住地区的居民委员会还应当教育居民互相帮助,互相尊重,加强民族团结;(10)依照法律被剥夺政治权利的人编入居民小组,居民委员会应当对他们进行监督和教育。

3. 设立和组织

居民委员会根据居民居住状况,按照便于居民自治的原则,一般在100户至700户的范围内设立。其设立、撤销、规模调整由不设区的市、市辖区的人民政府决定。

居民委员会由主任、副主任和委员共5人至9人组成,多民族居住地区居民委员会中应当有人数较少的民族的成员。他们由本居住地区全体有选举权的居民或者由每户派代表选举产生;根据居民的意见,也可以由每个居民小组选举代表2人至3人选举产生。居民委员会每届任期5年,其成员可以连选连任。

居民会议由18周岁以上的居民组成,可以由全体18周岁以上的居民或者每户派代表参加,也可以由每个居民小组选举代表2人至3人参加。居民会议必须有全体18周岁以上的居民或者户的代表或者居民小组选举的代表的过半数出席,才能举行;会议的决定由出席人的过半数通过。

居民委员会向居民会议负责并报告工作。居民会议由居民委员会召集和主持。有1/5以上的18周岁以上的居民、1/5以上的户或者1/3以上的居民小组提议,应当召集居民会议。涉及全体居民利益的重要问题,居民委员会必须提请居民会议讨论决定。居民会议有权撤换和补选居民委员会成员。

居民委员会根据需要设人民调解、治安保卫、公共卫生等委员会。居民委员会成员可以兼任下属的委员会的成员。居民较少的居民委员会可以不设下属的委员会,由居民委员会的成员分工负责有关工作。分设若干居民小组,小组长由居民小组推选。

(二)村民委员会

1. 性质和任务

村民委员会是村民自我管理、自我教育、自我服务的基层群众性自治组织。乡、民族乡、镇的人民政府对村民委员会的工作给予指导、支持和帮助,但是不得干预依法属于村民自治范围内的事项;村民委员会协助乡、民族乡、镇的人民政府开展工作。

村民委员会实行民主选举、民主决策、民主管理、民主监督,办理本村的公共事务和公益事业,调解民间纠纷,协助维护社会治安,向人民政府反映村民的意见、要求和提出建议;村民委员会应当支持和组织村民依法发展各种形式的合作经济和其他经济,承担本村生产的服务和协调工作,促进农村生产建设和经济发展;依照法律规定,管理本村属于村农民集体所有的土地和其他财产,引导村民合理利用自然资源,保护和改善生态环境;村民委员会应当尊重并支持集体经济组织依法独立进行经济活动的自主权,维护以家庭承包经营为基础、统分结合的双层经营体制,保障集体经济组织和村民、承包经营户、联户或者合伙的合法财产权和其他合法权益;应当宣传宪法、法律、法规和国家的政策,教育和推动村民履行法律规定的义务、爱护公共财产,维护村民的合法权益,发展文化教育,普及科技知识,促进男女平等,做好计划生育工作,促进村与村之间的团结、互助,开展多种形式的社会主义精神文明建设活动;村民委员会应当支持服务性、公益性、互助性社会组织依法开展活动,推动农村社区建设;多民族村民居住的村,村民委员会应当教育和引导各民族村民增进团结、互相尊重、互相帮助。

2. 设立和组织

村民委员会根据村民居住状况、人口多少,按照便于群众自治,有利于经济发展和社会管理的原则设立。村民委员会的设立、撤销、范围调整,由乡、民族乡、镇的人民政府提出,经村民会议讨论同意,报县级人民政府批准。

村民委员会由村民直接选举的主任、副主任和委员共3至7人组成。村民委员会成员中,应当有妇女成员,多民族村民居住的村应当有人数较少的民族的成员。对村民委员会成员,根据工作情况,给予适当补贴。

选举村民委员会,由登记参加选举的村民直接提名候选人,候选人的名额应当多于应选名额。村民委员会的选举由村民选举委员会主持。村民选举委员会由主任和委员组成,由村民会议、村民代表会议或者各村民小组会议推选产生。选举村民委员会,有登记参加选举的村民过半数投票,选举有效;候选人获得参加投票的村民过半数的选票,始得当选。当选人数不足应选名额的,不足的名额另行选举。另行选举的,第一次投票未当选的人员得票多的为候选人,候选人以得票多的当选,但是所得票数不得少于已投选票总数的1/3。选举实行无记名投票、公开计票的方法,选举结果应当当场公布。

本村1/5以上有选举权的村民或者1/3以上的村民代表联名,可以提出罢免村民委员会成员的要求,并说明要求罢免的理由。罢免村民委员会成员,须有登记参加选举的村民过半数投票,并须经投票的村民过半数通过。

村民会议由本村18周岁以上的村民组成。村民会议由村民委员会召集。有1/10以上的村民或者1/3以上的村民代表提议,应当召集村民会议。

涉及村民利益的下列事项,经村民会议讨论决定方可办理:(1)本村享受误工补贴的人员及补贴标准;(2)从村集体经济所得收益的使用;(3)本村公益事业的兴办和筹资筹劳方案及建设承包方案;(4)土地承包经营方案;(5)村集体经济项目的立项、承包方案;(6)宅基地的使用方案;(7)征地补偿费的使用、分配方案;(8)以借贷、租赁或者其他方式处分村集体财产;(9)村民会议认为应当由村民会议讨论决定的涉及村民利益的其他事项。村民会议可以制定和修改村民自治章程、村规民约,并报乡、民族乡、镇的人民政府备案。

人数较多或者居住分散的村,可以设立村民代表会议,讨论决定村民会议授权的事项。

村民委员会实行村务公开制度,村民委员会不及时公布应当公布的事项或者公布的事项不真实的,村民有权向乡、民族乡、镇的人民政府或者县级人民政府及其有关主管部门反映,有关人民政府或者主管部门应当负责调查核实,责令依法公布;经查证确有违法行为的,有关人员应当依法承担责任。

村民委员会根据需要设人民调解、治安保卫、公共卫生与计划生育等委员会。村民委员会成员可以兼任下属委员会的成员。人口少的村的村民委员会可以不设下属委员会,由村民委员会成员分工负责人民调解、治安保卫、公共卫生与计划生育等工作。

第五节　民族自治地方的自治机关

一、民族区域自治制度的形成

中华人民共和国成立初期,当时起临时宪法作用的《共同纲领》第51条中规定:“各少数民族聚居的地区,应实行民族的区域自治,按照民族聚居的人口多少和区域大小,分别建立各种民族自治机关。"这一规定实际上标志着中国民族区域自治制度在国家体制中的正式确立。从1950年起开始建立了一批相当于专区、县以及区、乡的,由一个少数民族单独实行自治和由两个甚至多个民族联合等各种不同行政级别和多种类型的民族自治地方。[1] 为了使民族区域自治制度走向规范化,中央人民政府于1952年8月批准了民族事务委员会草拟的《民族区域自治实施纲要》。纲要在总结中国民族工作经验的基础上,确定了民族自治区的形式与规模。

1954年宪法公布以后,我国民族区域自治制度进入了新的发展时期。从1954年到1958年民族区域自治制度取得了重要进展,主要表现在:(1)截至1958年,先后成立了新疆、广西、宁夏3个自治区,28个自治州和53个自治县,大多数聚居的少数民族都建立了与居住状况相适应的自治地方;(2)根据1954年宪法的规定,对民族自治地方作了调整,规定民族自治地方分为自治区、自治州、自治县三级。但是,20世纪50年代末由于受"左"倾错误的影响,民族区域自治制度的发展出现了严重的波折,没有合理地确定正当的民族感情与地方民族主义之间的界限。在民族自治地方的建立上,从1958年到1965年只建立了民族自治地方20个,在"文化大革命"十年中只建立了1个。"文化大革命"十年中民族区域自治制度遭到严重的破坏,基本上处于停止状态。1975年修改的宪法对1954年宪法中确定的民族区域自治制度作了许多删改,使民族区域自治制度失去了自身应有的内容。

1978年十一届三中全会以后,民族区域自治制度进入了新的发展时期。1982年宪法的颁布为民族区域自治制度的发展提供了宪法依据。它不仅继承了1954年宪法中有关民族区域自治的重要制度与原则,而且在总结民族工作经验的基础上,调整、充实了民族区域自治制度。1984年制定的《民族区域自治法》是调整民族关系的基本法律,它以1982年宪法为基础,对民族区域自治的各项制度作了全面的确认。《民族区域自治法》除序言外,共7章67条,在序言和总则中规定了民族区域自治的基本原则与基本内容;《民族区域自治法》进一步充实了民族自治机关的自治权利;对在民族自治地方内的民族关系,上级国家机关对民族自治地方的领导和帮助等问题作了具体规定。2001年第九届全国人大常委会第二十次会议对《民族区域自治法》进行了修改,进一步完善了民族区域自治制度。截至2021年,我国共建立了155个民族自治地方,即5个自治区、30个自治州、120个自治县(其中3个自治旗:莫力达瓦达斡尔族自治旗、鄂伦春自治旗、鄂温克族自治旗)。此外我国已设立3个盟(阿拉善盟、锡林郭勒盟、兴安盟)、49个旗、962个民族乡。

二、民族区域自治制度的概念

随着民族区域自治理论与实践的发展,我国逐渐形成了民族区域自治制度的概念。在中国共产党早期提出的有关民族区域自治的几种形式中,实际上包含了民族区域自治

[1] 参见黄光学主编、《当代中国》丛书编辑部编辑:《当代中国的民族工作》,当代中国出版社1993年版,第215页。

制度概念的某些要素。例如，1941 年《陕甘宁边区施政纲领》中规定，依据民族平等原则，实行蒙、回民族与汉族在政治、经济、文化上的平等权利，建立蒙、回民族的自治区。[2] 在 1946 年的《和平建国纲领草案》中中共代表团指出，在少数民族区域，应承认各民族的平等地位及其自治权。1947 年建立内蒙古自治区时，已经确定了较完整的民族区域自治制度的概念，在概念中已包含民族自治与区域自治的因素，并强调在一定区域内的自治权。但是在中华人民共和国成立以前，有关民族区域自治方面的称谓与具体内容的表述并不统一与规范，而且还没有取得国家政策与法律上的正式确认。1949 年《共同纲领》规范了民族区域自治的提法，把过去的"自治""民族自治"等提法一律改为"民族区域自治"，使其概念进一步明确。中华人民共和国成立后的历部宪法基本上沿用了《共同纲领》的提法，统一采用民族区域自治的概念。

所谓民族区域自治制度，是指各少数民族在国家统一领导下，依据宪法的规定，以少数民族聚居区为基础建立民族自治地方，设立自治机关，行使自治权，实现各族人民当家作主的基本政治制度。从这一概念中可以看出，构成民族自治地方的因素有聚居地域、自治机关与自治权利。

民族区域自治制度的基本特点表现在：

1. 维护国家统一是民族区域自治制度存在的前提。我国的民族区域自治是在国家统一领导下实行的，每一个实行区域自治的地方都属于我国领土范围内的行政区域的一部分，是中央统一领导下的一级地方政权，不享有同国家分离的权利。《宪法》总纲第 4 条规定"各民族自治地方都是中华人民共和国不可分离的部分"。作为国家的一级地方政权机关，各自治机关必须接受中央统一领导，维护国家的统一。在单一制国家结构形式下，民族区域自治制度由宪法规定，各民族自治地方必须遵守国家的宪法。与实行联邦制的国家不同，单一制体制下的地方政权机关无权制定宪法，无权拒绝宪法规范的统一适用。民族区域自治法以及与之相配套的法律、法规以及民族自治地方的自治条例与单行条例不得同宪法规定相抵触。

2. 我国民族区域自治是民族自治和区域自治的结合。我国的民族区域自治是以少数民族聚居区为基础而实行的自治制度，既不是单纯的区域自治，也不是单纯的民族自治。实行区域自治的民族，根据其聚居区的大小和人口分布情况，在自治地方内行使自治权，不能脱离聚居区。同理，在民族自治地方内不由实行自治的民族当家作主，不行使自治权，同样不能实现民族自治。由于我国少数民族分布的基本特点是"大杂居、小聚居"，在实行区域自治时不可能以一个少数民族为单位建立民族自治地方，只能把民族因素和区域因素结合起来，建立民族区域自治地方。

3. 我国民族区域自治是经济因素和政治因素的结合。在处理民族关系、划定民族自治地方的区域时，国家一方面要考虑各民族之间的团结与共同繁荣的需要，另一方面也要考虑民族自治地方发展经济的具体条件与环境。实行区域自治制度的目的是使少数民族

---

[2] 参见韩延龙、常兆儒编：《中国新民主主义革命时期根据地法制文献选编》（第 1 卷），中国社会科学出版社 1981 年版，第 36 页。

当家作主,实现自治权,加速民族地区经济文化事业的发展,实现各民族的共同繁荣。民族区域自治并不是为了自治而自治,其实质与着眼点是发展经济、共同繁荣。因此,在民族区域自治制度的建立与具体运作过程中,我们既要考虑民族因素,也要充分考虑经济因素,在对各种相关因素作出总体评价的基础上确定有利于民族自治地方发展的方向与目标。我国民族自治地方的区域划定具体体现了经济因素与政治因素有机结合的特点。

三、民族自治地方

建立民族自治地方,设立自治机关是实行民族区域自治制度的基础。根据一定的标准,合理地确定民族自治地方的标准、类型与区域变动界线,对于发挥民族区域自治制度的作用有重要的意义。

(一)民族自治地方的建立

民族自治地方是指实行民族区域自治的行政区域,它是具有特殊性的地方行政区域。根据《民族区域自治法》的规定,建立民族自治地方必须遵循如下原则:

1. 以少数民族聚居区为基础。《民族区域自治法》第12条第1款规定,少数民族聚居的地方,根据当地民族关系、经济发展等条件,并参酌历史情况,可以建立以一个或者几个少数民族聚居区为基础的自治地方。以少数民族聚居区为基础是我国民族区域自治制度的重要特点。建立民族自治地方首先要考虑民族分布的特点,从少数民族居住状况与人口状况出发合理地确定自治地方的建立标准与具体类型。民族关系是建立民族自治地方的重要因素,应从有利于民族团结的角度合理地确定民族关系的构成及其特点。特别是具体确定以哪一个民族为主体建立民族自治地方时,既要考虑民族关系的现实因素,也要注意把握与民族关系相关的其他因素。经济发展情况也是建立民族自治地方时需要考虑的因素。经济发展所形成的经济关系是民族自治地方发展经济的重要条件,不能以行政区划的划定与调整为由人为地割裂已经形成的经济联系。最后考虑的一个因素是历史情况。建立民族自治地方时,要参酌该地区历史上已经形成的民族关系和区域划分等具体情况。

2. 共同协商原则。民族自治地方的建立涉及民族地区的政治、经济、文化、历史等方面的因素。由于我国少数民族分布情况的特殊性,民族自治地方不是由单一的民族组成,而是以一个少数民族或者两个以上的少数民族为主体,同时包含其他的少数民族。因此,在建立民族自治地方时,可能涉及各种利益关系,需要正确处理民族关系。为了正确处理各种利益关系,《民族区域自治法》规定了民族自治地方的建立、区域界线的划分、名称的组成,由上级国家机关会同有关地方的国家机关和有关民族的代表充分协商拟定,按照法律规定的程序报请批准。事实上,这种协商方式有利于统一思想,使自治地方的建立具有广泛的社会基础。

3. 民族平等团结互助和谐原则。民族平等是民族区域自治制度的基本原则。在建立民族自治地方时,要体现民族平等原则,尊重各少数民族的权利,形成和谐的民族关系。根据我国民族分布的特点,民族自治地方内其他少数民族聚居的地方可建立相应的自治地方或民族乡。例如,在某一个少数民族自治区内,可建立其他少数民族的自治州或自治县。另外,根据《民族区域自治法》的规定,民族自治地方依照本地方的实际情况,可包括一部分汉族或者其他民族的居民区和城镇。民族自治地方民族成分的多样性实际上决定了民族区域自治制度的包容性,有利于实现民族平等原则,有利于形成民主、团结的新型的社会主义民族关系。

(二)民族自治地方的类型

我国民族自治地方的类型基本上分为三种:第一种是以一个少数民族聚居区为基础建立的自治地方;第二种是以人口较多的少数民族聚居区为基础,同时包括一个或几个人口较少的其他少数民族聚居区所建立的自治地方;第三种是以两个或两个以上的少数民族聚居区为基础联合起来建立的自治地方。

根据宪法的规定,民族自治地方分为自治区、自治州、自治县三级。自治区同省、直辖市相同。自治州是省、自治区以下,县、自治县、不设区的市以上的一级行政区域单位。

《民族区域自治法》明确规定,民族自治地方的区域界线一经确定,不得轻易变动,需要变动的时候,由上级国家机关的有关部门和民族自治地方的自治机关充分协商拟定,按照法定程序批准。

四、民族自治地方的自治机关

(一)民族自治地方的自治机关的性质与地位

民族自治地方的自治机关是在民族自治地方设立的政权机关,依法行使自治权。根据宪法和《民族区域自治法》的规定,民族自治地方的自治机关是指自治区、自治州、自治县的人民代表大会和人民政府。

在国家政权机构体系中,民族自治地方的自治机关具有两重性质:一方面,自治机关是国家的一级地方政权机关,与普通地方国家政权机关一样担负共同的任务,即作为地方国家政权机关。民族自治地方的人民代表大会和人民政府的产生、任期、职权、工作制度等与普通地方政权机关相同。另一方面,因自治机关是在民族自治地方设立的,在自治机关的组成与权限等方面又有特殊性,主要表现为自治机关行使的自治权。

根据宪法和《民族区域自治法》的规定,自治机关作为一级地方政权机关,只包括自治区、自治州、自治县的人民代表大会和人民政府,不包括自治地方设立的监察委员会、人民法院和人民检察院,主要理由是:(1)我国是单一制国家,国家审判权与检察权是统一的;(2)人民法院是国家的审判机关,人民检察院是国家法律监督机关,不具有自治机关的性质;(3)人民法院与人民检察院在行使职权的过程中要照顾民族自治地方的特点,但不享有自治权。《民族区域自治法》把人民法院和人民检察院单独列为一章规定的目的是避免对自治机关性质的误解。

(二)民族自治地方的自治机关组成

民族自治地方自治机关作为一级地方政权机关,在组成方面遵循宪法和《民族区域自治法》规定的原则和程序,既体现共性,又体现特殊性。

1. 民族自治地方的人民代表大会和常务委员会。自治区、自治州、自治县的人民代表大会是民族自治地方的国家权力机关。自治区、自治州的人民代表大会代表由下一级人民代表大会选出,自治县的人民代表大会代表由选民直接选出。自治区人民代表大会代表的名额由全国人民代表大会常务委员会依照《选举法》确定。自治州与自治县人民代表大会代表的名额由自治区人大常委会依照《选举法》确定,报全国人大常委会备案。为了体现自治机关的特殊性,《选举法》对民族自治地方权力机关的组成作了一些特殊规定,主要有:(1)民族自治地方的人民代表大会中,除实行区域自治的民族的代表外,其他居住在本行政区域内的民族也应有适当名额的代表;(2)对实行区域自治的民族和其他少数民族代表的名额和比例,由省、自治区、直辖市的人大常委会根据法律规定作出决定,并报全国人大常委会备案;(3)有少数民族聚居的地方,每一聚居的少数民族都应有代表参加当地的人民代表大会。散居的少数民族应选当地人民代表大会的代表,每一代表所代表的人口数可以少于当地人民代表大会每一代表所代表的人口数。

自治区、自治州、自治县的人民代表大会成立常务委员会,它是本级人民代表大会的常设机关,对本级人民代表大会负责并报告工作。自治区、自治州的人民代表大会常务委员会由本级人民代表大会在代表中选举主任、副主任若干人、秘书长、委员若干人。自治县的人大常委会由本级人大在代表中选举主任、副主任若干人和委员若干人组成。为了保障民族自治地方权力机关活动中体现自治的性质,《民族区域自治法》第16条第3款规定,民族自治地方的人民代表大会常务委员会中应当有实行区域自治的民族的公民担任主任或者副主任。

2. 民族自治地方的人民政府。自治区、自治州、自治县的人民政府是本级人民代表大会的执行机关,是民族自治地方的国家行政机关。民族自治地方的人民政府对本级人民代表大会和上一级国家行政机关负责并报告工作。根据《地方各级人大和地方各级政府组织法》的规定,自治区主席、副主席、自治州州长、副州长、自治县县长、副县长的人选,由本级人民代表大会主席团或者代表联合提名,由本级人民代表大会选举产生。为了体现自治机关的性质,《民族区域自治法》第17条第1款规定,自治区主席、自治州州长、自治县县长由实行区域自治的民族的公民担任。自治区、自治州、自治县的人民政府的其他组成人员,应当合理配备实行区域自治的民族和其他少数民族的人员。民族自治地方的人民政府除行使县级以上地方各级人民政府的职权外,同时享有自治权。在民族自治地方自治机关的组成方面,体现干部民族化是自治机关民族化的重要内容。

五、民族自治地方的自治机关自治权

宪法和民族区域自治法赋予自治机关不同于普通政权机关的自治权,以保障自治机关的活动体现民族自治。所谓自治机关的自治权是指民族自治地方的自治机关依法管理本民族地方内部事务的自主权,其特点是:

(一)制定自治条例和单行条例权

《宪法》第116条中规定:"民族自治地方的人民代表大会有权依照当地民族的政治、

经济和文化的特点，制定自治条例和单行条例。”制定自治条例和单行条例是民族自治地方的自治机关行使自治权的重要内容，是自治权在政治、经济和文化生活领域的集中体现。

自治条例是指自治地方的人民代表大会根据宪法规定的原则与程序，依照当地民族的特点而制定的调整民族关系的规范性法律文件，其主要特点是：

1. 综合性。自治条例最显著的特点是它的高度综合性，即从调整对象与调整方法看，自治条例具有综合性，总体上调整民族自治地方的政治、经济与文化生活，为自治地方的机关、团体与公民的活动提供统一的行为规范。单行条例一般是指调整具体民族关系的法规，其调整范围具有特定性。

2. 自主性。自治条例作为调整民族关系的综合性法规，反映了自治地方行使自治权的自主活动，概括了自治地方的政治、经济与文化的特点。自治条例的制定权是一种自主性立法权，是宪法赋予民族自治地方的自治权的具体化和法律化。自治条例的自主性不仅表现为内容的自主性，同时表现在制定程序、批准程序与具体运用过程中。

3. 分权性。自治条例在中央与地方职权（尤其是立法权限）的划分上具有一定程度的分权性，即以自治条例来制约集权，巩固与发展少数民族的自主权。自治权的设定、自治条例的制定权本身就是一种分权与多样性的表现。

4. 协调性。在民族区域自治法实施过程中，具体利益的协调主要通过自治条例来进行。中央与地方自治机关的关系、自治地方之间的关系、自治地方内部不同民族之间的关系、自治地方与一般地方之间关系的协调都需要一种利益的自我调整机制。制定自治条例的过程实际上是把国家利益与少数民族特殊利益通过客观、合理的形式与机制加以协调的过程，以确定协调利益关系的合理标准。制定自治条例的意义不仅仅在于反映与维护自治地方的特殊利益，而且在于协调不同的利益关系。

5. 区域性。自治条例主要是根据本地方的特点而制定的，调整本地方的民族关系只在本地方有效，具有特定的区域性。

自治条例是具有特殊性质的地方性法规，与一般地方性法规的主要区别点在于：（1）制定的前提不同，自治条例是民族自治地方的人民代表大会依照当地民族的政治、经济和文化的特点而制定的，而地方性法规是由省、自治区、直辖市人民代表大会根据本行政区域的具体情况和实际需要，在不同宪法、法律、行政法规相抵触的前提下制定的；（2）着眼点不同，地方性法规着眼于地方特点，自治条例着眼于民族特点；（3）主体不同，自治条例由自治区、自治州、自治县的人民代表大会制定；（4）批准程序不同，自治区的自治条例和单行条例报全国人大常委会批准后生效，自治州、自治县的自治条例和单行条例报省、自治区、直辖市的人民代表大会常务委员会批准后生效，并报全国人民代表大会常务委员会备案，而地方性法规由省、自治区、直辖市人大及其常委会制定通过即生效，但要报全国人大常委会和国务院备案。

（二）使用和发展民族语言文字权

语言文字平等是民族平等的一个重要内容，是少数民族享有的重要权利。宪法规定：“各民族都有使用和发展自己的语言文字的自由。”《民族区域自治法》第21条规定：“民族自治地方的自治机关在执行职务的时候,依照本民族自治地方自治条例的规定,使用当地通用的一种或者几种语言文字;同时使用几种通用的语言文字执行职务的,可以以实行区域自治的民族的语言文字为主。"

我国是一个多民族、多语言的国家,55个少数民族中除回族一直使用汉语、满族在近代转用了汉语外,其他53个民族都有自己的民族语言。[3] 我国少数民族使用语言的情况有以下几种类型:(1)大多数民族的多数人以本民族语言为主要交际工具,只有少数人放弃使用本民族语言,改用汉语或其他民族语言;(2)除使用本民族语言外有50%以上的人兼通汉语或其他少数民族语言;(3)大多数人转用汉语或其他少数民族语言,只有极少数人使用本民族语言;(4)通用汉语。

民族区域自治地方实行通用语言制和民族语文双语制相结合的语言制度。其基本内容包括:(1)民族自治地方的自治机关在执行职务的时候,依照本民族自治地方自治条例的规定,使用当地通用的一种或者几种语言文字。例如,在宁夏回族自治区,实行区域自治的民族是回族,当地通用的语言文字就是汉语普通话和汉字;而在内蒙古自治区,实行区域自治的民族是蒙古族,当地蒙古族通用的语言文字是蒙古语文,还有当地和全国都通用的普通话和汉字。可见,不同民族自治地方通用的语言文字是不尽相同的。(2)同时使用几种通用的语言文字执行职务的,可以以实行区域自治的民族的语言文字为主。自治地方的自治机关在执行职务的时候,凡自治民族有自己独特的、当地通用的民族语言的,除使用本民族语言文字并以本民族语言文字为主外,同时使用汉语。[4] 例如,在内蒙古自治区同时使用蒙汉两种语言文字,其中以蒙古语言文字为主。(3)民族学校实行双语教育。为了保证少数民族行使民族语言文字的自由,在民族自治地方的民族学校进行双语教育。

为了切实保障少数民族使用和发展本民族语言文字的自由,宪法、法律与条例中作出了具体的规定。除宪法规定外,民族区域自治法、人民法院组织法、刑事诉讼法、民事诉讼法等法律中规定,民族自治地方的人民法院和人民检察院应当使用当地通用的语言文字审理和检察案件。《选举法》第23条规定,自治区、自治州、自治县制定或者公布的选举文件、选民名单、选民证、代表候选人名单、代表当选证书和选举委员会印章等,都应当同时使用当地的民族文字。

事例与思考 20-13 备案审查中的少数民族语言文字

根据全国人大常委会法工委关于2021年备案审查工作情况的报告,国务院有关主管部门对有的民族自治地方民族教育条例等法规提出合宪性审查建议,认为条例中的有关规定存在合宪性问题,不利于促进民族交往交流交融。经审查认为,宪法和有关法律已对推广普及国家通用语言文字作出明确规定,包括民族地区在内的全国各地区应当全面推行国

---

[3] 参见杨侯第主编:《中国少数民族人权述要》,北京大学出版社1997年版,第120页。

[4] 参见李作南:《论我国的语言制度》,载《内蒙古大学学报(人文社会科学版)》1997年第4期。

家通用语言文字教育教学，有关法规中的相关内容应予纠正。经沟通，制定机关已废止有关法规。

根据全国人大常委会法工委关于2020年备案审查工作情况的报告，有的地方性法规规定，各级各类民族学校应当使用本民族语言文字或者本民族通用的语言文字进行教学；有的地方性法规规定，经本地教育行政部门同意，有条件的民族学校部分课程可以用汉语言文字授课。经审查认为，上述规定与《宪法》第19条第5款关于国家推广全国通用的普通话的规定和《国家通用语言文字法》《教育法》等有关法律的规定不一致，已要求制定机关作出修改。

问：1. 我国宪法法律对少数民族语言文字权利有哪些规定？

2. 我国宪法法律关于国家推广全国通用的普通话等规定在什么意义上构成了对少数民族语言文字权利的限制？限制与权利保障之间如何取得合理平衡？

（三）财政自治权

财政自治权主要是指在国家统一领导下，在财政权限划分上给予民族自治地方的一种权力。《民族区域自治法》对自治机关管理地方财政的自治权作了具体的规定。

民族自治地方的财政是一级财政，是国家财政的组成部分，民族自治地方的自治机关有管理地方财政的自治权。国家财政管理体制的基本原则是“统一领导，分级管理”，在统一的财政政策下，给地方相对独立的经营管理权。民族自治地方的财政作为一种地方财政，首先要服从上级国家机关的领导。在这一点上，民族自治地方财政和一般地区财政是相同的。但民族自治地方财政管理与具体运行过程又有自己的特点，各级自治地方财政管理权限与同级自治机关的自治权限是相适应的。由于自治地方集资程度比较低，非生产性开支大，需要采取不同于一般地区的财政管理体制。

财政管理自治权是一种综合性的概念，根据其行使形式的不同，表现多样化的内容。财政管理自治权的内容具体包括：（1）民族自治地方的自治机关有管理地方财政的自治权，凡是依照国家财政体制属于民族自治地方的财政收入，都应当由民族自治地方的自治机关自主地安排使用。（2）民族自治地方依照国家财政体制的规定，在全国统一的财政体制下，通过国家实行的规范的财政转移支付制度，享受上级财政的照顾。这一规定对于发展民族地区经济，切实实现财政管理自治权具有重要的意义。（3）民族自治地方的财政预算支出，按照国家法律与政策的有关规定，设机动资金，预备费在预算中所占比例高于一般地区。自治机关在执行财政预算过程中，自行安排使用收入的超收和支出的结余资金。（4）民族自治地方的自治机关对本地方的各项开支标准、定员、定额，根据国家规定的原则，结合本地方的实际情况，可制定补充规定和具体办法。自治区制定的补充规定和具体办法报国务院备案，自治州、自治县制定的补充规定和具体办法须报省、自治区、直辖市人民政府批准。（5）民族自治地方的自治机关在执行国家税法的时候，除应由国家统一审批的减免税收项目以外，对属于地方财政收入的某些需要从税法上加以照顾和鼓励的，可实行减税或者免税。自治州、自治县决定减税或者免税，须报省、自治区或直辖市人民政府批准。总体上讲，民族自治地方的财政管理自主权大于一般性行政地方。

(四)经济建设的管理权

《宪法》第118条第1款规定,民族自治地方的自治机关在国家计划的指导下,自主地安排和管理地方性的经济建设事业。经济建设管理权的内容主要包括:(1)在国家计划的指导下,根据本地方的特点和需要,制定经济建设的方针、政策和计划。(2)民族自治地方的自治机关在坚持社会主义原则的前提下,根据法律规定和本地方经济发展的特点,合理调整生产关系,改革经济管理体制。民族自治地方的自治机关根据法律规定,确定本地方内草场和森林的所有权和使用权。(3)民族自治地方的自治机关依照法律规定,管理和保护地方的自然资源。民族自治地方的自治机关保护、建设草原和森林,组织和鼓励植树种草。同时,根据法律规定和国家的统一规划,对可以由本地方开发的自然资源优先合理开发利用。(4)民族自治地方的自治机关在国家计划的指导下,根据本地方的财力、物力和其他具体条件,自主地安排地方基本建设项目,自主地管理隶属于本地方的企业、事业。(5)民族自治地方依照国家规定,可以开展对外经济贸易活动,经国务院批准,可开辟对外贸易口岸。与外国接壤的民族自治地方经国务院批准,可开展边境贸易等。民族自治地方在对外经济贸易活动中,享受国家的优惠政策。

(五)公共事务的管理权

《宪法》第119条规定,民族自治地方的自治机关自主地管理本地方的教育、科学、文化、卫生、体育事业,保护和整理民族的文化遗产,发展和繁荣民族文化。公共事务管理权内容具体包括:自主地发展民族教育,即根据国家的教育方针,决定本地方的教育规划,各级各类学校的设置、学制、办学形式等;自主地发展具有民族形式和民族特点的文学、艺术、新闻、出版、广播、电影、电视等民族文化事业;自主地决定本地方的科学技术发展规划,普及科学知识;自主地决定本地方的医疗卫生事业的发展规划,发展现代医药和民族传统医药;自主地发展体育事业,开展民族传统体育活动,增强各族人民的体质。

(六)组织公安部队权

民族自治地方的自治机关依照国家的军事制度和当地的实际需要,经国务院批准,可以组织本地方维护社会治安的公安部队。公安部队是国家统一的武装力量的组成部分,其主要任务是维护本地方的社会治安。

第六节　特别行政区政权机关

一、特别行政区政权机关的性质和地位

受特别行政区法律地位所决定,特别行政区政权是一级地方政权,同时又是具有特殊

性的一级地方政权。

作为受中央人民政府统一领导的地方政权,其政权机关的设置及其体制由中央决定,其所行使的所有权力均来自中央通过法律的形式授予,各政权机关所行使的权力及相互关系也均由法律加以规定,中央人民政府在特别行政区行使保持国家统一和作为国家主权的必要权力,以及作为中央的必要权力,一些全国性法律也必须在特别行政区适用。例如,1990 年和 1993 年全国人大分别制定了《香港特别行政区基本法》和《澳门特别行政区基本法》,在基本法中具体规定了特别行政区政权机关的设置及其体制、特别行政区政权机关行使的权力、特别行政区各政权机关分别行使的权力及相互关系;同时,基本法中也规定了中央人民政府在特别行政区行使的权力,包括修改基本法、解释基本法、宣布特别行政区进入紧急状态、任命特别行政区行政长官和主要官员、审查特别行政区立法机关制定的法律是否与基本法相抵触,以及在特别行政区需要进行适用的全国性法律等。

同时,特别行政区既然保持原有的资本主义社会经济制度不变,特别行政区政权就不可能同内地一样实行人民民主专政制度以及与此相适应的人民代表大会制度,当然也不可能保留与回归前一样的政权体制,更不可能完全采用西方国家的政权体制,其政权机关的体制只能根据特别行政区的具体情况确定。因此,基本法根据香港和澳门的特点,确立了全新的政权体制。

特别行政区政权机关与内地国家机关相比较,享有一系列高度自治权。这些自治权在程度上要大大高于民族自治机关所享有的民族自治权,甚至要高于联邦制国家组成部分所享有的权力。特别行政区政权机关在基本法所授予的高度自治权范围内可以独立地处理和管理特别行政区的事务。

特别行政区政权又是以爱国者为主体组成的一级地方政权。特别行政区基本法根据"一国两制"的构想,确定了"当地人治理"的原则,即在香港由"港人治港",在澳门由"澳人治澳"。这里的"港人""澳人"必须是爱国者,特别行政区政权机关的工作人员必须是爱国者,只有爱国者才能作为香港和澳门的管理者。"爱国者"的衡量标准是,是否尊重自己的民族,诚心诚意拥护祖国恢复行使对香港和澳门的主权,不损害香港和澳门的繁荣和稳定。《香港特别行政区基本法》第 104 条规定,行政长官、主要官员、行政会议成员、立法会议员、各级法官和其他司法人员在就职时必须宣誓拥护《香港特别行政区基本法》,效忠中华人民共和国香港特别行政区。这就是爱国爱港要求的具体体现和法律化。只有以爱国者为主体组成的特别行政区政权,才能保持特别行政区的稳定、繁荣和发展。

二、特别行政区的政权体制

香港和澳门在回归前实行的是总督集权的政治体制。香港总督由英国政府委派,澳门总督由葡萄牙政府委派,总督集各种权力于一身,有权决定香港或者澳门的各项事务,任命各种官员,包括立法机关、行政机关、司法机关的官员,这些官员只对总督负责,而总督又只对本国政府负责,不对当地居民负责。香港和澳门居民不享有各种民主权利,对香港和澳门的各种事务没有参与权和决定权。在香港和澳门回归以后,香港和澳门原有的社会经济制度和生活方式可以继续保持不变,原有的法律基本不变,但是原有的具有殖民统治色彩的总督集权制不可能保留和延续。

在确定特别行政区政权体制时应遵循以下原则:(1)必须同以爱国者为主体的政权性质相适应;(2)必须符合"一国两制"精神;(3)必须同当地历史情况和具体现实相适应;(4)适当吸引各种既有的政治体制的优点和长处。从上述原则出发,基本法所设计的特别行政区政权体制是:行政主导、司法独立、行政与立法既制约又配合。这一体制不同于内地所实行的人民代表大会制度,也不同于香港和澳门原有的总督集权制,还不同于西方国家以"三权分立"原则建立起来的政治体制。

(一)行政主导

行政主导的主要表现是:(1)行政长官在特别行政区处于特殊地位,是特别行政区的首长,代表特别行政区;(2)法律草案、预算案及其他重要议案由政府向立法会提出;(3)政府向立法会提出的议案须优先列入议程;(4)立法会通过的法案须经行政长官签署、公布,方能生效;(5)行政长官对立法会通过的法案有相对否决权;(6)行政长官有权根据法律规定的程序解散立法会;(7)其他。例如,行政长官可以依照法律的规定批准临时短期拨款,有权决定政府官员或者其他公务人员是否向立法会作证和提供证据等。

(二)审判权和司法权独立

司法独立的原则在特别行政区基本法中得到了全面和反复的规定。例如,《香港特别行政区基本法》第2、19条两次规定,香港特别行政区享有独立的司法权和终审权;第85条又明确规定,特别行政区法院独立进行审判,不受任何干涉,司法人员履行审判职责的行为不受法律追究;第80条还规定,各级法院是特别行政区的司法机关,行使特别行政区的审判权。

(三)行政与立法

1. 行政对立法的制约

前述行政主导的七个方面的表现从另一角度看,也就是行政对立法的制约。行政对立法的制约突出表现在以下两个方面:

(1)行政长官对立法会通过的法案的相对否决权。立法会通过的法案须经行政长官的签署、公布,方能生效。行政长官如认为立法会通过的法案不符合本特别行政区的整体利益,可在一定期限(香港规定为3个月,澳门规定为90日)内将法案发回立法会重议。议员提出的法律草案如涉及政府政策者,在提出前须得到行政长官的同意。

(2)行政长官对立法会有解散权。解散立法会有两种情况:一种情况是对于行政长官拒绝签署而发回重议的法案,如果经立法会以不少于全体议员2/3的多数再次通过,行政长官须在一定期限(香港规定为1个月,澳门规定为30日)内签署公布,如行政长官仍拒不签署,则可以解散立法会,重新选举。另一种情况是,如果立法会拒绝通过政府提出的财政预算案或者其他重要的法案,行政长官也可以解散立法会。

为谨慎起见,基本法对行政长官解散立法会作了限制性规定:一是事前应先行协商,经协商仍不能取得一致意见，方可解散立法会；二是事前须征询行政会议的意见；三是行政长官在其一届任期内只能解散立法会一次。

2. 立法对行政的制约

立法机关对行政机关的制约主要表现在以下方面：

（1）行政机关对立法机关负责：一是政府部门遵守法律，执行立法会通过并已生效的法律；二是行政长官定期向立法机关作施政报告，议员就该报告进行辩论，并可以提出质询；三是政府征税及公共开支须经立法会批准；四是对于行政长官发回重议的法案，如果立法会以全体议员 2/3 多数再次通过原法案，则除非解散立法会，否则行政长官必须签署。

（2）立法机关有使行政长官辞职的权力：一是行政长官因两次拒绝签署立法会通过的法案而解散立法会，如果新选出的立法会仍以全体议员 2/3 多数通过原法案，而行政长官仍拒绝签署，则行政长官必须辞职；二是立法会因拒绝通过政府的预算或者其他重要议案而被解散，但重新选出的立法会仍然拒绝通过，则行政长官必须辞职。

（3）立法机关有权弹劾行政长官：立法会可以提出对行政长官的弹劾案。基本法规定，如立法会全体议员的 1/4（澳门为 1/3）联合动议，指控行政长官有严重违法或者渎职行为而不辞职，经立法会通过并进行调查，立法会可以委托终审法院院长负责组成独立的调查委员会，并担任主席。调查委员会负责进行调查，并向立法会提出报告。如该调查委员会认为有足够证据构成上述指控，立法会以全体议员 2/3 多数通过，可提出弹劾案，报请中央人民政府决定。

（4）其他。例如，香港特别行政区终审法院的法官和高等法院的首席法官的任命或者免职，须经行政长官征得立法会同意；澳门终审法院法官的免职由行政长官根据立法会议员组成的审议委员会的建议决定等。

3. 行政与立法互相配合

主要表现是：（1）政府委派官员列席立法会会议，说明情况，回答问题，构筑相互了解和沟通、合作的关系；（2）香港特区立法会有部分议员由选举委员会选举产生，而该选举委员会即是选举产生行政长官的同一个委员会，从而有利于这部分议员在立法会内支持政府的工作；澳门特区立法会有部分议员由行政长官委任，这样更保证了他们对政府工作的支持；（3）基本法规定在香港特别行政区成立"行政会议"，在澳门特别行政区成立"行政会"，该机构的主要任务是协助行政长官进行决策，而其成员由行政长官从行政机关的主要官员、立法会议员和社会人士中委任，其任免由行政长官决定；在行政会议（行政会）的成员中包含有一部分行政机关的主要官员和立法会议员，从而增强了行政、立法之间的沟通；行政会议由行政长官主持，除人事任免、纪律制裁和紧急情况下采取措施外，行政长官在作出重大决策、向立法会提交法案、制定附属法规和解散立法会之前，均须征求行政会议的意见。行政长官如不采纳行政会议多数成员的意见，应将具体理由记录在案。根据《澳门特别行政区基本法》的规定，行政会委员的人数为 7 至 11 人；《香港特别行政区基本法》并未规定人数，而实际上约 14 人。特别行政区行政会议的组成人员必须由本特区永久性居民中的中国公民担任。《香港特别行政区基本法》还规定有"在外国无居留权”的资格限制。行政会议成员的任期应不超过委任他的行政长官的任期。

三、特别行政区行政长官

(一)行政长官的法律地位

根据基本法的规定,行政长官既是本特别行政区的首长,代表特别行政区;同时,又是特别行政区政府的首长,领导特别行政区行政机关。行政长官对中央人民政府和本特别行政区负责,并代表特别行政区政府对立法会负责。

鉴于行政长官地位的重要性,基本法规定,行政长官的任职资格是:(1)须年满40周岁;(2)在当地通常居住连续满20年;(3)由特别行政区永久性居民中的中国公民担任。《香港特别行政区基本法》规定,在外国有居留权者不得担任香港特别行政区行政长官;而《澳门特别行政区基本法》未作此限制性规定。

基本法还规定,行政长官必须廉洁奉公、尽忠职守;在就任时,应向特别行政区终审法院院长申报财产,记录在案;行政长官在就职时,必须依法宣誓拥护基本法,效忠特别行政区。

(二)行政长官的产生和任期

根据基本法的规定,行政长官在当地通过选举或者协商产生,由中央人民政府任命。由中央人民政府任命体现了国家主权,使特别行政区直辖于中央人民政府的法律地位得以具体化;同时,有利于使行政长官对中央人民政府负责,有效地实现中央人民政府对特别行政区的政策;而在当地通过选举或者协商的方法产生行政长官的人选则便于保证行政长官代表特别行政区,对特别行政区负责。选举或者协商是广泛征求民意的民主形式,如果选举或者协商的结果未能体现民意或与基本法相抵触,中央人民政府可以予以否定,依法重新进行选举或者协商。

行政长官的任期为每任5年,可连任一次。第一任行政长官的任期与立法会任期有所不同,以免出现行政长官与立法会同时换届的情况,从而保持政府运行的连续性。行政长官短期不能履行职务时,由政务司长、财政司长、律政司长依次(澳门规定由各司司长按法律规定的各司的排列顺序)临时代理其职务。行政长官缺位时,应在6个月(澳门为120日)内依法产生新的行政长官,缺位期间的职务代理依照前述办法办理。行政长官因疾病或者其他原因无力履行职务时,必须辞职。

(三)行政长官的职权

行政长官行使的职权可分为以下几类:

1. 执行权。执行基本法和依照基本法适用于特别行政区的其他全国性法律;执行中央人民政府就基本法规定的有关事务发出的指令;代表本特别行政区处理中央授权的对外事务和其他事务。

2. 立法方面的职权。签署立法会通过的法案,公布法律;签署立法会通过的财政预算案，将财政预算、决算报中央人民政府备案。

3. 行政方面的职权。领导特别行政区政府，担任特别行政区政府的首长；决定政府政策，发布行政命令（澳门特别行政区行政长官还有权制定行政法规并颁布执行）；提名并报请中央人民政府任命主要官员；依照法定程序任免公职人员；批准向立法会提出有关财政收入或者支出的动议；按照法律的规定，可向立法会提出申请临时拨款；在法律规定的情况下有权批准临时短期拨款。

4. 司法方面的职权。赦免或者减轻刑事罪犯的刑罚；处理请愿、申诉事项；依照法定程序任免各级法院法官。澳门行政长官除任免各级法院院长和法官外，还任免检察官；并依照法定程序提名并报请中央人民政府任命检察长，建议中央人民政府免除检察长的职务。

5. 荣典权。《澳门特别行政区基本法》规定，行政长官依法颁授澳门特别行政区奖章和荣誉称号。《香港特别行政区基本法》虽无明文规定，但实际上香港特别行政区行政长官也行使该项职权。

6. 其他。行政长官有权根据安全和重大公共利益的考虑，决定政府官员或者其负责政府公务的人员是否向立法会或者其下属的委员会作证和提供证据。

四、特别行政区政府

（一）法律地位和组织形式

特别行政区政府是特别行政区的行政机关，政府的首长是特别行政区行政长官，其必须遵守法律，对特别行政区立法会负责。

香港特别行政区政府设政务司、财政司、律政司和各局、处、署。各司司长、副司长，各局局长，廉政专员，审计署署长，警务处处长，入境事务处处长，海关关长为主要官员。主要官员的人选由特别行政区行政长官提名并报请中央人民政府任命，行政长官也可建议中央人民政府免除上述官员职务。主要官员的人选必须是由在香港通常居住连续满15年并在外国无居留权的香港特别行政区永久性居民中的中国公民担任。

澳门特别行政区政府设司、局、厅、处。各司司长、廉政专员、审计长、警察部门主要负责人和海关主要负责人为主要官员。主要官员由澳门特别行政区行政长官提名并报请中央人民政府任命，行政长官也可建议中央人民政府免除上述官员职务。主要官员必须是由在澳门通常居住连续满15年的澳门特别行政区永久性居民中的中国公民担任，就任时应向特别行政区终审法院院长申报财产，记录在案。

（二）职权

特别行政区政府依照基本法的规定，行使如下职权：（1）制定并执行政策，包括特区的经济、财政、金融、贸易、工商、土地、航运、航空等方面的政策，教育、科学、文化、卫生、体育、劳工、治安、社会服务等方面的政策；（2）管理各项行政事务；（3）办理基本法规定的中央人民政府授权的对外事务；（4）编制并提出财政预算、决算；（5）拟定并提出法案、议案、附属法规(澳门政府的职权是:提出法案、议案,草拟行政法规);(6)委派官员列席立法会会议听取意见并代表政府发言。此外,基本法还在其他章节对政府在有关方面的职权作了具体规定,如负责管理、使用、开发和批租特别行政区境内的土地和自然资源;维持社会治安;自行制定货币金融政策;发行货币;保障资金的流动和进出自由;管理和支配外汇资金;自行制定文教卫体、社会福利、劳工政策,以及行使航运、民用航空、对外事务等方面的职权。

(三)责任

政府必须遵守法律,对特别行政区立法会负责;执行立法会通过并已生效的法律;定期向立法会作施政报告;答复立法会议员的质询。

五、特别行政区立法会

(一)性质、组成和任期

香港特别行政区立法会是香港特别行政区的立法机关,除第一届任期为2年外,每届任期为4年。立法会由在外国无居留权的香港特别行政区永久性居民中的中国公民组成。但非中国籍的香港特别行政区永久性居民和在外国有居留权的香港特别行政区永久性居民也可以当选为香港特别行政区立法会议员,其所占的比例不得超过立法会全体议员的20%。

澳门特别行政区立法会是澳门特别行政区的立法机关,由澳门特别行政区永久性居民组成。澳门特别行政区立法会除第一届至2001年10月15日任期届满外,每届任期4年。

(二)发展历程

香港特别行政区立法会的发展历程如下:(1)香港特别行政区临时立法会于1996年12月由推选委员会选举产生的60名议员组成,其任期不超过1998年6月30日;(2)香港特区第一届立法会由60名议员组成,其中直接选举产生的议员20名,功能团体选举产生的议员30名,选举委员会选举产生的议员10名;(3)第二届立法会由60名议员组成,其中直接选举的议员24名,功能团体选举的议员30名,选举委员会选举的议员6名;(4)第三届立法会由60名议员组成,其中直接选举的议员30名,功能团体选举的议员30名;(5)2007年以后,立法会的产生办法如需对基本法(附件二)的规定进行修改,须经立法会2/3多数通过,行政长官同意,并报全国人大常委会备案;(6)第四届立法会人数和组成与第三届相同;(7)第五届立法会由70名议员组成,其中直接选举的议员35名,功能团体选举的议员35名。

《香港特别行政区基本法》第68条第1、2款规定:"香港特别行政区立法会由选举产生。立法会的产生办法根据香港特别行政区的实际情况和循序渐进的原则而规定,最终达至全部议员由普选产生的目标。"

澳门特别行政区立法会的发展历程如下:(1)第一届立法会由23人组成,其中直接选举的议员 8 人,间接选举的议员 8 人,行政长官委任的议员 7 人;(2)第二届立法会由 27 人组成,其中直接选举的议员 10 人,间接选举的议员 10 人,行政长官委任的议员 7 人;(3)第三届立法会由 29 人组成,其中直接选举的议员 12 人,间接选举的议员 10 人,行政长官委任的议员 7 人;(4)2009 年及以后立法会的产生办法如需修改,须经立法会全体议员 2/3 多数通过,行政长官同意,并报全国人大常委会备案;(5)第四届立法会人数和组成与第三届相同;(6)第五届立法会由 33 人组成,其中直接选举的议员 14 人,间接选举的议员 12 人,行政长官委任的议员 7 人;(7)澳门第六届立法会,由 33 名议员组成,任期为 4 年,其中直接选举产生的议员 14 名;间接选举产生的议员 12 名;由行政长官委任的议员 7 名。

(三)职权

特别行政区立法会的职权主要是:

1. 立法权。依照基本法的规定和法定程序制定、修改和废除法律(澳门特别行政区还规定立法会"暂停"实施法律)。

2. 财政权。根据政府的提案,审核、通过财政预算(澳门特别行政区还规定"审议政府提出的预算执行情况报告");批准税收和公共开支(澳门特别行政区规定"根据政府提案决定税收,批准由政府承担的债务")。

3. 监督权。听取行政长官的施政报告并进行辩论;对政府的工作进行质询;就任何有关公共利益的问题进行辩论;依照法律规定的程序,对有严重违法或者渎职行为而不辞职的行政长官进行弹劾,报请中央人民政府决定。

4. 对终审法院法官和高等法院首席法官的任免行使同意权。

此外,立法会还有权接受居民申诉并作出处理。

为保证上述各项职权的行使,如有需要,立法会可传召和要求有关人士作证和提供证据。

(四)工作程序

1. 会议。立法会的工作程序是举行会议,会议由立法会主席主持。举行会议的法定人数为不少于全体议员的 1/2。

2. 主席。香港特别行政区立法会设主席,由立法会议员互选产生。主席由年满 40 周岁、在香港通常居住连续满 20 年并在外国无居留权的香港特别行政区永久性居民中的中国公民担任。澳门特别行政区立法会设主席、副主席各一人,由立法会议员互选产生。主席、副主席由在澳门通常居住连续满 15 年的澳门特别行政区永久性居民中的中国公民担任。

特别行政区立法会主席的职权是:(1)主持会议;(2)决定议程,政府的提议案优先列入议程;(3)决定开会时间;(4)在休会期间可召开特别会议;(5)应行政长官的要求召开紧急会议(澳门基本法规定"召开紧急会议或应行政长官的要求召开紧急会议");(6)立法会议事规则所规定的其他职权。

3. 提出议案。法律草案和其他较重要的议案一般都由政府向立法会提出。立法会议员依照基本法的规定和法定程序也可以提出议案。凡不涉及公共开支、政治体制或者政府运作的议案,可由立法会议员个人或者联名提出。凡涉及政府政策的议案,在提出前必须得到行政长官的书面同意。

4. 通过议案。议案经审议、讨论,法律草案经三读程序,然后付诸表决。《香港特别行政区基本法》规定,除基本法另有规定者外,政府提出的法案,获得出席会议的全体议员的过半数票,即为通过。立法会议员个人提出的议案、法案和对政府法案的修正案,均须经功能团体选举产生的议员和分区直接选举、选举委员会选举产生的议员两部分出席会议议员的各过半数通过。"另有规定"的表决程序是指《香港特别行政区基本法》第49、52、73、79、159条规定,须经立法会出席会议或者全体议员的2/3多数通过的情况。

《澳门特别行政区基本法》规定,立法会的法案、议案,除基本法另有规定者外,由全体议员的过半数通过。

立法会通过的法案,须经特别行政区行政长官签署、公布,方能生效,并报全国人大常委会备案。备案不影响该法律的生效,但被全国人大常委会发回的法律,立即失效。

(五)立法会议员

议员是立法会的组成人员。议员出席立法会会议,参与选举、投票并审议议案。议员有权按照法律的规定提出议案,有权按照法定程序对政府的工作提出质询。

议员在立法会会议上的发言不受法律追究(《澳门特别行政区基本法》规定"在立法会会议上的发言和表决,不受法律追究");议员还享有特别的人身保护权。《香港特别行政区基本法》规定"议员在出席会议时和赴会途中不受逮捕"。《澳门特别行政区基本法》规定"议员非经立法会许可不受逮捕,但现行犯不在此限"。

议员如有《香港特别行政区基本法》第79条或者《澳门特别行政区基本法》第81条所列情况之一者,经相应程序即丧失其立法会议员的资格:

香港特别行政区立法会议员如有下列情况之一,由立法会主席宣告其丧失立法会议员的资格:(1)因严重疾病或其他情况无力履行职务;(2)未得到立法会主席的同意,连续3个月不出席会议而无合理解释者;(3)丧失或放弃特别行政区永久性居民的身份;(4)接受政府的委任而出任公务人员;(5)破产或经法庭裁定偿还债务而不履行;(6)在香港特别行政区区内或区外被判犯有刑事罪行,判处监禁1个月以上,并经立法会出席会议的议员2/3通过解除其职务;(7)行为不检或者违反誓言而经立法会出席会议的议员的2/3通过谴责。

澳门特别行政区立法会议员如有下列情况之一,经立法会决定,即丧失其立法会议员的资格:(1)因严重疾病或其他原因无力履行职务;(2)担任法律规定不得兼任的职务;(3)未得到立法会主席同意,连续5次或间断15次缺席会议而无合理解释;(4)违反立法会议员誓言;(5)在澳门特别行政区区内或区外犯有刑事罪行,被判处监禁30日以上。

六、特别行政区司法机关

（一）组织系统

香港特别行政区设立终审法院、高等法院、区域法院、裁判署法庭和其他专门法庭。终审法院是最高审级法院，行使终审权。高等法院设上诉法庭和原讼法庭。

澳门特别行政区设立终审法院、中级法院、初级法院。澳门特别行政区还设立管辖行政诉讼和税务诉讼的行政法院。不服行政法院裁决者，可向中级法院上诉。

澳门特别行政区设检察院独立行使检察职能。香港的检察职能由特别行政区政府律政司署承担。

（二）法官的任免

1. 特别行政区各级法院的法官，根据当地法官和法律界及其他方面的知名人士组成的独立委员会推荐，由行政长官任命。

香港特区终审法院和高等法院的首席法官，应由在外国无居留权的香港特别行政区永久性居民中的中国公民担任。行政长官在根据独立委员会推荐而任命他们时，须征得立法会同意，并报全国人大常委会备案。

澳门特区终审法院院长由澳门特区永久性居民中的中国公民担任，由行政长官从终审法院法官中选任，报全国人大常委会备案。

2. 特别行政区各级法院的法官在无力履行职责或者行为与其所任行为不检（职务不相称）的情况下，行政长官才可根据终审法院首席法官（院长）任命的不少于 3 名当地法官组成的审议庭的建议，予以免职。

香港特别行政区终审法院首席法官只有在无力履行职责或者行为不检的情况下，行政长官才可任命不少于 5 名当地法官组成的审议庭进行审议，并可根据其建议，依照法定程序予以免职。此项免职还须由行政长官征得立法会同意，并报全国人大常委会备案。

澳门特别行政区终审法院法官的免职由行政长官根据澳门立法会议员组成的审议委员会的建议决定，并须报全国人大常委会备案。

3. 澳门特别行政区检察长由澳门特区永久性居民中的中国公民担任，由行政长官提名，报中央人民政府任命。检察官经检察长提名，由行政长官任命。

（三）工作原则

《香港特别行政区基本法》规定：（1）法院独立进行审判，不受任何干涉（第 85 条）；（2）居民在法律面前一律平等（第 25 条）；（3）司法人员履行审判职责的行为不受法律追究（第 85 条）；（4）原在香港实行的陪审制度的原则予以保留（第 86 条）；（5）任何人在被合法拘捕后，享有尽早接受司法机关公正审判的权利，未经司法机关判罪之前均假定无罪（第 87 条）。

《澳门特别行政区基本法》规定：（1）法官依法进行审判，不听从任何命令和指示（第

89条);检察官独立行使法律赋予的检察职能,不受任何干涉(第90条);(2)居民在法律面前一律平等(第25条);(3)法官履行审判职责的行为不受法律追究(第89条);(4)居民除其行为依照当时法律明文规定为犯罪和应受惩处外,不受刑罚处罚(第29条);(5)居民在被指控犯罪时,享有尽早接受法院审判的权利,在法院判罪之前均假定无罪(第29条)。

知识点提示

我国现行的行政区划	行政区划变更程序
县级以上地方各级人大的性质和地位	县级以上地方各级人大常委会的主要职权
地方立法权的主体	地方立法权的限制
县级以上地方各级人民政府的领导体制	基层群众性自治组织的性质和任务
民族自治机关的自治权	特别行政区的性质和地位
特别行政区的政权体制	特别行政区机关的相互关系

第二十一章　监 察 机 关

第一节　监察机关的性质和地位

一、监察机关的性质

中华人民共和国设立国家监察委员会和地方各级监察委员会。中华人民共和国各级监察委员会是国家的监察机关。各级监察委员会是行使国家监察职能的专责机关，是依照宪法和监察法对所有行使公权力的公职人员（以下简称公职人员）进行监察、调查职务违法和职务犯罪、开展廉政建设和反腐败工作、维护宪法和法律的尊严的机关。

二、监察机关的地位和组成

中华人民共和国国家监察委员会是最高监察机关。省、自治区、直辖市、自治州、县、自治县、市、市辖区设立监察委员会。

国家监察委员会由全国人民代表大会产生，负责全国监察工作。国家监察委员会由主任、副主任若干人、委员若干人组成，主任由全国人民代表大会选举，副主任、委员由国家监察委员会主任提请全国人民代表大会常务委员会任免。国家监察委员会主任每届任期同全国人民代表大会每届任期相同，连续任职不得超过两届。国家监察委员会对全国人民代表大会及其常务委员会负责，并接受其监督。

地方各级监察委员会由本级人民代表大会产生，负责本行政区域内的监察工作。地方各级监察委员会由主任、副主任若干人、委员若干人组成，主任由本级人民代表大会选举，副主任、委员由监察委员会主任提请本级人民代表大会常务委员会任免。地方各级监察委员会主任每届任期同本级人民代表大会每届任期相同。地方各级监察委员会对本级人民代表大会及其常务委员会和上一级监察委员会负责，并接受其监督。

各级监察委员会可以向本级中国共产党机关、国家机关、法律法规授权或者委托管理公共事务的组织和单位以及所管辖的行政区域、国有企业等派驻或者派出监察机构、监察专员。监察机构、监察专员对派驻或者派出它的监察委员会负责。

派驻或者派出的监察机构、监察专员根据授权，按照管理权限依法对公职人员进行监督，提出监察建议，依法对公职人员进行调查、处置。

国家实行监察官制度，依法确定监察官的等级设置、任免、考评和晋升等制度。

国家监察委员会领导地方各级监察委员会的工作，上级监察委员会领导下级监察委员会的工作。

监察委员会依照法律规定独立行使监察权,不受行政机关、社会团体和个人的干涉。监察机关办理职务违法和职务犯罪案件,应当与审判机关、检察机关、执法部门互相配合,互相制约。

第二节 监察机关的职责、监察范围和管辖

一、监察机关的职责

监察委员会依照《监察法》和有关法律规定履行监督、调查、处置职责:

1. 对公职人员开展廉政教育,对其依法履职、秉公用权、廉洁从政从业以及道德操守情况进行监督检查。

2. 对涉嫌贪污贿赂、滥用职权、玩忽职守、权力寻租、利益输送、徇私舞弊以及浪费国家资财等职务违法和职务犯罪进行调查。

3. 对违法的公职人员依法作出政务处分决定;对履行职责不力、失职失责的领导人员进行问责;对涉嫌职务犯罪的,将调查结果移送人民检察院依法审查、提起公诉;向监察对象所在单位提出监察建议。

二、监察机关的监察范围和管辖

监察机关对下列公职人员和有关人员进行监察:

1. 中国共产党机关、人民代表大会及其常务委员会机关、人民政府、监察委员会、人民法院、人民检察院、中国人民政治协商会议各级委员会机关、民主党派机关和工商业联合会机关的公务员,以及参照《公务员法》管理的人员。

2. 法律、法规授权或者受国家机关依法委托管理公共事务的组织中从事公务的人员。

3. 国有企业管理人员。

4. 公办的教育、科研、文化、医疗卫生、体育等单位中从事管理的人员。

5. 基层群众性自治组织中从事管理的人员。

6. 其他依法履行公职的人员。

各级监察机关按照管理权限管辖本辖区内《监察法》规定的人员所涉监察事项。上级监察机关可以办理下一级监察机关管辖范围内的监察事项,必要时也可以办理所辖各级监察机关管辖范围内的监察事项。监察机关之间对监察事项的管辖有争议的,由其共同的上级监察机关确定。上级监察机关可以将其所管辖的监察事项指定下级监察机关管辖,也可以将下级监察机关有管辖权的监察事项指定给其他监察机关管辖。监察机关认为所管辖的监察事项重大、复杂,需要由上级监察机关管辖的,可以报请上级监察机关管辖。

第三节　监察机关的监察权限

一、监督、调查权

监察机关行使监督、调查职权，有权依法向有关单位和个人了解情况，收集、调取证据。有关单位和个人应当如实提供。监察机关及其工作人员对监督、调查过程中知悉的国家秘密、商业秘密、个人隐私，应当保密。任何单位和个人不得伪造、隐匿或者毁灭证据。

二、要求说明、陈述权

对可能发生职务违法的监察对象，监察机关按照管理权限，可以直接或者委托有关机关、人员进行谈话或者要求说明情况。

在调查过程中，对涉嫌职务违法的被调查人，监察机关可以要求其就涉嫌违法行为作出陈述，必要时向被调查人出具书面通知。对涉嫌贪污贿赂、失职渎职等职务犯罪的被调查人，监察机关可以进行讯问，要求其如实供述涉嫌犯罪的情况。

三、询问权

在调查过程中，监察机关可以询问证人等人员。

四、留置权

被调查人涉嫌贪污贿赂、失职渎职等严重职务违法或者职务犯罪，监察机关已经掌握其部分违法犯罪事实及证据，仍有重要问题需要进一步调查，并有下列情形之一的，经监察机关依法审批，可以将其留置在特定场所：(1)涉及案情重大、复杂的；(2)可能逃跑、自杀的；(3)可能串供或者伪造、隐匿、毁灭证据的；(4)可能有其他妨碍调查行为的。对涉嫌行贿犯罪或者共同职务犯罪的涉案人员，监察机关可以依照上述规定采取留置措施。留置场所的设置、管理和监督依照国家有关规定执行。

五、查询、冻结权

监察机关调查涉嫌贪污贿赂、失职渎职等严重职务违法或者职务犯罪，根据工作需要，可以依照规定查询、冻结涉案单位和个人的存款、汇款、债券、股票、基金份额等财产。有关单位和个人应当配合。冻结的财产经查明与案件无关的，应当在查明后 3 日内解除冻结，予以退还。

六、搜查权

监察机关可以对涉嫌职务犯罪的被调查人以及可能隐藏被调查人或者犯罪证据的人

的身体、物品、住处和其他有关地方进行搜查。在搜查时,应当出示搜查证,并有被搜查人或者其家属等见证人在场。搜查女性身体,应当由女性工作人员进行。监察机关进行搜查时,可以根据工作需要提请公安机关配合。公安机关应当依法予以协助。

七、调取、查封、扣押权

监察机关在调查过程中,可以调取、查封、扣押用以证明被调查人涉嫌违法犯罪的财物、文件和电子数据等信息。采取调取、查封、扣押措施,应当收集原物原件,会同持有人或者保管人、见证人,当面逐一拍照、登记、编号,开列清单,由在场人员当场核对、签名,并将清单副本交财物、文件的持有人或者保管人。

对调取、查封、扣押的财物、文件,监察机关应当设立专用账户、专门场所,确定专门人员妥善保管,严格履行交接、调取手续,定期对账核实,不得毁损或者用于其他目的。对价值不明的物品应当及时鉴定,专门封存保管。

查封、扣押的财物、文件经查明与案件无关的,应当在查明后 3 日内解除查封、扣押,予以退还。

八、勘验检查、鉴定权

监察机关在调查过程中,可以直接或者指派、聘请具有专门知识、资格的人员在调查人员主持下进行勘验检查。勘验检查情况应当制作笔录,由参加勘验检查的人员和见证人签名或者盖章。

监察机关在调查过程中,对于案件中的专门性问题,可以指派、聘请有专门知识的人进行鉴定。鉴定人进行鉴定后,应当出具鉴定意见,并且签名。

九、采取技术措施权

监察机关调查涉嫌重大贪污贿赂等职务犯罪,根据需要,经过严格的批准手续,可以采取技术调查措施,按照规定交有关机关执行。

批准决定应当明确采取技术调查措施的种类和适用对象,自签发之日起 3 个月以内有效;对于复杂、疑难案件,期限届满仍有必要继续采取技术调查措施的,经过批准,有效期可以延长,每次不得超过 3 个月。对于不需要继续采取技术调查措施的,应当及时解除。

十、通缉和限制出境权

依法应当留置的被调查人如果在逃,监察机关可以决定在本行政区域内通缉,由公安机关发布通缉令,追捕归案。通缉范围超出本行政区域的,应当报请有权决定的上级监察机关决定。

监察机关为防止被调查人及相关人员逃匿境外,经省级以上监察机关批准,可以对被调查人及相关人员采取限制出境措施,由公安机关依法执行。对于不需要继续采取限制出境措施的,应当及时解除。

十一、建议权

涉嫌职务犯罪的被调查人主动认罪认罚，有下列情形之一的，监察机关经领导人员集体研究，并报上一级监察机关批准，可以在移送人民检察院时提出从宽处罚的建议：(1)自动投案，真诚悔罪悔过的；(2)积极配合调查工作，如实供述监察机关还未掌握的违法犯罪行为的；(3)积极退赃，减少损失的；(4)具有重大立功表现或者案件涉及国家重大利益等情形的。

职务违法犯罪的涉案人员揭发有关被调查人职务违法犯罪行为，查证属实的，或者提供重要线索，有助于调查其他案件的，监察机关经领导人员集体研究，并报上一级监察机关批准，可以在移送人民检察院时提出从宽处罚的建议。

知识点提示

监察机关的性质和地位

监察机关的产生

监察机关的职责

监察机关的监察范围和管辖

监察机关的监察权限

第二十二章　审判机关和检察机关

第一节　审 判 机 关

一、人民法院的性质和任务

人民法院是我国国家机构的组成部分，是专门行使国家审判权的机关。审判权是国家权力的重要组成部分，人民法院在诉讼程序中，通过审理案件行使审判权，裁判法律纠纷，维持社会秩序。人民法院由国家权力机关产生，对国家权力机关负责，受国家权力机关监督，向国家权力机关报告工作。人民法院独立于行政机关、社会团体和个人，依据事实和法律作出判断，行使审判权。

事例与思考 22－1　人大历史上的首例：法院工作报告未获通过

2001 年 2 月 14 日上午，沈阳市第十二届人大第四次会议按预定程序进行大会表决。当进行到对关于市中级人民法院工作报告决议表决时，电子屏幕上的投票结果为：人大代表应到会 509 人，实到 474 人，赞成 218 人，赞成票没有过半，市中级人民法院报告未获得人大代表通过。

“不通过”的投票结果反映了代表们对腐败的痛恨和惩治腐败的决心。原法院院长在会议开幕的当天上午还坐在主席台上，下午就被中纪委审查。法院工作报告只好由副院长代作。法院的另两位副院长也因涉嫌严重违法违纪被立案审查。

2 月 14 日上午，面对从未遇到过的新情况、新问题，沈阳市人大常委会立即召开大会主席团紧急会议，主席团成员面对全体代表，当场举手表决，作出了责成“市人大常委会对市中级法院报告继续审议，并将审议结果向下次人民代表大会报告”的决定。

一些法学专家认为，沈阳市中级人民法院报告“未获通过”给立法工作提出了新课题。各级人大对“一府两院”的监督，依据的是宪法和《地方各级人大和地方各级政府组织法》。对于“一府两院”的报告未获通过如何处理，法律上没有明确的规定。为此，沈阳市人大常委会多次召开主任会议。他们认为，根据相关法律规定，由市人大常委会审议市中级人民法院工作报告在法理上是可以的，但从沈阳市的实际情况出发，由人民代表大会审议更为合适。沈阳市人大在学习法律、请教专家和听取全国人大和辽宁省人大的指导意见后，于 4 月初召开市第十二届人大第二十五次会议，作出了召开沈阳市第十二届人大第五次会议、听取审议中级人民法院的整改情况和2001年的工作安排的决定。

大家认为,市中级人民法院工作报告未获通过,是由于法院领导班子中出现了严重的腐败问题,实质上是人大代表对法院领导班子和法院的工作不满意。“未通过”作为法律的裁决已成事实,无须重新修改报告并审议。依据《地方各级人大和地方各级政府组织法》的规定,市中级人民法院根据第十二届人大第四次会议代表提出的意见,认真进行整改,并向市第十二届人大第五次会议报告整改情况和2001年工作安排,符合“一府两院”年度工作安排须向同级人民代表大会报告,经人民代表大会审议通过的法律要求。

2001年8月9日,出席沈阳市第十二届人大第五次会议的439名人大代表就《关于沈阳市中级人民法院整改情况和2001年工作安排的报告》进行表决,表决结果为395票赞成,赞成票比例高达90.0%。

问:1. 从我国的宪法体制出发,工作报告未获得人大通过,应承担何种责任?

2. 人大审议工作报告的宪法意义是什么?

人民法院依据事实和法律,审理刑事案件、民事案件、行政案件,以及其他法律规定应由人民法院受理的案件。通过审判活动,惩罚犯罪,解决民事、行政纠纷,以保卫人民民主专政政权,维护社会主义法制和社会秩序,保护国家所有的财产和劳动群众集体所有的财产,保护公民的私有财产,保障社会主义市场经济顺利运行。同时,人民法院通过审判活动宣传法制,教育公民遵守宪法和法律,忠于社会主义祖国。

二、人民法院的组织系统、职权和领导体制

(一)组织体系

人民法院的组织体系是最高人民法院、地方各级人民法院和专门人民法院。

1. 最高人民法院。最高人民法院是我国的最高审判机关,依法行使国家最高审判权,同时监督地方各级人民法院和专门人民法院的工作。

2. 地方各级人民法院分为三级:(1)高级人民法院,包括省高级人民法院、自治区高级人民法院和直辖市高级人民法院;(2)中级人民法院,包括在省、自治区内按地区设立的中级人民法院;在直辖市内设立的中级人民法院;在省辖市、自治区辖市设立的中级人民法院;自治州中级人民法院;(3)基层人民法院,包括县人民法院、不设区的市人民法院、自治县人民法院、旗人民法院、市辖区人民法院。

3. 专门人民法院。专门人民法院是设在特定部门或者对特定案件设立的审判机关,专门人民法院审理的案件是特定的案件。目前我国设立的专门人民法院主要是军事法院、海事法院、知识产权法院、金融法院等。军事法院是设在军队中的审判机关,分高级、中级、基层三级。海事法院是设在一定的沿海港口城市审理海事、海商案件的审判机关,在审级上相当于中级人民法院,其审判工作受所在地的高级人民法院监督,当事人对海事法院的判决、裁定不服的上诉案件,由当地高级人民法院管辖。2014年8月31日,全国人大常委会通过了《关于在北京、上海、广州设立知识产权法院的决定》。知识产权法院管辖所在市辖区内的有关知识产权第一审案件。2018年以来,全国人大常委会相继通过在

上海、北京和重庆设立金融法院的决定。[1] 三地金融法院管辖如下案件:(1)应由金融法院所在地的中级人民法院管辖的第一审金融民商事案件;(2)应由金融法院所在地的中级人民法院管辖的以金融监管机构为被告的第一审涉金融行政案件;(3)以住所地在金融法院所在地的金融基础设施机构为被告或者第三人,与其履行职责相关的第一审金融民商事案件和涉金融行政案件;(4)金融法院所在地基层人民法院第一审金融民商事案件和涉金融行政案件判决、裁定的上诉、抗诉案件以及再审案件;(5)依照法律规定应由其执行的案件;(6)最高人民法院确定由其管辖的其他金融案件。专门人民法院的组织和职权由全国人大常委会另行规定。

事例与思考 22-2　最高人民法院设立巡回法庭

党的十八届四中全会审议通过的《中共中央关于全面推进依法治国若干重大问题的决定》提出,“最高人民法院设立巡回法庭,审理跨行政区域重大行政和民商事案件”。2014年12月2日,中央全面深化改革领导小组第七次全体会议审议通过《最高人民法院设立巡回法庭试点方案》,同意最高人民法院设立第一、第二巡回法庭,作为改革试点。

2015年1月28日,最高人民法院以法释〔2015〕3号印发《关于巡回法庭审理案件若干问题的规定》(以下简称《规定》),并于2016年12月19日修正。修正后的《规定》决定:最高人民法院设立巡回法庭,受理巡回区内相关案件。第一巡回法庭设在广东省深圳市,巡回区为广东、广西、海南、湖南四省区。第二巡回法庭设在辽宁省沈阳市,巡回区为辽宁、吉林、黑龙江三省。第三巡回法庭设在江苏省南京市,巡回区为江苏、上海、浙江、福建、江西五省市。第四巡回法庭设在河南省郑州市,巡回区为河南、山西、湖北、安徽四省。第五巡回法庭设在重庆市,巡回区为重庆、四川、贵州、云南、西藏五省区市。第六巡回法庭设在陕西省西安市,巡回区为陕西、甘肃、青海、宁夏、新疆五省区。最高人民法院本部直接受理北京、天津、河北、山东、内蒙古五省区市有关案件。最高人民法院根据有关规定和审判工作需要,可以增设巡回法庭,并调整巡回法庭的巡回区和案件受理范围。

问:巡回法庭的审级如何?宪法依据是什么?意义何在?

(二)地方各级人民法院的职权

1. 基层人民法院的职权。基层人民法院负责审理第一审案件(法律另有规定的除外),并且指导人民调解委员会的工作。基层人民法院对所受理的案件,认为案情重大应当由上级人民法院审理的,可以请求移送上级人民法院。

2. 中级人民法院的职权。中级人民法院管辖的案件是:(1)法律规定由其管辖的第

[1] 2018年4月27日,第十三届全国人民代表大会常务委员会第二次会议通过《全国人民代表大会常务委员会关于设立上海金融法院的决定》设立上海金融法院。2021年1月22日,第十三届全国人民代表大会常务委员会第二十五次会议通过《全国人民代表大会常务委员会关于设立北京金融法院的决定》,设立北京金融法院。2022年2月28日,第十三届全国人民代表大会常务委员会第三十三次会议通过了《全国人民代表大会常务委员会关于设立成渝金融法院的决定》,设立成渝金融法院。

一审案件。在刑事案件方面,包括危害国家安全的案件,可能判处无期徒刑、死刑的案件;在民事案件方面,包括重大涉外案件、在本辖区内有重大影响的案件、最高人民法院确定由中级人民法院管辖的案件;在行政案件方面,包括确认发明专利的案件、海关处理的案件,对国务院各部门或者省、自治区、直辖市人民政府作出的行政行为提起诉讼的案件,在本辖区内重大复杂的案件。(2)基层人民法院报请审理的第一审案件。(3)上级人民法院指定管辖的第一审案件。(4)对基层人民法院判决和裁定的上诉、抗诉案件。(5)按照审判监督程序提起的再审案件。高级人民法院可以根据需要,确定特定的中级人民法院管辖跨行政区域的案件。

中级人民法院对其受理的案件,认为案情重大应当由上级人民法院审理时,可以请求移送上级人民法院审理。

此外,根据《国家赔偿法》的规定,中级以上人民法院设立赔偿委员会,按法定程序处理国家赔偿案件。

3. 高级人民法院的职权。高级人民法院管辖的案件包括:(1)法律规定由它管辖的第一审案件。按照有关法律规定,刑事案件是全省(自治区、直辖市)性的重大刑事案件;民事案件是在本辖区内有重大影响的第一审民事案件;行政案件是在本辖区内重大、复杂的第一审行政案件;(2)下级人民法院报请审理的第一审案件;(3)最高人民法院指定管辖的第一审案件;(4)对中级人民法院判决和裁定的上诉、抗诉案件;(5)按照审判监督程序提起的再审案件;(6)中级人民法院报请复核的死刑案件。

此外,高级人民法院对中级人民法院判处的死刑缓期执行的案件,被告人没有上诉的,由中级人民法院报送高级人民法院复核;根据《国家赔偿法》的规定,处理有关国家赔偿案件。

事例与思考22-3　李某娟事件:河南省种子条例案

2003年5月27日,根据河南省洛阳市中级人民法院审判委员会经过讨论形成的决议,法官李某娟在审理河南省汝阳县种子公司与河南省伊川县种子公司的合同纠纷案后,作出(2003)洛民初字第26号民事判决书。李某娟在该判决书中认定《河南省农作物种子管理条例》与《种子法》相冲突的条款"自然无效",因而拒绝适用该条文,而直接适用了《种子法》。这一行为被河南省人大常委会法制办公室发文(豫人常法〔2003〕18号)认为"违背了我国的人民代表大会制度,侵犯了权力机关的职权,是严重违法行为",该文还作出"《河南省农作物种子管理条例》第36条关于种子经营价格的规定与《种子法》没有抵触,继续适用"的结论。继而,根据这份文件,洛阳市中级人民法院党组于11月7日撤销李某娟的审判长职务,并免去李某娟的助理审判员资格。

该案上诉至河南省高级人民法院。2004年3月30日,最高人民法院对河南省高级人民法院就河南省汝阳县种子公司与河南省伊川县种子公司玉米种子代繁合同纠纷一案的请示作出答复(〔2004〕民二他字第6号):《立法法》(2000年)第79条规定,法律的效力高于行政法规、地方性法规、规章,行政法规的效力高于地方性法规、规章;最高人民法院《关于适用〈中华人民共和国合同法〉若干问题的解释(一)》第4条规定:合同法实施以后,人民法院确认合同无效,应当以全国人大及其常委会制定的法律和国务院制定的行政法规为依据,不得以地方性法规、行政规章为依据。根据上述规定,人民法院在审理案件过程中,认为地方性法规与法律、行政法规的规定不一致的,应当适用法律、行政法规的相关规定。

2004年4月1日,河南省第十届人大常委会第八次会议通过《河南省实施〈中华人民共和国种子法〉办法》。

问:1. 法院是否有权对地方性法规进行审查?

2. 我国法院审判权的界限应当如何界定?

(三)专门人民法院的职权

军事法院管辖现役军人的刑事犯罪案件,军队在编职工的刑事犯罪案件,最高人民法院授权审理的案件,在作战区和戒严区由统率部、最高人民法院授权审理的案件。军事法院管辖的民事案件主要有以下几类:(1)双方当事人均为军人或者军队单位的案件,但法律另有规定的除外;(2)涉及机密级以上军事秘密的案件;(3)军队设立选举委员会的选民资格案件;(4)认定营区内无主财产案件。

下列民事案件,地方当事人向军事法院提起诉讼或者提出申请的,军事法院应当受理:(1)军人或者军队单位执行职务过程中造成他人损害的侵权责任纠纷案件;(2)当事人一方为军人或者军队单位,侵权行为发生在营区内的侵权责任纠纷案件;(3)当事人一方为军人的婚姻家庭纠纷案件;(4)《民事诉讼法》第34条规定的不动产所在地、港口所在地、被继承人死亡时住所地或者主要遗产所在地在营区内,且当事人一方为军人或者军队单位的案件;(5)申请宣告军人失踪或者死亡的案件;(6)申请认定军人无民事行为能力或者限制民事行为能力的案件。

海事法院管辖第一审海事案件和海商案件,主要包括:(1)海事侵权纠纷案件;(2)海商合同纠纷案件;(3)开发利用与环境保护纠纷案件;(4)其他海事海商案件;(5)海事行政案件;(6)海事执行案件;(7)海事请求保全案件。[2]

知识产权法院管辖特定区域内的知识产权案件。[3]

金融法院管辖下列案件:(1)应由金融法院所在地的中级人民法院管辖的第一审金融民商事案件;(2)应由金融法院所在地的中级人民法院管辖的以金融监管机构为被告的第一审涉金融行政案件;(3)以住所地在金融法院所在地的金融基础设施机构为被告或者第三人,与其履行职责相关的第一审金融民商事案件和涉金融行政案件;(4)金融法院所在地基层人民法院第一审金融民商事案件和涉金融行政案件判决、裁定的上诉、抗诉案件以及再审案件;(5)依照法律规定应由其执行的案件;(6)最高人民法院确定由其管

---

〔2〕 详见2016年发布的最高人民法院《关于海事法院受理案件范围的规定》。

〔3〕 详见2020年修正的最高人民法院《关于北京、上海、广州知识产权法院案件管辖的规定》。

辖的其他金融案件。[4]

(四)最高人民法院的职权

最高人民法院是国家最高审判机关,所作的判决和裁定是终审的判决和裁定。根据宪法和有关法律的规定,最高人民法院主要行使以下职权:(1)监督地方各级人民法院和专门人民法院的审判工作;(2)对下级人民法院已经生效的判决、裁定发现确有错误的,按审判监督程序提审或者指令下级法院再审;(3)核准死刑案件;(4)通过对下级人民法院检查案件、考核工作进行监督。

上级人民法院监督下级人民法院的审判工作主要表现在:(1)上级人民法院有权审理下级人民法院移送的第一审案件;(2)审理对下级人民法院的判决和裁定不服的上诉和抗诉的案件;(3)对下级人民法院已经发生法律效力的判决和裁定,如果发现确有错误,有权提审或者指令下级人民法院再审;(4)对管辖权有争议的下级人民法院受理的案件指定受理法院;(5)通过检查案件、考核工作,对下级人民法院进行监督。

三、人民法院的组成和任期

(一)人民法院的组成

最高人民法院由院长1人,副院长、审判委员会委员、庭长、副庭长,以及审判员若干人组成,还配有法官助理、书记员、司法警察,以及综合部门的工作人员和后勤人员。最高人民法院设有刑事审判第一庭、刑事审判第二庭、刑事审判第三庭、刑事审判第四庭、刑事审判第五庭、民事审判第一庭、民事审判第二庭、民事审判第三庭(知识产权审判庭)、民事审判第四庭、行政审判庭、环境资源审判庭等审判庭以及其他必要机构。最高人民法院根据需要,可以设立派出法庭。目前,已经设立了六个巡回法庭。根据《人民法院组织法》的规定,设立审判委员会,总结审判经验,讨论重大、疑难案件和其他有关审判工作问题。根据《国家赔偿法》的规定设立赔偿委员会,处理所管辖的国家赔偿案件。根据《法官法》的规定设立法官考评委员会,负责对法官进行考评等工作。最高人民法院院长由全国人大选举和罢免。最高人民法院副院长、审判委员会委员、庭长、副庭长、审判员由全国人大常委会根据最高人民法院院长的提请任免。

地方各级人民法院由院长1人,副院长、审判委员会委员、庭长、副庭长、审判员若干人组成,还配有法官助理、书记员、司法警察及综合部门人员和工勤人员。根据审判需要设立刑事审判庭、民事审判庭、行政审判庭及必要的其他机构。根据《人民法院组织法》规定设立审判委员会,由审判委员会讨论重大疑难案件。根据《国家赔偿法》规定,中级以上人民法院设立赔偿委员会,处理所管辖的国家赔偿案件。根据《法官法》规定,各级人民法院设立法官考评委员会,负责考评本院法官的有关工作。各级人大选举和罢免本级人民法院院长。各级人大常委会根据本级人民法院院长的提请任免同级人民法院副院

[4] 详见最高人民法院《关于上海金融法院案件管辖的规定》《关于北京金融法院案件管辖的规定》《关于成渝金融法院案件管辖的规定》。

长、审判委员会委员、庭长、副庭长、审判员,在人民法院院长因故不能担任职务时,决定副院长代理院长。省、自治区、直辖市的人大常委会根据主任会议的提名,决定在省、自治区内按地区设立的和在直辖市内设立的中级人民法院院长的任免。

专门人民法院组成人员与地方各级人民法院基本相同,各专门人民法院由院长1人,副院长、审判委员会委员、庭长、副庭长、审判员若干人组成,还配有法官助理、书记员及司法警察等,根据审判特点,设立必要的审判庭及必要的其他机构。根据《人民法院组织法》的规定,专门人民法院的组织和职权,由全国人大常委会另行规定。专门人民法院院长、副院长、审判委员会委员、庭长、副庭长、审判员等人员根据全国人大常委会的特别规定任免。

(二)院长的任期

各级人民法院院长的任期同本级人大的每届任期相同,都是5年。最高人民法院院长连续任职不得超过两届。

(三)法官制度

1. 法官的范围和任职资格。法官是依法行使国家审判权的审判人员,包括最高人民法院、地方各级人民法院和军事法院等专门人民法院的院长、副院长、审判委员会委员、庭长、副庭长、审判员和助理审判员。

担任法官必须具备下列条件:(1)具有中华人民共和国国籍。(2)拥护中华人民共和国宪法,拥护中国共产党领导和社会主义制度。(3)具有良好的政治、业务素质和道德品行。(4)具有正常履行职责的身体条件。(5)具备普通高等学校法学类本科学历并获得学士及以上学位;或者普通高等学校非法学类本科及以上学历并获得法律硕士、法学硕士及以上学位;或者普通高等学校非法学类本科及以上学历,获得其他相应学位,并具有法律专业知识。(6)从事法律工作满5年。其中获得法律硕士、法学硕士学位,或者获得法学博士学位的,从事法律工作的年限可以分别放宽至4年、3年。(7)初任法官应当通过国家统一法律职业资格考试取得法律职业资格。适用上述第5项规定的学历条件确有困难的地方,经最高人民法院审核确定,在一定期限内,可以将担任法官的学历条件放宽为高等学校本科毕业。

法官的任免按照宪法和法律规定的任免权限和程序办理。法官有下列情形之一的,应当依法提请免除其法官职务:(1)丧失中华人民共和国国籍的;(2)调出所任职人民法院的;(3)职务变动不需要保留法官职务的,或者本人申请免除法官职务经批准的;(4)经考核不能胜任法官职务的;(5)因健康原因长期不能履行职务的;(6)退休的;(7)辞职或者依法应当予以辞退的;(8)因违纪违法不宜继续任职的。

2. 法官的职责与权利义务。法官的职责是:(1)依法参加合议庭审判或者独任审判刑事、民事、行政诉讼以及国家赔偿等案件;(2)依法办理引渡、司法协助等案件;(3)法律规定的其他职责。法官在职权范围内对所办理的案件负责。人民法院院长、副院长、审判委员会委员、庭长、副庭长除履行审判职责外,还应当履行与其职务相适应的职责。

法官应当履行下列义务:(1)严格遵守宪法和法律;(2)秉公办案,不得徇私枉法;(3)依法保障当事人和其他诉讼参与人的诉讼权利;(4)维护国家利益、社会公共利益,维护个人和组织的合法权益;(5)保守国家秘密和审判工作秘密,对履行职责中知悉的商业秘密和个人隐私予以保密;(6)依法接受法律监督和人民群众监督;(7)通过依法办理案件以案释法,增强全民法治观念,推进法治社会建设;(8)法律规定的其他义务。

法官享有下列权利:(1)履行法官职责应当具有的职权和工作条件;(2)非因法定事由、非经法定程序,不被调离、免职、降职、辞退或者处分;(3)履行法官职责应当享有的职业保障和福利待遇;(4)人身、财产和住所安全受法律保护;(5)提出申诉或者控告;(6)法律规定的其他权利。

3. 法官的等级。法官的级别分为 12 级,最高人民法院院长为首席大法官,2 ~ 12 级法官为大法官、高级法官、法官。

法院设法官考评委员会,其职责是指导对法官的培训、考核、评议工作。该委员会由 5 ~ 9 人组成,主任由本院院长担任。

四、人民法院审判工作的基本制度

(一)两审终审制

人民法院审判案件实行两审终审制。两审终审制是指一个案件经过两级人民法院的审判,即告终结的制度。地方各级人民法院审理的第一审案件所作的判决和裁定,如果当事人不服,可以在法定期限内向上一级人民法院提出上诉;人民检察院对所提起公诉的刑事案件,如果认为第一审判决或者裁定有错误,在法定期限内可以向上一级人民法院提出抗诉。上一级人民法院对上诉、抗诉案件按照第二审程序进行审理后所作的判决或者裁定,就是终审的判决或者裁定,发生法律效力。如果在上诉期限内,当事人不上诉,人民检察院不抗诉,第一审判决或者裁定即发生法律效力。最高人民法院审理的一审案件,其判决和裁定都是终审判决和裁定。根据我国法律规定,死刑案件必须经最高人民法院核准,判决方能生效,这是一种特殊情况。此外,根据法律规定,人民法院按照民事诉讼法特别程序审理的选民资格案件、宣告失踪或者宣告死亡案件、指定遗产管理人案件、认定公民无民事行为能力或者限制民事行为能力案件、认定财产无主案件、确认调解协议案件和实现担保物权案件,以及适用小额诉讼程序审理的案件实行一审终审制。

(二)合议制

人民法院审判案件实行合议制。合议制是指人民法院审理案件时,由三人以上单数的审判员或者审判员与人民陪审员组成合议庭,采取少数服从多数原则,作出判决或者裁定的制度。人民法院审理案件,由合议庭或者法官一人独任审理。合议庭和法官独任审理的案件范围由法律规定。合议庭由法官组成,或者由法官和人民陪审员组成,成员为三人以上单数。合议庭由一名法官担任审判长。院长或者庭长参加审理案件时,由自己担任审判长。审判长主持庭审、组织评议案件,评议案件时与合议庭其他成员权利平等。

我国刑事诉讼法、民事诉讼法、行政诉讼法对合议庭的组成、工作及合议庭成员的权利作出了具体规定,并规定了独任审判的适用范围。在我国,绝大多数案件由合议庭进行审判,合议庭审判是我国人民法院审理案件的基本组织形式。只是对于那些重大、疑难、复杂案件须由合议庭提请院长提交本院审判委员会讨论决定。

(三)审判委员会制度

审判委员会既是各级人民法院内设立的审判工作组织,同时又是人民法院进行审判工作的一项制度,该制度对保证办案质量和实现国家审判职能具有重大作用。审判委员会成员包括人民法院院长、副院长、各庭庭长及审判业务骨干,成员由人大常委会任命。

审判委员会履行下列职能:(1)总结审判工作经验;(2)讨论决定重大、疑难、复杂案件的法律适用;(3)讨论决定本院已经发生法律效力的判决、裁定、调解书是否应当再审;(4)讨论决定其他有关审判工作的重大问题。最高人民法院对属于审判工作中具体应用法律的问题进行解释,应当由审判委员会全体会议讨论通过;发布指导性案例,可以由审判委员会专业委员会会议讨论通过。

合议庭认为案件需要提交审判委员会讨论决定的,由审判长提出申请,院长批准。审判委员会讨论案件,合议庭对其汇报的事实负责,审判委员会委员对本人发表的意见和表决负责。审判委员会的决定,合议庭应当执行。审判委员会讨论案件的决定及其理由应当在裁判文书中公开,法律规定不公开的除外。在法律规定的基础上,最高人民法院于2019年9月发布的《关于健全完善人民法院审判委员会工作机制的意见》对于审判委员会会议的启动、讨论案件的范围、会议出席人员的范围、会议程序、审判委员会讨论案件的决定等运行机制等作了详细规定。[5]

(四)审判监督制度

审判监督制度是指人民法院对已经发生法律效力的判决和裁定,在法定的人民法院和人民检察院发现确有错误后,依法重新进行审判的一种特殊制度。根据法律规定有权提起审判监督程序的主体是:(1)各级人民法院院长对本院已经发生法律效力的判决和裁定,如果发现认定事实上或者适用法律上有错误,必须提交审判委员会处理;(2)最高人民法院对各级人民法院已经发生法律效力的判决和裁定;上级法院对下级法院已经发生法律效力的判决和裁定,如果发现确有错误,有权提审或者指令下级法院再审;(3)最高人民检察院对各级人民法院已经发生法律效力的判决和裁定,如果发现确有错误,向最高人民法院抗诉;上级人民检察院对下级人民法院已经发生法律效力的判决和裁定,向同级人民法院抗诉;地方各级人民检察院对同级人民法院已经发生法律效力的判决和裁定,报请上级人民检察院,由上级人民检察院向同级人民法院提起抗诉,对于人民检察院的抗诉,人民法院应当再审。

审判监督制度是两审终审制的补充。确立审判监督制度是在两审终审制的前提下,

---

〔5〕 详见最高人民法院《关于健全完善人民法院审判委员会工作机制的意见》。

纠正审判工作中可能出现的错误，保护公民和组织的合法权益，纠正冤假错案，利于社会的稳定。同时，为了保证生效判决和裁定的既判力，维护司法权威，在运用审判监督制度时，必须极为慎重。审判监督制度既是在判决和裁定已经生效的情况下启动再审的程序，又是对案件再次审理的程序。再审时，应当裁定中止原判决和裁定的执行。

发生法律效力的判决和裁定是第一审人民法院作出的，仍由第一审人民法院再审的，按照第一审程序进行审理，所作的判决和裁定，当事人可以提出上诉，同时，该人民法院应另行组成合议庭审理；发生法律效力的判决和裁定是第二审人民法院作出的，按照第二审程序进行审理，再审后所作的判决和裁定是终审判决和裁定，不得上诉；发生法律效力的判决和裁定，无论是第一审人民法院还是第二审人民法院作出的，上级人民法院和最高人民法院提审的，按照第二审程序进行审理，作出的判决和裁定都是终审判决和裁定，不得上诉。

事例与思考 22-4 湖南省永州市少女被迫卖淫案（唐某案）

2006 年 10 月 1 日下午，11 岁的乐乐一人到家附近的一个旱冰场溜旱冰。看到周某辉（19 岁，附近一理发店工作人员）溜冰技术很好，便主动与之交谈；当晚，两人来到一个出租房看碟，发生了性行为，并留宿于该房间。次日，两人一起吃完早饭后，在回理发店途中被乐乐的舅妈发现，乐乐被带回家中。10 月 3 日下午，乐乐给家人留下了一个字条后离家出走。她找到周某辉，并被其介绍到“柳情缘休闲中心”卖淫。一直到 12 月 30 日被家人发现。其间，在明知受害人不满 14 岁的情况下，秦某、陈某逼迫受害人卖淫 3 个月，其间受害人曾遭 4 人轮奸及殴打。

2007 年 1 月 5 日，永州零陵区警方正式立案，受害人母亲唐某开始了数年的上访历程。

2008 年 6 月 6 日，永州市中级人民法院作出一审判决：秦某被判处死刑、陈某被判处无期徒刑。周某辉以暴力胁迫不满 14 岁幼女卖淫，致使受害人染上性病并出现精神障碍，其行为构成强奸罪、强迫卖淫罪，罪名成立，被判处死刑。刘某、蒋某军、兰某强等人强奸罪名成立，分别被判处无期徒刑，有期徒刑 16 年、15 年。

唐某以对周某辉、秦某两人判处死刑的适用法律错误和对蒋某军、兰某强两人量刑畸轻等为由向永州市人民检察院申请抗诉，永州市人民检察院采纳了建议，并作为刑事附带民事诉讼原告人，要求法院判令 6 名被告人赔偿各项损失共计 39.0359 万元，并判处 6 名被告人死刑。

2009 年 2 月 11 日，法院重审后，再次作出判决：维持原判。判决后，6 名被告人再度提起上诉，此案因证据不足被湖南省高级人民法院发回重审。

2010 年 12 月 23 日，此案再次开庭。唐某请求法院判令 7 名被告人赔偿各项损失共计 184 万元，并请求判处 7 名被告人死刑。

2011 年 3 月 28 日，永州市中级人民法院下达判决，除维持秦某、周某辉死刑，陈某、刘某无期徒刑外，原来被判有期徒刑的蒋某军、兰某强被改判无期徒刑。在法律界人士看来，这违反了“上诉不加刑”的基本审判原则。

2012年6月5日，湖南省高级人民法院作出终审裁决：包括秦某在内的2名被告因强迫卖淫罪被判死刑，4人被判无期徒刑，另有1人获刑15年。

2014年9月5日，湖南省高级人民法院对周某辉、秦某强迫卖淫、强奸、组织卖淫二审重审案进行公开宣判：上诉人周某辉犯强迫卖淫罪、强奸罪，上诉人秦某犯强迫卖淫罪、组织卖淫罪，决定对两人执行无期徒刑，剥夺政治权利终身，并处没收个人财产1万元，罚金5000元。

问：1. 法院的权威与法院判决的既判力之间存在什么关系？

2. 审判程序的设计与人权保障之间的关系是什么？

(五)回避制度

诉讼中的回避制度是指审判人员如果与人民法院正在审理的案件有利害关系或者其他关系，应当回避对案件审理的制度。这一制度是为了防止审判人员因与案件有利害关系或者其他关系而可能出现的徇私枉法或者主观偏向，也避免案件的其他当事人对案件的审理结果存在不必要的疑虑而使诉讼决而不断，以保护当事人合法权益，保证公正审判。

审判人员一般应当回避的情形是：(1)是本案当事人或者当事人的近亲属；(2)本人或者他的近亲属与本案有利害关系；(3)担任过本案的证人、鉴定人、辩护人或者附带民事诉讼当事人的代理人；(4)与本案当事人有其他关系可能影响案件公正处理的。具有以上情形的审判人员及书记员、翻译人员、鉴定人、勘验人等，应当报告本院院长要求回避；当事人也有权申请回避。在刑事司法实践中，应当回避的审判人员，本人没有自行申请回避的，当事人和他们的法定代理人也没有申请其回避的，院长或者审判委员会应当决定其回避。

为保证当事人行使申请回避的权利，人民法院在开庭时，应当向当事人宣布合议庭组成人员及书记员名单，告知当事人有申请回避的权利。是否批准回避申请，由人民法院院长决定，院长的回避由本院审判委员会决定。

五、人民法院审判工作的宪法原则

(一)依法独立审判原则

依法独立审判原则是指人民法院独立地行使审判权审理案件，只服从法律作出裁判，不受行政机关、社会团体和个人的干涉。这一原则有利于保证国家法律的权威，保证案件的公正审理，保证国家审判权的统一行使，保证国家法律统一执行，保证审判工作正常进行。

依法独立审判原则的含义包括：(1)人民法院行使审判权独立于人民法院以外的国家机关。国家行政机关、社会团体及个人不得干涉人民法院的审判工作；国家权力机关要依法监督人民法院的审判工作，但根据国家权力分工的原则，不得直接审理案件或者对案件的审理结果作出命令性的指示。人民检察院要对人民法院的审判工作实施法律监督，但也必须根据法律规定的程序进行，如按照审判监督程序提出抗诉，启动对案件的再审；在刑事案件中，还可以对一审人民法院的审理结果提出抗诉，启动二审程序的进行。(2)人民法院行使审判权独立于上级人民法院。上级人民法院要监督和指导下级人民法院的审判工作，但不得干涉下级人民法院的审判工作；上级人民法院只能在审理案件过程中或者通过审判监督程序，对下级人民法院的审判工作进行监督。(3)人民法院行使审判权要尊重审理案件的法官个人的独立判断。人民法院以合议庭的形式、由组成合议庭的审判人员对案件进行具体的审理，在参加合议庭审理案件的每一个审判人员进行独立判断的基础上，合议庭进行合议，最终得出合议庭的意见，也就是人民法院的意见。只是在遇到重大、复杂和疑难案件，合议庭难以确定结论时，才提交人民法院审判委员会进行讨论。而审判委员会的讨论也是在审判委员会成员个人独立判断的基础上，进行少数服从多数的表决，最终得出人民法院的意见。在实行独任制的情况下，审判人员个人的独立判断表现得更为明显。

事例与思考 22－5　《行政诉讼法》修改与最高人民法院通知加入"不得干预"条款

2014 年 11 月 1 日，第十二届全国人大常委会第十一次会议表决通过关于修改行政诉讼法的决定。根据第 3 条的规定，行政机关及其工作人员不得干预、阻碍人民法院受理行政案件。

《行政诉讼法》于 1990 年 10 月 1 日起实施，2014 年的修正为该法实施 24 年来的首次大修。2013 年 12 月 23 日，该法修正案草案首次提请第十二届全国人大常委会第六次会议审议，历经三次审议通过。

2015 年 8 月 19 日，最高人民法院关于印发《人民法院落实〈领导干部干预司法活动、插手具体案件处理的记录、通报和责任追究规定〉的实施办法》的通知中，规定了人民法院依照宪法和法律规定独立公正行使审判权，不受行政机关、社会团体和个人的干涉，不得执行任何组织、个人违反法定职责或者法定程序、有碍司法公正的要求；人民法院以外的组织、个人在诉讼程序之外递转的涉及具体案件的函文、信件或者口头意见，人民法院工作人员均应当全面、如实、及时地予以记录，并留存相关材料，做到全程留痕、永久存储、有据可查；领导干部以个人或者组织名义向人民法院提出案件处理要求的，或者领导干部身边工作人员、亲属干预司法活动、插手具体案件处理的，人民法院均应当记录，并留存相关材料等内容。

问：1. 上述变化的现实意义是什么？

2. 法院依法独立审判的意义是什么？

（二）当事人在法律适用上一律平等原则

当事人在法律适用上一律平等原则，要求人民法院对一切案件中当事人都必须平等地依据法律规定进行适用，不得考虑法律以外的其他因素。这既包括对行政案件、民事案件中双方当事人平等地适用法律，也包括对刑事案件中的被告人平等地适用法律。尤其是在行政案件中，对行政主体和行政管理相对人应当平等地适用法律。人民法院依据法律规定,保护当事人的合法权益,要求当事人履行义务,追究当事人的违法犯罪行为。适用法律一律平等,要求人民法院在适用法律上不得对当事人进行歧视,也不得对当事人给予特权。人民法院的裁判只能依据案件的事实和相应的法律规定。

与当事人在法律适用上一律平等原则相适应,当事人在诉讼中的地位相同,既享有诉讼权利,又必须履行诉讼义务。当事人在诉讼中可以互相质证和辩论,无论何方当事人败诉,均由败诉方承担诉讼费用。

(三)公开审判原则

公开审判原则是指人民法院对受理的案件进行公开审理和公开宣判。《宪法》规定,人民法院审理案件,除法律规定的特别情况外,一律公开进行。《人民法院组织法》规定,人民法院实行司法公开,法律另有规定的除外。《民事诉讼法》根据宪法规定的原则于第137条规定,人民法院审理民事案件,除涉及国家秘密、个人隐私或者法律另有规定的以外,应当公开进行。离婚案件,涉及商业秘密的案件,当事人申请不公开审理的,可以不公开审理。《刑事诉讼法》第188条第1款规定,人民法院审判第一审案件应当公开进行。但是有关国家秘密或者个人隐私的案件不公开审理;涉及商业秘密的案件,当事人申请不公开审理的,可以不公开审理。《行政诉讼法》第54条第1款规定,人民法院公开审理行政案件,但涉及国家秘密、个人隐私和法律另有规定的除外。即使是法律规定不公开审理的案件,也应当进行公开宣判。

通过公开审理,当事人能充分行使法律规定的诉讼权利,对证据互相质证,明辨是非,便于审判人员查清事实;也可以把人民法院的审判活动直接置于人民群众的监督之下,有助于增强审判人员的责任感,改进审判作风,严格依法办事,从而保证审判质量,防止冤假错案的发生;还可以使旁听群众了解案件的审理过程,得到法制教育,对犯罪分子起到震慑作用。总之,公开审理是保证人民法院公正审判的一个重要条件。

(四)使用本民族语言文字进行诉讼原则

《宪法》规定,各民族公民都有用本民族语言文字进行诉讼的权利。人民法院对于不通晓当地通用的语言文字的诉讼参与人,应当为他们翻译。在少数民族聚居或者多民族共同居住的地区,应当用当地通用的语言进行审理,用当地通用的文字发布判决书、裁定书、布告和其他文件。

在诉讼中使用本民族语言文字,是民族平等原则在诉讼制度方面的具体表现。贯彻这一原则,也有利于人民法院审理案件,有利于当事人行使诉讼权利和履行诉讼义务,有利于人民法院的判决、裁定的执行及人民法院对人民群众进行法制教育。

(五)被告人有权获得辩护原则

被告人有权获得辩护是宪法和有关法律规定的一项重要司法原则和制度,是国家赋予被告人保护自己合法权益的一种重要诉讼权利。在刑事诉讼中,被告人被检察机关怀疑有罪而向人民法院提起控诉,人民法院对被告人的审判可能影响到他作为公民的生命权、自由权和财产权。因此,允许被告人和他的辩护人在诉讼中根据事实和法律,提出证明被告人无罪、罪轻或者免除、减轻刑事处罚的材料和意见,以维护被告人的合法权益。我国《刑事诉讼法》规定了被告人行使辩护权利的具体制度,必要时人民法院应当为被告人指定承担法律援助义务的律师担任被告人的辩护人。实行辩护制度,有助于人民法院全面客观地认定案件事实,正确适用法律,公正判决或者裁定案件以及避免错案或者冤案的发生。

事例与思考 22-6　乌鲁木齐铁路运输中级人民法院涉嫌单位犯罪

2006 年 7 月 8 日至 9 日,乌鲁木齐铁路运输中级人民法院(以下简称乌铁中院)涉嫌单位受贿案公开审理,本案由新疆维吾尔自治区昌吉回族自治州中级人民法院审理。被告人乌铁中院原院长杨某明、执行局局长蔡某军、原办公室财务会计王某梅也先后被带上法庭受审。

庭审中,公诉机关指控该法院犯有 3 宗罪案:

其一,2001 年 1 月,杨某明接受乌鲁木齐某集团公司总经理李某(另案处理)的提议,将乌铁中院办理案件的拍卖业务交由乌鲁木齐一家拍卖公司独揽,所得佣金三七分成(法院占三,拍卖公司占七),并安排副院长李某以法官协会的名义与该公司签订协议。2001 年至 2005 年 7 月,由蔡某军具体协调负责,乌铁中院共收受这家拍卖公司给付 941074.57 元,此款由王某梅管理。

其二,2000 年下半年,杨某明召集某价格事务所负责人任某、王某及其他中介机构的负责人开会,提出涉案标的物评估作价费由法院与该价格事务所四六分成(法院占四,中介机构占六),一案一结。乌铁中院直接从执行案款中扣出作价费分成,由蔡某军具体负责。5 年内,乌铁中院共收取 2849802.87 元,此款由王某梅管理。

其三,被告单位乌铁中院成立"A 类"办案组,负责乌鲁木齐某投资咨询有限公司申请执行某银行、某集团等案件,并支付该公司经理李某及某律师事务所代理律师胡某(均另案处理)代理费 300 余万元。乌铁中院在 2002 年至 2005 年间多次收受李某以"感谢费"名义给付的 72 万元,此款由王某梅管理。

综上,公诉机关认为,自 2000 年至 2005 年 5 年内,乌铁中院接受请托、索取、收受相关中介机构财物,为其谋取利益,以拍卖佣金分成、评估作价费分成及"感谢费"的名义,向某拍卖有限公司、某投资咨询有限公司、某价格事务所等单位索取、收受 4510877.44 元交由王某梅管理,王某梅按杨某明授意,将上述款项在乌铁中院账外存入以乌铁中院法官协会名义开设的账户或直接将现金使用,应当以单位受贿罪追究被告单位乌铁中院的刑事责任。

本案中,法院是否可以成为被告,成为焦点。公诉方认为,我国现有法律明文规定,国家机关、国有公司、企业、事业单位、人民团体,索取、非法收受他人财物,为他人谋取利益的,构成单位受贿罪。人民法院作为司法机关,属于国家机关的范畴,既然存在索取、非法收受他人财物,为他人谋取利益的犯罪事实,就应该构成受贿罪,自然也应该受到刑事审判。而且其作为国家审判机关,是具有独立法人资格的国家机关,具备了被告单位的资格要求。不能因为其具有审判机关这一相对较为特殊的身份,就不受法律制约,不承担刑事责任。

问:1. 法院成为刑事案件的被告,与法院的地位是否冲突?

2. 如何树立法院的社会公信力?

第二节 检察机关

一、人民检察院的性质和任务

我国的检察机关称为"人民检察院"。人民检察院是国家的法律监督机关,通过行使检察权,对国家机关及其工作人员、公民、法人或者其他组织是否遵守法律进行监督,保障法律的统一实施。

人民检察院的基本任务是,通过行使检察权,追诉犯罪,维护国家安全和社会秩序,维护个人和组织的合法权益,维护国家利益和社会公共利益,保障法律正确实施,维护社会公平正义,维护国家法制统一、尊严和权威,保障中国特色社会主义建设的顺利进行。

二、人民检察院的组织系统和领导体制

根据《宪法》和《人民检察院组织法》的规定,人民检察院的组织系统是最高人民检察院、地方各级人民检察院和军事检察院等专门人民检察院。

1. 最高人民检察院。最高人民检察院是国家最高检察机关,领导全国人民检察院的工作。

2. 地方各级人民检察院。地方各级人民检察院分为:(1)省、自治区、直辖市人民检察院;(2)省、自治区、直辖市人民检察院分院,自治州、省辖市、自治区辖市人民检察院;(3)县、自治县、不设区的市、旗、市辖区人民检察院。

3. 专门人民检察院。专门人民检察院是在最高人民检察院领导下,在特定的组织系统内设定的检察机关。专门人民检察院主要有军事检察院等。军事检察院分为中国人民解放军军事检察院;战区军事检察院和总直属军事检察院;基层军事检察院三级。

根据《宪法》和《人民检察院组织法》规定,人民检察院实行双重从属制,既要对同级国家权力机关负责,又要对上级人民检察院和最高人民检察院负责。

国家权力机关对人民检察院的领导,主要表现在人大及其常委会选举、罢免或者任免人民检察院主要组成人员,审议工作报告,进行各种形式的监督等。

检察系统实行最高人民检察院领导地方各级人民检察院和专门人民检察院、上级人民检察院领导下级人民检察院工作的领导体制。上级人民检察院领导下级人民检察院的方式主要有:(1)了解工作情况,包括调查研究、指令作专题汇报等;(2)通过指示、批复、规范性文件指导工作;(3)检查执法工作情况和落实有关指示和要求的情况;(4)领导办

案,包括决定案件的管辖和指挥办案;(5)纠正或者撤销下级人民检察院的决定。

最高人民检察院和省级人民检察院领导下级人民检察院的权力主要有:(1)最高人民检察院制定全国检察机关的人员编制,省级人民检察院可以根据最高人民检察院制定的人员编制制定本辖区内各下级人民检察院人员编制;(2)向本级人大常委会提出建议,撤换下级人民检察院检察长、副检察长和检察委员会委员;(3)对下级人民检察院的经费给予补助。最高人民检察院特有的领导下级人民检察院的权力是司法解释权,最高人民检察院对检察工作中如何具体适用法律问题所作的解释对全国各级人民检察院都具有约束力。

在人民检察院内部实行检察长统一领导与检察委员会集体领导相结合的领导体制。检察长对检察机关的工作享有组织领导权、决定权、任免权、提请任免权、代表权等,负有全面的领导责任。检察委员会在检察长主持下,按照民主集中制原则,讨论决定重大案件和其他重要问题。如果检察长在重大问题上不同意多数人的决定,可以报请本级人大常委会决定。

三、人民检察院的组成和任期

根据宪法及有关法律的规定,各级人民检察院由检察长一人,副检察长、检察委员会委员、检察员若干人组成,此外,还配有一定数量的检察官助理、书记员、司法警察及综合部门的工作人员和后勤人员等。

最高人民检察院设有办公厅(新闻办公室)、政治部、普通犯罪检察厅、重大犯罪检察厅、职务犯罪检察厅、经济犯罪检察厅、刑事执行检察厅、民事检察厅、行政检察厅、公益诉讼检察厅、未成年人检察厅、控告申诉检察厅、法律政策研究室等部门。

地方各级人民检察院根据工作需要,可以设立刑事检察、民事行政检察、监所检察、控告申诉检察等机构及其他必要的机构。省级人民检察院根据需要,可以设立跨行政区域的检察院。

最高人民检察院检察长由全国人大选举和罢免。最高人民检察院副检察长、检察委员会委员、检察员和军事检察院检察长由最高人民检察院检察长提请全国人大常委会任免。

省、自治区、直辖市的人民检察院检察长由省、自治区、直辖市人大选举和罢免;副检察长、检察委员会委员、检察员及人民检察院分院检察长、副检察长、检察委员会委员、检察员由省、自治区、直辖市人民检察院检察长提请本级人大常委会任免。省、自治区、直辖市的人民检察院检察长的任免,须报最高人民检察院检察长提请全国人大常委会批准。

自治州、设区的市、县、自治县、不设区的市、旗、市辖区的人民检察院检察长由本级人大选举和罢免;副检察长、检察委员会委员和检察员,由该级检察院检察长提请该级人大常委会任免。自治州、设区的市、县、自治县、不设区的市、旗、市辖区的人民检察院检察长的任免,须报上一级人民检察院检察长提请该级人大常委会批准。

根据《宪法》和《人民检察院组织法》及《地方各级人大和地方各级政府组织法》规定,各级人民检察院检察长的任期与本级人大每届任期相同,都是5年。最高人民检察院检察长连续任职不得超过两届。

人民检察院实行检察官制度。检察官制度的具体内容除检察长任免程序及检察官职责与法官不同外,其他与法官制度基本相同。

四、人民检察院的职权

根据《人民检察院组织法》《刑事诉讼法》《民事诉讼法》《行政诉讼法》的规定,人民检察院行使下列职权:

人民检察院行使下列职权:

1. 依照法律规定对有关刑事案件行使侦查权。人民检察院在对诉讼活动实行法律监督中发现的司法工作人员利用职权实施的非法拘禁、刑讯逼供、非法搜查等侵犯公民权利、损害司法公正的犯罪,可以由人民检察院立案侦查。对于公安机关管辖的国家机关工作人员利用职权实施的重大犯罪案件,需要由人民检察院直接受理的时候,经省级以上人民检察院决定,可以由人民检察院立案侦查。

2. 对刑事案件进行审查,批准或者决定是否逮捕犯罪嫌疑人。

3. 对刑事案件进行审查,决定是否提起公诉,对决定提起公诉的案件支持公诉。

4. 依照法律规定提起公益诉讼。人民检察院在履行职责中发现破坏生态环境和资源保护、食品药品安全领域侵害众多消费者合法权益等损害社会公共利益的行为,在没有法律规定的机关和有关组织或者其不提起诉讼的情况下,可以向人民法院提起诉讼。人民检察院在履行职责中发现生态环境和资源保护、食品药品安全、国有财产保护、国有土地使用权出让等领域负有监督管理职责的行政机关违法行使职权或者不作为,致使国家利益或者社会公共利益受到侵害的,应当向行政机关提出检察建议,督促其依法履行职责。行政机关不依法履行职责的,人民检察院依法向人民法院提起诉讼。

5. 对诉讼活动实行法律监督。人民检察院发现人民法院审理案件违反法律规定的诉讼程序,有权向人民法院提出纠正意见。最高人民检察院对各级人民法院已经发生法律效力的判决和裁定,上级人民检察院对下级人民法院已经发生法律效力的判决和裁定,如果发现确有错误,有权按照审判监督程序向同级人民法院提出抗诉。

6. 对判决、裁定等生效法律文书的执行工作实行法律监督。

7. 对监狱、看守所的执法活动实行法律监督。

8. 法律规定的其他职权。

事例与思考 22-7 王某举报公务员考试作弊遭跨省刑拘案

2010年11月23日,宁夏回族自治区吴忠市公安局利通分局民警赴甘肃省将在甘肃省图书馆工作的图书馆助理馆员王某刑拘。王某此前多次发帖举报大学同学马某晶在公务员招考中作弊,马某晶父亲系宁夏回族自治区扶贫办副主任,母亲系宁夏回族自治区吴忠市委常委、政协主席。后吴忠市委、市政府责成吴忠市有关部门对利通区公安分局刑事拘留王某案进行了依法审查。审查结果认为,利通区公安分局在办理王某案件中存在过错,将本应属于自诉法律程序的案件按照公诉案件办理，属于错案。2010年12月1日23时许，利通区公安分局对王某解除刑事拘留。

问：1. 如何理解公民举报权利的权利属性？

2. 国家在保障公民的举报权利方面承担哪些保护义务？

五、各级人民检察院的职责划分

（一）最高人民检察院的职责

最高人民检察院是国家的最高检察机关。其主要职责是：领导地方各级人民检察院和专门人民检察院的工作；对全国性的重大刑事案件行使检察权；对各级人民法院已经发生法律效力的判决和裁定，如发现确有错误，按照审判监督程序提出抗诉；依法对监狱、看守所的活动实行监督；依法对民事诉讼、行政诉讼实行监督；对检察工作中具体应用法律的问题进行司法解释；制定检察工作条例、细则和规定；管理和规定各级人民检察院的人员编制；依照《检察官法》的有关规定组织初任检察员的全国统一考试。

（二）地方各级人民检察院的职责

对于地方各级人民检察院的职责划分，在案件方面一般是根据诉讼法上规定的同级人民法院的管辖案件范围确定，在其他法律监督职责方面则根据地域管辖权限和统一领导原则及对地方权力机关负责原则确定。在向人民法院提起公诉时，根据管辖的人民法院的级别，由同级人民检察院公诉并派员出庭支持公诉。对于按审判监督程序人民检察院提出抗诉的案件，按照《刑事诉讼法》的规定，由上级人民检察院向同级人民法院提出抗诉。地方各级人民检察院的职责划分大致是：

1. 省、自治区、直辖市人民检察院的职责：(1)领导本辖区内各级人民检察院的工作；(2)对全省(自治区、直辖市)性的重大刑事案件行使检察权；(3)对同级公安机关、国家安全机关的侦查活动进行监督，批准逮捕、审查起诉；(4)批准延长侦查期限；(5)对当地高级人民法院作一审的刑事案件，由省级人民检察院提起公诉，省级人民检察院派检察人员出庭支持公诉；(6)对下级人民法院已经发生法律效力的判决和裁定，如果发现确有错误，有权按审判监督程序向当地高级人民法院提出抗诉；对于当地高级人民法院已经发生法律效力的判决、裁定，发现确有错误，应当提请最高人民检察院向最高人民法院提出抗诉；(7)对本辖区内高级人民法院的刑事案件的判决、裁定的执行进行监督；对本辖区内监狱、看守所等执行判决、裁定机关的活动是否合法实行监督；对法院的审判活动是否合法进行监督；(8)根据有关法律规定行使的其他法律监督职权，以及负责最高人民检察院交办的其他案件。省级人民检察院根据需要，可以确定特定检察院管辖跨行政区划的案件。

2. 省、自治区、直辖市人民检察院分院，自治州、直辖市、自治区辖市人民检察院的职责：(1)领导本辖区内的县级人民检察院的检察工作；(2)对本辖区内的重大刑事案件行使检察权；(3)对同级公安机关、国家安全机关的侦查活动进行监督，批准逮捕、审查起诉;(4)对本辖区中级人民法院管辖的第一审刑事案件提起公诉、派检察人员出庭支持公诉;在人民法院审理过程中,如发现违反法律规定的诉讼程序,有权向人民法院提出纠正意见;(5)对县级人民法院已经发生法律效力的判决、裁定发现确有错误,有权按审判监督程序向中级人民法院提出抗诉,如认为中级人民法院已经生效的判决和裁定确有错误,则提请上级人民检察院向高级人民法院提出抗诉;(6)对本辖区中级人民法院判决或者裁定的刑事案件的执行活动进行监督;对本辖区监狱、看守所等执行判决、裁定机关的活动是否合法进行监督;对法院审判活动是否合法进行监督;(7)行使法律规定的其他法律监督职权,以及负责上级人民检察院交办的其他案件。

3. 县级人民检察院有县、自治县、不设区的市、旗、市辖区人民检察院。该级人民检察院的职责主要有:(1)对本辖区内应由同级人民法院管辖的刑事案件行使检察权;(2)对同级公安机关侦查活动进行监督,批准逮捕,审查起诉;(3)对同级人民法院管辖的第一审刑事案件中的公诉案件,提起公诉并派员出庭支持公诉,根据《刑事诉讼法》第216条适用简易程序审理的公诉案件,人民检察院应当派员出席法庭,对人民法院审理活动进行监督;(4)对同级人民法院已经发生法律效力的判决和裁定,如果发现确有错误,可以提请上级人民检察院向上级人民法院提出抗诉;(5)对同级公安机关看守所的活动是否合法进行监督;(6)行使法律规定的其他法律监督职权,以及负责上级人民检察院交办的其他案件。

(三)专门人民检察院的职责

军事检察院的主要职责是:上级军事检察院领导下级军事检察院的工作;维护国家的法律法规和各种军事法规、命令、条例在军事上的统一实施;对危害国家军事利益和侵犯军人权利的各种军职人员犯罪案件行使检察权;向军事法院提起公诉;监督广大指战员增强法治观念,严格自觉履行军人职责,提高部队的战斗力,巩固国防等职责。

2010年至2011年年初,基于2004年中央有关文件、2009年7月中央有关部门下发的铁路公检法管理体制改革的通知以及2010年最高人民法院、最高人民检察院、中央机构编制委员会办公室、财政部、人力资源和社会保障部、铁道部联合印发的《关于铁路法院检察院管理体制改革若干问题的意见》等文件精神和铁路检察院法律监督对象跨行政区划的特点,铁路检察院管理体制改革工作有条不紊地开展。

铁路检察院移交后,两级铁路检察院均作为省级院派出机构,由所在省级有关机构直接管理。省级检察院领导设置在本省(区、市)区域内的铁路检察院分院或基层铁路检察院的人财物等管理工作,铁路检察院分院领导设置在本省(区、市)区域内的基层铁路检察院,同时领导属于本铁路局域范围但设置在外省(区、市)区域内的基层铁路检察院业务工作。铁路检察院业务管辖范围、办案体制机制和司法程序等在新的法律、规定实施前暂时保持不变。移交省级检察院管理后,铁路检察院机关是国家依法设置的专门检察院,行使对铁路交通领域的专门法律监督职责。

六、人民检察院的工作原则

(一)人民检察院依法独立行使检察权原则

《宪法》和《人民检察院组织法》规定,人民检察院依法独立行使检察权,不受行政机关、社会团体和个人的干涉。这一原则的基本含义是,为了保证检察机关公正地处理案件,除国家权力机关依照宪法和法律的规定对检察机关进行监督外,其他国家机关、社会团体、企业事业单位和个人都不得以任何方式干涉检察机关办理案件;检察机关在办理案件时,必须严格依照法律的规定。

(二)公民在适用法律上一律平等原则

人民检察院在行使检察权过程中,对于一切公民在适用法律上一律平等。这一原则要求人民检察院对任何公民,不分民族、种族、性别、职业、社会出身、宗教信仰、教育程度、财产状况、居住期限等,在适用法律上一律平等对待,既不能歧视任何公民,也不得给任何公民以特权。

(三)公民使用本民族语言文字进行诉讼原则

这一原则与人民法院在审判活动中的公民使用本民族语言文字进行诉讼原则性质相同。人民检察院在办理案件过程中,对于不通晓当地语言文字的当事人,应当为他配备翻译。在少数民族聚居区或者多民族共同居住的地区,应当使用当地通用的语言进行讯问,使用当地通用的文字制作起诉书或者其他法律文书,其目的是保证所有公民能够平等地、充分地行使诉讼权利。

七、人民法院、人民检察院和公安机关的关系

宪法规定,人民法院、人民检察院和公安机关办理刑事案件,应当分工负责,互相配合,互相制约,以保证准确有效地执行法律。同时,监察机关办理职务违法和职务犯罪案件,应当与审判机关、检察机关、执法部门互相配合互相制约。

人民法院、人民检察院和公安机关在办理刑事案件中的分工如下:除人民检察院依法自行侦查的案件及当事人自诉案件外,在办理刑事案件时,公安机关负责对案件的侦查、预审,执行逮捕,依法执行判决;人民检察院负责批准逮捕、审查起诉和出庭公诉、抗诉;人民法院负责审判。

人民法院、人民检察院和公安机关在办理刑事案件中的配合如下:公安机关按照法律的规定完成自己的职责后及时移交人民检察院,人民检察院在完成自己的职责后及时向人民法院提起公诉,人民法院对该案件进行审判;同时,每一个机关在工作上需要另一机关协助时,应依法在职权范围内协助。例如,人民法院决定逮捕的犯罪嫌疑人或者对罪犯要执行某些刑罚时由公安机关执行,人民法院执行死刑可要求公安机关派警察维护秩序等。

人民法院、人民检察院和公安机关在办理刑事案件中的制约如下:公安机关在侦查过程中,需要逮捕犯罪嫌疑人时要经过人民检察院审查批准,对不予批准的,公安机关认为有错误的可以要求复议以及向上级人民检察院要求复核。人民检察院对公安机关侦查终结移送起诉的案件进行审查,决定是否起诉。犯罪事实不清、证据不足的,可以退回公安机关补充侦查或者自行侦查。在办理案件中发现公安机关有违法情况,通知公安机关予以纠正。公安机关对人民检察院的决定认为有错误的,可以要求复议,以及要求上一级人民检察院复核。人民法院对人民检察院提起公诉的案件,经审判,根据具体情况和法律作出有罪、无罪的判决。人民检察院认为判决有错误的,可以提出抗诉。对发生法律效力的判决,人民检察院认为有错误的,可以依照审判监督程序抗诉引起再审。

办理刑事案件涉及公民的基本权利,特别是生命权、自由权和财产权,应严格依法办事。“分工负责、互相配合、互相制约”的关系是:三机关分工是前提,即三机关各自独立地按照法律规定的职权和程序完成自己的工作任务;在分工的基础上,三机关按照法律规定的原则和程序制约和监督其他机关;配合主要是指三机关在法律程序上的衔接关系。这一关系的核心是:三机关各自独立地行使自己的职权。

知识点提示

人民法院的性质
人民法院的组织体系
人民法院的职权
人民法院的领导体制
人民法院审判工作的基本制度
人民法院审判工作的宪法原则
人民检察院的性质
人民检察院的组织体系
人民检察院的职权
人民检察院的领导体制
人民检察院的工作原则
人民法院、人民检察院和公安机关的关系